外国法学教科书精品译丛

刑法各论讲义

（第4版）

[日]松宫孝明 著
王昭武 张小宁 译

中国人民大学出版社
·北京·

图书在版编目（CIP）数据

刑法各论讲义：第 4 版/(日) 松宫孝明著；王昭武，张小宁译. —北京：中国人民大学出版社，2018.9
（外国法学教科书精品译丛）
ISBN 978-7-300-26129-4

Ⅰ.①刑… Ⅱ.①松… ②王… ③张… Ⅲ.①刑法-研究-日本 Ⅳ.①D931.34

中国版本图书馆 CIP 数据核字（2018）第 191130 号

刑法各論講義（第四版）
松宫孝明
Copyright ⓒ 2016 by 成文堂
Chinese Simplified translation copyright ⓒ 2018 by China Renmin University Press Co.，Ltd.
All Rights Reserved.

外国法学教科书精品译丛
刑法各论讲义（第 4 版）
［日］松宫孝明　著
王昭武　张小宁　译
Xingfa Gelun Jiangyi

出版发行	中国人民大学出版社				
社　　址	北京中关村大街 31 号		邮政编码	100080	
电　　话	010 - 62511242（总编室）		010 - 62511770（质管部）		
	010 - 82501766（邮购部）		010 - 62514148（门市部）		
	010 - 62515195（发行公司）		010 - 62515275（盗版举报）		
网　　址	http://www.crup.com.cn				
	http://www.ttrnet.com（人大教研网）				
经　　销	新华书店				
印　　刷	北京东君印刷有限公司				
规　　格	185 mm×260 mm　16 开本		版　　次	2018 年 9 月第 1 版	
印　　张	27.5 插页 2		印　　次	2018 年 9 月第 1 次印刷	
字　　数	580 000		定　　价	88.00 元	

版权所有　　侵权必究　　印装差错　　负责调换

文献略语

说明

本书采用下述略语。

"⇒"是指"参见"。

"大判明治 42·10·19 刑录 15—1420",是指大审院的明治 42 年 10 月 19 日的判决,判决书刊登于大审院刑事判决录第 15 辑 1420 页。

"最大判昭和 48·4·4 刑集 27—3—265",是指最高裁判所的昭和 48 年 4 月 4 日的大法庭判决,判决书刊登在最高裁判所刑事判例集第 27 卷第 3 号第 265 页。

至于判例集与具体参考文献,采用下述略语。

一、判例集

刑　　录	《大審院刑事判決全録》
刑　　集	《大審院刑事判例集》《最高裁判所刑事判例集》
裁 集 刑	《最高裁判所裁判集(刑事)》
裁　　时	《裁判所時報》
高 刑 集	《高等裁判所刑事判例集》
高 刑 速	《高等裁判所刑事裁判速報集》
裁　　特	《高等裁判所刑事裁判特報》
判　　特	《高等裁判所刑事判決特報》
东高时报	《東京高等裁判所(刑事)判決時報》
下 刑 集	《下級裁判所刑事裁判例集》
刑　　月	《刑事裁判月報》
评论全集	《法律評論全集》

判　　时	《判例時報》
判　　夕	《判例タイムズ》
新　　闻	《法律新聞》

二、立法资料

仓　富　等	仓富勇等编、松尾浩也增补解题：《増補刑法沿革総覧》，（信山社・1990年）
田中・释义下	田中正身：《改正刑法釋義・下卷》，（信山社・1994年）

三、教科书、解说书

总论	松宮孝明『刑法総論講義〔第4版〕』（成文堂・2009年）
浅田等・各论	浅田和茂＝斉藤豊治＝佐久間修＝松宮孝明＝山中敬一『刑法各論〔補正版〕』（青林書院・2000年）
井田・各论	井田　良『刑法各論〔第2版〕』（弘文堂・2013年）
伊东・各论	伊東研祐『刑法各論講義』（日本評論社・2011年）
植松・各论	植松　正『再訂刑法概論Ⅱ各論』（勁草書房・1975年）
内田・各论	内田文昭『刑法各論〔第3版〕』（青林書院・1996年）
大塚・各论	大塚　仁『刑法概説（各論）〔第3版増補版〕』（有斐閣・2005年）
大谷・各论	大谷　實『刑法講義各論〔新版第4版〕』（成文堂・2015年）
小野・各论	小野清一郎『新訂刑法講義各論〔第3版〕』（有斐閣・1949年）
川端・各论	川端　博『刑法各論講義〔第2版〕』（成文堂・2010年）
吉川・各论	吉川経夫『刑法各論』（法律文化社・1982年）
木村・各论	木村亀二『刑法各論』（法文社・1957年）
小暮等・各论	小暮得雄ほか編『刑法講義各論』（有斐閣・1988年）
齐藤（信）・各论	斎藤信治『刑法各論〔第4版〕』（有斐閣・2014年）
齐藤（诚）・各论	斉藤誠二『刑法講義各論Ⅰ』（多賀出版・1978年）
佐伯・总论	佐伯千仭『四訂刑法講義（総論）』（有斐閣・1981年）
佐伯・各论	佐伯千仭『刑法各論〔訂正版〕』（有信堂・1981年）
佐久间・各论	佐久間修『刑法各論』（成文堂・2006年）
须之内・各论	須之内克彦『刑法概説各論』（成文堂・2011年）
曾根・各论	曾根威彦『刑法各論〔第5版〕』（弘文堂・2012年）
泷川・各论	瀧川幸辰『刑法各論』（世界思想社・1951年）
团藤・各论	団藤重光『刑法綱要各論〔第3版〕』（創文社・1990年）
中・各论	中　義勝『刑法各論』（有斐閣・1975年）
中森・各论	中森喜彦『刑法各論〔第4版〕』（有斐閣・2015年）
中山・概说	中山研一『刑法概説Ⅱ〔第4版〕』（成文堂・2005年）
中山・各论	中山研一『刑法各論』（成文堂・1984年）

中山・口述各论　　中山研一『新版口述刑法各論〔補訂 2 版〕』（成文堂・2006 年）
西田・各论　　西田典之『刑法各論〔第 6 版〕』（弘文堂・2012 年）
西原・各论　　西原春夫『刑法各論〔第 2 版〕』（筑摩書房・1983 年）
野村編・各论　　野村　稔編『現代法講義刑法各論〔補正版〕』（青林書院・2002 年）
荻原・各论　　荻原　滋『刑法各論〔概要〕〔第 3 版〕』（成文堂・2009 年）
林・各论　　林幹人『刑法各論〔第 2 版〕』（東京大学出版会・2008 年）
平野・概说　　平野龍一『刑法概説』（東京大学出版会・1977 年）
福田・各论　　福田平『刑法各論〔第 3 版増補〕』（有斐閣・2002 年）
藤木・各论　　藤木英雄『刑法講義各論』（弘文堂・1976 年）
堀口・各论　　堀内捷三『刑法各論』（有斐閣・2003 年）
前田・总论　　前田雅英『刑法総論講義〔第 6 版〕』（東京大学出版会・2015 年）
前田・各论　　前田雅英『刑法各論講義〔第 6 版〕』（東京大学出版会・2015 年）
前田等编　　前田雅英ほか編『条解刑法〔第 2 版〕』（弘文堂・2007 年）
牧野・各论　　牧野英一『刑法各論（上）（下）』（有斐閣・1950 年・1951 年）
三原・各论　　三原憲三『新版刑法各論』（成文堂・2009 年）
宫本・大纲　　宮本英脩『宮本英脩著作集第 3 巻（刑法大綱）』（成文堂・1984 年）
山口・总论　　山口　厚『刑法総論〔第 2 版〕』（有斐閣・2007 年）
山口・各论　　山口　厚『刑法各論〔第 2 版〕』（有斐閣・2010 年）
山中・总论　　山中敬一『刑法総論〔第 3 版〕』（成文堂・2015 年）
山中・各论　　山中敬一『刑法各論〔第 3 版〕』（成文堂・2015 年）

四、讲座、论文集

阿部古稀　　『刑事法学の現代的課題—阿部純二先生古稀祝賀論文集』（第一法規・2004 年）

大野古稀　　『刑事法学の潮流と展望—大野眞義先生古稀祝賀』（世界思想社・2000 年）

展开・各论　　芝原邦爾＝堀内捷三＝町野朔＝西田典之編『刑法理論の現代的展開・各論』（日本評論社・1996 年）

団藤古稀　　『団藤重光博士古稀祝賀論文集第 1 巻～第 5 巻』（有斐閣・1982 年～1985 年）

平野・诸问题（下）　　平野龍一『犯罪論の諸問題（下）各論』（有斐閣・1982 年）

佐伯＝道垣内　　佐伯仁志＝道垣内弘人『刑法と民法の対話』（有斐閣・2001 年）

中古稀　　中山研一ほか編『刑法理論の探求—中刑法理論の検討 0 中義勝先生古稀祝賀』（成文堂・1992 年）

前田等・医事法　　前田達明＝稲垣喬＝手嶋豊ほか『医事法』（有斐閣・2000 年）三原古稀＝『三原憲三先生古稀祝賀論文集』（成文堂・2002 年）

百选Ⅰ　　『別冊ジュリスト刑法判例百選Ⅰ総論〔第 7 版〕』（有斐閣・2014 年）

百选Ⅱ　　『別冊ジュリスト刑法判例百選Ⅱ各論〔第 7 版〕』（有斐閣・2014 年）

レヴィジオン1 中山研一＝浅田和茂＝松宮孝明『レヴィジオン刑法1共犯論』（成文堂・1997年）
レヴィジオン2 中山研一＝浅田和茂＝松宮孝明『レヴィジオン刑法2未遂犯論・罪数論』（成文堂・2002年）
レヴィジオン3 中山研一＝浅田和茂＝松宮孝明『レヴィジオン刑法3構成要件・違法性・責任』（成文堂・2009年）

判例集的编年对应表

在本书中，为了尊重原文，也为了遵循日本就判例出处的惯用表示，更为了便于本书读者顺利查找相关判例，并未将明治、大正、昭和、平成这些日本年号改为公历，但同时考虑到中国读者更习惯于公历，在此特不畏累赘列表表示编年对应。值得注意的是，根据日本年号的实际变更时间，明治45年仅止于明治45年（1912年）7月30日，大正15年仅止于大正15年（1926年）12月25日，昭和64年仅止于昭和64年（1989年）1月7日。

大审院刑事判决录 （刑录创刊）	大审院刑事判例集 （改称刑录）	最高裁判所刑事判例集 （改称刑集）	
明治28（1895年）1辑	大正11（1922年）1卷	昭和22（1947年）1卷	昭和50（1975年）29卷
29（1896年）2	12（1923年）2	23（1948年）2	51（1976年）30
30（1897年）3	13（1924年）3	24（1949年）3	52（1977年）31
31（1898年）4	14（1925年）4	25（1950年）4	53（1978年）32
32（1899年）5	大正15	26（1951年）5	54（1979年）33
33（1900年）6	（1926年）5	27（1952年）6	55（1980年）34
34（1901年）7	昭和1	28（1953年）7	56（1981年）35
35（1902年）8	2（1927年）6	29（1954年）8	57（1982年）36
36（1903年）9	3（1928年）7	30（1955年）9	58（1983年）37
37（1904年）10	4（1929年）8	31（1956年）10	59（1984年）38
38（1905年）11	5（1930年）9	32（1957年）11	60（1985年）39
39（1906年）12	6（1931年）10	33（1958年）12	61（1986年）40
40（1907年）13	7（1932年）11	34（1959年）13	62（1987年）41
41（1908年）14	8（1933年）12	35（1960年）14	63（1988年）42
42（1909年）15	9（1934年）13	36（1961年）15	昭和64
43（1910年）16	10（1935年）14	37（1962年）16	（1989年）43
44（1911年）17	11（1936年）15	38（1963年）17	平成1
明治45	12（1937年）16	39（1964年）18	2（1990年）44
（1912年）18	13（1938年）17	40（1965年）19	3（1991年）45
大正1	14（1939年）18	41（1966年）20	4（1992年）46
2（1913年）19	15（1940年）19	42（1967年）21	5（1993年）47

续前表

大审院刑事判决录 （刑录创刊）	大审院刑事判例集 （改称刑录）	最高裁判所刑事判例集 （改称刑集）	
3（1914年）20	16（1941年）20	43（1968年）22	6（1994年）48
4（1915年）21	17（1942年）21	44（1969年）23	7（1995年）49
5（1916年）22	18（1943年）22	45（1970年）24	8（1996年）50
6（1917年）23	19（1944年）23	46（1971年）25	9（1997年）51
7（1918年）24	20（1945年）24	47（1972年）26	10（1998年）52
8（1919年）25	21（1946年）25	48（1973年）27	11（1999年）53
9（1920年）26	22（1947年）26	49（1974年）28	12（2000年）54
10（1921年）27			13（2001年）55
			14（2002年）56
			15（2003年）57
			16（2004年）58
			17（2005年）59
			18（2006年）60
			19（2007年）61
			20（2008年）62
			21（2009年）63
			22（2010年）64
			23（2011年）65
			24（2012年）66
			25（2013年）67
			26（2014年）68
			27（2015年）69

目录 Contents

第一部分 绪 论

第一章 "刑法各论"是什么 ... 3
- 第一节 刑法各论的意义与课题 ... 3
- 第二节 刑法各论的"体系" ... 5

第二部分 针对个人法益的犯罪（之一）
——针对"生命体"的生命、身体的犯罪

第二章 "人"的"始期"与"终期" ... 11
- 第一节 "人"的"始期" ... 11
- 第二节 "人"的"终期" ... 15
- 第三节 今后的课题 ... 18

第三章 杀人犯罪 ... 21
- 第一节 概　述 ... 21
- 第二节 杀害尊亲属罪（旧第200条） ... 22
- 第三节 参与自杀、同意杀人 ... 23
- 第四节 杀人预备罪 ... 28

第四章 伤害犯罪 ... 31
- 第一节 概　述 ... 31
- 第二节 伤害罪 ... 31
- 第三节 伤害致死罪 ... 35
- 第四节 伤害现场助势罪 ... 36

第五节　同时伤害的特例　……………………………………………… 36
第六节　暴行罪　…………………………………………………………… 38
第七节　准备凶器集合罪、准备凶器聚集罪　…………………………… 39

第五章　过失伤害犯罪　43

第一节　概　述　………………………………………………………… 43
第二节　过失伤害罪、过失致死罪　…………………………………… 43
第三节　业务过失致死伤罪　…………………………………………… 44
第四节　重大过失致死伤罪　…………………………………………… 45
第五节　危险驾驶致死伤罪　…………………………………………… 46
第六节　驾驶过失致死伤逃避发现酒精等影响罪　…………………… 49
第七节　驾驶汽车过失致死伤罪　……………………………………… 50

第六章　堕胎犯罪　54

第一节　概　述　………………………………………………………… 54
第二节　具体犯罪类型　………………………………………………… 57

第七章　遗弃犯罪　61

第一节　概　述　………………………………………………………… 61
第二节　具体犯罪类型　………………………………………………… 64

第三部分　针对个人法益的犯罪（之二）
——针对自由的犯罪

第八章　逮捕与监禁犯罪
——针对自由的犯罪（之一）　71

第一节　概　述　………………………………………………………… 71
第二节　逮捕、监禁罪　………………………………………………… 72
第三节　逮捕、监禁致死伤罪　………………………………………… 74

第九章　胁迫犯罪
——针对自由的犯罪（之二）　76

第一节　概　述　………………………………………………………… 76
第二节　胁迫罪　………………………………………………………… 77
第三节　强要罪　………………………………………………………… 78
第四节　特别法的规定　………………………………………………… 79

第十章　略取、诱拐以及买卖人身犯罪
　　——针对自由的犯罪（之三） ······ **81**

　　第一节　概　述 ······ 81
　　第二节　拐取未成年人罪 ······ 84
　　第三节　营利目的拐取罪 ······ 85
　　第四节　勒索赎金目的拐取罪、拐取后勒索赎金罪 ······ 86
　　第五节　移送至所在国国外目的拐取罪、买卖人身罪、移送被拐取者等至所在国国外罪 ······ 88
　　第六节　移交被拐取者罪 ······ 89

第十一章　强制猥亵、奸淫犯罪
　　——针对自由的犯罪（之四） ······ **93**

　　第一节　概　述 ······ 93
　　第二节　强制猥亵罪 ······ 94
　　第三节　强奸罪 ······ 97
　　第四节　准强制猥亵罪、准强奸罪 ······ 98
　　第五节　集团强奸罪、准集团强奸罪 ······ 99
　　第六节　亲告罪规定 ······ 100
　　第七节　强制猥亵等致死伤罪 ······ 100
　　第八节　劝诱淫行罪 ······ 102

第十二章　侵犯住宅犯罪
　　——针对自由的犯罪（之五） ······ **104**

　　第一节　概　述 ······ 104
　　第二节　侵入住宅罪 ······ 108
　　第三节　不退出罪 ······ 111

第四部分　针对个人法益的犯罪（之三）
　　——针对人格法益的犯罪

第十三章　针对秘密的犯罪
　　——针对人格法益的犯罪（之一） ······ **119**

　　第一节　概　述 ······ 119
　　第二节　开拆书信罪 ······ 119
　　第三节　泄露秘密罪 ······ 120

第十四章　针对名誉的犯罪
——针对人格法益的犯罪（之二） 124
第一节　概　述 124
第二节　毁损名誉罪 126
第三节　事实的证明 128
第四节　其他的正当行为 136
第五节　毁损死者的名誉 137
第六节　侮辱罪 137

第五部分　针对个人法益的犯罪（之四）
——危及经营基础的犯罪

第十五章　针对信用、业务的犯罪 141
第一节　概　述 141
第二节　毁损信用罪 142
第三节　妨害业务罪 144
第四节　损坏电子计算机等妨害业务罪 147

第六部分　针对个人法益的犯罪（之五）
——针对财产权的犯罪

第十六章　针对财产权的犯罪（财产犯）总论 151
第一节　概　述 151
第二节　财产犯的客体 155
第三节　财产罪的保护法益 160

第十七章　盗窃犯罪
——针对财产权的犯罪（之一） 167
第一节　概　述 167
第二节　盗窃罪 168
第三节　侵夺不动产罪 176
第四节　有关自己财物的特例 178
第五节　有关亲属间犯罪的特例 178

第十八章　抢劫犯罪
——针对财产权的犯罪（之二） 183
第一节　概　述 183
第二节　财物抢劫罪 184

|第三节　利益抢劫罪 ·· 186
|第四节　抢劫预备罪 ·· 188
|第五节　事后抢劫罪 ·· 188
|第六节　昏醉抢劫罪 ·· 194
|第七节　抢劫致死伤罪 ·· 195
|第八节　抢劫强奸罪、抢劫强奸致死罪 ································ 197

第十九章　诈骗、恐吓犯罪
　　——针对财产权的犯罪（之三）　**202**

　　第一节　概　述 ·· 202
　　第二节　诈骗罪 ·· 205
　　第三节　计算机诈骗罪 ·· 218
　　第四节　准诈骗罪 ·· 219
　　第五节　恐吓罪 ·· 220

第二十章　侵占犯罪
　　——针对财产权的犯罪（之四）　**225**

　　第一节　概　述 ·· 225
　　第二节　侵占委托物罪 ·· 227
　　第三节　业务侵占罪 ·· 236
　　第四节　侵占遗失物等罪 ·· 236
　　第五节　侵占罪的共犯、罪数 ·· 237
　　第六节　有关亲属间犯罪的特例 ·· 238

第二十一章　背信犯罪
　　——针对财产权的犯罪（之五）　**241**

　　第一节　概　述 ·· 241
　　第二节　背信罪的本质 ·· 242
　　第三节　背信罪的成立要件 ·· 243
　　第四节　背信与侵占委托物的关系 ···································· 248

第二十二章　有关盗赃等的犯罪（赃物罪）
　　——针对财产权的犯罪（之六）　**251**

　　第一节　赃物罪的种类与法律性质 ···································· 251
　　第二节　赃物罪的本质 ·· 252
　　第三节　赃物罪的主观要件 ·· 256
　　第四节　共犯与罪数 ·· 257
　　第五节　有关亲属间犯罪的特例 ·· 258

第二十三章　毁弃与隐匿犯罪
　　——针对财产权的犯罪（之七） ··· **262**
第一节　现行法的结构 ·· 262
第二节　具体犯罪类型 ·· 263

第七部分　针对社会法益的犯罪

第二十四章　针对社会法益的犯罪概述 ································· **275**
第一节　社会法益的含义 ·· 275
第二节　针对社会法益的犯罪的分类 ·· 275

第二十五章　针对公共安全的犯罪（之一）
　　——公共危险犯概述、骚乱犯罪 ··· **278**
第一节　公共危险犯概述 ·· 278
第二节　骚乱犯罪的构成 ·· 279
第三节　骚乱罪 ·· 279
第四节　多众不解散罪 ·· 283

第二十六章　针对公共安全的犯罪（之二）
　　——放火以及失火犯罪、有关决水以及水利的犯罪 ················· **285**
第一节　放火以及失火犯罪概述 ·· 285
第二节　放火犯罪的基本问题 ·· 286
第三节　放火犯罪的具体犯罪类型 ·· 290
第四节　有关决水以及水利的犯罪 ·· 297

第二十七章　针对公共安全的犯罪（之三）
　　——妨害交通的犯罪 ··· **299**
第一节　概　述 ·· 299
第二节　具体犯罪类型 ·· 299

第二十八章　针对公众健康的犯罪 ··· **307**
第一节　概　述 ·· 307
第二节　有关鸦片烟的犯罪 ·· 307
第三节　有关饮用水的犯罪 ·· 309

第二十九章　针对公共信用的犯罪（之一）
　　——伪造罪概述、伪造文书犯罪 ··· **313**
第一节　概　述 ·· 313

第二节　有关伪造文书犯罪的共通问题 ································· 314
　　第三节　伪造诏书罪、使用伪造的诏书罪、伪造公文书罪、使用伪造的
　　　　　　公文书罪 ··· 327
　　第四节　制作虚假公文书罪、公正证书原本等不实记载罪 ············· 328
　　第五节　伪造私文书罪、使用伪造的公文书罪、制作虚假诊断书罪、使用虚假的
　　　　　　诊断书罪 ··· 330
　　第六节　不正当制作电磁记录罪、提供不正当制作的电磁记录罪 ······ 331

第三十章　针对公共信用的犯罪（之二）
　　——其他伪造犯罪 ·· **334**
　　第一节　伪造货币犯罪 ··· 334
　　第二节　伪造有价证券犯罪 ·· 339
　　第三节　有关支付用磁卡的电磁记录的犯罪 ························· 342
　　第四节　伪造印章犯罪 ·· 345
　　第五节　有关不正当指令电磁记录的犯罪 ··························· 348

第三十一章　针对风俗的犯罪 ··· **350**
　　第一节　概　述 ··· 350
　　第二节　猥亵犯罪 ··· 351
　　第三节　关于赌博以及彩票的犯罪 ··································· 355
　　第四节　有关礼拜场所以及坟墓的犯罪 ······························ 357

第八部分　针对国家法益的犯罪

第三十二章　针对国家法益的犯罪概述 ································· **365**
　　第一节　国家法益的含义 ·· 365
　　第二节　针对国家法益的犯罪的分类 ································ 366

第三十三章　有关国家的存立与国交的犯罪 ··························· **370**
　　第一节　概　述 ··· 370
　　第二节　有关内乱的犯罪 ·· 370
　　第三节　有关外患的犯罪 ·· 373
　　第四节　有关国交的犯罪 ·· 375

第三十四章　妨害执行公务的犯罪 ······································ **378**
　　第一节　概　述 ··· 378
　　第二节　妨害执行公务罪、职务强要罪 ······························ 379
　　第三节　其他针对公务的犯罪 ·· 384

第三十五章 针对司法职能的犯罪 ··· **391**

    第一节 概　述 ··· 391
    第二节 脱逃犯罪 ··· 393
    第三节 藏匿犯人以及隐灭证据的犯罪 ······························· 397
    第四节 伪证犯罪 ··· 404
    第五节 虚假告诉犯罪 ·· 406

第三十六章 渎职犯罪 ··· **410**

    第一节 概　述 ··· 410
    第二节 滥用职权犯罪 ·· 410
    第三节 贿赂犯罪 ··· 414

第一部分
绪 论

第一部分 釋論

第一章
"刑法各论"是什么

第一节 刑法各论的意义与课题

一、为了不对小偷适用杀人罪

"刑法各论"（以下简称为"各论"）主要讲授的是，"刑法"这一法律（刑法典，也被称为"狭义刑法"）中的第2编"罪"（也被称为"分则"）的解释问题。

然而，我们为何要学习刑法各论呢？在已经学习过刑法总论（以下简称为"总论"）或者正在学习刑法总论的人中，或许会有这样的疑问。这是因为，有关犯罪成立与否的一般原则已经包含在"总论"的学习中，而且，从日本目前存在的庞大的特别刑法与行政刑法等所谓"广义刑法"（⇒总论第1章第1节之三）中所包含的犯罪种类来看，各论要学习的所谓"狭义刑法"中的犯罪种类，不过是其中极少的一部分。

尽管如此，以规定于《刑法》第2编"罪"中的具体犯罪为对象，学习"刑法各论"，用口号式的方式来表达的话，其意义就在于**"为了不对小偷适用杀人罪"**。连六岁的孩子都知道偷东西是不对的，盗窃会受"刑罚"处罚，这本是义务教育的学习内容。进一步而言，"刑罚"中包含什么、是否存在缓刑与假释制度，以及若存在正当防卫等阻却事由，盗窃行为也可不受处罚等问题，也应该是"总论"的学习内容。

与之不同，"各论"应该学习的是，例如，以"杀人"为标题的《刑法》第199条应当适用于哪种类型的行为。这并非如同"总论"的"违法性"（⇒总论第8章第2节之一）部分所做的那样，研究的是从法的视角来看是否可以实施某对象行为的问题。"各论"要做的是，在"不得实施"的行为之中，确定哪些行为符合或者不符合哪个具体的"犯罪类型"（大致相当于"构成要件"）（⇒总论第5章第2节之一）。也就是，"各论"所要做的是，知晓各个构成要件的界限（这被称为"**犯罪的确定**"〔qualification〕）。

在此意义上，在各论中，重要的并非对行为的是非善恶进行判断，而是明确那些更需要解释技巧的、分则条文所具体规定的专业用语的含义。同时，通过明晰作为刑罚对象的规范违反的含义，也有助于实现刑法的一般预防机能。

二、"各论"的含义与射程

所谓"各论"，原本是要明确，为"广义的刑法"所类型化的事关个别犯罪之成立与否的规则，以及包含刑罚减免在内的各种法律效果。但是，如前所述，在实际讲授"各论"时，是以规定于《刑法》第2编"罪"中的具体犯罪为对象，以学习各个具体犯罪的成立条件及其与其他相关犯罪类型之间的关系为重点。不过，在具体学习"各论"时，有一点不应忘记：如何将这种解释方法也运用于对"广义的刑法"中的其他犯罪的解释。

三、"法益"的含义

在"各论"的学习中，重要的是，要知晓为了保护什么而设定了该刑罚法规，亦即，该犯罪类型所预定的"保护法益"或"法益"究竟是什么（⇒总论第1章第4节之五）。这是因为，犯罪的成立个数以及此罪与彼罪的关系，均为"法益"所左右。例如，一般认为，向现住建筑物等放火罪（第108条）是针对"公共安全"的抽象危险犯，这里所谓"公共安全"，包含不特定或者多数人的生命、身体或财产，因而通过向现住建筑物放火，致使数间住宅遭受损害的，这已经为该罪的极重的法定刑所评价（死刑、无期惩役或者5年以上有期惩役）。因此，即便一次放火行为烧毁了数间住宅，成立的犯罪也只是一个向现住建筑物等放火罪。反之，损坏建筑物罪（第260条）的"法益"是各个房屋的所有权本身，因而在一次爆炸行为损坏数间房屋时，就要成立与受损的房屋数量相同数量的损坏建筑物罪。

此外，"公共安全"中已经包含了具体房屋的所有权，向建筑物放火中也包含着对具体建筑物的所有权的侵害，因此，成立向建筑物放火的犯罪之时，就不再另外成立损坏建筑物罪。

不过，"法益"本身是通过对个别刑罚法规的解释始得以明确的，而并非先验地决定的，因而，有时会就具体犯罪出现有关其"法益"的论争。因此，对于具体犯罪成立要件的解释而言，"法益"固然是重要的，但并非决定性的。例如，如后所述，倘若遗弃罪（第217条、第218条）的"法益"是人的生命与健康，那么，就可以认为，"遗弃"这种行为中，不包括对人的生命与健康无害的行为。此外，妨害执行公务罪（第95条第1款）保护的是合法公务的执行，因而作为妨害对象的"公务"，就以"合法性"这一不成文的要件为必要。但是，即便认为放火罪（第108条以下）的"法益"是"公共安全"，也不会就此明确用以区别放火之既遂与未遂的"烧损"这一概念的含义。原因在于，与放火的既遂相同，放火的未遂也是针对公共安全的抽象危险犯。这里，条文所使用的文字的含义以及立法宗旨，就成为法解释的指针。

四、"各论"的学习方法

要学习这种"各论"，比较好的方法是，（1）首先阅读各个条文，设想该条文所预定的犯罪的典型案情；（2）大致了解该规定的立法沿革与立法宗旨；（3）利用实际判例或者教学案例，对于相关的重要论点，设想出就是否适用该规定有可能存在争议的界限案例；（4）然后从共犯、罪数等角度，明确该罪与其他犯罪类型之间的关系；（5）若有必要，还需要基于比较法的视角与近年来的犯罪动向等，对是否需要修正相关规定以及修正的方向等作出展望。

第二节 刑法各论的"体系"

一、依据"法益"进行分类

"各论"也有体系，其体现于刑法典中犯罪类型的分类与排列的顺序之中。进行这种体系化分类与排列的标准，就是该规定的保护法益。

1880年（明治13年）制定的旧刑法将犯罪区分为"针对公益的重罪、轻罪""针对身体、财产的重罪、轻罪"，以及相当于现在的轻犯罪的"违警罪"。1907年（明治40年）制定的现行刑法废止了这种区分，并从刑法典中删除了违警罪。但是，从现行刑法的规定可知，在现行《刑法》第2编"罪"中，仍然区分了"针对公益的犯罪"与"针对个人法益的犯罪"，具体而言，第73条至第198条基本规定的是前者，而第199条到第264条则大致规定的是后者。

不过，现在的通说则进一步将法益区分为"国家法益""社会法益""个人法益"等三种类型（"法益三分说"）。这是因为，通说认为，在国家与个人之间，还另外存在由"市民"构成的"社会"（"市民社会"）及其所固有的法益。

二、对"静止状态"与"动态自由"的保护

不过，"法益"（德语是"Rechtsgut"）这一词语原本给人的印象是，对包含人的身体在内的、具有某种价值之物的所有这样一种"静止状态"。为此，这虽然适合于解释诸如盗窃罪那样侵犯财物所有之状态的犯罪类型，却不太适合于解释诸如诈骗罪那样被害人本人处分自己的财物或者财产的犯罪类型。

例如，在谎称"请向交通事故孤儿献爱心"而骗取捐款的诈骗犯罪（捐款诈骗）中，对于从自己的财产中拿出一定金额本身，是被害人在同意的基础上自己亲自实施的。而且，因捐赠而导致"财产减少"的事实本身，也不会因为受捐赠人的"请向交通事故孤儿献爱心"是谎言还是真心话而有所改变。因此，认为这种犯罪是对于"持有一定财产"这种"静止状态"的侵犯，就未能准确评价犯罪事实。这

种情况下，毋宁说，问题在于，"被害人收到的是，能够形成处分财产之动机的、有违真实的信息，并由此处分了财产"。换言之，受到侵害的，并非"持有财产的状态"，而是"不收到引起处分财产之动机的错误信息，并由此处分财产的权利"。亦即，保护的是财产处分中的"动态自由"。

需要注意的是，在解释为"法益"的情形中，一直以来均包含这种"动态自由"不受侵犯的权利。

三、研讨的顺序

剩下的问题是，在"国家法益""社会法益"与"个人法益"这三类法益中，究竟应先从哪一类开始分则的犯罪的排列与各论的学习？

现行刑法的"分则"始于内乱罪这一针对国家法益的犯罪，终于毁弃以及隐匿犯罪这一针对个人法益的犯罪。但在目前，有力观点主张，按照宪法"尊重个人"（《宪法》第13条）的规定，应从针对个人法益的犯罪开始论述，事实上，在各论教科书中，从针对个人法益的犯罪开始解说的占压倒性多数。

不过，应从针对个人法益的犯罪开始各论学习，除此之外还有其他理由。例如，针对个人法益的犯罪更为日常化，数量也更多，故而解释论上的问题点也很多，结构也相对简单。因此，本书的解说顺序也是，从针对个人法益的犯罪开始，再依次是针对社会法益的犯罪、针对国家法益的犯罪。

【问题研讨】

学习"刑法各论"的意义何在？

【解说】

"刑法各论"学习的是一种规则，该规则针对的是，被个别化的犯罪的成立或者特殊情形下的不成立，以及特殊情形下的刑罚减免等。该规则的适用对象，不但包括刑法典（狭义的刑法）中的犯罪，还广泛地包括特别刑法以及行政刑法（广义的刑法）中的犯罪。但在"刑法各论"的实际讲授中，提到的基本上都是刑法典中的犯罪。因此，在学习了"刑法总论"之后，应当以"司法实务中相对重要且频繁发生的犯罪类型，而不限于刑法典中的犯罪"这一点为前提，明确以刑法典中的犯罪为中心学习"刑法各论"的意义。

这里首先应当明确"各论"的意义。其首要目标是，通过学习有关具体犯罪的成立或者不成立等的规则，以确定具体构成要件的适用界限（"犯罪的确定"）。若用口号式的方式来表达的话，其意义就在于，"为了不对小偷适用杀人罪"。

其次，以刑法典中的犯罪为例学习刑法各论，并结合对有关犯罪分类的体系的学习，有利于培养对广义刑法中的犯罪构成要件解释的应用能力。最为重要的是，明确具体条文的含义、立法宗旨，以及此罪与彼罪之间的关系。所谓保护法益，正是在这种工作中得以阐明的。法益，绝非先验性地存在，并引领对条文的解释。

最后,"刑法各论"还必须面向未来探求更好的刑法。在此意义上,通过确定现行法规的解释界限,将具体刑罚法规与社会现实结合在一起,探求是否需要修正刑法以使之更加适应社会或者规范的发展,以及刑法的修正方法等问题。这些也是"各论"学习中极为重要的课题。

第二部分
针对个人法益的犯罪（之一）
——针对"生命体"的生命、身体的犯罪

第二章 "人"的"始期"与"终期"

刑法典规定了杀人犯罪、堕胎犯罪、遗弃犯罪等攻击"生命体"之生命的犯罪。* 对生命体而言,"生命"是作为其存在基础的最重要的"财",生存不受侵犯,是构成生命体之存在基础的最根本的"权利"。杀人犯罪之后,还规定了伤害犯罪、过失伤害犯罪等针对"人"的身体的犯罪。因此,"各论"的学习,应从针对"生命体的生命、身体"的犯罪开始。

※ **"生命体"与"人"**:虽然在生物学意义上同属于"智人"(Homo・sapiens),但刑法典是以出生前后来区分针对"生命体"的犯罪及其刑罚的。出生之前只可能构成堕胎犯罪(第29章),而出生之后则可能构成杀人犯罪(第26章)、伤害犯罪(第27章)、过失伤害犯罪(第28章)、遗弃犯罪(第30章)。并且,堕胎犯罪中使用的是"堕胎"一词,而杀人犯罪等犯罪中,则将攻击的对象(客体)称为"人"。也就是,刑法中的"人",是指出生之后的"生命体"。为此,本书将出生前的客体称为"胎儿",将出生后的客体称为"人",将两者(如后所述,还包括成为"胎儿"之前的"生命体"的受精卵或者胚胎)统称为"生命体"。

第一节 "人"的"始期"

一、意义

私权的享有,始于"出生"(《民法》第3条第1款)。通过"出生"即"作为

---

* 同样是"人",日文原文分别使用了片假名"ヒト"与汉字"人"。虽然发音相同,但此处的"ヒト"是指包括受精卵、胎儿以及出生后的自然人在内的广义上的生命体,而"人"则仅仅指出生后的自然人,即作为人格主体的生命体。为此,在本章中,将"ヒト"译为上述意义上的"生命体",而将"人"直译为"人"。——译者注

活体被产出","生命体"就成为"人"(人格)。对于剥夺"人"的生命的行为,刑法依据杀人罪(第199条)、伤害致死罪(第205条)、过失致死罪(第210条)等进行处罚。相反,杀害"出生"前的"胎儿"的行为,仅构成"堕胎罪"(第212条以下)。与杀人罪相比,堕胎罪的法定刑要轻,且不处罚过失行为。也就是,在刑法上,"人"受到了远胜于"胎儿"的更全面、更优渥的保护。为此,确定"人"的始期,就意味着确定这种优渥保护的开始时点。

然而,不论是"胎儿"还是"人",都不过是对连续的"生命体"基于特定时点所做的区别而已。有学者提出,"死亡"也不过是连续过程中的一个时点而已(⇒唄孝一·《脳死を学ぶ》),但关于"人"的始期,则存在更为激烈的论争。

二、部分露出说与全部露出说

有关"人"的始期,学界存在下述四种观点之间的对立:(1) **"开始分娩说"**("开始生产说")认为,人的始期为,出现阵痛这种标志着开始生产的时点;(2) **"部分露出说"** 认为,是胎儿身体的一部分(例如,头部)露出母体之外时;(3) **"全部露出说"** 认为,是胎儿身体全部露出母体之外时;(4) **"独立呼吸说"** 认为,是胎儿开始独立用肺部呼吸之时。其中,第(3)说是民法学界的通说,但刑法学界则以第(2)说为多数说。

刑法学界支持第(2)说的根据一般是,在"生命体"部分露出之时,便可对其直接实施外部攻击——以下称之为"直接攻击可能性"。反之,民法学界支持第(3)说的根据则在于,"对于无法判断胎儿究竟是部分露出后死亡还是在此之前死亡的情形,(部分露出说)实际是难以处理的"(辻正美·《民法総則》第43页)。

但是,针对第(2)说,有批判观点认为,"能否直接实施攻击这一标准本身,是试图通过行为样态来区分客体的性质,在这一点上可以说,这种确立刑法标准的做法是不妥当的"(⇒平野·诸问题(下)第260页以下)。并且,依据将堕胎定义为 **"于自然分娩期之前,人为地将胎儿排出母体之外"**(大判明治39·7·6刑录12—849、大判明治42·10·19刑录15—1420、大判明治44·12·8刑录17—2183等)的通说,该观点还提出,在自然分娩期到来后部分露出之前,将胎儿杀死于胎内的,按照第(2)说,就势必出现既不构成堕胎罪也不构成杀人罪的"处罚漏洞",从而主张刑法也应当采用"全部露出说",并进一步将堕胎定义为,杀害包括"部分露出的胎儿"在内的"杀害胎儿"的行为(大判明治36·7·6刑录9—1219判定,在胎儿的头顶露出时,动手致胎儿窒息死亡的,应构成堕胎罪。而此后的大判明治42·10·19刑录15—1420则认为,只是提前排出胎儿但胎儿并未死亡的,也构成堕胎罪。尽管就这一点,明治42年判例对明治36年判例做了判例变更,但在对于胎儿部分露出后仍可按照堕胎罪处理这一点上,明治36年判例并未丧失先例意义,仍对后续判例具有先例约束力)。

对于这种观点,批判意见提出,难以想象,全部露出之前与之后,生命价值会有什么(根本性)不同(佐伯=道垣内·第318页〔佐伯〕)。但是,如前所述,就"生命体"而言,在现行法上,"出生"之前还是之后,是存在巨大的价值之差的,即,据此确定有无权利能力(《民法》第 3 条第 1 款)。如果将民法规定中的"出生"理解为"全部露出",则只要这种民法解释并非不合理,那么,刑法将杀害"全部露出"之后的权利能力人的行为解释为"杀人",将杀害"全部露出"之前的"无权利能力的生命体"的行为解释为"堕胎",这种做法也自然是合理的。因此,在本书看来,第(3)种观点要更为合理("全部露出说"并非仅是民法的专利,这一点不容忘记。在《户籍法》上,对于全部露出之前死亡的胎儿,也是作为"死产"来处理的。如果"忠实地"适用"部分露出说",被害人在《户籍法》上是作为"死产"来处理,但在刑法上却要就此构成杀人罪)。

※"堕胎"的定义:如前所述,判例一般将"堕胎"定义为"于自然分娩期之前,人为地将胎儿排出母体之外",但另有判例认为,杀害腹内胎儿的行为也构成"堕胎"(大判明治36·7·6刑录9—1219等),为此,现在的判例及通说将"堕胎"定义为,"于自然分娩期之前,人为地将胎儿排出母体之外"("提前排出")或者"杀害腹内胎儿"("杀害胎儿")。

※※部分露出说的长处?部分露出说的支持者认为,对于新生儿所受的伤害,可以相对容易地判断究竟是发生在部分露出之前还是之后,但却很难判断究竟是在全部露出之前还是之后(大谷实·"刑法における人の生命の保護"団藤古稀第2卷第342页;大谷·各论第9页)。但是,这不过是证明的难易程度的问题;而且,如果在胎儿位于胎内之时,被告便对孕妇的腹部持续施加暴力,并且在胎儿部分露出之时,对胎儿的头部继续实施打击的,但在部分露出的时点,胎儿是否已经死亡存在疑问的情形下,刑事案件的处理也同样存在"对于无法判断究竟是部分露出之后死亡还是在此之前死亡的情形,难以处理"这样的难点。

※※※对于分娩过程中的"生命体"的保护与"分娩开始说":不过,因为各种各样的理由,认为分娩过程中的"生命体"往往更容易受到攻击,因而与"胎儿"相比,更有必要予以保护的观点也并非没有道理。这是因为,在对"未婚妈妈"的社会性责难相对强烈的时代,完全能够想到,在分娩过程中,孕妇可能会作出杀害胎儿的举动。德国《刑法》原第 217 条(已于 1998 年删除)"杀害婴儿"想必原本也是出于这种旨趣。不过,如果这样考虑的话,就应该是采取"分娩开始说"而非"部分露出说"。

三、母体外的存活可能性与"人"

不过,上述观点也是附条件的。现在的问题是,随着早产儿医疗技术的日益发达,过去不可能存活的——尤其是允许人工流产的妊娠满 22 周前后——超早产儿也有可能存活下来。在这种超早产儿的场合,"部分露出说"与"全部露出说"的观点是否仍然妥当,也便成为问题。

事实上,在根据《母体保护法》允许实施人工流产的"在母体外无法存活"期间(《母体保护法》第2条第2款。按照厚生省事务次官的通知,该时间被理解为妊娠满22周之前),即便在因人工流产而排出体外的时点,胎儿仍然是存活的,也是作为流产来处理的,不承认其具有继承权等权利能力。因此,在现实中,无论是"部分露出说"还是"全部露出说",又或者是权利能力的赋予,都是以胎儿"在母体外存活的可能性"为条件(⇒佐伯=道垣内·第323页〔道垣内〕。此外,对于怀孕34周时因交通事故而被排出母体之外的、已不具有存活能力的"生命体",秋田地判昭和54·3·29刑月11—3—264认为,"在刑法上,上述分娩儿尚不能谓之为'人',而仍然处于胎儿的延长期上",进而否定成立业务过失致死罪)。因此,所谓"人",应解释为,**"具备在母体外存活之可能性的、已全部露出母体的生命体"**(持类似观点的,参见小暮等·各论第16页〔町野朔〕)。

※**如果出现完全的人造子宫?** 不过,早产儿医疗发展到极限,完全的人造子宫被开发出来,受精卵可以完全在母体外成长发育至新生儿的时代,说不准什么时候就会到来。但是,即便是在那种时代,想必也不能从试管内的受精卵阶段开始——以在母体之外有可能存活的"生命体"已经全部露出母体之外为理由——就认可其权利能力。因此,对于那种主张是否属于"人"应取决于是否"具有在母体外存活的可能性"的观点,就有再考之必要。这样看来,也许直接从胎儿的发育阶段即加以区分的做法要更为合适。⇒伊东·各论第16页以下、松宫孝明·《年报医事法学》4(1989年)第121页以下。

四、伤害胎儿

受药物或者有毒物质的影响,生出畸形或者身体残疾的胎儿的,有可能出现**既不构成堕胎罪也不构成伤害罪的事态**。这是因为,"伤害胎儿"既不属于"杀害胎儿"或者"早期排出",也不属于"伤害他人"。

实际成为问题并引起社会高度关注的案件是,因母亲服用了沙利度胺(thalidomide)镇静剂而导致胎儿畸形的"沙利度胺事件",以及因有机水银中毒而患胎儿性"水俣病"的"水俣病事件"。具体而言,在"沙利度胺事件"中,药物的催生畸形的作用仅限于妊娠一月左右时,但不会对出生之后的人的健康状况造成影响;而在"水俣病事件"中,患者自出生时便带有重度水银中毒的障碍,因而两者都不属于以"人"为对象的伤害罪,也不属于针对"早期排出"或者"杀害胎儿"的堕胎罪。

尽管如此,对于"沙利度胺事件",德国亚琛地方法院于1970年判定成立伤害罪(案件因其他原因而终止,最终未作出有罪判决);对于"水俣病事件",日本最高裁判所也判定成立业务过失致死罪(最决昭和63·2·29刑集42—2—314、百选ⅡNo.3。构成致死罪是因为有患者在出生后死亡)。特别值得关注的是,日本最高裁判所是以"胎儿构成母体的一部分"为理由,而将胎儿阶段的加害行为理解为针对母体的伤害行为;并且,在因该加害行为而导致出生后的孩子此后死亡的场合,判定属于"使人发生病变而引发其死亡的结果",进而判定成立过失致死罪。

但是，即便能将针对胎儿的加害行为视作是对母体之一部分的加害，这种做法也无视了被加害人（母亲）与死亡人（孩子）之间的不一致。并且，现行刑法中根本不存在将胎儿视为母体之一部分的规定或者根据，非但如此，自己堕胎的，不仅不是不可罚的自伤行为，而且是应构成独立的犯罪（《刑法》第212条）。这一事实就已经证明，刑法是将胎儿独立于母体进行保护的。而且，"沙利度胺事件"与"水俣病事件"中，女性的生殖机能未必受到了伤害，因而也并非"妨害了母亲生出健康孩子的机能"（藤木·各论第188页）。

毋宁说，在一直以来的肯定说中，有力观点是，将伤害胎儿视为，对具备"人"之机能的萌芽的胎儿的加害行为，在受伤害的胎儿出生为人时，就以结果上存在"对人的伤害"为理由，判定成立针对出生后的人的伤害罪（"水俣病事件"一审判决：熊本地判昭和54·3·22刑月11—3—168等）。其理由在于，在该情形下，尽管在实施加害行为当时尚不存在作为伤害罪客体的"人"，但正如挖陷阱时尚未出生的孩子在出生后落入陷阱而受伤的情形那样，显然不能说，要成立伤害罪，以行为当时有"人"存在为必要。

但是，针对该观点，有反论指出：诚然无须"行为与客体同时存在"，但在落入陷阱时，也就是在陷阱实际发挥"作用"时，却以"人"的存在为必要，在此意义上，"作用与客体同时存在"是必要的，但典型的伤害胎儿案件中是不具备这种同时存在性的，所以不应将伤害胎儿案件与陷阱案件相提并论（齐藤〔诚〕·各论第475页以下等）。本书认为，至少上述意义上的"作用与客体同时存在"还是需要的，无论依据哪种逻辑，我们都不能无视这一点（当然，如果药物的作用在出生后依然持续，由此造成出生后的健康状况更加恶化的话，就满足了同时存在的原则）。若非如此，虽然因不小心而流产的孕妇不构成任何犯罪，但孕妇因不小心而喝下了会引发胎儿畸形的药物，尽管胎儿没有死亡而是活着产下的，却要成立过失伤害罪，这之间显然会出现不均衡。总之，针对伤害胎儿的问题，我们期待能够制定出，可以将现行法的堕胎罪与伤害罪、过失伤害罪等纳入视野之中的、更好地保持各种情形之间的均衡的立法（同旨，大谷·各论第27页、须之内·各论第10页。德国的《胚胎保护法》中有针对伤害胎儿行为的处罚规定）。

第二节 "人"的"终期"

一、意义

"人"的"终期"即"死亡"，在民法上会引起私权享有主体的消灭以及继承的开始（《民法》第882条），而在刑法上，则会由杀人罪等的客体转化为遗弃尸体罪（《刑法》第190条）的客体。

二、"三征候说"与"脑死亡说"

关于人的"死亡"的判断标准，存在以下两种对立的学说：（1）"三征候说"

认为，应同时具备心脏（脉搏）不可逆转地停止跳动、自发性呼吸不可逆转地停止以及瞳孔放大这三种症候；（2）"**脑死亡说**"则认为，应以脑机能不可逆转地停止作为标准。"脑死亡说"还进一步包括"**全脑死亡说**""**脑干死亡说**""**大脑死亡说**"等三种具体观点，其中，"全脑死亡说"是多数说（英国采取"脑干死亡说"）。

不过，为了在伦理与法律上使移植处于"脑死状态"的患者的器官（以下称为"脑死移植"）成为可能，就必须认为，处于"脑死状态"的患者已经死亡。这是因为，若非如此，实施移植手术的医师就是从活着的患者身上摘取心脏等器官，势必要成立杀人罪（但也有观点认为，为了移植而杀人的，可以阻却违法性）。为此，一方面，能否将这种脑死视为"人的死亡"，尚存在激烈论争；另一方面，"脑死"本身的判断标准的统一也是问题。1985年，当时的厚生省的脑死判定标准研究组制订了由脑干反射与无呼吸测试构成的标准模式（以研究组组长姓名命名，一般称为"竹内标准"）。1997年颁布的《关于器官移植的法律》（"器官移植法"），规定在一定条件下，可以"从脑死亡人的身体"中摘取移植用器官。但该法并不包含将"脑死"认定为"人的死亡"这种旨趣，只不过是规定了允许摘取移植用器官的条件。

根据该法第6条第2款，该法中的"脑死"，是指预定将被摘取移植用器官者"被判定为，达到了包括脑干在内的全脑机能的不可逆转地停止的程度"。这被称为"全脑死"。问题在于，这里所谓"全脑机能"，包括"脑的全部机能"与"脑的整体机能"两种类型。厚生劳动省标准（"竹内标准"）以及支持该标准的"脑死临调"（"脑死以及器官移植临时调查会"）的多数意见采取的是后一种观点。按照这种观点，即便来自中脑（diencephalon）丘脑下部（丘脑下部〔hypothalamus〕，除了作为自律神经系统、荷尔蒙系统、体液调节系统的中枢而发挥作用之外，还作为大脑边缘系统的一部分，为维持生命而发挥着重要机能）的、为维持血压的抗利尿荷尔蒙分泌，以及维持体温等的脑机能仍然有效，也是可以诊断为"脑死"的（关于脑神经外科医师在"脑的整体机能"的丧失与停止这一意义上使用"脑死"概念，参见Christopher Pallis〔植村研一等译〕《人間の死と脳幹死》。另外，《脳死論争で臓器移植はどうなるか〔生命倫理に関する米大統領評議会白書〕》〔2010年〕〔上竹正躬译〕承认，存在全脑机能并未完全丧失的情况，从而提出以"全脑浊"〔total brain failure〕概念替代"全脑死亡"）。

一般认为，有关能否将"脑死"视为人的死亡的问题，一直以来存在持肯定态度的"脑死说"与持否定态度的"三征候说"之间的对立。但是，这种对立模式未能把握问题的实质。也有观点虽支持将"脑的全部机能不可逆转地停止"视为死亡，但同时又认为，"竹内标准"这种脑死判定的临床标准无法对"脑的全部机能不可逆转地停止"进行测定，因而对于以这种标准来判断人之死亡的做法，持否定态度（⇒立花隆・《脳死》《脳死再論》《脳死臨調批判》；中义胜・《刑法雑誌》第27卷第4号第907页、《刑法雑誌》第32卷第3号第427页；松宫孝明・"'脑死'について"中古稀・第419页以下；松宫孝明・"臓器移植法の問題点とその見直しにむけて"大野古稀・第 409 页以下）。基于上述立场，对于围绕死的定义、概念或者标准等问题的论争，也完全有可能从另外的角度进行整理。

三、"（全）脑死亡"的含义

概言之，针对"脑死亡问题"，现在最大的问题在于，即便我们可以将脑机能的全部丧失视为"人的死亡"，但现在的脑死判定标准是否意味着这种"人的死亡"呢？《器官移植法》规定，以厚生劳动省令作为"脑死"的判断标准（《器官移植法》第 6 条第 4 款），具体而言，就是以"竹内标准"作为判断标准（⇒《关于脏器移植的法律施行规则》第 2 条）。

但从根本上说，包括"竹内标准"在内的脑死亡判定的临床标准，不过是显示该患者已处于无法苏醒的临界点（point of no return）。这原本是为了契合脑神经外科医师所关心的"苏醒"问题而制定的。并且，该标准还有"在现有医疗技术条件下"这种限制。这样，问题就在于，这种作为"苏醒临界点"的"脑死"，能否完全满足有关"人的死亡"的社会"标尺"？

对此，有批判认为，"已经无法挽救"的状态，并不一定就意味着"已经死去"的状态（立花隆・《脑死》《脑死再论》《脑死臨调批判》）。原因在于，即便在这种状态下，仍然存在诸如维持血压等几项重要的脑机能。并且，正如最近的"低体温疗法"（或者"脑低温疗法"）的开发所显示的那样，随着苏醒医疗技术的发展，"无法苏醒的临界点"逐渐延迟。在此意义上，当下的脑死亡判断基准，不过是受现在的医疗技术限制的相对标准而已。

如此一来，以这种相对性的标准来判定"人的死亡"，就有过度偏离传统的"人的死亡"观念之虞。即便从政策上来看，是否需要放弃发展苏醒技术而优先开展移植医疗，是一个迫切需要作出重大医疗政策性决断的问题，但让医疗相关人员直面这一问题，则并不妥当。况且从尚存意识的人身上摘取器官的做法，在伦理上也几乎是不被允许的。因此，《器官移植法》第 6 条第 4 款所谓"厚生劳动省令"，就应该完全如字面含义那样，采取能够判断"脑的全部机能不可逆转地停止"的标准。相反，也有这样理解的余地：现在的"省令"采取的是，"脑的整体死亡"这一意义上的"全脑死亡标准"即"竹内标准"，但这种"省令"并非上述《器官移植法》第 6 条第 4 款所谓"厚生劳动省令"。

※ **"低体温疗法"与脑死亡判断**：《有关〈关于器官移植的法律〉之运用的指针》第 7 条之二第 6 项规定，"开始进行脑死亡判断之时，应以针对原疾患此前采取了所有能采取的适当治疗为当然前提，但需要注意的是，有关脑低温疗法的适应问题，应由主治医师根据患者的病情等进行判断，并未以采取该治疗作为进行脑死亡判断的条件"。但是，疑问在于，"应由主治医师根据患者的病情等进行判断"几乎适于所有疗法，仅仅特别指出"低体温疗法"，这难免不给人该指针对于此疗法是持消极态度这样一种印象。

第三节　今后的课题
——受精卵与胚胎的保护——

一、受精卵与胚胎的法律地位

在刑法中，"胎儿"是指胚胎着床于子宫之后的"生命体"。在体外受精技术已经普及的今天，有关着床前的受精卵或者胚胎的法律地位及其保护方法等问题，就引起了极大关注与论争：究竟是应该（1）认为受精卵或者胚胎包括在损坏器物罪之对象的"物"之中（石原明·《医療と法と生命倫理》第13页以下、佐伯＝道垣内·第312页以下），还是应该（2）将受精卵或者胚胎作为类似于"胎儿"的"人的生命萌芽"而赋予其特殊的法律地位（前田等·医事法第154页以下〔松宫孝明〕、综合科学技术会议生命伦理调查会："ヒト胚の取扱いに関する基本的な考え方"第5页。山口·各论第5页似乎也是相同宗旨）？

按照第（1）种观点，对于损坏着床之前的受精卵或者胚胎的行为，就有可能适用《刑法》第261条的损坏器物罪。但是，正如《民法》第206条所规定的那样，"所有权人于法令限制的范围内，有自由使用、收益以及处分所有物的权利"，同时就必须承认，以所有权人的自由处分为根据，所有权人对受精卵的处分行为就属于正当行为（不过，谁才是受精卵的所有权人呢？是精子或者卵子的提供者，还是使之受精的人呢？这也是一个难题，这里对此不做进一步探讨）。法令的限制只是一种例外，只要没有法令上的限制，就应遵循"财产权不受侵犯"原则（《宪法》第29条第1款）。其结果就是，只要是依据"所有权人的意思"，出于体外受精之外的其他目的而制作受精卵的行为，也是被允许的。

反之，按照第（2）种观点，对于损坏受精卵的行为，就不可能适用《刑法》第261条的损坏器物罪。虽然并非完全不可能"适用"（⇒加藤久雄·《医事刑法入门》第110页）或者"类推适用"《刑法》第212条以下的堕胎罪，但在这种情形下，就难免不会把诸如使用"避孕环"等在没有适应事由的情形下，使受精卵死亡的行为都按照堕胎罪来处理，这样一来，将堕胎的对象仅限于着床之后的胚胎的意义，也就不复存在。毋宁说，对于阻止受精卵着床而致其死亡的行为，不是将其视为犯罪，而是将其视为一种自然现象，要更为合适。

※民法中的"胎儿"的始期：就是在民法上，或者也是认为，所谓"胎儿"，最早也应该是指着床之后的"生命体"。若非如此，如果此后活着出生了的话，那么，在体外受精的阶段，该"生命体"就已经拥有了继承权。但如此一来，在受精之后着床之前的阶段，被继承人死亡的，为了争夺继承权而不惜加害受精卵的危险，就会大大增加。

※※"生命体"能否成为所有权的客体？从历史上看，正如奴隶制下"生命

体"曾经是所有权的对象那样,"生命体"也并非不可能成为所有权的对象。但是,在此情形下,所谓类似保护动物的视角暂且不论,奴隶主杀害——或者得到奴隶主的同意而杀害——奴隶的行为,就不可能构成犯罪。这是因为,财产犯的客体原则上限于"他人之物"。然而,现在能否对受精卵也做同样解释,这本身就是问题。

二、立法的必要性

这样,如果认为堕胎罪的"适用"违反文理,其"类推"也欠缺实质妥当性——当然也有违罪刑法定原则——而不应当允许的话,就有必要以既非"人"亦非"胎儿"的"人的生命的萌芽"作为对象,重新进行立法。不过,由于胚胎是"人的生命的萌芽","父母"或者精子、卵子的提供者就不能对其自由处置,理应类似于胎儿那样,从公共视角保护胚胎——但正如"避孕环"的例子所示,尚不存在保障所有受精卵都获得着床机会的规范。其结果就是,对于制作受精卵的行为,就不是作为例外而是原则上,应以"人的尊严"等为理由而给予某种限制。在现代日本社会,至少与禁止买卖移植用器官相比,禁止买卖受精卵会成为更容易被接受的规范。

具体而言,以摘取 ES 细胞(胚胎干细胞)为目的而制作、破坏、让渡受精卵的,或者出于研究或其他目的而利用剩余胚胎的行为,就成为论争焦点。受精卵因没有着床机会而死去,至少在现阶段,这是受精卵的"命运",而未损害"人的尊严"。因此,需要注意的是,以"反正是要死亡的"为理由,而恣意处置受精卵的行为,是不可能被正当化的。相反,对于业已存在的胚胎干细胞或体性干细胞的利用目的的限制——禁止制造克隆个体等——就属于不同层面的问题。

无论如何,法学理论,不仅仅是为了解释现行法,还应有助于制定应然的立法以及确定相关问题的法律上的定位,因此,因为要适用现行《刑法》第 261 条,而付出有损"基于所有权的自由处分"原则的巨大代价,无论在理论还是实践中都是问题多多。为此,就需要给予属于"人"——服从于"法律面前人人平等"原则——之生命萌芽的受精卵以"家畜之上,胎儿之下"的法律地位。

※针对受精卵或胚胎的侵权行为:即便受精卵或者胚胎既不属于"人"也不属于"胎儿",在《民法》特别是《侵权行为法》中,也完全有可能依据对现行《民法》第 709 条的解释,要求行为人承担赔偿责任,这里的侵害客体就是,作为"人的生命的萌芽"的"萌芽的人格权"。这一点可以为因着床之前受到攻击而怀有障碍并出生的"人"的赔偿请求权——不过,不同于继承权的情形,以《民法》第 721 条所谓"胎儿"包括"受精卵或者胚胎"为条件——提供根据;而在未能(活着)出生的场合,这一点也可以构成想拥有孩子的父母或者近亲属的期待权。

※※"生命体"的称谓的变化:综合以上说明,可以将"生命体"的称谓变化概括如下。当然,"尸体"已经不再属于"生命体"。

受精→(**受精卵**、受精卵分裂成长为**胚胎**)→子宫**着床**→(**胎儿**)→**出生**:存

在部分露出与全部露出之争→（人）→死亡→（尸体）

【问题研讨】

论述将"生命体"的受精卵作为损坏器物罪之客体的观点是否妥当。

【解说】

根据现行法，着床于子宫之前的"生命体"的受精卵，尚不属于堕胎罪中的"胎儿"。其理由在于，刑法制定当时并不存在体外受精技术，因而未曾预料到受精卵会存在于母体之外这种事态；另外，如使用"避孕环"那样，以阻碍受精卵着床的方式来实施避孕的行为，也不属于堕胎罪的对象。但是，在受精卵有可能在母体外存活一定时间的当下，刑法不保护受精卵使其免遭攻击，则会给人一种不太合适的感觉。

为了避免出现这种不合适，首先能够想到的方法是，扩大堕胎罪的对象范围，将受精卵也解释为"胎儿"。但是，如此一来，只要不存在《母体保护法》上的"允许适用事由"，那么，采用像前述"避孕环"那样的避孕方法，就有可能全部构成违法的堕胎。为此，又有观点主张，考虑到《刑法》第261条的损坏器物罪，将针对家畜、宠物等属于人之所有权的客体的动物的攻击行为，也列为适用对象，那么，受精卵也符合《刑法》第261条中的"物"。

但是，受精卵既不是精子也不是卵子，而是一种独立的生命体，将其认定为所有权的客体，就如同将"胎儿"作为所有权的客体的做法一样，这有违社会的一般法感觉。如果这里的问题在于，需要保护受精卵免遭精子或卵子的提供者或者经其同意的研究者的恣意处置，另外，如果我们也承认受精卵的所有权归属于精子或卵子的提供者，那么，仅以"他人之物"为对象的损坏器物罪，是无法解决此类问题的。不仅如此，一旦将受精卵视为所有权的对象，要禁止所有权人的破坏行为，就必须采取类似于动物保护法的视角。

也许有观点认为，或多或少会有些体外受精卵不被移植到母体之内而就此死亡，因而如其这样还不如将其用于研究，但应该说，这种观点过于简单武断。这是因为，虽然无法保障受精卵拥有请求着床的权利，但承认其具有受到保护以免遭除妨碍着床之外的其他方法攻击的权利，这在逻辑上是完全有可能的。在此意义上，受精卵的法律地位虽然低于胎儿，但却与家畜存在质的差别。

总之，既然已不可避免地需要通过立法来解决该问题，就有必要通过新的立法，给予作为"人的生命的萌芽"的受精卵以适当的法律地位与相应保护。

第三章 杀人犯罪

第一节 概　述

杀人的，处死刑、无期或者 5 年以上惩役（第 199 条）。犯罪未遂的，应当处罚（第 203 条）。

以犯第 199 条之罪为目的进行预备的，处 2 年以下惩役，但是可以根据情节免除刑罚（第 201 条）。

教唆或者帮助他人自杀，或者受他人嘱托或得他人承诺而杀之的，处 6 个月以上 7 年以下惩役或者禁锢*（第 202 条）。犯罪未遂的，应当处罚（第 203 条）。

一、杀人犯罪的分类

对于故意的杀人犯罪，现行刑法仅仅将其分为两类：第 199 条的**杀人罪**与第 202 条后段的**同意杀人罪**（包括基于被害人之嘱托的情形即"**嘱托杀人**"，与得到被害人承诺的情形即"**承诺杀人**"）。与设定了谋杀、毒杀等诸多杀人类型的旧日本刑法以及深刻影响了日本的欧美各国刑法相比，这一点是现行刑法有关杀人犯罪之规定的显著特征。

---

* 根据日本《刑法》第 13 条的规定，禁锢，是与惩役相对应的一种自由刑，也分为有期禁锢与无期禁锢。但无期禁锢这种刑罚非常罕见，自 1947 年以来就不曾适用。虽同样是被拘禁（监禁）在刑事设施内，但禁锢与惩役的根本区别在于，可以不从事一定的劳役。以前，禁锢主要是针对政治犯与过失犯，惩役则主要是针对"寡廉耻的犯罪"（例如，杀人、盗窃等基于应受道德谴责的动机而实施的犯罪）。虽然这种理解的影响并未完全消除（例如，作为政治犯的内乱罪就没有惩役刑），但现在已基本上不再采取这种理解（例如，业务过失致死伤罪等过失犯虽然并非"寡廉耻的犯罪"，但仍可被处以惩役刑）。我国学者多将禁锢译为"监禁"，这并不合适。因为，(1) 这容易混淆禁锢与惩役之间的区别；(2) 监禁并非一种刑罚，而只是执行刑罚的方式，与拘禁几乎没有区别；(3) 监禁的原意仅在于，不考虑对方的意思，一定时间内将其关押在一定场所（例如，监禁罪）。——译者注

为此，第199条的杀人罪就包含各种情节的案件在内。法定刑幅度很大，自死刑至5年有期惩役（2004年刑法修正前为3年）的原因，也在于此。不过，按照通说与判例观点，《刑法》第240条后段的抢劫致死罪包括了故意的**抢劫杀人**，因而，如果加上该类型，杀人犯罪便包含三类。但抢劫杀人罪的法定刑仅仅是死刑与无期惩役，这样反而限制了量刑的裁量范围。

二、与针对不特定、多数人实施的大量杀人之间的关系

不过，有关针对不特定、多数的被害人的大量杀人行为，刑法规定了**颠覆火车等致死罪**（第126条第3款）与**将毒物等混入水道致死罪**（第146条）。两罪都是重罪，前者的法定刑是死刑或者无期惩役，后者的法定刑是死刑、无期惩役或者5年以上有期惩役。这些犯罪都是结果加重犯，对于加重结果，未必需要行为人存在故意，但即便行为人具有希望或者放任某些人死亡这种故意，也仍然有适用之可能。在此情形下，便会出现如何处理上述犯罪与杀人罪之间的罪数关系的问题。

这些犯罪自始便是针对不特定、多数的被害人的犯罪，属于"针对社会法益的犯罪"，因而不同于杀人罪，即便存在复数的被害人，也仅成立一罪。

第二节　杀害尊亲属罪（旧第200条）

一、最高裁判所作出的违宪判决

直至1995年，《刑法》第200条一直存在"**杀害尊亲属**"的规定：凡杀害直系尊亲属——包括配偶的直系尊亲属在内——的，处死刑或者无期惩役。1973年4月4日的最高裁判所大法庭判决（最大判昭和48·4·4刑集27—3—265）以14比1的压倒性多数认为，该规定违反《宪法》第14条第1款所保障的"法律面前人人平等"原则，并以此为理由判定该规定违宪、无效。自此以后，直至1995年被删除为止，未再适用该法条。

不过，有关"违反平等"原则的理由，具体审理该案的最高裁判所法官之间存在意见分歧：（1）一种观点认为，对杀害尊亲属的行为做特别处置的做法本身就是其理由；（2）另一种观点则认为，即便同样是杀害尊亲属——尤其是像子女受到父母的性虐待的情形那样——犯罪情节也是各种各样，但法定刑只有死刑与无期惩役，这与具有类似情节的其他普通杀人相比，法定刑显然过重——尤其是，根本没有缓期执行的余地（在14名法官中，6人持前一观点，8人持后一观点）。为此，有观点此后主张，法定刑并非如此重的**伤害尊亲属致死罪**（旧第205条第2款）、**遗弃尊亲属罪**（旧第218条第2款）以及**逮捕监禁尊亲属罪**（旧第220条第2款）是合宪的（最判昭和51·2·6刑集30—1—1判定，伤害尊亲属致死罪是合宪的）。此外，作为立法论，也有观点主张，应维持第200条的杀害尊亲属罪，但应降低其法定刑。

二、涉及尊亲属的犯罪的一概删除

但是，1995年的刑法部分修正之际，涉及上述尊亲属犯罪的规定，全部被删除。曾有案件就是起因于，属于尊亲属的父母虐待了属于卑亲属的子女，因此，立法当局认为，被害人是尊亲属的事实对于量刑会产生有利或者不利的影响，对此只要依据具体案情进行判断即可。

第三节　参与自杀、同意杀人

《刑法》第202条规定了4个构成要件，其中，前段规定了**教唆自杀**与**帮助自杀**，后段规定了**嘱托杀人**与**承诺杀人**。这4个犯罪的法定刑都是6个月以上7年以下惩役或者禁锢。教唆、帮助自杀的，合称为"**参与自杀**"；反之，嘱托杀人与承诺杀人则合称为"**同意杀人**"。

一、自杀（未遂）的不处罚根据与参与自杀的着手时点

《刑法》第202条前段的参与自杀之处罚规定的最大问题在于："明明自杀本身不受处罚，却为何要处罚自杀的参与行为呢？"该问题实际上是通过明确参与自杀罪的法律性质，探究该罪与普通的共犯（《刑法》第60条以下规定的共犯）之间的关系，进而也体现在有关该罪的未遂成立时点的论争上。

关于不处罚自杀行为的理由，存在（1）**责任阻却说**、（2）**违法阻却说**（自杀正当行为说）、（3）**不可罚的违法说**等观点之间的对立。

第（1）说（**责任阻却说**）认为，自杀也属于《刑法》第199条所谓"杀人"，该当于杀人罪的构成要件，原则上是违法行为，但由于自杀者在精神上受到压制，因而无法对自杀行为本身进行非难（泷川·各论第30页）。在这种场合下，参与自杀者精神上并未受到压制，没有理由不受处罚，因而应成立《刑法》第60条以下的共犯（以通说即"限制从属形式"为前提。⇒总论第21章第1节之三）。不过，由于是自杀行为，我们不能说，自杀的参与行为是比同意杀人更恶劣的行为，因而作为杀人共犯的减轻类型，刑法特别规定了参与自杀罪。因此，按照第（1）说，由于参与自杀是总则共犯的特别规定，因而应从自杀行为的着手时点来确定参与自杀的未遂。

在这种观点看来，第199条中的"人"包括行为人本人，那么，自伤行为势必也符合第204条的伤害罪的构成要件。其结果就是，会造成如下不当结论：在不小心伤到自己的过失自伤中，由于不属于因"同意"而阻却违法的情形，就只能是以过失伤害罪处罚行为人本人。不过，刑法通说坚持认为，这里的"人"是指"他人"，也鲜有学者支持第（1）说。

第（2）说（**违法阻却说**）认为，自杀行为属于合法行为。为此，不同于自杀行为本身，"干涉他人的死亡，或者对他人的死亡给予原因的，都属于违法行为"（平野·概说第158页），亦即，参与自杀是一种禁忌（taboo）。这样，该罪的保护

法益不是自杀者的生命本身,而是"禁忌"这种东西,或者是保护社会一般人的生命使之免受自杀风潮蔓延的影响,也就是,参与自杀罪带有"针对作为社会法益的人们的生命的危险犯"的性质(法国刑法中的教唆自杀罪,就被理解为危险犯)。因此,按照第(2)说,参与自杀,是与杀人罪具有不同性质的、以侵害了"禁忌"为理由的独立的构成要件,因而应从被视为构成要件之开始实现的、自杀的教唆或者帮助的时点,来确定参与自杀的未遂。

但该观点的不妥之处在于,由于是将自杀本身视为合法行为,那么,制止自杀的行为就有可能构成《刑法》第223条的强要罪。此外,与他杀的共犯的未遂相比,参与自杀的未遂的成立时点反而更早,可以说,这种结论也是有失均衡的(在"促使自杀的行为"的时点认定着手的观点,参见团藤·各论第408页)。

第(3)说(不可罚的违法说)认为,自杀本身是法所不希望的行为,在不得已的情况下,也可以违反自杀者的意思予以制止(不认为制止行为是违法行为,因此,由于伴有"不承认针对制止行为的刑事责任与正当防卫"这种法律效果,因而作为制止对象的自杀,就不是单纯的违反伦理,而应视为违法行为)。但是,立法者基于立法政策的理由,并不认为自杀是具有值得刑罚处罚的违法性即"可罚的违法性"的行为。在此情形下,参与自杀罪的保护法益是自杀者的生命,即便违反自杀者的意思也应予以保护("家长主义"paternalism),但对于来自自杀者本人的攻击,法律并不直接保护这种法益(山口·各论第12页)。概言之,自杀行为本身并不构成任何犯罪,为此,由于自杀行为也不存在"构成要件",(如果以"限制从属形式"为前提)因而也不可能存在针对自杀行为的总则共犯。因此,第(3)说是认为,参与自杀罪规定的是,以教唆或者帮助为内容的独立的构成要件。不过,本罪意欲防止的结果是"被害人的死亡"本身,从与他杀(或者同意杀人)的共犯之间保持均衡的角度来看,在"死亡结果迫近的时点",亦即,自杀者着手实施具有死亡之紧迫危险的行动或者与死亡结果直接联结的行动的时点,就认定属于参与自杀罪的未遂(严格来说,所谓与死亡结果直接联结的行动,不要求是"自杀"行为,也就是"真心打算死亡的行动"。⇒**问题研讨**)。

若采取第(3)说的观点,就能够不将(过失)自伤行为以及制止自杀的行为认定为犯罪,而且,也完全有可能采取,能与他杀的共犯的未遂之间保持均衡的结论。因此,本书以为,第(3)说更为妥当(详见松官孝明"自殺関与と实行の着手",中山古稀第1卷第237页以下)。

二、自杀与他杀的区别

对于行为人欺骗被害人说自己会随后自杀,而让被害人服毒,最终致被害人死亡的案件,曾有最高裁判所的判例判定,成立针对他杀行为的杀人罪(第199条)(最判昭和33·11·21刑集12—15—3519、百选ⅡNo.1**"假意相约自杀案"**)。对于该案,最高裁判所认为,虽然被害人是自己喝下了被告准备的毒药,但"被告欺骗(被害人)的结果是,(被害人)预期被告会追随自己自杀,由此决意自杀身亡,显然,这种决意是不符合其真实意思的、存在重大瑕疵的意思",因此,"(被告)

尽管没有追随（被害人）自杀的意思，却欺骗被害人，让其误以为被告会追随（被害人）自杀，从而使得被害人自杀的，被告的这种行为就该当于普通的杀人罪"。换言之，欺骗被害人，使之误以为自己会追随其自杀的被告，虽然只是使得被害人自杀，但实质上实施的是他杀行为。

对于采取欺骗手段，从心理上压迫被害人，使之产生唯有自杀这一条路可走，进而使得被害人自杀身亡的案件，有下级裁判所的判例认为，如果被害人能够正确地认识到自己所处的客观状况，则不能认定，被害人当时处于会决意自杀的状况之下，进而判定成立杀人罪（最后根据具体案情，实际适用的是第240条的抢劫杀人罪）（福冈高宫崎支判平成1·3·24高刑集42—2—103、百选Ⅱ No.2）。该判决也是认为，在采取欺骗手段，从心理上压迫被害人，使之自杀的情形下，被告实质上实施的是他杀行为。

但是，正如上述判例所示，"**虽然是自杀但却构成他杀**"这种表述是存在矛盾的。如果允许采取这种评价，那么，在引起他人死亡这一意义上，参与自杀的，就都属于他杀（实际上，在英国的普通法中，参与自杀不过是杀人的一种样态，因而帮助自杀也构成杀人罪）。同样，参与自伤的，也都属于伤害他人。但这显然与现行刑法的观念不相协调，因为现行刑法将参与自杀规定为独立的犯罪，且认为参与自伤的行为不具有可罚性。

因此，对于上述判例所涉及的案件，如果要认定适用杀人罪是妥当的，首先就必须论证，该行为是"他杀"而非"自杀"。这之间的区别标准在于，是否成立**"利用被害人的间接正犯"**（⇒总论第10章第2节之四、总论第19章第2节之二）。这是因为，例如，像浮士德那样，编造将灵魂献给魔鬼，由魔鬼为其杀死仇敌的谎言的情形下，相信这种谎言而杀人的行为人，即便是"被告欺骗（行为人）的结果是，（行为人）预期被告的死亡，由此决意杀人，显然，这种决意是不符合其真实意思的、存在重大瑕疵的意思"，仍然无法避免杀人罪的罪责。骗人者也从属于被骗者的杀人行为，会因为教唆杀人（或者"共谋共同正犯"？）而受到处罚，但不会超越教唆杀人而直接成立杀人罪的正犯。

在此意义上，可以说，限于被害人能被称为间接正犯的"工具"的情形，骗人者才成立杀人罪（的间接正犯）。具体而言，在下述情形下，就能认定被害人属于间接正犯的"工具"：(1) 被害人没有理解"自杀"的实质含义的能力，或者不具有"责任能力"（对于被害人是幼儿的案件，参见大判昭和9·8·27刑集13—1086；对于被害人是21岁的精神障碍者的案件，参见最决昭和27·2·21刑集6—2—275）；(2) 未能认识到该行为会导致死亡（虽然是针对精神有些迟缓者，但让对方误以为，即便是勒住脖子，那也只是暂时陷入假死状态，进而让其缢死的案件，参见大判昭和8·4·19刑集12—471）；(3) 通过（暴力、胁迫等）施加高强度的强制，达到剥夺其意思决定自由的程度，进而压制被害人意志的情形（广岛高判昭和29·6·30高刑集7—6—944以未能证明被告所施加的暴力、胁迫达到上述程度为理由，判定仅成立教唆自杀）。如果不符合上述情形中的某一情形，那么，对于受到欺骗或者胁迫者，尽管程度相对要低，就仍然能认定其具有意思决定的自由或者"**自己答责性**"（⇒总论第4章第2节之三），因而就不能溯及幕后者，让幕后者承担杀人罪的正犯罪责（"**禁止溯及**"、⇒总论第6章第7节之一）。如此看来，在前述最高裁判所判决的案件中（最判昭和33・11・21刑集12—15—3519、百选ⅡNo.1"**假意相约自杀案**"），虽然被告谎称会追随其自杀，且实际准备了毒药，但首先提出自杀的是被害人本人，而且，也是被害人自己喝下了毒药，因而认定被告成立他杀意义上的杀人罪，是存在疑问的。

三、同意杀人罪

《刑法》第202条后段规定，"受他人嘱托或得他人承诺而杀之的，处6个月以上7年以下惩役或者禁锢"。第199条的杀人罪针对的是，未得到被害人的嘱托或者承诺的杀人，因此，与杀人罪相比，同意杀人罪的法定刑要轻（近年判定成立本罪的下级裁判所判例，参见横滨地判平成17・4・7判夕1192—299）。

与参与自杀的情形相同，刑法在这里采取的也是"家长主义"的立场，也就是，即便违背本人意志，也要针对他人的介入行为而保护其生命。换言之，生命是人的自由的基础，即便是生命的拥有者，也不能随意放弃生命。

受到被害人的嘱托或承诺，是将本罪与杀人罪区别开来的重要行为，在该限度内，本罪是"**必要共犯**"中的"**对向犯**"（⇒总论第19章第1节之二以下）。在该情形下，按照有关共犯处罚根据的"惹起说"，从逻辑上讲，被害人本人无法引起"杀害他人"这一结果，因而不可能构成本罪的共犯（⇒总论第22章第4节之五）。

四、通过欺诈或者胁迫而取得同意的情形

即便是通过欺诈或者胁迫而取得了被害人同意的场合，除了被害人因受骗而对自己将被杀害这一事实并不知情（"**与法益相关的错误**"、总论第10章第2节之二※），以及因受到胁迫意志完全被压制的情形之外，对于被杀害这一点，是存在同意的。因此，至少在对于该同意是通过欺诈或者胁迫而取得这一点不知情的人杀害了被害人的场合，应当作为"同意杀人"来处理（《民法》第96条是针对"有关法律行为的欺诈"的规定，其中，对于以第三者的欺诈为理由而撤销意思表示的情形，第2款将其限于对方知情的情形；而且，第3款还规定，不得以这种撤销来对抗善意第三人。这些都具有启迪意义）。

反之，在实施欺诈或者胁迫行为的行为人本人——或者其共犯——实施了杀害行为的场合，情况则有所不同。骗取或者通过威胁而取得"同意"者，乘被害人"同意"之机，而杀害了被害人的，则没有以"同意杀人"为理由而给予相应恩惠之必要（明明没有追随自杀的意思，却欺骗被害人说，自己也会随后自杀，并将毒药喂入被害人口中，让其服用后死亡的，对此案件，仙台高判昭和27・9・15高刑集5—11—1820判定成立杀人罪。但值得注意的是，该案不同于被害人自己提出相约自杀，并自己服用毒药的前述最判昭和33・11・21刑集12—15—3519"**假意相约自杀案**"。这里的问题不在于有无有效的"同意"，而在于**对于这种"乘同意之机的行为"是否应给予恩惠**（现行刑法只是规定"受他人嘱托或得他人承诺而杀之

的",并未涉及受到嘱托或者得到承诺的具体情况,因而,在这一点上,可以说,现行刑法存在修正的余地)。

五、行为人有关同意的错误

被害人明明并未真正同意,但行为人却误以为其已经同意,并由此实施了杀害行为的,在这种场合下,尽管客观上实现了第199条的杀人罪的构成要件,但根据第38条第2款,实施杀害行为的行为人应成立相对较轻的同意杀人罪。而且,被害人明明已经同意,但行为人对此并不知情而实施了杀害行为的,在该场合下,由于杀人罪的故意也包含同意杀人罪的故意,因而应该以客观上实际发生的同意杀人罪来处理。不过,在也可成立第199条的杀人未遂之时,则仅成立法定刑相对较重的杀人罪未遂,同意杀人罪为该罪所吸收。

另外,在被害人并未将"希望被杀死"这一意愿以任何形式表露于外界时,就不能说,存在被害人的同意。同意属于沟通行为,以向外界表明为必要。

※**第202条与第199条的关系**:客观上明明不存在被害人的同意,但行为人却误认为存在同意的情形下,该行为人要成立同意杀人罪,实际上,就必须以"被害人的同意并非同意杀人罪的构成要件要素"为前提。反之,出于普通杀人罪的打算,杀害了实际存在同意的被害人的,要不成立杀人罪既遂,杀人罪的构成要件就不得是"杀害他人",而必须是"杀害了不存在有效同意的他人"。也就是,第202条后段所谓"受他人嘱托或得他人承诺而杀之的",是揭示本罪与相对更重的杀人罪之界限的"**表面的构成要件要素**"("成文的非构成要件要素")(⇒总论第15章第2节之三※※);反之,第199条则存在"不存在有效同意"这一"**不成文的构成要件要素**"。

六、安乐死、尊严死与参与自杀、同意杀人

对于"安乐死""尊严死",已在总论中做了相应解说(⇒总论第10章第4节。所谓"安乐死"大致有以下几类:首先是**积极的直接安乐死**,是指在被害人患有不治之症的场合,通过提前其死期而缩短其痛苦时间,或者通过让其死亡而使之解脱的情形;其次是**消极的安乐死**,是指不采取延长生命的措施,使其提早死亡,以缩短其痛苦时间的情形;再次是**积极的间接安乐死**,是指采取消除痛苦的措施,但作为其副作用,伴有缩短生命之危险的情形。此外,不伴有缩短生命之危险的、纯粹属于减轻痛苦的措施,称为纯粹安乐死,这完全属于合法行为。所谓"尊严死",是指包括被害人没有肉体痛苦的情形在内,在被害人患有不治之症,处于依靠医疗器械维持生命等待死期的情形下,放弃无谓的延长生命的治疗,使患者迎来"有尊严的死亡"的情形,现在多称之为"**自然死**"。

"安乐死"与"尊严死"在被害人存在痛苦——主要是肉体痛苦——的场合存在重合,其差别在于视角的不同。也就是,究竟是着眼于被害人所倾诉的苦痛,还是着眼于重视目睹被害人之苦痛的他人——近亲属或者医疗相关人员——所感到的

被害人尊严。

"安乐死"与"尊严死"的问题基本集中于，就（受被害人的嘱托或者承诺的）**同意杀人罪之成立与否尚存争议的案件**（名古屋高判昭和 37·12·22 高刑集 15—9—674 等）。但是，被害人没有这种意思表示的，则完全是杀人罪成立与否的问题（横滨地判平成 7·3·28 判时 1530—28、最决平成 21·12·7 刑集 63—11—1899）。由于同意杀人罪中不包含"推定的同意杀人"，因而只要该行为本身不能被正当化，就只能是以第 199 条进行处断。

但是，有时可能会出现这样的问题：帮助被害人安逸地自杀，**是否构成参与自杀罪**？这主要是指这样一种情形：虽然替对方制作了"自杀装置"，但是否按下自杀开关，则完全交由被害人自主判断（美国的"凯欧克因医师事件"就是如此）。在该情形下，在并未规定参与自杀罪的德国等国，与是否为医师伦理或者《医师法》所允许无关，参与自杀行为本身并不构成犯罪；反之，按照将参与自杀视为一种他杀行为的英国普通法的观念，帮助自杀的，也会作为通常的杀人罪来处理。

※**凯欧克因医师事件**：美国的医师杰克·凯欧克因（Jack Kevorkian），根据患有不治之症且濒临死亡的患者的倾诉，确认其是出于真实意思之后，为患者制造了"自杀装置"，至于是否按下按钮，则完全交由患者自己判断，据传凯欧克因通过这种方式帮助全美 120 名以上的患者实现了自杀。该装置的结构是，首先注射麻药，在自愿自杀者熟睡期间，再自动注射毒药。但美国有几个州对其行为提起了刑事诉讼。其中的部分州以参与自杀不可罚为由而驳回了公诉，为此，甚至招致了部分州重新制定参与自杀罪的事态（例如，密歇根州等）。不过，该医师也曾超出帮助自杀的范畴，亲自为患者注射致死性药物，因而被控涉嫌一级谋杀罪。有关该案件的详细经过，包括医师本人的主张在内，参见杰克·凯欧克因所著（松田和也译）《死亡处方》（《死を処方する》）。

第四节 杀人预备罪

《刑法》第 201 条规定，出于实施第 199 条之罪的目的而进行预备（准备）的，处 2 年以下惩役，但是可以根据情节免除刑罚。

本罪，以行为人本人具有单独或者与其他共犯一同实施杀人罪这一目的为必要。这被称为"**自己预备**"（⇒总论第 17 章第 1 节之二）。

【问题研讨】

X 试图让加入了生命保险的 A 自杀，以便将保险金攫为己有，遂对 A 施加暴力与胁迫，要求 A 采取夜晚驱车从悬崖坠入海中的方式自杀。A 想到，只有驱车坠入海中才有可能脱身，但由于丝毫没有赴死的打算，遂违反 X 的命令，没有系安全带，并开着车窗，坠入海中。在坠海的瞬间，凭自己的力量逃出车外，并奋力游向停在海中的渔船而获救。

试论 X 的罪责。

【解说】

本案是根据最决平成 16·1·20 刑集 58—1—1 的案情而编写的。对于该案，最高裁判所认为，X 使 A "陷入除了按照其命令连人带车坠入海中之外，其他别无选择的精神状态之下……由于使得被害人实施了具有造成被害人本人死亡之高度危险性的行为，因此，被告命令被害人，让其连人带车一起坠入海中的行为，就相当于杀人罪的实行行为"。不过，最高裁判所也认定，"被害人并没有遵从被告的命令而自杀的意思，这一点是与被告的预想相反的"，但尽管如此，"对于强迫被害人实施的是死亡危险性极高的行为本身，被告是不缺少任何认识的，因此，就应该说，上述这一点无法否定被告存在杀人罪的故意"，从而判定 X 成立杀人罪未遂。

在本案中，X 原本预期的是，A 产生自杀的意思而跳海，但 A 实际上是出于逃脱的打算而跳海，这之间存在错误。首先，问题在于，这种错误是否属于同时涉及第 199 条的杀人罪与第 202 条前段的教唆自杀罪的错误？

这是因为，杀人罪的构成要件是"杀害没有被杀之打算的他人"，而教唆自杀罪的构成要件是"教唆他人自己结束性命，让其自杀"，因而两者之间在"是他杀还是自杀""被害人有无死亡之打算"这两点上存在很大差别。那么，如果 X 所预期的事态完全符合"教唆自杀"的话，就应遵循《刑法》第 38 条第 2 款的规定来处理，由于 X 没有重罪即杀人罪的故意，就不能以杀人罪来处断。可以说，X 至多成立教唆自杀的未遂（这里并不是仅以教唆行为来认定教唆自杀罪的实行的着手。除了教唆行为之外，还以被害人实施了有死亡之紧迫危险的行动，或者与死亡直接联结的行动为必要）。同时，对于尚未达到压制 A 的意思这种程度的暴力与胁迫，也有可能被评价为《刑法》第 223 条的强要罪。

然而，X 对 A 施加暴力与胁迫，是意图压制 A 而使其完全按照自己的意思行动，如果实际上也实施了达到这种强度的暴力与胁迫，而且，A 为此采取了跳入海中这种有死亡之现实危险的行为，那么，对此就可以理解为，剥夺了被害人的意志自由，属于利用被害人的杀人罪（未遂）的间接正犯。并且，在这种情形下，A 是否真正有死亡的意思，就不再是问题。这是因为，不管怎样，在受到压制，被剥夺了意志自由的状态之下，被害人实际上已不可能再存在什么"死亡的意思"。因此，问题还在于，就案件本身而言，是否允许做如此解释。

在这一点上，重要的是，A 实际上违反了 X 的命令，未系保险带，并开着车窗跳入海中，随后立即从车中逃脱。也就是，该事实会引起这样的疑问：A 或许实际上并未完全受制于 X 的暴力与胁迫从而完全听命于 X。并且，也还会存在以下疑问："X 对 A 实施暴力与胁迫，是意图压制 A 而使其完全按照自己的意思行动，但实际上，X 也许并未实施达到这种强度的暴力与胁迫。"那么，如此一来，或许 X 的故意不过是教唆自杀罪的故意，而不能谓之为杀人罪的故意。岂止如此，或许根本就不存在作为间接正犯之手段的压制意思行为本身。如果这种疑问是合理的，就不得不说，不能以杀人未遂来处断 X。

另外，仅凭 A 并未完全按照 X 的意思行事这一事实，是不能连杀人"未遂"的罪责也予以否定的，这一点也是需要引起注意的。这是因为，"X 对 A 施加暴力与胁迫，是意图压制 A 而使其完全按照自己的意思行动，如果实际上也实施了达到这种强度的暴力与胁迫"，那么，即便最终结果是，未能完全压制 A 的意思而使其跳入海中，也可以说，已经实际存在引发杀人结果的现实的危险。在这种情形下，就应该说，是有成立杀人罪未遂之可能的。

第四章 伤害犯罪

第一节 概　述

　　《刑法》第 2 编第 27 章的标题是"伤害犯罪",该章具体规定了伤害罪（第 204 条）、伤害致死罪（第 205 条）、伤害现场助势罪（第 206 条）以及暴行罪（第 208 条）。对于伤害罪,还规定了"同时伤害的特例"（第 207 条）。此外,1958 年增设了准备凶器集合罪与聚集罪（第 208 条之三）,2001 年又增设了危险驾驶致死伤罪（第 208 条之二）,而 2007 年则删除了第 208 条之二中的"四轮以上"的限制规定。

　　另外,对于以集团方式实施的暴行、伤害,《关于处罚暴力行为等的法律》（大正 15 年法律第 60 号）第 1 条以下还存在针对**"集团暴行"**以及**"常习性伤害、暴行"**的加重处罚规定。此外,2004 年修订刑法时,又分别提升了伤害罪（第 204 条）以及伤害致死罪（第 205 条）的法定刑。

第二节　伤害罪

　　伤害他人身体的,处 15 年以下惩役或者 50 万日元以下罚金（第 204 条）。

　　该规定是对旧刑法中的"殴打创伤罪"规定的修正,其旨趣在于,将包括殴打方法在内的所有伤害他人的行为都纳入其中。旧刑法曾区分伤害程度,并分别设置了相应的构成要件,但在现行刑法中,除了伤害致死罪的情形之外,废止了旧刑法的这种区分,概括性地设置了刑罚的种类与程度,至于具体如何处理,则交由裁判所量刑判断。

　　另外,经过 2004 年的刑法修正,本罪的刑罚上限由 10 年提高至 15 年,罚金的上限也由 30 万日元提高到 50 万日元，并且，由于删除了科料，也相应提高了刑罚的下限。

一、伤害罪的客体

本罪客体是"人"（⇒第 2 章），是指始于出生终于死亡的"他人"，不包括自伤行为。不过，诸如在被害人是幼儿或者处于心神丧失状态者，或者，在不知情的情形下被引诱实施了有伤害之危险的行为的情形那样，在可以被视为"间接正犯的工具"的场合，利用者应构成伤害罪（鹿儿岛地判昭和 59·5·31 刑月 16—5=6—437。另外，有关伤害胎儿的问题，⇒第 2 章第 1 节之四）。

二、行为与结果

有关本条所谓"伤害"，存在下述三种观点之间的对立：（1）认为是对他人生理机能的侵害（通说）、（2）认为还包括对他人身体之完整性的侵害、（3）认为是对健康的侵害。例如，因剪掉他人头发而改变了其容貌的，按照第（1）说与第（3）说，至多构成"暴行"（第 208 条）（判定构成暴行的判例，参见大判明治 45·6·20 刑录 18—896），而根据第（2）说，则相当于"伤害"（对于从发根处剪掉女性头发的行为，东京地判昭和 38·3·23 判夕 147—92 判定构成伤害）。此外，按照第（3）说，并不损害他人健康的"治疗行为"，即便没有取得对方的同意（"专断的治疗行为"），也不符合伤害罪的构成要件。

第（2）说受到了（将针对身体的不当处置广泛地以"伤害身体"罪予以处罚的）德国《刑法》第 223 条的观念的影响，但与另外规定有暴行罪（第 208 条）的日本刑法对伤害罪的解释则不太切合。第（3）说认为，只要不使他人的健康状况恶化，诸如外科手术那样伤害身体的行为，也不构成伤害罪，这也是受到了认为"专断的治疗行为"属于侵害了患者的自我决定权之罪这种德国的有力说的影响。但是，所谓"伤害"，是指"使身体受伤"，并且，用手术刀开腹也属于"使身体受伤"，出血等也是对身体机能的短时间的侵害，因此，要想不将这些行为视为"伤害"，是存在相当难度的。治疗行为应该依据"医学的正当性"以及患者的同意，而被正当化。因此，第（1）说更为妥当。

此外，按照第（1）说，使人暂时昏迷的行为看上去似乎也属于"对生理机能的侵害"，但需要达到与伤害罪的法定刑相当的严重程度（大决大正 15·7·20 评论全集 15·刑法 288。不过，最决平成 24·1·30 刑集 66—1—63、百选Ⅱ No.5 认为，利用安眠药造成他人 2～6 小时的意识障碍的，也构成本罪。最决平成 24·7·24 刑集 66—8—709 认为，造成"创伤后应激障碍〔PTSD〕"的，也属于伤害〔监禁伤害事件〕）。另外，使人感染性病的，也属于伤害。造成伤害的手段，不限于"暴力"（第 208 条）。不过，需要注意的是，刑法没有关于一般性的"伤害未遂"的处罚规定。在以暴力为手段的伤害止于未遂时，成立第 208 条的暴行罪。

需要注意的是，有观点认为，抢劫致伤罪（第 240 条）、强奸致伤罪（第 181 条）、堕胎致伤罪（第 213 条、第 216 条）等犯罪中的"伤害"，仅限于程度重于本罪的情形，不包括经过 3 至 5 天的治疗即可痊愈的情形（对于造成需要 5 天就医〔无须住院治疗〕的伤害，否定成立抢劫致伤罪的判例，参见名古屋高金泽支判昭和 40 · 10 · 14 高刑集 18—6—691、大阪地判昭和 54 · 6 · 21 判时 948—128。对于造成痊愈需要 5 天左右的伤害，最决昭和 37 · 8 · 21 裁集刑第 144 号第 13 页持肯定态度；对于造成痊愈需要一周左右的伤害，广岛高判昭和 53 · 1 · 24 判时 895—126 持肯定态度；对于造成需要治疗一周乃至 10 天左右的伤害，持肯定态度的判例，参见东京高判昭和 62 · 12 · 21 判时 1270—159、最决昭和 41 · 9 · 4 裁集刑 160—733、最决平成 6 · 3 · 4 裁集刑 263—101）。

※**非因暴力引起的伤害**：伤害的手段并不限于暴力。为此，本罪包括：（1）以"暴力"为手段引起伤害结果的情形、（2）非因"暴力"而引起伤害结果的情形。后者具体包括使用泻药等药物，损害他人生理机能的情形等（例如，被告虽认识到，可能会使邻居产生由精神疲劳引发的障碍，但还是从自家面向邻居家的受害人，日夜不停地通过大音量发出收音机与闹钟的噪音，从而给予被害人以精神上的疲劳，使之患上慢性头疼症，对此案件，最决平成 17 · 3 · 29 刑集 59—2—54 判定被告成立伤害罪、百选 II No. 5）。

※※**专断的治疗行为**：医师等未充分征得患者的同意而实施治疗的行为，被称为"专断的治疗行为"（⇒总论第 10 章第 3 节之一）。这不仅是指未得到允许的治疗，还包括未给予充分说明的治疗。在民事法律上，专断的治疗行为是侵害患者有关处置自己身体的"自我决定权"的侵权行为，能成为赔偿金请求权的形成原因（对于未经同意的输血行为，最判平成 12 · 2 · 29 民集 54—2—582 以违反说明义务，侵害了患者的自我决定权为由，肯定了赔偿金请求权）。反之，在刑事法律上，虽然尚未出现认定此类情形构成犯罪的判决，但理论上是有可能成立伤害罪的。不过，基于将伤害定义为健康之恶化的立场，只要能期待治疗效果，专断的治疗行为就不属于伤害，但如果以侵害"自我决定权"为理由，将"专断的治疗行为"作为类似于强要罪（第 223 条）的"针对自由的犯罪"而通过新的立法的话，便有可能成为刑罚的对象。

三、伤害罪的故意

通说认为，在出于暴行（罪）的故意使他人受伤时，成立"伤害罪"。第 208 条规定的是，"实施暴力而未至伤害他人的"，因而一般认为，第 204 条的伤害罪包括，"实施暴力而至伤害他人的"情形。这样，伤害罪就包括下述两种情形：（1）出于伤害罪的故意，给他人造成伤害的普通的故意犯的情形；（2）以出于暴行罪的故意而实施的暴力为原因，被害人因而受伤的"暴力致伤"这种结果加重犯的情形（⇒总论第 1 章第 4 节之六、总论第 6 章第 6 节之二※）。

不过，也有这样理解的余地：要成立第 208 条的暴行罪，原本就需要具有伤害罪的故意，因而，第 208 条处罚的正是以暴力为手段的第 204 条（伤害罪）的未遂形态（⇒本章第 6 节）。

四、伤害罪与被害人的同意

伤害行为，有时会因被害人的同意而阻却违法性（⇒总论第 10 章）。在此类情形下，被害人的同意，就是刑法没有明文规定的习惯法上的违法性阻却事由（反之，也有观点认为，伤害罪中的被害人同意，是否定伤害行为的构成要件该当性的事由。⇒前田·总论第 105 页、山中·总论第 203 页、山口·总论第 151 页，等等。但我们不能说，因为有了被害人的同意，所以"对生理机能的侵害"本身就不再存在，因而，对于此类情形，要评价为不存在"伤害"结果，是难以做到的。如同患者同意由没有执业资格的医师违反《医师法》实施手术的情形那样，在此类情形下，被害人的同意虽不能否定《医师法》上的违法性，但能够否定作为伤害罪的可罚的违法性，这样，就至多存在将不存在同意理解为"消极的构成要件要素"的余地。另外，山口·各论第 45 页与山中·各论第 39 页只是将"伤害"定义为对生理机能的损害，但并未涉及同意的有无问题）。

有关因同意而阻却违法性的伤害行为的范围，尚存在如下观点之间的对立：第（1）种观点认为，从《刑法》第 202 条甚至将嘱托杀人也作为犯罪来处理的旨趣来看，对于"有危及生命之危险的严重的身体伤害"，"同意"并不能阻却违法性，但在除此之外的其他情形下，若存在被害人的任意的同意，即可阻却伤害行为的违法性；第（2）种观点认为，原本来说，因"同意"而阻却违法性的范围实际上很窄，限于治疗、献血等"具有社会相当性"的伤害行为，才可以阻却违法性，如果取得同意的"动机或者目的"违法，则不能阻却伤害行为的违法性（有关以骗保为目的的同意伤害，参见最决昭和 55·11·13 刑集 34—6—396、百选Ⅰ No.22）；第（3）种观点认为，凡基于任意的同意的伤害行为，均不构成伤害罪（山中·总论第 203 页、山口·总论第 151 页等）。

如果将被害人的同意视为习惯法上的违法性阻却事由，那么，关键因素就是日本社会的习惯法。通常情况下，这是由裁判所通过"判例"来确认，但在像日本刑事司法那样广泛承认检察官的起诉裁量权（《刑事诉讼法》第 248 条），因而实际进入审判程序的案件很少的情况之下，从特殊的判例中直接读取"习惯法"，就未必合适。例如，起始便以换取现金为目的而进入弹子机店，或者以麻将赌博为目的而进入麻将室或朋友住宅的，不会被追究侵入建筑物或住宅罪（第 130 条）的罪责，正如此类情形所反映的那样，毋宁说，在日本社会，即便取得同意的"动机或者目的"是违法的，但基于同意的行为则未必会被视为违法。但另一方面，至少在现阶段，"基于任意的同意的伤害行为，全部不构成伤害罪"这种观点，不能谓之为日本社会的习惯法（即便是在欧美，似乎也没有哪个国家贯彻得如此彻底）。因此，第（1）种观点应该更为妥当（不过，对于那些虽不至于危及生命，但可能切断四肢那样的重大伤害，就有进一步研讨的余地）。

第三节 伤害致死罪

伤害身体，因而致人死亡的，处3年以上有期惩役（第205条）。

一、结果加重犯

本罪是最典型的结果加重犯。按照判例观点，只要故意的基本犯与加重结果之间存在因果关系，即可成立结果加重犯，而无须行为人对加重结果存在过失（⇒总论第1章第4节之六、总论第6章第6节之二）。

再者，由于作为基本犯的伤害罪已经包含了暴行致伤罪的情形，因而在伤害致死罪的场合，也应包含"暴行致死"的类型。为此，虽然有时只是施加了轻微的暴力，但由于被害人患有难以预见的疾病而死亡的，也有可能成立本罪。而由于本罪的法定刑较重，这样就会造成刑罚过于严厉的结果。对此，多数学说认为，对于加重结果，至少应存在过失。如果不能期待判例对此作出变更，就有必要通过立法来进行修正（《改正刑法草案》第22条规定，"不能预见结果的，不得作为加重犯处罚"）。

在2004年的修正中，本罪的刑罚的下限由2年惩役提升至3年惩役；而且，由于有期惩役的上限统一由15年提升至20年（《刑法》第12条第1款），本罪的刑罚上限也相应提升至20年。

二、结果加重犯与危险性说

不过，就结果加重犯而言，不单是对加重结果需要存在过失，而且，其法定刑要重于伤害罪或者暴行罪与过失致死罪的想象竞合（第54条第1款前段），对此如何作出合理的解释，也是一个问题。反之，有学者参考德国刑法学理论主张"**危险性说**"，要求结果加重犯是"故意的基本犯所具有的典型危险直接实现于结果"（⇒丸山雅夫·《結果的加重犯論》）。也就是，结果加重犯，并非只是要求基本犯与加重结果之间存在因果关系的所谓"故意过失结合犯"，而是只有基本犯所具有的特殊危险实际实现于结果之时才成立的一种特殊犯罪。采取该理论的结果就是，例如，因遭受行为人的暴力，被害人试图从窗口逃往阳台，结果不幸摔死的，在该案中，由于并非伤害行为所具有的典型性危险实现于结果，因而就不构成伤害致死罪，而是构成伤害罪与过失致死罪的想象竞合（BGHNJW 1971，152）。

日本的判例不要求对加重结果存在过失，因而很难采取"危险性说"（对于6名被告长时间对被害人施加相当强度的暴力，被害人乘机逃到高速公路上，结果被车轧死的案件，最决平成15·7·16刑集57—7—950判定成立伤害致死罪）。但笔者以为，对于结果加重犯的法定刑问题，"危险性说"可以毫无障碍地作出解释，应该在进行要求对加重结果存在过失这种立法修正中，一并体现"危险性说"的观点。

※ **"危险性说"的含义**：对"危险性说"，学界有观点是这样理解的："实施结果加重犯之基本犯的行为人，**一般来说**，完全有可能预见到加重结果的发生，因而对其处以较重的法定刑是合适的"。但这是基于对"危险性说"的错误理解。危险性说的含义是，"对结果加重犯规定较重的法定刑的理由在于，基本犯的典型性危险直接实现于结果，因此，**在具体案件中**，只有在基本犯的典型性危险直接实现于结果之时，才成立结果加重犯"（⇒丸山雅夫·《结果的加重犯论》）。

第四节 伤害现场助势罪

发生伤害罪或者伤害致死罪之际，在现场助势的，虽然没有亲手伤害他人，也应处1年以下惩役或者10万日元以下罚金或科料（第206条）。

本条承继了旧《刑法》第306条，处罚的是"在现场的单纯的助势行为"。需要注意的是，本条的法定刑的上限，要轻于伤害罪或伤害致死罪的从犯（第62、63条）。为此，判例与多数说都认为，**本罪针对的是，不构成伤害罪或者伤害致死罪的从犯的行为**，而在成立从犯时，就不是构成本罪，而是仅构成伤害罪或者伤害致死罪的从犯（大判昭和2·3·28刑集6—118判定，"帮助特定的正犯"者应构成从犯）。

反之，也有少数说认为，考虑到围观起哄者的从众心理，本罪旨趣在于，与普通的从犯相比，从轻处罚伤害罪或者伤害致死罪的从犯（团藤·各论第417页、西田·各论第45页，等等。山口·各论第48页认为，是对帮助以及其他实行未遂形态予以从轻处罚）。

但是，成立本罪，只要是"在现场助势"即可，无须证明对于伤害或者伤害致死结果存在推动作用，此外，从众心理未必减轻行为人的罪责。少数说的问题在于，作为其前提，会过于扩大从犯的成立范围。应当说，多数说更为妥当。

第五节 同时伤害的特例

二人以上实施暴力伤害他人的，在不能辨别各人暴力所造成的伤害的轻重或者不能辨认何人造成了伤害时，即便不是共同实行，也依照共犯的规定处断（第207条）。

一、本规定的意义

本条是针对与旧《刑法》第305条相同的情形的规定。旧《刑法》第305条规定，无论有无共谋，原则上，各殴打者应对自己实际动手造成的伤害各自承担责任，如果不知伤害由何人造成，则对各殴打者参照其中最严重的伤害之刑，减一等处断，但以教唆人为例外。针对旧《刑法》第305条前段的情形，现行刑法遵循了如下原则：犯人构成共犯时依据总则的共犯处断，不构成共犯时将各殴打人作为各自成立的伤害的正犯处断，因而删除了旧刑法的规定。在此基础上，现行《刑法》

第 207 条规定，在不能认定各自的暴力所造成的伤害之轻重时，或者不知伤害具体是由谁造成时，即便相互之间不存在共犯关系，也将各伤害人分别作为其中最严重的伤害正犯处断。也就是，将被害人的所有伤害结果归责于所有实施暴力者。

这是试图以下述形式来实现"举证责任的倒置"：在各人的暴力与被害人的伤害之间因果关系不明时，如果各人能够证明，自己的暴力与被害人的特定伤害之间没有因果关系，便不追究针对该伤害的罪责。但是，这种做法是在罪责证明存有疑问之时处罚被告，因而有违反"疑罪从无"之嫌（平野·概说第 170 页、山口·各论第 50 页）。正因为如此，欧洲诸国多设置了"集团暴行"这种特别的构成要件，且其法定刑要轻于伤害罪（德国《刑法》第 231 条等）。旧刑法也曾试图通过减轻刑罚以缓解矛盾，现在也有必要在此方向上调整现行《刑法》第 207 条的规定。

二、本规定的适用要件

暴力，不以严格意义上同时实施为必要，只要能谓之为，是在时间、地点上竞合，在同一机会下实施即可（大判昭和 11·6·25 刑集 15—823，大判昭和 12·9·10 刑集 16—1251）。例如，某人实施第一暴力 40 分钟之后，其他人又实施第二暴力的，有判例认为，如果第二暴力是因其他原因而引发，就不适用本条之规定（札幌高判昭和 45·7·14 高刑集 23—3—479）。

三、本规定的适用范围

也有判例认为，本规定亦适用于伤害致死罪（第 205 条）（最判昭和 26·9·20 刑集 5—10—1937。同旨，山口·各论·第 51 页）。反之，另有观点认为，如果重视该规定有违"疑罪从无"这一问题，还是将本条的适用范围限于明文规定的"伤害"的情形为宜。但是，如果将死亡作为生理机能障碍的极致，而将其视为一种"伤害"的话，那么，肯定说也有其合理性（另外，否定适用于抢劫致伤罪〔第 240 条〕的判例，参见东京地判昭和 36·3·30 判时 264—35；否定适用于强奸致伤罪〔第 181 条〕的判例，参见仙台高判昭和 33·3·13 高刑集 11—4—137）。

另外，起初是 A 单独对被害人实施暴力，B 中途加入，两人共同实施了暴力，对此，有判例通过在"A 单独实施的暴力"与"A、B 共同实施的暴力"之间适用本规定，而将被害人所受伤害归责于 A、B 两人（大阪地判平成 9·8·20 判夕 995—286。同旨，前田·各论第 51 页以下、林·各论第 57 页、山口·各论第 52 页*）。这是因

---

* 山口·各论第 51 页以下认为，"下一问题是，对承继的共犯是否也有可能适用本条。例如，在 A 正对 V 实施暴力之时，B 出现在现场，并与 A 一起实施暴力，结果致 V 受伤，但无法判明究竟是因 B 参与前的暴力所引起还是因 B 参与后的暴力所引起，在此情形下，通过设想存在 B 参与之前由 A 所实施的暴力 a 以及 B 参与之后由 A 与 B 所共同实施的暴力 b，就有认定适用本条之可能（大阪地判平成 9·8·20 判夕 995—286 页判定适用本条）。由此可见，只要能肯定本条的存在合理性，就完全可作出适用本条这一解释。相反，出于否定本条的存在合理性，从而主张限制本条适用范围的立场，就有可能解释为，在此情形下，至少可肯定 A 成立伤害罪，也并不是任何人都不对此承担伤害罪的罪责，因而应否定适用本条（大阪高判昭和 62·7·10 判时 1261—132 页否定适用本条），但这种解释在罪刑均衡上存在疑问"（山口厚. 刑法各论：2 版. 王昭武，译. 北京：中国人民大学出版社，2011：57.）。——译者注

为，适用第 207 条，并未要求暴力存在严格意义上的同时性。但是，不同于 A、B 之间自始至终不存在共犯关系的情形，在此类情形下，至少有 A 作为直接或者间接地引起了伤害结果者，而对所造成整个伤害承担罪责，因此，就应当理解为，这不符合"不能辨别各人暴力所造成的伤害的轻重或者不能辨认何人造成了伤害"的情形（大阪高判昭和 62·7·10 高刑集 40—3—720。同旨，大谷·各论·第 36 页、西田·各论·第 47 页、山中·各论·第 55 页）。也就是，这种情形不同于下述情形：A、B 只是同时犯，我们并不能说，是由 A 或者 B 直接或者间接地造成了被害人的全部伤害。

第六节　暴行罪

实施暴力*而未至伤害他人的，处 2 年以下惩役或 30 万日元以下罚金，或者拘留或科料。（第 208 条）

根据立法当时的提案理由，本条旨趣与旧《刑法》第 425 条第 9 项有关违警罪的规定即"殴打他人未致创伤疾病者"仅处以拘留或科料，是相同的。但是，如下所述，对暴力的含义，做了相当程度的扩大解释。

一、"暴力"的概念

"暴力"，是指针对他人身体非法行使的有形力（或者物理力）。其并不限于"殴打"与其他可能造成伤害的情形，例如，向他人撒盐的情形也属于这里的"暴力"（福冈高判昭和 46·10·11 刑月 3—10—1311）。在行使有可能造成伤害的有形力时，很多时候并不需要实际接触了他人身体（有关挥舞日本刀的案件，参见最决昭和 39·1·28 刑集 18—1—31、百选Ⅱ No.4；有关妨害执行公务罪的"暴力"，例如，向警察投掷石块的案件，参见最判昭和 33·9·30 刑集 12—13—3151、百选Ⅱ No.120；有关敲鼓、使用扩音器而在他人耳边制造大音量噪音的案件，参见最判昭和 29·8·20 刑集 8—8—1277）。这是因为，《刑法》第 208 条的表述是"实施暴力而未至伤害他人的"，因而一般认为，暴力包括具有伤害之危险的行为，或者处于伤害的前阶段的行为（大谷·各论第 37 页、山口·各论第 43 页。西田·各论第 40 页认为，行为人不以接触身体为目的的，仅成立胁迫罪，即便发生了伤害或者致死之结果，也不过是有可能被认定为过失犯）。

二、"暴力"的多样性

暴行罪中的暴力，是指向他人行使物理力，不包括对物暴力。而且，无须达到因暴力而压制被害人的反抗意思，或者使其难以抵抗的程度。

反之，（1）骚乱罪（第 106 条）中的暴力，还包含对物的情形（最广义的暴

---

* 在与伤害罪相对应的暴行罪中，所实施的行为的日文原文是"暴行"，但与汉语意义上的"暴行"并非一个意思，而更多地接近于汉语中的"暴力"，因而为了区别起见，在本书中，一律翻译为"暴力"。——译者注

力）；(2) 妨害执行公务罪（第95条）中的暴力，只要具有妨害公务员执行公务的性质即可，因而，诸如殴打辅助公务员执行公务的人员等那样，针对公务员的间接暴力也包括在其中（**广义的暴力**）。反之，(3) 暴行罪中的暴力，是向被害人直接行使物理力（**狭义的暴力**）；(4) 抢劫罪中的暴力，则须达到足以压制被害人反抗的程度，同样，强奸罪中的暴力，也须达到使被害人难以反抗的程度（**最狭义的暴力**）。这是因各犯罪类型的保护法益与立法宗旨的不同，而造成了暴力概念的这种多样性。

三、本罪的故意

正如前面有关伤害罪的故意中所述，通说认为，仅出于暴行（罪）的故意，但实际造成伤害结果的"暴力致伤"的场合，也成立第204条的伤害罪。但是，从"未至伤害他人的"这一表述来看，将本罪理解为原本只是指"作为伤害未遂的暴力"，这也是完全有可能的（实际上，西田·各论第40页就认为，在行使有形力但并未接触到被害人的场合，在存在发生伤害结果的可能性，并且具有伤害故意的情形下，就应成立暴行罪）。按照这种观点，不要说是伤害，甚至连接触身体的打算也没有的，就不能成立本罪，但根据具体案情，有可能成立胁迫罪（第222条）或者侮辱罪（第231条）与过失伤害罪（第209条）的想象竞合（第54条）（西田·各论·第40页）。

另外，需要注意的是，使用枪支或者刀剑类工具而造成伤害未遂的，对此，应作为"加重伤害"，依据《暴力行为等处罚法》第1条之二第2款的规定予以处罚。

第七节　准备凶器集合罪、准备凶器聚集罪

在二人以上以共同加害他人的生命、身体或者财产为目的而集合时，准备凶器或者知道有此准备而集合的，处2年以下惩役或者30万日元以下罚金（准备凶器集合罪：第208条之三第1款）。

在前款情况下，准备凶器或者知道有此准备而聚集他人的，处3年以下惩役（准备凶器聚集罪：第208条之三第2款）。

一、本罪的性质

本罪是以一段时间内接连发生的暴力团之间的争斗事件为契机，于1958年增设的规定。有关本罪的性质，主要是两种观点之间的对立：(1) 认为本罪是针对个人法益（生命、身体、财产）的犯罪的预备罪；(2) 认为除此之外，本罪同时也是属于针对社会法益（公共社会生活的平稳）之罪（⇒第25章第3节）的骚乱罪的预备或者小型骚乱罪。

这种对立具体体现于罪数关系与共犯关系中。按照第(1)种观点，在集合或者聚集之后又成立其他犯罪的场合，预备罪就被杀人罪、暴行罪、伤害罪或者损坏器物罪等相应犯罪所吸收，因而不再另外成立准备凶器集合罪等；而且，在成立杀

人罪等相应犯罪之后，才开始参与犯罪的共犯，仅成立这些犯罪的共犯，而不成立准备凶器集合罪等的共犯。反之，按照第（2）种观点，除了成立杀人罪、暴行罪、伤害罪或者损坏器物罪等相应犯罪之外，还应另外成立准备凶器集合罪；而且，在成立杀人罪等相应犯罪之后，才开始参与犯罪的共犯，也成立准备凶器集合罪等的共犯。从法条规定的位置本身来看，立法者似乎采用的是第（1）种观点，但其后的判例则采取了第（2）种观点（最决昭和45・12・3刑集24—13—1707、百选Ⅱ No.7）。在这些判例看来，本罪的保护法益包含"公共社会生活的平稳"。而且，由于其保护法益不同于针对个人法益的犯罪，因而本罪与杀人罪、暴行罪、伤害罪、损坏器物罪等，就属于并合罪的关系（最决昭和48・2・8刑集27—1—1）。

不过，与针对骚乱罪中的附和随行者的刑罚（处10万日元以下罚金）相比，本罪的法定刑要重，因而，将本罪的性质仅仅理解为骚乱预备罪或者小型骚乱罪的观点，受到学界的有力批判。反之，学界多数观点认为，本罪属于针对个人法益的预备罪，并试图以此划定本罪的成立范围（平野・概说第171页、大谷・各论第44页、中森・各论第22页、小暮等・各论第46页〔町野〕、山口・各论第59页以下）。

二、共同加害目的

准备凶器集合罪与准备凶器聚集罪都必须是，"二人以上以共同加害他人的生命、身体或者财产为目的而集合"。问题在于，这里的"以共同加害为目的"（以下称之为"共同加害目的"），究竟是限于本人具有在现场参与袭击的意思的情形，还是也包括虽知道他人有袭击的意思但本人并无参与袭击的意思的情形？学界既有观点认为，即便本人只是以单纯助威的目的集合的，也无碍于本罪的成立（团藤・各论・第425页）；也有观点认为，还包括出于对加害目的进行共谋并让其中部分人实施之目的的情形、以实行之准备为目的的情形，以及出于就实行进行谋议之目的的情形（小暮等・各论〔町野〕第49页、大谷・各论第45页以下、林・各论第65页、山口・各论第62页）。但是，只要没有特别规定，预备罪原则上是指"自己达成目的的意思"的情形（"自己预备"），因而，对于"共同加害目的"，也应该限于"自己预备"的情形（西田・各论第59页认为，至少要求实行正犯具有赶赴争斗现场助势的目的）。而且，如果将共谋共同正犯适用于属于必要的共犯（集团犯）的本罪，将会进一步扩大与对骚乱罪的随行附和者仅处以罚金之间的不平衡。因此，对于准备凶器集合罪，应解释为，在出于"共同加害目的"而集合的人之中，仅仅处罚那些"准备凶器或者知道有此准备而集合的"。

无须所有或者大多数的集合者具有"共同加害目的"，若集团中的部分人具备该目的，就可以认定这些人构成本罪（最判昭和52・5・6刑集31—3—544、百选Ⅱ No.8）。

此外，加害行为中是否还包含"妨害公务"或者"放火、决水"等，也是值得研究的问题。由于本罪同时也是针对个人法益的犯罪的预备罪，因而即便强调本罪具有骚乱预备或者小型骚乱罪的性质，也不包含针对纯粹的非个人法益的加害。但是，如果其中包含有个人法益，也是有可能成立本罪的。

三、"凶器"

本罪所谓"凶器"，包括**性质上的凶器**与**用法上的凶器**。性质上的凶器，是指原本就是以杀伤他人或者毁坏物品为目的而制作的工具，如手枪、刀剑等。用法上的凶器，是指原本不是以杀伤他人或者毁坏物品为目的而制作，但可以用于该目的的工具，如菜刀、锄头、铁锹、方材等。想象一下刀剑展示会即可明白，即便属于性质上的凶器，也并非可以无视行为的状况与背景，而直接认定为"凶器"。反之，即便是用法上的凶器，例如，只要想利用该工具来伤人，削尖了的铅笔也可以成为"凶器"，因而要判断是否属于凶器，同样不能不考虑行为的状况与背景。因此，不仅需要该工具本身具有侵害人或物的可能性，还需要在二人以上出于"共同加害目的"而准备并集合时，按照社会一般观念，足以使人产生危险感（对于长约1米的角棒，最决昭和45·12·3刑集24—13—1707肯定属于凶器；对于处于发动状态的翻斗车，最判昭和47·3·14刑集26—2—187、百选Ⅱ No.9否定属于凶器）。

四、罪数关系

如前所述，即便情势已经发展至成立暴行罪、伤害罪等针对个人法益的犯罪的阶段，由于本罪具有骚乱预备或者小型骚乱罪的性质，因而只要持有凶器的集合状态仍在持续，本罪便并未终止（最决昭和45·12·3刑集24—13—1707）。因此，即便在该阶段，也仍有成立针对本罪的共犯之可能。

对于这种情形下与暴行罪等犯罪之间的罪数关系问题，尽管尚存在并合罪或者牵连犯的论争，但判例以本罪具有骚乱预备的性质为理由，认为应属于并合罪（最决昭和48·2·8刑集27—1—1）。

此外，《暴力行为等处罚法》《有组织犯罪对策法》等特别法上也存在相关规定。

【问题研讨】

试论《刑法》第204条所谓"伤害他人身体"的含义。

【解说】

有关第204条所谓"伤害"，如正文所述，存在三种观点之间的对立：（1）认为是对他人的生理机能的侵害（通说）；（2）认为也包括对他人身体的完整性的侵害；（3）认为是对他人身体健康的侵害。按照第（2）种观点，如剪掉他人头发的情形那样，改变他人容貌的行为就属于"伤害"；反之，按照第（3）种观点，即便是使用手术刀的外科手术，只要有利于恢复健康，就不属于"伤害"。但是，从"伤害"这一词语的正常含义来看，第（1）种观点应该是妥当的。剪掉头发的行为如果违反被害人意思，就属于"暴力"；有助于恢复健康的手术，只要不是"专断的治疗行为"，就是正当的医疗行为，亦即，属于阻却违法性的医疗行为。

对于存在被害人承诺的情形，也有观点认为，可以由此否定伤害罪的构成要件该当性。但是，第一，如果认为，在存在被害人承诺的情形下，"伤害"结果就不复存在，这就有违"伤害"是指"对他人的生理机能的侵害"这种通说定义；第二，如果其旨趣在于，主张"不存在被害人的承诺"属于一种"不成文的消极的构成要件要素"，那么，针对"消极的构成要件要素"这一理论的批判，也同样适于该观点：如果存在"被害人的承诺"，明明有时候应该是完全阻却伤害行为的违法性，这里却仅仅否定具有作为"可罚的违法阻却类型"的构成要件的该当性，这种做法是否可行呢？第三，如果其旨趣在于，主张只要存在被害人的承诺，就不成立伤害罪，那么，就其结论而言，是不妥当的。例如，在被害人因受到欺诈或者胁迫（《民法》第96条），而对遭受伤害表示同意的情形下，显然，也是存在同意的，但是，像这种同意的动机存在重大错误的情形那样，在意思表示存在重大瑕疵的情形下，虽然存在同意，但还是留有利用刑法进行保护的余地为好。此外，对于那些对生命存在重大危险的伤害行为的同意，考虑到《刑法》第202条之旨趣，就不应该认为，这种伤害行为不具有可罚性。

不过，第204条中的"人"是指"他人"，因而，即便是基于因受到欺诈或者胁迫而形成的、存在瑕疵的意思，在被认为是自伤行为的场合，对自伤行为的参与就不构成伤害罪。例如，在暴力团成员为承担责任而主动剁去自己的小拇指的场合，借给其刀子的行为，就不过是对自伤行为的帮助，不可罚。因为，自伤行为不符合伤害罪的构成要件，而针对不符合构成要件的行为的加功，是不成立共犯的（当然，如果此时的自伤者处于能谓之为间接正犯之工具这种身不由己的状态之下，而幕后人利用了该状态的，就属于利用了被害人本人的伤害罪的间接正犯）。

值得注意的是，在此类情形下，借刀子的行为人之所以不受处罚，不是因为从法律角度来看，对借刀子的行为，可以作出"可以做"即"不违法"这种实质判断，相反，其理由在于：属于参与对象的行为不符合犯罪的构成要件——也就是，不存在属于从属对象的"正犯"；并且，直接行为人也并非间接正犯的工具——也就是，具有"自己答责性"。当然，在此类情形下，自伤行为人也并不存在若怠于行使就会产生民事或者刑事上的法律责任这种"自己保护义务"。"自己答责性"，是保障各人之责任以及与之相对应的自由的"古典的自由主义"的表现。

第五章
过失伤害犯罪

第一节 概　述

　　现在，过失致死伤罪约占刑法犯认定案件总数的四分之一到三分之一，约占受到刑事侦查人数的三分之二，其中绝大多数是与交通事故有关的过失驾驶致死伤罪。并且，其中大多数是以罚金刑、简易程序（《刑事诉讼法》第461条以下）的方式处理的（2010年度，以简易程序判处罚金的有罪人员约有40万人〔其中，刑法犯约8万人〕；反之，包括被判处罚金、惩役或者禁锢的在内，通过正式审判程序判处有罪的人员总计不足5 000人）。由此可见，简易程序弥补了正式审判程序处理能力的不足。此外，2007年的刑法修正增设了驾驶汽车过失致死伤罪（第211条第2款），但在2013年的法律修正中，该罪被移出刑法典而另外规定在《有关处罚因驾驶汽车而致人死伤的行为等的法律》第5条。对驾驶汽车过失致死伤罪与危险驾驶致死伤罪也一并在这里进行解说。

　　有关过失的本质，参见总论中有关过失的解说（⇒总论第16章）。这里重点解说"业务过失"与"重大过失"。

第二节　过失伤害罪、过失致死罪

　　过失伤害他人的，处30万日元以下罚金或者科料（第209条第1款）。

　　过失伤害罪，告诉的才能提起公诉（同条第2款）。

　　过失致人死亡的，处50万日元以下罚金（第210条）。

　　不同于后述业务过失、重大过失，对单纯过失致死伤罪，仅处以罚金或者科料这种财产刑。并且，过失伤害罪是"亲告罪"（第209条第2款）。根据司法统计，每年，单纯过失致死伤罪的有罪判决不过是1～2件而已。业务过失致死伤罪、重大过失致死伤罪以及驾驶汽车过失致死伤罪，是单纯过失致死伤罪的加重类型。

第三节 业务过失致死伤罪

懈怠业务上必要的注意，因而致人死伤的，处5年以下惩役或禁锢，或者100万日元以下罚金（第211条第1款前段）。

一、"业务过失"的定义

判例将第211条的业务过失定义为：是（1）**基于社会生活上的地位**，而（2）**反复、持续实施的行为**，且（3）**对他人的生命、身体有造成危害之虞**（最判昭和33·4·18刑集12—6—1090）。其中，也包含以防止针对人的生命、身体的危险为业务内容的业务。至于行为人的目的是否在于由此获得收入或报酬，则在所不问（最决昭和60·10·21刑集39—6—362、百选Ⅰ No.60）。

另外，对于与工作毫无关系的持枪狩猎行为，也有判例判定具有"业务"性（最判昭和33·4·18刑集12—6—1090。但是，大判大正8·11·13刑录25—1081则否定属于"业务"）。在增设"驾驶汽车过失致死伤罪"之前，驾驶汽车也被认为是包含在"业务"之内（东京高判昭和35·12·12高刑集13—9—648）。其结果是，近年来，在占了过失致死伤罪案件之绝大多数的汽车交通事故中，除去对无证驾驶等适用重大过失致死伤罪这种例外之外，即使是纯粹出于娱乐目的的驾驶，也被适用业务过失致死伤罪。我们很少见到单纯过失致死伤罪的有罪判决，其原因正在于此。

但是，所谓"社会生活上的地位"，不是指"私生活"，而是指该人在社会中所处的地位，且不问是否由此获得收入。因此，如果将与任何"工作"都毫无关系的行为认定为"业务"，无论怎样，都只能算是类推吧。由于作为娱乐的"驾车兜风"已经非常普及，毋宁说，已经丧失了将该行为作为业务行为而加重刑罚的意义。因此，日本应该像规定"业务过失"的母国即德国1940年所作出的决断那样，删除有关业务过失的规定。

不同于第211条的业务，业务失火罪（第117条之二）中的业务，被定义为**"处于作为职务行为而应当考虑用火安全的、在社会生活上的某种地位"**（最决昭和60·10·21刑集39—6—362）。这种场合下的"业务"，也包含以防止火灾为目的的职务（例如，夜警）（最判昭和33·7·25刑集12—12—2746〔京都站事件〕。另外，作为相对较近的判决，对于处理易燃的人造橡胶的人员，最决昭和60·10·21刑集39—6—362判定构成"业务失火罪"）。这是因为，如果将涉及用火安全的行为全部视为"业务"，那么，不仅是烟民、家庭主妇，甚至在厨房用火的人，都要构成"业务者"，那么，加重处罚的意义便不复存在。但是，正因如此，在失火事件中，单纯失火罪的有罪件数就要多于业务失火罪的有罪件数。

二、法定刑加重的根据

对于加重处罚的根据也存在争议。通说认为，业务者负有特别的注意义务（"**特别义务说**"。最判昭和 26·6·7 刑集 5—7—1236、团藤·各论第 432 页、大谷·各论第 53 页、西田·各论第 60 页等），但批判意见提出，在实施同样行为的场合，难道业务者与非业务者之间存在义务上的区别吗？而且，存在特别义务未必就意味着，违反该义务的行为理应承担更重的责任。

为此，有观点基于业务者所引起的过失事故中受害程度通常较大，或者业务者的注意能力通常要高于一般人等理由，主张"业务过失"属于"重大过失"的一种类型（"**重大过失说**"。平野·概说第 89 页、内田·各论第 63 页等）。但是，不能说，因为是业务者，所以一般会造成重大结果，或者一般属于重大过失；并且，认为业务者一般会被拟制为具有较强能力者（山中·各论第 72 页），这种解释也不具有说服力；再者，这种观点也无法解释，为何业务者属于轻过失之时，也要适用本条规定。

现行刑法所采取的对于业务过失从重处罚的规定，原本源于 1851 年普鲁士刑法典中对业务者作为附加刑而科处的"从业禁止"。但由于此后采取了"经营自由"原则，不允许实施"从业禁止"，因而在 1871 年的德国刑法典中，是作为刑罚的加重事由而加以规定的。在此意义上，可以说，业务过失的较重的法定刑具有"保安处分"的意义：让不适于从事危险的业务活动的该过失行为人不能从事该活动。因此，正如汽车驾驶所代表的那样，如果从事与业务无关的危险活动的话，仅对业务过失作特别处理而加重处罚的规定，就不再有存在的意义，因而德国在 1940 年废止了该规定（⇒松宫孝明·《過失犯論の現代の課題》第 71 页以下）。这一点也同样适于现在的日本。尤其是自 1947 年增设了重大过失致死伤罪之后，业务过失致死伤罪便丧失了存在的意义，因而希望能早日予以废止（最决昭和 60·10·21 刑集 39—6—362 中谷口正孝裁判官的补充意见。同样的问题也适于增设的"驾驶汽车过失致死伤罪"）。

第四节　重大过失致死伤罪

因重大过失致人死伤的，处 5 年以下惩役或禁锢，或者 100 万日元以下罚金（第 211 条第 1 款后段）。

"重大的过失"（即"**重大过失**"），是指可以很容易地"预见"或者"避免"死伤结果的情形，也就是，应该是指那些过失本身严重的情形。但是，司法实务中，似乎将受害的严重程度也纳入考虑之中。例如，因无证驾驶而造成的致人死伤的事故等，通常都是作为重大过失致死伤罪来处理的。

需要注意的是，重大过失不同于行为人曾想到过有可能发生死伤结果的"有认识的过失"。"有认识的过失"未必都是重大过失，因为，那些对任何事都一概不予考虑的行为人，有时候可能更值得非难。

第五节　危险驾驶致死伤罪

实施下述行为，因而致人伤害的，处15年以下惩役；致人死亡的，处1年以上有期惩役。

（1）受酒精或者药物的影响，处于难以正常驾驶的状态，驾驶汽车的行为；

（2）以难以控制行进的高速度驾驶汽车的行为；

（3）无控制行进的技能而驾驶汽车的行为；

（4）以妨害人或者车的通行为目的，进入行驶中的汽车的近距离前，明显接近其他通行中的人或车，且以可能产生重大交通危险的速度驾驶汽车的行为；

（5）故意无视红灯信号或者与之相当的信号，且以可能产生重大交通危险的速度驾驶汽车的行为；

（6）在禁止通行的道路上行驶，且以可能产生重大交通危险的速度驾驶汽车的行为（《驾驶汽车致死伤行为处罚法》第2条）。

一、立法的特色

2013年，此前属于《刑法》第208条之二的危险驾驶致死伤罪以及第211条第2款的驾驶汽车过失致死伤罪等，被另行规定至作为刑法之特别法的《有关处罚因驾驶汽车而致人死伤的行为等的法律》（《驾驶汽车致死伤行为处罚法》）之中，并且，还另外增设了针对无证驾驶时的事故等的加重处罚规定（《驾驶汽车致死伤行为处罚法》第6条）等规定（自2014年5月开始施行）。

危险驾驶致死伤罪，是由2001年的刑法部分修正所增设的罪名，具有既往的刑法上的犯罪类型所没有的几点特色：

第一，对于作为本罪之前提的基本行为，《道路交通法》（简称"道交法"）上有相应规定，并且，对于这些行为，通过对道交法的修正，已经加重了其法定刑（例如，醉酒驾驶罪、疲劳驾驶罪、无证驾驶罪等）。

第二，本罪是将这些危险驾车行为所产生的死伤结果作为独立犯罪即"危险驾驶致死伤罪"予以规定的。这是极为特殊的立法形式，虽然具有结果加重犯的性质，但其基本犯则是《道路交通法》上的犯罪。

其后，对于本罪，平成2012年的刑法修正分别提升了致伤与致死的情形的法定刑：致人伤害的，法定刑上限由10年惩役提升至15年惩役；致人死亡的，随着有期惩役的上限的提升，法定刑上限由15年惩役相应提升至20年惩役。

并且，如上所述，2013年制定了《有关处罚因驾驶汽车而致人死伤的行为等的法律》，在将本罪从刑法中移出另行规定在该法的同时，还追加规定了原本属于政令所规制的行为：在禁止通行的道路上行驶，且以可能产生重大交通危险的速度驾驶汽车的行为。除此之外，该法第3条还增设了"准危险驾驶致死伤罪"。

基本犯	结果加重犯
危险驾驶行为（《道路交通法》）	危险驾驶致死伤罪（《刑法》）

第三，作为本罪之前提的危险驾驶行为，尽管未必能谓之为暴力，但出于本人认识到属于危险的驾驶行为这一理由，被规定为故意犯罪，且不是准照过失致死伤罪而是准照伤害罪、伤害致死罪，规定了很重的法定刑。

对暴力、伤害存在认识	伤害罪、伤害致死罪
对危险驾驶存在认识	危险驾驶致死伤罪
对结果与危险不存在认识	过失（驾驶）致死伤罪

但是，对于因驾车而引起的不存在故意的结果犯，设置予以特别处理的规定，就是从"法律面前人人平等"（《宪法》第 14 条第 1 款）的原则来看，也是存在疑义的。而且，对于本条，判例采取的是，不要求对加重结果存在过失的结果加重犯的形态（对于结果加重犯不要求对加重结果存在过失的判例，参见最判昭和 26·9·20 刑集 5—10—1937），这更是进一步扩大了责任主义上的问题。

对于危险的"逼靠（往路边挤靠行驶中的其他车辆）"行为所引起的死亡事故，以往一直有判例将"逼靠"行为视为"暴力"，以伤害致死罪予以处断（东京高判昭和 50·4·15 刑月 7—4—480）。此外，按照本条的规定，连"准"伤害或者"准"伤害致死行为，也有处以与第 204 条、第 205 条一样重的刑罚之可能，因而对于实际是否需要这种新规定，今后仍有慎重探讨之必要。事实上，按照近年的司法统计数据，作出超出业务过失致死伤罪的刑罚上限 5 年惩役的有罪判决，每年不过 10 件左右，仅占本罪的有罪判决的百分之几。

二、行为类型

本罪行为可以具体分为以下六类：

1. **酩酊驾驶致死伤**（"驾驶汽车致死伤行为处罚法"第 2 条第 1 项）

这是指因受酒精或者药物的影响，在"处于难以正常驾驶的状态"下驾驶汽车，因而致人死伤的情形，要求与道交法上的醉酒驾驶相比，行为人处于更难以注视前方，或者更难以实际操作方向盘、刹车等的身心状态之下。

2. **高速驾驶致死伤**（同法第 2 条第 2 项）

这是指"以难以控制行进的高速度"驾驶汽车，因而致人死伤的情形。是否属于"难以控制行进的高速度"，根据具体的道路状况，判断结论有可能不一致。

3. **技能不熟练驾驶致死伤**（同法第 2 条第 3 项）

这是指"无控制行进的技能"而驾驶汽车，因而致人死伤的情形。即便是无证驾驶，如果像驾驶证暂扣期间那样原本具备驾驶技能的，就不属于此类情形。为此，根据 2013 年的法律修正，"驾驶汽车致死伤行为处罚法"第 6 条设置了因无证驾驶而犯危险驾驶致死伤罪、准危险驾驶致死伤罪、过失驾驶致死伤罪的，应加重其刑的规定。但是，该规定受到了这样的批判：无证驾驶行为本身原本属于道交法的处罚对象，因此，对于与驾驶技能无关的驾驶证暂扣期间的无证驾驶等情形，一律加重其刑罚,并无合理性可言。

4. **妨害驾驶致死伤**(同法第2条第4项)

这是指以妨害人或者车的通行为目的,明显接近其他通行中的人或车,且以可能产生重大交通危险的速度驾驶汽车,因而致人死伤的情形。所谓"强行变道插入""逼靠""挑逗"等行为,就属于此类情形。除了积极妨害通行的意图之外,还需要对正以"可能产生重大交通危险的速度"驾驶汽车这一点存在认识。不过,如果对妨害通行存在确定的认识,即便驾驶的主要目的不在于妨害通行亦可(东京高判平成25·2·22高刑集66—1—3)。

5. **无视信号驾驶致死伤**(同法第2条第5项)

这是指故意无视红灯信号等,且以可能产生重大交通危险的速度驾驶汽车,因而致人死伤的情形。只是没看到红灯信号,或者只是没有遵从红灯信号的,尚不足以构成本罪,正是为了强调这一点,在立法过程中,特别加上了"故意无视红灯信号"这一表述(不过,以"无视信号驾驶"的方式进入交叉路口的,即便速度不是那么快,行为的危险也很大。对于以时速20公里的车速,无视红灯信号,闯入反向车道的行为,最决平成18·3·14刑集60—3—363、百选Ⅱ No.7判定属于"可能产生重大交通危险的速度"。另外,最决平成20·10·16刑集62—9—2797认为,"所谓'故意无视'红灯信号,是指没有遵守红灯信号的意思。即便对正处于红灯状态并无确定的认识,由于原本就没打算遵守信号等相关规定,因而毫不在乎信号状态,即便是红灯也照闯不误的行为,也应该包括在内"。再者,对于如果踩刹车,即便超过停车线,原本也能停在安全位置的情形,参见东京高判平成26·3·26高刑集67—1—8)。

6. **在禁止通行道路驾驶致死伤**(同法第2条第6项)

这是指在禁止汽车通行的道路上行驶,或者在单行道上逆向行驶,且以可能产生重大交通危险的速度驾驶汽车,因而致人死伤的情形。禁止通行道路,由政令加以规定。不同于无视信号驾驶致死伤的情形,由于没有"故意无视"这一要件,因而就存在这样的疑虑:适用范围是否会过度扩大,连那些因年老原因而走神进入逆向车道的情形,也要以本罪处罚?

上述六种行为类型的共同点是,对于死伤结果,都不以故意为必要。但是,所造成的结果,必须是这六种危险驾驶行为本身所具有的危险的现实化。例如,因行人突然冲出来而造成死伤事故的情形,就不属于这里的结果(⇒井上宏·曹时54卷4号43页、山口·各论53页以下)。在此意义上,对本罪而言,对于"客观归属"的判断就尤为重要(⇒总论第6章)。

三、共犯与罪数

本罪采取的是结果加重犯的形式。一般来说,对结果加重犯,是有可能实施教唆或者帮助行为的,因而对于那些虽然对驾驶者的酩酊状态存在认识仍默认其驾驶的同乘者,也有判例判定成立本罪的从犯(最决平成25·4·15刑集67—4—437)。但是,本罪的实质在于引起了死伤结果,因而只是对酩酊状态存在认识而同乘,就要成立从犯,这是存在疑问的。不管怎样,行为人也是将自身置于有可能死亡的危险之下的,因此,对于这种认识,不能这么简单地加以认定。

有关罪数问题,首先,若成立本罪,基本犯所包含的违反道交法的犯罪,就为本罪所吸收(法条竞合)。其次,有关本罪与伤害罪、伤害致死罪之间的关系,就危险驾驶行为被理解为暴力的场合而言,如果将本罪理解为伤害罪、伤害致死罪的特别类型或者扩张类型,那么,致人伤害的,刑罚的下限是成立相对较重的危险驾驶致伤罪,致人死亡的,刑罚的下线则是成立相对较重的伤害致死罪。

四、准危险驾驶致死伤罪

受酒精或者药物的影响,处于有碍正常驾驶之虞的状态,仍驾驶汽车,为此,因受到该酒精或者药物的影响,陷入难以正常驾驶的状态,因而致人伤害的,处 12 年以下惩役,致人死亡的,处 15 年以下惩役(《驾驶汽车致死伤行为处罚法》第 3 条第 1 款)。

受政令所规定的有碍驾驶汽车的疾病的影响,处于有碍正常驾驶之虞的状态,仍驾驶汽车,为此,因受到该疾病的影响,陷入难以正常驾驶的状态,因而致人死伤的,与前款同(同法第 3 条第 2 款)。

随着 2013 年的法律修正,作为准照于危险驾驶致死伤罪中的酗酊驾驶类型的行为,《驾驶汽车致死伤行为处罚法》第 3 条设置了新的犯罪类型。虽不是本罪的正式罪名,但一般俗称"准危险驾驶致死伤罪"。其法定刑重于驾车过失致死伤罪与道交法上的酒驾(带酒气驾驶)等的并合罪加重,但轻于危险驾驶致死伤罪。

本罪一定程度上放松了对于危险驾驶致死伤罪所要求的"处于难以正常驾驶的状态,驾驶汽车的行为"以及故意的举证,只要"处于有碍正常驾驶之虞的状态"且对此存在认识即可。所谓"受酒精的影响,处于有碍正常驾驶之虞的状态",只要达到道交法上的酒驾(带酒气驾驶)的程度即可。这里所谓"药物",设想的是诸如兴奋剂、违法麻药等具有造成意识障碍作用的药物,不过,像感冒药那样,具有催眠等副作用的药品也有可能包括在内。

在具有被作为道交法中不适合领取驾驶执照的事由的一定症状的疾病之中,可能成为本罪适用前提的疾病,也包含在"有碍驾驶汽车的疾病"之中。所谓"癫痫症"就属于此类疾病。不过,在通过服药就能抑制症状的场合,仅限于对那些虽想起来忘记服药仍继续驾驶的情形,能认定存在故意。

第六节 驾驶过失致死伤逃避发现酒精等影响罪

受酒精或者药物的影响,处于有碍正常驾驶之虞的状态,仍驾驶汽车者,在懈怠驾驶上必要的注意,因而致人死伤的场合,出于逃避其驾驶当时的酒精或者药物的影响之有无或者程度被发现的目的,实施进一步摄取酒精或者药物的行为,离开现场降低身体中所含有的酒精或者药物之浓度的行为,或者其他逃避发现其影响之有无或者程度的行为的,处 12 年以下惩役(《驾驶汽车致死伤行为处罚法》第

4条）。

本罪也是2013年的法律修正增设的罪名。司法实践中，经常可以看到，在酒后驾驶等状态下引起死伤事故的驾驶汽车者，因害怕受到重罚，为了避免被发现，而继续饮用酒类或者驾车逃逸的情形，本罪正是通过处罚此类行为，而规定犯罪嫌疑人负有保全证据的义务。尤其是对于实施"离开现场降低身体中所含有的酒精或者药物之浓度"的行为的情形，区别于道交法上的违反救助义务、违反事故报告义务等既往的"逃逸罪"，另外予以处罚。

就本罪而言，由于《刑法》第104条规定的是，仅限于他人的刑事案件，才处罚隐灭证据的行为（⇒第35章第3节），因而存在是否与刑法的这种观念相矛盾的问题；不限于此，在将受伤者从事故现场送往医疗机构的过程中，因经过了一定时间，血液中的酒精浓度降低的，是否连这种情形也属于"离开现场降低身体中所含有的酒精或者药物之浓度的行为"，也是问题之一。而且，按照立法机关的解释，"受酒精或者药物的影响，处于有碍正常驾驶之虞的状态，仍驾驶汽车者"这种对行为主体的限定，不属于《刑法》第65条所谓"身份"，这一点也是存在疑问的。

第七节　驾驶汽车过失致死伤罪

懈怠汽车驾驶上必要的注意，因而致人死伤的，处7年以下惩役或禁锢，或者100万日元以下罚金。但伤害程度轻微的，可以根据情节免除其刑罚（《驾驶汽车致死伤行为处罚法》第5条）。

本罪是鉴于驾驶汽车所造成的死伤事故的实际情况，出于强化对于那些怠于履行驾驶汽车时的必要注意义务而导致他人死伤者之罚则的旨趣，作为当时的《刑法》第211条第2款的驾驶汽车过失致死伤罪，2007年增设了此规定。为此，法定刑的上限是7年惩役，重于通常的业务过失致死伤罪的5年。此后，本罪于2013年从刑法中移出，另行规定在《有关处罚因驾驶汽车而致人死伤的行为等的法律》第5条。

免除刑罚的旨趣在于，对司法实务中案件的实际处理方式的一种追认，也就是，在轻微伤害的场合，若具备和解的条件，绝大多数的汽车交通事故都是以暂缓起诉（起诉犹豫）（《刑事诉讼法》第248条）的形式来处理的（⇒井上宏等·《刑法の一部を改正する法律の解说》曹时第54卷第4号第75页以下）。

但是，与自行车或者摩托艇的事故相比，仅对驾驶汽车过失致死伤的情形特别加重处罚，这种做法存在违反"法律面前人人平等"原则（《宪法》第14条第1款）之虞。而且，刑罚的免除仅限于驾驶汽车业务过失伤害的情形，也难言具有合理性。

另外，对于因无证驾驶汽车所引起的死伤事故，以往一般是按照重大过失规定来处理的，由于现在增设了本罪，此类情形想必也会适用本罪。同时，这也意味着，即便是在增设本罪之前，原本属于对象范围之外的因重大过失而引起伤害的情形,如果所造成的伤害程度轻微,也存在免除刑罚的余地(汽车驾驶者停车之后为了下车而打开驾驶席的车门,由此造成了事故,对此,有判例否定属于驾驶汽车过失,而认定为业务过失,参见东京高判平成25·6·11判时2214—127)。

【问题研讨】

X持有猎枪狩猎许可证,常在狩猎季节利用假日外出狩猎,并实际猎取了猎物。但这纯属X的一种爱好。某日,X在打猎前维护猎枪时,不小心走火,击中身旁的A,致其负伤。试论X的罪责。

【解说】

针对与本案类似的案件,大判大正8·11·13刑录25—1081与最判昭和33·4·18刑集12—6—1090作出了完全不同的判决。

大判大正8·11·13刑录25—1081所涉案件的大致案情为:被告持有狩猎许可证,在狩猎之际,因子弹哑火而重新填装时,不慎引爆雷管导致七人受伤。对此,大审院判定,不以狩猎为职业的狩猎许可证持有者在狩猎过程中,不慎引爆火药导致他人受伤的行为,应构成第209条的过失伤害罪(亲告罪),而不构成第211条的业务过失致伤罪,因而,未经被害人告诉而直接提起公诉,这是违法的;同时,第211条所谓业务,是指人所具有的持续实施某事务的社会生活上的地位,是由自己选择的,而不问该事务是公还是私,也不问是否伴有报酬利益,或者究竟是该人之主要事务还是次要事务。

反之,最判昭和33·4·18刑集12—6—1090则作出了完全相反的判决:"《刑法》第211条所谓业务,尽管原本是指,人基于社会生活上的地位而反复持续实施的行为……并且,以该行为有给他人的生命、身体造成危害之虞为必要,但还是应该理解为,不问行为人的目的在于由此获得收入还是满足其他欲望。因此,如同使用猎枪的狩猎行为那样,取得许可证反复持续实施那些有危及他人生命、身体之虞的行为的,即便是以娱乐为目的,仍然必须将该行为认定为,《刑法》第211条所谓业务。"

一般认为,由于第211条不存在针对重大过失的规定,因而大审院是对业务过失作了扩大解释。但这种理解未必准确。这是因为,大审院虽一定程度上对业务过失作了扩大解释,但存在限于以下两种情形的倾向:一是诸如卡车司机以娱乐为目的,驾车兜风过程中造成交通事故的情形那样,为实施该活动,利用了通过职业活动所获取的专门知识与技术;二是诸如执业医师驾车出诊途中造成交通事故的情形那样,附随于本来的业务活动而实施的活动。概言之,所谓"业务过失"被限定在以下两种情形:(1)在工作之外使用通过业务活动所获得的专门知识与技术之时所出现的过失;(2)实施职业活动的附随行为之时所出现的过失。

大判大正7·11·20刑录24—1412、大判昭和13·12·6刑集17—901等,就是有关第(1)种情形的案例。具体而言,前者是有关汽车的培训教练自己驾车时发生事故的案件,后者是有关货车司机乘工作间隙兜风娱乐时发生事故的案件。

大判昭和9·5·24刑集13—765、大判昭和10·11·6刑集14—1114、大判昭和14·5·23刑集18—283等，是有关第（2）种情形的案例。具体而言，第一个案例是有关从事农业者驾驶马车运货时发生事故的案件，第二个案例是有关西服店营业者为了搬运缝纫机而驾驶汽车的案件，第三个案例是有关医师在学校进行集体体检之后驱车回家时发生交通事故的案件（反之，有关杂货进口商的汽车事故，大判大正12·8·1刑集2—673并未说明驾驶汽车是否属于被告的次要业务，而直接肯定具有"业务性"）。

可以说，从整体上看，对于那些既不符合第（1）种情形也不符合第（2）种情形的活动，要肯定具有"业务性"，大审院是持消极态度的。前述大判大正8·11·13是其典型判例。并且，重要的是，与此后推翻了该判断的最判昭和33·4·18刑集12—6—1090相同，大正8年判决也认为，"无论是否获得了报酬利益"。也就是，既然承认在工作之外使用通过业务活动所获得的专门知识与技术的行为，以及职业活动的附随行为具有"业务性"，当然不要求该行为"伴有报酬利益"。必须说，前述大正8年判决（大判大正8·11·13刑录25—1081）的理由在于，被告的狩猎行为与其"业务"无关。换言之，仅凭"应该理解为，不问行为人的目的在于由此获得收入还是满足其他欲望"这一理由，尚无法以此为根据认定"作为娱乐的狩猎行为具有业务性"。这是因为，完全有可能存在虽不属于报酬利益的对象行为但仍与业务相关的行为。这里很明显地反映出，前述昭和33年判决（最判昭和33·4·18刑集12—6—1090）所作的扩张解释，存在理论上的跳跃。尽管如此，在此后众多的教科书、解说书中，该判决仍被定位于，因为不要求存在由此获取收入的目的，因而对于出于娱乐目的的所有危险驾驶行为，都直接肯定了业务性。

实际上，在重大过失规定扩大至致死伤罪的二战之后，更进一步地扩大了针对业务过失的扩大解释。除了昭和33年的判决之外，自1960年前后开始，针对汽车事故，具体对于那些根据前述大审院判例的第（1）点、第（2）点无法予以解释的案件，以下级裁判所的判例为中心，基本上都判定，应适用有关业务过失的规定。例如，东京高判昭和35·12·12高刑集13—9—648断言，"认定驾驶属于业务，是指反复、持续地实施驾驶行为本身，而不是说，以此为职业或者与职业相关而实施"。而且，大阪高判昭和32·5·20判时120—27也指出，"因爱好驾车而取得驾照者，有时利用休息日，为了兜风而租借车辆，与友人一起驾车出行的，若能认定其具有反复、持续实施此行为的意思，将这种驾驶汽车的行为理解为，从事驾驶汽车的业务，就是合适的"；东京地判昭和37·1·12判时287—34也认为，"只要被告取得了汽车驾照，并反复、持续地驾驶了汽车，即便这并非其本职工作，也无碍于认定属于《刑法》第211条中的业务"，从而对于那些只是出于娱乐的目的而驾车的被告，也适用有关业务过失的规定。

这样，驾驶汽车行为的"业务性"，现在似乎已经是不言而喻的了。这是在"业务过失"一词所同时具有的职业性、营业性的一面以及危险事务性的一面中，仅仅过度强调了危险事务性的结果。但是，与勉强采取这种"解释"相比，直接删除针对业务过失的特别规定，想必更好（另外，在中国的"律"中，对于业务过失,是以轻于普通过失的刑罚来处断的,而且,在其刑法典中,直到最近都存在类似旨趣的规定。因此,"因为是工作上的疏忽所以责任重大",这并非什么不证自明的"真理")。2007年增设的驾驶汽车过失致死伤罪(第211条第2款),就蕴含着消解这种矛盾的可能性。

第六章 堕胎犯罪

第一节 概 述

一、本质与保护法益

《刑法》第 2 编第 29 章的标题是"堕胎犯罪",其保护法益是胎儿的生命。自己堕胎罪(第 212 条)仅以胎儿的生命作为保护法益,而在同意堕胎罪(第 213 条)与业务堕胎罪(第 214 条)中,除了胎儿的生命之外,即便被害人同意也不能放弃的孕妇的生命与身体,也是附带的保护法益。再者,在不同意堕胎罪(第 215 条)与不同意堕胎致死伤罪(第 216 条)中,尽管一般未曾意识到,但只要我们想起不伤害女性身体而仅杀害胎儿的情形即可明白,其保护法益不仅是该女性的生命与身体,妊娠与生育的自由也是附带的保护法益。

不过,如后所述,现在已经广泛允许基于《母体保护法》的人工流产,因而有关堕胎罪的有罪判决,已几乎不再出现。

二、堕胎行为

"**堕胎**",是指"先于自然分娩期,人为地将胎儿排出母体"(大判明治 39·7·6 刑录 12—849、大判明治 42·10·19 刑录 15—1420、大判明治 44·12·8 刑录 17—2183 等),或者"将胎儿杀死在母体之内"。通说、判例(大判明治 44·12·8 刑录 17—2183)认为,这两种情形都属于"堕胎"(⇒第 2 章第 1 节之二)。成立本类犯罪,不问胎儿的发育程度(大判昭和 2·6·17 刑集 6—208)。因此,即便只是提早排出胎儿也可成立的本罪,就属于针对胎儿生命的危险犯。但是,与这种定义相反,也有观点认为,应将堕胎直接定义为"杀害胎儿"(平野·概说第 159 页、小暮等·各论第 58 页〔町野〕、西田·各论第 22 页、林·各论第 35 页以下，山口·各论第 20 页）。

本书以为，明治时期的大审院判例之所以将堕胎定义为"先于自然分娩期，人为地将胎儿排出母体"，其时代背景在于，在早产婴儿医疗技术尚不发达的当时，只要提前将胎儿排出母体，就几乎不可能维持其生命，因而在判决中无须认定婴儿已经死亡。因此，在医疗技术已经相当发达的今天，同样的定义就不再合适。现在，在胎儿可以在保育器内维持生命的时期，出于若继续妊娠会危及孕妇生命这一理由，在医师的管理之下实施的人工早产，毋宁说，只要是打算将胎儿放在保育器内养育，仅此是不可能构成"堕胎"的。为此，就应该理解为，在不存在那种意义上的胎儿死亡的具体的危险的场合，就不属于"堕胎"（团藤·各论第 446 页等）。同时，对于那些未打算采取早产儿医疗措施的人工早产，即便是现在，仍然存在胎儿死亡的现实危险，因而在此阶段，认为属于"堕胎"，也并非完全不合理。因此，除了不存在针对胎儿生命的具体的危险的情形之外，本书采取通说定义。

因此，(1) 提前排出胎儿之后，又以作为方式杀害婴儿的，属于堕胎罪与杀人罪的并合罪（大判明治 39·7·6 刑录 12—849、大判大正 11·11·28 刑集 1—705）；(2) 提前排出胎儿之后，放任不管致其死亡的，如果实现的是堕胎行为本身所具有的具体危险，那么，除了堕胎罪之外，没有成立其他犯罪的理由。对此情形，尽管也有判例判定，属于堕胎罪与保护责任者遗弃致死罪的并合罪（对于将妊娠 26 周的胎儿排出母体之外，致其 54 小时之后死亡的案件，最决昭和 63·1·19 刑集 42—1—1、百选 II No. 10 认为，应属于由医师构成的业务堕胎罪与保护责任者遗弃致死罪的并合罪），但在若不采取将早产儿放入保育器等特别的医疗措施，早产儿就会死亡的情形下，那不过是实现了堕胎行为本身所具有的具体危险，尚不足以构成其他犯罪。在达到已无须采取特别的医疗措施的阶段之前生育的，如果怠于养育，是有可能构成保护责任者遗弃罪（第 218 条）或者遗弃致死罪（第 219 条）的，但是，在挽救新生儿生命的可能性极低之时，不作为是不构成犯罪的。而且，要成立遗弃致死罪，必须能够超越合理怀疑的程度而切实证明，如果进行养育，原本是能够挽救新生儿生命的（同旨，最决平成 1·12·15 刑集 43—13—879、百选 I No. 4）。

另外，不知胎儿已死于母亲体内而采取堕胎措施的，属于堕胎未遂的不能犯（大判昭和 2·6·17 刑集 6—208。不过，是有关不处罚未遂的业务堕胎罪的旁论）。

三、与《母体保护法》之间的关系

依据《**母体保护法**》而实施的**人工流产**，可以阻却堕胎行为的违法性。不过，首先，依据该法第 2 条，存在"胎儿于母体外无法延续生命期间"这种时间限制。在被视为解释该条文之基本指南的厚生事务次官通知（平成 2 年〔1990 年〕3 月 20 日）中，将该时间解释为妊娠满 22 周以内（不过，如第 2 章第 1 节之三※所述，如果将来仍然维持该定义，那么，一旦出现了完全的人工子宫，则不可能存在合法的流产了）。

其次，要谓之为合法流产，还必须存在适于流产的**适宜事由**。依据《母体保护法》第 14 条第 1 款，现在主要是指下述事由：

- 医学上适宜……若继续妊娠，存在因身体原因而严重伤害母体健康的危险（第 1 项前段）
- 社会经济上适宜……若继续妊娠，存在因经济原因而严重伤害母体健康的危险（第 1 项后段）
- 伦理上适宜……因受到暴力或者胁迫遭受奸淫而导致的妊娠（第 2 项）

再次，需要得到本人及其配偶的同意（在无法确认配偶的意思时，没有配偶的同意亦可）。

最后，需要得到医师协会指定的妇产科医生的认定（妇产科医生单独认定亦可），以及向都道府县知事提出申请。

四、立法问题

对于基于《母体保护法》的人工流产，有观点主张应缩小、废止社会经济上的适宜事由。现在，这种适宜事由约占流产理由的 95%。这是因为，由于指定医师可以单独认定适宜事由，因而存在其是否被滥用这种疑虑。但是，反过来看，在将十几岁的女性从本人不希望的妊娠中解脱出来这一点上，该适宜事由又发挥着巨大作用。因此，废止或者缩小该适宜事由，其影响极大。毋宁说，对于《母体保护法》的修正，如果不与——贯彻有关避孕知识的性教育以及避孕措施、扩大针对单身女性的生养与育儿的社会援助等——其他措施同时推进的话，反而会诱发非法流产以及随之而来的医疗事故等。

另外，1996 年以前，本法的名称曾经是《优生保护法》。但是，由于对该法所规定的父母双亲的遗传病与颠病（麻风病）——似乎存在麻风病是遗传病这种误解——这种"优生学上的适宜事由"存在疑问，这些适宜事由被删除，同时本法的名称也被更改为《母体保护法》。

※**期限解决方式与适宜事由方式**：在外国，也有立法例认为，妊娠满 12 周之前，是否继续妊娠是涉及妇女的隐私权的问题，即便没有适宜事由也可以合法地流产（东欧各国的立法，以及 1973 年美国联邦法院的"罗伊诉韦德案判决"* 等）。这被称为"**期限解决方式**"（实际上，多是在妊娠初期采用"期限解决方式"，而在妊娠中期，则再加上下述"适宜事由方式"）。反之，如日本那样，要求存在适宜事由的立法形式，则被称为"**适宜事由方式**"。而且，德国以往采取的是适宜事由方式，现在的做法是，妊娠满 12 周之前的流产——虽然原则上是违法的——不可罚，而在妊娠满 20 周之前，以存在适宜事由以及接受专家的指导为条件，流产也被合法化。在德国，这被称为"**专家指导方式**"。采取这种方式的背景在于，对于采取了"期限解决方式"的刑法修正案，以违反了规定国家有义务保护"生命体"之生

---

* Roe v. Wade, 410 U. S. 113 (1973). ——译者注

命的基本法为理由，德国联邦宪法法院分别于 1974 年与 1993 年两次作出了违宪判决。将妊娠初期的未经专家指导的流产视为——虽然是不可罚的——违法的旨趣在于，违法的流产不适用健康保险，且不得在公立医院实施。在对生育也不适用健康保险的日本，这是一个很容易被遗忘的论点，然而，现在，流产问题已不仅仅是可否予以处罚的问题，而已经演变为，对此究竟应采取促进还是抑制的医疗政策的问题。

第二节 具体犯罪类型

一、自己堕胎罪

妊娠中的女子使用药物或者通过其他方法堕胎的，处 1 年以下惩役（第 212 条）。

条文中的"使用药物"只是例示，不问具体的堕胎方法。自受精卵着床于子宫的时点起，就属于"胎儿"，因而从该时点开始，即有可能实施堕胎。

与下述同意堕胎罪（第 213 条）的 2 年以下惩役相比，本罪的法定刑要低。一般将其理由解释为，属于责任减轻类型：考虑到孕妇的心理状态等因素，与由他人实施堕胎行为相比，孕妇实施合法行为的期待可能性相对要低。但毋宁说，更重要的原因在于，自己堕胎的行为，具有孕妇针对母体的自伤行为的一面，因而与属于他害行为的同意堕胎相比，违法性要轻（山中·各论第 84 页）。亦即，从与同意堕胎罪的关系上看，本罪属于违法性较低的行为。如后所述，这直接影响到，对于他人参与自己堕胎罪时的共犯关系的处理（⇒第 2 节之四）。

二、同意堕胎罪、同意堕胎致死伤罪

受女子的嘱托或者得其承诺而使其堕胎的，处 2 年以下惩役；因而致该女子死伤的，处 3 个月以上 5 年以下惩役（第 213 条）。

一般认为，采取堕胎措施所必然随之出现的轻微伤害，不包括在加重结果之内。虽然有判例认为，堕胎止于未遂时，也有可能构成堕胎致死罪（大判大正 13·4·28 新闻 2263—17 的旁论。同旨，大谷·各论第 63 页），但学界多数以"从表述本身来看，这种解释过于牵强"为理由，对此持消极态度（团藤·各论第 450 页、大塚·各论第 55 页、福田·各论第 162 页、中森·各论第 32 页）。不过，在因孕妇死亡，胎儿也随之死亡的场合，由于可以视为，伴随着堕胎行为，出现了孕妇死亡这种预想之外的结果，因而将这种情形视为"堕胎止于未遂"，是存在疑问的。胎儿的排出或者死亡，并非必须发生于孕妇死亡之前。

三、业务堕胎罪、业务堕胎致死伤罪

医师、助产师、药剂师或者医药品销售业者，受女子的嘱托或者得其承诺，而

使其堕胎的,处3个月以上5年以下惩役;因而致该女子死伤的,处6个月以上7年以下惩役(第214条)。

本罪,是由具有医师等身份者所实施的同意堕胎罪的加重类型。但需注意的是,本罪虽以医疗相关人员为犯罪主体,但护士不属于本罪主体。除了主体之外,其他成立要件均与同意堕胎罪相同。另外,该女子不同意堕胎的,则成立不同意堕胎罪、不同意堕胎致死伤罪(第215、216条)。

四、自己堕胎罪与同意堕胎罪、业务堕胎罪之间的共犯关系

孕妇与他人共同实施堕胎之时,孕妇成立自己堕胎罪,该他人成立同意堕胎罪,不必特意适用第65条第2款,两者也构成共同正犯(大判大正8·2·27刑录25—261。但这只是判决书中的旁论)。此外,通过向孕妇介绍产婆使其堕胎,或者通过支付堕胎费用,而帮助孕妇实施自己堕胎罪的,构成自己堕胎罪的从犯(大判昭和10·2·7刑录14—76、大判昭和15·10·14刑集19—685)。这反映的是,由于自己堕胎罪并非单纯的责任减轻类型,而是违法减轻类型,因而"正犯违法性的减少,连带作用于共犯"(另外,在共犯的限制从属形式中,正犯的违法性是成立共犯的必要条件,因此,只有正犯违法性的阻却或者减轻,连带作用于共犯。⇒总论第21章第1节之三)。对此情形,学界不少学者基于自己堕胎罪属于减轻责任的身份犯这种理解,主张应适用第65条第2款,以同意堕胎罪(第213条)之刑处罚帮助者(中森·各论第38页、西田·各论第20页、前田·各论第96页)。但是,这种观点忽视了自己堕胎罪所具有的自伤行为的一面(另外,山口·各论第22页、林·各论第37页以此时正犯不具有同意堕胎罪的构成要件该当性为理由,采取了与判例相同的结论)。

此外,他人同时教唆孕妇与医师实施堕胎的,有判例认为,对孕妇的教唆构成自己堕胎罪的教唆,对医师的教唆构成业务堕胎罪的教唆,但由于只让被教唆者实行了一个堕胎行为,因而应就行为整体进行概括性评价,仅成立刑罚较重的业务堕胎罪;对于教唆人不具有医师身份的情形,也有判例判定,应适用第65条第2款,以同意堕胎罪(第213条)的刑罚予以处断(大判大正9·6·3刑录26—382)。

另外,孕妇教唆他人为自己实施堕胎的,一般认为,该行为符合第212条规定的"通过其他方法堕胎",应直接成立自己堕胎罪("间接自己堕胎"),而非成立同意堕胎罪的共犯(团藤·各论第449页、平野·概说第162页、山口·各论第21页等)。换言之,自己堕胎罪自始便包括自己堕胎的情形以及通过他人实施堕胎的情形。

对于上述结论,依据"混合惹起说"——亦即,将共犯解释为,(1)通过正犯的不法行为("必要条件"意义上的从属性的一面),(2)间接地实现构成要件("惹起"的一面)——可以作出最好的解释(⇒总论第22章第4节之六)。

五、不同意堕胎罪、不同意堕胎致死伤罪

未受妊娠的女子的嘱托,或者未得其承诺,而使其堕胎的,处6个月以上7年

以下惩役（第 215 条第 1 款）。

前款犯罪的未遂，应当处罚（同条第 2 款）。

犯前条之罪，因而使该女子死伤的，与伤害罪比较，依照较重的刑罚处断（第 216 条）。

虽然条文原本使用的是"或者"一词（即"未受妊娠的女子的嘱托，**或者**未得其承诺"），但这里应该理解为"并且"的意思（即"未受妊娠的女子的嘱托，**并且**未得其承诺"）。这是因为，从本章规定的旨趣来看，只要是得到了孕妇的嘱托或者承诺，就应构成同意堕胎罪（第 213 条）或者业务堕胎罪（第 214 条）。

所谓"与伤害罪比较，依据较重的刑罚处断"，是指在不同意堕胎致伤的场合，比较不同意堕胎罪（第 215 条）与伤害罪（第 204 条）的法定刑，无论是刑罚的上限还是下限，都适用其中相对较重的刑罚。因此，不同意堕胎致伤的，其刑期应该是 6 个月以上 15 年以下惩役（在该场合下，由于刑罚的上限与伤害罪相同，因而，以剖腹产的方式实施不同意堕胎的，仅成立不同意堕胎致伤罪，伤害罪被该罪所吸收）。同样，在不同意堕胎致死的场合，就是通过比较不同意堕胎罪（第 215 条）与伤害致死罪（第 205 条）的法定刑，确定为 3 年以上有期惩役。

另外，在行为人误以为得到了孕妇的嘱托或者承诺的场合，成立同意堕胎罪，若行为人是医师，则成立业务堕胎罪。在此限度之内，第 213 条与第 214 条中的"受女子的嘱托或者得其承诺"这一表述，就不过是提示这两个条文与相对更重的第 215 条之区别的"表面的构成要件要素"（⇒总论第 15 章第 2 节之三）。

【问题研讨】

犯人对怀孕超过 36 周即将临产的孕妇实施麻醉，趁其昏迷时剖腹产夺走胎儿（排出母体后即为新生儿），切开后又完好地缝合，该女性没有生命危险。几天后，在医院前发现了被放置于摇篮中的该新生儿。警察判断，夺走该新生儿的犯人在自己养育该新生儿几天后，出于某种原因又放弃养育，将新生儿送了回来。那么，在此情形下，行为人成立堕胎犯罪吗？

【解说】

世上总有不可思议的事情发生，本问题以欧洲发生的真实案情为原型。笔者尚未看到犯人被捕的后续报道，无从知晓其动机等详情（最近也曾发生过，行为人切开为大富豪做代孕的女性的腹部，并拐走了胎儿。所幸的是，该女性与新生儿都安然无恙）。但是，在该案的场合，应该能够成立以孕妇为被害人的伤害罪（第 204 条），也有可能成立以新生儿为对象的诱拐未成年人罪（第 224 条）。但要论之是否成立堕胎犯罪，则有些棘手。

首先能想到的罪名是不同意堕胎罪或者不同意堕胎致死伤罪。案件事实是，未经孕妇同意，先于自然分娩期将胎儿排出母体之外，因而感觉是可以构成不同意堕胎罪的。并且，即便事后完好地缝合，并未危及孕妇的生命，但由于是以剖腹产的方式剖开孕妇腹部，因而对其行为仍然可以以构成"专断的医疗行为"而追究其伤害罪罪责。在此情形下，由于不同意堕胎致伤罪的刑罚上限与故意的伤害罪相同，因而仅成立不同意堕胎致伤罪，伤害罪被该罪所吸收。

但问题在于，以确保胎儿存活为目的而实施的剖腹产，是否属于"堕胎"。这是因为，无论将"堕胎"定义为先于自然分娩期提前排出胎儿，还是直接定义为杀害胎儿，都是以使胎儿死亡为目的而实施的。因此，仅从这一点来看，不以杀害胎儿为目的的剖腹产，即便属于"提早排出"，但也不属于"堕胎"。那么，不存在"堕胎"行为的话，当然也无从成立不同意堕胎罪、不同意堕胎致伤罪。因此，如果本案不能认定存在"堕胎"行为，就不可能成立不同意堕胎致伤罪。

即使将"继续妊娠的自由"视为本罪的保护法益，那终究也不过是附随于胎儿生命而受到保护，如果不存在以抹杀胎儿生命为目的的"堕胎"，仍然不可能成立不同意堕胎致伤罪。

补充一点，虽然有观点认为，堕胎行为在性质上总是属于伤害行为的（大谷·各论第64页等），但只要想象一下沙利度胺（Thalidomide）镇静剂那样仅对胎儿起作用的药物即可明白，认为堕胎行为总是伴有对母体的伤害，是不妥当的（⇒第2章第1节之四）。因此，仅仅将孕妇的生命、身体也加入保护法益之中，是不足以成为不同意堕胎罪的法定刑重于同意堕胎罪的理由的。为此，就应该理解为，妊娠、生育的自由也是一并受到保护的。

第七章 遗弃犯罪

第一节 概　述

一、性质与保护法益

《刑法》第2编第30章为遗弃犯罪，规定了遗弃罪（第217条）、保护责任者遗弃罪（第218条）、遗弃致死伤罪（第219条）。本章之罪，是针对被遗弃者的生命、身体的危险犯（大判大正4·5·21刑录21—670、多数说。反之，认为本章之罪仅仅是针对生命的危险犯的观点，参见平野·概说第163页、大谷·各论第65页、小暮等·各论第65页〔町野〕、西田·各论第27页、林·各论第40页、山口·各论第31页）。此类犯罪的典型例子是，诸如父母等养育责任人"抛弃孩子"、承担看护责任者遗弃需要看护的老人或者置其于不顾等情形。保护责任者遗弃罪设想的正是此类情形。

为此，对于本章之罪，尤其是保护责任者遗弃罪，有观点强调其具有懈怠保护义务罪的性质，而认为本罪侵害的是"社会风俗"（大塚·各论第57页）。提出该观点，是为了对即便得到被遗弃人的同意仍然要成立本罪作出解释，但这是存在疑问的。因为，即便依据通说，将本罪解释为针对被遗弃者的生命、身体的危险犯，由于保护责任者的遗弃行为、不保护行为往往会将被遗弃者的生命置于危险境地，因而应该理解为，即便得到了被遗弃者的同意，该行为也无法被正当化（曾根·各论第41页、山口·各论第31页）。因此，没有特别提出"社会风俗"之必要。

本章之罪，是针对被遗弃者的生命、身体的"抽象的危险犯"。反之，也有观点认为，以能迅速被人发现的形式，将孩子扔在医院、警署、儿童保护设施门前的，由于并不存在针对被遗弃者的生命、身体的危险，因而应否定成立遗弃犯罪，并基于此立场进一步提出，本章之罪是"具体的危险犯"（团藤·各论第 452 页、平川·各论第 70 页）。但是，"具体危险犯"应限于那些在构成要件表述中明示要求存在"危险"的情形（⇒总论第 5 章第 3 节之五），因此，无法赞同这种观点。

不过，从"遗弃"（第 217 条、第 218 条）以及"对其生存不给予必要保护"（第 218 条）这种表述来看，已经排除了那些对被遗弃者的生命与健康没有危险的情形，为此，例如，以能迅速被人发现的形式，将孩子扔在医院、警署门前的，就应否定成立遗弃犯罪（参见山口·各论第 31 页、山中·各论第 108 页以下）。问题在于如何解释构成要件要素。

二、遗弃的客体（对象）

遗弃的客体（对象），是"因年老、年幼、身体障碍或者疾病而需要扶助的人"（第 217 条），第 218 条的客体实质上也是如此。这里是限定式列举，要成立遗弃罪，被遗弃者必须属于所列举的被害人的类型之一。诸如手足被捆绑的人那样，身体的活动人为地且暂时性地受到妨碍者，就不属于这里所谓"身体障碍"者。不过，一般对"疾病"作广义解释，将受伤者、高度酩酊者、饥饿者也包含在内。所谓"需要扶助"，是指若无他人的扶持、帮助，日常生活便无法自理（大判大正 4·5·21 刑录 21—670。按照将本章之罪理解为，仅仅是针对生命的危险犯的观点，所谓"需要扶助"，就是指"自己一个人无法应对针对生命的危险"的情形。参见山口·各论第 32 页）。

三、"遗弃"的含义

遗弃罪（第 217 条）的行为是"遗弃了"（**遗弃**），保护责任者遗弃罪（第 218 条）的行为是"遗弃，或者对其生存不给予必要保护"。"对其生存不给予必要保护"（**不保护**），属于真正的不作为犯。

所谓"**遗弃**"，是指通过在被遗弃者与保护者之间制造场所上的隔离，将被遗弃者置于没有保护的状态之下。遗弃的方法包括"**移置**"与"**抛弃**"（扔下不管、置之不理）：前者是指，保护责任者自己或者他人，将被遗弃者从保护者处带离至其他地方的情形；后者是指，保护责任者自己或者他人，不将被遗弃者带至保护人处，而是顾自离开的情形。虽然也有观点将"抛弃"理解为不作为，但这里重要的是，在保护者与被遗弃者之间制造场所上的隔离，具体方法既可以是作为也可以是不作为。例如，邻居出于好意将幼儿带去郊游，听任该幼儿自行离开的，这种置之不理的情形就属于"不作为的遗弃"。

有观点认为，第 218 条的"遗弃"包括单纯的"抛弃"（⇒最判昭和 34·7·24 刑集 13—8—1163），而第 217 条的"遗弃"则不包括"抛弃"（团藤·各论第 453 页）。但是，对这种观点，批判意见指出，同样是"遗弃"这一构成要件要素，却在第 217 条与 218 条中作不同解释，这种做法并没有合理性根据（平野·概说第 163 页）。此外，近年来，有力观点主张，应将"遗弃"限于以作为方式实施的

"移置",凡以不作为形态实施的,都应该作为第218条的"不保护",仅以保护责任者遗弃罪进行处断(大谷·各论第68页以下、小暮等·各论第67页〔町野〕、西田·各论第30页、林·各论第41页)。但是,针对这种观点,也完全有可能提出下述批判:这种观点要么是将为"遗弃"的不真正不作为犯提供根据的"作为义务",与属于第218条之构成要件要素的"保护责任"混为一谈,与那些以作为形式实施的"遗弃"相比,从重处罚属于不真正不作为的"遗弃"*;要么是认为不真正不作为形式的"遗弃"不可罚,但却未能对此提出合理的理由(山口·各论第35页)。

解决问题的出发点在于,是否可以明确区分"作为义务"与"保护责任":这里的"作为义务"是,对于"遗弃"被当作"不真正不作为犯"而以第217条——行为人是保护责任者之时,则以第218条——予以处罚这一点提供根据的"作为义务"(或者"保障人地位");"保护责任"是,为针对"遗弃"的加重处罚提供根据,并且,属于处罚"不保护"之根据的特别的"保护责任"。例如,邻居出于好意将幼儿带去郊游,但听任该幼儿自行离开的,将该情形理解为,以"先行行为"或者"对暂时保护他人的事实上的接受"为理由的"遗弃"(第217条)的不真正不作为犯(原因在于,与邻居起初便出于遗弃的意图,而将幼儿从双亲处带离加以遗弃这种属于第217条的情形相比,对该情形,没有理由予以更加不利益的处分),如果能够明确区别于,亲生父母听任幼儿自行离开这种属于保护责任者遗弃罪的情形,就能够消除理解上的混乱。也就是,保护责任者限于亲权者、看护义务者,或者接受亲权者、看护义务者的概括性委任,对需要扶助者有义务予以扶助的"特别义务者";反之,在基于"先行行为"或者"对暂时保护他人的事实上的接受"的场合,行为人虽属于第217条的保障人,却不属于第218条的保护责任者。换言之,我们可以这样来理解:第218条的保护责任属于"特别义务",是加重了符合第217条之"遗弃"的情形的罪责,是为单纯的不保护的罪责提供追责根据;第217条的作为义务是"普遍义务(普通人的义务)",不过是为第217条的不真正不作为犯提供根据(将第217条解释为"制造危险罪",将第218条解释为"不解消危险状态罪"〔山中·各论第96页以下〕,就是与本文观点相类似的观点。但是,二者的本质区别在于:前者违反的是"不得制造危险"这种"普遍义务",而后者违反的是"无论自己是否制造了危险,都必须予以保护"这种"特别义务"。山口·各论第35页注39指出,"即便处罚抛弃行为,要求其与需要扶助者在一起,但若不要求其对需要扶助者进行保护,则毫无意义",也就是,即便是没有"保护义务"者,也可能负有报告警察或者将要扶助者带至保护责任者之处这种程度的作为义务)。

问题在于,也有判例对交通肇事逃逸案件,肯定存在保护责任(最判昭和34·7·24刑集13—8—1163)。但是,无论是通过交通事故而制造出"疾病者"的先行行为,还是《道路交通法》赋予事故车辆的所有同乘人员的救护义务,都不足以为超过"作为义务"的"保护责任"提供根据。因此,如果这种程度就可以认定存在

---

* 也就是,就同一结果,不真正不作为犯的处罚反而要重于作为犯。——译者注

"保护责任"的话，就很难将其与"作为义务"区别开来。但是，如果不能区分二者，就不可能消除有关"作为义务"与"保护责任"的理解上的混乱。

不过，论述属于不真正不作为犯的"遗弃"的实际意义并不大。因为，在交通事故中，《道路交通法》第72条对事故车辆的所有同乘人员均赋予了救助伤者的救助义务，对违反该义务的行为，将依据该法第117条——与第218条的刑罚上限相同——课以5年以下惩役；并且，在违反救助义务的场合，如果是由驾驶人的驾驶行为导致人员死伤，则可以判处10年以下惩役或者100万日元以下罚金。因此，对交通肇事逃逸案件，大多是按照这种真正的不作为犯来处理的。

另外，《轻犯罪法》第1条第18项规定，对于"明知在为自己所占有的场所内，有因老幼、行动不便或者伤病而需要扶助者……却不迅速将此情况报告给公务员的"，处拘留或者科料。这一规定由来于，旧《刑法》第340条的类似规定被作为"违警罪"而排除在刑法犯之外。正如可以从这一点反推的那样，仅仅只是明知"在为自己所占有的场所内，有因老幼、行动不便或者伤病而需要扶助者"，却对此放任不管的，就既不属于"不保护"也不属于"不作为的遗弃"。

第二节 具体犯罪类型

一、遗弃罪

遗弃因年老、年幼、身体障碍或者疾病而需要扶助的人的，处1年以下惩役（第217条）。

本罪也被称为"单纯遗弃罪"。有关遗弃的含义与客体，如上所述。实施遗弃时，具有杀人犯意，且伴有针对生命的紧迫危险的，成立杀人罪未遂而非本罪。值得注意的是，本罪的法定刑要轻于《道路交通法》第72条前段规定的违反救护义务犯罪。因此，在司法实务中，本罪意义不大。

二、保护责任者遗弃罪

对于年老者、年幼者、身体障碍者或者患病者，负有保护责任而将其遗弃，或者对其生存不给予必要保护的，处3个月以上5年以下惩役（第218条）。

就"遗弃"而言，本罪是第217条的加重身份犯；对"不保护"而言，本罪是构成的身份犯，只有具备保护责任者这一身份，"不保护"行为才能成为处罚对象（⇒总论第22章第1节之一）。不过，非保护责任者参与了作为方式的遗弃的，应依据第65条第2款，以第217条之刑进行处断，那么，为了与之保持均衡，非保护责任者参与了更为平稳的形态的"不保护"的，就应该认为，也应适用第65条第2款（⇒《レヴィジオン1》·第126页以下〔松宫〕）。因为，正犯行为的违法性不过是成立共犯的必要条件，正犯的违法性未必连带于共犯（⇒总论第21章第1节之三、总论第22章第1节之五）。

保护责任者，一般被定义为，因法令、合同、无因管理、常理等而负有保护义务者。但是，按照这一定义，保护责任者与通常的不真正不作为犯的作为义务者之间，几乎没有什么区别。为此，如前所述，与"遗弃"的不真正不作为犯之间的区别，就存在理解上的混乱（被告认为 80 岁左右的老人可怜，遂予以照顾，其后又遗弃的，对此案件，大判大正 4·5·21 刑录 21—670 判定适用第 217 条的单纯遗弃罪。因而，仅凭"对保护他人的事实上的接受"，尚不能成立保护责任者遗弃罪）。对未成年人、需要看护者而言，亲权人、看护义务人当然属于保护责任者，对此不存在争议，然而，对于交通事故的受伤者、产妇将新生儿扔在医院不管之时的新生儿而言，加害人、妇产科医师是否属于保护责任者，就存在判断上的不一致。

例如，行为人驾驶私家车撞上被害人，造成被害人大约需要入院治疗 3 个月的重伤，且被害人当时无法行走，行为人让被害人上车后，驾车离开现场，在雪天昏暗的马路上行驶，然后谎称去叫医生而让被害人下车，将被害人丢在路边，自己驾车离去。对该案，有判例判定，行为人构成保护责任者遗弃罪（最判昭和 34·7·24 刑集 13—8—1163）。但是，对于未让受害人上车的单纯的肇事逃逸，实际上，大多是仅以违反《道路交通法》第 72 条之罪来处理的。另外，交通肇事后，原打算将受害人送至医院救治，但途中因害怕被发觉而改变主意，结果致使受害人死于车内的，有判例判定，行为人构成不作为的杀人罪（东京地判昭和 40·9·30 下刑集 7—9—1828 等。有关不作为的杀人未遂的案件，参见东京高判昭和 46·3·4 高刑集 24—1—168）。

再如，有关妇产科医师对于新生儿的保护责任，对自然分娩的情形，有判例否定存在保护责任（熊本地判昭和 35·7·1 下刑集 2—7=8—1031），而对于违法的人工流产的情形，则有判例肯定存在保护责任（最决昭和 63·1·19 刑集 42—1—1、百选Ⅱ No.10）。但是，亲权人无疑对新生儿存在保护义务，即便是出于让胎儿死亡的打算而实施的人工流产，其保护义务人仍然应该是亲权人。将没有养育义务的医师认定为保护责任者，这是存在疑问的（同旨，中森·各论第 44 页）。

因此，如前所述，**"保护责任"应限于，以亲权人、看护义务人为典型的，对需要扶助者负有持续提供保护这种特别义务的人**（同旨，山口·各论第 36 页以下。被告出于性交目的将 13 岁少女带至旅馆，给少女注射了兴奋剂之后，少女表现出急性兴奋剂中毒的症状，但被告并未呼叫救护车，而是自行离开，对此，最决平成 1·12·15 刑集 43—13—879、百选Ⅰ No.4 判定被告存在保护责任。但该案属于认定保护责任的极限案件）。

三、遗弃致死伤罪

犯前两条之罪，因而致人死伤的，与伤害罪比较，依照较重的刑罚处断（第 219 条）。

本罪是遗弃罪（第 217 条）与保护责任者遗弃罪（第 218 条）的结果加重犯。"与伤害罪比较，依照较重的刑罚处断"，是指在不存在保护责任的人实施遗弃的场合，比较遗弃罪（第 217 条）与伤害罪（第 204 条）或伤害致死罪（第 205 条）的法定刑，无论是刑罚的上限还是下限，都适用其中相对较重的刑罚。因此，遗弃致伤时，是仅处 15 年以下惩役而不处罚金，遗弃致死时，是处 3 年以上有期惩役。同样，在保护责任者实施遗弃或者不保护的场合，致伤时，是处 3 个月以上 15 年以下惩役，致死时，是处 3 年以上有期惩役。另外，从刑罚的上限与伤害罪相同来看，在致伤的情形下，即便有伤害的故意，也仅成立遗弃致伤罪。

在以作为方式实施的遗弃的场合，本条所要求的因果关系，是该作为实际引起了死伤结果这种**现实的因果关系**。与之相对，在不保护等不作为的场合，要求的因果关系就是，如果提供了本应提供的保护，原本是能够防止死伤结果之发生这种**假定的因果关系**。在假定的因果关系的情形下，必须证明，避免死伤结果的切实性超过了"合理怀疑"的程度（最决平成 1·12·15 刑集 43—13—879。对于挽救生命的可能性为 50% 左右的情形，最决昭和 63·1·19 刑集 42—1—1 判定成立保护责任者遗弃致死罪。应该说，该案结论是存在问题的。也有人采取以"切实可以延续几天的生命"为理由的说明方法，但如此一来，接下来就需要探究，在早产儿医疗中重视延长数日生命这种做法的合理性）。

再者，在"不保护"的场合，"对其生存不给予必要保护"是基本犯的构成要件要素，因此，要成立本罪，必须认识到，自己未对需要扶助者的生存提供必要保护（最判昭和 34·7·24 刑集 13—8—1163 肯定对于这种情形适用本条。反之，最决平成 1·12·15 刑集 43—13—879 则是，在呼叫救护车可以切实挽救生命的时点，被告对此有无认识尚存疑问的案件）。

在认识到自己未对需要扶助者的生存提供必要保护的场合，由于对象是无法独力采取生存所必要的措施的需要扶助者，因此，多数情形下，行为人具有"若置之不管，需要扶助者就会死亡"这种未必的认识。在此类情形下，其与不作为的杀人之间的界限，就很微妙。也有判例主张，应以是否具有"杀人犯意"来进行区别（大判大正 4·2·10 刑录 21—90），但对其旨趣还是作如下理解为好：适用杀人罪，应限于具有杀人的意图或者确定的认识（⇒总论第 14 章第 4 节之一）的情形（⇒总论第 7 章第 3 节之二）。因为，若非如此，第 219 条的遗弃致死罪的存在意义便几乎完全丧失。

【问题研讨】

因幼儿园考试等原因，X 平素一直嫉恨成绩优于自己孩子的 A。某日，X 出于作弄对方的目的，骗 A 的母亲说带 A 去郊游，将 A 带到远离人烟的山中之后放弃不管。同去郊游的邻居 Y 原本不知道 X 有此目的，但 Y 也和 X 一样，也嫉恨成绩好的 A，在 X 将 A 放弃不管时，被 X 说服，两人将 A 扔在山中不管，然后自己回家。所幸的是，第二天，偶然来山里郊游的 B 发现了 A，并将其安全护送回家。

【解说】

要设想出一个符合第 217 条规定的单纯遗弃罪的典型案件，还真的出乎意料地困难。因为很难设想,由没有保护责任的人所实施的"遗弃"案件(实际适用第217条的判例,也仅有大判大正4·5·21刑录21—670等少数判例)。并且,如果是抱有杀人犯意实施遗弃,就已经属于——包含预备与未遂——杀人罪的范畴,但是,如果没有针对生命的危险,则不能谓之为"遗弃"。原本来说,第217条的前身是旧《刑法》第336条与第337条,作为其加重类型的第218条的前身则是旧《刑法》第338条。旧《刑法》第338条是加重处罚规定,针对的是那些"领取工资而接受寄托应该实施保护养育者"所实施的遗弃行为,现行《刑法》第218条的"保护责任者",就是对该罪的主体范围的扩大。因此,作为基本犯的旧《刑法》第336条与337条,就包含了"与工资无关而应保护他人者"。但在这组规定统一升格为现行《刑法》第218条的"保护责任人"之后,究竟还有多少案件是符合第217条的,就是一件颇令人奇怪的事情。

　　本问题就是作为很少见的有关第217条的案件而设定的。在该案中,X是从A的母亲处以郊游这种形式而接受了对A的保护,因而,认为X应构成保护责任者遗弃罪而非单纯遗弃罪的观点,也并非完全不可能成立。但是,作为为数不多适用第217条的判例,对于出于好意而收留与自己毫无关系的老人与自己共同居住的被告,前揭大判大正4·5·21刑录21—670并未认定其属于"保护责任者",因此,不过是临时接受对A之保护的本案的X与Y,更不应该属于"保护责任者"。下面以这一点为前提而展开论述。

　　这样的话,如果X与Y两人不存在"杀人犯意",则X构成单纯遗弃罪,这一点想必不存在疑问。但是问题在于,其后由X告知真相,而与X一同实施了遗弃行为的Y的罪责是什么。如果不认为该行为是以作为方式实施的"扔下不管"(如果将本案中的"扔下不管"视为自行离开这种"作为"的话,Y也构成以作为方式实施的单纯遗弃罪),而属于不作为的"扔下不管"(中森·各论第43页注59),那么,Y实施的究竟是属于不真正不作为的"遗弃",还是属于真正不作为的"不保护"呢?

　　如果其是后者即属于真正不作为的"不保护",则与被处以单纯遗弃罪的X相比,会出现不均衡。因此,就不得不说,不能将"作为义务者"或者"处于保障人地位者",与"保护责任者"等同视之。但是,如果其是前者即属于不真正不作为的"遗弃",按照认为"不作为的单纯遗弃不可罚"的观点,Y将不构成任何犯罪了。但这样处理又是否真的合适呢?

　　不限于此,就X而言,如果将X带A去郊游的行为视为"先行行为",并且,这种"先行行为"以常理为介能够成为X具有"保护义务"的根据,那么,X就仅成立保护责任者遗弃罪。如前所述,这是不妥当的,用一句口号式的话来表述的话,就是"即便是以作为方式实施,也仅属于单纯遗弃的,那么,以不作为方式实施的,仍然仅属于单纯遗弃"。在此意义上,就不应该将具有可罚性的不作为全部认定为第218条的"不保护",而应根据是"普通的作为义务"还是"特别的保护义务"来加以区分,并且,其标准是,是否属于"社会生活上的持续性的保护义务"。

第三部分
针对个人法益的犯罪（之二）
—— 针对自由的犯罪

第八章
逮捕与监禁犯罪
——针对自由的犯罪（之一）

第一节 概 述

《刑法》在第 2 编第 31 章规定了"**逮捕与监禁犯罪**"，在第 32 章规定了"**胁迫犯罪**"，在第 33 章规定了"**略取、诱拐以及买卖人身犯罪**"。法律规定的这种顺序自旧刑法以来一直如此，但与之相反，在近年的教科书中，将"胁迫罪"放在"逮捕和监禁罪"之前进行解说的，占压倒性多数（像牧野·各论、团藤·各论、佐伯·各论、中·各论等那样，曾一度多将"逮捕和监禁罪"放在前面进行解说）。

但是，"逮捕和监禁犯罪"，是直接对被害人施加强制，使其无法移动；反之，"胁迫犯罪"中包含有强要罪（第 223 条），在对被害人的意思决定本身进行强制这一点上，具有侵害被害人的"人格"或者"自律性"的一面。因此，在这一点上，胁迫犯罪，与包含"出于营利、猥亵、结婚……目的"的拐取（第 225 条）以及买卖人身在内（第 226 条之二）的"略取、诱拐以及买卖人身犯罪"具有共通的一面。也就是说，两者之间虽然存在部分或者全面的差异，但在强迫其完全按照胁迫者的意思来作出意思决定这一点上，都属于控制他人使之处于精神奴隶状态的犯罪（不过，这是两者与"逮捕和监禁犯罪"在罪质上的差异，但未必直接与罪责轻重相关）。因此，本书将遵循刑法规定的顺序，在"胁迫犯罪"之前，对"逮捕与监禁犯罪"进行解说（经过 2005 年的刑法修正，逮捕、监禁罪的刑罚上限由 5 年惩役提升至 7 年惩役，并且，有组织的逮捕与监禁犯罪〔与《有关处罚有组织犯罪以及规制犯罪收益等的法律》第 3 条第 1 款第 4 项以及同条第 2 款第 4 项之罪相关的部分〕的法定刑也提升至 3 个月以上 10 年以下）。

第二节 逮捕、监禁罪

非法逮捕或者监禁他人的，处3个月以上7年以下惩役（第220条）。

犯前条之罪，因而致人死伤的，与伤害罪比较，依照较重的刑罚处断（第221条）。

一、逮捕与监禁的区别

第220条所谓"**逮捕**"，是指对身体直接施加强制而剥夺行动的自由；所谓"**监禁**"，是指使人难以从有屏障的一定场所逃离而剥夺其移动的自由。"逮捕"与"监禁"均是明示或者默示地违反被害人的意思，对方同意的，则不属于逮捕或者监禁。逮捕他人，继而将其监禁在一定的场所的，属于第220条的包括的一罪（最大判昭和28·6·17刑集7—6—1289）。也就是，第220条也包含"逮捕并且监禁他人的"情形。

二、本罪的客体与保护法益

本罪的客体是"人"即"他人"，保护法益是"**移动的自由**"。对婴儿、植物人以及其他没有行动能力、意思能力的人而言，如果其原本便无法移动的话，则不属于"逮捕"或者"监禁"。因为，对于不具有移动能力的人来说，即便什么也不做，他也是自始不可能移动的。不过，本罪客体也包括那些，虽不具有充分的思考能力，但能够来回移动的人。针对年仅1岁7个月的幼儿，也有判例判定成立本罪（京都地判昭和45·10·12刑月2—10—1104、百选ⅡNo.11）。

对于因受骗而滞留于某处者，能否谓之为被"监禁"，尚存争议。不过，这种情形下的欺骗，有下述两类：

（1）如同谎称室外有疯子而让人打消出去的念头那样，使对方出现动机的错误，而使之不产生移动的意思的情形；

（2）如同谎称送其去目的地而让其上车，但被害人并未意识到受骗的情形那样，被害人本人没有认识到受到监禁的情形。

在第（1）种情形下，除了通过欺骗手段而制造的认识完全压制了被害人移动的意思这种情形之外，并不构成监禁罪。这是因为，在该情形下，尽管存在动机的错误，但却是被害人自己作出了滞留该处的意思决定，而并未失去移动的自由。这种因动机错误而作出意思决定的情形，能够成立的犯罪——除了使被害人误认为根本就不可能移动的情形之外——至多也就是，将人置于精神奴隶式的拘束状态的营利目的诱拐罪（第225条），或者财产犯罪中的诈骗罪（第246条）。

在第（2）种情形下，有判例判定应成立本罪（最判昭和33·3·19刑集12—4—636），赞成该判例结论的也是学界多数说（"**可能的自由说**"。前田·各论第113页以下）。但是，有力学说认为，本罪的保护法益是，实际打算移动时能够移动的自由，并因此反对该判例结论（"**现实的自由说**"。平野·法七第210号第67页、中山·各论第107页、川端·各论第142页、西田·各论第73页以下等)。

问题在于,在被害人意识到被骗之前,行为人就改变了主意,或者被害人意识到受骗之后要求下车,行为人随即答应其要求让其下车的,能否认定其成立监禁罪(前揭最判昭和33·3·19刑集12—4—636针对的案情是,尽管被害人意识到受骗而要求下车,但行为人并未立即让其下车。为此,该案属于能否认定成立本罪的情形,而不管是否可以从开始乘车的时点起即可认定成立监禁罪。反之,对于被害人直至下车都未意识到受骗的案件,广岛高判昭和51·9·21刑月8—9=10—380判定应构成本罪)。从刑事政策上来看,可以说,对于没有未遂处罚规定——因而也没有中止未遂的刑罚的必要减免——的本罪而言,如果我们将其解释为,在被害人意识到受骗之前,行为人自主释放被害人的,不成立本罪,那么,这就能够成为行为人释放被害人的诱因,也有利于更好地保护被害人。

在这一点上,如果认为,即便是趁被害人熟睡之际实施捆绑,也要构成逮捕罪,那么,即便被害人本人并未意识到,但将被害人锁在房中制造出被害人无法出来的状态的,就没有理由否定监禁罪之成立。对此,有观点是这样解释的:第220条之罪并非通过压制意思而剥夺自由的犯罪,而是直接作用于身体或者场所,剥夺其物理性移动的可能性的犯罪(对此,姑且称之为"**物理的强制说**")。但是,在乘车时,鉴于车辆是在行驶过程中,或者车辆自动上锁,因而无法走出车外,这本是理所当然的事情。那么,要谓之为"监禁",就应该始于被害人意识到受骗,或者至少在客观事实上,汽车开始朝着有违被害人意思的方向行驶。因此,在被害人尚未意识到受骗,而且,汽车也尚未朝着有违被害人意思的方向行驶的时点,就不应该认定成立监禁罪。在司法实务中,也最好能为行为人架设一座在实际成立本罪之前可以回心转意的"黄金桥"。

三、逮捕、监禁行为

"逮捕"与"监禁"的含义如前所述(⇒本节之一)。威胁说"敢动就杀了你",而使得被害人**在心理上无法移动的场合**,只要不是完全压制了移动的意思,并将被害人限制在有屏障的一定空间之内,就应该理解为,仅仅是成立强要罪(第223条)(林·各论第75页也认为,在没有物理性障碍之时,应否定成立本罪。反对意见,⇒大谷·各论第80页。出于奸淫妇女的企图,让其坐在自己驾驶的摩托车后座,当该妇女提出下车后,行为人仍然疾驰一千余米,对此行为,最决昭和38·4·18刑集17—3—248判定属于监禁)。而且,不过是使人瞬间无法移动的,至多构成暴行罪(与此相反,对于用草绳捆住被害人双脚,拖拽5分钟左右的行为,大判昭和7·2·29刑集11—141判定构成逮捕罪)。

反之,将恐高症患者置于只能依靠绳索才能离开的高空,或者乘女性洗澡之机,拿走其衣服,使其因害羞而无法离开浴室的,如果这种行为完全压制了被害人的移动的意思,就属于"监禁"(对于将被害人困在停泊于海上的渔船之内的行为,最判昭和24·12·20刑集3—12—2036判定构成监禁罪。该判例认为,要认定为监禁,必须是物理上或者心理上不可能移动,或者移动处于"非常困难"的状态。

但是，应谨慎地认定"非常困难"。同旨，山口·各论第86页。此外，对于行为人用水果刀顶住被害人进行威胁，使得被害人无法走出房屋的案件，东京高判昭和40·6·25刑集18—3—238判定属于监禁）。

另外，作为监禁手段的暴力、胁迫，不另外构成暴行罪、胁迫罪，为本罪所吸收。

四、"非法"

逮捕、监禁必须是"非法"地实施。因此，依据逮捕令实施的逮捕（《刑事诉讼法》第199条以下）、紧急逮捕（《刑事诉讼法》第201条以下）以及逮捕现行犯（《刑事诉讼法》第212条以下），均不构成本罪。

条文中的"非法"这一用语，并非本罪的构成要件要素，而是确认成立本罪须以不存在违法性阻却事由为必要。因此，对于逮捕、监禁行为的违法性，没有积极举证之必要。

另外，通过逮捕、监禁行为，违反对方的意思，剥夺其"移动的可能性"的，就认定具有本罪的构成要件该当性，因此，即便是执行刑诉法上合法的逮捕行为，或者执行惩役或禁锢之刑，也不能否定这种情形具有构成要件该当性，这属于阻却违法性的情形（山口·各论第85页认为，可以理解为，构成要件该当性已经被否定，但这种理解是有疑问的）。

五、"继续犯"

本罪是"**继续犯**"。所谓"继续犯"，是指在保护法益受到侵犯期间，实行行为一直持续的犯罪。逮捕、监禁罪的保护法益是人的"移动的自由"。只要人处于生存状态，这种"移动的自由"就是存续的，但在被逮捕、监禁的过程中持续遭受侵犯。因此，逮捕、监禁的"行为"是一种观念性的东西，将被害人锁在室内之后，即便是监禁行为人睡觉期间，该监禁"行为"依然在继续。

为此，在被害人被逮捕或者监禁的时点，本罪就达到既遂，其后，直至逮捕或者监禁行为结束，本罪作为**一罪**而持续成立。因此，**公诉时效**（《刑事诉讼法》第250条）从逮捕、监禁行为结束之时开始起算。而且，在本罪既遂之后结束之前，其他参与先行行为人的逮捕、监禁行为者，构成本罪的共犯——共同正犯或者帮助犯。

第三节 逮捕、监禁致死伤罪

一、本罪的性质

本罪是逮捕、监禁罪的结果加重犯。由于是与伤害罪比较，依照较重的刑罚处罚，因而在造成伤害结果时为3个月以上15年以下惩役，造成死亡结果时为3年以上有期惩役。

二、死伤结果

本罪的死伤结果必须是：（1）由逮捕、监禁的事实所引起（例如，被害人从被监禁的地方逃离时发生的死伤结果等。有关被害人死亡的判例，参见东京高判昭和 55·10·7 刑月 12—10—1101），或者，（2）由逮捕、监禁的手段所引起（例如，为了实施逮捕、监禁，而殴打被害人，结果导致被害人死伤等。否定监禁行为与伤害结果之间存在因果关系的判例，参见名古屋高判昭和 31·5·31 裁特 3—14—685）。由于刑罚的上限与伤害罪（第 204 条）相同，因而对于伤害结果具有伤害故意的情形，也包含在本罪之内（前田·各论第 75 页、山口·各论第 88 页）。

反之，在监禁过程中，不是作为持续监禁的手段，而是因为与此毫无关系的其他原因而实施暴力，结果导致被害人死伤的，应另外构成伤害罪（第 204 条）或者伤害致死罪（第 205 条），并与逮捕、监禁罪构成并合罪（第 45 条以下）（最判昭和 28·11·27 刑集 7—11—2344、最决昭和 42·12·21 裁集刑 165—551）。另外，作为恐吓的手段而实施监禁的，最高裁判所判定，构成监禁罪与恐吓罪的并合罪（最判平成 17·4·14 刑集 59—3—283。与此相反，大判大正 15·10·14 刑集 5—456 则判定属于牵连犯）。

【问题研讨】

"别动！动就打死你！"X 举枪对着 A 大喊，将 A "钉"在原处。

【解说】

在本案中，X 用手枪威胁 A，使其心理上不敢移动。如果 X 接着说"把钱交出来！"，由于是压制被害人的意思，不由分说夺取其钱财，当然属于"完美"的抢劫罪（第 236 条）。而且，即便除了"别动！"之外再无其他要求，也要成立强要罪（第 223 条）。但问题在于，能否成立监禁罪（第 220 条）呢？因为，此种情形下，X 也使得 A 难以从一定场所离开，剥夺了 A "移动的自由"。

但是，按照正常情况，而且根据直觉判断，本案情形不能构成监禁罪。这样考虑的理由是，A 的周边并无任何物理性屏障。也就是说，所谓"监禁"，并非通过控制被害人的意思，而是通过妨碍其从有物理性屏障的场所逃出，由此剥夺被害人移动的自由（同旨，林·各论第 75 页）。

第九章

胁迫犯罪

——针对自由的犯罪（之二）

第一节 概 述

一、性质与保护法益

《刑法》第 2 编第 32 章标题为"胁迫犯罪"，具体规定了**胁迫罪**（第 222 条）与**强要罪**（第 223 条）。两罪都是**针对个人的意思决定自由的犯罪**。不过，对于第 222 条的胁迫罪，有力观点将其理解为，是针对私生活的平稳、安全感、法律安全的意识等的犯罪（**针对安全感的犯罪**）（平野·概说第 173 页、中·各论第 90 页、大谷·各论第 89 页、中森·各论第 48 页、前田·各论第 76 页等）。但近年也有观点认为，本罪是"因侵害安全感而引起的意思活动自由的危殆化（引起侵害意思活动自由的危险）"（山口·各论第 73 页）。本罪的保护法益应该是，"因侵害安全感而陷入危殆化的意思活动的自由"。

有关胁迫的内容，判例与通说的理解是：仅仅是告知灾害与吉凶祸福的，尚不足以构成胁迫，还必须告知，告知者本人可直接或间接地支配或左右是否引起该灾害（最判昭和 27·7·25 刑集 6—7—941。作出否定判断的案例，⇒广岛高松江支判昭和 25·7·3 高刑集 3—2—247 等）。但是，如果认为本罪只是"针对安全感的犯罪"，那么，就无法圆满地解释，为何以这种条件为必要；而且，"意思决定的自由"中，难免要包含因告知自然灾害等而使之无法自由决定意思的情形，因而这种观点作为解释来说也是不充分的（例如，告知"要发生地震了"等灾害时，也会妨害进行平稳的日常生活的意思决定）。

如前章所述，在强迫对方完全按照胁迫者的意思作出意思决定这一点上，本章之罪属于控制他人使之处于精神奴隶状态的犯罪，在此意义上，所谓"意思决定的自由"，就是指人格的自律性。并且，胁迫罪是——从强要罪的未遂（第 223 条第 3 款）中遗漏下来的——危险犯。因此，例如，告知"将要发生大地震"等灾害的，由于告知人并不能按照自己的意思控制地震的发生或者不发生，因而感到不安的人并没有被置于告知人的精神奴隶状态的危险。而且，如果将"安全感"也解释为"法的安全"，那就应该是，因可能遭受他人的加害这种不安所可能威胁到的、与人格相关的安全，这种"安全感"不会因被告知自然灾害而受到威胁。因此，只是告知会发生自然灾害的，无论如何也不成立胁迫罪。这样，如果认为，"意思决定的自由"是指针对他人的人格的自律性，那么，对于"能够预想到，告知灾害会使人们陷入恐慌状态的情形，并不成立胁迫罪"这一点，就自然能作出圆满的解释。

二、"胁迫"的含义

所谓"胁迫"，是指告知人以自己可以直接或者间接地支配或者左右某种恶害的方式，告知对方该恶害。不问胁迫人能否实际支配或者左右该恶害。而且，恶害的告知需要到达对方，但无须对方由此实际产生了畏惧（大判明治 43·11·15 刑录 16—1937）。

胁迫罪（第 222 条）或者强要罪（第 223 条）对恶害的对象存在限制，都要求告知这样的旨趣：会对其本人或者亲属的生命、身体、自由、名誉或者财产实施加害（与之相对，平川·各论第 162 页认为，还包括处于姘居关系的"妻子"）。由于只有自然人才会有亲属，人格的自律性也仅仅是自然人的属性，因而这里的"本人"仅限于自然人（高松高判平成 8·1·25 判时 1571—148 等。西田·各论第 68 页、第 70 页持反对意见。但是，按照其观点，一个胁迫行为，会成立以法人自身以及法人的机关为被害人的两个犯罪）。因此，以非亲属的人作为人质的强要，以及针对法人的强要或者恐吓，就不属于这里的胁迫，而应交由《关于处罚挟持人质的强要行为等的法律》等特别法来处理（⇒第 4 节之一）。

不过，作为立法论来说，针对虽非亲属但处于亲密关系者（例如，处于事实婚姻状态者、处于姘居关系者、有婚约者等），告知加害的，应包括在内（《改正刑法草案》第 303 条追加了"处于密切关系者"）。此外，在妨害执行公务罪（第 95 条）、加重脱逃罪（第 98 条）、骚乱罪（第 106 条）等以"胁迫"为手段的其他犯罪中，对恶害的内容、性质、方法等不存在限制。

第二节　胁迫罪

以加害生命、身体、自由、名誉或者财产相通告胁迫他人的，处 2 年以下惩役或者 30 万日元以下罚金（第 222 条第 1 款）。

以加害亲属的生命、身体、自由、名誉或者财产相通告胁迫他人的，与前款同（同条第 2 款）。

一、胁迫行为

如前所述，**恶害的告知必须是，告知人告知对方，自己可以直接或者间接地支配或者左右该恶害**。在这一点上，胁迫不同于警告。应"比照周边状况"进行具体判断。也就是，考虑行为的具体脉络，进行客观判断。例如，冲突对方明明没有失火，却向其邮寄"对你家失火表示慰问"这种内容的明信片的，由于不难理解为一种放火的预告，因而属于胁迫（最判昭和35·3·18刑集14—4—416、百选Ⅱ No. 12）。

多数说认为，恶害的内容本身无须属于"犯罪"。为此，在某些情形下，告诉对方"要去告发你"，也可能构成胁迫（大判大正3·12·1刑录20—2303〔以旁论形式〕）。但是，作为第222条之前身的旧《刑法》第326条将胁迫的手段限于，杀害、向住宅放火、殴打创伤等暴力、向财产放火或者毁坏劫掠财产，由于其范围过窄，现行法才改为胁迫，因而很难想象，现行法会认为，合法行为的告知*也可能构成胁迫（认为告知内容应限于犯罪的，参见平野·法七第201号第65页、中·各论第90页、山口·各论第76页**）。不过，即便是不当劳动行为（《工会法》第7条）、不履行债务、宣告"集体共同绝交"（作为一种制裁措施，告诉对方大家都将与其断绝来往）等不具有可罚的违法性的行为，如果这种行为属于违法行为，可以成为使对方产生畏惧心理的恶害，那么，也能成为胁迫的手段（中山·各论第90页、中森·各论第49页、曾根·各论第54页。不过，大谷·各论第91页、山中·各论第138页认为，宣告"集体共同绝交"的行为，不应构成胁迫罪）。

另外，从具体文脉来看，对方的特殊情况也是包括在内的，因此，即便某种告知一般可能被理解为胁迫，倘若当事人了解到，那不过是朋友之间的恶作剧，就不能构成胁迫；反之，即便内容本身一般不被认为具有胁迫的意思，但考虑到与具体被害人之间的关系，而足以使其感到恐惧时，则没有理由不成立本罪（山口·各论第74页***）。

二、故意

所告知的恶害，无须实际使对方感到恐惧，但其内容本身需要足以使对方感到恐惧。因此，作为本罪的故意，即便是未必的故意，对于让对方感到恐惧这一点，也必须存在认识或者预见。但无须出于让对方感到恐惧的"目的"。

第三节 强要罪

以加害生命、身体、自由、名誉或者财产相通告进行胁迫，或者使用暴力，使他人实施并无义务实施的事项，或者妨害他人行使权利的，处3年以下惩役（第

---

* 也就是，告知对方自己将要实施某种行为，但所要实施的该行为本身属于合法行为。——译者注

** 山口·各论第76页认为，"所通告的加害行为本身必须能构成犯罪"。——译者注

*** 山口·各论第74页认为，"危害通告虽不足以让一般人产生畏惧，倘若让特定对方实际产生了畏惧，就没有理由否定成立本罪。对于胆小者、有某种弱点者，并不是总能期待他们自己会克服这些毛病的。"——译者注

223 条第 1 款）。

以加害亲属的生命、身体、自由、名誉或者财产相通告进行胁迫，使他人实施并无义务实施的事项，或者妨害他人行使权利的，与前款同（同条第 2 款）。

前两款犯罪的未遂，应当处罚（同条第 3 款）。

一、强要行为

除了以加害本人或其亲属的生命、身体、自由、名誉或者财产相通告而进行的胁迫之外，针对本人的暴力，也可能成为本罪的手段。但针对亲属的暴力，对被强迫人而言，则属胁迫。虽有观点认为，也可以成立针对法人的强要罪（西田·各论第 70 页、山口·各论第 79 页），但由于法人没有亲属也没有人格的自律性，因而应否定针对法人的强要罪（同旨，山中·各论第 141 页）。

成立本罪，需要介入被害人的意思决定，使其实施并无实施之义务的行为，或者妨害其行使权利，因而，诸如抓住被害人的手强迫其签字那样，直接的物理性强制不包括在内（该行为属于"暴力"）。

本罪所谓"义务""权利"，不限于为法律所承认的义务、权利，还包括习惯法、不成文法上的义务、权利。而且，还应该认为，这里的"权利"，还包括不违反公共福祉的"幸福追求权"（《宪法》第 13 条）、"行动的自由"以及"秘密通信权"（《宪法》第 21 条第 2 款）等宪法上的人权。

二、未遂——着手时点

在行为人开始实施暴力或者胁迫等手段行为之时，即成立本罪的未遂（第 223 条第 3 款）。对方没有感到恐惧，而是任意地实施了本无义务实施的行为的，本罪属于未遂（大判昭和 7·3·17 刑集 11—437）。

三、与他罪之间的关系

对于作为财产犯的恐吓罪（第 249 条）与抢劫罪（第 236 条），本罪处于补充关系。此外，针对公务的强要行为，构成妨害执行公务犯罪（职务强要罪〔第 95 条第 2 款〕）；针对性自由的强要，则构成强制猥亵罪（第 176 条）或者强奸罪（第 177 条）。另外，有关移动的自由，使用物理手段而使被害人无法移动的，成立逮捕、监禁罪（第 220 条）；对被害人的意思施加压力而使其不能移动的，则成立本罪。

有关杀人、伤害等"利用被害人的间接正犯"（⇒总论第 19 章第 2 节之二），原则上，也是在压制被害人的意思之时成立相应犯罪，本罪与这些犯罪之间是补充关系。

第四节　特别法的规定

一、利用人质的强要

逮捕或者监禁并非亲属的他人，将其作为人质实施强要的，根据《关于处罚以人质强要等行为的法律》（昭和 53 年〔1978 年〕法律第 48 号），处 6 个月以上 10 年以下惩役（同法第 1 条："**人质强要罪**"）。另外，二人以上共同作案，并且，出示凶器，逮捕、监禁他人，将其作为人质实施强要的，处无期或者 5 年以上惩役（同法第 2 条）。通过"劫机"（《关于处罚劫持航空器等的法律》第 1 条第 1 款），将乘客、乘务人员等作为人质实施强要的，处无期或者 10 年以上惩役（同法第 3 条。第 2 条与第 3 条均被称为"**加重人质强要罪**"）。

二、集团胁迫等

对于以集团方法实施的胁迫，《关于处罚暴力行为等的法律》第 1 条以下规定了"集团胁迫"与"常习胁迫"这种加重处罚规定。

【问题研讨】

社长 X 说"不听我的，就炒你鱿鱼"，以此迫使职员 A 退出工会。

【解说】

雇主以加入了工会为由解雇雇员，或者以退出工会作为雇佣条件的，根据《工会法》第 7 条第 1 项，属于"不当劳动行为"。不当劳动行为并不直接成为刑罚的对象，而是先由劳动委员会受理针对不当劳动行为的申诉，调查事实，在必要时进行询问，发布救济命令，在该命令的全部或者部分得到确定判决的支持的场合，如果雇主违反命令，此时，违反行为才成为刑罚的对象（《工会法》第 27 条、第 28 条）。因此，以解雇为手段胁迫雇员退出工会的，仅此并不直接构成"犯罪"，只有雇主违反劳动委员会的命令，才会构成"犯罪"（不过，埃德温·萨瑟兰〔Edwin. Sutherland〕认为，即便是间接地成为刑罚之对象的不当劳动行为，也包含在"白领犯罪"之内）。

在本案情形下，如果将作为胁迫罪或者强要罪的手段而被告知的恶害限于"犯罪"——只要不采取萨瑟兰那样的解释——X 的行为，就不会构成强要罪。但是，即便只是间接地成为刑罚的对象，法也是明确地规定了"不得实施"不当劳动行为（《工会法》第 7 条的本文部分）。也就是，不当劳动行为属于违法行为。因此，如果将告知的恶害广泛地解释为"违法行为"，则 X 的行为就要构成强要罪。

如果连合法行为的告知也被认为是胁迫，这种观点就"过头"了。但是，所谓恶害，也并非总要求必须是"犯罪"。这样看来，以雇员加入了工会为由而直接将其解雇的，如果没有违反劳动委员会作出的救济命令，也许不会构成犯罪。但是，言辞中含有以解雇相威胁的意思，从而迫使雇员退出工会的，不同于直接解雇的情形，这属于不当侵害了雇员之意思决定自由的行为，在此意义上可以说，是将本应拥有自律人格的雇员在精神上置于奴隶状态。因此，对于本案中的 X，也可以认定其构成强要罪。

第十章

略取、诱拐以及买卖人身犯罪
——针对自由的犯罪（之三）

第一节 概 述

《刑法》第 2 编第 33 章规定了"略取、诱拐以及买卖人身犯罪"。*** 本章之罪是在旧《刑法》第 341 条以下的"略取、诱拐年幼者罪"的基础上，增加了将成人也作为被害人的营利目的等拐取罪（第 225 条。以下称之为"营利目的拐取罪"）以及出于帮助目的的接受被拐取者罪（第 227 条第 1 款），并进行了相应的修正。此后，1964 年又增设了勒索赎金目的拐取罪（第 225 条之二）及其预备罪（第 228 条之三）等。

此外，1999 年，《有关处罚有组织犯罪以及规制犯罪收益等的法律》（有组织犯罪对策法、平成 11 年〔1999 年〕法律第 136 号）第 6 条第 1 款第 2 项增设了"有组织的营利目的拐取罪的预备罪"。再者，2005 年，基于有关国际有组织犯罪对策的国际条约，从强化那些针对买卖人身等侵害人身自由的犯罪的罚则的角度，本章之罪的标题由"略取以及诱拐犯罪"改为"略取、诱拐以及买卖人身犯罪"，增设了买卖人身罪（第 226 条之二），并加重了各罪的法定刑。

---

* 略取，一般是指通过暴力或胁迫手段，让被害人脱离其生活环境，将其置于自己或第三者的实力支配之下的行为。这种行为类似于我国刑法中的"绑架"，但考虑到"略取"所要求的对行动自由的侵害程度相对较低（尚不构成逮捕、监禁的行为也可构成"略取"），而且，该行为本身并不一定意味着存在"勒索赎金"等目的或举动，再者，日本刑法另有人质强要罪与勒索赎金目的拐取罪、勒索赎金罪，因此，为避免从"绑架"的字面含义所导致的误解，这里采取了直译的方式，而未将其翻译为"绑架"。——译者注

** 日本刑法教科书中，一般将"略取"与"诱拐"合称为"拐取"。——译者注

概言之，本章之罪原本是，将以儿童与妇女为中心的被害人置于奴隶性的拘禁状态而进行剥削的犯罪类型，但随着时代的变迁以及新规定的出台，其罪质也正逐渐趋于多样化。

一、略取、诱拐以及买卖人身犯罪的构成

关于本章之罪，概观其具体构成与法定刑，如下所示：

	拐取未成年人罪（第224条，3个月以上7年以下有期惩役）		
拐取成年人犯罪	营利目的拐取罪	第225条	1年以上10年以下惩役
	勒索赎金目的拐取罪	第225条之二第1款	无期或者3年以上惩役
	拐取后勒索赎金罪	第225条之二第2款	无期或者3年以上惩役
	移送至所在国国外目的拐取罪	第226条	2年以上有期惩役
	买卖人身罪	第226条之二	3个月以上5年以下惩役 ● 收买未成年人的，处3个月以上7年以下有期惩役 ● 以营利等为目的收买他人的，以及出卖他人的，处1年以上10年以下惩役 ● 以移送至所在国国外为目的，买卖他人的，处2年以上有期惩役
	移送被拐取者等至所在国国外罪	第226条之三	2年以上有期惩役
	移交被拐取者罪	第227条第1款	3个月以上5年以下有期惩役 ● 以帮助犯勒索赎金目的拐取罪的人为目的，移交被拐取的人的，依据第227条第2款，处1年以上10年以下惩役 ● 以营利等为目的，移交被拐取的人的，依据第227条第3款，处6个月以上7年以下惩役
	接受被拐取者罪	第227条第4款	2年以上有期惩役

略取、诱拐犯罪，原本针对的是过去的"拐子""人贩子"等，那些人是将儿童与妇女作为劳动力而拐取、买卖的。例如，出现在耳熟能详的小说《山椒大夫》中的主人公安寿与厨子王，就是此类行为的被害人。* 现在，针对生产一线的剥削行为，相继出台了《劳动基准法》《职业安定法》《儿童福祉法》等特别规定，刑法中的营利目的拐取罪的适用范围也已变得相对狭窄。取而代之的是，因夫妻离婚时争夺孩子抚养权，以及想生育孩子等原因而实施的、涉嫌拐取未成年人罪（第224条）的诱拐案件趋于多发。

---

* 《山椒大夫》，是日本著名小说家森欧外根据古代的文艺作品创作的小说。主要情节是，安寿与厨子王姐弟二人被人贩子拐卖给了庄园领主山椒大夫，被当作奴隶使唤。为了回到母亲身边，安寿带着厨子王逃跑，踏上了九死一生的旅程，安寿为了保护弟弟付出了生命的代价，但厨子王终得以与母亲团聚。——译者注

此外，以 1963 年的"小吉展事件"等为契机＊，为了应对勒索赎金目的的诱拐行为，次年，作为第 225 条之二，增设了勒索赎金目的拐取罪，规定了无期或者 3 年以上惩役的重刑。此前，针对勒索赎金目的的拐取，一直是适用第 225 条的营利目的拐取罪（东京高判昭和 31·9·27 高刑集 9—9—1044 等）。但本罪毕竟与剥削被拐取者本人这种传统类型的拐取罪之间，存在罪质上的不同（对于将被害人作为脱衣舞女郎而收取了"谢礼"的案件，最决昭和 37·11·21 刑集 16—11—1570 判定成立营利目的拐取罪。在该案中，尽管是间接性的，但在将被害人置于奴隶式的拘禁状态而进行剥削这一点上，可以说，仍然属于传统的拐取罪的规制范畴），因而有必要制定新的规定（团藤·各论第 480 页认为，"原本就属于〔营利目的拐取罪〕"，但这样的话，就理应不需要作出新的规定。同旨，西田·各论第 80 页、前田·各论第 83 页）。再者，1978 年的《关于处罚以人质强要等行为的法律》增设了"人质强要罪"（同法第 1 条），从而明确了，以诸如企业干部等非亲属者作为人质以勒索赎金的，也属于"强要罪"的范畴。因此，需要注意的是，本章之罪中混杂有各种性质不同的犯罪。

二、性质与保护法益

本章之罪主要是将被拐取者置于奴隶式的拘禁状态的犯罪，因而其保护法益是，被拐取者的行动以及意思决定的自由。在拐取未成年人罪的场合，其保护法益还包括，帮助未成年人完成人格的亲权人、保护人以及事实上的监护人等的监护权（大判大正 13·6·19 刑集 3—502。为此，对于属于亲告罪的本罪，福冈高判昭和 31·4·14 裁特 3—8—409 承认，事实上的监护人也拥有告诉权。团藤·各论第 476 页、大塚·各论第 82 页、中山·各论第 113 页等。另外，对于在离婚纠纷中，一方亲权人从作为监护人的另一方亲权人处随意地将孩子带走的行为，最决平成 17·12·6 刑集 59—10—1901、百选 II No.13 判定也构成拐取未成年人罪）。如后所述，所谓"诱拐"，是指使用欺骗或者诱惑等手段，将他人置于自己或者第三人的支配之下，因此，利用未成年人不具有足够的判断能力而带走未成年人的，即便已经得到其同意，也构成拐取未成年人罪。同时，由于监护权旨在保护未成年人的利益，因此，客观上违反了这种利益的场合，或者，违反了 18 岁以上、拥有与成年人相近的判断能力的未成年人的意思的场合，监护权人的同意并不能阻却拐取未成年人罪的违法性；反之，若得到具有充分判断能力的未成年人的同意，即便违反了监护权人的意思，也不成立本罪（近年来，如平野·概说第 176 页、大谷·各论第 102 页、中森·各论第 55 页、西田·各论第 78 页、前田·各论第 82 页那样，将未成

＊ "小吉展事件"，是 1963 年 3 月 31 日发生于东京都台东区的诱拐杀人事件，被害人村越吉展（当时年仅 4 岁）被诱拐并惨遭杀害。该事件被当时的媒体称为"二战后最大的诱拐事件"，引起媒体以及日本国民的高度关注。1971 年 12 月，罪犯小原保被执行死刑。——译者注

年人的自由与安全解释为本罪的法益,不承认监护权具有独立意义的观点属于有力说。然而,监护权本身具有父权主义性质,如果以源于这种性质的监护权的客观性制约为前提,对于属于亲告罪的本罪,得出不承认事实上的监护人具有告诉权这种结论,这是不妥当的。另外,林·各论第83页将本罪理解为针对未成年人之安全的抽象的危险犯)。

与保护法益相关联,有观点认为,在本章之罪侵害了被拐取人的行动自由这一点上,本章之罪与侵害移动自由的逮捕、监禁罪(第220条)相类似,属于**继续犯**,直至释放被拐取人之前犯罪一直在持续(大塚·各论第83页、大谷·各论第98页、曾根·各论第58页、林·各论第82页等)。但是,在属于典型的状态犯的盗窃罪(第235条)的场合,尽管所有权遭受侵害的状态一直在持续,法益被置于不当状态之下,但在此期间,犯罪行为本身并未持续。此时,略取、诱拐行为是与盗窃罪中的"窃取"(参见第235条)相匹敌的行为。而且,就是从另外还规定了移交被拐取者罪(第227条)来看,也应该将略取、诱拐犯罪理解为,通过将被害人置于自己或者第三人的支配之下,略取、诱拐行为即告结束,此后只是不法状态持续的状态犯(同旨,山口·各论第91页。另外,最决昭和57·11·29刑集36—11—988判定,营利目的拐取罪与拐取后勒索赎金罪〔第225条之二第2款〕应该是并合罪而非想象竞合;同样,最决昭和58·9·27刑集37—7—1078也判定,勒索赎金目的拐取罪与针对被拐取者的监禁罪属于并合罪而非想象竞合。由此可见,判例采取的是"状态犯说")。

第二节 拐取未成年人罪

略取或者诱拐未成年人的,处3个月以上7年以下惩役(第224条)。

一、行为

所谓"**略取**",是指使用暴力或者胁迫,使他人脱离其生活环境,从而将其置于自己或者第三人的支配之下。反之,所谓"**诱拐**",是指通过欺骗或者诱惑,使他人脱离其生活环境,从而将其置于自己或者第三人的支配之下。如果他人是判断能力方面存在困难的未成年人,也可以是通过对其监护人实施欺骗或者诱惑。

二、被害人的同意

在"诱拐"的场合,以被拐取人陷入动机错误,或者因受诱惑而处于无法作出正常判断的状态为前提,因此,即便得到将要成年的未成年人的同意,在此限度之内,该同意也不阻却本罪的违法性。换言之,如果具有同意能力(特别是18、19岁的青年),只要不是因为受到欺骗、胁迫,或者能让人丧失判断能力的诱惑,就应否定本罪的成立(⇒大阪高判昭和62·9·18判夕660—

251)。因此，在此类情形下，以侵害了监护权为理由，一概认定为有罪的做法是存在疑问的。

三、亲告罪

本罪是亲告罪。在被拐取者已与犯罪人结婚的场合，非经裁判所作出婚姻无效或者解除婚姻的生效判决，不发生告诉的效力，犯人不受追诉与处罚（第229条）。

四、与其他拐取罪之间的关系

如果行为人具有营利目的、勒索赎金目的、移送至所在国国外目的，拐取未成年人罪就分别被营利目的拐取罪、勒索赎金目的拐取罪（第225条之二）、移送至所在国国外目的拐取罪（第226条）等重罪所吸收。

第三节 营利目的拐取罪

出于营利、猥亵、结婚或者加害生命或身体的目的，略取或者诱拐他人的，处1年以上10年以下惩役（第225条）。

一、营利、猥亵、结婚或者加害生命或身体的目的

所谓"营利的目的"，是指通过让被拐取人从事包括卖淫在内的强制性劳动等，侵害被拐取人的自由，由此使自己或者第三人获得财产性利益的目的（平野·概说·第177页、中森·各论·第58页、曾根·各论·第60页、西田·各论·第80页、山口·各论·第95页*）。有判例认为，营利目的是指，以通过拐取行为而获取财产性利益作为动机的情形，因而，出于获取针对诱拐行为的报酬的目的的，也包括在这里的营利目的之内（前揭最决昭和37·11·21刑集16—11—1570。该判决针对的是，为了介绍某女性去做脱衣舞女郎而诱拐该女性的案件）。不过这种情形指的是，如果知道委托其实施诱拐行为的委托人具有营利目的，也能认定拐取人具有营利目的。

另外，对于勒索赎金目的拐取的情形，已经增设了第225条之二，但原本来说，勒索赎金目的的拐取，并非通过侵害被拐取人的行动以及意思决定的自由，而获取利益这种类型的犯罪。与胁迫罪的情形一样，只要让对方认为，告知人能够左右所告知的恶害即可，不以提出要求时已经实际拘禁了被拐取人为必要（在极端的场合，即使被拐取人已经被杀害，或者被拐取之后已经下落不明，也有勒索赎金之可能）。因此，要将营利目的拐取罪解释为第225条之二

---

* 山口·各论95页认为，所谓营利的目的，一般是指自己获得或者让第三者获得财产性利益，但由于必须从该目的内容中认定具有本罪的法益侵害性，因而应限于，诸如通过强迫被拐取者劳动而获利等那样，必须是通过侵害被拐取者的自由而获利的情形（山口厚·刑法各论：2版. 王昭武，译. 北京：中国人民大学出版社，2011：106.）。——译者注

的补充规定（山口·各论第96页），是很困难的，这种补充作用应交由前述人质强要罪等来实现。

所谓"**猥亵的目的**"，是指让被拐取人成为奸淫、强制猥亵、公然猥亵或者卖淫行为的客体或者主体的目的。

所谓"**结婚的目的**"，是指让被拐取人与自己或者第三人结婚的目的。不限于法律婚姻，也包括姘居等事实婚姻。

所谓"**加害生命或身体的目的**"，主要针对的是，那些出于摘取移植用器官的目的，而略取、诱拐他人的情形。

上述"目的"必须是，以关系到对被拐取人的行动与意思决定之自由的制约的行为为内容。在此意义上，这些目的属于**主观的构成要件要素**。在被拐取人是未成年人的场合，具有这些"目的"者，成立营利目的拐取罪，不具有这些"目的"者，则成立拐取未成年人罪，两者属于共犯关系（第65条第2款）。在这种场合下，如上所述，这些"目的"关系到对被拐取人的行动及意思决定的自由的制约，属于增加行为之违法性的目的，因此，知道他人有此"目的"的，一般也能认为该人具有此"目的"（有关使用伪造的货币的目的，参见最判昭和34·6·30刑集13—6—985）。

二、甜言蜜语与成年被拐取者的同意

与拐取未成年人罪一样，在"诱拐"的场合，以被拐取人陷入动机错误，或者因受诱惑而处于无法作出正常判断的状态为前提，因此，在此限度之内，被害人的同意并不能阻却本罪的违法性。换言之，如果得到了有同意能力者的同意，那么，只要该同意不是因受到欺骗、胁迫，或者能使之丧失判断能力的诱惑而作出，则根本不具有本罪的构成要件该当性。因此，成年人因受到甜言蜜语的诱惑而跟随行为人的，不成立本罪。

另外，即便不具有本罪的构成要件该当性，但不当地剥削对方的劳动的，可能违反《劳动基准法》等劳动法规。

三、亲告罪

除了出于"营利目的"或者"加害生命或身体的目的"的情形之外，本罪是亲告罪。在本罪是亲告罪的场合，被略取者、被诱拐者或者被买卖者与犯人结婚的，非经裁判所作出婚姻无效或者解除婚姻的生效判决，不发生告诉的效力（第229条）。

第四节　勒索赎金目的拐取罪、拐取后勒索赎金罪

利用近亲属或者其他忧虑被略取者或者被诱拐者之安危的人的忧虑，以使之交付财物为目的，略取或者诱拐他人的，处无期或者3年以上惩役（第225条之二第1款）。

略取或者诱拐了他人者，利用近亲属或者其他忧虑被略取者或者被诱拐者之安危的人的忧虑，使之交付财物或者要求其交付财物的，与前款同（同条第2款）。

一、性质与构成

如前所述，本罪是以1964年的"吉展事件"为契机而增设的犯罪。本罪不同于营利目的拐取罪，并非通过侵害被拐取人的自由，将其置于奴隶式的拘禁状态，由此直接获取经济利益的犯罪，而是要从重处罚那些利用骨肉亲情等感情，以释放被拐取人为条件，而试图获取金钱等财物的行为。在这一点上，本罪具有类似于恐吓罪（第249条）的一面（如后所述，尤其是在拐取后勒索赎金罪〔第225条之二第2款〕中，这种性质更明显）。同时，本罪还有性质卑劣的一面：利用了亲人们对被拐取者的人身安全的忧虑。因此，向企业提出勒索赎金的要求，或者向相关部门提出释放政治犯的要求等，就不属于本罪（→"人质强要罪"）。

不过，增设了本规定之后，对于"其他忧虑被略取者或者被诱拐者之安危的人"的范围，有扩大解释的倾向（行为人略取了相互银行的代表董事社长，并向该银行的代表董事专务提出了赎金要求，对于此案，最决昭和62·3·24刑集41—2—173、百选Ⅱ No.14认为，该专务与社长同期进银行，会像亲属那样担忧社长的安危，并以这种特殊情况为根据，判定成立本罪。但该判断终究只是一个例外，一般来说，在社长被诱拐时，会社的其他高层不属于这里的"对被略取者或者被诱拐者的安危表示忧虑者"）。

如果在拐取的时点，是以勒索赎金为目的，则适用第225条之二第1款，此后的勒索赎金的行为被该款犯罪所吸收（宫崎地都城支判昭和50·11·5判夕333—363。不过，最决昭和58·9·27刑集37—7—1078、百选Ⅰ No.99认为，第1款与第2款属于牵连犯）。第225条之二第2款的适用对象，限于因其他理由拐取了被害人之后，又产生勒索赎金的意思的情形（最决昭和57·11·29刑集36—11—988认为，营利目的拐取罪与此后实施的勒索赎金罪构成并合罪）。

在第1款的场合，不要求在拐取时实际存在"忧虑被略取者或者被诱拐者之安危的人"。拐取者误认为存在"忧虑被略取者或者被诱拐者之安危的人"，以勒索赎金为目的实施拐取的，也成立本罪。

此外，有两点需要注意：（1）与中止未遂（第43条但书）一样，对于本罪，另外存在基于使之放弃进一步的法益侵害这一刑事政策目的的**解放减轻**规定（第228条之二）；（2）应当处罚本罪（勒索赎金目的拐取罪）的预备（第228条之三）。

二、拐取后勒索赎金罪

本罪主体是已经略取、诱拐他人者。本罪行为，不仅仅是让"忧虑被略取者或者被诱拐者之安危的人"交付财物的行为，还包括提出这种要求的行为。

有关本罪性质，有两种不同观点：（1）认为本罪是恐吓罪（第249条）的加重类型、（2）认为是针对被拐取者之自由的犯罪的加重类型。观点不一，有时得出的结论也会不一致。例如，杀害被拐取者之后又勒索赎金的，按照第（1）种观点，除了杀人罪之外，还要成立本罪（长岛敦·《法曹時報》第16卷第7号第56页）；反之，按照第（2）种观点，本应该是自由遭受侵害的被拐取者本人已经不复存在，因而勒赎行为不可能再侵害自由，虽然有可能成立恐吓罪，但不应成立本罪（山口·各论第99页）。

有判例认为，勒索赎金目的拐取罪与拐取后勒索赎金罪属于牵连犯（最决昭和58·9·27刑集37—7—1078）；还有判例认为，营利目的拐取罪与随后实施的拐取后勒索赎金罪属于并合罪（最决昭和57·11·29刑集36—11—988）。在不让最重的拐取犯罪吸收勒赎行为这一点上，判例的这种做法是将拐取后勒索赎金罪视为超出拐取犯罪范畴的犯罪，在此意义上，可以说，更接近于上述第（1）种观点。

不过，如果将本罪理解为恐吓罪的加重类型，则本罪与恐吓罪之间，属于第65条第2款的加减的身份犯的关系。其结果是，未参与拐取行为者事后参与了勒赎行为的，应构成恐吓罪（第249条）。

本罪没有处罚未遂的规定，从"要求交付财物的"这一表述来看，作出勒索赎金的意思表示就成立本罪，不以这种意思表示实际到达"忧虑被略取者或者被诱拐者之安危的人"为必要（团藤·各论第485页、西田·各论第83页、山口·各论第100页。但是，逮捕了犯人之后，在其隐身之处发现了尚未写就的勒索赎金的信件，如果仅凭这一点就认定实施了"要求交付财物的"的行为，就做过头了。所谓"要求交付财物的"，只有表示于外部，才可能属于意思表示）。

此外，与中止未遂（第43条但书）一样，对于本罪，另外存在基于使之放弃进一步的法益侵害这一刑事政策目的的**解放减轻**规定（第228条之二）。

第五节　移送至所在国国外目的拐取罪、买卖人身罪、移送被拐取者等至所在国国外罪

以移送至所在国国外为目的，略取或者诱拐他人的，处2年以上有期惩役（第226条）。

收买他人的，处3个月以上5年以下惩役（第226条之二第1款）。

收买未成年人的，处3个月以上7年以下惩役（第226条之二第2款）。

出于营利、猥亵、结婚或者加害生命、身体的目的，收买他人的，处1年以上10年以下惩役（第226条之二第3款）

出卖他人的，与前款同（第226条之二第4款）。

以移送至所在国国外为目的，买卖他人的，处2年以上有期惩役（第226

条之二第 5 款）。

将被略取、被诱拐或者被买卖的人移送至所在国国外的，处 2 年以上有期惩役（第 226 条之三）。

（上述）犯罪未遂的，应当处罚（第 228 条）。

第 226 条规定了将被害人"移送至所在国国外为目的"的拐取罪（2005 年刑法修正之前，限于"以移送至日本国之外为目的"）。2005 年，作为此前的以移送至日本国之外为目的的买卖人身罪、移送被拐取者等至国外罪的替代，增设了第 226 条之二的买卖人身罪、第 226 条之三的移送被拐取者等至所在国国外罪。其目的在于，防止"买卖人口"（Human Trafficking）行为，该行为被认为是《联合国打击跨国有组织犯罪公约》（Convention against Transnational Organized Crime）的重要课题之一。

在 2005 年刑法修正之前有关第 226 条的判例中，有判例认为，即便存在营利等目的的竞合，但只要有本罪的目的，就应成立本罪（大判昭和 12·9·30 刑集 16—1333）；此外，在以移送至日本国国外为目的而拐取了他人之后，又将其移送至国外的，有判例认为，应构成旧第 226 条第 1 款（现行《刑法》第 226 条）与旧第 226 条第 2 款（现行《刑法》第 226 条之三）的牵连犯（大判昭和 12·3·5 刑集 16—254）。

第六节　移交被拐取者罪

以帮助犯拐取未成年人罪（第 224 条）、营利目的拐取罪（第 225 条）、移送至所在国国外目的拐取罪（第 226 条）、买卖人身罪（第 226 条之二）或者移送被拐取者等至所在国国外罪（第 226 条之三）的人为目的，移交、接受、运送、藏匿或者隐蔽被略取、被诱拐或者被买卖的人的，处 3 个月以上 5 年以下惩役（第 227 条第 1 款）。

以帮助犯勒索赎金目的拐取罪（第 225 条之二第 1 款）的人为目的，移交、接受、运送、藏匿或者隐蔽被略取或者被诱拐的人的，处 1 年以上 10 年以下惩役（同条第 2 款）。

出于营利、猥亵或者加害生命、身体的目的，移交、接受、运送或者藏匿被略取、被诱拐或者被买卖的人的，处 6 个月以上 7 年以下惩役（同条第 3 款）。

出于第 225 条之二第 1 款的目的，接受被略取或者被诱拐的人的，处 2 年以上有期惩役。接受被略取或者被诱拐者的人，利用近亲属或者其他忧虑被略取者或者被诱拐者之安危的人的忧虑，使之交付财物或者要求交付财物的，亦同（同条第 4 款）。

本条是针对下述两类人员的处罚规定：一是通过收买被拐取者等方法，对于实施了拐取未成年人罪等拐取犯罪、买卖人身罪的行为人，提供帮助的人

（第1、2款）；二是出于营利等目的或者出于勒索赎金的目的，接受被拐取者等的人（第3、4款）。第1、2款的目的是"帮助"，但这里的帮助，并非对正犯之实行提供助力这种通常意义上的帮助，而是实施拐取行为之后的**事后从犯**，并且，本条是将这种事后从犯予以构成要件化，作为独立的正犯予以规定的。

本条的存在被认为是，将拐取犯罪解释为状态犯的根据。这是因为，如果拐取犯罪是继续犯，那么，接受被拐取者的，也属于拐取犯罪的正犯，理应不需要对此行为作出特别规定。

此外，对于本条的第2款以及第4款的犯罪，还存在以提起公诉前释放被拐取者为理由的**解放减轻**规定（第228条之二）。

【问题研讨】

X对小学生A说，"给你买电子游戏"，而将其带出来，其后，对A的任性感到厌恶，终将A推入河中致其淹死。从事黑市金融业的Y知道此事后，为了能让X返还自己的贷款，唆使X向A的父母勒索赎金。于是X装出A还活着的样子，写信勒索5 000万日元。

【解说】

本案实际上是有关如何理解拐取后勒索赎金罪（第225条之二第2款）的法律性质的问题。

在本案中，X成立拐取未成年人罪（第224条）与杀人罪（第199条），应该没什么问题，问题在于是否成立拐取后勒索赎金罪（第225条之二第2款）、Y作为共犯的罪责，以及罪数。

如正文所述，有判例认为，勒索赎金目的拐取罪（第225条之二第1款）与拐取后勒索赎金罪构成牵连犯（最决昭和58・9・27刑集37—7—1078），其他的拐取犯罪与勒索赎金罪属于并合罪的关系（最决昭和57・11・29刑集36—11—988）。这里，都不是成立一罪而是成立数罪。也就是，仅凭本来的拐取犯罪，无法连勒索赎金行为的违法性也予以涵盖，并且，甚至就是以获得赎金为目的的勒索赎金目的拐取犯罪，也无法包括性地评价拐取之后的勒索赎金行为，由拐取者实施的拐取后勒索赎金罪也无法包括性地评价事前的拐取行为。这与下述情形形成鲜明对比：在以非法取得的意思为必要的盗窃罪（第235条）中，将窃取后利用或者处分财物的行为视为"不可罚的事后行为"或者"共罚的事后行为"；事后抢劫罪也可以包括性地评价暴力、胁迫之前的盗窃行为。因此，如果X在A生存期间勒索赎金，则成立拐取未成年罪与拐取后勒索赎金罪的并合罪。但是，如果认为勒索赎金目的拐取罪与拐取后勒索赎金罪构成牵连犯，属于科刑上的一罪，但对其他的拐取犯罪与拐取后勒索赎金罪则作为并合罪予以加重处罚，这种做法就有失均衡。

如果将拐取后勒索赎金罪解释为，不过是侵害被拐取者的自由的犯罪，那么，如本案那样，在被拐取者死亡之后再提出勒赎要求的，对此行为认定成立本罪，就存在矛盾。因为，在提出赎金要求时，已经不再存在被拐取者的自由这一法益。不过，司法实务中，实际上很难证明，拐取者出现勒索赎金的想法的时间点。反之，如果认为，本罪不是针对被拐取者的自由的犯罪，而是"利用忧虑被略取者或者被诱拐者之安危的人的忧虑"的加重恐吓罪，那么，在勒索赎金时被拐取者已经死亡这一点，就无碍于本罪的成立。但是，在这种情形下，将本罪置于针对自由的犯罪的"略取、诱拐犯罪"的意义便不复存在了。

勒索赎金目的拐取罪，原本就不是通过侵害被拐取者的行动与意思决定的自由，由此获得利益这种类型的犯罪。与胁迫罪、恐吓罪一样，只要让对方明白，告知者可以左右所告知的恶害即可，而无须提出勒赎要求时已经实际拘禁了被拐取者。在极端的场合，即便被拐取者已遭杀害，或者被拐取之后已经下落不明，勒索赎金本身仍然还是有可能的。问题在于，第225条之二第2款是否可以连上述行为也包括在内。

该问题想必只能通过平衡条文的表述与结论来解决。这样，首先必须指出的是，勒索赎金目的拐取罪与拐取后勒索赎金罪明明属于牵连犯的关系，而其他的拐取犯罪与拐取后勒索赎金罪却要作为并合罪而加重处罚，这种做法是有失均衡的。不仅如此，从第225条之二的刑罚上限已经是无期徒役这种重刑来看，也鲜有通过并合罪予以加重处罚的必要性。因此，将其他的拐取犯罪与拐取后勒索赎金罪作为并合罪来处理的做法，是不合理的。

再者，从与盗窃罪的"不可罚的事后行为"保持平衡的角度来看，认为勒索赎金目的拐取罪与事后的勒索赎金行为不属于"成立上的一罪"的关系，这是不合理的。勒索赎金目的拐取罪中，也有针对"忧虑被略取者或者被诱拐者之安危的人"之财产的恐吓预备罪的一面。不仅如此，事后抢劫罪包括性地评价了先行的盗窃罪，从与这一点保持均衡的角度来看，如果拐取后勒索赎金罪不能包括性地评价先行的相对较轻的拐取犯罪，就是有失均衡的。因此，下述理解要更为妥当：不仅是与勒索赎金目的拐取罪，拐取后勒索赎金罪与所有先行的拐取犯罪均处于包括的一罪的关系。

对于提出勒赎要求时，是否以被拐取者被置于拐取者控制之下为必要这一点，通过与有关事后抢劫罪的解释进行比较，有助于解释此问题。在解释第238条（"事后抢劫罪"）时，通说认为，即便盗窃止于未遂，仍可成立事后抢劫罪。虽然该解释本身尚存在问题，但如果认为其结论妥当的话，在第238条中，就不需要在实施暴力、胁迫时，盗窃犯人实际控制着盗赃。在该场合下，事后抢劫罪就是，"事前的盗窃（未遂）＋出于免于逮捕或者隐灭罪迹的目的而实施的暴力、胁迫"这种"财产犯＋粗暴犯"的结构。同样，拐取后勒索赎金罪也是，"拐取＋勒索赎金"这种"针对自由的犯罪＋恐吓罪"的结构，因而，在勒索赎金之时，也未必要求拐取者实际控制着被拐取者（但是，问题在于，为何其他犯罪中没有相应规定，而仅仅针对盗窃罪规定：不限于为了防止财物被追回这种财产犯罪的目的，盗窃犯人出于免于逮捕或者隐灭罪迹的目的而实施暴力、胁迫的，也要从重处罚，达到处以抢劫罪的程度。如果不能对此作出合理解释，那么，对于盗窃未遂的情形也可以适用第238条这种解释，就有违反"法律面前人人平等"（《宪法》第14条第1款）之嫌）。

另外。在本案中，作为共犯的Y属于针对身份犯的共犯。因为，拐取后勒索赎金罪是以"略取或者诱拐他人者"为主体的身份犯。问题在于，本罪究竟是第65条第1款的构成的身份犯（真正的身份犯）还是第65条第2款的加减的身份犯（不真正的身份犯）。关于这一点，参见有关事后强盗罪的探讨（⇒第18章第5节之一）。

当然，如果将拐取后勒索赎金罪视为恐吓罪的加重类型，则本罪是"略取或者诱拐他人者"实施的加减的身份犯。因为，赎金名义的要求财物的行为，属于即便不是"略取或者诱拐他人者"亦可实施的"犯罪行为"（第65条第1款）（事后抢劫罪亦是如此。虽然也有观点认为，因为抢劫罪是财产犯，因而是构成的身份犯，但暴力、胁迫行为并非"由具有身份的犯人所实施的犯罪行为"〔第65条第1款〕，而是任何人都可以实施的犯罪行为）。因此，在本案中，对于让X产生勒赎想法的Y，应根据第65条第2款，以恐吓罪的共犯（教唆犯或者共同正犯）处断。

第十一章

强制猥亵、奸淫犯罪
——针对自由的犯罪（之四）

第一节 概 述

在《刑法》第 2 编第 22 章"猥亵、奸淫与重婚犯罪"所规定的犯罪之中，对于强制猥亵罪（第 176 条）、强奸罪（第 177 条）、准强制猥亵罪、准强奸罪（第 178 条）以及上述犯罪的致死伤罪（第 181 条），还有劝诱淫行罪（第 182 条），现在多被认为是，针对个人的性自由的犯罪。事实上，在旧刑法中，一方面，公然猥亵罪（第 174 条）与散发淫秽物品等罪（第 175 条）被归类于"侵害风俗犯罪"；另一方面，强制猥亵罪（第 176 条）以下的相关犯罪则被作为"猥亵奸淫重婚犯罪"，规定在另一章中。在《改正刑法草案》中——虽然在将劝诱性交罪与重婚罪置于"风俗犯罪"这一点上有所不同——也存在同样的区分方法。作为立法论，这种做法是妥当的，而在解释论上，亦完全有可能作同样解释。因此，本书将遵从这种做法。

不过，对于劝诱淫行罪（第 182 条）与重婚罪（第 184 条）的定位，尚存争议。如后所述，现行刑法的提案理由也认为，劝诱淫行罪（第 182 条）的被害人是被劝诱实施淫行的妇女，而且，若存在故意，重婚罪（第 184 条）也处罚重婚行为的相对方，本书正是重视这一点，将劝诱淫行罪（第 182 条）定位为针对个人法益的犯罪，而将重婚罪（第 184 条）定位于针对社会法益的犯罪。

通过 2004 年的刑法修正，在本章犯罪中，另外独立增设了集团强奸罪（第 178 条之二）与集团准强奸罪（第 178 条之二），并且，加重了强制猥亵罪、强奸罪以及两罪的致死伤罪的法定刑。

此外，对于本章之罪，除了劝诱淫行罪之外，适用属人主义（第 3 条第 5 项）；而且，除了劝诱淫行罪、重婚罪之外，还适用消极的属人主义（第 3 条之二第 1

项）（⇒总论第 3 章第 2 节之三、四）。

在本章的犯罪之外，可以归类为"性犯罪"的构成要件还有：违反《儿童福祉法》与都道府县的青少年条例的、与儿童实施淫行或者类似性交行为的犯罪，违反《禁止儿童买春、儿童色情法》的犯罪，以及都道府县的骚扰行为防止条例所禁止的"痴汉"行为等。这些犯罪在实务中的重要性也在日渐增大。

※废止强奸罪？ 近年来，欧美诸国正在推行一种法律修正，亦即，否定仅仅以女性为被害人的强奸罪（准强奸罪）这一犯罪类型，转而统一于无论男女都可以成为被害人的强制猥亵罪。其背景在于，正如欧美的强奸罪的成立要件中存在"婚姻外"这一表述所体现的那样（例如，德国《刑法》旧第 177 条），欧美刑法中，尚存在将本罪视为侵害女性的父亲或者丈夫之权利的犯罪这种前近代的思想残余。如后所述，就是在没有上述明文规定的日本，亦存在同样的解释倾向。因此，要真正使本罪成为，在男女真正平等理念之下针对他人的性自由的犯罪——在提高强制猥亵罪的刑罚上限的同时——可以向着废止强奸罪（准强奸罪）的方向进行探讨。

第二节　强制猥亵罪

以暴力或者胁迫手段对 13 岁以上的男女实施猥亵行为的，处 6 个月以上 10 年以下惩役；对未满 13 岁的男女实施猥亵行为的，亦同（第 176 条）。

一、本条之旨趣

一般认为，本条是以个人的性的自由作为保护法益的犯罪。前段的要件看上去似乎是，以 13 周岁以上的男女为被害人，以暴力或者胁迫为手段。但更为准确地说，无论被害人年龄大小，只要以暴力或者胁迫为手段对其实施了猥亵行为，都应依据本条处罚（最决昭和 44・7・25 刑集 23—8—1068 没有明确地区分前段与后段而适用了本条。反之，松宫・法教第 241 号第 172 页、前田等编・第 457 页则认为，该当于前段）。在此意义上，"13 岁以上的"这一部分就是"表面的构成要件要素"（⇒总论第 15 章第 2 节之三）。作为补充规定，后段规定的是，被害人是未满 13 岁的男女的，即便未使用暴力或者胁迫手段，取得了被害人的同意，也构成本罪。

本罪，尤其是前段所规定的犯罪，处罚的是以暴力、胁迫为手段，侵害被害人的性的自由的行为。这里的"猥亵行为"的含义，与无须违反被害人之意思的公然猥亵罪等（第 174 条、第 175 条）的该当行为的含义，略有不同（⇒本节之三）。

二、暴力、胁迫

暴力或者胁迫需要达到，足以违反被害人的意思实施猥亵行为的程度。按照以往的通说，这并非指，要达到如抢劫罪那样足以压制被害人反抗的程度，但需要达到使被害人明显难以反抗的程度（团藤・各论第 490 页、西田・各论第 90 页等）。

但是，大审院有判例认为，本条的暴力，是指违反他人意思，施力于其身体发肤之意，无须考虑这种力量的大小强弱（大判大正13·10·22刑集3—749）；学界持下述观点者也在增加：考虑到"痴汉"行为中经常出现的短时接触被害人阴部等行为，应将那些程度相对轻微的行为也包括在内（大塚·各论第99页，大谷·第119页等）。其理由在于，与强奸罪不同，在强制猥亵的场合，可以乘被害人不备实施猥亵行为（参见前田等编·第445页。不过，虽说都被称为"痴汉"，但在排除被害人的反抗而执拗地接触其阴部的场合，就已经达到使其"明显难以反抗的程度"）。

不过，上述大审院判决针对的是，深夜潜入他人住宅，搂住就寝中的女性的肩膀，并用手触碰其阴部的行为。在该案中，如果女性处于熟睡状态，毋宁说，本应适用第178条的准强制猥亵罪；但如果该女性是清醒的话，则有理解为，因恐惧等而处于明显难以反抗的状态的余地。但不管怎样，在车里瞬间实施的"痴汉"行为，不在本案的射程之内（如前所述，正是考虑到很难对"痴汉"行为适用强制猥亵罪，近年来，都道府县层面制定了《防止骚扰条例》）。

总之，"在猥亵行为中，对于有无同意的认定非常微妙，因而，要判断是否违反了对方的意思，就应以达到明显难以反抗的程度为必要"（西田·各论第90页），因此，我们不能说，因为与奸淫相比，很多时候更容易达到猥亵的目的，所以压制妨碍其达到目的的反抗的暴力、胁迫的程度相对轻微即可。正因为是"违反其意思"的猥亵行为，因此，有必要达到"违反其意思"而实施猥亵行为的强度（如果被害人——13周岁以上的场合——没有"被实施了违反本人意思的猥亵行为"这种意识，则应该适用第178条〔准强制猥亵罪〕而非本条）。不过，认为"如果是出其不意的与性有关的暴力，这正属于使得对方难以反抗的情形，因而，应认定成立本罪"（西田·各论第90页），这种观点就有点过头了。因为，如果是"出其不意"的话，则无暇"违反其意思"了。

三、"猥亵行为"的含义——本罪是否是"倾向犯"

关于本罪是否是"倾向犯"的问题存在论争。所谓"倾向犯"，是指行为人所具有的一定的主观倾向或者性情，要么附着于构成要件要素，要么与客观要素一同共同决定其含义的犯罪。"猥亵行为"的情形下，要求该行为是行为人的猥亵的倾向或性情的表现。这是因为，所谓"猥亵"，一般是指，"完全是为了兴奋或刺激性欲，且有害于普通人的正常的性羞耻心，并有违善良的性道德观念"的东西（有关第175条〔散发淫秽物品等罪〕的判例，参见最判昭和26·5·10刑集5—6—1026）。此时，被"兴奋或刺激性欲"的，是行为人或者"不是被害人的其他人"——包括共犯在内。也就是，在下定义时，"猥亵行为"就"要求该行为是出于刺激、兴奋或者满足犯人的性欲这种性意图而实施"（最判昭和45·1·29刑集24—1—1，百选Ⅱ No.15。更为准确的表述应该是，"刺激、兴奋或者满足自己或他人的性欲这种性意图"）。为此，"即便是胁迫妇女使之赤身裸体之后拍照的行为，如果该行为完全是出于报复、侮辱或者虐待该妇女的目的而实施，虽有可能构成强要罪等罪，但不构成强制猥亵罪"。

　　构成本罪需要这种特殊的主观要素，对此，学说一般持批判态度（团藤・各论第491页、平野・概说第180页、大谷・各论第118页以下、中森・各论第66页、西田・各论第90页、林・各论第90页、山口・各论第108页等）。理由在于，既然认为关键在于侵害了被害人的性的自由，那么，将行为人方面的特殊的主观要素，也纳入本罪的构成要件之中，就是不妥当的（参见团藤・各论第491页注〔三〕。作为其结果，多数观点认为，只要该行为客观上有害于对方的性羞耻心即可）。而且，在下级裁判所判例中，也有判例将兴奋或者刺激性欲这种性的"意图"还原至一种"认识"，也就是，认识到该行为属于"自己作为男性而受到刺激、兴奋这种具有性意义的行为"（东京地判昭和62・9・16判时1294—143。大致案情为：抓住年轻女性的弱点，出于让其在内衣店工作的目的，试图拍摄裸照，但止于未遂）。

　　问题在于，某些行为是否属于具有刺激、兴奋或者满足自己或他人的性欲这种客观属性，并非一目了然。例如，乍看上去似乎是亲权人在实施惩戒行为，但实际上是该亲权人出于性虐待这种性意图，对未成年人实施暴力，因此，该行为就主要是（或者是同时）出于"刺激、兴奋或者满足自己的性欲的意图"而实施。正是在这种情形下，是否将本罪认定为"倾向犯"，会就是否成立犯罪这一点引起结论上的不一致，那种认为本罪属于"倾向犯"的观点会认为，本罪完全是出于满足性欲这一意图而实施（Vgl., E. Mezger, Strafrecht, 1931, S. 172. 另见佐伯千仞・《刑法における違法性の理論》第225页。在这一点上，那种要求行为客观上侵害对方的性羞耻心的观点，就无法说明，为何对于不具有性羞耻心的幼儿等也能成立本罪；反之，虽然是医学上的正当处置，但因沟通不够而实际侵害了患者的性羞耻心的，就难免不也要成立本罪或者准强制猥亵罪〔第178条〕。此外，对于7岁幼儿判定成立本罪的判例，参见新泻地判昭和63・8・26判时1299—152；即便患者感到羞耻，但因不能认定作为临床检查医师的被告存在猥亵目的，最终判定不构成第178条之罪的判例，参见京都地判平成18・12・18〔公开刊物未刊登〕）。

　　但是，如果行为"具有刺激、兴奋或者满足自己或他人性欲的性意义"这一点不存歧义一目了然，则无论行为人动机如何，该行为都具有侵害被害人的性的自由的客观意义；反之，如果行为是否具有这种含义几乎难以查清，则仅以行为人的"意图"为理由便认定成立本罪的做法，就是违反"客观主义""行为主义"的。在此意义上，要谓之为"猥亵行为"，首先该行为客观上必须是"具有刺激、兴奋或者满足自己或他人的性欲的性意义的行为"。为此，即便是存在歧义的场合，倘若从行为的具体脉络来看，无法判明行为客观上具有这种性意义的，就应该解释为，不属于"猥亵行为"。最终结果就是，成立本罪，无须存在"刺激、兴奋或者满足自己或他人的性欲的"意图这种特殊的主观要素，但与此同时，作为本罪的构成要件要素，要求从客观上看，该行为具有这种性意义，而且，作为本罪故意的内容，还要求对此存在认识。

第三节　强奸罪

以暴力或者胁迫手段奸淫13岁以上女子的，是强奸罪，处3年以上有期惩役。奸淫未满13岁的女子的，亦同（第177条）。

一、主体与客体

本罪的被害人仅限于女性。与第176条（强制猥亵罪）的情形相同，前段中的"13岁以上"是"表面的构成要件要素"。反之，从条文上看，本罪主体并不限于男性，因此，本罪并非身份犯（团藤·总论第422页、福田·总论第295页、山口·各论第109页）。因为，女性也可以成为暴力、胁迫的主体。为此，女性也能成为本罪的间接正犯或者共同正犯（对于女性分担实施了暴力的案件，判定构成本罪的共同正犯的判例，参见最决昭和40·3·30刑集19—2—125。不过，最高裁判所的该决定适用了第65条第1款，从上述理由来看，这一点是存在疑问的）。

存在婚姻关系或者姘居关系的男女之间能否成立本罪，对此存在争论。现在，越来越多的学者认为，即便感情尚未破裂，但施加了达到"明显难以反抗程度"的暴力、胁迫的，应成立本罪（西田·各论第91页、山口·各论第109页等）。判例也只是对于夫妻感情已经破裂时，丈夫与第三人一同轮奸妻子的案件，判定成立本罪（广岛高松江支判昭和62·6·18高刑集40—1—71。该案案情是，已经分居的丈夫将妻子诳出来后，与第三人一同实施了轮奸。但该判决的前提是，"婚姻中的夫妻处于相互有要求性交的权利，以及回应的义务这种关系"*。此外，尽管是有关夫妻关系已经破裂的案件，但东京高判平成19·9·26判夕1268—345认为，法律意义上的丈夫原则上也可以构成强奸罪）。

二、暴力、胁迫

本罪中经常成为问题的是，如前所述，作为本罪手段的暴力或者胁迫需要达到使被害人"明显难以反抗的程度"（⇒最判昭和24·5·10刑集3—6—711等）。该要件实质上是要求，受害妇女进行了真挚的反抗，但这样一来，在司法实务中就会

---

* 本案大致案情如下：被告人婚后好逸恶劳，不扶养妻子，稍有不如意便拳脚相加实施虐待。妻子A为了躲避其虐待，东躲西藏，即便被带回来，只要有机会就离家出走，如此不断反复，强烈拒绝恢复婚姻生活。案发当时，二人的婚姻关系已经完全破裂，失去了夫妻的实质。当时，在妻子躲回娘家后，被告人与其玩友B以暴力强行将A带走，在回家途中，二人共谋轮奸A女，并于白天在偏僻的山中，以暴力压制A女的反抗后，分别强行奸淫了A女。

对于此案，二审的广岛高等裁判所松江支部的判决如下：被告人与被害人在行为当时属于夫妻关系，夫妻之间相互有要求性交的权利，以及回应的义务，因而即便丈夫以暴力、胁迫为手段强行与妻子实施性交，成立暴行罪、胁迫罪，另当别论，但性交本身并非处罚的对象，因此，并无成立强奸罪的余地。而且，即便丈夫与第三人共同轮奸妻子，既然丈夫本身不能成为强奸罪的主体，就不过是作为强奸罪的从犯或者暴行罪来处罚……但是，这里的"婚姻中"，是指婚姻实质上也在持续，即便法律上是夫妻，若婚姻关系破裂，只是有名无实的夫妻的，若丈夫以暴力或胁迫手段奸淫妻子的，成立强奸罪；丈夫与第三人以暴力共同轮奸妻子的，丈夫也无疑成立强奸罪的共同正犯。——译者注

导致不当结论的出现：如果被害人因恐惧等处于难以反抗的状态的，势必不能成立本罪。

但是，这原本应该是事实认定的问题，而非本罪的成立要素的问题。不仅如此，有关暴力、胁迫的程度，除了行为样态本身之外，还应该考虑时间、地点的情况以及被害人的年龄、精神状态等诸多因素，进行客观判断（最判昭和33·6·6裁集刑126—171）。如果具体考虑被害人与行为人之间体力上的差距、被害人受惊吓的程度等因素，那么，在被害人因恐惧等而处于难以反抗的状态之时，就可以理解为，已经实际存在使得被害人"明显难以反抗程度"的暴力或者胁迫。如前所述，正因为"违反其意思"是本罪的成立要件，从其定义上看，暴力或者胁迫自然需要达到，能够"违反其意思"而实施奸淫行为的强度（行为人谎称，若被害人拒绝发生性关系，其女婿等人就会变得性无能，对于这种"利用谎言实施的奸淫"的案件，东京高判平成11·9·27东高时报50—1～2—93认为，被害人是否陷入了"不能反抗"的状态，应该针对被害人本人，以其心理或精神状态为标准进行判断，最终判定成立准强奸罪。像这种利用谎言而使得被害人陷入"不能反抗"的状态的案件，应当属于相当特殊的情形）。

本罪因性交而达到既遂。

三、与他罪之间的关系

在不能成立强制猥亵罪或者强奸罪之时，能否仅就手段行为即暴力、胁迫，认定成立暴行罪（第208条）、胁迫罪（第222条）或者强要罪（第223条），对此尚存争议。尤其是，强制猥亵罪与强奸罪在单独犯的情形下属于亲告罪（第180条），如果未经被害人的告诉，仅以这些补充性犯罪为理由进行审理，就有淹没考虑被害人的个人隐私这种亲告罪规定的旨趣之虞。尽管是1958年的刑法修正将轮奸修正为非亲告罪之前的案件，针对检察官放弃强奸的事实而仅起诉构成《暴力行为等处罚法》第1条的共同暴行的案件，最高裁判所的判例曾认为，由于不能依据职权审理强奸事实，因而，不允许以不存在告诉为理由而作出驳回公诉的判决（最大判昭和28·12·16刑集7—12—2550。不过此前的最判昭和27·7·11刑集6—7—896采纳了反对意见）。

第四节 准强制猥亵罪、准强奸罪

乘他人心神丧失或者不能抗拒，或者使他人心神丧失或者不能抗拒而实施猥亵行为的，依照第176条（强制猥亵罪）的规定处断（第178条第1款）。

乘女子心神丧失或者不能抗拒，或者使女子心神丧失或者不能抗拒而奸淫的，依照前条（强奸罪）的规定处断（同条第2款）。

本罪针对的是，利用对方已经陷入不能抗拒的状态，或者通过暴力、胁迫之外的其他手段创造出对方不能抗拒的状态的情形，属于强制猥亵罪（第176条）或者强奸罪（第177条）的补充规定。原本没有强制猥亵或者强奸的目的，通过暴力或者胁迫创造出被害人不能抗拒的状态之后，实施奸淫的，构成本罪。* 出于强制猥亵或者强奸的目的，通过暴力或者胁迫创造出被害人不能抗拒的状态的，不构成本罪，而应构成强制猥亵罪或者强奸罪（最判昭和 24・7・9 刑集 3—8—1174）。

第五节 集团强奸罪、准集团强奸罪

二人以上当场共同犯强奸罪（第 177 条）或者准强奸罪（第 178 条第 2 款）的，处 4 年以上有期惩役（第 178 条之二）。

本罪是鉴于集团性的强奸或者准强奸的恶劣性质，于 2004 年的刑法修正而增设的强奸罪的加重类型，采取的单独实施不能成立犯罪的**必要的共犯**——其中的**集团犯**——的形式。之所以规定"当场"，其旨趣在于，将下述情形排除在外：只有将仅仅参与了共谋的共同正犯、教唆犯或者帮助犯包括在内，才能达到"二人以上"。多数说认为，虽以二人以上在现场为必要，但无须二人以上均实施奸淫行为（大谷・各论第 124 页）。不过，至少需要一名共犯着手实行行为，并且，一人以上的共犯在现场实施了具有强奸的实行共同正犯之实质的加功行为（前田・各论第 102 页。有关本罪的未遂，参见大津地判平成 21・7・16 判夕 1317—282。** 另外，判定构成本罪的东京高判平成 18・2・24 高刑速〔平 18〕66 也认定，未实施奸淫的共犯实施了胁迫行为）。这是因为，只有一人实施奸淫行为，另一人仅发挥从犯作用的，也要认定成立本罪，并不妥当。但是，从本罪的立法宗旨来看，应该理解为，以至少二人以上实施了奸淫行为为必要，不过，包括行为人顺次到达现场的情形——在此限度之内，不以同时性为必要。这是因为，本罪性质恶劣的本质就在于实施了轮奸行为。本罪不是亲告罪（⇒第 180 条）。

---

* 对于本罪的适用，山口・各论第 111 页概括为以下三种情形："(1) 出于实施猥亵行为或者奸淫的目的，不以暴力或者胁迫为手段，在使被害人心神丧失或者不能抗拒之后，实施猥亵行为或者奸淫的（例如，在被害人的饮料中加入安眠药，使之熟睡之后，再实施猥亵行为或者奸淫）；(2) 出于实施猥亵行为或者奸淫之外的其他目的，以暴力、胁迫或者其他手段，使被害人心神丧失或者不能抗拒之后，实施猥亵行为或者奸淫的（例如，出于惩罚的目的而施以暴力，压制被害人的反抗之后，对其实施猥亵行为或者奸淫）；(3) 利用第三者等所创造出的，或者被害人本身所已经存在的心神丧失或者不能抗拒的状态，实施猥亵行为或者奸淫的（例如，对于因他人的暴力而昏厥的被害人，实施猥亵行为或者奸淫）。在此意义上，本罪不单是强制猥亵罪或者强奸罪的补充类型（前一种情形），也是其扩张类型（后两种情形）。"（山口厚. 刑法各论：2 版. 王昭武，译. 北京：中国人民大学出版社，2011：125.）。——译者注

** 本案大致情为：A、B 共谋强奸 X 女，虽然 B 本身也有强奸的意思，仍按照 A 的指示，在 A 袭击 X 期间负责望风。在遭受 A 所实施的暴力之际，X 女也觉察到了 B 的存在，但 X 与 B 之间大约相距 20 余米。在实施犯罪的过程中，因有人过来，A、B 在奸淫未得逞的情况下逃走。对此，大津地方裁判所否定成立集团强奸罪未遂，而判定止于强奸罪未遂的共同正犯。其理由在于，从本条的立法过程来看，要成立本罪，"至少必须是，其中一人着手了实行行为，并且，一人以上在犯罪现场实施了具有强奸的实行共同正犯之实质的加功行为，这样理解是相当的"，而在本案中，对于 B 的加功行为，"不能认定属于具有强奸的实行共同正犯之实质的行为"。

对于该案，西田・各论第 94 页认为："按照本条立法当时的解说，'只要能认定加功行为具有实行共同正犯之实质，即便是望风行为，也属于共同实施的行为'，但在本案中，X 不过是觉察到 B 的存在，完全不能认定 B（实质性地）参与了针对 X 的暴力或胁迫，因而，不能说，属于具有实行共同正犯之本质的加功行为，本判决的结论是妥当的。"（⇒西田典之. 日本刑法各论：6 版. 王昭武，刘明祥，译. 北京：法律出版社，2013：95.）。——译者注

第六节　亲告罪规定

　　强制猥亵罪（第176条）、强奸罪（第177条）、准强制猥亵罪（第178条第1款）、准强奸罪（第178条第2款）以及这些犯罪的未遂罪，告诉的才能提起公诉（第180条第1款）。

　　二人以上当场共同犯强制猥亵罪（第176条）、准强制猥亵罪（第178条第1项）以及这些犯罪的未遂罪的，不适用前款规定（同条第2款）。

　　考虑到强制猥亵罪与强奸罪的被害人的名誉，本条规定，是否处罚行为人，取决于被害人的意思。不过，犯集团强奸罪以及准集团强奸罪的（第178条之二），或者二人以上当场实施强制猥亵以及准强制猥亵的，鉴于此类行为的恶劣性质，刑法规定为非亲告罪。

第七节　强制猥亵等致死伤罪

　　犯强制猥亵罪（第176条）、准强制猥亵罪（第178条第1款）或者这些罪的未遂，因而致人死伤的，处无期或者3年以上惩役（第181条第1款）。

　　犯强奸罪（第177条）、准强奸罪（第178条第2款）或者这些罪的未遂，因而致女子死伤的，处无期或者5年以上惩役（同条第2款）。

　　犯集团强奸罪（第178条之二）或者其未遂，因而致女子死伤的，处无期或者6年以上惩役（同条第3款）。

一、本罪的性质

　　本罪是强制猥亵罪、准强制猥亵罪以及强奸罪、准强奸罪的**结果加重犯**。不同于伤害致死罪（第205条）的情形，本罪包括基本犯止于未遂的情形，而且，对于"附随于"基本犯而发生的或者在实施基本犯"之际"发生的死伤结果，也适用本罪（大判大正15·5·14刑集5—175）。不过，被害人感到仍然有遭受强奸的危险，在逃走求救之际发生伤害结果的，对此能否适用本罪，尚存争议（肯定的判例，参见最决昭和46·9·22刑集25—6—769。另外，行为人实施了准强制猥亵行为之后，丧失了进一步实施猥亵行为的意思，但为了逃走，对被害人实施暴力致其受伤的，对此，最决平成20·1·22刑集62—1—1认为，属于附随于准强制猥亵行为的结果，判定成立本罪）。

　　强奸或者强制猥亵的被害人患PTSD（创伤后应激障碍）的，能否构成伤害罪或者强制猥亵、强奸致伤罪（第181条），近年，在下级裁判所之间尚存争议。从"侵害他人的生理机能"这一伤害的定义来看，PTSD似乎也属于伤害，但是，PTSD本身的科学定义，以及被害人是否满足了其认定标准，这些都还是问题。有判例承认被害人患上了PTSD，并对此认定行为人构成伤害罪、强制猥亵致伤罪

（认定成立伤害罪的，参见富山地判平成 13·4·19 判夕 1081—291 等；认定成立强制猥亵致伤罪，参见山口地判平成 13·5·30〔公开刊物未刊登〕）；但对于遭受殴打而无法外出或者失眠的被害人，也有判例认为，这属于暴行罪的构成要件的评价范围之内的心理疲劳，进而否定成立伤害罪（福冈高判平成 12·5·9 判时 1728—159）。

《刑法》第 181 条的法定刑是无期惩役或者三年以上惩役，是很重的刑罚，因此，对于需要治疗两天左右的伤害结果，有下级裁判所判决判定不构成本罪（大阪高判昭和 38·7·3 高检速报〔昭和 38 年〕4—1）。不过，也有最高裁判所的判例对于需要 10 天左右痊愈的伤害结果，判定成立本罪（最决昭和 45·7·28 刑集 24—7—585。对于需要治疗 3 天左右的跌打擦伤，有下级裁判所判例判定构成本罪）。再者，也有判决认为，处女膜破裂属于本罪中的伤害（最大判昭和 25·3·15 刑集 4—3—355）。

另外，对于出于强奸的目的，对女性实施暴力，致被害人死亡后，又随即实施奸淫的案件，最高裁判所的判例判定，成立强奸既遂致死罪（最判昭和 36·8·17 刑集 15—7—1244）。但是，奸淫，应该是对活着的人实施的行为。由于法定刑是相同的，因而应该成立强奸未遂致死罪（山口·各论第 115 页），然后与遗弃尸体罪构成并合罪（第 190 条）（不过，如果起初便是出于奸尸的目的，由于也不能称之为强奸未遂，因而只能是成立杀人罪与遗弃尸体罪）。

二、对加重结果存在故意的

本罪的刑罚上限是无期惩役，下限最低也是 3 年惩役（根据 2004 年的刑法修正，强奸致死伤与准强奸致死伤、集团强奸致死伤与集团准强奸致死伤的法定刑下限分别是 5 年、6 年惩役），作为对加重结果不存在故意的结果加重犯，应该说，该刑罚是相当重的。为此，例如，即便是行为人在实施强奸行为之际对伤害结果持有故意的情形，与作为伤害罪（第 204 条）与强奸罪（第 177 条）的想象竞合（第 54 条）来处断相比，仅以强奸致伤罪（第 181 条第 2 款）处断，其刑罚下限（前者为 3 年惩役，后者为 5 年惩役）与上限（前者为 20 年惩役，后者为无期惩役）都更重。也就是，对加重结果没有故意的，其法定刑更重。为此，为了消除这种刑罚之间的不均衡，一直以来都认为，第 181 条也适用于对加重结果持有故意的情形。

再者，早期的判例曾认为，对杀人结果持有故意的，也属于杀人罪与本罪的想象竞合（大判大正 4·12·11 刑录 21—2088，最判昭和 31·10·25 刑集 10—10—1455）。但是，例如，在伴随于强制猥亵行为而实施的杀人行为止于未遂，被害人只是受伤的场合，如果按照杀人罪未遂与强制猥亵罪的想象竞合来处理，其刑罚下限就是 2 年 6 个月惩役，其结果就是，要轻于甚至对伤害结果没有故意的强制猥亵致伤罪的刑罚下限即 3 年有期惩役。为了解消这种不平衡，就必须将第 181 条也适用于对杀人结果持有故意的情形。此外，如果仅适用第 181 条，在杀人止于未遂，并且被害人没有受伤的场合，就不再有法条可以适用于这种杀人未遂。因此，虽然存在出现杀人结果时，会对该结果作重复评价这一难点（⇒山口·各论第 113 页），但还是应该遵照判例的解释。但作为立法论来说，还是应该改变这种不分死伤结果而统一规定法定刑的做法，降低致伤情形的法定刑。

三、集团强奸致死伤罪

根据 2004 年的刑法修正，独立规定了集团强奸致死伤罪、集团准强奸致死伤罪（第 181 条第 3 款）。这是第 181 条第 2 款的加重类型。之所以将刑罚下限规定为 6 年，是为了在酌情减轻的场合，留有刑罚缓期执行的余地（⇒第 25 条以下）。

第八节　劝诱淫行罪

以营利为目的，劝诱没有淫行常习的女子，让其与他人发生性行为的，处 3 年以下惩役或者 30 万日元以下罚金（第 182 条）。

一、本罪的性质

有力观点认为，本罪是**风俗犯**（西田·各论第 401 页、山口·各论第 515 页）。但是，由于被劝诱的女性是被害人而非本罪的共犯，因而本罪也并非不具有针对"女性的性情操"这种个人法益的一面（团藤·各论第 489 页、平野·法セ 205 号第 72 页、大谷·各论第 132 页、中森·各论第 71 页。而且，本罪的提案理由中也提到，本罪具有保护并无淫行之常习的妇女这一旨趣。参见仓富等·第 2192 页）。

不过，在本罪中，被害人限于没有淫行之常习的女性，行为是"诱惑"，以营利目的为必要，仅以与他人发生性行为作为对象，因此，除了即便违反被害人的意思，也要对其进行保护这种家长主义的一面之外，本罪还同时具有针对社会法益的犯罪的一面。尤其是，在仅将没有淫行之常习的妇女作为对象这一点上，可以看出，本罪是以防止妇女的性堕落为目的的。但是，在《防止卖淫法》已经将所有卖淫行为都规定为违法行为的今天，这种立法目的的妥当性，就是值得怀疑的。现在，对于出于营利目的而对妇女进行性利用、榨取（剥削）等问题，《儿童福祉法》《防止卖淫法》《处罚儿童买春·儿童色情法》等，就显得更为重要。

二、"营利目的"与"淫行常习"

本罪中的"**营利目的**"，并非指单纯地反复持续进行劝诱的目的（山口·各论第 515 页），而应该理解为，是指以此为业等伴有获取某种经济利益的情形。"**淫行的常习**"，是指与不特定人进行性交的习癖。

另外，本罪是**必要的共犯**，不仅不处罚被劝诱的女性，也不处罚与其相奸的对方（⇒总论第 19 章第 2 节之二、三）。

【问题研讨】

X 打算强奸女高中生 A，并想到，如果 A 大声呼救，就用绳子将其勒死。在将 A 拽上自己的汽车实施犯罪行为之时，A 果然大声呼救。为此，X 打算勒死 A，但偶然路过的 B 制止了 X 的行为，救出了 A。但 A 因 X 的杀人未遂行为而受伤，需要接受 10 天左右的治疗。

【解说】

本案要解决的问题是：伴随于强奸行为而实施的杀人止于未遂，但被害人由此受伤的情况，对此应如何处理。

在该情形下，如果没有杀人的故意，X 构成强奸致伤罪（第 181 条第 2 款），法定刑为无期或者 5 年以上惩役。此外，以 X 存在杀人的故意为前提，如果认为 X 构成杀人罪未遂（第 199 条、第 203 条）与强奸罪（第 177 条）的想象竞合（第 54 条），则其处断刑就是死刑或者无期或者 3 年以上惩役。此时，如果仅比较刑罚的下限，那么，没有故意的，反而要重于有故意的。如此一来，即使具有杀人的故意，也应适用强奸致伤罪。

不过，在第 240 条的抢劫致死伤罪中，是排除适用杀人罪的，但在第 181 条的情形下，则不能排除适用杀人罪。这也是因为，对第 240 条有未遂处罚规定（第 243 条），而对第 181 条，则没有未遂处罚规定。因此，在虽然实施了意图杀害被害人的行为，但所幸被害人甚至没有受伤的场合，如果不适用杀人未遂罪，刑罚的上限就要低于杀人未遂罪的刑罚上限，有时候也无法对杀人未遂事态作出切实的评价，因而也不能得出妥当的结论。从这种情况来看，对于存在故意的情形，也适用强奸致伤罪，并与杀人未遂罪构成想象竞合的做法，也有一定道理。

但是，这种做法的问题在于，例如，在杀人达到既遂的场合，就会通过第 199 条与第 181 条而对杀害结果作重复评价。此外，不同于第 240 条（抢劫致死伤罪），原本从立法上来看，伤害结果与死亡结果的法定刑相同的做法，也是不合适的。要将就死伤结果存在故意的情形，排除在第 181 条的适用对象之外，就需要对该规定进行修正，降低出现死伤结果时的刑罚下限。例如，出现伤害结果的，降低至轻于杀人罪未遂的 2 年左右的惩役；出现死亡结果的，要轻于杀人罪的刑罚下限五年（即便是该场合，由于要重于第 204 条〔伤害罪〕的刑罚下限，对于第 181 条所谓"伤害"，就有必要解释为，不包括轻微伤在内）。不过，如此一来，会出现与（准）强奸罪、（准）集团强奸罪的刑罚下限之间的不平衡的问题（前者为 3 年，后者为 4 年），因此，对于刚刚经过修正的这两个犯罪，也有必要降低其刑罚下限。这也是在设定刑罚下限时，必须慎重考量之缘由。

第十二章

侵犯住宅犯罪
——针对自由的犯罪（之五）

第一节 概 述

一、结构

《刑法》第 2 编第 12 章规定的是"侵犯住宅犯罪"，具体包括"侵入住宅罪""不退出罪"（第 130 条）等犯罪。一般认为，其保护法益是"私生活的平稳"。不过，现行刑法将上述犯罪置于属于公共危险犯的"妨害交通犯罪"之后，其保护法益限于"住宅""有人看守的建筑物"等的平稳，严格来说，上述犯罪的保护对象应当是，受各个具体制度保护的私生活的平稳。而且，在侵入住宅罪中，有人看守的建筑物与舰船等也属于保护客体，因而该罪并非仅以私生活的平稳作为保护对象。

"侵犯住宅犯罪"由侵入他人的住宅或者他人看守的建筑物的犯罪（侵入住宅罪：第 130 条前段）、经要求退出但仍不从上述场所退出的犯罪（不退出罪：第 130 条后段）组成。

此外，还有其他相关规定：（1）以没有正当理由而潜入无人居住并且无人看守的宅邸、建筑物或者船舶内的行为为对象的《轻犯罪法》第 1 条第 1 项；（2）以携带配制的钥匙、玻璃刀等侵入工具为对象的《轻犯罪法》第 1 条第 3 项；（3）以没有正当理由进入禁止入内的场所或者他人田地者为对象的《轻犯罪法》第 1 条第 32 项；（4）以侵入美军设施的行为为对象的刑事特别法；等等。

二、性质与保护法益

"侵犯住宅犯罪"继承的是旧刑法的"侵犯他人住所犯罪"，原本被当作是一种

"侵害静谧的犯罪"。所谓"**静谧**",是指"安静"或者"社会处于稳定状态"。但现在,通说认为本罪是针对个人法益的犯罪。

但是,在将本罪视为针对个人法益的犯罪的观点之中,有关本罪的具体保护法益,仍存在争议。主要是下述两种观点之间的对立:**居住权说**认为,本罪的保护法益是,许可或者禁止他人出入住宅或者宅邸等空间的"**居住权**"(需要注意的是,这里所谓"居住权"并非指"居住的权利");**平稳说**认为,是住宅等内部的**事实上的平稳**。不过,这两种观点都认为,本罪的保护法益是一种个人法益,而非公共的平稳。

第二次世界大战之前的判例虽依据居住权说(大判大正7・12・6刑录24—1506),但有判例认为,只有作为家长的丈夫才拥有居住权,因此,在丈夫出征之后,为了和其妻子通奸而进入住宅者,即便得到了妻子的同意,仍然侵害了居住权,进而判定成立本罪(大判昭和14・12・22刑集18—565。不过,二战之后,对于类似案件,尼崎简判昭和43・2・29下刑集10—2—211依据平稳说,否定成立本罪)。为了得出不问居住者等是否拥有法律上的正当居住权,以及附属土地(围绕地、周边土地)也包含在"建筑物"之内这种结论,最高裁判所一段时间曾采取了平稳说(对于被告侵入警察预备队设施以及驻日美军医院的案件,最决昭和28・5・14刑集7—5—1042、最决昭和49・5・31裁集刑192—571驳回了被告人提出的这些设施与医院的存在本身违宪的主张。最判昭和51・3・4刑集30—2—79认为,侵入附属土地的行为有害于平稳地利用建筑物,因而属于"侵入建筑物"的行为),但最高裁判所判例随后又回到居住权说,通过强调违反了管理权人的意思而认定构成本罪(最判昭和58・4・8刑集37—3—215、百选Ⅱ No.16。有关不退出罪的判例,参见最判昭和59・12・18刑集38—12—3026)。

在学界,一段时间,多数学者认为,上述大审院判例仅承认家长拥有居住权,这种做法有违男女平等原则,从而采取了平稳说(团藤・各论第501页、中・各论第98页、大塚・各论第111页、福田・各论第203页等。不过,小野清一郎《刑事判例評釈集》第2卷第278页认为,丈夫不在家时,出于与其妻子发生肉体关系的目的而进入的行为,破坏了住宅的平稳。大塚・各论第119页持类似结论),但近年来,以"只要平等地承认居住人之间享有居住权即可"为理由,居住权说正重新获得支持(平野・概说第182页、中山・各论第140页、大谷・各论第134页、中森・各论第78页、西田・各论第98页、林・各论第100页、伊东・各论第86页、山口・各论第119页、山中・各论第160页等)。

基本上来说,**居住权说是妥当的**。对此,平稳说提出,居住权的概念含义暧昧,并且,即便是违反居住权人意思的进入,只要是平稳的进入,就不能谓之为"侵入"(前田・各论第109页等)。然而,在不退出罪中,只是没有正当理由地不听从退出要求,仅此就有可能侵害"平稳"(前田・各论第111页也认为,"在提出退出要求之后,该人的存在样态即发生改变,其存在本身就会带有平稳侵害性"),因此,所谓"居住的平稳"也是一种观念性的东西,虽违反居住权人的意思但仍属于平稳的进入,这种情况实际上是很难想象的(⇒西田·各论第 98 页*)。也就是说,这里所谓"平稳",只是一种观念上的平稳,例如,即便是夜间悄悄地潜入他人住宅,并在无人察觉的情况下自行退出的,这种平稳仍然会遭受侵害。在此意义上,就可以说,**"侵害了居住权,就侵害了平稳"**(仙台高判平成 6·3·31 判时 1513—175、百选 Ⅱ No. 17)。

三、公共空间与"侵入"

不过,对允许不特定多数人出入的车站候车室等**公共空间**而言,就应该认为,对于平稳状态的出入,管理者已经作出了概括性的承诺,只有提出个别的退出要求,才会成立不退出罪(前揭最判昭和 59·12·18 刑集 38—12—3026 判定仅成立不退出罪)。并且,就公共建筑物而言,由于该建筑物具有公共性,建筑物管理者的恣意的退出要求,就理应受到相应限制(伊东·各论第 86 页也认为,"即使是半公共性的建筑物,依其性质,管理权人允许他人出入的权限也是受到一定程度的限制,如果注意到这一点,就可以根据新居住权说,合理地予以把握")。

此时,重要的还是进入行为的样态。例如,出于盗窃商品的目的进入百货商场的,倘若在行为人进入之时,门卫知道其有违法目的,当然会拒绝其进入,但只要是在允许进入的时间内、以正常方式进入,即便门卫在入口处实施检查,由于不可能知道其具有某种违法目的,当然也就不得不允许其进入。因此,对于向一般人开放的建筑物而言,只要是以正常方式进入,就应该认为,这属于建筑物管理人事前作出的概括性同意范围之内的进入,不成立本罪(⇒西田·各论第 102 页以下。同旨,平野·概说第 184 页、内田·各论第 174 页、曾根·各论第 81 页。山口·各论第 167 页称之为"推定的承诺")。也就是,**"不侵害平稳,就不会侵害居住权"**(为了偷拍使用 ATM 机的顾客的银行卡密码,长时间占据了银行的 ATM 机房间,对此,最决平成 19·7·2 刑集 61—5—379 判定构成侵入建筑物罪)。

这种客观性制约,是由"居住权"所具有的形式性的性质所引起的。亦即,该权利是有关许可或者禁止进入的一种形式上的权利,至于许可或者禁止的理由本身,则

---

* 西田·各论第 97 页以下指出,平稳说存在如下几方面的问题:"第一,所谓居住的平稳究竟是指什么,平稳说也未能作出明确的解释。如果说那是指居住的宁静(静谧),那么,从敞开的大门进入的,即便是小偷,也不能构成本罪;如果说是个人的私密(隐私),那么,官方的公共建筑物就不得不排除在本罪对象之外。""第二,如果说是违反了居住者、管理者的意思,那么,实质上就与居住权说、管理权说并无不同。如果始终如一地坚持平稳说,只要进入方式平稳,即使违反了居住者、管理者的意思,也理应不成立本罪。但是,既然将本罪定位于针对个人法益的犯罪,完全不考虑个人意思或者有无承诺,而一律认定成立,应该说,这种平稳说就存在根本性疑问。对此,有学者提出,应分而论之:就个人住宅而言,平稳就是指个人私生活的隐私,因而,应当尊重个人的意思;但对官方公共建筑而言,则应认为本罪的保护法益是可以平稳且顺利地进行事务处理,因而,应以侵入方式作为标准。但是,这种观点实际上是混淆了侵入住宅罪与妨害业务罪,而且,不处理业务的官方建筑物势必就不应受到本罪的保护。应当肯定,即使是官方办公厅舍、大学以及其他的公共建筑物,其管理者对允许谁进入厅舍、建筑物仍然应当有决定权。只要进入方式平稳,哪怕是激进分子进入也不能拒绝,这显然不合理。""第三,不退去罪是由于有居住权、管理权人的退去命令而成立的,按平稳说就会出现与之不均衡的现象。即不退去罪具有行为方式的平稳性,这本不应该成为问题。但平稳说认为,不按退去要求退去的,这就应视为不平稳,而这实际上与违反居住权人的意思是同义的,最终应当归结为居住权说。"进而主张"基于以上考虑,居住权、管理权说是妥当的"(⇒西田典之.日本刑法各论:6版.王昭武,刘明祥,译.北京:法律出版社,2013:97.)。——译者注

并不重要，因此，对"侵害居住权"的解释而言，只要一旦允许了该人进入，那么，基于何种理由而允许的问题，就不重要了。在此意义上，许可或者禁止进入的意思表示，就被形式化或者标准化了，如果在进入当时居住权人未能注意到某种情况，但事后判明了该情况的，就不允许以此为理由，而认为进入行为本身侵害了"居住权"（若非如此，那么，以盗窃为目的进入百货商店的，打算逃票而乘坐火车或者巴士的，似乎都应该被追究侵入建筑物罪的罪责。但显然，日本的司法实务不存在这种情况）。

※ **"侵害居住权"与管理人的意思**：最判昭和58·4·8刑集37—3—215认为，"《刑法》第130条前段所谓'侵入'，应理解为，违反管理权人的意思而进入他人看守的建筑物等，因此，即便管理权人事先并未积极地明确表示拒绝进入，但从该建筑物的性质、使用目的、管理状况、管理权人的态度、进入目的等因素来看，能够合理判断出，对已经实施的进入行为，管理权人不会同意，那么，只要不能认定存在其他可以阻却犯罪成立的情况，就应该说，该罪的成立无可避免"。该判决实质上也是认为，实际实施的进入行为，是否侵害了管理权人的居住权，不应纯粹主观地依据管理权人的意思来判断，而应根据"该建筑物的性质、使用目的、管理状况、管理权人的态度、进入目的"等因素，进行客观判断。

这里或许会关注，判断要素中包含了"进入目的"这种行为人的主观意图。也就是，可能会有这样的理解：与该目的是否已为管理者知晓无关，这里判断的是，是否侵犯了居住权。但是，这种理解过于简单武断。这是因为，该判决所认定的"张贴传单的目的"，并非仅停留于行为人的内心之中，而是以如下形式得以客观化、现实化的："被告等夜间穿鞋进入邮局房屋之内，将约1 000张印在长约25厘米宽约9厘米的纸上的、内容为'大幅加薪''夺回罢工权'等的传单胡乱地张贴在邮局房屋各处。"也就是，是从客观化、现实化的行为中，推定被告等的目的的。

此外，该案的重要事实还有，邮局局长"已经确定被告等进入邮局房屋之内乱贴传单，并与局长代理一起要求被告等退出"。也就是，建筑物的管理人已经明确提出了退出要求。

此外，还有奥姆真理教的信徒因为进入钢筋结构的共同住宅的公用部位——建筑物一楼的出入口、电梯、外置楼梯的转角等——而被追究第130条的罪责的案例（名古屋地判平成7·10·31判时1552—153）。作为该案之控诉审（二审）的名古屋高判平成8·3·5判时1575—148（驳回控诉、一审判决确定）直接重视的是，进入行为的样态客观上侵害了居住的平稳，显然是为了准备犯罪而进入。也就是，在居住权说看来，显然是为了准备实施犯罪而进入的，由于侵害了平稳，因而侵害了居住权。也就是，在"**不侵害平稳，就不会侵害居住权**"的基础上，再加上"**侵害了平稳，就侵害了居住权**"。

最后，对于奥姆真理教的信徒出于更换步枪部件的目的，进入杂居建筑物之停车场的行为，东京地判平成7·10·12判时1547—144判定成立侵入，其理由就在于，行为人实际实施了更换步枪部件这种危险作业，而且，在更换期间，一名共犯还阻止了入住该建筑物的公司的职员进入地下停车场的行为，因而属于侵害平稳的进入。

概言之，虽然侵入住宅罪的确是侵害居住权的犯罪，但这里所谓居住权的行使，必须服从于客观的、标准化的制约，在此意义上，"**侵害居住权**"就是"**侵害平稳**"。当然，这里所谓"侵害平稳"，也包括夜间静悄悄地进入的情形，在这一点上，就不是指实际上喧闹地进入，而是指从客观上来看属于"不平稳"的进入。

四、多元的保护法益论

近年来，在"多元的保护法益论"的名义下，有观点提出，就"住宅"而言，其保护法益是保护隐私意义上的"居住权"，但该观点同时又提出，就政府的办公场所等公共建筑物而言，其保护法益则应该是"政府办公场所内的各个职员能够根据该营造物（建筑物）的利用目的，而平稳且顺畅地实施其业务"（关哲夫·《住居侵入罪の研究》第315页以下）。这种观点也是与将侵入建筑物罪的违法性视为类似于"妨害业务罪"的犯罪的、近年的平稳说联系在一起的（前田·各论第111页指出，前述为了偷拍顾客的银行卡密码而长时间占据银行的ATM机房间的案件〔最决平成19·7·2刑集61—5—379〕，属于"实施了妨害业务的行为的案件"）。

不过，针对这种观点，批判意见提出：这样的话，夜间侵入无人工作的建筑物的，就难免会得出成立侵入建筑物罪的结论（山口厚·《警察研究》第56卷第2号第79页）；通过将法益予以多样化，侵入住宅罪就会变成仅仅在"侵入"这一行为形态上具有共同性的"一般性利益侵害的预备罪"，其性质也会由此变得暧昧（山口·各论第119页）。如前所述，对公共建筑物而言，其不同于私人住宅，其整个空间都具有公共性质，因此，就应该认为，对于平稳样态的进入行为，存在概括的同意，只有在个别地提出退出要求时，才有可能成立不退出罪。

第二节 侵入住宅罪

无正当理由，侵入他人的住宅或者他人看守的宅邸、建筑物或船舰的，处3年以下惩役或者10万日元以下罚金（第130条前段）。

犯罪未遂的，应当处罚（第132条）。

一、行为的客体

侵入的客体是，他人的住宅，以及他人看守的宅邸、建筑物、舰船等。在行为人无正当理由而潜入前述客体之外的、无人居住且无人看守的宅邸、建筑物、舰船之内的，或者无正当理由进入禁止进入的场所或者他人的田地的，分别构成《轻犯罪法》第1条第1项、第32项之罪。

"**住宅**"，是指供饮食起居的场所。"**宅邸**"，是指为居住而建造的建筑物以及附属于该建筑物的附属土地（周边土地）。"**附属土地**"，是指由围绕建筑物的屏障所包围的土地。"**建筑物**"，一般是指有屋顶并由支柱与墙壁支撑的，固定在土地之上，具有适于人之起居出入这种结构的建造之物（关于损坏建筑物罪，参见大判大正3·6·20刑录20—1300；关于非现住建筑物放火罪，⇒大判大正13·5·31刑集3—459。另外，最决平成21·7·13刑集63—6—590认为，警署的围墙也属于建筑物，但这是存在疑问的）。不过，条文已经将属于住宅、宅邸的建筑物排除在这里所谓"建筑物"之外。"**舰船**"，是指军舰以及其他船舶。从与建筑物之间的平衡来看，其大小至少需要适于供人起居出入（大塚·各论第115页）。"**他人看守**"，是指由他人实际进行支配、管理（最判昭和59·12·18刑集38—12—3026）。有管理人或者看守人的，或者上锁、钉死出入口的，或者用围墙隔离的，都属于"他人看守"。只是立一块"禁止进入"的告示牌的，不属于"他人看守"，侵入其中的，不过是违反《轻犯罪法》。

如后所述，战后的判例与通说认为，"建筑物""住宅"是包括附属土地的（有关建筑物，参见最大判昭和25·9·27刑集4—9—1783、最判昭和51·3·4刑集30—2—79；有关住宅，参见东京高判昭和30·8·16裁特2—16＝17—849、福冈高判昭和57·12·16判夕494—140）。但是，翻掘附属土地的，也不会构成损坏建筑物罪，由此可见，还是否定说更为妥当（植松·各论第322页。大判昭和7·4·21刑集11—407、大判昭和14·9·5刑集18—473。另外，最判昭和32·4·4刑集11—4—1327也认为，建筑物的附属土地不属于"建筑物"，但属于"宅邸"）。

※侵入附属土地与侵入建筑物罪：未进入建筑物内部，而只是进入其附属土地的，是否也应构成《刑法》第130条之罪呢？在我们的日常用语中，庭院以及其他附属土地，都不是"建筑物"。若非如此，例如，翻掘院子的，也要以"损坏建筑物罪"（《刑法》第260条）追究罪责。因此，进入庭院的行为，我们通常不会称之为"侵入建筑物"。这种情况至多构成《轻犯罪法》第1条第32项的"进入'禁止进入的场所'之罪"。

尽管如此，通说与判例仍然认为，侵入建筑物的附属土地的行为，构成侵入建筑物罪。其结果就是，对于行为人只是晚间进入某小学的校园之内的情形，甚至有判例认为，也要以侵入建筑物罪予以处罚（东京高判平成5·7·7判时1484—140）。

但是，如前所述，判例采取将附属土地也包含在"建筑物"之内的观点，是近些年的事情（最大判昭和25·9·27刑集4—9—1783），而在大审院时代，毋宁说，消极说处于支配地位。

支持积极说的理论基础是，主张应保持"宅邸"与"住宅"以及"建筑物"之间平衡的所谓平衡论。这也就是，若采取大审院的做法，即认为在"宅邸"的场合，房屋周边的土地也属于《刑法》第130条的客体，而在建筑物的场合，房屋周边的土地则不属于《刑法》第130条的客体，那么，在"宅邸"与"建筑物"之间，就有失保护上的均衡（团藤·各论第504页表述为"出于与宅邸的权衡"）。不过，就是在大审院的解释中，在"住宅"伴有由围墙等环绕的附属土地场合，也将该附属土地作为"宅邸"而认定属于《刑法》第130条的客体（大判昭和4·5·21刑集8—288），因此，就"住宅"与"宅邸"而言，实质上并无区别。该问题实际上限于"建筑物"的情形。

但是，如果将住宅、宅邸与一般的建筑物进行比较就会发现，正因为在前者的情形下，更有保护个人隐私之必要，所以对于进入其附属土地的行为，予以从重处罚，是存在实质性根据的；反之，对于不存在这种实质性根据的建筑物附属土地，也要给予与住宅附属土地同等的保护，这种做法就是过于形式主义。换言之，大审院尽管采取的是一种技巧性的形式解释，但仔细分析的话，可以说，这种解释方式是具有实质妥当性的。

与之相对，前述最判昭和51·3·4刑集30—2—79是以"平稳说"作为将建筑物的附属土地与住宅、宅邸的情形进行同等保护的根据。亦即，"将建筑物的附属土地认定为《刑法》第130条之客体，完全是出于以下宗旨：防止因侵入建筑物的附属土地，而侵入建筑物内部，或者相当于侵入建筑物内部这种程度的、对于使用建筑物之平稳的侵害或威胁"。这意味着，要颠覆大审院立足于消极说所作的形式性解释，实际上有必要进行类似于"平稳说"那样的"实质性"考虑。这里可以说，正是机能性的"平稳说"，才发挥了扩大"建筑物"概念范围的作用。

不过，从最高裁判所昭和51年判决的判决理由中，最高裁判所调查官则作出了相反的解读：并非无论多么广阔的土地，只要设置了围栏等设施，就可以作为"与建筑物相邻存在于其周边的土地"而获得"建筑物的附属土地的性质"，这里仍然存在"来自侵入建筑物罪的保护法益的内在制约"（⇒松本光雄·《最高裁判所判例解说刑事篇·昭和51年度》第37页注3）。

此后，最高裁判所又重新开始采取"居住权说"。最判昭和58·4·8刑集37—3—215、百选ⅡNo.16认为，"《刑法》第130条前段所谓'侵入'，是指违反管理权人的意思而进入他人看守的建筑物等"；前述东京高判平成5·7·7判时1484—140也遵循了这种观点："对于该罪的保护法益，合适的解释是，管理权人得以基于其意思而自由管理、支配该建筑物。"

这原本是最高裁判所为了具体驳斥以不能认定存在实质上的平稳侵害为理由而主张不存在可罚的违法性的观点而作出的判断，但值得注意的是，由此也同时切断了保护法益论与本罪客体的解释之间的关联。这也意味着，尽管"居住权说"本身因其形式性而无法超越法律的用语，扩大属于居住权之对象的客体范围，但将附属土地认定为建筑物这种"实质"解释，作为业已确立的判例，已经不可动摇。概言之，判例通过分别采取两种保护法益论，先后完成了扩大概念范围、封堵基于"阻却可罚的违法性"的抗辩这样两个原本相互矛盾的课题。

但是，如前所述，其结果就是，在实务中，甚至连那些潜入校园但并未侵害居住者的隐私以及学校业务的行为，也要认定成立最高刑期为3年惩役的侵入建筑物罪，而不是适用《轻犯罪法》。无论从文理解释还是实质妥当性上来看，这都是存在问题的。

二、"侵入"与居住人的同意

"侵入（了）"，是指违反居住权人或者受其委托的看守人等的意思或者推定的意思，进入住宅等空间（最判昭和58·4·8刑集37—3—215）。不违反意思的进入，自始便不符合本罪的构成要件。在存在复数居住权人的场合时，除了集体住宅的共用部分之外,即便只是违反了其中一人的意思,也属于侵入。不过,"居住权"是一种事实上的权利,因而只是违反不在现场者的推定的意思,而在现场的其他人都表示了同意的,不能谓之为"侵入"(中森·各论第 80 页。在这一点上,前揭大判昭和 14·12·22 刑集 18—565 以违反因出征而长期不在家的丈夫的推定的意思为理由,认定为了与其妻子通奸而进入者构成本罪,这种做法是存在疑问的)。

隐藏违法目的而获得居住权人的承诺的,判例与多数说都以不是基于真实意思的承诺为理由,认为应构成本罪(团藤·各论第 505 页、大塚·各论第 117 页、大谷·各论第 139 页。有关隐藏了抢劫目的的案件,参见最判昭和 23·5·20 刑集 2—5—489。另见最大判昭和 24·7·22 刑集 3—8—1363)。但是,如果对于进入行为本身存在承诺,就应该是,不能谓之为"侵入"(平野·概说 184 页、中森·各论第 80 页、曾根·各论第 81 页、西田·各论第 102 页、山口·各论第 126 页、山中·各论第 190 页)。再者,诸如为了就实施盗窃进行共谋而进入同伙住宅的,显然不构成侵入住宅罪那样,只是取得居住权人之承诺的动机、目的违法的,不构成本罪(强调通奸目的的违法性而认定成立本罪的前揭大判昭和 14·12·22 刑集 18—565,在这一点上也是存在疑问的)。

成立本罪,不问进入的具体行为样态,但要求整个身体全部进入,只是部分身体进入的,构成未遂(第 132 条)(反对意见,参见植松·各论第 323 页,但那是没有处罚本罪未遂之规定的德国刑法的解释论)。

"**无正当理由**",是指不存在阻却侵入行为之违法性的事由。例如,司法警察持搜查令,为在家中搜查证据而进入的,或者,工会成员为了面见不当地拒绝团体交涉的雇主而进入公司建筑物的,都属于基于"正当理由"的行为。"久留米站事件判决"(最大判昭和 48·4·25 刑集 27—3—418、百选 I No.17)将这种进入行为视为劳动争议行为的一环,而从整体法秩序的视角进行判断。

一般认为,侵入居住罪是"**继续犯**"(最决昭和 31·8·22 刑集 10—8—1237。山口·各论第 119 页认为本罪是"状态犯"*)。想必也认为,持续不法地滞留在他人住宅的行为,持续地侵害了他人的"居住权"。因此,只要成立了本条前段的侵入住宅罪,此后被要求退出而不退出的,就不再构成后段的不退出罪。

第三节 不退出罪

虽经要求退出,无正当理由,却不从他人的住宅或者他人看守的宅邸、建筑物

---

* 山口·各论 119 页指出,"判例认为,侵入住宅罪属于继续犯,在侵入之后退出之前持续成立犯罪(最决昭和 31·8·22 刑集 10—8—1237),也有很多学者对此表示支持。然而,尽管侵入之后的滞留这一事实仍在持续,但'侵入'这一构成要件该当事实并未持续,因而将本罪理解为继续犯,是存在疑问的,毋宁说,本罪应属于状态犯。按照状态犯说的观点,不退出罪,就是在不能成立侵入住宅罪的阶段,为了禁止并处罚那种非法滞留行为,而规定的一种特殊犯罪类型(按照继续犯说的观点,原本理应不需要另外设立不退出罪,同时,为了处罚那些不能被称为'侵入'的行为,又需要设立不退出罪。这里就可看出继续犯说的疑点所在)。"(山口厚. 刑法各论:2 版. 王昭武,译. 北京:中国人民大学出版社,2011:135.)。——译者注

或船舰退出的，处 3 年以下惩役或者 10 万日元以下罚金（第 130 条后段）。

犯罪未遂的，应当处罚（第 132 条）。

一、退出的要求

本罪是下述情形下成立的**真正不作为犯**：在行为人正当地进入住宅等，或者因其他理由而不成立侵入住宅罪（第 130 条前段）的场合，虽然居住权人提出了具体的退出要求，但行为人仍不退出的。

退出的要求权人，是居住权人。只要不是违法利用或者支配，该空间的事实上的利用者或者支配者，也可以是要求权人。退出的要求本身应该是正当的。若非如此，不退出行为就不符合本罪的构成要件。此外，即便是该当于本罪构成要件的场合，例如，对方因紧急避险等原因而存在有不退出的正当理由的，可以阻却违法。

二、不退出行为

如前所述，违法侵入的，仅仅成立侵入住宅罪（最决昭和 31·8·22 刑集 10—8—1237），因此，所谓不退出，是指进入行为本身合法或者因某种理由而不成立侵入住宅罪的情形下的不退出行为。在此限度内，不退出罪是对侵入罪的补充。

本罪的既遂时点是，提出退出要求之后，经过了退出所必需的合理时间之时。尽管本罪有未遂处罚规定，但有力说认为，本罪没有成立未遂的余地（大谷·各论第 144 页、中森·各论第 81 页、曾根·各论第 83 页、西田·各论第 103 页、前田·各论第 116 页、山口·各论第 127 页）。但是，退出所必需的时间马上就要结束，但行为人仍然没有退出之迹象的，或者，明明不存在正当的退出要求，但行为人因错误而误以为存在该要求，却不退出的，就有探讨是否成立未遂的余地。

【问题研讨】

出于向集体住宅的各户人家门口的信箱内投放传单的目的，踏入该集体住宅的各户人家门口的台阶的行为——以下简称为"投递行为"——是否构成侵入住宅罪呢？

【解说】

2004 年 3 月，东京地方检察厅八王子支部的检察官认为，这种行为应构成《刑法》第 130 条的侵入住宅罪，从而对于向自卫队宿舍门口信箱内投放写有"反对向伊拉克派兵"的传单的被告等，将其起诉至东京地方裁判所八王子支部。并且，检察官还认为，进入该宿舍的用地之内的行为也属于侵入"住宅"（对该案，东京地八王子支判平成 16·12·16 判时 1892—150 认为，该"投递行为"符合侵入住宅罪的构成要件，但否定存在可罚的违法性，最终宣判无罪。但是，东京高判平成 17·12·9 判时 1949—169 则撤销了一审判决，判定该"投递行为"属于"侵入宅邸"，应成立本罪。最决平成 20·4·11 刑集 62—5—1217 肯定了二审判决结论。同样，有关向按户出售的公寓信箱投放传单的行为，最判平成 21·11·30 刑集

63—9—1765 也判定成立第 130 条前段之罪）。

但是，在日常生活中，除了报刊投递员之外，为了散发寿司店、比萨饼店等的宣传单以及竞选传单，也经常会有人进入集体住宅的门厅进行投递，但显然不会一一得到居住人或者管理人的同意。事实上，在因本案而根据逮捕令被逮捕之前，被告等就一直在向该宿舍投递传单（东京地判平成 18·8·28 法セ627—117 认为，这种"投递行为"，不能谓之为"没有正当理由"，因而认定为无罪。但东京高判平成 19·12·11 判夕1271—331 则持完全相反的态度）。因此，以本案"投递行为"为理由而实施逮捕与起诉，从一般的市民感觉来看，应该是极为突兀的。事实上，日本的媒体人会议与法学界的相关人士就认为，本案逮捕行为，压制了市民的正当的表达活动，从而提出了抗议声明。"国际特赦组织（Amnesty International）"也认为，本案被告的"表达自由受到了侵害，受到了（无端）羁押"，并称其为日本第一个"有良心的囚犯"。

如正文所述，将住宅的附属土地包含在"住宅"之中的做法，总的来说，并非裁判所的"判例"。这是因为，判例不过是近年才开始采取将附属土地包含在"建筑物"之内的观点（最大判昭和 25·9·27 刑集 4—9—1783 为典型判例），而在大审院时代，消极说属于占据支配地位的学说（例如，大判大正 12·1·27 刑集 2—35 认为，至少要在被告已经到达住宅的走廊时，才可能构成侵入"住宅"；而大判昭和 4·5·21 刑集 8—288 则认为，侵入住宅的附属土地的行为，应构成侵入"宅邸"），直到今天，也未曾看到将附属土地认定为"住宅"的最高裁判所判例（只是在下级裁判所中，有将店铺兼住宅的用地〔东京高判昭和 30·8·16 裁特 2—16＝17—849〕、寺院境内〔福冈高判昭和 57·12·16 判夕494—140〕等认定为"住宅"的判例）。

不仅如此，从将由围墙围成的公司住宅用地理解为"宅邸"的最判昭和 32·4·4 刑集 11—4—1327 所能推测的那样，最高裁判所——在这一点上与大审院时代的判例相同——并未将住宅的用地（全部）解释为"住宅"。并且，在近年的下级裁判所判例中，例如，广岛高判昭和 63·12·15 判夕709—269 认为，公寓二楼外侧的公用通道部分及其附属土地都属于"有人看守的宅邸"（前揭东京高判平成 17·12·9 判时 1949—169 认为，自卫官官舍的公用部位属于"有人看守的宅邸"）。

也就是说，不存在将"住宅"的附属土地包括在"住宅"之内的最高裁判所判例，不仅如此，最高裁判所也回避这种解释，而是采取将其解释为"宅邸"的做法。在高等裁判所层面的下级裁判所判例中，最近也看到了遵从上述最高裁判所意见的判例。因此，我们甚至可以说，将集体住宅的用地认定为"住宅"这种解释，反而是与一直以来的"判例"态度相悖的。

对于楼道与通道等集体住宅的公用部位，判例态度尚不确定。虽然确实有将其包括在"住宅"之内的判例（广岛高判昭和 51·4·1 高刑集 29—2—240、东京高判昭和 54·5·21 高刑集 32—2—134、名古屋高判平成 8·3·5 判时 1575—148），但如前所述，也有否定其属于"住宅"，而认定其属于"宅邸"的判例（前揭广岛高判昭和 63·12·15 判夕709—269）。因此，将公用部位解释为"住宅"，未必能被谓为"判例"的态度。

然而,侵入住宅罪的本质在于,因侵入了住宅等而侵害了"居住权"。不过,在这种场合下,"居住权"的内容或者行使,并非完全交由居住权人的恣意来决定。例如,西田典之教授出于"为了盗窃而进入百货店的行为不构成侵入建筑物罪"的旨趣而提出,"的确,倘若在行为人进入当时,门卫知道其有违法目的,当然会拒绝其进入。但是,只要是在允许进入的时间内、以正常方式进入,即使门卫在入口处实施检查,由于不可能知道其具有某种违法目的,当然也就不得不允许其进入。因此,对于向一般人开放的建筑物而言,只要是以正常方式进入,就应该认为,这属于建筑物管理人事前作出的概括性同意范围之内的进入,不成立本罪"(西田·各论第 102 页)。也就是,"只要是在允许进入的时间内、以正常方式进入……当然也就是允许其进入的",因此不存在对居住权的侵害。概言之,侵入住宅罪的确是侵害居住权的犯罪,但这里所谓居住权之行使,要服从于客观的、标准化的限制。

回过头来再看本案"投递行为",对此应如何处理呢?此处的问题行为是:以外观上与通常的投递报刊几无区别的形式,进入集体住宅,到各户门口的报箱发放传单等的行为。多数情形下,在集体住宅用地的出入口附近,以及各栋楼梯的一楼出入口附近,会设置有禁止外来人员入内的告示牌。但是实际上,这种禁止未能得到贯彻,经常会有人向各户门厅的信箱投放传单或者广告(对于只是违反这种一般性禁止入内的标志的进入行为,不能将其视为"侵害居住权"即"侵入"行为,这也是最高裁判所的判例态度。这是因为,对于违反类似标示,出于散发传单等宣传目的而进入车站的被告,最判昭和 59·12·18 刑集 38—12—3026 只是以没有实际回应退出要求为理由,判定成立不退出罪)。因此,对于客观上能够推定的居住权人的意思,我们可以理解为,与禁止外来人员入内的告示牌相反,概括性地允许那些向门口信箱投放传单等的行为。因为,对居住者而言,门口的信箱也许就是一扇面向各种意见并存的社会的"窗口"(反之,例如,向没有这种"窗口"的大学研究楼的各个研究室散发传单的行为,就不适用这种观点)。而且,通常的"投递行为"并不属于什么"不平稳"的行为样态。

再者,就集体住宅的公用部位而言,对于居住权的行使,就有必要予以特殊考虑。因为,复数的居住者是将公用部位作为通道而使用的,即便其中的某位居住者不希望某特定人物进入,但也无法禁止该人为了访问其他居住人而进入。在这一点上,西田典之教授的观点可资参考。西田·各论第 101 页基于"就住宅而言,也应将各个区域予以个别化,承认每个人对自己居住的房间有独立的居住权"这一立场指出,"即使女儿不顾父母的反对将恋人带进自己的房间,也不构成本罪"。既然单独的住宅尚且如此,集体住宅的每户人家也当然拥有独立的居住权,对于进入集体住宅公用部位的行为,从客观、标准的角度来看,只要不是以由于侵害到平稳,因而全体居住者可能都会拒绝其进入这种形态而进入,就不应该认为,这种进入侵害了居住权(参见安达光治·「ポスティング」は犯罪か?憲法·刑事法の視点から",法七第 596 号第 66 页以下)。

不过,在居住权人明确提出退出要求,仍不退出而是待在原地的场合,应该说，事态就已经发展至"不平稳"的状态。因此，在该场合下，并不是说，仅仅因为违反了形式上的退出要求就成立本罪，不要求实际侵害了平稳，而应该理解为，不回应退出要求这种态度本身，就意味着对平稳的侵害（在这一点上，西田·各论第 98 页认为"在不退出罪中，行为样态的平稳性不会成为问题"，应该说，有些说过头了。判定成立不退出罪的前揭最判昭和 59·12·18 刑集 38—12—3026，就是针对这种事态最终发展至"不平稳"的案件）。因此，虽说侵入当时并未侵害居住权，但不能就此认为，在个别且具体地提出退出要求之时，也不成立不退出罪。

第四部分
针对个人法益的犯罪（之三）
——针对人格法益的犯罪

第十三章
针对秘密的犯罪
——针对人格法益的犯罪（之一）

第一节 概 述

《刑法》第2编第13章规定的是"侵犯秘密犯罪"，具体规定了开拆书信罪（第133条）、泄露秘密罪（第134条）。不过，其保护法益，与其说是个人秘密，不如说是通过"密封的书信"这种秘密通信的制度，以及医师、律师、宗教人员等职业（profession）的保守秘密的义务，而间接地保护个人秘密。为此，不能为这些"制度"所涵盖的个人秘密，就不是本罪的保护对象。

作为侵害秘密的行为样态，既有知晓秘密者的泄露与盗用或窃用行为，也有第三者的刺探行为。泄露秘密罪属于前者，而开拆书信罪仅针对后一种手段。此外，以公务员法为首的特别法中，规定有不少泄露型的侵害秘密的犯罪。对于使用、披露营业秘密（trade·secret）的行为，《防止不正当竞争法》中有具体的处罚规定。

第二节 开拆书信罪

无正当理由，开拆他人封缄的书信的，处1年以下惩役或者20万日元以下罚金（第133条）。

本罪为亲告罪（第135条）。

一、保护法益

本罪保护的是，"封缄的书信"这种保护秘密的手段。这是《宪法》第21条的"通信秘密"的制度性保障。但构成本罪无须实际知晓书信内容。

有关本罪的性质，尚存在论争：一种观点认为，本罪是针对个人秘密的抽象的危险犯（大塚·各论第127页、大谷·各论第155页、曾根·各论第84页）；另有观点认为，本罪是针对"书信这种秘密的形式"或者"书信不应被随意开拆的利益"的侵害犯（中森·各论第82页、野村编·各论第119页〔松宫〕、山口·各论第129页）。具体在是否要求书信的内容是秘密的这一点上，两种观点之间结论不一，后一观点认为，无须书信内容本身是秘密的。不过，在前一观点中，根据对"危险"的定义的不同，也有观点认为，无须达到书信内容确实是秘密的这种程度（大谷·各论第157页）。

但是，如果将本罪视为针对"通信的秘密"的制度性保障的一环，后一观点要更为合适。正如信件开封之后放在抽屉中保管时，即使其他人看了该信件，也不构成本罪那样，本罪要保护的，并非个人的秘密本身。因此，如同将信放在抽屉内并上锁那样，这种虽然被密封但偏离了"书信"之定义的东西，就不能成为构成本罪的客体。

此外，《邮政法》第77条、第80条中有处罚泄露邮寄物内容的规定。

二、成立要件

"书信"，是指由包括团体在内的特定人发给其他特定人的文书，不以属于邮寄物为必要。"封缄"是指采取了通过粘好、缝好，或者用订书机订好等方式，使得他人不易看到其中的书信内容的措施。*

三、亲告罪

本罪无告诉则不能提起公诉（第135条）。

多数说认为，发信人和收信人双方，都是本罪的告诉权人。不过，也有判决认为，只有在书信到达之后，收信人才有告诉权（大判昭和11·3·24刑集15—307）。

第三节　泄露秘密罪

医师、药剂师、医药品贩卖业者、助产士、律师、辩护人、公证人或者曾经从事此类职业的人，无正当理由，泄露由于处理业务而得以知悉的他人秘密的，处6个月以下惩役或者10万日元以下罚金（第134条第1款）。

从事宗教、祈祷或者祭祀职业的人或者曾经从事此类职业的人，无正当理由，泄露由于处理业务而得以知悉的他人秘密的，与前款同（同条第2款）。

本罪为亲告罪（第135条）。

---

* 山口·各论第130页认为，属于本罪客体的书信，必须是"封缄"的书信。这里的"封缄"，是指采取了用胶水粘口等使得书信内容无法看见的方式，仅仅是用夹子夹住或者用绳子系住，还不足以称为"封缄"。这种封缄方式必须与书信本身成为一体，即便是将（未封口的）书信放进抽屉并上锁，该书信也并非本罪之客体（山口厚．刑法各论：2版．王昭武，译．北京：中国人民大学出版社，2011：149.）。——译者注

一、行为主体

　　本罪是以**医师、药剂师、医药品贩卖业者、助产士**等医疗关系人——值得注意的是，这里不包括护士——以及**律师、辩护人、公证人**等法律相关人员，还有**从事宗教、祈祷或者祭祀职业的人**等宗教人员为主体的**真正身份犯**（第 65 条第 1 款）（对于保健师、护士、准护士，《保健师助产师看护师法》第 42 条之二有相同旨趣的规定。该法第 44 条之三规定了 6 个月以下惩役或者 10 万日元以下罚金）。这里的医师，也包括作为审判鉴定人的医师（最决平成 24·2·13 裁时 1550·24）。本罪主体，还包括曾经从事上述职业的人。同时，本罪也是以存在泄露秘密之对方为必要的**必要的共犯**——属于其中的**片面的对向犯**。

　　考虑到向神职人员做忏悔就可以明白，此处所谓职业，在其性质上，大多会涉及他人秘密，并且，只有这些职业所获取的秘密不被泄露，人们才能安心地接受这些职业的服务。因此，诉讼法上，对于大部分从事上述职业者，承认其（就其职业）有拒绝作证或者扣押的权利（《刑事诉讼法》第 105 条、第 149 条、第 222 条，《民事诉讼法》第 197 条）。

二、"他人秘密"

　　属于泄露对象的**"他人秘密"**，限于本罪主体处理业务时得以知晓的秘密。当医师被命令根据其作为医师的知识、经验，进行以包含诊断在内的医学判断为内容的鉴定时，其作为鉴定人而得以知晓的秘密，也包括在内（前揭最决平成 24·2·13 裁时 1550·24）。这里所谓"他人"是否包括法人与团体，尚存在论争，但多数观点认为，这里的"秘密"，应限于私生活上的秘密。如此一来，由于很难想象法人与团体有"私生活"，因而认为秘密的主体限于活着的自然人，就属于非常朴素、自然的理解（西田·各论第 107 页、野村编·各论第 120 页〔松宫〕）。但是，通说认为，在律师处理的秘密中，应该包括企业等法人与团体的秘密（大塚·各论第 130 页、大谷·各论第 159 页、山口·各论第 133 页）。也就是，承认团体与法人也有"私生活"。但是，至少对于因作为公共制度而获得认可的法人而言，这无疑是一种矛盾。因此，本书认为，至多是针对属于团体或者法人之组成成分的"自然人"的秘密，才可能成为本罪的保护法益。

　　另外，通过处罚医师、律师、宗教人员等实施的、针对其职业上的特别守密义务的违反行为，"他人秘密"也间接地获得了保护。因此，本罪是只有负有这种特别义务的人才能成立的**"义务犯"**。另外，要被谓为**"秘密"**，必须是仅为小范围内的人员知晓的事实，不仅需要本人不希望为他人所知晓，而且，还需要具有一般来看适于视之为秘密的合理性（平野·概说第 189 页）。

三、泄露行为

　　"泄露"，是指将秘密告知尚不知道秘密的人。告诉已经知道秘密的人的，不构成泄露。不过，告知他人后又叮嘱不得外传的，同样构成泄露；此外，成立泄露，无须对方理解该秘密的内容（通说。反对意见，参见林·各论第 110 页）。

四、共犯

如前所述，成立本罪，需要存在泄露秘密的相对方，并且，本罪是没有处罚相对方之规定的**必要的共犯（片面的对向犯）**。因为，其旨趣在于，通过对涉及他人秘密的职业课以禁止泄露的义务，以求保护秘密。因此，即便泄露的相对方积极地劝诱行为人泄露秘密，也不将其作为泄露秘密罪的共犯进行处罚。这也是因为，有关公务员法上的泄露秘密罪（《国家公务员法》第 100 条第 1 款、第 109 条第 12 项；《地方公务员法》第 34 条第 1 款、第 60 条第 2 项），针对劝诱等泄露秘密的共犯行为，公务员法设置了予以处罚的特别规定（《国家公务员法》第 111 条、《地方公务员法》第 62 条），排除适用刑法总则的共犯规定（最决昭和 53·5·31 刑集 32—3—457、百选 I No. 18）。

五、罪数

本罪的罪数，取决于秘密被泄露的被害人人数。

【问题研讨】
泄露秘密罪的主体为何仅限于医师与律师、宗教人员等？

【解说】
一进入基督教堂，就可以看到在墙壁的一面附有小窗户的忏悔室。人们在这里向神的代言人神父或者牧师忏悔自己所犯之罪，不仅是法律上的罪行，也包括宗教与道德上的罪过。

假设有人在忏悔室忏悔说，"我刚杀了人"，听到忏悔的神父或者牧师立即通知警察，情况会怎样呢？如果有客观的证据，忏悔者当然将因杀人罪被逮捕并受到处罚。但如此一来，恐怕不会再有人到这家教堂来忏悔了吧。因为，这里不会保守忏悔的秘密。也许人们还会以为，神父或者牧师就是警察的密探。其结果是，教会也许将会丧失宗教权威。用现在的话来说，就是教会丧失了疗养安抚的功能。对整个社会而言，这也许是远比未能抓获一名杀人犯大的损失。因此，即便是站在法庭上，宗教人员也享有不向世俗国家陈述犯罪的"特权"。实际上，也有判例认为，庇护犯罪少年使之改过更生，作为牧师的教会活动的一环，这属于"正当的业务行为"（第 35 条）（神户简判昭和 50·2·20 刑月 7—2—104）。这种"特权"是作为针对世俗国家的宗教权威而历史性地形成的。

这一点同样适于医师与律师。罪犯即便身受重伤，如果不能相信医师会保守秘密，想必根本就不敢接受医师的治疗。其结果是，本应受到刑罚处罚的罪犯难免会在未受刑罚处罚且不为人知的情形下死去（就这一点而言，下一案例就存在疑问：负责治疗被告所负刀伤的医师，出于治疗之需，未经处于亢奋状态的被告的同意而采集了其尿样，由于尿样呈现兴奋剂反应，遂报告了警察，对该行为，最决平成

17·7·19刑集59—6—600认为,属于《刑法》第35条的正当行为,是被允许的行为,因而并不违反医师的保密义务)。对律师也可能存在同样的问题(不过,近年来,以1972年的美国"水门事件"为契机,相关人员开始探讨这样的问题:律师不应包庇罪犯,而应在知晓重大犯罪事实之时向警方报告)。对医师、司法人员而言,培养他们的医学院、法学院也是从中世纪的神学院中分离、独立出来的。也就是,这些职业在从宗教人员中派生出来的过程中,历史性地获得了针对世俗国家的"特权"。

泄露秘密罪的主体之所以限于医师、律师与宗教人员等,正是因为存在这种历史背景,以及考虑到这些职业所发挥的社会作用。

现在这个时代,讨论的是媒体人的保密义务及其权利的问题(有关以保护采访源为理由的拒绝作证权,参见札幌高决昭和54·8·31下民集30—5=8—403)。这反映的也是,因为媒体机关存在形成舆论影响这种民主主义的作用(但也仅限于此),进而形成了媒体人针对世俗国家的"特权"。

第十四章

针对名誉的犯罪
——针对人格法益的犯罪（之二）

第一节 概 述

《刑法》第 2 编第 34 章规定了针对名誉的犯罪，具体规定了毁损名誉罪（第 230 条）与侮辱罪（第 231 条）。毁损名誉罪成立于公然"披露事实"毁损他人名誉时，反之，侮辱罪则是在"虽未披露事实"但公然侮辱他人时成立。两罪的保护法益都是"**名誉**"。此外，两罪都是亲告罪。天皇等皇族为告诉权人的，由内阁总理大臣代为告诉；外国的君主或者总统为告诉权人的，由该国代表代为告诉（第 232 条第 2 款）。

一、名誉的含义

对于保护法益即"名誉"的含义，尚存争议。通说认为，"名誉"是指**对于包括法人在内的"人"的社会性评价**（"外部名誉"。与之相对，人类与生俱来的"人的尊严"被称为内部名誉。内部名誉根本不可能被侵害）。反之，有力说则认为：第 230 条的毁损名誉罪保护的是外部名誉，而无须披露事实的第 231 条的侮辱罪的保护法益则是**人的名誉感情**（"主观名誉"）（小野·各论第 214 页、团藤·各论第 512 页、福田·各论第 183 页）。具体而言，**在针对法人能否成立侮辱罪**的问题上，两种观点之间结论不一（最决昭和 58·11·1 刑集 37—9—1341、百选 II No. 21 承认针对公司的侮辱罪。不过，该决定中附有将保护法益解释为名誉感情的团藤、谷口两位裁判官的反对意见）。另有观点认为，正因为人都怀有希望得到他人的尊重这种情感，因而社会性评价也应受到保护（平野·概说第 191 页）。

本书以为，从**侮辱罪也要求存在公然性**这一点来看，而且，如果我们认为，应该承认针对幼儿、高度精神障碍者的侮辱罪，那么，就很难将保护法益简单地解释为人的名誉感情。在此限度内，通说观点应该是无可非议的。但是，如后所述，这也并不是说，因为如此，所以必然要承认针对法人的毁损名誉罪、侮辱罪。

即便是将外部名誉作为本罪的保护法益，也存在究竟是将其视为**现实的社会评价**（"事实说"）还是视为**应有的社会评价**（"规范说"）之争。例如，某人实际上是通过非法交易而攫取了不义之财，却作为一名很奇特的慈善家而家喻户晓，揭露该人之非法交易的言论，根据前一观点，就要构成毁损名誉，但根据后一观点，则不构成毁损名誉。因为，日本刑法是"**不问有无该事实**"均可认定成立毁损名誉罪，因而一般依据的是事实说（第230条第1款）。再者，对于"**有关公共利害的事实**"，如果能认定披露事实的目的"**完全是为谋求公益**"，那么，在该情形下，只要能证明所披露的事实是真实的，就不处罚这种毁损"名誉"的行为（第230条之二第1款）；毁损死者名誉的，仅仅对披露虚假事实的情形进行处罚（第230条第2款）。由此可见，即便是由虚构所支撑的社会性评价（"**虚名**"），也是对"名誉"的毁损，这也能成为事实说之佐证。另外，对于属于他人隐私的事实，尽管也有例外（⇒最判昭和56·4·16刑集35—3—84、百选Ⅱ No.19），但由于很多时候都并非"有关公共利害的事实"，因此可以说，现行刑法的这种态度——即便是真实的事实，披露该事实的行为仍属于违法行为——是妥当的。

不过，无论如何，本罪都应被理解为危险犯，只要是公然披露事实或者进行侮辱，达到被不特定或者多数人可能认识的状态，就可以成立本罪，而**无须证明实际降低了社会性评价**（大判大正12·5·24新闻2140—4、大判昭和13·2·28刑集17—141。反对意见，⇒内田·各论第222页、第227页，曾根·各论第89页，平川·各论第227页）。其理由在于，对于社会性评价的实际降低，很难认定；而且，就此在法庭上进行证明，有再度伤害受害人名誉之虞，并不妥当。

二、毁损名誉罪与侮辱罪的区别

第230条的毁损名誉罪，是公然**披露事实**毁损他人名誉的行为，而第231条的侮辱罪是"**虽未披露事实**"但公然侮辱他人的行为。例如，无正当的教育目的，却公然说"学生A刑法各论挂科了"，构成毁损名誉罪；而公然说"学生A是傻瓜"的，则构成侮辱罪。前者需要"披露事实"但无须采取侮辱轻蔑性表现，反之，后者无须"披露事实"但需要采取侮辱轻蔑性表现。不过，如前所述，侮辱罪也要求公然性，因而侮辱罪保护的，并非人的名誉感情本身，而是为了防止由公然实施的侮辱轻蔑性表现所导致的他人的社会性评价的降低这种危险。

不过，由于毁损名誉也多伴有侮辱轻蔑性表现，因而在该情形下，仅成立毁损名誉罪一罪。但是，即便披露的"有关公共利害的事实"是真实的，但采取了侮辱轻蔑性的表现方式的，虽然不构成毁损名誉罪，但可以以这种侮辱轻蔑性的表现方式为理由，认定成立侮辱罪（植松·各论第345页、中森·各论第96页、齐藤〔信〕·各论第79页。反对观点，例如，前田·各论第128页认为构成毁损名誉罪，而西田·各论第123页、山口·各论第150页则认为两罪都不成立）。在此限度之内，可以说，侮辱罪是对毁损名誉罪的补充（并非如反对观点所批判的那样，是以名誉感情作为保护法益，相反，这里是认为，侮辱罪不是通过披露事实，而完全是以不适当的表现方式侵害了他人的社会评价。因此，批判意见偏离了靶心）。

第二节 毁损名誉罪

公然披露事实，毁损他人名誉的，不问有无该事实，处 3 年以下惩役、禁锢或者 50 万日元以下罚金（第 230 条第 1 款）。

本罪为亲告罪（第 232 条）。

一、1947 年的修正

经过 1947 年的刑法修正，本罪的刑罚上限由 1 年惩役或者禁锢提升至 3 年惩役或者禁锢。理由在于，删除了《刑法》第 74 条、第 76 条规定的针对天皇及皇族等的不敬罪，以及第 90 条第 2 款、第 91 条第 2 款规定的针对外国元首及外国使节的侮辱罪。之所以删除，是考虑到没有理由对上述人员的名誉和一般市民的名誉进行区别保护。其结果就是，普遍提升了毁损名誉罪的法定刑，并同时设置了有关告诉权的特别规定（第 232 条第 2 款）。

二、"披露事实"

"**披露事实**"，是指披露足以降低被害人之社会性评价的具体事实。不过，有关经济能力的评价，是后述"毁损信用罪"（第 233 条）的对象。究竟哪些属于会降低社会性评价的事实，这需要结合被害人的情况相对地认定。例如，如果被害人是伊斯兰教徒，"他吃了猪肉"的事实，在被害人所属的社会中，想必就是足以导致其社会性评价降低的事实。披露的事实，也可以是真实的事实。不过，如果那是"有关公共利害的事实"，只要能证明那是真实的事实，就免受毁损名誉罪的处罚（第 230 条之二）。有判例认为，众所周知的事实亦可（对于因指出未缴纳耕地整理费用的事实而被宣布全村与其绝交的事件，参见大判大正 5·12·13 刑录 22—1822），但如果是众所周知的事实，很难想象会进一步降低社会性评价（大谷·各论第 166 页、中森·各论第 88 页）。不过，事实被再次披露的，也有可能会面临社会性评价再度降低的危险。再者，即使是流言或者传闻，一般来看，如果他人知道之后，有可能会相信其内容是事实的，那么，也会毁损名誉（东京地判昭和 32·7·13 判时 119—1 认为，虽然采取的是"原型小说"的形式，但仍会毁损被推测为原型的人物的名誉）。

※ **网络运营商**（provider）**的责任**：网络贴吧的留言毁损他人名誉，而网络运营商对此放任不管，该运营商是否构成不作为的毁损名誉罪的正犯或者帮助犯，就是问题。民事上已经出现了认定此种情况存在赔偿责任的判例，在刑事上，只要满足了不作为犯的一般要件，想必至少不能否定从犯的成立（西田·各论第 120 页）。

三、"他人名誉"

作为名誉主体的"**人**"（他人），是指包括幼儿与高度精神障碍者等没有名誉情感者在内的所有**自然人**。此外，以自然人的团体为对象的毁损名誉也构成本罪，因为这种行为有损害隶属于该团体的自然人的名誉之虞。不过，诸如关西人、九州人等那些含义不明的集体，不属于本罪所谓"名誉"的主体（大判大正15·3·24刑集5—117）。按照通说，**法人**也有可能独立于构成法人的自然人，成为独立的"名誉"主体，但这是存在疑问的。

※**能否承认针对法人的毁损名誉**？通说对此持肯定态度。因为，"名誉"是针对人格的社会性评价，对法人也可以进行这种评价。但是，"名誉"这一法益原本来自自然人的人格尊严，不能因为属于社会性评价，就直接得出法人也有"名誉"这一结论。毋宁说，如果将"名誉"的宪法地位求之于《宪法》第13条的"尊重个人"（平川·各论第219页），这里的"个人"就应当仅限于自然人，因此，"名誉"也应当是自然人固有的法益（在这一点上，平川·各论第225页认为保护名誉的根据在于《宪法》第13条，但同时又承认针对法人以及其他团体的毁损名誉，应该说，其做法无疑是存在矛盾的）。法人不过是作为经济活动的单位而被赋予了拟制人格，至多能成为经济活动的主体，并且，只有在散布"虚假流言"或者使用"诡计"的情形下，才会成为毁损"信用"（《刑法》第233条"毁损信用罪"）的被害人。对于作为财产权主体的法人而言，真正重要的是"信用"，甚至是这种"信用"也不会因披露真实的事实而受到毁损，因此，更难以想象，法人能成为"不问有无该事实"也应受到保护的"名誉"的主体。

不过，以法人和其他团体为对象的毁损名誉或者侮辱，在可以视为针对该团体之成员的名誉的毁损之时，就有成立毁损名誉罪、侮辱罪的余地（作为"集合名称"的团体。参见平野·概说第192页）。

四、公然性

事实必须被"公然"披露。"**公然**"，是指能为不特定或者多数人所认识的状态（大判昭和3·12·13刑集7—766）。不要求有谁实际认识到所披露的事实内容。另外，有判例认为，即便只是向特定的少数人披露事实，但如果其中有报社记者等，就存在通过报刊消息而传播至不特定或者多数人的可能性，进而以此为理由，对此情形认定存在"公然性"（"**传播**"**理论**。大判大正8·4·18新闻1556—25、最判昭和34·5·7刑集13—5—641、百选Ⅱ No.18。团藤·各论第513页、大塚·各论第137页、中森·各论第87页等）。但是，人的嘴是管不住的，如果采取这种观点的话，要求"公然性"的意义便不复存在，因而反对意见是多数说（平野·概说第193页、中山·各论第161页、大谷·各论第165页、平川·各论第226页、曾根·各论第90页以下、西田·各论第112页、前田·各论第124页、山口·各论第137页等）。至多在对方通过报刊消息等公然披露（行为人披露的事实）的场合，如果行为人在披露事实当时就已经预见到这一点，那么，就不过是成立该人的共犯（西田・各论第 112 页*）。

五、罪数

本罪是针对他人名誉这种个人法益的犯罪，因而其罪数以被害人人数为标准。

※**网络上的毁损名誉与公诉时效**：对于在网络的主页上发表的毁损名誉的帖子，有判例认为，只有发帖人要求管理人删除时，毁损名誉行为才结束，在此之前，毁损名誉罪的公诉时效并未开始起算（大阪高判平成 16・4・22 判夕 1169—316）。该判例想必是将本罪理解为**继续犯**。对此，有力的批判意见认为，按照其观点，如果是出版物，就难免不会出现，只要该出版物未被全部回收，毁损名誉罪的公诉时效就不能开始起算这样的情况（山口厚・平成 17 年度重判 159 页）。本书以为，还是应将本罪理解为**状态犯**，在披露的事实处于能被不特定或者多数人所知晓的状态之时，毁损名誉的行为即告结束，此后是违法状态的持续。

第三节　事实的证明

第 230 条第 1 款的行为，经认定是有关公共利害的事实，而且其目的完全是为谋求公益的，则应判断事实的真伪，证明其为真实时，不处罚（第 230 条之二第 1 款）。

与尚未提起公诉的人的犯罪行为有关的事实，在适用前款规定时，视为有关公共利害的事实（同条第 2 款）。

第 230 条第 1 款的行为所披露的事实，与公务员或者基于公选的公务员候选人有关时，则应判断事实的真伪，证明其为真实时，不处罚（同条第 3 款）。

一、旨趣

《宪法》第 21 条第 1 款保障"**表现的自由**"（"言论自由"）。不过，在通过主张

---

* 西田・各论第 112 页认为，"本罪处罚的是，通过披露事实而降低针对他人的社会评价的行为，但事实上无法测定是否实际降低了针对该人的社会评价。为此，本条以公然性作为要件，将披露事实的直接对象限于不特定的人或者多数人，并且，存在该事实被传播至其他人，从而使得不好的评价在社会上广泛散布的类型性的危险性。与此相反，判例采取的态度是，即使是向特定的人或者少数人披露事实，但存在'传播可能性'的，也应认定具有公然性（'传播性理论'）（大判大正 8・4・18 新闻 1556—25、最判昭和 34・5・7 刑集 13—5—641），肯定这种主张的学说也很有影响。但是，(1) 所谓'公然'，从本条的文理来看，并非指结果的公然性，而是指行为的公然性；(2) 由对方是否有使之传播的意思来决定犯罪成立与否，这是不妥当的；(3) 会出现个人之间的闲话等日常言论也构成本罪的情形，这也不合适；(4) 最重要的还在于，本罪本属于抽象的危险犯，会使得本罪的危险性又进一步抽象化，因此，应否定所谓'传播性理论'。在这种场合下，只有通过新闻报道来披露事实，才有可能构成本罪，至于向新闻记者披露事实的人，则只有作为共犯才可能受处罚"（⇒西田典之．日本刑法各论：6 版．王昭武，刘明祥，译．北京：法律出版社，2013：110．）．——译者注

虚假事实而毁损他人名誉的场合,这里所谓"表现"也可能会因为"违反公共福祉"(《宪法》第 13 条)而成为刑罚之对象。而且,即便是真实的表现,倘若与公共利害无关,而仅仅是暴露他人的私生活的,就会因为侵害了属于追求幸福权(《宪法》第 13 条)的内容之一的"**隐私权**",不能作为"表现的自由"而受到保护(在所披露的事实涉及隐私时,如果该事实是真实的事实,对被害人的打击反而更大)。对于 1947 年增设的《刑法》第 230 条之二,一般理解为,在保障"表现的自由"与保护个人名誉或隐私之间进行调和。为此,出于谋求公益的目的,披露了有关公共利害的事实的,如果该事实被证明是真实的,就不能以毁损名誉罪进行处罚。这是因为,就有关公共利害的事实而言,对于舆论的形成以及政治性的意思决定,披露真实是必不可少的。因此,对于那些即便侵害名誉但公布该事实更有助于"公共福利"的情形,此类行为可以免于承担刑事责任。

不过,即便是在旧宪法的时代,也并非不存在类似规定。实际上,战前的出版法与新闻法也曾作了类似规定。不过,如果"涉及私行为",则不承认所谓真实性证明,并且,判例也对"私行为"的范围作了相对宽泛的解释。此外,1940 年的《修正刑法临时案》(《改正刑法仮案》)第 412 条中,业已存在与现行《刑法》第 230 条之二第 1 款几乎完全相同的规定。也就是,这种因证明真实而免于承担刑事责任的做法,并非自战后的《日本国宪法》才开始被承认的。

不过,有关这种规定的法律性质,如后所述,主要在如何处理对真实性存在错误认识的情形时存在论争。

二、"有关公共利害的事实"

"**有关公共利害的事实**",是指与一般多数人的利害相关的事实。虽然未必要求与国家或者公共团体的利害相关,但诸如人气明星的私生活那样,仅仅是被很多人所关心的事实,尚不足以成立这里所谓"有关公共利害的事实"。而且,不需要事实本身具有公共性,只要可以成为用于评价、判断具有公共性的事实的材料即可(中森・各论第 90 页)。为此,例如,某庞大的宗教团体的领袖与属于该团体影响之下的某政党的女性国会议员之间存在性关系这一事实,虽然其本身属于私生活上的事实,但却可以成为"有关公共利害的事实"(参见有关所谓"月刊ペン事件"的最判昭和 56・4・16 刑集 35—3—84、百选 II No. 19)。另外,事实的公共性的判断,不应该是对包括披露方法在内的行为的所有情况进行综合判断,而应该是"比照所披露的事实本身的内容、性质,进行客观判断"(前揭最判昭和 56・4・16 刑集 35—3—84)。*

---

* 山口・各论第 140 页以下认为,"是否具有事实的公共性,应该比照所披露的事实本身的内容、性质,进行客观判断,而不应受表现方法的不当性(参见东京高判昭和 28・2・21 高刑集 6—4—367〔インチキブンヤ事件〕)、对事实的调查程度等因素所左右(最判昭和 56・4・16 刑集 35—3—84〔表现方法的不当性、事实调查的程度等,是在判断有无目的的公益性等之际所应考虑的因素〕)"(山口厚. 刑法各论:2 版. 王昭武,译. 北京:中国人民大学出版社,2011:161.)。——译者注

三、目的的公益性

披露事实必须"其目的完全是为谋求公益"。不过,多数下级裁判所的判例与学说都认为,只要谋求公益是"主要动机"即可(东京地判昭和 40·5·22 下刑集 7—5—869 等)。想必是只要可以防止那些单纯为了发泄私怨而进行的不必要的披露即可。对此,一般是从表现形式、执笔态度等进行判断(东京地判昭和 58·6·10 判时 1084—37 认为,披露事实只要表现方法与执笔态度真挚即可)。

不过,披露事实行为本身的违法性,完全由主观目的所左右,这种做法也是存在问题的。毋宁说,问题更在于,采取了超出必要程度地刺激相关人员的神经的表现方法,或者将披露事实用作恐吓的手段,这样,其不法性就具有侮辱罪或者恐吓性手段的性质(平川宗信《名誉毁损罪と表现の自由》第 132 页以下认为,原本不需要"公益目的"这一要件)。

四、两个特别规定

第 230 条之二中有两个特别的"视为"规定。

第一个特别规定是,"与尚未提起公诉的人的犯罪行为有关的事实",视为"有关公共利害的事实"(第 230 条之二第 2 款)。

在该情形下,如果"其目的完全是为谋求公益",则直接判断事实之真假,如果"证明其为真实"的,就不作为毁损名誉罪予以处罚。设置这种规定的理由在于,推动社会对犯罪侦查的协助与监督(大阪高判昭和 25·12·23 判特 15—95)。

※"报道犯罪的犯罪":不过,有关犯罪的报道,常伴有制造冤案的危险,因此,即便按照该规定,被视为"有关公共利害的事实",报道机关也必须尽量不进行那种缺乏事实根据的有欠谨慎的报道。曝光嫌疑人及被害人与犯罪无关的隐私的,则更是完全不被允许的。针对这种"报道犯罪的犯罪",尤其必须尊重嫌疑人与被告的人权。

第二个特别规定是,所披露的事实,是"与公务员或者基于公选的公务员候选人有关"的事实的,则应判断事实的真伪,证明其为真实时,不处罚(第 230 条之二第 3 款)。

也就是,与公务员及其候选人有关的事实,被视为"有关公共利害的事实",并且,披露该事实也被视为"其目的完全是为谋求公益"。不过,即便是与公务员本人相关的事实,倘若该事实完全与其公务无关,则排除本款的适用(例如,有关该公务员是残疾人这一事实,⇒最判昭和 28·12·15 刑集 7—12—2436)。

五、真实性的证明

在满足了上述两个要件,或者说被认为存在这两个要件的场合,裁判所必须判断所披露的事实是否真实。在此限度内，裁判所负有**职权调查义务**（中森·各论第91页）。换言之，在确定满足了上述要件之前，不允许首先就事实的真实性进行证明。理由在于，若非如此，那些原本属于隐私的事实，也有在法庭上被曝光之虞（不过，由于披露事实的"目的的公益性"与披露的事实的私人性质无关，因而也存在即便不举证该要件，也允许进行真实性证明的余地。另外，也存在如大塚·各论第141页那样，以情节举证为理由的反对说）。

对披露的事实，只要能证明其重要部分或者主要部分是真实的即可，无须证明其细节部分也是真实的。在**流言**与**传闻**的场合，只要构成其内容的事实是能给人以真实存在这种印象的事实，需要证明真实的对象就是该事实（构成其内容的事实），而非流言与传闻的存在本身（最决昭和43·1·18刑集22—1—7。不过，大阪高判昭和25·12·23判特15—95认为，对于他人的犯罪嫌疑的报道，证明的对象就是该嫌疑的存在本身）。*

关于**证明的方法与程度**，判例认为，必须以具有证据能力的证据、通过法定程序进行**严格证明**作为手段，证明该事实属于真实的事实，且**达到不容合理怀疑的程度**（最大判昭和44·6·25刑集23—7—975、百选ⅡNo.20）。反之，学界多数说则以个人不具备收集证据的强制权限为理由，认为——即使是通过严格证明——只要达到**优势证据**的程度即可（藤木·各论第243页、大谷·各论第172页以下、西田·各论第116页以下、山口·各论第143页等）。

在审判过程中无法证明所披露的事实的真实性的，不适用本条。因此，在这种情形下，就有可能依据毁损名誉罪进行处罚。在此意义上，裁判所虽穷尽职权调查义务，事实的真假仍无法明确的，就由被告承受有罪风险。这是"无罪推定原则"的重大例外。为此，如后所述，包括对真实性存在错误的情形在内，要求解释法条时尽可能地尊重"疑罪从无原则"。

六、证明的效果

如果所披露的事实的真实性得到证明，该毁损名誉的行为（第230条第1款）不受处罚（第230条之二第1款）。

不过，尤其是在广泛承认披露目的的公益性的背景之下，如果披露事实行为同时符合胁迫（第222条）、恐吓（第249条）等其他犯罪的构成要件，就不能否定这些犯罪之成立。此外，如后所述，尽管尚在争议，倘若是以侮辱轻蔑性的方式进行披露，也不能否定侮辱罪（第231条）之成立。详见后述，在此限度之内，就有这样理解的余地：真实性的证明，仅仅否定毁损名誉罪的构成要件该当性。

---

* 山口·各论第142页认为，"证明的对象是被披露的事实，只要能证明该事实的主要或者重要的部分是真实的即可（参见东京地判昭和49·6·27刑月6—6—724）。即便是以流言、传闻等形式披露事实，正如通常的情形那样，只要降低他人的社会评价的不是流言、传闻等的存在本身，而是构成流言、传闻之内容的事实，那么，证明的对象就是该事实本身的真实性（最决昭和43·1·18刑集22—1—7）；反之，如果是流言等的存在本身降低了他人的社会评价，那么，证明的对象就是流言等的存在本身"（山口厚. 刑法各论：2版. 王昭武，译. 北京：中国人民大学出版社，2011：163.）。——译者注

七、真实证明的法律性质与证明失败的法律效果

从《宪法》第 21 条保障"表现的自由"来看，披露有关公共利害的事实的，该行为本身就是合法的。这种行为原本应为第 35 条的正当行为所涵盖，第 230 条之二的意义仅仅是确认，对于这种完全不存在问题的情形不予处罚。为此，倘若行为人相信是真实的事实而予以披露的，即使证明失败，也否定存在本罪故意，不成立本罪（中山·口述各论第 97 页、野村编·各论第 140 页〔松宫〕、齐藤〔信〕·各论第 75 页、第 79 页）。但是，为了得出该结论，首先有必要了解学说现状。

对于本条所谓"不处罚"的含义，围绕其究竟是阻却违法性还是仅仅阻却刑罚（处罚），存在各种各样的观点。现在主要有以下五种观点：（1）**刑罚（处罚）阻却事由说**、（2）**违法性阻却事由说**、（3）**不符合构成要件说**、（4）**与正当行为（第 35 条）的并用说**、（5）**真实性的过失处罚说**。

首先，（1）将真实性的证明作为单纯的**刑罚阻却事由**的观点（最判昭和 34·5·7 刑集 13—5—641。平野·概说第 198 页、前田·各论第 130 页）的论据是，被披露的事实最终真假不明的，由被告承担有罪的风险，也就是，属于"举证责任的倒置"（中森·各论第 92 页）。

※**违法性阻却事由的举证责任**："第 230 条之二的真实性证明由被告方承担，也就是属于'举证责任的倒置'，这与将真实性的证明理解为违法性阻却事由的观点是相互矛盾的"这一批判要具有妥当性，就必须以下述观点为前提：如果是通常的违法性阻却事由，例如，在有成立正当防卫之合理性怀疑的场合，就应根据存在"有关犯罪事实的合理性怀疑"这一点，而被认定为无罪。的确，目前多认为，只要被告一方大致提出了，能够证明违法性阻却事由之存在的某种程度的证据（"证据提出责任"），对于"没有阻却事由"的举证责任就转移至检察官一方。但是，对于这一点，有必要注意的是，也有观点认为，必须由被告一方以优势证据证明违法性阻却事由之存在（小野清一郎《犯罪構成要件の理論》第 171 页。当然，该观点有违"无罪推定原则"）。

其次，与之相对，（2）**违法性阻却事由说**认为，既然不处罚的根据是《宪法》第 21 条的"表现的自由"，那么，第（1）说之观点——符合"表现的自由"的事实披露行为是违法的，不过是出于政策性考虑而免于处罚——就是存在问题的；而且，对于"行为人自己以为是真实的"这种情形完全不加考虑，无论如何这都是不妥当的，并由此提出，第 230 条之二规定的正是阻却事实披露行为之违法性的事由（团藤·各论第 523 页、福田·各论第 193 页、大塚·各论第 144 页、大谷·各论第 177 页、曾根·各论第 95 页、齐藤〔信〕·各论第 79 页）。

不过，同样是采取第（2）说，但对于以什么作为违法性阻却事由这一点，其内部尚存争议。具体而言，第（2）说的第 1 种观点将**事实的真实性本身**视为违法性阻却事由。但是，如此一来，对于行为人明明没有切实根据却轻率地相信是真实

的情形，就只能是作为"事实的错误"而否定故意（第 38 条第 1 款）；而且，由于毁损名誉罪中没有处罚过失犯的特别规定（第 38 条第 1 款但书），这种情形最终就只能是不受处罚（后述第〔5〕说对"没有过失处罚规定"这一前提持否定态度）。为此，在这种观点的支持者中，也有学者依据"严格责任说"（⇒总论第 14 章第 3 节之四）认为，误以为存在违法性阻却事由这种错误，属于"违法性的错误"，如果没有相当的理由，就应成立故意犯（福田·各论第 194 页）。

第（2）说的第 2 种观点将**"证明可能程度的真实"**视为违法性阻却事由（团藤·各论第 524 页、大塚·各论第 145 页）。也就是，在行为人基于能够证明为真实的材料、根据而认为披露的事实是真实的事实之时——如果最终证明为真实，当然阻却违法性——即便在此后的审判过程中不能被证明为真实，也因为不具有毁损名誉罪的故意而不受处罚（第 38 条第 1 款）。

第（2）说的第 3 种观点则认为，由于"已在审判过程中被证明为真实"，因而阻却违法性（藤木·各论第 241 页。不过，严格地说，该观点是后述第〔4〕说即并用说的先驱）。

但是，针对第 2 种观点与第 3 种观点，也可以提出这样的批判：对于行为人明明没有切实根据却轻率地相信"存在能够证明为真实的材料、根据"的情形，也只能是作为"事实的错误"而否定故意。而且，第 2 种观点还存在很难解释为何不处罚下述情形这一难点：尽管行为当时并不存在可以证明为真实的资料、根据，但在审判当时或者审判之前幸运地被成功证明为真实。再者，第 3 种观点的问题还在于，违法性阻却事由明明是针对行为当时的行为的评价，却要根据事后的审判的走向来决定对行为的评价，这本身就是矛盾的。

再次，第（3）说即**"不符合构成要件说"**（或称之为"消极的构成要件要素说"），是支持第（2）说之第 2 种观点的团藤重光的旧说（团藤·各论〔初版〕第 421 页。同旨，大塚·各论第 145 页），是从"特别强调表现自由的角度"所提倡的观点。因此，如果将"证明可能程度的真实"理解为消极的构成要件要素，那么，针对第（2）说之第 2 种观点的批判，同样也适于第（3）说。

※**不符合构成要件的含义**：如果第（3）说实际上是将第 230 条之二理解为，仅对于符合第 230 条第 1 款的行为特别规定不予处罚，但披露真实的行为仍有可能作为敲诈勒索罪的手段行为而受到处罚，那么，这种观点是有可能说得通的。这是因为，某种行为不符合特定犯罪的构成要件，并非连从其他角度来看，该行为符合其他构成要件应受处罚这一点也要予以否定（为此，齐藤〔信〕·各论第 79 页的观点——本条也已预想到，作为毁损名誉的可罚的违法性被阻却的情形——是正确的。但是，更为准确地说，应该理解为，这是一种消极的构成要件要素，其否定的是，属于毁损他人名誉的可罚的违法类型的第 230 条第 1 款之构成要件该当性）。

从次，面对上述诸说的难点，也有学者倡导第（4）说，即**与正当行为的并用说**。该观点最初是从第（2）说即违法性阻却事由说的立场，以下述形式予以主张的：在基于切实的材料、根据而相信是真实的场合，由于是对表现自由的正当行使，因而即便不符合第 230 条之二的违法性阻却事由，也应根据《刑法》第 35 条而阻却违法性（第〔4〕说的第 1 种观点：藤木·各论第 246 页。团藤·各论第 527 页对此表示了赞同之意）。在这种观点看来，第 35 条与第 230 条之二规定的都是违法性阻却事由（同旨，大谷·各论第 177 页）。

虽然行为当时没有切实的材料与根据，但审判时幸运地被证明属于真实的事实的，为了说明这种情形为何不受处罚，将真实性的证明理解为刑罚阻却事由，承认其与规定违法性阻却事由的第 35 条之并用的观点，**即刑罚阻却事由与正当行为的并用说随后登场**（第〔4〕说的第 2 种观点：前田·各论第 130 页。类似的观点，参见平川·各论第 230 页。平野·概说第 198 页是该理论之先驱）。也就是，虽然第 230 条之二是刑罚阻却事由，但是，对于有关公共利害的事实，基于相当的资料、根据而相信该事实为真实之时，就一般能作为正当的言论，以"表现的自由"（《宪法》第 21 条第 1 款）或者正当行为（第 35 条）为根据，而阻却毁损名誉行为的违法性。

但是，即便采取第（4）说，在行为人轻率地误信存在"切实的资料、根据"，因而相信所披露的事实为真实之时——只要不是立足于严格责任说——仍然必须遵循"有关违法性阻却事由的错误"的一般规则，否定存在毁损名誉罪的故意。也许在支持该观点的学者看来，这种结论反映的是，对被害人名誉的保护的欠缺（不过，团藤·各论第 528 页认为，即便得出这种结论，也不违背第 230 条之二的旨趣。中·各论第 117 页也持相同意见）。再者，针对第（4）说，还可作如下批判：在被害人看来，即便行为人一方在进行事前判断时，是认为存在切实的资料与根据，从而披露了事实，但也无法改变，正是因为行为人披露了虚假的事实，被害人的名誉才受到严重的伤害这一事实，因而要将这种行为视为正当行为，这是很莫名其妙的。

最后，最近有学者倡导第（5）说即**真实性的过失处罚说**。该说认为，本条旨趣在于，处罚的是那些对于未认识到所披露的事实是虚假的这一点存在过失的情形。该说还可进一步分为以下两种观点：第（5）说第 1 种观点虽认为，披露事实的真实性属于违法性阻却事由，但同时认为，第 230 条之二也是对于未认识到所披露的事实是虚假的这一点存在过失的情形予以处罚的规定（西田·各论第 119 页）；第（5）说的第 2 种观点一边批判第 1 种观点——无法与依据第 230 条之二，就事实的真实与否的举证责任倒置实现调和，同时又认为，披露事实的真实性是降低行为违法性的刑罚阻却事由，进而主张，作为其反向结论，披露事实的虚假性就属于毁损名誉行为的处罚条件，但从责任主义的视角来看，（至少需要存在过失，因而）处罚范围应限于，因过失而未认识到披露事实之虚假性的情形（山口·各论第 147 页以下）。

但是，第（5）说也存在难点。第 230 条之二只是规定，证明了真实性的，不予处罚，而未规定，因过失而误信虚假的事实为真实的，应受处罚。而且，值得注意的是，所谓未能证明真实性，不仅是指事实本身虚假的情形，还包括事实本身有可能是真实的（只是尚未得到证明的）情形。这也就是，在过失致死罪中，只有先证明被害人的死亡，才会研究是否成立过失致死罪的问题。但是，与此不同，在第230条之二中，却并非只有在事实的虚假性被确认之后，才会讨论对于真实性的错误是否存在过失的问题。毋宁说，按照这种观点，可能会得出如下结论：本条规定的是过失危险犯，也就是，对于尚存在"该事实属于虚假的事实"这种危险性的事实，却因过失而误信该事实是真实的（平野·概说第198页认为，披露真假不明的事实本身便会损害名誉，因而该行为就可构成犯罪）。但是，针对毁损名誉程度轻微的犯罪，也要处罚过失犯，并且其法定刑与故意犯相同，这种结论显失均衡。我们必须考虑的是，刑法是以故意责任（第38条第1款）为原则，在处罚过失的情形中，即便是杀人行为——除去业务过失与重大过失的情形之外——也是仅限于罚金刑的（第210条*）。

八、相信所披露的事实是真实的情形的处理

上述观点之间的对立，最终是围绕行为人相信自己所披露的事实是真实的事实之时如何处理而展开的。前文已经提到，这里应该注意的是，不应将没有第230条之二所谓"证明其为真实"的情形，与披露的事实属于虚假事实的情形等同看待。例如，也存在这样的情况：虽然事实本身是真实的，但由于目击者已经死亡，而在审判过程中无法证明是真实的。因此，将该问题表述为"行为人误认为所披露的事实是真实的情形"，并不完全准确，而应该表述为"虽然行为人相信所披露的事实是真实的，但在审判中无法得到证明的情形"。

如此一来，在行为人相信事实的真实性时也不能否定毁损名誉罪的故意，这一点便成为第（1）说即**刑罚阻却事由说**的长处之一（最判昭和34·5·7刑集13—5—641）。但是，必须注意的是，从第（2）说即**违法性阻却事由说**看来，第（1）说的这种结论才是不正确的，至少**在被告基于切实的材料、根据而相信事实的真实性之时，即便无法证明真实性，也因为行为人是基于相当的理由而相信真实，应该否定其存在毁损名誉罪的故意**（团藤·各论第523页、大塚·各论第147页、藤木·各论第244页。否定故意的判例，参见最大判昭和44·6·25刑集23—7—975）。也就是，所披露的事实是真实的，这属于违法性阻却事由，因此，即便是未能被证明是真实的情形，倘若被告相信是真实的，只要被告是依据相当程度或者切实的材料、根据而相信是真实的，就应该认为，被告对违法性阻却事由存在认识，应否定其存在毁损名誉罪的故意。

不过，一般认为，连被告轻率地相信真实性的情形，也要以不存在故意为理由而否定成立毁损名誉罪，这种结论显失均衡，缺少对被害人名誉的保护。因此，第（2）说的多数观点并未连简单误信真实性的情形也否定故意，而是将依据相当的材料、根据的"可以得以证明的真实性"视为违法性阻却事由，或者立足于严格责任说，对于本有可能避免对真实性的误信的情形，肯定成立故意犯（福田·各论第

---

* 日本《刑法》第210条〔过失致死罪〕：过失致人死亡的，处50万日元以下罚金。——译者注

194页)。但是，针对前者，批判意见认为，在被告误以为"依据相当的材料的'可以得以证明的真实性'"的场合，理应否定故意，因而要求实际存在相当程度的资料、根据，就变得毫无意义了（中森·各论第93页、西田·各论第119页）；针对后者，也有学者对其前提即严格责任说提出了质疑（西田·各论第118页）。虽然由此可以引申出第（4）说"与正当行为的并用说"、第（5）说"真实性的过失处罚说"，但如前所述，各说都存在一定的难点。

确实，在毁损名誉与侮辱之间的关系上，如**公正的评论**、辩护等诉讼行为那样，是有可能存在与真实性的证明无关的正当行为的。但是，如前所示，在真实性的证明归于失败之时，在实际存在切实的资料、根据的场合，要（像第〔5〕说那样）通过并用正当行为，或者认为存在过失处罚规定，对不处罚的范围进行限定，是很困难的。与之相比，在本书看来，下面这种理解更为合适：毋宁说，弄清楚有关公共利害的事实，这本身属于正当行为，第230条之二不过是对"真实性得到证明时不予处罚"这种理所当然的结论的确认，即便是不存在依据该条的真实性证明，在被告相信该事实是真实的场合，也至少可以以有关违法性阻却事由的事实错误为理由，否定存在毁损名誉罪的故意。在该场合下，存在"相当或者切实的材料、根据"，这应该被视为，是被告人相信真实性的一种强有力的事实情况证据。在此意义上，即使是"轻率地误信"真实性的场合，在以故意责任为原则的刑法中，也可以被解释为不构成犯罪（同旨，齐藤〔信〕·各论第79页、中山·口述各论第97页）。

不过，倘若被告已经想到事实有可能是虚假的，就能认定被告对于虚假性存在未必的故意。在这种情形下，被告就只应该披露"因为存在相当的材料、根据，有可能证明为真实"的事实，为此，可以说，在此意义上，那种认为只有"能够证明的真实"才是违法性阻却事由的观点，也是有其合理性的。

※**网络上的个人表达与真实性的证明**：个人在网络上作出了有毁损他人名誉之嫌的表达之时，是否应该以对方也可以进行反驳为理由，对真实性证明的方法与程度予以缓和呢？或者，即使没有切实的材料、根据，是否也应该否定故意呢？对此，最决平成22·3·15刑集64—2—1认为，即便是这种情形，有关披露事实的真实性，也必须通过**严格的证明**，达到排除合理怀疑的程度，并且，如果没有切实的材料、根据，就不能否定故意（⇒第3节之五）。但是，如此严格的要求，存在导致网民怯于在网上提供重要信息之虞（一审的东京地判平成20·2·29判时2009—151正是考虑到这一点，以达到了对于网络上的个人用户所要求的信息收集程度要求为理由，否定被告存在故意）。

第四节　其他的正当行为

前文已经提到，在毁损名誉、侮辱之中，例如，针对学问、艺术活动的"**公正的评论**"，或者诉讼过程中辩护说，真实的犯人另有其人，A才是真实的犯人等，有时候可能会被认为是对他人的侮辱，或者毁损了他人的名誉，但即便是这种表现形式，只要是在评论或者诉讼技巧的正常范围之内，就否定具有构成要件该当性，或者阻却违法性。这些是一种所谓习惯法上的违法性阻却事由，属于《刑法》第 35 条规定的"正当业务行为"或者"正当行为"，这些行为所具有的侵害名誉的危险，属于"被容许的危险"。

特别是在"公正的评论"中，问题不在于披露的事实是否真实，而在于评论人所表明的评价本身，因此，应该认为，这属于不同于第 230 条之二的其他的违法性阻却事由。

第五节 毁损死者的名誉

毁损死者名誉的，如果不是通过披露虚假事实进行毁损的，不处罚（第 230 条第 2 款）。法定刑是处 3 年以下惩役、禁锢或者 50 万日元以下罚金。

一、保护法益

关于本罪的保护法益，主要有（1）遗属的名誉权、（2）遗属对死者的敬爱之情、（3）死者自身的名誉等三种观点。其中，第（3）说是当下的通说。但是，本罪的告诉权属于死者的亲属或者子孙。

二、行为

毁损死者名誉的，如果不是披露了**虚假事实**，则不受处罚。"虚假事实"，是指客观上违反真实的事实。由于其属于构成要件要素，倘若行为人误信为真实的，即否定存在本罪的故意。

第六节 侮辱罪

虽未披露事实，但公然侮辱他人的，处拘留或者科料（第 231 条）。
本罪为亲告罪（第 232 条）。

一、成立要件

本罪的保护法益是外部名誉。所谓**"侮辱"**，是指针对人格尊严的污蔑性、轻蔑性的表现。有判例认为，本罪中的**"人"**包括法人（最决昭和 58·11·1 刑集 37—9—1341），但如前所述，对于不能成为"尊重个人"（《宪法》第 13 条）之对象的法人，承认其具有与自然人相同的人格权，这种观点是存在疑问的。当然，披露事实意味着对法人的构成人员的侮辱的，则另当别论（⇒第 2 节之三※）。

是否是污蔑性、轻蔑性的表现，取决于表现的客观意义，并不一定要求披露者怀有污蔑、轻蔑的情感。

二、共犯

本罪的法定刑限于拘留或科料，因而不处罚教唆犯与帮助犯（第64条）。

三、罪数

在毁损名誉的行为同时是以侮辱轻蔑性的表现实施之时，仅成立毁损名誉罪，不另外成立本罪。根据第230条之二，披露事实的行为不受处罚之时，倘若披露事实的行为伴有侮辱，该侮辱应构成本罪（⇒第1节之二）。不过，在这种情形下，很多时候是，作为不必要的事实披露，否定行为人具有"谋求公益的目的"，也就是，很多时候并不适用"有关公共利害的特例"（第230条之二）（前田·各论第128页认为，"出于骚扰他人之目的的，不阻却处罚"。但是，如此一来，披露事实时原本没有问题的侮辱行为，将会被作为以"披露事实"为手段的毁损名誉，而受到更重的处罚）。

【问题研讨】

报社记者X获知，美国的飞机制造公司B委托现任总理大臣A代为斡旋日本的航空公司购买B公司产品，作为报酬，A收受了B公司通过日本的商社C转交的五亿日元，并且，作为该消息之证据，得知美国的侦查部门制作了B公司干部的询问笔录，并将于近日公开该事实。为此，X在自己报社的报纸上刊登了内容为"A首相收受美国B公司五亿日元"的报道。随后，日本的侦查部门也介入调查，逮捕了A，并以受托受贿罪提起了公诉（第197条第1款后段）。

【解说】

本案的原型是1973年的"洛克希德事件"。在审判过程中，尽管作为受贿人的首相因病去世，但针对行贿人的审判，则一直进行到最高裁判所阶段，最高裁判所最终于1995年以大法庭判决的形式，作出了支持原审的有罪判决（最大判平成7·2·22刑集49—2—1）。

这里的问题是，本案中的X的行为是否违法。这是因为，学界有观点认为，毁损名誉罪是降低作为事实而存在的、对人的社会性评价的行为，因此，即便是有关公共利害的事实，公然披露该事实的行为，也只是在审判过程中得以证明真实性之时，政策性地阻却处罚；或者，披露真实的行为虽然会降低行为的违法性，但行为本身依然是违法的，不过因为是真实的事实而政策性地阻却处罚。按照这些观点，X的行为就属于违法行为，只是政策性地不受处罚。

但是，如果真正考虑民主主义社会中的表现自由的意义，这就属于很奇妙的结论。至于"洛克希德事件"审判是否实际为政界的净化与财权融合腐败的铲除作出了贡献，尚不得而知，但至少本案中的X的行为是有益于社会的行为。如此一来，仅凭这一点，就可以说，认为该行为违法的理论的结论是不妥当的。

那么，读者是如何考虑的呢？

第五部分
针对个人法益的犯罪（之四）
——危及经营基础的犯罪

第十五章 针对信用、业务的犯罪

第一节 概 述

一、危及经营基础的犯罪

《刑法》第 2 编第 35 章规定的是"针对信用以及业务之罪",具体包括毁损信用罪(第 233 条前段)、诡计妨害业务罪(第 233 条后段)、威力妨害业务罪(第 234 条),以及损坏电子计算机等妨害业务罪(第 234 条之二)。

本章是对旧《刑法》第 2 编第 8 章的修正。主要修正点在于:首先,旧《刑法》第 2 编第 8 章题为"妨害商业以及农工业之罪",其适用范围过窄,新刑法将本章标题扩大修正为"针对信用以及业务的犯罪",可以将毁损他人信用,或者妨害业务的情形全部包括在内;并且,取代旧刑法的细分化规定,新刑法设置了概括性规定,能应对各种情形,没有遗漏之虞。对第 233 条,修正当时的提案说明是,完全是出于保护企业家的精神而制定的(⇒田中·释义下第 1208 页)。一般认为,该修订的目的在于,**保护容易遭受威力、诡计、散布虚假流言等威胁的民间业务之经营基础**。

※**旧刑法的"妨害商业以及农工业之罪"**:旧《刑法》第 2 编第 8 章在第 267 条的谷类等的物品买卖、第 268 条的拍卖或投标、第 269 条的农工业中,都规定了诡计或者威力的妨害,并且,在第 271 条中规定了为提高薪金的使用诡计或者威力的斗争行为,在第 271 条中规定了雇主使用诡计或者威力而降低工资的行为,在第 272 条中规定了散布流言以操纵谷物价格的行为。上述规定是考虑到,要保护那些容易受到威力、诡计、虚假流言之影响的拍卖与投标,以及经营基础容易遭受威胁

的民间业务，可以视为对上述行业的特别脆弱性的考虑（同时也有防止操纵谷物、薪金之行市的一面）。其理由在于，不同于妨害公务（第95条）以及妨害兴趣等的强要（第223条），也必须保护该类业务免受尚未达到暴力或胁迫程度的诡计、威力、散布虚假流言的威胁。

二、本章之罪分化为"针对自由之罪"与"针对社会性评价之罪"

不过，此后，有关本章犯罪的法律性质，认为毁损信用属于类似于毁损名誉罪的、侵害对他人的社会性评价的犯罪的观点不断增加（长久以来，通说与判例均认为，这种情形下的"信用"仅限于债务的返还能力等经济性信用），反之，对于妨害业务，认为其是对经济活动自由的侵害，具有"针对自由之罪"的性质的观点也在逐渐增多。为此，在目前，认为本章之罪是对经营基础的侵害的视角正在弱化，具体而言，对毁损信用，认为其不限于经济信用，还包括针对商品品质的信赖的观点开始出现（⇒第2节之一）；与此同时，对妨害业务，出于该行为是对在现场（第一线）工作之自由的妨害这种理解，主张公务员的工作也可以成为妨害业务罪之对象的观点正在不断增加（⇒第3节之二）。

不过，此外，通过散布虚假流言使客人不愿涉足某店铺的，尽管该店铺的营业活动本身未受妨害，但却不能否定妨害业务罪的成立。为此，有观点认为，将妨害业务罪理解为针对自由的犯罪，是存在局限性的，还是应当与毁损信用罪一样，将其理解为针对经济活动的犯罪（山口·各论第153页）。这一观点颇引人注目。

三、损坏电子计算机等妨害业务罪的增设

最后，本章于1987年增设了损坏电子计算机等妨害业务罪（第234条之二）。这是鉴于现代社会中通过电子计算机处理事务的重要性，重视妨害这种事务处理所造成的重大且广泛的影响，因而新设的规定。为此，该罪的刑罚上限达到5年惩役，罚金刑的上限设定为100万日元的高额。其法律性质，与其说是对个别经营之基础的保护，不如说更接近于骚乱罪（第106条）那样"针对社会法益的犯罪"。

第二节 毁损信用罪

散布虚假传闻或者使用诡计，毁损他人信用的，处3年以下惩役或者50万日元以下罚金（第233条前段）。

一、"信用"

本罪所谓"信用"，是指经济层面上对人的积极评价，是**对人的支付能力、支付意思的信赖**（大判明治44·4·13刑录17—557，大判大正5·6·1刑录22—854等）。不过，近来有观点认为，虽然信用是涉及经济方面的情况，但也包括针对商品的品质与效能、人的技能等的信用（西田·各论第125页）。最判平成15·3·11刑集57—3—293认为，信用包括针对商品品质的信赖⇒※）。因为信用是针

对经济方面的能力、意思的信赖,所以作为经济单位的法人或者没有权利能力的团体也可以成为"信用"的主体。虽然在社会性评价这一点上类似于名誉,但不具有人格尊严的含义。因为社会上是存在人品极好但却没有支付能力的人的。此外,"信用"也是经济活动的基础,因而本罪与以其他方法威胁经营基础的妨害业务罪规定在同一条文之中。通说认为,本罪也是危险犯,无须实际降低了他人的信用(大判明治44·4·13刑录17—557。视之为抽象危险犯的,⇒中森·各论第86页等;视之为具体危险犯的,参见团藤·各论第533页、大塚·各论第154页;视之为准抽象危险犯的,⇒大谷·各论第183页。视之为侵害犯的,⇒内田·各论第230页、曾根·各论第101页等)。

※**针对商品品质的"信用"?** 如前所述,最判平成15·3·11刑集57—3—293认为,针对商品品质的社会信赖,也包含在本罪所谓"信用"之中。而且,学说中也出现了认为信用包括针对商品的品质、效能,以及人的技能等的观点(西田·各论第125页。山口·各论第154页、山中·各论第234页也倾向于宽泛地理解"信用")。

但是,本罪原本是威胁他人的经济活动或者私营经济之经营基础的犯罪。因此,第233条所谓"信用",限于属于经营资金调配之基础的"对人的支付能力、支付意思的信赖",就是理所当然的。

学界有观点认为,将本罪所谓信用限于作为"对于人的支付能力、支付意思的信赖"的信用,是在经济活动领域,对于"人的支付能力、支付意思"之外的事实,也保护"虚名"(山口·各论第153页以下)。但是,那些虽不属于"毁损信用",但有害于经济活动的传闻,就不是毁损名誉,限于属于虚假传闻的情形,对此应完全作为"妨害业务"来评价。另外,还有判例认为,"公然披露他人存在巨额借款的事实,按照现在的社会观念,不能直接谓之为,侵害了他人的社会地位或者社会价值,即便有时会构成毁损信用罪,但不会构成毁损名誉罪"(大判大正5·6·1刑录22—854),从而将作为毁损名誉之对象的人格性评价,截然区别于本罪所要保护的对经济实力的评价。前述宽泛的解释,是由将本罪的性质理解为类似于——属于针对他人的人格性社会评价之罪的——毁损名誉罪的观点所派生出来的,但这种观点本身尚有重新考虑之必要(虽然是旁论,但前揭大判大正5·6·1刑录22—854认为,毁损信用罪与毁损名誉罪的保护法益并不相同,两罪属于想象竞合的关系)。散布有关商品品质等的虚假流言,毋宁说应理解为诡计妨害业务罪。

二、"散布虚假传闻"与"诡计"

所谓"**散布虚假传闻**",是指向不特定或者多数人传播内容有违真实的流言、风传。对"**诡计**"的含义尚存争议,既有观点理解为,一种欺骗、诱惑他人,或者利用他人的错误、不知情的手段(团藤·各论第633页、内田·各论第183页、曾根·各论第75页);亦有观点将之解释为,使得他人陷入错误的行为(小野·各论第223页、平野·概说第187页);还有观点将其广泛解释为阴险的手段(宫本·

大纲第 411 页、佐伯·各论第 136 页)。不过，立法当时的解释是，诡计，是指**使他人困惑的一切不法行为**，未必要求已使得他人陷入错误，与欺诈、欺骗相比，其范围更广（⇒田中·释义下第 1208 页）。当然，应当限于有威胁他人的经营基础之虞的行为。

另外，完全属于经济性评价的"信用"，与属于人格性评价的"名誉"，两者属于不同的法益，因此，毁损信用的行为同时符合毁损名誉罪的，两罪同时成立，属于**想象竞合**（大判大正 5·6·1 刑录 22—854。相反，内田·各论第 230 页、大谷·各论第 183 页认为是法条竞合）。

三、毁损信用罪的结果

一般将本罪理解为**危险犯**（大判明治 44·4·13 刑录 17—55 认为，"若因同条所定之行为，有减少他人在经济方面的价值之虞的，就不得不谓之为，毁损了他人之信用"）。其理由在于，与毁损名誉罪相同，很难客观地测定经济信用的降低。不过，主张需要实际发生了毁损信用这种结果的侵害犯说，也属于有力观点（内田·各论第 230 页、曾根·各论第 101 页）。立法当时的政府委员的说明中，也要求存在毁损信用的结果，这被认为是，其法定刑不同于没有禁锢刑的毁损名誉罪的理由之一（仓富等·第 1983 页）。尽管该观点本身是妥当的，但作为毁损信用的结果，并不需要实际发生了经营基础已经倾斜这种结果，在该限度之内，本罪仍然是危险犯。

第三节　妨害业务罪

散布虚假传闻或者使用诡计，妨害他人业务的，处 3 年以下惩役或者 50 万日元以下罚金（第 233 条）。

以威力妨害他人业务的，依照前条的规定处断（第 234 条）。

一、"业务"的概念

妨害业务罪中的"**业务**"，是指人基于其**社会生活上的地位**而**反复或者持续**实施的事务。所谓"社会生活"，尽管不问是否由此获得收入，但并非指"私生活"，而是指某人在社会中的地位。因此，出于娱乐目的而获得汽车驾照者——虽然在业务过失致死伤罪（第 211 条）中被类推适用（⇒第 5 章第 3 节之一）——就并非"社会生活上的地位"。对第 233 条所谓业务，有判例将其定义为：除公务之外，无论是精神上的还是经济上的，广泛包括职业以及其他需要持续从事的事务或者事业（大判大正 10·10·24 刑录 27—643）。例如，工会大会的召开（东京高判昭和 35·6·9 高刑集 13—5—403）、政党的成立大会（不过，东京高判昭和 37·10·23 高刑集 15—8—621 认为，成立大会准备委员会的事务属于"业务"）也属于此处的"业务"。此外，属于该业务之基础的合同是否有效，或者有无执照等，并不必然决定是否构成"业务"。在此意义上，本罪中的"业务"，不同于第 35 条的"正当的

第十五章 针对信用、业务的犯罪

业务"以及第211条的"业务过失"中的业务。

二、"公务"是否也是"业务"

本罪的问题是，公务员的**公务**是否也作为"业务"包含在本罪客体之中。这是因为，对于公务，另有第95条规定的**妨害执行公务罪**，且妨害手段限于"暴力或者胁迫"。

与立法宗旨相同，大审院判例以及二战战后初期的最高裁判所判例都将公务排除在第233条的对象之外（大判大正4·5·21刑录21—663、大判大正10·10·24刑录27—643、最大判昭和26·7·18刑集5—8—1491。不过，对于使用诡计妨害裁判所拍卖的案件，大判明治42·2·19刑录15—120肯定了第233条的适用；大判大正8·4·2刑录25—375认为，诸如二战之前的邮递员那样，只要是非公务员者所从事的公务，就属于"业务"）。但是，随后，对旧国铁（国营铁路）业务等公营事业，最高裁判所肯定成立威力妨害业务罪（最判昭和35·11·18刑集14—13—1713等）；近年，针对都道府县议会的委员会活动、消防署的事务等，最高裁判所也肯定成立本罪（最决昭和62·3·12刑集41—2—140、百选Ⅱ No.22、最决平成4·11·27刑集46—8—623、最决平成14·9·30刑集56—7—395、百选Ⅱ No.23。在都立高中的毕业典礼马上就要开始之前，行为人对学生的监护人大喊大叫，当教务主任试图制止时，又对教导主任大声吼叫，对该行为，最决平成23·7·7判时2130—144判定成立威力妨害业务罪）。另外，对旧国铁的业务，有最高裁判所的判例认为，在以暴力或者胁迫实施妨害时，构成妨害业务罪与妨害执行公务罪的**竞合**（最大判昭和41·11·30刑集20—9—1076原本是有关妨害业务罪的案件）。不仅如此，在近年的下级裁判所判例中，也有判例认为，警察的强制搜查行为也能成为诡计妨害业务罪（第233条）的对象（在网络贴吧上进行虚假的犯罪预告，宣称要在JR车站见人就砍〔实施无差别杀人行为〕的案件，参见东京高判平成21·3·12高刑集62—1—21。但是，如此一来，法定刑轻于本罪的藏匿犯人罪、隐灭证据罪，以及《轻犯罪法》上的虚假犯罪预告罪等都没有存在的必要了。该案件想必应该构成针对铁道公司的诡计妨害业务罪）。

对此问题，学界主要存在下述四种观点：（1）**现业*型公务说**将公务区分为，民间也有类似工作的"现业型公务"以及民间没有类似工作的"非现业型公务"，主张仅对前者适用妨害业务罪（团藤·各论第536页、中森·各论第73页等）；（2）**非权力型公务说**将公务区分为，诸如警察逮捕现行犯那样，具有通过实力来实施这种自主执行力的"权力型公务"以及并非如此的"非权力型公务"，主张仅对后者适用妨害业务罪（前田·各论第137页以下等）；（3）**积极说**认为，公务全部属于"业务"（大谷·各论第147页等）；（4）**修正积极说**认为，至少对于以诡计妨

---

* 现业，是指国家、地方公共团体或者由国家、地方公共团体经营的独立行政法人等中的非权力性劳务，正式名称为"技能劳务职"；这里的现业"雇工"，是指根据私法上的雇用合同，在国家或者地方公共团体工作，从事单纯体力劳务的人。——译者注

害业务的行为,很难通过实力来排除,因而限于第233条,公务应包含在"业务"之内(山口·各论第161页、西田·各论第128页)(但是,即便是虚报火情,使消防署疲于奔命的行为,也只能依据《消防法》第44条第15项,处30万日元以下罚金,或者拘留)。

现在,持**竞合说**的论者正在增加。竞合说主张,应该如近年的最高裁判所判例那样,在属于"业务"的公务受到暴力或者胁迫的妨害时,优先适用妨害执行公务罪(第95条第1款)(福田·各论第199页、大塚·各论第159页、内田·各论第185页、西田·各论第128页、林·各论第131页、山口·各论第161页等)。

但是,如前所述,旧刑法以来的本章之罪,原本考虑的是,民营经济的经营基础的特别脆弱性。实际上,对于依靠销售额而非国家税款维持经营的民营业务而言,即便能够排除直接的暴力妨害,但如果因诡计、威力或者散布虚假传闻等而导致客户减少,不同于国营企业,民营企业的经营基础将遭受重大打击。因此,将民营经济的经营基础脆弱性的问题束之高阁,而根据表面上的"民间业务类似性"与"自主执行力的有无"等标准,就要求对"公务"也给予与"业务"同等的保护,这是不适当的。也就是,问题不在于与业务相比,未保护"公务",使之不受威力、诡计、散布虚假传闻的妨害,而在于为了使得业务免受威力、诡计、散布虚假流言的妨害,而特别保护业务的合理性。因为,不仅是公务,个人的兴趣等也不属于威力、诡计等妨害罪的对象。因此,(5)主张"业务"不包括公务的**消极说**更为妥当(吉川·各论第116页)。

不过,就这一点而言,近年来,日本正在推动国营铁路、烟草、邮政等的民营化改革,曾经存在公务与业务之重叠关系的部门,也逐渐开始与民营企业具有相同的经营基础。鉴于这种时代的变迁,也有必要重新思考公务与业务的区别问题。

三、"散布虚假传闻"与"诡计"

作为妨害业务手段的**"散布虚假传闻"**与**"诡计"**的含义,与毁损信用罪的情形相同。被骗的对象不仅是被害人,还包括被害人的顾客,而且,也不要求这些人实际上当受骗。对于散布科学上还存在真伪之争的事实的行为,在行为人虽断定为真实,但同时认识到有可能是虚伪的场合,断定为真实这一点就有可能被认定为"虚假",而存在构成本罪的余地。但是,行为人相信为真实的,最终都会因为不具有本罪故意而不处罚(东京地判昭和49·4·25刑月6—4—475)。

所谓**"诡计"**,是指有可能威胁他人之经营基础,**使之困惑的一切不法行为**。例如,将缝纫针插入百货商店作为店面展示商品的卧具里(大阪地判昭和63·7·21判时1286—153)、数次给中华荞麦面馆打无言电话进行骚扰(东京高判昭和48·8·7高刑集26—3—322)等。不过,将"诡计"的范围扩大至在电话机上安装能使电话计费器停止运行的"魔术机"的案件(⇒最决昭和59·4·27刑集38—6—2584、百选Ⅱ No.24),就存在疑问。

四、"威力"

第234条所谓**"威力"**,是指"使用足以压制他人自由意思的势力"(最判昭和

28·1·30 刑集 7—1—128。另外，对于为了妨害律师的业务而夺取其皮包的行为，最决昭和 59·3·23 刑集 38—5—2030 认为，"使用了足以压制他人自由意思的势力"）。意思遭受压制的对象，可以不是遭受妨害的业务者本人，而是其顾客。

此外，不以实际压制了对方的意思为必要。

五、妨害业务罪的"结果"

与毁损信用罪相同，一般认为本罪属于**危险犯**（团藤·各论第 520 页、大塚·各论第 160 页等）。因为，判例并不要求实际妨害了业务（大判昭和 11·5·7 刑集 15—573、最判昭和 28·1·30 刑集 7—1—128）。不过，有力说批判，这种观点与"妨害了业务"这一条文表述之间存在矛盾（平野·概说第 188 页、大谷·各论第 150 页、中森·各论第 72 页、曾根·各论第 75 页、西田·各论第 130 页、林·各论第 127 页、山口·各论第 168 页）。而且，在立法当时的政府委员的说明中，本罪也要求发生了妨害业务的结果，这被认为是，其法定刑不同于没有禁锢刑的毁损名誉罪的理由之一（仓富等·第 1983 页）。这种有力说是妥当的。不过，作为妨害业务的结果，并不需要实际发生了经营基础已经倾斜这种结果，在该限度之内，本罪仍然是危险犯。

另外，本罪是威胁经营基础的犯罪，正如通过散布"休业中"这一虚假信息而使得顾客不上门这一行为可见，法条中的"妨害了业务"这一表述并不意味着物理性地妨害了各个具体业务的开展，而是意味着使得经营基础处于危殆化状态。为此，对于不具有经营基础之危殆化这种意义的个别妨害，则应该作为强要罪（第 223 条）、恐吓罪（第 249 条）或者诈骗罪（第 246 条）来处理。

本罪较多地适用于劳动争议行为，因而，根据具体案情，妨害行为可能作为劳动争议行为的一部分，而否定存在可罚的违法性（"三友炭坑事件"〔最判昭和 31·12·11 刑集 10—12—1605〕）。

第四节　损坏电子计算机等妨害业务罪

损坏他人业务上使用的电子计算机或者供该电子计算机使用的电磁记录，或者向他人业务上使用的电子计算机输入虚假信息或者不正当指令，或者以其他方法使电子计算机不能按照使用目的运行或者违反使用目的运行，因而妨害他人业务的，处 5 年以下惩役或者 100 万日元以下罚金（第 234 条之二第 1 款）。

犯罪未遂的，应当处罚（同条之二第 2 款）。

一、本条旨趣

本条是 1987 年刑法部分修正时增设的罪名，是鉴于破坏计算机系统所造成的损害程度的严重性，对于通过妨害计算机的运行或者操作，因而妨害他人业务者，规定了 5 年以下惩役或者 100 万日元以下罚金这种相对较重的刑罚。此外，根据 2011 年的修正，本罪的未遂亦受处罚。

二、"电子计算机"

本条中的"**电子计算机**",以具备独立性并在某种程度上广泛地处理业务为必要,安装在机器内的芯片等不属于这里的电子计算机(参见山口•各论第166页)。福冈高判平成12•9•21判时1731—131认为,装在弹子机内的信息存储读取装置仅具有机械性控制功能,控制范围也仅限于该弹子机,因而不属于本罪的电子计算机〔但肯定成立诡计妨害业务罪〕。

使计算机感染病毒的,如果没有达到使得病毒发作,因而妨害计算机运行,或者使之作出有违使用目的的运行的程度,就不构成本罪既遂。

【问题研讨】

X散布私立A大学的经营状况不明的虚假传闻,企图减少报考该大学的学生人数。

【解说】

大学的授课方式,国立或者公立大学(现在正在推进独立行政法人化)与私立大学并无不同(不过,私立大学法学部的授课,多采取大课堂授课的方式)。为此,仅从该层面来看的话,妨害国立大学的授课与妨害私立大学的授课的行为,都应该能构成妨害业务罪(第233条后段、第234条)。但如果将目光转向各自的经营基础,其间的差异就是显而易见的。对私立大学而言,如果报考人数、在校生人数减少的话,就会直接危及私立大学的经营基础。与之相对,至少对到目前为止的国立大学而言,报考生与在校生的减少不会直接影响其运营。本问题就是为了让读者注意到这一点。X当然应当承担以散布虚假传闻为手段的诡计妨害业务罪(第233条)的责任。

顺便提一句,在1969年发生"大学纷争"[*]运动时,国立的东京大学停止了入学考试,而私立的立命馆大学则全力进行入学考试。因为,若没有入学考试的收入,私立大学的经营就会面临危机。不难想象当时的教职员工的辛苦。

---

[*] 自1968年夏到1969年初,由东京大学学生发起的一场波及全日本的学生运动,是左派思潮以及反越战运动在日本的体现。——译者注

第六部分
针对个人法益的犯罪（之五）
——针对财产权的犯罪

第十六章
针对财产权的犯罪（财产犯）总论

第一节 概 述

一、财产权的两面性

《宪法》第 29 条第 1 款规定："财产权不受侵犯。"该规定体现的是，以私有财产制作为社会制度之基础的资本主义社会的根本规范之一。然而，虽然统称为"私有财产"，但既有作为自然人的个人所拥有的现金、银行存款、每天的食物、衣物、住宅等，也有电力公司、煤气公司等拥有的"命脉工程"（life line），以及铁道公司等拥有的作为交通工具的铁道、公共汽车、车站建筑等设施。前者是资本主义社会中保障个人生存的"财产"，可以说是《宪法》第 25 条所保障的**生存权**的基础（支撑物）之一；反之，后者则是具有很强的公共性的私有财产，多数人的生存与生活均依赖于其存在及其运营。为此，《宪法》第 29 条第 2 款规定"财产权的内容要适于公共福利，由法律规定之"，从而以"**公共福利**"为理由，对财产权的内容本身作了一定限制。此处所谓"法律"，是以民法典为中心的民事实体法。并且，《宪法》第 29 条第 3 款还规定"经给予正当补偿，可以将私有财产用于公共福利"，由此使得为了"公共福利"而牺牲私有财产——当然，需经正当补偿——成为可能。

《刑法》在第 2 编第 36 章至第 40 章中，规定了针对上述财产权的犯罪，只要符合这些犯罪，财产权所拥有的上述两个层面——保障个人生存权的层面、作为支撑社会生活的公共财产性质的层面——就平等地成为刑罚对象。但是，在特别法中，针对具有公共财产性质的私有财产，有时也会禁止为了所谓"公共福利"而自由地加以使用或者处分，并同时给予某种特别保护。

二、财产犯的分类与体系

侵犯财产权的犯罪,被称为**财产犯**。财产犯有各种类型,刑法典具体规定了下述财产犯。

1. "取得罪"类型

此类犯罪是指将**属于所有权之对象**的财物非法地**据为己有**(即,**取得**)的犯罪。盗窃罪(第235条)、抢劫罪(第236条第1款)、侵占委托物罪(第252条)、侵占遗失物等罪(第254条)、无偿或者有偿受让盗赃等罪(第256条第1款、第2款),就属于此类犯罪。此类犯罪还可进一步分为以下三种类型:(1)从被害人等处违反其意思而夺取他人财物的"**夺取罪**",例如,盗窃罪、抢劫罪等;(2)将已被夺取之物间接地据为己有的"**间接取得罪**",例如,受让盗赃等罪;(3)将已经在自己手中的他人财物据为己有的"**单纯取得罪**",例如,侵占罪(侵夺不动产罪〔第235条之二〕一般被认为是"夺取罪",但如后所述,有关该罪的性质,包括立法论在内,仍有再研讨之余地)。

2. "利得罪"类型

此类犯罪是指通过欺骗或者威胁被害人等,使其将财物或者财产性利益交给自己或者第三者,从而**取得财产性不法利益**(即,**利得**)的犯罪。诈骗罪(第246条)、恐吓罪(第249条)等,就属于此类犯罪。这广泛是指侵犯**一般财产权**或者**财产性利益**的犯罪。出于为自己或者第三者谋取利益之目的的背信罪(第247条),亦属于此类犯罪。此外,不由分说强迫他人交付利益的利益抢劫罪(第236条第2款)——通说将其归类于原本应该是侵犯财物所有权之罪的"取得罪"——也可以归于此类。

3. "毁弃罪"类型

此类犯罪是指仅以侵害他人的财物或者财产性利益为内容的犯罪。例如,毁弃文书罪(第258条以下)、损坏建筑物罪(第260条)、损坏器物罪(第261条)等。在本书中,加上以对本人施以损害为目的的背信罪(第247条),统称为"**加害犯**"。反之,在以获取财物或者财产性利益为动机这一点上,"取得罪"与"利得罪"也被称为"**利欲犯**"。

4. "包庇、助长财产犯罪"类型

此类犯罪是通过处理盗赃等而谋取某种便利的犯罪。例如,搬运、保管、斡旋有偿处分盗赃等罪(第256条第2款)。同样规定在第256条第2款的有偿受让罪,也有此类犯罪的一面。

财产犯的分类

利欲犯（依据动机区别于毁弃罪）	取得罪	直接取得罪	夺取罪	盗窃罪、侵夺不动产罪
				抢劫罪
			无须夺取的取得罪:侵占罪(委托物、遗失物等)	
		间接取得罪:盗赃罪(第2款盗赃罪也具有包庇、助长本犯的性质)		
	利得罪	欺骗等:诈骗罪、使用计算机诈骗罪、谋利目的背信罪		
		暴力、胁迫:恐吓罪、利益抢劫罪		

续前表

加害犯	加害目的背信罪
	毁弃罪

　　※**依据行为对象的分类**：如果根据与行为对象之间的关系对财产犯进行分类，则如下所示。

　　（1）财物——盗窃、侵占、盗赃等、毁弃、抢劫、第 1 款诈骗、第 1 款恐吓

　　（2）财产性利益——第 2 款抢劫、第 2 款诈骗、第 2 款恐吓、背信

　　然而，在上述犯罪中，从其沿革上看，盗窃罪、抢劫罪（第 236 条第 1 款）是针对动产的犯罪，不动产无法成为其对象（因而设立了侵夺不动产罪）。也就是，对盗窃罪与抢劫罪而言，不动产不属于财物。不过，"强取"不动产的，属于第 2 款抢劫罪的规制对象（团藤·各论第 589 页。此外，"利益抢劫罪"有时也被称为"抢劫利得罪"。团藤·各论第 586 页）。尽管如此，仍有可能成立针对不动产的侵占罪与赃物罪。亦即，在这些犯罪中，不动产也属于各罪中的"物"。此外，在诈骗罪与恐吓罪中，不动产也被认为是第 1 款犯罪中的"财物"（有关恐吓罪，⇒大判明 44·12·4 刑录 17—2095）。

　　※※"**夺取罪**"的定义：有学者认为，针对财物的诈骗罪与恐吓罪也属于"夺取罪"（大塚·各论第 169 页、西田·各论第 137 页等）。但是，这种分类方式是稍有问题的。因为，所谓"夺取"（德语为"Wegnahme"），原本是指违反占有人的意思而转移物之占有的情形。因此，在基于对方的意思而交付财物的诈骗罪与恐吓罪中，并不存在"夺取"行为。属于"夺取"行为的，仅仅是"窃取"（第 235 条）、"强取"（第 236 条第 1 款）、"盗取"（第 239 条）。上述学者似乎是将"夺取罪"理解为伴有物之占有转移的犯罪，但这有无视违反占有人意思这一含义之嫌。

　　不过，如果承认恐吓罪是对抢劫罪的补充，"夺取"也是可以成立恐吓罪的。例如，行为人对被害人略施威胁，要求其交付钱款，但未曾想到被害人却由此陷入恐惧状态，全然丧失反抗意思，完全按照行为人的要求交付了金钱。在该情形下，客观上确实实现了抢劫罪的构成要件，但是，如果最终只能认定行为人具有恐吓罪之故意，根据第 38 条第 2 款的规定，就不能成立重罪即抢劫罪。此时，如果是因两罪之间构成要件存在重合，而认定成立轻罪即恐吓罪——通说就是如此理解的，这种理解也是妥当的——那么，在被害人陷入恐惧且完全被压制反抗的情形下，也有可能成立恐吓罪。也就是，恐吓罪——不管第 249 条本身是如何表述的——不仅在"交付"的情形下，而且在"夺取"的情形下，也可以成立。在此限度之内，恐吓罪也属于"夺取罪"（如果认为诈骗罪对盗窃罪而言处于补充关系，诈骗罪也属于"夺取罪"）。但是，恐吓罪并非必然是"夺取罪"。

三、财产权的新的保护领域：知识产权

　　近年来，作为针对新型财产权的犯罪，对于专利权与著作权等无形财产权，以及商业秘密（trade secret）、财产性信息与数据的侵害日渐严重。对于那些针对专

利权与著作权等的犯罪,《专利法》《著作权法》等规定了相应罚则。而且,对于那些以商业秘密（trade secret）、财产性信息与数据为对象的犯罪,现在是通过《反不正当竞争法》(⇒第 13 章第 1 节),以及以记录了信息与数据的有体物作为犯罪对象的盗窃罪或者侵占罪等现有规定进行处理。

四、刑法对财产权的保护与"法秩序的统一性"

由此可见,刑法典以及特别刑法对于财产权的保护,是以"以民法为中心的民事实体法所承认的个人财产权"为对象的。但是,近年来,出现了这样一种倾向:将刑法上的财产犯视为,针对超越个人财产权的财产秩序的犯罪。也出现了体现这种倾向的判例,例如,针对在住宅上设定的最高额抵押权,住宅的所有人主张,应该以受到欺诈为理由而撤销该抵押权,并且,在依据旧拍卖法完成了竞拍之后,在要求其移交房屋的执行官的面前,该所有人毁坏了该住宅。对此案件,最高裁判所认为,即便无法否定,在将来的民事诉讼等中,可能会根据《民法》第 96 条第 1 款认定*,所设定的最高额抵押权因存在欺诈而被撤销,但本案中的住宅仍然是"他人的"建筑物,最终判定成立损坏建筑物罪（第 260 条）（最决昭和 61·7·18 刑集 40—5—438**、百选 Ⅱ No. 77。尤其是,长岛裁判官的补充意见认为,在刑法中没有必要确定所有权的终极归属)。

再者,有关债权债务关系,对于被告将别人错误汇入自己银行账户的钱款取出并消费的案件（"汇款错误"),有判例虽承认被告的存款债权有效成立（⇒最判平成 8·4·26 民集 50—5—1267),但仍然判定,被告的取款行为成立针对银行的诈骗罪（大阪高判平成 10·3·18 判夕 1002—290、最决平成 15·3·12 刑集 57—3—322 与百选 Ⅱ No. 49 认为,因为没有给银行"撤销"的机会,对该存款是他人错误汇入的这一点秘而不宣而取款的行为,就成立针对银行的、以不作为方式实施的诈骗罪。另外,对于从银行的 ATM 机中取出超额汇款的行为,东京高判平成 6·9·12 判时 1545—113 判定成立盗窃罪）。

但是,**并不存在什么"刑法上的所有权"或者"刑法上的他人性"这种脱离民法的所谓"刑法的视角"**（平野龙一·《刑事法研究最终卷》第 98 页）。现在,在就担保权存在争议的场合,已经存在确保担保权本身的瑕疵不转移至拍卖之后的所有权的制度性举措（松宫孝明·《刑事立法与犯罪体系》第 133 页。另见《民事执

---

* 日本《民法》第 96 条〔欺诈或者强迫〕第 1 款规定,"因欺诈或者强迫所作的意思表示,得取消"。——译者注

** 该案大致案情为：A 作为对 B 的债务担保,在自己所有的建筑物上设定了最高额抵押权,其后,B 将该建筑物拍卖出去,在执行官到现场执行拍卖结果时,A 实施了毁坏该建筑物的行为。A 主张,自己对该建筑物设定抵押权的意思表示,是因为受到欺骗,在自己毁坏该建筑物之前就已经取消了该抵押权,因而在毁坏当时,自己拥有对该建筑物的所有权。对此,一审认为,无法否定成立诈骗的可能性,在毁坏当时,对于该建筑物属于"他人的"建筑物这一点,B 方的证明并未达到不容合理怀疑的程度,从而判定 A 无罪。二审否定成立诈骗,但同时认为,案发当时,该建筑物为 B 所有,进而判定 A 成立损坏建筑物罪。对此,最高裁判所认为,"要谓之为《刑法》第 260 条的'他人的'建筑物,并不需要他人的所有权达到在将来可能进行的民事诉讼中并无被否定的可能性这种程度,在上述本案事实关系之下,即便诚如一审判决所言,无法否定成立诈骗的可能性,仍应说,本案物件属于《刑法》第 260 条之'他人的'建筑物",从而判定 A 成立损坏建筑物罪。——译者注

行法》第 184 条。但民法的多数说似乎主张，拍卖的买受人是抵押权人本人的，不适用《民事执行法》第 184 条，⇒佐伯＝道垣内第 140 页。但是，这样一来，如何保护从拍卖的买受人处转手取得拍卖标的的第三者，就存在问题）。如果没有这种制度性举措，刑事审判就必须依据民事法的规则来判断，对于属于"他人的"建筑物这一点，是否不会产生合理的怀疑——在此意义上，无须确定所有权的最终归属——但如果存在合理怀疑而可以认为被告人拥有所有权，则只能是认为，不能证明被告人成立损坏建筑物罪。

在"汇款错误"的情形下，以存款债权有效成立为前提的补救措施即存款*的"撤销"，实际上，是与所错误汇入的款项相关的存款债权人所作出的债权让渡行为，银行也不得无视存款债权人的意思而随意实施该补救措施（⇒最判平成 12・3・9 金判 1091—12）。因此，就应该认为，只要不存在诸如存款债权人处于应当防止错误汇款人之错误的地位等特别情况，则存款债权人仅承担返还不当得利这种债务（《民法》第 703 条）（⇒最判平成 8・4・26 民集 50—5—1267），取出乃至消费该汇款的行为，没有成立针对银行的财产犯的余地。若非如此，那么，存款债权人取出错误汇入的款项，并以现金形式返还给错误汇款人的，也要成立针对银行的诈骗罪，这显然是不合适的。

以上案件都是将民法上认定"可以做"的行为，在刑法上作为犯罪来处理。如此一来，就会造成行为规范之间相互矛盾，一般国民无所适从的结果。为了防止造成这种矛盾，刑法就应当比照整体法秩序的精神，统一地解释与适用法条（"**法秩序的统一性**"⇒总论第 8 章第 4 节）。总之，财产秩序的确立，应建立在这种统一性的基础之上。

五、财产犯总论要解决的问题

第 16 章中，在考虑到上述这些问题的基础上，将明确作为财产犯之对象的"财物"与"财产性利益"的含义，并进一步回答有关财产犯的保护法益——是采取本权说还是采取持有说、是针对所有权的犯罪还是针对一般财产权的犯罪——的相关问题。

第二节　财产犯的客体

一、"财物"或"物"的含义

如前所述，在盗窃罪与抢劫罪（第 236 条第 1 款）中，作为其对象的"**财物**"，是属于有体物的**动产**（⇒《民法》第 86 条第 2 款）。不同于此，在诈骗罪与恐吓罪中，**不动产**（⇒《民法》第 86 条第 1 款）也包含在"财物"之内；而且，按照通说观点，不动产也属于作为侵占罪之对象的"物"。反之，在《刑法》第 245 条与

---

* 这里是指与受害人错误汇入的款项相对应的存款金额。——译者注

第251条中,有将**电力**视为"财物"的规定。为此,在盗窃罪、抢劫罪、诈骗罪、恐吓罪中,就有可能以电力作为犯罪对象。

1. **"有体性说"与"管理可能性说"**

"**管理可能性说**"认为,第245条与第251条不过是一种注意性规定,其旨趣在于确认电力当然包含在"财物"或者"物"之内,因而,所谓"财物"或者"物",是指具有财产性价值的"具有可移动性与管理可能性的东西"(团藤·各论第548页、中·各论第129页、福田·各论第215页、大塚·各论第172页、藤木·各论第270页等。在没有"视为规定"的旧刑法时代,大判明治36·5·21刑录9—874判定,可成立针对电力的盗窃罪)。反之,"**有体性说**"则认为,上述规定是将电力特别地视为"财物"的规定,此类能源原本不属于财物,因而所谓"财物"或者"物",就是指有体物(平野·概说第200页、中山·各论第195页、内田·各论第232页、大谷·各论第187页、曾根·各论第106页、平川·各论第331页、中森·各论第102页、西田·各论第140页、林·各论第174页、山口·各论第173页、山中·各论第255页)。这种理论对立的现实意义在于,在没有"视为规定"的侵占罪等犯罪中,涉及侵占电力的行为是否成立侵占罪,以及能否成立针对电力以外的无体性能源的盗窃罪等问题。

关于这一点,根据立法当时的提案理由,现行《刑法》第245条等是将电力特别地视为"财物"的规定。亦即,现行法的立法者显然采用的是"有体性说"。而且,在司法实务中,除了旧刑法时代下发生的涉及盗窃电力的案件之外,尚未看到不采取"管理可能性说"就无法解释的判例。再者,采取"管理可能性说",也无法为盗窃罪等的成立范围划定明确的界限。因此,可以说,无论是在司法实务中,还是在刑法理论上,"有体性说"要更为妥当。

※ **"管理可能性说"与立法理由及司法实务**:在现行《刑法》第245条的提案理由书中有如下说明,"根据通说,电力非物。故而,为了处罚窃取电力的情形,有必要设定本案"(仓富等·第2211页)。此外,如下文有关盗窃信息媒介的部分所作的说明那样,在司法实务中,"信息"一直是作为针对属于有体物的文件、磁盘等媒介的盗窃,才被当作盗窃罪的对象,但"信息"本身并未被当作"财物"。亦即,"管理可能性说"的提出,是限于在旧刑法时代的大审院判决中有关盗窃电力的案件,而在现行刑法时代,立法者与此后的司法实务均未曾采用该理论。

2. **是否仅限于具有金钱性或者经济性价值的物品**

如果完全按照字面含义解释,"财物",就是具有财产性价值的有体物,是所有权的对象。但是,在司法实务中,很早以来,便一直**不问对象财物是否具有金钱性或者经济性价值**(有关因受到胁迫而认定无效的期票的案件,⇒大判明治43·2·15刑录16—256;有关已经署名或盖章的用于制作相关文书的白纸的案件,⇒大判明治43·6·20刑录16—1238;有关价格仅为两钱左右的石块的案件,⇒大判大正1·11·25刑录18—1421;有关已注销的收入印花纸的案件,⇒大判昭和4·7·4

刑集 8—386、最决昭和 30・8・9 刑集 9—9—2008；有关某政党的中央指令汇编等的案件，⇒最判昭和 25・8・29 刑集 4—9—1585；有关窃取支付期限已过归于无效的划线支票的案件，参见最决昭和 29・6・1 刑集 8—6—787）。

不过，尽管基本采取的是正规使用方法之外的其他方法，但包括恶意使用的情形在内，实际被认定为"财物"的，几乎都是可以预想到会产生某种经济性利益的情形，根本看不到真正与经济性价值毫无关系，将纯粹的废纸认定为"财物"的案件（也存在诸如借条那样，〔若落入他人之手，则有可能被恶意使用〕放在权利人身边本身，就存在经济性价值的东西。有关失效的驾照的案件，⇒东京地判昭和 39・7・31 下刑集 6—7=8—891）。而且，要成立盗窃罪等财产犯，均需要有"经济性利用、处分该物的意思"这一意义上的"非法占有的目的"（⇒第 17 章第 2 节之三），因此，如果没有在某种意义上对该物进行经济性利用的目的，则不成立此类犯罪（对价值轻微之物，基本上都是在警方侦查阶段以"微罪处分"的形式予以处理的。⇒《刑事诉讼法》第 246 条但书。另外，有关违反旧《烟草专卖法》的"一厘事件"，⇒大判明治 43・10・11 刑录 16—1620）。

3. 是否包括河中的砂石、渔场的鱼、狩猎场的动物等

诸如河中的砂石、渔场的鱼、狩猎场的动物等那样，尽管存在采挖权人或者渔业权人，但砂石与鱼本身尚属于**无主物**（《民法》第 239 条第 1 款）的，这些东西就不属于作为所有权之对象的"财物"。对于擅自采挖此类物品的行为，是作为对于采挖权、渔业权或者狩猎权的侵害，而按照《河川法》《渔业法》等特别法进行处理。不过，上述行为也是针对采挖权、渔业权、狩猎权等财产权的犯罪，也属于广义上的财产犯。

4. 是否包括人的尸体、入殓物、人体的一部分

《刑法》第 190 条（"损坏尸体等罪"）规定：损坏、遗弃或者取得尸体、遗骨、遗发或者放置于棺内之物的，处 3 年以下惩役。所谓"取得"，是指据为己有。也就是，对盗墓者，处以轻于普通盗窃犯的 3 年以下惩役。对于赠与死者的物品，刑法将之区别于生者的财物，作为相对较轻的法益予以保护。因此，**入殓物**就被排除在盗窃罪等的"财物"之外（大判大正 4・6・24 刑录 21—886。平野・概说第 201、267 页，大塚・各论第 176、545 页，大谷・各论第 190、542 页，中森・各论第 103、229 页，西田・各论第 141、409 页，山口・各论第 525 页，山中・各论第 259、666 页。反之，也有学者认为也能成立盗窃罪等，例如，团藤・各论第 363 页，福田・各论第 217 页，前田・各论第 428 页）。不过，发掘或盗掘之后，入殓物被善意取得（《民法》第 192 条）的，就属于"财物"。另外，**人体本身**虽然可以成为买卖人身罪（第 226 条之二）等针对自由的犯罪的对象（⇒第 10 章），但由于根本不可能成为财产权的对象，因而也不可能成为财产罪的客体。

对于用于医学移植的器官、组织等**人体的一部分**，对此如何定性，就要复杂得多。《器官移植法》禁止一切针对特定器官的买卖以及有偿斡旋行为，并就此类行为设置了相应罚则。在此意义上，似乎就应该认为，属于人体之一部分的器官，不可能属于"财物"。但是，《器官移植法》禁止买卖的对象，限于心脏、肾脏、肝脏、脾脏、肺、肠、角膜等部分器官。而且，从全球范围来看，可以用于移植的器官与组织——在有的地方是合法的——已经被当作金钱交易的对象，甚至出现了为了摘取器官而非法诱拐儿童的案件。因此，成立以这些器官或者组织为对象的盗窃、抢劫、诈骗、恐吓、侵占等罪，也并非不可想象。进一步而言，对于《器官移植法》所禁止的器官，也可以将其与下述能否成立以"违禁品"为对象的财产犯的问题，放在一个层面进行考虑。

5. 是否包括违禁品

最高裁判所认为，禁止为个人所有的、从原日本军那里得来的藏匿物资，也可以成为财产犯的对象（最判昭和24·2·15刑集3—2—175）。诸如麻药、兴奋剂等，未经特别许可，禁止所有或者持有的物品也是如此。不同于对人体的所有，这些"违禁品"仅仅在与国家的关系上被禁止所有或者持有，其所有权本身仍然是能够想到的，因而应该予以保护，使其免受第三者的侵害。

二、"非法的财产性利益"

第246条（诈骗罪）与第249条（恐吓罪）均在第2款规定，对于"取得非法的财产性利益，或者使他人取得的"，与"使他人交付财物的"作同样处罚。而且，利益抢劫罪（第236条第2款）也作了同样的规定。这些针对财产性利益的犯罪，都规定在相关法条的第2款，因而也被称为"第2款犯罪"。

这里所谓"非法的财产性利益"，包括所有的财产性利益（取得权利、免除债务、履行期延期、转移所有权、提供劳务等），所谓非法是指这种利益的获取本身是非法的（行为人与第三者没有获取该利益的正当理由）。

联想到债权的转让即可明白，在这种情形下，要实际转移财物之外的财产权，不同于动产的转移，基本上都需要被害人作出转让的意思表示（即，"**处分行为**"）。因此，不同于完全压制被害人意思的（普通）抢劫罪，在利益抢劫罪中，虽然以被害人的意思受到明显压制为必要，但无须被完全压制。在此意义上，利益抢劫罪实际上就是加重的恐吓罪（⇒第18章第3节之二）。

※ **"取得罪"与"利得罪"的关系**：从第246条（诈骗罪）以及第249条（恐吓罪）的第2款规定即可看出，取得或者使他人取得"非法的财产性利益"的，也成立诈骗罪或者恐吓罪。并且，以欺骗或者暴力、胁迫为手段，使他人交付财物并获得财物所有权的行为，也相当于取得了"非法的财产性利益"。因此，可以将其保护法益一元化地认定为，他人的整个财产性利益。在此意义上，这些犯罪的对象就要广于"取得罪"，属于针对整个财产之罪这一意义上的"利得罪"。

1. 违法的经济利益或者自然债务是否也属于保护对象

问题在于，如果受到侵害的被害人的财产性利益，实际上具有违法的经济价值，或者是民法上的自然债务——不能请求法院强制执行的债务——是否仍可谓之为，取得了这里所谓"非法的财产性利益"？例如，对于在花牌赌博过程中通过诈术使得对方借款而承担债务的案件,亦即,对于那些通过赌博诈骗而取得的债权,有判例判定成立利益诈骗罪(最决昭和43·10·24刑集22—10—946)。不过,从"赌博"的定义本身来看,赌博应该是一种胜负在某种程度上被偶然因素所左右的活动,因而赌博诈骗根本不属于原本意义上的赌博;而且,应该认为,被害人受骗之前的财产本身仍然值得保护,因此,对此类情形,即便认定成立诈骗罪,也并非为了保护被害人的违法的经济利益。

另外,对于侵害不法利益的行为是否成立财产犯的问题,详见后述"不法原因给付"与财产犯的关系。

2. 财物与财产性利益的关系

非法地获取财物,也是取得非法的财产性利益的一种形态。问题在于,一旦成立针对财物的犯罪之后,**免除返还财物**的行为,是否还可另外成立针对利益的财产犯?

例如,以借贷名义骗取他人的钱款之后,再通过进一步欺骗该人,解除了借贷关系,以图完全消除偿还借款之虞的,对此,有判例以行为人取得了"非法的财产性利益"为由,判定除成立财物诈骗罪(第246条第1款)之外,还另外成立利益诈骗罪(第246条第2款)(大判大正8·2·18刑录25—206)。但是,在该案中,通过第一个欺骗行为而获得借款,这并不等于可以免于还款,只有通过第二个欺骗行为,才得以免于还款,因而应该是,就第二个欺骗行为,认定成立利益诈骗罪。

不过,在行为人通过先行实施的盗窃、诈骗行为取得了财物之后,为了免于返还财物或者支付价款而杀人(未遂)的,最高裁判所判定成立利益抢劫杀人罪的未遂(第236条第2款、第240条、第243条)(最决昭和61·11·18刑集40—7—523、百选Ⅱ No.37)。但是,如果第一个行为成立盗窃罪,除了逃避返还的行为成立事后抢劫罪(第238条)的情形之外,为了免于返还财物或者支付价款,而预先对被害人施以暴力或者胁迫,或者杀害被害人的,就不应成立利益抢劫罪(前揭最决昭和61·11·18刑集40—7—523的谷口裁判官的"意见"也是同样旨趣)。

3. "提供劳务"是否无条件地属于财产性利益

"提供劳务"也属于一种财产性利益。这里所谓"劳务",限于预定支付价款或者对价的**有偿服务**。为此,例如,装作是行动不便的老人,哄骗他人为自己搬运行李的,就不属于"取得非法的财产性利益",不构成利益诈骗罪(平野·概说第219页、中森·各论第104页、西田·各论第192页、林·各论第178页、山口·各论第248页等)。

不过,像谎称"向困难群体伸出爱心之手"而骗取钱财的"募捐诈骗"那样,谎称"向地震灾区献爱心"而让木工无偿帮助自己建房的"捐赠劳务诈骗"的情形,也不是完全无法想象的。也就是,现实中是有可能出现骗取他人的无偿劳务的情形的。反之,也并非所有享受有偿服务的情形,都属于针对利益的财产犯罪。例如,偷听笔者给本科生或者研究生的讲课——热心学习——的"假学生",便不能构成利益诈骗。

总之,重要的不是是否属于应支付对价的有偿服务,而是行为人是否取得了——或者让第三者取得了——能接受这种劳务或者服务的财产性权利。捐助的钱款、财产权的无偿转让,也包括在这种财产性权利之内。反之,事实上享受某种利益——包括采取装成是正规学生这种诈术的情形——就不可能是取得了可接受服务的财产权。这种事实上享受某种利益的情形,被称为"利益盗窃",但这种"利益盗窃"实际上不属于非法取得接受服务的权利的情形。

4. 杀害债权人与利益抢劫

例如,出于不接受事实上的债务要求的意图而**杀害债权人**的,有判决认定属于因利益抢劫而引发的杀人,判定成立抢劫杀人罪(第 240 条)(最判昭和 32·9·13 刑集 11—9—2263、百选 Ⅱ No.38、最判昭和 35·8·30 刑集 14—10—1418 等。反之,大判明治 43·6·17 刑录 16—1210 认为,被害人没有实施免除债务的处分行为,进而否定成立抢劫杀人罪)。这种情形就可能存在某种问题。

即便从法律上来看,如果被害人有财产继承人,那么,杀害债权人(被害人)就不过是引起债权的继承,债务本身并不会由此消灭。之所以对此类情形适用抢劫杀人罪(第 240 条),与其说是因为强取了利益,不如说在裁判所看来,第 240 条具有从重处罚基于利己性、利欲性动机而杀人这种"谋杀罪"的机能。但作为对现行法的解释,这是存在疑问的(行为人胁迫信用卡持有人,逼迫其说出密码的,东京高判平成 21·11·16 判时 2103—158 判定成立利益抢劫罪)。

第三节 财产罪的保护法益

一、本权说与持有说

1. 问题之所在

财产犯的保护法益是财产权,不仅包括针对个别财物的所有权,还包括债权等财产性利益以及——在背信罪(第 247 条)的情形下——受托处理相关事务的整体财产。

其中,在针对财物的所有权的犯罪中,对于作为夺取罪的盗窃罪与抢劫罪的保护法益,存在着"本权说"与"持有说"的对立:"**本权说**"认为是财物的所有权等其他本权,而"**持有说**"则认为是财物的持有或者占有本身。具体而言,这种对立是**围绕《刑法》第 242 条之解释的论争**。第 242 条规定,"虽然是自己的财物,但处于他人的占有之下时",就盗窃罪、侵夺不动产罪、抢劫罪、诈骗罪、恐吓罪而言,也"视为他人的财物"。对于这里所谓"处于他人的占有之下时",本权说解释为,是以诸如质权那样的担保权等本权为根据的占有;而"持有说"则解释为,包括所有的占有,而不问是否存在本权等根据。

就结论而言,"**本权说**"是妥当的(山口·各论第 191 页以下实质上是同样旨趣)。盗窃罪与抢劫罪,是出于将他人之物非法据为己有的意思——被称为"非法占有的目的"——而夺取他人之物的犯罪,而非出于擅自临时借用或者骚扰对方的目的而夺取他人之物的犯罪。因此,将夺取的他人之物作为自己之物而使用或者处分的行为,就为盗窃罪或者抢劫罪所吸收、评价,而不另外构成其他犯罪(被称为

"不可罚的事后行为"或者"共罚的事后行为")。

实际上，二战之前的大审院判例依据的就是"本权说"。但是，在战后的混乱期——亦即，**难以证明财物之所有权的时期**——最高裁判所在下述几个判例中，转而采取了"持有说"。

※ **"本权"**："本权"一词对应于作为临时权利的"占有权"，原本是指《民法》第2编"物权"之第3章"所有权"中的某种物权。《民法》第202条第1款规定，"占有之诉无碍本权之诉，而且，本权之诉亦无碍占有之诉"，第2款规定，"关于占有之诉，不得基于有关本权的理由进行裁判"。一般而言，要证明所有权的存在——对不动产而言，若登记制度完备且值得信赖，则另当别论——尤其是在动产的情形下，是很困难的。为此，《民法》在第2编第2章中规定了"占有权"，并且在第188条设置了"占有人对占有物行使权利，推定为合法"这种推定规定，对物的占有人给予临时保护。刑法中的"本权说"认为，这种临时权利不能成为盗窃罪等的保护法益，这些犯罪要求的是对"本权"的侵害。这是因为，与需要迅速处理的民事救济——《民法》第197条以下的占有诉权——不同，在刑事审判中，有足够时间证明本权的归属。

不过，"占有权"也具有如下机能：对于诸如物的租赁权那样，由于是债权，因而对不具有针对第三者的直接请求权的权利人而言，通过对其占有诉权等的保护，而加以保护。不过，即便是采取"本权说"，也完全有可能将"本权"扩大解释为民法上的实体性权利，通过适用《刑法》第242条，进而将针对此类财物的债权纳入保护对象。

2. 本权说的妥当性

"本权说"与"持有说"之间的论争具体体现于下述情形：

（1）从盗窃犯处取回被盗财物的，是否也构成盗窃罪？

（2）第三人从盗窃犯处盗取被盗财物的，是否也构成盗窃罪？

（3）《刑法》第244条所谓亲属关系，以盗窃犯与何人之间存在这种关系为必要？

（4）在实质上是担保权，但形式上转移了所有权的场合，所有权人窃取担保物的，是否构成盗窃罪？

（5）在持有财物本身属于违法的场合，窃取或者利用欺骗手段骗取该财物的，是否构成财产犯？

（6）在采取暴力或者胁迫手段追讨债权时，对债权额部分，是否构成恐吓罪？

此外，虽不直接属于《刑法》第242条的解释问题，但附随出现的问题的是，（7）对于依据《民法》第708条，给付人不存在返还请求权的不法原因给付物，被给付人不予返还而是据为己有的，是否构成侵占罪？

在第（1）种情形下，依照"本权说"当然不构成盗窃罪。在该情形下，"持有说"的多数论者采取的是**中间说**，认为属于保护对象的"持有"即"占有"应限于"平稳的占有"（参见平野·概说第 206 页。平野龙一《刑事法研究最终卷》第 72 页以下在说明德国刑法将盗窃罪与侵占罪都定位为针对财物所有权的犯罪之后，提出日本刑法实质上也是如此。另外，《民法》第 186 条第 1 款规定："推定占有人是出于所有的意思而善意、平稳且公然地占有。"）。不过，按照**"纯粹持有说"**，该情形下的取回行为，仍然符合盗窃罪的构成要件，不过是综合考虑到取回财物的必要性、紧迫性、手段的相当性等因素，而作为自救行为被正当化（认定属于自救行为的线索是《刑法》第 238 条〔事后抢劫〕的法意。另外，作为与正当防卫、紧急避险相并列的违法性阻却事由，德国《民法》第 229 条规定了来不及获得国家救济时的自救行为）（前田·各论第 152 页等）。但是，这种观点是将盗窃罪成立与否的问题与行为是否合法的问题混为一谈。这是因为，例如，所有权人在取回盗赃时，（作为取回赃物的手段）超出必要地殴打小偷，致其受伤的，就属于不被允许的过当的自救行为，当然要承担伤害罪的罪责（为此，山口·各论第 193 页认为本权说属于"私力救济放任论"*，就是一种误解）。反之，按照纯粹持有说，在该场合下，就会承认所有权人构成抢劫致伤罪，这种结论极不妥当。

在第（2）种情形下，结论似乎是，"持有说"认为构成盗窃罪，但"本权说"认为不构成盗窃罪。但是，即便采取"本权说"，在该行为会使得所有权人更难以取回盗赃，因而侵害了**"追索权"**这一意义上，就可以说，仍然存在对所有权的侵害。因为，盗窃罪保护的是，通过占有而维护的所有权以及其他本权，对于实际遭受侵犯的所有权，即便财物的持有人并不具有该所有权亦可。反之，按照"平稳的占有"说等"中间说"，是否成立财产犯，取决于作为侵害对象的"持有"或者"占有"的性质，因而无论是所有权人取回财物还是第三人窃取财物，都应给予相同评价。为此，就难免会得出明显不合理的结论：在被害人取回盗赃的行为（因没有侵害所谓"平稳的占有"）不构成盗窃罪的情形下，第三人窃取"盗赃"的行为也不会侵害"平稳的占有"，因而也不构成盗窃罪（山中·各论第 265 页以下对此提出了同样的批判。中森·各论第 107 页认为，"在与第三者的关系上，也可以认为，盗窃犯的持有也是值得保护的"，这是因为，原所有权人的追索取会因第三者的夺取行为遭受进一步的侵害）。

对第（3）种情形，曾有最高裁判所的判例就第 244 条作了如下断言：本条规定的是作为盗窃罪的直接被害人的财物占有人与犯人之间的关系，而非所有权人与犯人之间的关系（最判昭和 24·5·21 刑集 3—6—858）。在只有财物占有人是盗窃罪的直接被害人这一意义上，该判例被认为是采取了"持有说"。但是，此后，有关第 244 条第 2 款的亲属关系，最高裁判所转而认为，该款规定的亲属关系，不仅要求存在于盗窃犯与财物占有人之间，还要求也存在于盗窃犯与所有人之间（最决

---

* 山口·各论 193 页认为，"也可以说，与占有说的观点正好相反，本权说是试图原则上肯定私力救济的观点。但这样一来，国家为了解决民事纠纷而特别规定的各种制度，就有归于无效之虞（甚至会出现强者诉诸私力救济，弱者求助于法律救济这样一种局面，显然不合适）。当然，本权说也不是不考虑，该占有是否具有值得保护的实质、究竟侵害了何种利益等问题，这遵循了正确的思路，然而，在'私力救济放任论'这一点上，本权说是存在疑问的"（山口厚. 刑法各论：2 版. 王昭武, 译. 北京：中国人民大学出版社，2011：224.）。——译者注

平成 6・7・19 刑集 48—5—190、百选 II No. 33。关于其不构成判例变更的问题，⇒总论第 1 章第 1 节之四※)。* 即便采取"本权说"，由于存在本权依据的占有人也是保护法益的拥有者，因而，在要求盗窃犯与并不实际占有财物的所有人之间也存在亲属关系这一点上，对于平成 6 年的最高裁判所决定，就当然可以评价为，依据的是"本权说"。

对第 (4) 种情形，有两个最高裁判所判例。这两个判例的案情都是，以"转让担保"或者类似形式，虽然形式上转移了所有权，但实质上仅具有担保权意义的场合，该形式的所有权人即实质上的担保权人夺取（盗取）了财物的，最高裁判所判定该人成立盗窃罪（最判昭和 35・4・26 刑集 14—6—748、最决平成 1・7・7 刑集 43—7—607、百选 II No. 25）。这里重要的是，在担保权人通过"清算金"支付被担保债权与担保物价值之间的差额之前，能够肯定财物的实际占有者具有留置该财物的"保留权"***。如果着眼于这种"保留权"，那么，即便无视形式上的所有权转让，不勉强承认占有人存在"所有权"，按照"本权说"，也能以侵害了"保留权"为理由，认定成立盗窃罪。但是，如果像"持有说"那样，连不存在这种实质性的"保留权"的情形，也要认定成立盗窃罪，就没有合理性可言。

对第 (5) 种情形，最高裁判所也有两个相互关联的判例：一个是，前面有关"违禁品"是否能成为"财物"的问题中曾经提到的、对于骗取了属于原日本军的藏匿物质的酒精的案件，最高裁判所判定成立诈骗罪（最判昭和 24・2・15 刑集 3—2—175)***；另一个是，按照相关法律的规定，年金证书不能用作担保，但行为人在将国铁的年金证书作为担保物而抵押给债权人之后，又从债权人处骗回了国铁年金证书，对此案件，最高裁判所判定成立诈骗罪（最判昭和 34・8・28 刑集 13—10—2906）。

对前一判例，即便采取"本权说"，也完全能作出解释。亦即，禁止所有或者持有"违禁品"，是仅针对国家而言，在私法上，"违禁品"的所有权本身依然是存在的，并且，对第三人而言，该所有权也仍然是受到保护的。对于后一判例，采取"本权说"亦可以这样理解：无论担保合同是否有效，如果认为，既然对方的占有是依据所有人自己的意思而形成，即便是所有人，对此也应该予以尊重，那么，这种情形就仍然属于"占有人的合法占有权能够对抗所有人的情形"。而且，法令禁止的只是将年金领取权本身用作债权担保，对于以年金证书作为担保物的合同，作为能由此促使债务人履行债务的合同，仍然存在将其理解为有效合同的余地。

在第 (6) 种情形下，对于以暴力、胁迫为手段催讨债权的行为，的确，曾有大审院的判例仅以手段违法为由，判定成立胁迫罪（大判昭和 5・5・26 刑集 9—

---

* 亦即，在财物的所有人与占有人不是同一人的场合，要求财物所有人、财物占有人均与犯罪人之间存在亲属关系，这也是日本刑法学的通说观点。——译者注

** 亦即，在清算之前，暂时保留该财物的所有权的权利。——译者注

*** 亦即，为原日本军所有的军用酒精是违禁品，行为人从某人处骗取了该人所藏匿的军用酒精，对此，最高裁判所认为，"刑法规定财物犯罪的旨趣在于，力图保护他人对于财物的事实上的持有，而不问其在法律上是否具有持有该财物的正当权限，即便刑法禁止此种持有，只要存在持有财物之事实，出于维持社会法律秩序之必要，也应该将物的持有这一事实状态本身作为独立法益加以保护，而不允许随意使用非法手段予以侵犯"，进而判定成立诈骗罪（最判昭和 24・2・15 刑集 3—2—175）。——译者注

342。另外，对于超过债权额的部分，大连判大正 2・12・23 刑录 19—1502 判定成立诈骗罪）；此后，也曾有最高裁判所判例对于包括债权额在内的、催讨而得的所有金额，判定成立恐吓罪（最判昭和 30・10・14 刑集 9—11—2173、百选 II No.58）。为此，亦有学者以此作为论证持有说的例证。但是，债权这种权利，除了强制执行的情形之外，不过是一种能够要求债务人任意履行债务的权利，以暴力或者胁迫为手段而强行要求履行，就已经不能谓之为债权人行使权利。因此，采取本权说，也完全有可能认定，对于所催讨的所有金额成立恐吓罪。

最后，第（7）种情形所涉及的不法原因给付问题，已经超越了"本权说"与"持有说"之争，因而留待在后述诈骗罪与侵占罪部分详述。

※**禁止私力救济的含义**：我们经常会提到，原则上禁止私力救济，但正如德国《民法》第 229 条所能明确的那样，原本意义上的"禁止私力救济"，仅限于既不符合正当防卫也不符合紧急避险，而且有可能获得国家救济的情形。

※※**本权说的构想与持有说的构想**：上述"本权说"与"持有说"的构想，存在如下差异：与各人的所有权相比，"持有说"倾向于重视持有状态这种朴素的财产秩序；反之，"本权说"则认为，各人的所有权以及民法上的其他权利，属于刑法有关财产犯之规定的保护对象。在这一点上，前者是整体主义性质，后者则是个人主义性质。在是否侵害了占有这一点本身不会成为问题的——实际上限于委托物的——侵占罪中，两说之间这种构想上的对立，还体现于针对侵占行为的学说之间的对立："取得行为说"将侵占行为理解为非法取得他人之物，而"越权行为说"则认为是，超出委托人的授权范围而针对委托物实施的处分行为。另外，所谓"持有说"与"越权处分说"，均出自主观主义刑法学之泰斗牧野英一博士的观点。

二、是针对所有权之罪还是针对整体财产权之罪

如上所述，在财产犯中，除了侵犯财物的所有权以及其他本权的犯罪外，还有取得非法的财产性利益的犯罪。这些犯罪并不限于利益诈骗罪（第 246 条第 2 款）与利益恐吓罪（第 249 条第 2 款）。严格来讲，包括以财物为对象的情形在内，诈骗罪与恐吓罪并非侵害所有权的犯罪，而是取得非法的财产性利益的犯罪。这是因为，根据《民法》第 96 条第 1 款，作为上述犯罪之手段的**欺骗**与**胁迫**——民法中是"强迫"——不过是意思表示的单纯的撤销事由而已，但在被撤销之前，该意思表示仍然是有效的。因此，因受到欺骗或者胁迫而作出的转移财物所有权的意思表示，能有效地转移该财物的所有权，其结果是诈骗者、胁迫者或者第三人有效地取得所有权。总之，并非无视正当的所有权而不法地取得了财物，而是有效地转让了财物。

尽管如此，即便被害人没有作出撤销的意思表示，仍然成立刑法上的诈骗罪与恐吓罪。也就是，**诈骗罪与恐吓罪，并非侵害被有效转让的财物之所有权的犯罪，其侵害的权利是**：由欺骗或者胁迫所产生的非法压力，使得被害人无法形成处分包

括所有权在内的财产性利益的动机。由此就能将盗窃罪等取得罪的保护法益与诈骗罪等利得罪的保护法益区别开来。这种区别体现为以下两种错误之间的差异：利用陷入错误认识的被害人实施盗窃罪的间接正犯中的"有关法益的错误"、成为诈骗罪的被害人所必需的"有关法益的错误"。详见后述（⇒第19章）。

【问题研讨】

同样是侵犯财物所有权的行为，盗窃他人的照相机的，构成盗窃罪，处10年以下惩役或者50万日元以下罚金（第235条），而毁坏他人的照相机的，则构成损坏器物罪，仅处以3年以下惩役或者30万日元以下的罚金或科料（第261条）。这是为什么呢？

此外，同样是强迫行为，胁迫出租车司机，让其无偿将自己送至目的地的，构成利益恐吓罪，处10年以下惩役（第249条第2款），而胁迫路过的司机，让其将自己顺路带至目的地的，则构成强要罪，仅处3年以下惩役（第223条第1款）。这又是为什么呢？

【解说】

前一问题问的是，同样是侵犯所有权的犯罪，为什么利得罪与毁弃罪之间法定刑存在差异；后一问题问的是，同样是侵犯意思决定自由的行为，为什么财产犯与针对一般自由的犯罪的法定刑之间存在差异。

作为前一问题的理由，一般会认为是，利欲犯所具有的强烈的诱惑性质。也就是，小偷与被害人之间无冤无仇，却因为受到随意将他人财物据为己有这种强烈的诱惑，而相对容易实施犯罪。反之，只要没有憎恨被害人等特别理由，很少会有人实施毁弃罪。因此，为了抑制（即，通过威吓以预防）这种具有很强诱惑性的利欲犯，就有必要设定重于毁弃罪的法定刑。

但是，这种解释存在两点问题：第一，即便如此，刑罚的上限分别为"10年惩役"与"3年惩役"，上述理由是否足以将如此大的差异予以合理化呢？第二，同样是利欲犯，但侵占遗失物罪（第254条）的刑罚上限是1年惩役，而损坏他人的遗失物的，构成损坏器物罪，其刑罚上限仍然是3年惩役。为此，也许有必要对刑法进行下述修正：在降低盗窃罪等的刑罚上限——5年惩役左右——的同时，针对毁坏遗失物等，专门设置降低其刑罚上限的规定，或者将侵占遗失物等罪的刑罚上限提升至3年左右。

关于后一问题，即财产犯与针对一般自由的犯罪的法定刑之间的差异的问题，至今鲜有讨论。而且，在本文设定的案情中，是否是出于利欲性动机，也很难区分。这是因为，在出于无偿到达目的地的动机这一点上，对出租车司机实施胁迫的案件与对顺路的司机实施胁迫的案件之间，并没有什么不同（林·各论179页似乎是认为，这两种情形都应构成强要罪。另外，对于医师认为不必要但患者强行要求注射麻醉剂的案件，高松高判昭和46·11·30高刑集24—4—769仅认定为强要罪）。

有关恐吓罪与强要罪的法定刑之间存在差异的问题，能够想到的理由是立法当时（1907年）的时代背景。在当时那个年代，虽然日本社会整体依旧贫困，但随着资本主义的发展，财产犯罪不断增多，因而，财产权被认为具有远高于个人自由的价值。

因此，就这一点而言，在"自由"的价值相对来说已经变得很高的今天，两罪的法定刑之间仍然存在如此大的差异，就已经不再有合理性可言。与盗窃罪等一样，将恐吓罪等利得罪的刑罚上限都降至5年惩役左右，也许是最理想的做法。

第十七章

盗窃犯罪
——针对财产权的犯罪（之一）

第一节 概 述

《刑法》第 2 编第 36 章以"盗窃以及抢劫犯罪"为标题，具体规定了盗窃罪（第 235 条）、抢劫罪（第 236 条）、抢劫预备罪（第 237 条）、事后抢劫罪（第 238 条）、昏醉抢劫罪（第 239 条）、抢劫致死伤罪（第 240 条）以及抢劫强奸罪、抢劫强奸致死罪（第 241 条）。此外，该章还设置了三个特别规定：有关属于他人占有等的自己的财物的特例（"有关自己财物的特例"）（第 242 条）、有关亲属间犯罪的特例（第 244 条）、有关将电力视作财物的"视作规定"（"有关电力的特例"）（第 245 条）。再者，1960 年该章又增设了侵夺不动产罪（第 235 条之二）。本章将集中解说其中的盗窃罪、侵夺不动产罪、"有关自己财物的特例"，以及"有关亲属间犯罪的特例"等内容。

旧刑法将盗窃罪与抢劫罪分别规定在不同章节，但由于两罪原本性质相同，归入同一章要更为便利，故而现行刑法将两罪规定在本章之中。此外，旧刑法将盗窃罪细分为不同构成要件，但那不过是依据情节所作的区分，反而会导致盗窃罪的规制范围过窄，故而现行刑法将盗窃罪统一规定于第 235 条。

第 242 条规定的"有关自己财物的特例"，相当于旧《刑法》第 371 条，但两者的含义却大相径庭，现行法对此的说明是，"以侵占（即，不法取得——笔者注）的意思侵犯他人占有之物的，尽管被占有之物属于自己所有，仍应构成盗窃罪"（仓富等·第 2211 页）。亦即，本条是保护"善意占有"的规定（田中·释义下第 1301 页）。第 244 条规定的"有关亲属间犯罪的特例"，是对旧《刑法》第 377 条的修正，扩大了免除刑罚以及构成亲告罪对象的亲属范围。修正理由在于，旧刑法下，免除刑罚的范围过窄，对于一般亲属或者家属，由于无法予以特别处理，反而存在无法适用该条的弊端。第245条规定的"有关电力的特例"，也是由现行法所增设的规定。按照当时的通说，电力并非财物，为此，要处罚窃取电力的行为，就有必要增设该规定。

第235条之二的侵夺不动产罪设置于1960年，是为了处罚那些趁战后混乱之机，非法占据他人土地并据为己有的行为，因而该罪形式上是盗窃罪的不动产版。但是，不同于动产的情形，在登记制度已经完备的今天，非法占据已经无法动摇不动产的所有权，毋宁说，近年来，本罪更具有妨害所有权人利用、处分不动产这种强要罪的浓厚色彩。

再者，根据2006年的刑法修正，盗窃罪的法定刑中增加了"处50万日元以下罚金"这种罚金刑。

第二节 盗窃罪

窃取他人的财物的，为盗窃罪，处10年以下惩役或者50万日元以下罚金（第235条）。

犯罪未遂的，应当处罚（第243条）。

一、财物的"占有"

1. 盗窃罪中的"财物"的含义

盗窃罪的客体只是"财物"。有关"财物"的含义，参见第16章所述（⇒第16章第3节之一）。需要注意的是，不存在"利益盗窃"。

成为窃取之对象的财物，必须是为他人所"占有"的财物。脱离占有的他人之物，只能成为侵占遗失物罪（第254条）的对象。

2. "占有"即"持有"的含义

盗窃罪所谓"占有"，也被称为"持有"。这是因为，首先，需要具有"为了自己"的意思（《民法》第180条），并且，与承认由代理人实施占有的民法上的占有权（《民法》第181条）相比，刑法更加重视实际支配该物这种意义上的事实性支配。

但是，这未必意味着，必须将财物置于身边。即便是"扔在一边置之不顾"的自行车，倘若所有者并无放弃所有权的意思且知道自己停放的地点的，随意骑走该自行车的行为就属于盗窃。例如，对于掉入海中的财物（最判昭和32·1·24刑集11—1—270）、一时遗忘在公交候车室的照相机（最判昭和32·11·8刑集11—12—3061、百选Ⅱ No.27），在所有者记得掉落的地点，或者马上想起遗失的地点而返回来取的场合，也有判例承认所有者的占有（另外，有关被害人将小挎包遗忘在公园的长凳上，离开现场约200米之后才发现丢失，又回过来取包的案件，参见最决平成16·8·25刑集58—6—515）。

相反，对于逃入浩瀚的湖泊中的鲤鱼的案件（最决昭和56·2·20刑集35—1—15），以及把钱包遗忘在大型超市六楼的长凳上，下到地下一层，10分钟之后才意识到钱包丢失，而马上返回来找钱包的案件（东京高判平成 3・4・1 判时 1400—128）*，则有判例否定存在占有。

上述这些判例存在重视持有人的**"被客观化的占有意思"**的倾向，也就是，这些判例重视的是，从社会第三人的角度来看，该财物是否是**"看上去是有意置于某处"**。也可以说，究竟是"小偷"还是只是"把拾得的东西昧起来"，完全是依据社会一般观念进行判断。这里重视的是下述标准：

（1）地点——自己家、自己管理的场所之内、与自己管理的场所紧邻的地点；人一般会有意识地将财物放置在此的地点（例如，自行车停车场）；或者很容易遗忘财物的地点。

如果该地点属于自己管理的空间，或者是人一般会有意识地将财物放置在此的地点（例如，如果是自行车，就是指停车场），就相对容易肯定占有。

（2）财物本身的特性——容易忘记的财物、高价物品（价格昂贵，很难忘记）、财物本身的大小（同样是停在路上，自行车可能是遗忘物，而汽车则不会是遗忘物）、具有归巢习性的动物。

越是价格低廉容易遗忘的物品，越容易否定占有。

财物占有之有无，应结合上述（1）（2），进行综合判断。

另外，即便否定了所有者的"占有"，但财物的"占有"有时候也可能转移至该场所的管理者。例如，客人遗忘在旅馆的遗忘物，就处于该旅馆的管理者的占有之下，随意拿走该财物的，构成盗窃罪（大判大正 8・4・4 刑录 25—382、札幌高判昭和 28・5・7 判特 32—26）。反之，对于乘客遗忘在列车内的财物，也有判例否定了列车乘务员的占有（大判大正 15・11・2 刑集 5—491。不过，对于遗留在公用电话机里的硬币，东京高判昭和 33・3・10 裁特 5—3—89 则承认属于电话局长等的占有。对此提出质疑的，参见西田・各论第 144 页、林・各论第 187 页、山口・各论第 181 页）。

此外，对于高尔夫球场水池中的"弃球"，其占有则归属于高尔夫球场的管理者（最决昭和 62・4・10 刑集 41—3—221）。**

3. 死者的占有

例如，杀害被害人，或者被害人因其他原因死亡之后，随即夺取其财物的，是

---

* 本案判决理由："鉴于本案具体情况，尤其是，被害人将钱包遗忘在公众可以自由出入，且处于营业状态之下的超市的六楼，而离开该地去到超市的地下一层；周边并无手提行李之类的东西，在长达 10 分钟的时间内，仅仅只有钱包摆在本案长凳上，即便考虑到，被害人清楚地记得本案钱包的遗忘地点，而且，在本案长凳附近，正好有一小孩 A 意识到本案钱包之存在，预计失主会回来取钱包而一直注视着该钱包，但社会一般观念看来，在被告人非法取得本案钱包的时点，从客观上看，不得不说，轻易难以断定被害人的支配力及于本案钱包。"如此，在被告人非法取得本案钱包的时点，难以肯定本案钱包仍处于被害人的占有之下，本案钱包最终属于《刑法》第 254 条所谓遗失物，相当于'脱离占有的他人之物'。"——译者注

** "弃球"事件：高尔夫爱好者放弃在高尔夫球场的高尔夫球，可视为放弃了所有权之物，本来应属于无主物，但如果另有他人取得其所有权，则可以成为盗窃罪的客体。例如，最决昭和 62・4・10 刑集 41—3—221 判定，如果高尔夫球场预定回收、再利用高尔夫球场的人工池内的弃球，则属于无主物先占，或属于对高尔夫爱好者的权利的继承性取得，从而该"弃球"转由球场方所有，并且，也能承认此占有，因此，他人取得该"弃球"的行为就构成盗窃罪。——译者注

否构成盗窃罪或者抢劫罪呢？在此类情形下，如果不是认为，即便财物的占有人死亡，也并未丧失对财物的占有，那么，就不能成立盗窃罪或者抢劫罪，因此，这里的问题在于，如果要认定这种行为成立盗窃罪或者抢劫罪，就应该承认死者对财物的占有（死者的占有）。但是，对于该问题，应具体作如下分析、理解。

(1) **起初便计划通过杀人而夺取财物的**，应成立抢劫杀人罪（第 240 条），对此现在已不存在争议。抢劫杀人罪的构成要件中，也包括以杀人为手段而夺取财物的情形（大判大正 2·10·21 刑录 19—982）。这里不会出现"死者的占有"问题。

(2) **杀人之后产生夺取财物的意思的**（**事后故意**的一种类型），则会出现"死者的占有"的问题。在该情形下，由于杀害行为并不是作为压制被害人反抗的抢劫手段而实施，难以成立抢劫罪（唯一认定为抢劫罪的，是藤木·各论第 302 页），但对于是否成立盗窃罪，尚存争议。对于强奸杀人之后，随即产生夺取被害人手表的意思的案件，有判例通过对这一系列行为进行整体考察，以"对于被害人生前所持有的财物，在其死后的短时间之内仍继续予以保护，这符合法律目的"为理由，判定成立盗窃罪（最判昭和 41·4·8 刑集 20—4—207、百选 Ⅱ No.28。此外，大判昭和 16·11·11 刑集 20—598 则强调利用了被害人被杀害这一状态）。在下级裁判所的判例中，对于杀死被害人 9 个小时之后，又返回杀害被害人的房间拿走被害人财物的案件，有判例（否定存在占有）判定成立侵占遗失物罪（东京地判昭和 37·12·3 判时 323—33）；对于杀害被害人 3 小时乃至 86 小时之后，又从与被害人同居的房间拿走其财物的行为，有判例判定成立盗窃罪（东京高判昭和 39·6·8 高刑集 17—5—446）；也有判例将杀害一天之后的取财行为认定为盗窃罪，而将搬走尸体 5 天乃至 10 天之后的取财行为认定为侵占脱离占有物罪（新泻地判昭和 60·7·2 刑月 17—7＝8—663）。

这类判例的论据有二：一是存在"杀害后短时间内的被害人的占有，是值得法律保护的"这种价值判断（前揭最判昭和 41·4·8 刑集 20—4—207。不过，也强调对包含杀害在内的一系列行为的整体性考察）；二是重视"利用自己的杀害被害人而使财物脱离其占有这一先行行为，进而夺取财物等，属于一系列的行为"（大判昭和 16·11·11 刑集 20—598 等）。也就是，采取所谓"并用之术"以认定成立盗窃罪。其中，如果强调第一点论据，那么，例如，有人客死路边，他人马上拿走其财物的，这种杀人者之外的其他人（拿走死者财物的行为）也要成立盗窃罪；如果强调第二点论据，则只有杀人者或者其共犯才能成立盗窃罪。就这一点而言，对于从死者身上拿走财物的行为，有判例判定，应成立侵占遗失物罪（大判大正 13·3·28 新闻 2247—22）；而且，学界也几乎没有学说认为，与杀害行为毫无关系的第三者应成立盗窃罪。因此，作为论据来讲，应该说第二点论据更受重视，当然，其条件是，死后并未经过多长时间。

另外，学界以前多认为，杀人者应构成盗窃罪（团藤·各论第 572 页、大塚·各论第 187 页、福田·各论第 225 页等），但近年来，否定死者的占有，认为仅成立侵占遗失物等罪的学者不断增多（平野·概说第 204 页、大谷·各论第 211 页以下、中森·各论第 110 页、曾根·各论第 118 页、西田·各论第 146 页、林·各论第 190 页、齐藤〔信〕·各论第 112 页、山口·各论第 183 页、伊东·各论第 140 页、山中·各论第 273 页等）。

的确，盗窃罪肯定说难以消解下述疑问：如果死后短时间内果真存在"占有"，那么，这种占有可以延续至何时，能否划定明确的界限？而且，如果强调行为的连贯性，亦即，强调利用了杀害结果，那又为何不构成抢劫杀人罪呢（当然，抢劫杀人罪的法定刑过重，不适于此类案件）？因此，盗窃罪肯定说的论据无疑都是存在问题的。只要财物的占有没有因被害人的死亡而转移至该场所的管理者，就只能是理解为，仅成立侵占遗失物等罪。

4. 占有的归属

（1）上下、主从之间的占有关系

例如，当班的店员私吞商店销售款的，如果认为销售款为店员所占有，则成立业务侵占罪（第 253 条），而如果认为销售款（也）为店主或者商店经理等上司所占有，则构成盗窃罪。对于这一点，司法实务部门倾向于认定为上司所"占有"（大判大正 3·3·6 新闻 929—28、大判大正 7·2·6 刑录 24—32、大判大正 12·11·9 刑集 2—778 等）。不过，邮政邮递员将为了邮递而占有的装有纸币的普通邮件据为己有的，也有判例判定成立业务侵占罪（大判大正 7·11·19 刑录 24—1365）。跑外勤负责收款的情形亦是如此，但在上司的事实性支配无法达到的空间，就直接承认部下对所收款项的占有（与之相对，所收款项的所有权直接归属于雇主）。

在该情形下，部下究竟是共同占有者抑或仅仅是占有辅助者，这一点并不明确。但不管怎样，在共同占有的情形下，如果一方出于非法占有的目的，排除另一方的占有而取得财物的，应成立盗窃罪（大判大正 8·4·5 刑录 25—489、最判昭和 25·6·6 刑集 4—6—928）。

（2）封缄物

将现金等财物放在信封、包、保险箱等之内的，称为"**封缄物**"。"封缄物"无须严密封口或者上锁。封缄物通常体现的是，委托人不允许受托人自由处分内容物的意思。受托人打开封缄物非法获取内容物的，究竟是成立盗窃罪还是成立侵占委托物罪，尚存争议。在实务中，有判例判定，受托人取得内容物的，应成立盗窃罪（为此，大判明治 45·4·26 刑录 18—536 认为，封存在邮递员正在投递的邮件之中的物件，仍处于他人的占有之下。另见最判昭和 32·4·25 刑集 11—4—1427、百选Ⅱ No. 25、东京高判昭和 59·10·30 刑月 16—9＝10—679、百选Ⅱ No. 24）。反之，也有判例认为，包括内容物在内，一并获取整个封缄物的，应成立侵占罪（前揭大判大正 7·11·19、东京地判昭和 41·11·25 判夕 200—177）。

对此，学界主要存在下述四种观点：1）**二分说**与判例态度一样，认为非法取得内容物的，构成盗窃，非法取得整个封缄物的，构成侵占（木村·各论第 109 页、大谷·各论第 213 页、前田·各论第 169 页等）；2）**侵占说**认为，受托人是占有人（牧野·各论第 628 页、中森·各论第 99 页、齐藤〔信〕·各论第 111 页、林·各论第 189 页等）；3）**盗窃说**认为，委托人是占有人（团藤·各论第 570 页、大塚·各论第 189 页、福田·各论第 224 页、山口·各论第 182 页、山中·各论第

276页等);4)**共同占有说**认为,对于内容物,受托人是与委托人共同占有,因而应构成盗窃罪(西原·各论第214页等)。如前所述,刑法中的"占有"即"持有"的概念,并未像民法那样被观念化。即便如此,但如果认为,封缄体现的是不让他人接触内容物这种委托人的意思,而且,在判定"占有"的归属之时也应重视这一点的话,那么,对于封缄物的内容物,就有可能认为,委托人仍然保留有"占有"。然而,疑问在于,那种不以内容物为目的而侵占整个封缄物的情况,有可能存在吗?如果认为,承认委托人对内容物存在"占有"的根据在于,封缄所体现的委托人意思,那么,在不破坏封缄的场合就应该理解为,没有侵害"占有",仅成立侵占罪。因此,第1)说即"二分说"是妥当的。

二、窃取行为

"**窃取**",是指违反占有人的意思,排除其对财物的占有,将该财物转移至自己占有之下的行为,也被称为"**取得**"。不过,作为窃取的手段,如果采取了暴力、胁迫或者欺骗,就会出现如何区别于恐吓、抢劫、诈骗的问题。一般而言,即便实施了暴力,也未必直接构成恐吓或者抢劫。

例如,"**抢了就跑**"的行为在强取财物时大多会使用有形力,但这种有形力的行使不是为了压制被害人的意思,而是为了更加物理性地排除被害人对财物的占有。为此,即便给被害人造成了轻微伤害,也未必构成抢劫致伤罪(由于被害人抓住手提包的带子不放,为了让其放手而持续实施暴力的,则可能构成抢劫。最决昭和45·12·22刑集24—13—1882)。

此外,例如,在商场试穿商品,对店员谎称去卫生间而逃走的,虽然窃取之时实施了**欺骗**,如果其目的不在于,引起对方就财物之交付或者财产性利益之处分产生动机错误,进而实施处分行为,那么,即便取得了财物,也不是构成诈骗罪,而是构成盗窃罪(通说。由于被害人的占有及于宾馆隔壁房间,因而最多允许将现金拿至隔壁房间,尽管如此,行为人却拿着现金就此逃走的,对此,东京高判平成20·3·11东高时报59—1~12—12制定成立盗窃罪。此外,店员在店内将被告订购的商品放在售货柜台上让被告清点数目时,被告谎称,"伙计在外面等着,我先把东西给他,马上就付钱",从而将商品带出店外逃走的,对此案件,东京高判平成12·8·29判时1741—160撤销判定成立盗窃罪的一审判决,改判成立诈骗罪。在该案中,被告明明没有购买的意思却订购商品,从订购当时就已经开始实施欺骗行为,而不是商品摆在面前之后,才产生欺骗店员带走商品的意思)。

着手实施与窃取这一构成要件该当行为密切连接的行为之时,盗窃罪就达到**未遂**(第243条)。对着手时点,多数情形下,被认为是物色属于窃取之目的的财物之时,有时候也会被认为是接近于目的物所在地点之时(最决昭和40·3·9刑集19—2—69、百选ⅠNo.62)。此外,以窃取硬币为目的,在自动售货机的零钱出口内侧涂抹胶水之时,对此,也有判例认定为着手(东京高判平成22·4·20公开刊物未刊登)。

财物被窃取之时,盗窃罪达到既遂。这被称为"**取得**"。"取得",是指**排除他人占有将财物转移至自己的占有之下**。问题在于,什么情形能谓之为"取得"了财物。顾客在超市将小件商品藏在自己的包内，从外面无法看到该商品的，正常情况下，就应认定为"取得"。不过，将商品放在超市的购物篮内刚刚通过收银台的，尽管尚在店内，对此，仍有判例判定成立盗窃罪既遂（东京高判平成 4·10·28 东高时报 43—1～12—59、百选Ⅱ No. 32）。其理由是，一旦通过收银台，"取得的盖然性便飞跃性地增加了"。但是，认为在"取得"之前，便已经"窃取了"财物，对此是存在极大疑问的。而且，所谓"取得"，终究是指排除他人占有而将财物转移至自己的占有之下，因此，以"取得"的危险来定义"取得"（"领得"）的做法也是不妥当的。相反，行为人出于盗窃大型卖场陈列的一台电视机的目的，将电视机放在购物车上，未经收银台付款，便将电视机藏在卖场卫生间的洗面台下面的储物柜内，那么，与将商品藏在外部看不到的自己的包内一样，也可以认定为"取得"（东京高判平成 21·12·22 判夕1333—282）。

盗窃罪，是针对财物之所有权等其他本权的"状态犯"，窃取之后，利用或者毁坏该财物的，不另外构成其他犯罪。因为，这些事后行为已经被以本权为法益的盗窃罪的构成要件及其法定刑所包括。这些事后行为，在不被独立处罚这一意义上，被称为"**不可罚的事后行为**"；或者，在依据盗窃罪规定而被一同处罚这一意义上，又被称为"**共罚的事后行为**"（⇒总论第 23 章第 1 节之四）。盗窃罪，是将伴有占有之侵害的非法取得（即"侵占"）的未遂行为，作为既遂处理（作为"**取得危险犯**"的盗窃罪⇒中山·各论第 219 页）。

三、"非法占有的目的"*

即便某人夺取了他人所占有的财物，也并非立即构成盗窃罪。要成立盗窃罪，以该人具有"非法占有的目的"为必要。简言之，"非法占有的目的"是指将他人所有的财物随意地据为己有的意思。对于侵害所有权以及其他本权的盗窃罪而言，这是本质性要素之一，一方面，其具有区分毁损器物罪（第 261 条）等毁弃罪与盗窃罪以及其他取得罪的机能，另一方面，其还具有区分单纯的擅自暂时使用（"**使用盗窃**"或者"**使用侵占**"）与取得罪的机能。

※"**使用盗窃**"的违法性：例如，想必同学们都曾有过这样的经历：上课时忘带橡皮，于是未经允许暂时借用邻桌同学的橡皮。这种情形被称为"使用盗窃"。此外，未经允许暂时使用他人寄存在自己这里的物品的，这种情形被称为"使用侵占"。这些并非蔑视本来的所有权人之所有权的行为。因为，上述行为都只是"借用"而非"据为己有"。因此，在此类情形下，由于没有"非法占有的目的"，不构成盗窃罪。而且，对特定物的"使用侵占"，也不构成侵占罪（相反，暂时挪用现金或者大米等不特定物的，即便有随后填补的意思，有时候也可能构成侵占罪⇒第 20 章）。

不过，我们不能说，因为不构成盗窃罪、侵占罪，这种擅自暂时使用的行为就

---

* 日文原文为"不法领得的意思"，其含义与我国刑法中的"非法占有的目的"的含义基本相同。但值得注意的是，在日本刑法中，"领得"与"占有"属于完全不同的概念，"领得"更接近于"取得""获取""据为己有"。——译者注

是合法的。这种行为不过是不符合侵害所有权等取得罪的构成要件，不具有这些犯罪所预定的可罚违法性，但仍然是违法行为。因此，所有人要求返还、道歉，有时候甚至要求赔偿的，行为人没有拒绝的权利，而且，有时候行为人还可能构成诡计妨害业务罪，或者《轻犯罪法》第1条第31项规定的以恶作剧方式实施的妨害业务罪。

1."非法占有的目的"的定义

在实务中，"非法占有的目的"一般被定义为，（1）**排除权利人，将他人之物作为自己的所有物**（"排除意思"），（2）**按照其经济性用途，进行利用或者处分的意思**（"利用意思"）（大判大正4·5·21刑录21—663、百选Ⅱ No.29、最判昭和26·7·13刑集5·8·1437等）。"排除意思"的功能在于，区别于擅自暂时使用的情形（"使用盗窃"或"使用侵占"）；"利用意思"的功能在于，区别于毁弃罪。在设计图纸、软盘等**信息媒介**的场合，保存所记录的信息，或者为了拷贝而传送的，这些都属于信息媒介的原本的经济用途。因此，若强调"利用意思"，尽管是暂时使用，但为了拷贝而将资料拿出去的行为，反而有可能构成盗窃罪或者侵占罪（东京地判昭和59·6·28刑月16—5＝6—476、百选Ⅱ No.31、东京地判昭和60·2·13刑月17—1＝2—22等）。*

对于"非法占有的目的"的定义，学界主要分为以下几种观点：（1）"**排除、利用意思说**"认为，需要具有"排除意思"与"利用意思"（大谷·各论第200页以下、中森·各论第113页以下、齐藤〔信〕·各论第115页、西田·各论第156页以下、林·各论第190页以下、山口·各论第198页等）；（2）"**排除意思说**"认为，伴有对占有之侵害的毁弃、隐匿都应该构成盗窃罪，仅要求具有"排除意思"（团藤·各论第563页、福田·各论第230页等）；（3）"**利用意思说**"认为，与使用盗窃的区别，属于侵害占有的程度等所决定的排除权利人的可罚的违法性的问题，应该更加重视区别于毁弃罪的"经济性利用"这一本罪的利欲犯属性，因而仅要求具有"利用意思"（前田·各论第158页以下、伊东·各论第209页等。平野·概说第207页也许也持同样宗旨）；（4）"**非法取得意思不要说**"主张无须具有非法占有的目的。"非法取得意思不要说"又进一步分为两种观点：一是从"本权说"出发，将伴有占有之侵害的毁弃、隐匿都认定为盗窃罪，同时将其与使用盗窃的区别视为，侵害占有的程度等所决定的排除权利人的可罚的违法性问题（大塚·各论第197页、中·各论第137页、平川·各论第347页、佐久间·各论第188页以下等）；二是将盗窃罪理解为"取得危险犯"，试图将"非法占有的目的"消解于窃取行为所具有的取得的客观性危险以及行为人对此的认识（即"故意"）之中（中山·各论第220页注〔2〕、曾根·各论第122页以下。不过，中山·口述各论第120

＊ 出于复印的目的而将秘密资料暂时带出的，对此如何处理，也是问题。由于秘密资料的经济价值体现于所记载的内容，行为人打算复印该资料之后，转让给处于竞争关系的公司，因而作为其手段而利用该资料的意思，就相当于非法占有的目的（东京地判昭和55年2月14日刑月12卷1＝2号47页〔建设调查会事件〕）；复印秘密资料的内容，然后获取该信息的意思，就属于非法占有的目的（东京地判昭和59年6月15日刑月16卷5＝6号459页〔新药产业间谍事件〕）。——译者注

页以经济性利用为前提，除去暂时的利用意思，而接近于"排除、利用意思说"）。

2. 与毁弃罪等的区别

首先从与毁弃罪的区别开始探讨。对于（某学校教员出于对校长的不满，为了达到使校长下台的目的）将教育敕语副本从原先的保管场所拿走并藏匿的案件（大判大正4·5·21刑录21—663），以及（为了帮助一直照顾自己的律师，试图让拍卖延期）拿走并藏匿法院拍卖记录的案件（大判昭和9·12·22刑集13—1789），判例否定行为人存在"非法占有的目的"。前者是作为恶作剧的妨害业务（当时属于违警罪。现在属于《轻犯罪法》第1条第31项），后者是作为毁弃公文书罪（第258条）处理的，均否定了盗窃罪的成立。这里是将经济性利用的意思或者动机，作为成立盗窃罪不可或缺的条件。不过，也未必以按照该财物之本来用途为必要，例如，出于超额投票的目的而拿走选票的（最判昭和33·4·17刑集12—6—1079），为了拴住木材而割走电线的（最决昭和35·9·9刑集14—11—1457）也都可以构成本罪。但是，起初便显然是出于为难被害人的目的，而实施毁弃、隐匿的，应否定成立盗窃罪。

对于这种做法，有学者基于上述"排除意思说"或者"非法取得意思不要说"的第一种观点提出了批判意见：对于那些出于毁弃目的拿走之后又改变想法，产生了取得的意思并实际取得的情形，就无法予以处罚。但是，即便是在这种情形下，根据具体案情，也可能成立通过恶作剧或者诡计实施的妨害业务罪，并且，单纯取得的，也可能成立侵占遗失物等罪（第254条），因而不必担心会出现处罚上的漏洞。此外，有观点认为，应根据是藏匿在他人的支配领域之内还是自己的支配领域之内来进行区分，然而，取得罪与毁弃罪之间的法定刑差异，取决于隐匿地点这种偶然因素，无疑是一种很奇怪的做法；而且，不管怎样，必须是依据拿走财物的时点决定是否成立盗窃罪，因而按照这种观点，不考虑打算隐藏在何处这种行为人意思，就势必无法决定是否成立盗窃罪。与毁弃罪相比，取得罪的本质在于，随意地将他人财物据为己有这种利欲犯的动机。利欲犯的动机这一意义上的"利用意思"，是成立盗窃罪等取得罪不可或缺的因素（因怀疑某用于科研的捕鲸船上的船员非法将鲸鱼肉带回或者非法将鲸鱼肉置于市场流通，而出于收集证据的目的，拿走了装有鲸鱼肉的纸箱。对此，有判例认为，"开箱确认具体内容物之后，对本案鲸鱼肉，通过拍照、取样保存等只有所有者才得以实施的方法，而存在连箱子带肉整个利用本案鲸鱼肉的意思"，进而判定行为人存在非法占有的目的〔仙台高判平成23·7·12LEX/DB25472600〕。但这是存在疑问的。即便行为人实际上是出于"开箱确认后丢弃鲸鱼肉"这种损坏器物的意思，但该案也是以"丢弃是只有所有人才得以实施的行为"这种错误的理由，而认定行为人存在非法占有的目的。另外，对于完全是出于进监狱坐牢的目的而窃取财物的行为，广岛高松江支判平成21·4·17高刑速〔平21〕也认定行为人具有非法占有的目的，该判决也是存在疑问的）。

3. 与擅自暂时使用（使用盗窃、使用侵占）的区别

问题在于，盗窃罪与擅自暂时使用的区别。从用语的定义本身来看，出于使用他人财物之后再还给他人的意思的，或者只是具有置之不管的意思的，可以说，行

为人并不存在随意将他人财物"据为己有"的意思。但是，尤其是汽车等交通工具，很容易被擅自暂时使用而成为实施其他犯罪的手段，而且，这种行为还会给汽车本身造成损伤，或者很大程度上妨害权利人等的使用、处分。也就是，擅自使用汽车等交通工具的行为的可罚价值要高于对其他财物的擅自使用。为此，也有国家（例如，德国、瑞士）对于汽车等其他重要财物，以擅自暂时使用不构成盗窃罪为前提，设置了法定刑要轻于盗窃罪的另外的构成要件。也就是，是通过立法论来解决该问题的（对于非法使用汽车的行为，日本《改正刑法草案》第322条规定，以轻于盗窃罪的法定刑予以处罚）。

但是，最高裁判所试图通过解释论来解决此问题。例如，对于出于运送赃物的目的长时间驾驶他人汽车的案件（最决昭和43·9·17裁集刑168—691），以及出于娱乐的目的而在深夜驾驶他人汽车长达4小时的案件（最决昭和55·10·30刑集34—5—357、百选Ⅱ No.30），最高裁判所都认为存在"非法占有的目的"，判定成立盗窃罪。也就是，判例倾向于限制不可罚的使用盗窃的范围。为此，仅凭返还或者放弃的意思，未必能否定取得的意思，毋宁说，决定性因素是，**排除权利人对该财物的使用、处分的意思，达到了与盗窃罪的可罚的违法性相适应的程度**（西田·各论第161页将这一点解释为，"具有实施在一般情况下可能不为权利人所允许的程度或者形式的利用行为的意思"，但是，正常情况下，无论谁都不会允许他人擅自使用自己的所有物，因此，这样的结果就是，使用盗窃的情形一般都会被包括在内）。

因此，结论就会因是否属于价值较高的物品、所消费的价值大小（汽油的消费等）而有所改变。其结果是，与汽车相比，自行车更容易被认定为"使用盗窃"（对于擅自暂时使用自行车的行为否定成立盗窃罪的案例，参见大判大正9·2·4刑录26—26）。但是，与完全打算据为己有的情形相比，适用相同的法定刑，这并非一种妥当均衡的做法。因此，该问题最终仍应通过立法论来解决。

但无论如何，要成立盗窃罪，就要求在拿走财物的时点存在"排除权利人对该财物的使用、处分的意思，达到了与盗窃罪的可罚的违法性相适应的程度"。因此，要区别于不构成盗窃罪的暂时使用，不同于"非法取得意思不要说""排除意思说"，最终还是应该以"排除意思"之有无为标准（中森·各论第114页）。

如前所述，对包含在信息媒介中的信息进行拷贝的行为，完全就属于经济性利用，因此，以拷贝为目的而擅自暂时拿走该媒介的，考虑到信息媒介这一财物的特殊性，应该能认定存在"非法占有的目的"，进而肯定取得罪之成立（⇒松官孝明·《情報横領と不法領得の意思》三原古稀第535页以下）。

第三节 侵夺不动产罪

侵夺他人的不动产的，处10年以下惩役（第235条之二）。
犯罪未遂的，应当处罚（第243条）。

本罪与损坏境界罪（第262条之二）都是1960年增设的罪名，主要是为了处理非法占据土地、建筑物等当时的社会问题。不同于夺取动产的情形——包括毁坏建筑物而拿走已经成为动产的建筑材料的情形在内，不动产不能被"夺取"，而只能被"占据"，因而有必要针对非法占据的问题采取措施。不过，不适用于诸如承租人滞纳租金却仍占据房屋，或者劳资纠纷时工人据守厂房等，那种并不否定所有权本身的非法占据行为。

一、不动产的"侵夺"

不动产的**侵夺**，是指出于"非法占有的目的"，对不动产，排除他人的占有而设定自己的占有（非法占据）（有关简易建筑物的案件，参见最判平成12·12·15刑集54—9—923）。如前所述，不包括承租人滞纳租金却仍占据房屋的行为，以及劳资纠纷时工人据守厂房的行为。

其客体是他人占有的他人的不动产。对于占有人趁夜逃走的情形，有判例仍然肯定其占有，但这是存在疑问的（对于仅拥有建筑物的租赁权以及附随于该建筑物的土地使用权的被告人所实施的非法丢弃废弃物的案件，参见最决平成11·12·9刑集53—9—1117、百选Ⅱ No.34）。

要谓之为"侵夺"，要求采取的是，可以某种程度上永久性地排除他人占有这种形态的非法占据。以非法占据为必要，因而只是变更登记名义的，不属于这里的侵夺。

此外，在行为人的占有形态发生质变，从权利人所允许的样态变为权利人所不允许的形态之时，在该时点就存在"侵夺"（例如，最决昭和42·11·2刑集21—9—1179〔擅自在他人的土地上搭建临时的小房子用于堆放材料，后来又建造了水泥围墙〕、最决平成12·12·15刑集54·9·1049、百选Ⅱ No.35〔未经所有人同意的土地转租人，出于租赁使用的目的，从并无转租权限的原承租人手中，接受了土地以及土地之上的简易设施等之后，擅自对此予以改造，建造了正式的店铺〕）。

二、"非法占有的目的"

成立本罪，也需要**"非法占有的目的"**。其结果是，那种不过是出于暂时使用的目的的非法占据行为被排除在外（大阪高判昭和40·12·17高刑集18—7—877）。因为，就是从10年以下惩役这种法定刑来看，本罪也并非单纯的妨害利用的犯罪。

但是，如果进入不动产登记制度齐备，不动产的权利关系在任何时候都能明确的时代，事实上已不可能通过非法占据来侵犯不动产的所有权。因此，近些年的判例所涉及的案件，严格意义上来讲，与"非法占有的目的"相比，更多是因为妨害了权利人的使用或者处分。总之，可以说，本罪的历史使命正趋于结束，如果有必要，可以降低本罪的法定刑，达到与强要罪、妨害业务罪保持均衡的程度，进而将本罪置换为妨害他人利用不动产的犯罪。

第四节　有关自己财物的特例

虽然是自己的财物，但为他人所占有，或者基于公务机关的命令由他人看守的，就本章犯罪（盗窃罪、侵夺不动产罪、抢劫罪等），视为他人的财物（第242条）。

一、本规定之旨趣

本规定是对旧《刑法》第371条的继承。旧《刑法》第371条针对的是，作为他人的担保权之对象的自己所有物、被扣押的自己所有物。现行刑法大幅度地扩大了对象范围，其旨趣在于保护"善意占有"（田中·释义下第1301页）。如果这里所谓对"善意占有"的保护，意味着民法的**善意取得**（即时取得）（《民法》第192条），那么，由于占有人取得了该动产的所有权等其他本权，因而第242条的宗旨在于，为了保护因善意取得而取得本权者，对于自认为是权利人者，不允许其以错误为理由进行抗辩（第38条第1、2款）。无论如何，该规定显然没有将盗窃犯的"恶意占有"也纳入保护对象。

二、本权说与持有说的对立

如第16章所述，围绕对本规定的解释，存在本权说与持有说之间的激烈对立。**本权说**认为，被视为他人的财物的自己的财物，必须是他人依据担保权、租赁权等民法上的本权而占有财物，反之，**持有说**则认为，只要是他人占有的财物即可，而不问是出于何种理由而占有。

而且，有关本条的法律性质，本权说认为是例外规定，而持有说则认为是注意规定。有关这一点，需要注意的是，对**盗窃林木罪**（《森林法》第197条），有判例以没有明文规定为理由而排除了第242条的适用（最决昭和52·3·25刑集31—2—96）。在此意义上，司法实务也并未超越本权说。

三、自己所有物与"非法占有的目的"

另外，在针对自己所有物的取得罪的场合，严格意义上来说，不需要存在"非法占有的目的"。因为，对于已经是自己之物的财物，不存在"非法据为己有"的余地。这里，"非法占有的目的"应被解读为，**排除他人对于该财物的——所有权之外的其他——本权，作为不受限制的所有者，按照该物之经济性用途，进行利用或者处分的意思**。为此，持有说与非法占有目的必要说是不可能两立的。

第五节　有关亲属间犯罪的特例

配偶、直系血亲或同居的亲属之间犯第235条之罪（盗窃罪）、第235条之二之罪（侵夺不动产罪），或者这些罪的未遂的，免除刑罚（第244条第1款）。

前款所规定的亲属以外的其他亲属之间，犯前款规定之罪的，非经告诉不得提起公诉（同条第2款）。

对于非亲属的共犯，不适用前两款的规定（同条第3款）。

一、本规定之旨趣

对于发生在直系血亲、配偶、同居的亲属之间的盗窃、侵夺不动产的行为，本条规定**免除刑罚**；而且，对于发生在其他亲属之间的盗窃与侵夺不动产的行为，本条规定属于**亲告罪**，非经被害人的告诉不得追诉。"**亲属**"的含义，遵循《民法》第725条的规定。

对于发生在直系血亲、配偶、同居的亲属之间的盗窃等行为免除刑罚，有关本规定之旨趣，存在下述观点之间的对立：(1) **一身性的刑罚阻却事由说**（最判昭和25·12·12刑集4—12—2543。多数说）认为，本条体现了"法不介入家庭"这一法律格言，是与犯罪的成立与否无关的政策性规定。因此，即便行为人误以为对象财物是属于自己亲属的财物，也不影响犯罪的成立。(2) **可罚的违法性阻却事由说**（佐伯·总论第221页、中·各论第148页、平野·概说第207页、中山·各论第234页）认为，第244条第1款的亲属关系是盗窃罪的消极的构成要件要素，符合该规定的盗窃等不具有盗窃罪所预定的可罚的违法性。其理由在于，上述亲属之间，其家庭收支事实上是共同的，"财物的占有与使用都是一起的"（平野·概说第207页）。按照该观点，如果行为人误以为对象财物是自己亲属的财物，则直接否定盗窃罪的故意。(3) **责任阻却或减少或者期待不可能性说**（泷川·各论第113页、曾根·各论第126页、西田·各论第164页、林·各论第203页等）以及**可罚的责任减少说**（山中·各论第301页）认为，第244条第1款的亲属之间的盗窃等行为，类型性地缺少合法行为的期待可能性。按照该观点，出现上述错误的，限于不能期待避免该错误的情形，才否定盗窃罪的责任。

对于误以为他人之物是自己同居的亲属之物而窃取的案件，有判例认为，应该准照有关亲属间犯罪的特例来处理，进而免除了被告的刑罚（福冈高判昭和25·10·17高刑集3—3—487）。上述第(2)种观点更容易解释这一结论。但是，如果认为第244条第3款是承认将非亲属者作为共犯予以处罚，则不能说，符合第244条第1款的盗窃行为，不属于作为可罚的违法行为的"犯罪"（第60、61条）。而且，如果以"财物的占有与使用是合在一起的"作为理由，那么，即便存在并非亲属的共犯，"财物的占有与使用是合在一起的"这一点也理应没有改变。因此，应该以第(1)说即"一身性的刑罚阻却事由说"为前提，对于就一身性刑罚阻却事由存在假想的情形，也适用责任主义的旨趣，针对这种错误并无过失的，就应免除刑罚。

二、亲属关系

本条中的**亲属关系**，必须是作为盗窃罪等的被害人的财物所有人以及占有人均与行为人之间存在亲属关系（多数说。最决平成6·7·19刑集48—5—190、百选Ⅱ No.33。但最判昭和24·5·21刑集3—6—858的旁论认为，只要与占有人之间存在亲属关系即可）。此外，还有判例认为，非婚同居关系不属于本条第1款之"配偶"（最决平成18·8·30刑集60—6—479）。

随着"核心家庭"（nuclear family）化的进展，作为立法论而言，也许像德国那样，删除免除刑罚的情形，全部规定为亲告罪可能更好。

【问题研讨】

本权说与持有说的对立，与有关非法占有的目的的必要说与不要说的对立之间，是否存在逻辑上的关系？

【解说】

正如第14章第4节以及第17章所述，盗窃罪等取得罪，是侵犯财物的所有权等其他本权的犯罪。正因为如此，只是侵害占有的，不成立盗窃罪，还需要具有"非法占有的目的"；同时，窃取之后取得财物的，也就是，随意将财物据为己有的行为，作为"不可罚的事后行为"或者"共罚的事后行为"而被盗窃罪所吸收，不再构成其他犯罪。这样一来，以往学者多认为，本权说与非法取得意思必要说必然地联系在一起（小野清一郎、泷川幸辰、佐伯千仞、团藤重光等自战前便活跃于学界的刑法学者的观点就是如此）。同样，也有学者认为，持有说与非法取得意思不要说之间的关系也是必然的（其代表是牧野英一、木村龟二等新派刑法学的大家）。

但是，二战之后，情况发生了变化。首先，对于骗取属于旧日本军队之隐匿物资的酒精的案件，最高裁判所判定成立诈骗罪（最判昭和24·2·15刑集3—2—175）；最高裁判所还认为，有关亲属间犯罪的特例中的亲属关系，只要行为人与占有人之间存在亲属关系即可（前揭最判昭和24·5·21刑集3—6—858）。而且，虽然形式上转移了所有权，但实质上仅具有担保权意义的场合，该形式的所有权人即实质上的担保权人夺取（盗取）了财物的，最高裁判所判定该人成立盗窃罪（最判昭和35·4·26刑集14—6—748）；按照相关法律的规定，年金证书不能用作担保，但行为人在将国铁的年金证书作为担保物而抵押给债权人之后，又从债权人处骗回了国铁年金证书，对此案件，最高裁判所判定成立诈骗罪（最判昭和34·8·28刑集13—10—2906）。此外，以暴力、胁迫为手段催讨债权的，最高裁判所有判例判定，包含债权金额在内，对于所催讨的全部金额成立恐吓罪（最判昭和30·10·14刑集9—11—2173）。这样，由于是战后的混乱期，而且案件还与担保权交织在一起，最高裁判所的判例似乎给人一种倾向于持有说的印象。此外，对于非法占有的目的，最高裁判所依然显示出必要说的态度（最判昭和26·7·13刑集5·8·1437、最决昭和55·10·30刑集34—5—357等）。因此，乍看上去，似乎本权说与非法取得意思必要说、持有说与非法取得意思不要说之间的必然联系已经不复存在。

受此影响，学说中也出现了采取持有说，但同时立足于非法取得意思必要说的观点（以平野龙一为开端）。此外，也出现了虽支持本权说，但同时立足于非法取得意思不要说的观点（例如，大塚·各论第197页）。为此，近年来，下述观点渐趋有力：本权说与持有说之间的对立，是作为侵害之对象的占有是否需要存在本权之根据的问题，而是否需要非法取得意思，则属于区别于毁弃罪与使用盗窃的标准的问题，两者属于不同层面的问题（例如，西田·各论第157页）。

但是，对于这种分解问题的做法，尚有再考虑的余地。首先，是否可以认为，最高裁判所真的是立足于持有说，就是一个问题。对此，可以提出以下几点：（1）对于有关亲属间犯罪的特例，已经有判例要求与所有权人之间也存在亲属关系（最决平成6·7·19刑集48—5—190。为此，面对最高裁判所的这一决定，持有说的支持者提出，第244条的亲属范围与盗窃罪的保护法益之间不存在逻辑关系，从而转向守势）；（2）对于隐匿物质等违禁品，所有权本身并未被否定，因而无法将其作为持有说的例证；（3）在采取转移所有权形式的担保权的场合，也承认被害人拥有值得保护的"所有权保留"等本权；（4）看似行使权利的催收债权，也不包括使用暴力或胁迫这种强制的权利，因而立足于本权说，也能得出在该场合下，应就所催讨的全部金额成立恐吓罪这一结论。因此，不同于判决的字面表述，最高裁判所的判例中，并不存在不采取持有说便无法说明的判例。

其次，持有说与非法取得意思必要说是否能够并存，也是一个疑问。这也是因为，按照持有说，如果存在占有侵害，就理应不能否定盗窃罪之成立，在该场合下——虽然未必全部如此——就没有理由以不存在"非法占有的目的"为由而将出于擅自暂时使用的目的，或者毁弃的目的而拿走财物的情形排除在外。虽然也有论者提出，将什么范围之内的占有侵害作为盗窃罪来处罚属于另外的问题（⇒西田·各论第157页、山中·各论第278页），但这种"另外的问题"的判断标准，就正是"对所有权等本权的侵害"，亦即，排除权利人（本权人）随意将他人之物据为己有这种对于所有权制度的侵犯，完全存在于"本权说"的观点之中。

反之，可以预想到如下批判：即便采取本权说，若侵害了占有，就势必会侵犯对该财物的使用、处分这种本权机能，因此，没有必要另外再要求存在侵犯所有权的意思（⇒西田·各论第157页）。但是，"即便采取本权说，若侵害了占有，就势必会侵犯对该财物的使用、处分这种本权机能"这一前提本身就已经是问题。"本权说"认为，原本来说，取得罪的违法性的本质在于，蔑视他人对财物的所有权。因此，没有无视他人的所有权的擅自借用行为，也没有侵犯本权。若非如此，包含本权说在内的任何观点，反而都无法提出界定使用盗窃不可罚的标准，最终所有问题都会归结于暂缓起诉裁量与量刑的问题。即便提出可罚的违法性的问题，但那也首先应该与作为可罚的违法类型的构成要件的解释联系在一起。

正文已经谈到，立足于本权说而主张非法取得意思不要说，这是不妥当的。最后，想就主张"'利用意思'属于利欲犯的动机问题，与行为的违法性无关"的观点（大谷·各论第199页、林·各论第195页等）作些探讨。在该观点看来，虽然都是侵害所有权的犯罪，盗窃罪与毁损器物罪的法定刑之间存在明显的轻重之别的理由，不在于作为侵害对象的法益的差异，而在于行为动机的诱惑性的差异。这种观点确实值得倾听。但即便如此，作为"利用意思"的"非法占有的目的"，与"本权说"也并非毫无关系。只要考虑下述问题，其理由就显而易见：与毁损器物这种对所有权的侵犯相比，按照其经济用途，利用、处分他人财物的动机，为何更加值得非难?这是因为,该动机不仅存在动机的诱惑性,而且这种动机还同时意味着,蔑视他人的所有权,通过利用、处分他人之物而获取经济性利益,这无疑是对所有权秩序的正面挑战。因此,"利用意思"这种利欲性动机更值得非难的理由,也应该从"本权说"中推导而出。

第十八章
抢劫犯罪
——针对财产权的犯罪（之二）

第一节 概 述

一、抢劫犯罪的种类

除盗窃罪与侵夺不动产罪之外，《刑法》第 2 编第 36 章还规定了抢劫罪（第 236 条）、抢劫预备罪（第 237 条）、事后抢劫罪（第 238 条）、昏醉抢劫罪（第 239 条）、抢劫致死伤罪（第 240 条）以及抢劫强奸罪、抢劫强奸致死罪（第 241 条）。有关属于他人占有等的自己的财物的特例（"有关自己财物的特例"）（第 242 条）以及有关将电力视作财物的"视作规定"（"有关电力的特例"）（第 245 条）适用于这些犯罪，而有关亲属间犯罪的特例（第 244 条）则不适用于这些犯罪。

第 236 条第 2 款的利益抢劫罪，是现行刑法增设的罪名。其理由在于，不同于盗窃，在抢劫的情形下，不仅仅有强取财物的情形，还有取得其他财产性利益的情形。而且，鉴于抢劫罪的严重性，出于防患于未然的意图，现行《刑法》增设了第 237 条的抢劫预备罪。第 238 条的事后抢劫罪，只是对旧《刑法》第 382 条之规定略加修正，其旨趣是相同的。旧《刑法》第 382 条仅仅规定了防止财物被追回的情形，现行刑法还补充规定了，为了逃避逮捕或者隐灭罪迹而实施暴力或胁迫的情形。第 239 条的昏醉抢劫罪，是与旧《刑法》第 383 条同一旨趣的规定，只是删除了旧刑法所列举的使人昏醉的具体方法。第 240 条的抢劫致死伤罪，是与旧《刑法》第 380 条同一旨趣的规定；第 241 条的抢劫强奸罪，则是与旧《刑法》第 381 条相同旨趣的规定。不过，抢劫强奸致死罪是旧刑法所没有的规定，是考虑到有必要特别加重其刑罚而设置的。

直至 1902 年前后制定的草案之前，抢劫罪的刑罚下限多为 3 年惩役，而抢劫致伤罪的刑罚下限多为 5 年惩役。

二、保护法益

与盗窃罪一样，本罪也以财物的所有权等其他本权为保护法益，同时，还保护财物持有者的生命、身体。尤其是在解释抢劫致死伤罪（第 240 条）的未遂、既遂时，更是强调后者的意义，因此，虽然夺取财物归于未遂，但导致了被害人死伤的，应构成抢劫致死伤罪的既遂。

相反，利益抢劫罪（第 236 条第 2 款）的保护法益与诈骗罪（第 246 条）、恐吓罪（第 249 条）相同，是财产性利益，严格来说，是**因受到非法压力而无法形成处分包括所有权在内的财产性利益的动机这种权利**（⇒第 16 章第 3 节之二）。其中包括**加重恐吓罪**的情形，也就是，虽有可能压制被害人的反抗，但并未完全压制其反抗，而让其（在该状态下）实施处分财产性利益的行为。

第二节　财物抢劫罪

采取暴力或者胁迫手段，强取他人财物的，是抢劫罪，处 5 年以上有期惩役（第 236 条第 1 款）。

本罪的未遂，应当处罚。（第 243 条）

一、客体

本罪的客体是**他人的动产**。采取足以压制被害人反抗的暴力或者胁迫，让其实施不动产的所有权转移登记的，构成——具有加重恐吓罪之性质的——利益抢劫罪（需要注意的是，在诈骗罪、恐吓罪中，这种情形构成第 1 款犯罪）。

二、暴力、胁迫

本罪所谓暴力、胁迫，是**作为夺取他人财物的手段而采取的行为**（夺取目的），**必须达到足以压制对方反抗的程度**。未达到该程度的，构成恐吓罪。但是，是否实际压制了被害人的反抗——至少就未遂犯罪的成立而言——并不重要。

在实务中，其判断基准是：**与被害人处于相同的具体状况之下的一般人，是否会因为该暴力、胁迫而被压制了反抗**（最判昭和 24・2・8 刑集 3—2—75）。所谓与被害人处于相同的具体状况之下，应当包括被害人的年龄、性别、体力、智力、有可能采取的防御手段等各种具体情况。

再者，有判例认为，只要这种手段与取得财物之间存在因果关系，**即便并未实际压制被害人的反抗也构成抢劫罪的既遂**（最判昭和 23・11・18 刑集 2—12—1614、百选 II No.36）。但是，批判意见也很有力：要达到既遂，以实际压制了反抗为必要，只要未能证明这一点，则抢劫罪应止于未遂。不过，很多时候实际上这点难以证明。因而，实施了足以压制被害人反抗的暴力、胁迫的，只要未能提出反证，就可以推定为，压制了被害人的反抗。但是，如果在是否被压制的问题上存在合理怀疑，则应理解为仅构成未遂。

通常，使用有形力的"**抢了就跑**"，不是为了压制对方的反抗而实施暴力，因而，即便造成了被害人受伤，也仅成立盗窃罪与伤害罪的并合罪（⇒第17章第2节之二）。不过，如果被害人对自己的包不撒手，行为人就会持续实施暴力，甚至有可能引起针对被害人之生命、身体的重大危险，限于这种情形，应当例外地认定构成抢劫罪（最决昭和45·12·22刑集24—13—1882。不过，即便是这种情形，由于被害人不撒手，而持续实施暴力行为的，对行为人而言，这也许是出乎其意料的。因此，根据具体案情，有时候可能存在错误的问题）。

另外，出于强制猥亵的目的捆绑了被害人之后，行为人又产生了取得财物的意思的，对此情形，有判例认为，如果能认定被害人处于被捆绑的状态之下，暴力、胁迫实质上仍然在持续，那么，即便没有另外实施暴力、胁迫，趁机取得财物的，也应构成抢劫罪（东京高判平成20·3·19高刑集61—1—1、百选No.41）。但这是存在疑问的。如果暴力、胁迫实质上仍然在持续的话，想必应当说实施了"另外的暴力、胁迫"。但是，这种观点的逻辑是，对于通过暴力、胁迫创造了压制反抗状态的行为人，承认其实施了基于先行行为的不作为的暴力、胁迫，然而，这与下面这一点是矛盾的：不同于第178条的准强制猥亵罪，第239条的昏醉抢劫罪不包含趁被害人陷入不能抗拒的状态的情形。

三、强取

"**强取**"，与"**窃取**"同为**夺取**的意思，是指违反占有人或者持有人的意思，排除其对财物的占有或者持有，将该财物转移至自己的占有或者持有之下。

行为人通过暴力或胁迫使得被害人丧失反抗的意思之后，再产生强取的意思的，由于暴行、胁迫与强取之间不存在手段与目的的关系，不成立抢劫罪。

对于杀害被害人之后的盗取行为，有判例判定成立盗窃罪（最判昭和41·4·8刑集20—4—207、百选Ⅱ No.28⇒第17章第2节之一）。并且，对于强奸被害人之后，乘其处于不能抗拒的状态而强取财物的行为，也有判例判定成立抢劫罪（最判昭和24·12·24刑集3—12—2114）。但是，如果是产生强取意思之后完全没有实施暴力或者胁迫的情形，要认定成立抢劫罪，就存在疑问。反之，如果不是这种情形，而是考虑到遭受强奸后反抗能力降低的被害人的具体情况，能认定存在达到足以压制反抗这种程度的言行即胁迫的，就应该认定成立抢劫罪（大阪高判昭和47·8·4高刑集25—3—368）。

四、未遂与既遂

本罪是由暴力或胁迫与强取（即"窃取"）组成的**结合犯**。本罪的实行的着手，即**未遂**，是在行为人开始实施作为强取之手段的暴力或胁迫的时点。（专门乘无人在家时入室盗窃的）小偷在实施盗窃时，被家人发现，转而施加暴力、胁迫而强取财物的"**转化抢劫**"中，在实施作为强取之手段的暴力、胁迫的时点，成立抢劫罪的实行的着手。在此类情形下,即便行为人起初便打算,一旦被发现便转而实施抢劫,也不能在盗窃的时点认定构成抢劫罪的未遂。

在**取得**财物时,本罪达到既遂("**取得说**")。不过,在入室盗窃的情形下,一般是在取得财物走出房屋时认定达到既遂,但对大多通过压制被害人的反抗而强取财物的本罪而言,很多时候只要将财物放入自己的挎包等之中,仅此即可认定达到既遂。

如前所述,在抢劫致死伤罪中(第240条),在被害人死伤的时点,认定成立第240条的既遂。

第三节 利益抢劫罪

以第236条第1款之方法,取得非法的财产性利益,或者使他人取得的,与该款同(第236条第2款)。

本罪的未遂,应当处罚。(第243条)

一、客体

本罪客体是财产性利益。条文中的"非法的财产性利益",是指取得该利益本身是非法的。*

二、利益的取得

行为人"取得非法的财产性利益,或者使他人取得的"("**利得**"),成立本罪。要取得财产性利益,例如,取得债权或者免除债务,是否以转让债权或者免除债务的意思表示这一意义上的、被害人的**处分行为**为必要,对此尚存争议。这里,至少以转移利益的外形上的事实为必要,没有该事实,则无法认定为"利得"。问题在于,从法律上看,没有有效的处分行为则不转移利益的场合,能否以行为人事实上获得了利益为理由,认定成立本罪?

尤其是在债务人为了免于偿还债务而**杀害了债权人**的场合,围绕能否以利益抢劫为理由而成立抢劫杀人罪(第240条)的讨论,更凸显了该问题。因为,在该情形下,如果被害人有财产继承人,则并不消灭债权本身,仅仅是被继承而已。对于这一点,有大审院时代的判例认为,要成立本罪,必须是为了非法取得或者让他人取得财产上的无形利益,而强制他人进行了财产性处分,因此,那种为了免于履行债务而杀害债权人的行为,不构成抢劫(大判明治43·6·17刑录16—1210)。

---

* 亦即,非法地取得该利益。对此,山口·各论第214页认为,"这是指非法地取得或者使他人非法地取得财产性利益,而不是以取得'非法的利益'为要件";西田·各论第173页以下认为,"这里所谓'非法的财产性利益',并不是指利益本身是非法的,而是指非法地转移财产性利益"。——译者注

与之相对，对于出于逃避履行债务的目的而试图杀害债权人，对被害人施以暴力，结果虽得以事实上免于偿还债务，但未能实现杀害之目的的情形，有最高裁判所的判例判定，应成立《刑法》第240条后段、第243条的抢劫杀人罪未遂（最判昭和32·9·13刑集11—9—2263、百选ⅡNo.38）。"一方面，有关前述借贷，既没有借款凭证，其具体内容也不明确，另一方面，如果该女子死亡，则除了被告之外再无他人了解详情"，因此，该案是将如果杀害了被害人则事实上不再存在要求其偿还债务的可能性这种状态视为"利得"。因此，当债权人强烈要求债务人履行债务，（为了暂时逃避债务）作为权宜之计而杀害债权人的，就并非全部构成抢劫杀人（另外，对于在确保了对信用卡的占有之后，胁迫信用卡持有人说出密码的行为，东京高判平成21·11·16判时2103—158判定成立利益抢劫罪。在承认利得罪并非转移个别财产的犯罪这一点上，该判决也引人关注）。*

　　再者，即便是为了继承，**继承人杀害了被继承人的场合**，也有下级裁判所的判例认为，人的死亡是启动遗产继承程序的唯一原因，并无加入任意处分这一观念的余地，并以此为理由判定，得以继承财产，这并非属于本罪之对象的利益，进而否定成立抢劫杀人未遂（东京高判平成1·2·27高刑集42—1—87）。** 亦即，属于第2款抢劫之对象的利益必须是被害人可以任意处分的利益。但是，对成立本罪而言，不需要存在实际的处分行为。

　　此外，至少在以暴力、胁迫作为手段，强制被害人进行财产性处分之时，自大审院以来，判例基本上承认，是有可能构成本罪的。也就是，在利益抢劫罪中，被害人能够任意处分的财产性利益包括下述两种情形：（1）以暴力、胁迫为手段，强制其进行财产性处分；（2）通过暴力、胁迫，创造出事实上转移了该利益这种外形上的事实。如果将第（1）种情形也作为本罪之对象，倘若完全压制了被害人的意思，则被害人不可能作出转移利益的意思表示，因此，就应该这样来理解：对于本罪的成立而言，不仅包括完全压制被害人之反抗意思的情形，还包括虽使得被害人明显难以反抗，但被害人仍有作出有效的意思表示之可能的情形，以及至少具有能被理解为是有效的意思表示这种外形上的事实的情形。概言之，利益抢劫罪显然具有加重恐吓罪的性质。

---

* 对此，山口·各论第224页认为，"首先容易引起争议的是，出于逃避偿还债务的目的而杀害债权人的情形。例如，为了逃避偿还债务，杀害了债权人，虽然并未制作正规的借条，但被害人一方仍留有大量物证。对此，有下级裁判所的判例认为，作为杀害的结果，除了造成债权的继承人等不可能或者明显难以行使债权的情形之外，使得债权人一方相当时间之内不可能迅速行使债权的，也能肯定存在非法获利（大阪高判昭和59·11·28高刑集37—3—438）。但是，要肯定因杀害债权人而成立第2款抢劫，必须是因债权的证明记录不存在等，使得继承人等不可能或者事实上极难行使债权，从而处于事实上得以逃避债务的状态。如果认为，只要是得以暂时逃避了债务即可，那么，由于继承人行使权利需要一定时间，就会造成凡杀害债权人的，几乎都会成立抢劫杀人罪这样一个结果，应该说是有疑问的"。——译者注

** 本案大致案情为：出于继承的目的，试图杀害被继承人，但未能得逞。对此，东京高判平成1·2·27高刑集42—1—87认为，作为第2款抢劫之对象的财产性利益，与第1款抢劫中的财物一样，必须是在并未被压制反抗的状态之下，被害人能够任意处分的利益，然而，因遗产继承而实施的财产继承，人的死亡是启动遗产继承程序的唯一原因，并无加入任意处分这一观念的余地，因此，作为继承对象的财产性利益，并非被害人能够任意处分的利益，不属于作为第2款抢劫之对象的财产性利益，不成立抢劫杀人罪未遂。——译者注

第四节 抢劫预备罪

以犯抢劫之罪为目的进行预备的，处 2 年以下惩役（第 237 条）。

本条是现行刑法增设的规定，处罚的是抢劫罪的准备行为。其理由在于，与放火罪、杀人罪一样，对抢劫罪，也有必要尽可能地防患于未然。

不过，对于放火预备罪（第 113 条）与杀人预备罪（第 201 条），存在可以依据情节而免除刑罚的规定，但对抢劫预备罪，在立法过程中，虽有过这样的考虑，最终还是以犯罪性质恶劣为理由，没有就此作出免除刑罚的规定。为此，就留下了这样一个矛盾：着手实行抢劫之后中止的，有免除刑罚之可能（第 43 条但书），但在预备阶段中止的，却没有免除刑罚的余地（最大判昭和 29·1·20 刑集 8—1—41。学界有力说认为，应当类推适用第 43 条的但书，但从最终放弃作出免除刑罚的规定这一立法过程来看，作为解释论来说，这种观点很难成立）。因而，作为立法论来说，还是应当与第 113 条、第 201 条一样，设置可以根据情节而免除刑罚的规定。

对于本条的"抢劫之罪"是否也包括事后抢劫罪（第 238 条）与昏醉抢劫罪（第 239 条）这一问题，现在依然存在争议。对于出于事后抢劫之目的的情形，虽然有判例承认本条之适用（最决昭和 54·11·19 刑集 33—7—710、百选Ⅱ No.41），但对此是存在疑问的。因为，如下所述，对于事后抢劫罪（第 238 条），应该理解为身份犯——加减的身份犯（第 65 条第 2 款），其主体是具有通过着手实行盗窃罪而获得的"盗窃犯"这种身份者，而在行为人获得"盗窃犯"这种身份之前，就将其与抢劫犯作同样对待，显然不妥当。而且，倘若可以适用，如果我们问一下（趁家中无人时）入室盗窃的盗窃犯，在被人发现将要被捕时，是否有不惜实施暴力、胁迫也要脱逃的打算，想必几乎所有盗窃犯的回答都是肯定的，那么，就会出现应该将入室盗窃的预备行为全部作为事后抢劫罪的预备来处理这种结果。进一步而言，从该规定作为第 237 条，规定在第 236 条（抢劫罪）之后可见，不仅是第 238 条，对第 239 条适用本条，也是值得怀疑的（同旨，大塚·各论第 237 页）。那种认为也应适用本条的观点，无非是认为，正因为行为人起始便打算实施以暴力、胁迫为手段的凶恶犯罪，因而有必要对其预备行为进行处罚。

与放火、杀人的预备罪一样，如果作为目的犯罪的抢劫罪达到未遂或者既遂，本罪即被吸收，不另外构成犯罪。

第五节 事后抢劫罪

盗窃犯*窃取财物之后为了防止财物被追回，或者为了逃避逮捕，或者为了隐

---

* 日文原文使用的是"窃盗"。西田·各论第 178 页认为，"本条中的'窃盗'这一用语，就是指'盗窃犯'（盗窃罪的罪犯）"（参见西田典之.日本刑法各论：6 版.王昭武，刘明祥，译.北京：法律出版社，2013：183.）。——译者注

灭罪迹，而实施暴力或者胁迫的，以抢劫论（第 238 条）。

犯罪未遂的，应当处罚（第 243 条）。

一、法律性质

本罪是对旧《刑法》第 382 条的修正。在本罪中，盗窃犯是为了阻止赃物被追回而实施暴力、胁迫，虽然顺序相反，仍属于可以与使用暴力、胁迫而夺取财物的抢劫罪相匹敌的财产犯罪。为此，旧刑法仅规定了盗窃犯为了阻止赃物被追回而实施暴力、胁迫的情形。但是，按照现行《刑法》第 238 条的提案理由，也并非不存在盗窃犯为了逃避逮捕或者隐灭罪迹而实施暴力、胁迫的情形，因而现行刑法中增加了为了逃避逮捕，或者为了隐灭罪迹而实施暴力、胁迫的情形。其旨趣与旧《刑法》第 382 条并无不同。

然而，如本条后段那样，如果是为了逃避逮捕或者隐灭罪迹的暴力、胁迫，在盗窃未遂的情形下，也是完全有可能实施的。为此，例如，在盗窃归于未遂，但就要被逮捕之时，盗窃犯为了逃避逮捕，实施了暴力、胁迫的，就被判定成立本罪的未遂（大判昭和 9・3・15 刑集 13—286、最判昭和 24・7・9 刑集 3—8—1188。这是现在的通说观点。但西田・各论第 182 页对此提出了质疑*）。如果由此发生了死伤结果，则被判定适用抢劫致死伤罪（第 240 条）——而且，是作为该罪的既遂（大判昭和 9・3・15 刑集 13—286、最判昭和 24・7・9 刑集 3—8—11889）。

※逃避逮捕或者隐灭罪迹之目的的问题性：（与旧刑法相比）事后抢劫罪增加了出于逃避逮捕或者隐灭罪迹的目的的情形，对此，就有重新考虑的余地。这是因为，在其他犯罪的情形下，即使出于免于逮捕或者隐灭罪迹的目的而实施了暴力或者胁迫——至多是在针对警察等公务员的场合，成立妨害执行公务罪——也不会被特别从重处罚，为何只有盗窃犯（包括未遂）必须受到——暴力、胁迫的，处 5 年以上惩役；致伤的，处无期或者 6 年以上惩役；致死的，处死刑或者无期惩役——如此处罚呢？实际上刑法很难对此作出解释。这里，不妨与痴汉违反《骚扰防止条例》的情形进行比较。在痴汉实施猥亵行为之后，马上就要受到逮捕之时，为了逃避逮捕而实施了暴力的场合，下述处理就是闻所未闻的：因为随后实施了暴力，所以应构成强制猥亵罪。那么，只有盗窃犯遭受这种不利益的对待，就可以说，这种做法违反了《宪法》第 14 条第 1 款规定的法律面前人人平等原则。

实际上，与现行刑法一样，在旧刑法的立法过程中，也曾经有过增加逃避逮捕

---

* 西田・各论第 181 页以下指出，"之所以将事后抢劫罪作为抢劫来处罚，这是因为，在通过实施盗窃而获取了财物的情况下，作为确保已取得的财物的手段而实施了暴力、胁迫行为，可以认为，这一点与为了获取财物而实施暴力、胁迫行为的第 236 条，在规范性上是相同的。如果这样理解的话，下面的观点就完全有可能成立：本罪当然是以已获得财物为前提，因此，在盗窃尚处于未遂阶段之时，包括未遂在内，基本上不可能成立事后抢劫罪；在盗窃达到既遂之时，尽管实施了暴力、胁迫行为，但最终仍未能保住财物，只有在这种情况下，才有可能成立事后抢劫罪的未遂。在此，仅限于提出疑问而不作进一步的探讨"（参见西田典之. 日本刑法各论：6 版. 王昭武，刘明祥，译. 北京：法律出版社，2013：187.）。——译者注

或隐灭罪迹之目的的提议。但是，日本刑法的起草人波阿索纳德（Gustave Émile Boissonade de Fontarabi）对此提出了反对意见：如果增加上述目的，本罪就会丧失作为财产犯的性质。为此，旧《刑法》第382条仅仅规定了防止财物被追回这一目的。增加了上述两种目的的现行《刑法》第238条的提案理由也认为，这两种目的的规定的旨趣本身是完全相同的。也就是，考虑到被害人不仅有追回财物的意图，可能同时还有逮捕犯人的目的，至于立法者是否曾经考虑过逮捕盗窃未遂犯的问题，则是存在疑问的（⇒金泽真理·《財物奪取後の暴行·脅迫》阿部古稀第295页以下）。

不过，在入室盗窃的场合，因意图逮捕犯人，主人遭受暴力、胁迫的危险会提升（大审院与最高裁判所的先例都有关于入室盗窃的案件）。但是，与其说是盗窃罪，毋宁说，几乎所有以入室为手段的犯罪，都是如此。因此，作为立法论来说，最好能删除第238条的逃避逮捕等目的。如果确有必要，针对以入室为手段的所有犯罪，规定一种新的加重类型，也许更好。

关于本罪的法律性质，主要有下述几种观点：（1）认为本罪是以盗窃犯为主体的**加减的身份犯（不真正的身份犯）（第65条第2款）**（新潟地判昭和42·12·5下刑集9—12—1548、东京地判昭和60·3·19判时1172—155。大塚·各论第224页、大谷·各论第243页、内田·各论第285页）。该观点认为，本罪主体必须是盗窃罪的正犯，教唆犯与帮助犯都不能成为本罪主体；而且，与通说相反，**必须是盗窃既遂**。（2）认为本罪是**构成的身份犯（真正的身份犯）（第65条第1款）**（大阪高判昭和62·7·17判时1253—141、百选Ⅰ No.94的旁论。前田·各论第200页等）。（3）认为本罪是盗窃罪与出于所规定之目的的暴力、胁迫的**结合犯**（伊东·各论第179页、中森·各论第126页、西田·各论第184页、山口·各论第227页、山中·各论第290页等）。（4）认为本条中的"盗窃"既非身份也非构成要件该当行为，而是指行为当时之客观状况（**"行为状况"**）（小田直树·《事後強盗罪の共犯関係》刑法杂志第38卷第1号第97页）。此外，（5）认为本罪是**复合性身份犯**，即，出于防止财物被追回之目的的，属于构成的身份犯，而出于逃避逮捕或者隐灭罪迹之目的的，则属于加减的身份犯（曾根·各论第134页），但在将违法身份与构成的身份等同视之这一点上，其前提本身就存在问题。

上述论争具体体现于，对于仅参与了盗窃行为之后的暴力、胁迫的共犯如何处理这一问题上。按照第（1）说，该参与者与盗窃犯实施的事后抢劫罪，在暴力、胁迫的限度之内，构成共同正犯（第65条第2款）。*此外，针对包含盗窃在内的整个事后抢劫的教唆、帮助，可以分为针对盗窃的教唆、帮助，以及针对暴力、胁迫的教唆、帮助。按照第（2）说，根据第65条第1款，应构成事后抢劫罪的共同正犯或者从犯；针对包含盗窃在内的整个事后抢劫的教唆、帮助，应构成事后抢劫罪的教唆、帮助（在被害人试图逮捕逃跑中的盗窃犯时，正犯对其实施暴力致其受伤，先行行为即入室盗窃的帮助者对此暴力也提供了帮助的，对此案，大阪地堺支

---

* 也就是，按照认为本罪是以盗窃犯为主体的加减的身份犯（不真正的身份犯）的观点，仅参与了暴力、胁迫行为的参与者，是暴力、胁迫犯罪的共犯。——译者注

判平成 11·4·22 判时 1687—157 判定，成立侵入建筑物之帮助与抢劫致伤之帮助，两罪属于科刑上的一罪）。按照第（3）说，根据是否承认"承继的共同正犯"（⇒总论第 20 章第 1 节之三），会进一步得出不同结论：按照积极说，仅参与事后的暴力、胁迫的参与者，也要成立事后抢劫罪的承继的共同正犯，而按照消极说，则仅在暴力、胁迫的限度之内追究其罪责。

其中，对于第（3）说即结合犯说，可以提出这样的批判：在本罪中，盗窃行为不是构成要件该当行为或者构成要件该当行为之一部分，该说与这一点之间存在矛盾。这也是因为，即便盗窃犯起初便计划，若财物将要被追回，则不惜通过暴力予以防止，也不能认为，在盗窃的实行的着手的时点，即同时达到事后抢劫的未遂（通说）。也就是，第 238 条的构成要件该当行为，仅限于暴力或者胁迫。而且，最重要的理由是，"作为本罪之主体而规定的'**盗窃**'，是指盗窃犯（盗窃罪的罪犯）"（山口·各论第 227 页）。所谓身份犯，是要求主体具有一定属性，且限定其范围的犯罪，因此，第 238 条毫无争议地属于身份犯。

对于第（2）说即构成的身份犯说，批判其违反了第 65 条之用语的观点是正确的。第（2）说的根据是，第 238 条的本质是财产犯，其罪质不同于属于人身犯罪的暴力罪、胁迫罪。例如，按照通说，逮捕、监禁罪（第 220 条）与特别公务员滥用职权罪（第 194 条）属于加减的身份犯之关系，但是，正如前者是针对个人法益的犯罪，后者是针对国家法益的犯罪那样，各自的罪质并不相同，因而罪质的差异并非决定性要素。不仅如此，第 65 条第 1 款规定的是，"由犯人的身份构成的**犯罪行为**"，关键在于，是否是只有具备身份，该**行为**才会构成**犯罪**（终究必须是"犯罪"，因而"轻犯罪"被排除在外）。然而，暴力以及胁迫，并非那种只有具备盗窃犯人这一身份，才能构成犯罪的行为。毋宁说，这种情形应解释为"因身份而特别加重或者减轻刑罚时"（第 65 条第 2 款）。并且，最大问题还在于，按照第（2）说，会得出如下显失均衡的结论：自己并未实施盗窃行为者，却要与盗窃犯一样，被处以抢劫罪的刑罚。

第（4）说即行为状况说值得倾听，也是德国刑法所采取的立场。按照该观点，第 238 条应解读为，"在某人实施盗窃后，随即……"。根据德国的通说，仅参与了事后的暴力、胁迫的参与者，仅能构成事后抢劫罪的从犯。这也是因为，所谓"在某人实施盗窃后，随即……"，是只有盗窃犯人才能出现的行为状况。但是，该观点的问题在于，与日本《刑法》第 238 条的"盗窃犯"这一表述难以调和。因此，我们只能认为，这种观点属于立法论的问题。

※※有关事后抢劫罪是加减的身份犯的若干补充：对于事后抢劫罪是身份犯这一点，有学者立足于第（3）说即结合犯说提出了批判：在可以适用第 243 条之未遂规定的事后抢劫罪中，与通说、判例的结论即作为先行行为的盗窃止于未遂时本罪也是未遂之间难以调和。但是，如前所述，无论是从立法的沿革上看还是从结论的均衡上看，并且在宪法上，不存在防止财物被追回之目的的场合，亦承认成立本罪，这一观点都是存在问题的。不过，就是退一万步来讲，即便承认那种情形属于

第 238 条的未遂，身份犯说也不是无法对此进行说明。其根据在于，第 238 条的法律效果是"以抢劫论"。如果认为，第 238 条与抢劫罪相比，仅仅只是改变了顺序，在属于由暴力、胁迫与夺取财物所构成的犯罪这一点上，两者是相同的，因而被当作抢劫罪来处理，那么，既然夺取财物止于未遂的抢劫犯应作为抢劫未遂来处理，盗窃止于未遂的事后抢劫犯也同样应该作为抢劫未遂来处理。而且，即便本来的构成要件该当行为仅限于暴力、胁迫，在暴力、胁迫未能确保财物不被追回之时（曾根·各论第 135 页、西田·各论第 181 页。不过，山口·各论第 230 页认为"这种解释并不符合规定事后抢劫罪的法条结构"）*，或者开始实施的暴力、胁迫并未达到足以压制对方反抗的程度之时，或者存在误以为盗窃止于未遂这种错误之时，仍然是有可能适用未遂的（山口·各论第 228 页注 75 对此评价为"仅限于例外情形"，但从设置有"持有药物罪"之未遂规定的现行法秩序来看，即便是例外，但仍然有存在意义）。

此外，针对身份犯说，还有如下批判，"如果以所谓义务犯性质的理解为前提，那么，'盗窃'这种任何人都可以取得的临时性地位，就不能成为"身份"，最终会得出结合犯说这一结论"（伊东研佑·百选Ⅰ〔第 5 版〕第 185 页。所谓"**义务犯**"，是身份犯的一种，具体是指以"违反的是只有具有特殊地位、身份者才会被科处的义务"这一点作为犯罪构成要素的犯罪）。但是，这种批判不适于第（1）说即加减的身份犯说。因为，将"身份"限于具有一般人不被科处的特别义务的人，这是仅就构成的身份犯（即，真正身份犯）而言的。而在加减的身份犯（即，不真正身份犯）中，不得实施该行为这一义务本身，是所有人都具有的义务。因此，即便是在义务犯论的母国德国，解释论中出现的有必要限定"身份"这种呼吁，也仅仅是就构成的身份犯而言的。

另外，行为人在盗窃之后实施暴力之前陷入心神耗弱的，有判例以事后抢劫的实行行为仅仅是暴力、胁迫为理由，而对本罪适用第 39 条〔心神丧失及心神耗弱〕第 2 款（札幌高判平成 2·4·23 判夕 737—242）。

※※※**抢劫之后的事后抢劫？** 第 238 条中的"盗窃"，不包括"抢劫犯"（多数说。反对意见，参见伊东·各论第 174 页、山口·各论第 227 页）。探讨该问题在如下情形下具有实际意义：抢劫结束之后，为了防止财物被追回，实施暴力、胁迫而致人死伤。如果将抢劫后的暴力、胁迫也作为抢劫罪来处理，则应成立抢劫致死伤罪（第 240 条），而非单纯的伤害罪、伤害致死罪或者杀人罪。乍看上去，只要

---

* 山口·各论第 230 页认为："也有学说认为，即便作为先行行为的盗窃已经达到既遂，但在暴力或者胁迫未能奏效，财物被追回之时，就应成立事后抢劫罪的未遂。该观点试图将事后抢劫罪限定在接近于抢劫罪的范围之内，作为一种尝试，确有值得倾听之处，但不得不说，这种解释并不符合规定事后抢劫罪的法条结构。""可以说，这种观点是将事后抢劫罪理解为，是针对盗赃的、与第 2 款抢劫相类似的犯罪。而且，也是将事后抢劫罪作为身份犯来理解的。但是，按照其观点，就存在这样一个疑问：在作为先行行为的盗窃尚处于未遂状态，且未能达到逃避逮捕或者隐灭罪证的目的之时，难道就只能是否定成立事后抢劫罪未遂？"（山口厚. 刑法各论：2 版. 王昭武, 译. 北京：中国人民大学出版社, 2011：269.）——译者注

抢劫行为之中含有夺取财物的行为，在该情形下，即便是盗窃犯，出于这种目的实施暴力、胁迫的，也被作为抢劫来处理，因而抢劫犯更是理所当然应包含其中。但是，这样考虑过于草率。

原本来说，所谓抢劫，是指实施足以压制对方反抗的暴力、胁迫，强取财物等的行为。这里设想的是，在抢劫当时，被夺取财物的被害人的反抗受到压制。为此，在抢劫案中，被害人本人出于追回财物的目的而追赶抢劫犯的情形是不太多见的。反之，在盗窃案中，被害人的反抗并未受到压制，出于追回财物的目的而追赶犯人的情形则较为多见。这是被害人作为权利人被允许的自救行为，为此，盗窃案的被害人遭受那些为了防止财物被追回的盗窃犯之危害的可能性也要更大一些。事后抢劫罪正是考虑到盗窃行为所具有的这种刑事学特性而设置的犯罪类型，这种观念则未必适合于抢劫的情形。

为此，主张第 238 条的"盗窃"不包含抢劫的多数说是妥当的。另外，超越第 238 条所规定的情形，对于盗窃犯在被害人尚未意识到财物被盗的时点，为了确保占有财物而实施的暴力、胁迫，理解为利益抢劫（第 236 条第 2 款），从而将事后抢劫解释为一种利益抢劫的做法，是存在疑问的（出于就窃取或者诈取的财物逃避返还或者支付价款的目的，而实施了杀人未遂行为，对此，最决昭和 61·11·18 刑集 40—7—523、百选Ⅱ No. 37 判定成立利益抢劫杀人未遂，也是存在疑问的。⇒本章第 7 节之四）。

二、盗窃行为与暴力、胁迫在时间上、地点上的间隔

与抢劫罪的情形一样，本罪的暴力、胁迫也需要**达到足以压制被害人反抗的程度**（不需要实现实际阻止财物被追回的目的。大判昭和 7·6·9 刑集 11—778）。并且，暴力、胁迫必须是在**盗窃机会的持续过程中**实施的（最决昭和 34·3·23 刑集 13—3—391、最决平成 14·2·14 刑集 56—2—86、最判平成 16·12·10 刑集 58—9—1047、百选Ⅱ No. 40）。亦即，有必要在盗窃现场，或者与之在时间上、地点上相接近的时间、地点，对于有可能针对该盗窃犯尝试追回财物或者实施逮捕者实施暴力、胁迫（不需要被害人实际尝试了追回财物或者实施逮捕）。

具体而言，例如，对下述案件，判例判定适用第 238 条：在离开盗窃现场十余米的地方被巡警逮捕，在被带往犯罪现场的途中脱逃，为了逃避逮捕而对巡警实施了暴力（最决昭和 34·6·12 刑集 13—6—960）；在实施盗窃 30 分钟之后，在距离犯罪现场大约 1 公里的地点，当接到报警赶来的警察就要追回财物之时，对警察实施暴力致其受伤（广岛高判昭和 28·5·27 判特 31—15）；在列车内扒窃时，被工作人员当场抓获，5 分钟后到站，在工作人员为了将其交给警察而将其带往停靠车站的月台时，乘工作人员不备，企图逃跑，并打伤了该工作人员（最决昭和 34·3·23 刑集 13—3—391）；趁家中无人入室盗窃后，出于待会继续实施盗窃的意思，躲在天花板顶上吃东西、睡觉，被害人约一小时后回到家，察觉到家里被盗，而且盗窃犯就躲在天花板顶上，伺机报警，约三小时后警察闻讯赶到，因被警察发现，为了抗拒抓捕，用随身携带的刀具刺向警察面部，致警察负伤（最决平成 14·2·

14 刑集 56—2—86）。

反之，例如，对下述案件，判例则判定不适用第 238 条：在不同于犯罪现场的其他地点，因为与犯罪行为无关的其他事情被巡警叫住盘问，为了逃避逮捕而实施了暴力（东京高判昭和 27·6·26 判特 34—86）；在盗窃现场被被害人抓获，经过被害人近一个小时的劝说之后，答应一道去警署，但中途试图逃走而实施暴力，此时已是盗窃行为之后 70 分钟，离现场也有二百余米（京都地判昭和 51·10·15 刑月 8—9＝10—431）；潜入他人住宅，盗得装有现金的钱包与信封，离开时没有被任何人发现，也没有被任何人追踪，在离现场约一公里的公园内打发时间，数钱时，感觉 3 万日元太少，打算再去一次，约三十分钟之后折回到同一地点时，刚要进门便被已经回家的主人发现，为了抗拒抓捕，持刀威胁，乘对方胆怯后退之际逃走（最判平成 16·12·10 刑集 58—9—1047）。

三、本罪的未遂、既遂

如前所述，在盗窃行为止于未遂的场合，为了逃避逮捕或者隐灭罪迹而实施暴力、胁迫的，成立本罪未遂（大判昭和 9·3·15 刑集 13—286、最判昭和 24·7·9 刑集 3—8—1188。不过，上述两案都因为被害人负伤而被认定为抢劫致伤罪的既遂）。但是，如前所述，无论是盗窃未遂的情形，还是放弃了所窃取的财物的情形，对于不持有财物的盗窃犯抗拒逮捕的情形，没有理由可以以不同于其他犯罪的行为人抗拒逮捕的情形，特别地予以从重处罚。

学界也有观点主张，达到了防止财物被追回或者逃避逮捕等本罪所规定的目的的，构成本罪既遂，未达到本罪目的的，则为未遂（曾根·各论第 135 页等）。但是，以"实施（了）暴力或胁迫的"这一法条的用语为根据，这种解释未能得到支持。

不过，从"以抢劫论"这一法律效果来看，本罪所谓暴力、胁迫，需要达到足以压制被害人反抗的程度，但无须实际压制了被害人反抗。因此，在已经开始实施的暴力、胁迫尚未达到足以压制对方反抗的程度时，存在认定为本罪未遂之余地。在实施暴力、胁迫的行为人因为某种理由出现错误而使得盗窃归于未遂的，应认定为本罪的未遂。

第六节　昏醉抢劫罪

使他人昏醉而盗取其财物的，以抢劫论（第 239 条）。

本条与旧《刑法》第 383 条是同一规定，只是删除了有关使他人昏醉的方法的具体例示。本条有时也与事后抢劫罪一同被称为"**准抢劫罪**"。

所谓"**使他人昏醉**"，是指使他人的意识发生障碍，使之陷入事实上难以支配财物的状态。因此，昏醉所伴有的意识障碍仅由本罪评价，不构成抢劫致死伤罪（第 240 条）（中森·各论第 128 页、山口·各论第 234 页等。不过，对于通过使用安眠药而使得被害人陷入 2 至 6 小时的意识障碍，但并非出于抢劫目的的情形，最决平成 24・1・30 裁时 1544—13 判定成立第 204 条的伤害罪。在此限度之内，第 240 条的"伤害"不同于第 204 条的伤害）。也有判例认为，无须使得他人完全丧失意识（横滨地判昭和 60・2・8 刑月 17—1＝2—11）。通过暴力使被害人喝下安眠药的，就已经属于以暴力为手段的抢劫罪。另外，从已经昏醉的被害人处夺走财物的，仅构成盗窃罪（名古屋高判昭和 29・10・28 高刑集 7—11—1655）。所谓"**盗取**"，与"窃取""强取"一样，就是**夺取**的意思。

第七节 抢劫致死伤罪

抢劫致人负伤的，处无期或者 6 年以上惩役；致人死亡的，处死刑或者无期惩役（第 240 条）。

犯罪未遂的，应当处罚（第 243 条）。

一、法律性质

本条是与旧《刑法》第 380 条旨趣相同的规定。本条规定的不仅仅是结果加重犯，由于其法定刑很重，本条还包括对死伤这种加重结果存在故意的情形（通说、判例）。由于在抢劫案件中，很多时候会造成被害人死伤的结果，因而为了保护被害人，而作为**抢劫罪的加重类型**设置了本罪。但是，如后所述，由于未遂、既遂的判断是以死伤结果的有无作为标准的，因而**在对加重结果存在故意的场合，本罪实质上是作为伤害罪、杀人罪的加重类型而发挥作用的**。不过，2004 年刑法修正时，为了使得在酌情减轻（第 66 条）之时，能够予以缓期执行（执行犹豫），刑罚下限由 7 年惩役下调至 6 年惩役（第 25 条第 1 款、第 68 条第 3 项）。

一般认为本罪是**结合犯**，但从法条的规定形式来看，本罪应该是以抢劫犯为主体的**加减的身份犯**（仙台高判昭和 34・2・26 高刑集 12—2—77。大塚・各论第 227 页、佐久间・各论第 206 页）。这里的主体也包括事后抢劫罪、昏醉抢劫罪的主体（丈夫杀害被害人后，妻子为其物色财物提供帮助的，大判昭和 13・11・18 刑集 17—839 判定妻子构成抢劫杀人的从犯，但由于只有被告提出上告，所以宣告刑维持了仅认定为抢劫罪从犯的原审的量刑）。

本罪的既遂，包括对加重结果不存在故意的情形在内，取决于死伤结果的发生，而非取决于强取财物的既遂与否。因此，在存在杀人犯意之时，本罪的既遂、未遂取决于是否发生了死亡结果（大判昭和 4・5・16 刑集 8—251，百选 Ⅱ No. 43）。

二、抢劫致伤罪、抢劫伤害罪

对于本罪中的"致人负伤的"，由于 2004 年刑法修正前的法定刑下限是 7 年惩役的重刑，即便酌情减轻，也没有缓期执行（执行犹豫）之可能，因而就其意义曾存在争议。在下级裁判所判例中，对于痊愈需要 3 至 7 天左右的轻微伤害的情形，有判例判定，不具有本罪的可罚的违法性，仅成立抢劫罪未遂（有关痊愈需要 5 天左右的伤害，参见名古屋高金泽支判昭和 40·10·14 高刑集 18—6—691。对于同样需要治疗 5 天程度的伤害，但判定仅成立抢劫罪的，参见大阪地判昭和 54·6·21 判时 948—128；相反，对于痊愈需要 5 天左右的伤害，判定成立本罪的，参见最决昭和 37·8·21 裁集刑 144—13；对于痊愈需要 1 周左右的伤害，判定成立本罪的，参见广岛高判昭和 53·1·24 判时 895—126；对于痊愈需要 1 周至 10 天左右的伤害，判定成立本罪的，参见东京高判昭和 62·12·21 判时 1270—159。另外，判定成立本罪的判例，参见最决昭和 41·9·14 裁集刑 160—733、最决平成 6·3·4 裁集刑 263—101）。虽然经过 2004 年的刑法修正之后可以判处缓期执行（执行犹豫），但刑罚下限仍为 6 年惩役，远远重于普通的伤害罪（第 204 条）。因此，应该认为，**痊愈需要 1 周左右的伤害不属于本条所谓"负伤"**，至多属于抢劫罪与伤害罪的想象竞合。

再者，如前所述，由于另外规定了昏醉抢劫罪（第 239 条），昏醉所造成的意识障碍，仅由昏醉抢劫罪来评价，不再构成本罪（⇒本章第 6 节）。

另外，作为立法论来说，应根据是否对伤害结果存在故意，设置不同的法定刑。同时，还应将抢劫罪本身的刑罚下限（5 年惩役）降至 3 年惩役左右（事实上，明治 35 年〔1902 年〕之前的刑法修正草案中，刑罚下限多为 3 年惩役，半数以上的宣告刑也都在 5 年以下）。

三、抢劫致死罪、抢劫杀人罪

不仅是作为夺取财物的手段，而且在抢劫之际，往往还有这样的情况：为了逃避逮捕而杀害看见了自己的被害人；或者为了隐灭罪迹，或者为了排除被目击的可能性而预先杀害被害人；或者在与被害人格斗的过程中，偶然致被害人死亡等。正是以此为理由，不仅是对故意杀人，对于没有故意的致死情形，本罪也是予以从重处罚（具体案例参见本节之四）。

不过，作为立法论来说，对加重结果不存在故意的，其法定刑与存在故意的情形完全相同，而且法定刑只有死刑或者无期惩役，应该说，法定刑过重。为此，《改正刑法草案》对此进行了区分，无故意的致死情形，处无期或者 10 年以上惩役（《改正刑法草案》第 327 条），有故意的杀人情形，处死刑或者无期惩役（《改正刑法草案》第 328 条）。

四、基本犯与加重结果的关系

抢劫致伤罪是因乘抢劫之机（"**乘机**"）对他人施加伤害而成立，未必需要伤害行为是强取财物的手段（"**机会说**"。大判昭和 6·10·29 刑集 10—511 等）。对抢劫杀人、抢劫致死而言，被害人的死亡也只要是乘抢劫之机而发生即可（最判昭和 24·5·28 刑集 3—6—873、百选 Ⅱ No. 42、最判昭和 25·12·14 刑集 4—12—2548 等）。

不过，这里的结果仅限于，为了夺取财物而压制被害人反抗之时，或者为了确保财物、逃避逮捕、隐灭罪迹之时，由作为手段而实施的行为所故意或者过失地引起的结果，例如，作为抢劫之手段实施胁迫之际，遇到被害人的抵抗，在格斗过程中致被害人负伤（大判昭和 6・10・29 刑集 10—511）；试图逃走的犯人在被害人的住宅入口附近杀害了追赶者（前揭最判昭和 24・5・28 刑集 3—6—873）；出于强取财物的目的，侵入他人住宅，为了隐灭罪迹，预先不仅杀害了大人，还杀害了孩子的情形（前揭最判昭和 25・12・14 刑集 4—12—2548）。并且，即便是以被看到相貌为理由，出于隐灭罪迹的目的而杀人，而且，该杀人行为也与抢劫杀人行为在时间上隔得很近，但如果是在抢劫杀人行为结束之后，基于新的决意，利用其他机会而杀人的，该杀人行为也构成另外的杀人罪（最判昭和 23・3・9 刑集 2—3—140）。也就是，"机会说"的认定范围并不像机会二字所联想的那样广泛。为此，也有观点称之为"扩张的手段说"（西田・各论第 186 页、山口・各论第 236 页。* 学界还有观点认为，结果需要是由与抢劫行为"通常具有密切关联性的行为"所引起的。参见大塚・各论第 230 页、大谷・各论第 250 页、曾根・各论第 138 页等）。

对于骗取了对财物的占有之后，打算杀害被害人但归于未遂的情形，有判例判定，成立盗窃或诈骗与利益抢劫杀人未遂的包括的一罪（最决昭和 61・11・18 刑集 40—7—523、百选 II No. 37）。但是，出于防止财物被追回的目的的事后抢劫罪，并不是利益抢劫罪的类型之一，因此，对于被害人尚未意识到被骗之时通过杀人来"确保财物"这种模糊的"利益"，认定为"非法的财产性利益"（第 236 条第 2 款），这是存在疑问的，对此应理解为，盗窃或诈骗与通常的杀人未遂的并合罪（⇒本章第 5 节之一※※※〔抢劫之后的事后抢劫?〕）。

第八节　抢劫强奸罪、抢劫强奸致死罪

抢劫犯强奸女子的，处无期或者 7 年以上惩役；因而致该女子死亡的，处死刑或者无期惩役（第 241 条）。

犯罪未遂的，应当处罚（第 243 条）。

一、法律性质

本条与旧《刑法》第 381 条的宗旨相同。但后段的致死罪是现行刑法增设的规

---

* 山口・各论第 236 页指出，"刑法规定，事后抢劫罪（《刑法》第 238 条）与昏醉抢劫罪（《刑法》第 239 条）也'以抢劫论'，因此，出于《刑法》第 238 条所规定的目的，由盗窃犯所实施的暴力或者胁迫，或者，出于盗取财物的目的，而实施的致被害人昏醉的行为，由此而造成死伤结果之时，即便按照（1）手段说，对此也可肯定成立抢劫致死伤罪。考虑到与此类情形之间的均衡，抢劫犯出于《刑法》第 238 条所规定的目的，实施暴力或者胁迫，由此造成死伤结果的，也应该包括在内。尽管也涉及后述原因行为的主观要件，但正如其他学说所批判的那样，一般来说，(2) 机会说过度扩大了抢劫致死伤罪的成立范围，并不能将本罪的法定刑（与抢劫罪以及相应引起死伤之罪的想象竞合相比，刑法规定了更重的法定刑）予以正当化。并且，(3) 密切关联说，试图限制抢劫致死伤罪的成立范围，即，仅就与抢劫有密切关联的死伤结果才肯定成立该罪，但其界限并不明确，存在疑问。事实上，问题在于，出于《刑法》第 238 条所规定的目的，实施暴力或者胁迫，由此造成了死伤结果的，对此应如何处理？在此意义上，应该说，下述观点更为妥当：就抢劫罪而言，由作为抢劫手段的暴力、胁迫，或者与事后抢劫相类似的状况下的暴力、胁迫，造成了死伤结果的，就应肯定成立抢劫致死伤罪（**扩张的手段说**）"（山口厚. 刑法各论: 2 版. 王昭武，译. 北京：中国人民大学出版社，2011：277.）。——译者注

定。抢劫犯乘抢劫之机，强奸被压制反抗的女性的案件有很多，因而本罪以保护女性的性的自由之必要性作为理由，规定了特别重的法定刑。在此意义上，本罪是抢劫罪的加重类型，同时也是强奸罪的加重类型。

尽管也有观点认为本罪属于结合犯，但本书认为，本罪也是以包括事后抢劫或者昏醉抢劫的犯人在内的抢劫犯人为主体的**加减的身份犯**（第 65 条第 2 款）。为此，与结合犯说不同，强奸犯实施强奸之后，又产生抢劫的故意，强取了财物的，构成强奸罪与抢劫罪的并合罪（最判昭和 24·12·24 刑集 3—12—2114）。而且，在着手实行抢劫之后，又产生强奸的意思的，即便奸淫之前放弃了抢劫的意思，仍适用本罪（最判昭和 30·12·23 刑集 9—14—2957）。

强奸，需要在抢劫的现场或者抢劫的机会之下实施。本罪的未遂，是指强奸行为归于未遂的情形。

二、对死亡结果存在故意的情形

本罪规定了极重的法定刑，且存在处罚犯罪未遂的规定，由此可见，本罪不仅包括纯粹的结果加重犯的情形，也包括对死亡结果存在故意的情形（林·各论第 221 页、山口·各论第 242 页、山中·各论第 307 页等。反对意见，⇒大判昭和 10·5·13 刑集 14—514）。虽然也有判例判定这些情形属于抢劫杀人罪（第 240 条后段）与抢劫强奸罪的想象竞合（对于抢劫显然止于未遂之后，又产生奸淫、杀人之意思的案件，参见大判昭和 10·5·13 刑集 14—514。出于抢劫以及强奸的目的，并且，抱有迫不得已时也只能杀害被害人的想法，强奸被害人之后，又杀害被害人，并夺走其钱财的案件，参见横滨地判平成 8·5·9 判时 1578—150。学说参见藤木·各论第 304 页、大塚·各论第 236 页、大谷·各论第 255 页、曾根·各论第 141 页、前田·各论第 216 页等），但原本只要适用第 241 条后段即可。不过，实施奸淫之前，就已经导致被害人死亡的，按照奸尸不构成奸淫的观点，就只能是认定构成第 240 条后段（抢劫致死罪）之既遂与第 241 条前段（抢劫强奸罪）之未遂的想象竞合。

三、致伤的情形

抢劫强奸罪没有致伤罪的规定。对于该问题，第（1）种观点即多数说认为，从本罪的法定刑极重这一点来看，只要将行为评价为抢劫强奸罪，而将致伤这一点作为量刑情节予以考虑即可（大判昭和 8·6·29 刑集 12—1269。大谷·各论第 255 页、曾根·各论第 141 页、中森·各论第 132 页、前田·各论第 217 页、山口·各论第 243 页）。反之，第（2）种观点则认为，若按照第（1）种观点，在被害人负伤但强奸未遂的场合，会出现与抢劫致伤罪（第 240 条前段）之间，刑罚下限不均衡的问题，因而应构成抢劫强奸罪（或者其未遂）与抢劫致伤罪的想象竞合（浦和地判昭和 32·9·27 判时 131—43。福田·各论第 247 页、大塚·各论第 236 页、藤木·各论第 304 页、西田·各论第 198 页、山中·各论第 338 页）。虽然与强奸致伤罪（第 181 条）的解释相关联，但是，即便强奸止于未遂，对于强奸行为通常会伴有的伤害，还是仅应适用第 241 条（抢劫强奸罪）的未遂，而非第 240 条前段（抢劫致伤罪）。至于超出这种程度的伤害，就只能是认为，构成与第 240 条前段（抢劫致伤罪）的想象竞合。

【问题研讨】

X 明知 A、B、C、D 四人打算去弹子机店实施入室盗窃，仍开车将四人送至弹子机店，在四人实施盗窃期间，X 在附近等待。并且，由于 B 被偶尔回到弹子机店的员工 E 抓住，X 明知 A 为了救回 B 而打算对 E 实施暴力，仍开车将 A 送至附近，并在 A 实施暴力时在车内等待，一俟 A 救回 B，X 马上开车将 A、B 带离现场。

【解说】

本案是以正文中提到的大阪地堺支判平成 11·4·22 判时 1687—157 为素材改编而成。对于相当于本案 X 的被告，该判决认为，被告的行为属于对 A 等 4 人实施的侵入建筑物、盗窃以及（依据《刑法》第 65 条第 1 款的）事后抢劫致伤的帮助，但盗窃的帮助被事后抢劫的帮助（在该案中，造成 E 负伤，因而是事后抢劫致伤）所吸收。该判决是以 X 的第一行为构成对 A 等四人的侵入建筑物罪与盗窃罪（该 4 人为两罪的牵连犯的共同正犯）的帮助为前提，认定 X 的第二行为是对 A 的事后抢劫罪的帮助；并且，根据第 65 条第 1 款，以事后抢劫的正犯的法定刑为基准，作为帮助犯而减轻了其刑罚（《刑法》第 63 条）；而且，由于事后抢劫罪的帮助吸收了盗窃的帮助，而盗窃罪与侵入建筑物罪处于牵连犯（《刑法》第 54 条第 1 款后段）关系，因而事后抢劫罪的帮助与侵入建筑物罪的帮助，也属于牵连犯关系。

本案包括下述三个复杂的问题：（1）在正犯的行为包含了属于科刑上的一罪的犯罪之时，如何确定共犯的罪数？（2）事后抢劫罪是"构成的身份犯"（"真正身份犯"）（第 65 条第 1 款）吗？（3）上述情形下，如何处理事后抢劫的帮助与盗窃帮助、侵入建筑物帮助之间的罪数关系。

首先，我们探讨 X 对于本案整个犯罪是构成正犯还是从犯的问题。至少可以说，X 的行为并非实行共同正犯。因为，X 并未亲自实施侵入建筑物、盗窃的行为，也没有为了救回同伙而亲自实施暴力。这里的问题在于，X 是否构成共谋共同正犯？对于共谋共同正犯的成立要件，近年来，司法实务的倾向是，"为了实现自己的犯罪而利用实行行为人的行为的意思"以及"针对实行行为人的支配性地位"这种在整个犯罪行为中的"重要作用"。如果以此为前提，本案中并不存在满足这种要件的情况。如果能够证明 X 发挥了领导性作用，则另当别论，若非如此，由于本案中难以认定存在这种共同正犯的成立要件，只能将 X 的行为视为从犯。作为本案原型的大阪地堺支判平成 11·4·22，也否定成立共谋共同正犯，而认定为从犯。

像侵入建筑物与盗窃罪那样，在帮助了对正犯而言属于牵连犯的数个犯罪之时，从犯的罪数是否也应当作为牵连犯处理，就是一个必须予以探讨的问题。因为，在本案中，X 的第一行为是"一个行为"，其本身并非处于牵连犯关系的数个行为，因而虽然同样是科刑上的一罪，但存在认定为想象竞合的余地。

但是，可以认为，包括科刑上的一罪在内，帮助的罪数从属于正犯的罪数。因此，如果正犯是牵连犯，即便只有一个帮助行为，也应该认为，从犯是牵连犯。不过，需要注意的是，即便正犯是并合罪或者数罪，但只有一个帮助行为的场合，对于帮助行为，有判例判定，属于想象竞合（最决昭和57・2・17刑集36—2—206）。

X的第二行为即"由于B被偶尔回到弹子机店的员工E抓住，X明知A为了救回B而打算对E实施暴行，仍开车将A送至附近，并在A实施暴力时在车内等待，一俟A救回B，X马上开车将A、B带离现场"，就其本身而言，属于针对事后抢劫行为的帮助。在该场合下，对正犯而言，盗窃罪被事后抢劫罪吸收，因而成立的是侵入住宅罪与事后抢劫罪，两罪属于牵连犯的关系（大阪地堺支判平成11・4・22认为，被告的行为属于侵入建筑物罪、盗窃罪的帮助犯，以及事后抢劫〔致伤〕的帮助犯，鉴于事后抢劫罪的罪质，以及上述帮助行为都是驾驶用于犯罪行为的车辆的驾驶行为，无论在时间还是地点上都是相互接近的一系列行为，因而可以认为，盗窃的帮助犯被事后抢劫〔致伤〕的帮助犯所吸收）。

遵循此前的解释规则，如果正犯是牵连犯，从犯也是牵连犯，那么，X的行为也构成侵入建筑物的帮助（第一行为）与事后抢劫的帮助（包括帮助盗窃这一意义的第一行为，以及第二行为），两者自然应作为牵连犯，处于科刑上的一罪的关系。

其次，但是问题在于，对于本人并非"盗窃犯"的X，能够简单地认定为事后抢劫的帮助吗？有观点（第〔1〕说）认为，事后抢劫罪是真正的身份犯，在具有盗窃犯之身份者出于《刑法》第238条所规定的目的，实施了足以压制他人反抗的暴力、胁迫时，成立事后抢劫罪（大阪高判昭和62・7・17判时1253—141、大阪地堺支判平成11・4・22判时1687—157）。但是，与之相对，如正文所述，新泻地判昭和42・12・5下刑集9—12—1548、东京地判昭和60・3・19判时1172—155等则认为，对于共同正犯，根据《刑法》第65条第2款，刑罚仅限于伤害的限度，因而本罪是不真正的身份犯（第〔2〕说）。还有观点认为，本罪是以盗窃与暴力、胁迫作为实行行为的结合犯（第〔3〕说）。

按照第（1）说，在本案中，根据X那样的盗窃从犯是否也属于第238条所谓"盗窃"，本案究竟是由身份者实施的共犯，还是由非身份者实施的共犯，也会发生变化，因此，与之相对应，是否适用第65条第1款，也成为问题。按照第（2）说也是如此，根据X那样的盗窃从犯是否也属于第238条所谓"盗窃"，究竟是由身份者实施的共犯，还是由非身份者实施的共犯，也会发生变化，因此，与之相对应，是否适用第65条第2款，也成为问题。反之，按照第（3）说，则不存在是否适用第65条的问题，既帮助了盗窃也帮助了事后抢劫的X，就单纯地属于事后抢劫罪（第238条）的帮助。

这样，问题就在于，事后抢劫罪是否是身份犯，如果是身份犯，究竟是真正的身份犯还是不真正的身份犯？关于这一点，第（3）说以事后抢劫罪的既未遂取决于盗窃本身的既未遂为理由，认为"盗窃"并非身份而是实行行为。但是，对于第（3）说的这种观点，反对意见则提出了反驳：对于出于若逃走时遇到抓捕就实施暴力这种打算的入室盗窃犯，不能在盗窃行为的时点就认定成立事后抢劫罪的未遂，因此，事后抢劫罪的实行行为仅限于出于第 238 条所规定的目的而实施的"暴力、胁迫"，那么，"盗窃"就并非实行行为，而是一种身份（最决昭和 54·11·19 刑集 33—7—710 认为，抢劫预备罪也适用于本罪，但是，在承认对于尚不具有盗窃身份者也适用第 238 条这一点上，与第〔1〕〔2〕说是矛盾的）。此外，下面这种解释也是可行的：盗窃本身归于未遂时，事后抢劫罪也属于未遂，这是第 238 条之效果即"以抢劫论"的归结，这不过是考虑到，与未获得财物的抢劫犯应作为抢劫未遂来处理之间保持均衡，因而才作为未遂来处理。

关于事后抢劫罪究竟是真正的身份犯还是不真正的身份犯这一问题，第（1）说以该罪的罪质是财产犯，属于"非盗窃犯则无法实施的犯罪"为根据，而主张该罪属于真正的身份犯。但是，对此可以进行如下反驳：第 65 条第 1 款规定的是，对于应当由犯人之身份而构成的犯罪"行为"进行加功，不是根据罪质，而是依据"行为"是否只有在行为人具有特定身份之时才会构成犯罪作为判断标准，既然无论是否属于"盗窃"犯人，行为人实施的暴力、胁迫本身都属于犯罪，就可以将事后抢劫罪理解为不真正的身份犯。因此，第（2）说相对更为妥当。

然而，先行实施的盗窃的共同正犯，可以成为事后抢劫罪中的"盗窃"，对此不存在异议。虽然关于教唆犯与从犯的明确表述并不多，但由于第 238 条规定"以抢劫论"，因而，一般认为，无论是盗窃还是事后的暴力、胁迫，本罪的主体都要求是"正犯"。大阪地堺支判平成 11·4·22 也认为，"比照该罪之旨趣、罪质、法定刑等，认为该条的'盗窃'不包括帮助犯，这是妥当的"。

因此，可以按照第（1）说或者第（2）说，来处理不具有第 238 条之身份的 X 的行为。按照第（1）说，根据《刑法》第 65 条第 1 款、第 62 条第 1 款，成立事后抢劫罪的从犯；而按照第（2）说，根据《刑法》第 65 条第 2 款、第 62 条第 1 款，则成立暴行罪的从犯（或者采取这样的方式：同时适用第 65 条第 1、2 款，构成事后抢劫罪的从犯，但处以暴行罪从犯之刑。不过，这种方式在最后的罪数处理上会出现矛盾）。

最后，对于上述探讨，可以概述如下：按照第（1）说，X 构成侵入建筑物的帮助与事后抢劫的帮助。此时，如果遵循正犯是牵连犯则从犯也是牵连犯这种解释规则的话，那么，两罪作为牵连犯，属于科刑上的一罪（同旨，大阪地堺支判平成 11·4·22 判时 1687—157）。

与之相对，若按照第（2）说，X 构成侵入建筑物与盗窃的帮助（第一行为），以及暴行罪的帮助（第二行为）。在该场合下，侵入建筑物与盗窃是牵连犯，而暴行罪与这两个犯罪既非法条竞合关系也非科刑上的一罪关系，因而，应将属于牵连犯的侵入建筑物、盗窃的帮助，与暴行罪的帮助作为并合罪处理（不过，按照对于第二行为同时适用第 65 条第 1 款与第 2 款的见解，对于理应被事后抢劫罪的帮助所吸收的盗窃罪的帮助，作为并合罪来处理，会与保留事后抢劫罪这一罪名之间出现矛盾）。

如果按照第（3）说，X 单纯构成侵入建筑物的帮助与事后抢劫的帮助，两者属于牵连犯的关系。

第十九章

诈骗、恐吓犯罪
—— 针对财产权的犯罪（之三）

第一节 概 述

一、诈骗罪的法律性质及其保护法益

现行刑法中的诈骗罪，独立于第 36 章 "盗窃及抢劫犯罪"，是作为第 2 编第 37 章 "诈骗及恐吓犯罪" 而单独规定的。

在旧刑法中，诈骗罪虽然是财产犯，但与现在的侵占委托物罪等一起被定位于 "诈骗取财以及背信犯罪"。"诈骗取财以及背信犯罪" 采取的规定方式是，诈骗罪作为 "诈骗取财" 的犯罪（旧《刑法》第 390 条以下），其基本类型是以 "财物"（动产）为对象，在此基础上再增加了针对表征个别的财产性利益的证券等的犯罪。这种规定方式是受到了 1810 年法国刑法典的影响。

此后，在 1901 年及 1902 年的刑法草案中，诈骗罪作为 "贼盗犯罪"，与盗窃罪、抢劫罪规定在同一节之中。其理由在于，盗窃、抢劫以及诈骗取财这三种犯罪 "原本性质相同，将之纳入同一章更为便利"（内田文昭、山火正则、吉井苍生夫编著：《刑法〔明治 40 年〕（4）日本立法资料全集 24》第 147 页、《刑法〔明治 40 年〕（5）日本立法资料全集 25》第 437 页以下）。

然而，在 1906 年的刑法修正案中，其定位再度发生变化，"贼盗犯罪" 被分解为 "盗窃以及抢劫犯罪" 与 "诈骗犯罪" 两章（⇒内田文昭、山火正则、吉井苍生夫编著：《刑法〔明治 40 年〕（6）日本立法资料全集 26》〔1995〕第 18 页）。这样，诈骗罪就从 "贼盗犯罪" 中独立出来，被给予了不同于盗窃罪、抢劫罪的定位。

在 "诈骗犯罪" 中，诈骗罪与恐吓罪等相并列，其保护法益不限于物权、债权

以及其他财产性权利或利益之一,这些权利或利益都可以成为本罪之侵害法益。在此意义上,诈骗罪被定位为针对**"整个财产"**(Vermögenüberhaupt)的犯罪(⇒大场茂马·《刑法各论上卷》第 545 页)。这样,当时就已经认为,不同于盗窃罪、抢劫罪,诈骗罪的本质特征在于:(1)**以被害人自身的财产处分行为为介**,(2)**给整个财产造成损失**,这也是如 1906 年刑法草案那样,将诈骗罪从"针对贼盗犯罪"中独立出来的主要原因。也就是,与恐吓罪一样,诈骗罪是具有下述结构的犯罪:通过欺骗或者胁迫使得他人形成有瑕疵的动机,并让该人通过基于该动机的处分行为,转移财物或财产性利益,从而使自己或者第三人获利。换言之,诈骗罪的保护法益是"**不基于**(因被提供了错误信息而形成的)**有瑕疵的动机而处分财产的权利**"。

不过,在使用欺骗手段这一点上,诈骗罪又区别于恐吓罪。尤其是在对日本现行刑法产生重大影响的德国刑法与法国刑法中,与各种伪造罪、伪证罪一样,诈骗罪是从**说谎之罪**(falsum)派生出来的。因此,旧《破产法》的破产诈骗罪(旧《破产法》第 374 条第 3 项)中,包括了对于应依据法律规定而制作的商业账簿进行非法记载或者记录这种文书犯罪。

二、以国家机关为对象的诈骗罪

作为诈骗罪之对象的财产,也包括属于国家与地方共同团体*的财产。为此,当国家等不过是正常的财产权之主体之时,与个人一样,国家等也可以成为诈骗罪的被害人。与之相反,诸如《粮食管理法》《护照法》《税法》等那样,在针对使用诈骗手段的某种行为存在特别罚则时,通常仅适用该罚则。

问题在于,如何处理那种**侵犯国家固有职能的诈骗行为**。例如,诸如确定了人均份额的配给物质、限定了用途的补助款等那样,在整体资源有限的情形下,国家的固有职能就是,在市场交易之外,保护物质的平均分配或者实现某种特定的政策目的。例如,对于确定了人均份额的配给物质,行为人使用通过某种方法不正当地获取的配给票,得到了超出配给份额的物资,如果认为,即便行为人支付了所规定的对价也构成诈骗罪,那么,就会出现这样的问题:与其说侵害了国家的财产,毋宁说,不过是侵害了物质的平等分配这种国家的固有职能。

最高裁判所曾就下述案件作出了成立诈骗罪的决定(最决昭和 51·4·1 刑集 30—3—425、百选 Ⅱ No. 45):X 等没有开垦、利用荒地的意思,却隐瞒其真实意思,支付价款,买下了国家所有的荒地。而当时的农地法的目的是,促进耕作者取得农地,进而稳定耕作者的地位并增进农业生产力,X 的行为违反农地法的这一目的。**

问题在于,通过欺骗这种手段,侵害了农地法所意图促进的"振兴农业"这种国家所追求的特殊行政目的的场合,由于该侵害行为偶尔属于指向财产之取得的行

---

* 即地方政府。——译者注
** 判决理由:"即便是以欺骗手段侵犯了国家法益的场合,既然同时也侵犯了,属于诈骗罪之保护法益的财产权,只要不能认定,该行政刑法规具有作为特别法而排除诈骗罪的适用这一旨趣,对此就应认定成立诈骗罪,这也是自大审院时代以来业已确立的判例态度。"——译者注

为，是否也要构成诈骗罪呢？同时，问题还在于，是否符合行政目的，这不会影响到应该向国家支付的价款，因而在这种情形下，能否说给国家等造成了财产损失呢？

学说分为消极说与积极说。**消极说**认为，指向特殊的国家法益的诈骗行为，不构成诈骗罪（团藤·各论第 607 页、大塚·各论第 241 页、福田·各论第 249 页等）；**积极说**则认为，即便是侵犯国家法益的行为，如果该行为同时侵犯了国家的财产性利益，则不能否定诈骗罪之成立（多数说）。对于非法取得配给物质的行为、前述违反农地法的非法出卖农地的行为等，既有判例以该行为同时也属于侵害财产权的行为为由，肯定成立诈骗罪（最判昭和 25·3·23 刑集 4—3—382、前揭最决昭和 51·4·1 刑集 30—3—425）；但是，对于使用欺骗手段的逃税行为，也有判例判定仅成立违反税法之罪（大判明治 44·5·25 刑录 17—959、东京地判昭和 61·3·19 刑月 18—3—180）；还有，对于非法取得护照的行为，也有判例判定，虽然有适用《刑法》第 157 条第 2 款（"资格证等不实记载罪"）的余地，但否定成立诈骗罪（对于从美国领事馆非法取得护照的案件，参见最判昭和 27·12·25 刑集 6—12—1387）。

当然，正如积极说所言，即便是针对国家法益的侵害行为，如果该行为同时侵犯了国家等的财产性利益，则没有理由否定诈骗罪之成立。但问题在于，在诈骗行为侵犯了国家的固有职能的场合，如何认定"侵犯了财产性利益"。这是因为，例如，无论 X 是否具有经营农业的意思，国家所取得的价款本身并无不同。而且，就商人之间的买卖行为而言，即便买方陈述的是虚假的购买目的，也不会对诈骗罪的成立与否产生影响。

但是，在个人的场合，明明没有该打算却以"援助交通事故遗孤上学"这一虚假目的骗取捐款的，对于这种**募捐诈骗**的案件，如果可以成立诈骗罪，那么，通过将"**明明无法实现捐款目的，却被给予了可以实现捐款目的这样的错误信息，从而提供了捐款**"视为财产性损失，在非法取得农地的场合，也应该能认定诈骗罪的成立。也就是，与商法上的交易的情形不同，在重视交易中的个人动机的民法上的关系中，可以将"就没有达到捐款目的这一点，受骗提供的捐款"视为损失。

例如，超市出售降价鸡蛋，写明"每人限购一盒"，但某顾客往返多次购买的，未必能谓之为诈骗罪，但明明是为了建造赛马券售票处，却掩盖此目的，谎称是为了"建造福利设施"而从个人处购买土地的，则可能构成诈骗罪。在该情形下，对方究竟是作为以追求利润为目的的"商人"而行动（作为"商人"的作用），还是以作为追求包含个人兴趣在内的多样化幸福之主体的"市民"而行动（**作为"市民"的作用**），可以说，其结论自然会有所不同。在前述适用明文规定"振兴农业"的农地法的案件中，可以说，似乎更接近于后者。

另外，有关非法领取与护照同属于**证明书**的健康保险证的案件，立足于消极说的名古屋地判昭和 54·4·27 刑月 11—4—358，与立足于积极说的大阪高判昭和 59·5·23 高刑集 37—2—328 之间存在对立，但对于欺骗工作人员领取国民健康保险证的行为，最决平成 18·8·21 判夕 1227—184 则判定构成第 246 条第 1 款的诈骗罪。但是，行为人所骗取的并非作为"财物"的证明书，而不过是该证明书所起到的"证明"作用。真正的不法获利,体现于实际利用该证明书而接受诊疗等服务之时(虽然是关于侵占与背信的判例,大判明治 42·11·25 刑录 15—1672 认为,"本罪——侵占委托物罪——的目的物是作为物的债权证书,而非其本身不属于物的债权本身。因此,擅自行使自己保管的为他人所有的债权证书中的债权,从债务人处获取金钱的,也不构成消费委托物罪"。在对证书所证明的债权进行处分之时,证书作为"物"的一面就退居幕后了)。

三、诈骗罪等的客体

第 246 条第 1 款的客体是"**财物**"。这里的财物包括**不动产**。根据第 251 条的规定,有关本章之罪(诈骗罪、计算机诈骗罪、准诈骗罪、恐吓罪等)的客体,可以准用有关属于他人占有等的自己的财物的特例("有关自己财物的特例")(第 242 条)、有关将电力视作财物的"视作规定"("有关电力的特例")(第 245 条)。

第 246 条第 2 款的客体是"**财产性利益**",包括债权的取得、债务的(暂时)免除以及劳务的提供等。

此外,根据第 251 条的规定,对于本章之罪,还可以准用有关亲属间犯罪的特例(第 244 条的"亲属相盗例")。

第二节 诈骗罪

欺骗他人使之交付财物的,处 10 年以下惩役(第 246 条第 1 款)。

以前款方法,取得非法的财产性利益,或者使他人取得该利益的,与前款同(同条第 2 款)。

犯罪未遂的,应当处罚(第 250 条)。

一、诈骗罪的结构

与盗窃罪不同,诈骗罪并非违反持有人的意思而夺取其财物的犯罪,而是通过提供错误信息("**欺骗**"),使其出现动机**错误**,并使得权利人本人由此实施处分行为,转移财物以及有关该财物的财产权,或者转移财物以外的财产性利益。诈骗罪的结构,可以图示如下:

欺骗("欺骗他人")→ 动机错误 → 处分行为("交付财物"或者"处分财产性利益")→ 获利、造成损失

二、欺骗行为

成立诈骗罪,必须实施"**欺骗他人**"的行为,这被称为"**欺骗行为**"。该行为是意图使他人陷入错误、创造出处分财产之动机的行为,必须是为了骗取财物或者财产性利益,**出于让对方实施财产处分行为**(以财物为客体的场合,是"交付"行为)的目的而实施的。也可以是有关行为人——虽然没有"支付的意思",却试图让对方以为自己有支付的意思——内心事实的举动(关于"**无钱饮食**"的案件,参见

最决昭和30・7・7刑集9—9—1856、百选ⅡNo.50等）。再者，即便是"**预想**"等有关将来的事实，只要事关现在的判断，具有现实性，就相当于欺骗（例如，在海外期货交易中，销售员的"大豆必然涨价"这种劝诱）。至于**夸大广告**等商品交易中的夸大宣传，根据其夸大程度，有时会构成欺骗，有时会构成相对更轻的其他犯罪（违反《不当赠品类以及不当表示防止法》第4条——但罚则仅限于违反第6条者——或者《轻犯罪法》第1条第34项等），而有时则属于社会一般容许的范围之内的行为。

有时候也可能存在**不作为的欺骗**。尤其是基于相互之间处于持续交易关系等理由，按照诚实信用原则（《民法》第1条第2款），就一定事实之存在，负有告知义务的，就属于此类情形。例如，人身保险时不告知既往病史、不动产交易中不告知抵押权的存在，就属于不作为的欺骗。不过，在"错误汇款"的场合，有观点认为，为了给予银行以"撤销"的机会，就让存款债权人承担"错误汇款"的告知义务（最决平成15・3・12刑集57—3—322、百选ⅡNo.49），这种做法无视了"撤销"行为本身的性质："撤销"本身是存款债权人对存款债权的处分，银行只是受存款债权人之托而实际操作（⇒第16章第1节之四。同样，仅仅凭行为人知道自己的银行账户被用作电信诈骗，就认定其负有告知义务，对于行为人在银行窗口与ATM机取款的行为，东京高判平成25・9・4判时2218—134判定分别成立诈骗罪、盗窃罪，此判决也是存在疑问的。但是，在虽然是自己名义的账户，但只有通过支付才归属于行为人之固有财产这种信托关系的场合，虽存在超出限定用途的目的，却隐藏这种目的而实施的支付行为，是有可能构成本罪的。最决平成19・7・10刑集61—8—405）。

另外，有观点认为，"**无钱饮食**"属于不告知没有支付的意思这种不作为方式实施的欺骗。但是，毋宁说，将其理解为举动诈骗——行为人将自己作为普通顾客而点菜这种由举动而实施的欺骗行为——要更为妥当（推断的欺骗）。不过，即便是在这种情形下，在对方重视特别的交易条件，或者对方自己没有贯彻这一旨趣的场合，对该交易条件，对方就负有确认义务（有关高尔夫球场采取的拒绝暴力因相关人员使用球场的举措，⇒最判平成26・3・28刑集68—3—582）。为此，（行为人的单纯不告知）就不属于欺骗行为。再者，有观点认为，在收银台付款时，已经注意到多找了零钱却不告诉收银员这种"**找钱诈骗**"，属于不作为的诈骗罪。然而，对于已经陷入错误，并且没有要求顾客核对金额的收银员而言，无论是作为还是不作为，由于在欺骗行为之前，收银员已经自己陷入错误，因而并未满足成立诈骗罪所必需的"欺骗行为→错误→处分行为"这种因果关系（消极说：中森・各论第137页、中山・口述各论第168页）。

三、获利目的

"使他人交付财物"，或者"取得非法的财产性利益，或者使他人取得该利益的"场合，成立诈骗罪。此时，以行为人具有这种意义上的"非法获取利益的意思"（"**获利目的**"）为必要。为此，仅仅出于给他人造成损失的目的而欺骗他人，由此使之进行不利于自己的财产处分的，不构成诈骗。例如，看到他人正打算从书商那里购买狩猎探险的盗版书，打算作为日后嘲笑该人的话题，告之该书绝对是正品，促使其下决心购买的，就不构成诈骗罪（大场茂马：《刑法各论上卷》第549页）。

※**成为获利之对象的"他人"**：在上述有关狩猎探险的盗版书的案件中，准确地说，行为人是让试图贩卖盗版书者获取了利益。尽管如此，该行为并不构成诈骗罪。这就意味着，使之获取财物或财产性利益的"他人"，不包括与行为人毫无关系，对行为人而言没有任何利害关系，或者不属于行为人关心的对象者。

应当注意的是，这里所谓"**获利目的**"，当然包括非法获取他人财物的目的（"**非法占有的目的**"），但与之相比，范围更广（团藤·各论第610页指出，"即便是没有取得的意思——尤其是出于暂时使用的目的——通过欺骗、恐吓的手段，使他人交付财物的，也应该认为，多构成第246条第2款、第249条第2款的诈骗罪、恐吓罪，因而，〔这里的非法占有的目的〕不具有盗窃罪情形下那样的实际意义"。不过，第246条第1款的诈骗财物，是需要具有"非法占有的目的"的。对于为了诉讼诈骗而骗取督促支付正本等的案件，最决平成16·11·30刑集58—8—1005否定具有诈骗罪中的非法占有的目的）。由于诈骗罪并非仅限于侵害他人之财物所有权的犯罪，而是针对整个财产的犯罪，因而这也是其必然归结。同时，尽管如此，如前例所明示的那样，**仅仅是出于给对方造成财产损失的目的——与毁损器物的目的被排除在非法占有的目的之外一样——不包含在"获利目的"之中**。在此意义上，诈骗罪虽然与盗窃罪等同属于"**利欲犯**"，但又不同于盗窃罪，不属于以财物所有权等为对象的"**取得罪**"（Zueignungsdelikt），而是以一般财产性利益为对象的"**利得罪**"（获利罪）（Bereicherungsdelikt）。

此外，在法律条文上，诈骗罪，尤其是利益诈骗罪，是以使自己或者第三者"取得非法的财产性利益"为要件的"**获利结果犯**"。与之相对应，至少是就利益诈骗罪而言，诈骗罪的故意应该包括这种"获利目的"。不过，就是在该情形下，也完全有可能认为，作为诈骗的动机，应该特别要求具有"获利目的"。在该情形下，"获利目的"就属于诈骗罪构成要件中的特别的**心情要素**。不过，这并不意味着获利必须是唯一或者主要的动机。

※※**"获利目的"的内容**：关于"获利目的"，日本刑法学界未必进行了充分的探讨，在德国刑法中，对此一般作如下定义：旨在使自己或第三人获得不法的财产性利益，但未必要求行为人确切地知道该"获利"是非法的；而且，行为人只要知道自己也许会获利即可，不要求获利是行为的唯一目的，或者压倒性、决定性的目的。

财产性利益，是财产损失的对应物，原则上应根据与财产损失相同的原理（规则）来确定。财产性利益为财产概念所左右，但无论是根据**经济的财产说**，还是根据**法律（制度）·经济的财产说**，都是在提高财产的经济性价值中获得承认的。而且，诸如取得（承担）不良债权那样，存在财产损失之具体危险的情形，也满足损失要件，与此相对应，所谓获利，也只要获得了获取财产性利益的具体可能性即可。并且，不让他人行使债权，这也是获利。在**诉讼诈骗**的场合，被害人的财产损失与行为人由此获得的利益，至少要等到裁判所宣判可以"暂行执行"，才能得到确认。因为，在宣判之前，被害人一方尚不存在具体财产损失的危殆化。

损失与获利之间还需要具有"素材同一性"（Stoffgleichheit）的关系。行为人必须是以利益是"损失的反面"的形式，追求通过损害被害人的财产而直接产生的利益。也就是，利益与损失必须是"相互呼应"或者"相互对应"。但是，这绝非意味着损害与获利具有内容上的同一性。并且，只要想到免除债务的情形即可明白，被害人的利益也并非就此原样转移（为此，包括利益诈骗的情形在内，将本罪理解为"转移罪"的山口·各论第 247 页的观点并不妥当）。

其含义以下述形式得以体现：例如，(1) 在财产损失发生之后，被骗者因进一步的行为而遭受的间接损失被排除在外；(2) 第三者针对犯罪行为所支付的报酬等外部的利益被排除在外。总之，获利与损失必须是由同一处分行为直接引起——在此意义上，以处分行为与损失之间存在"**直接性**"为必要——并且，该获利必须成为被侵害财产的负担。原因在于，若非如此，例如，通过欺骗手段让被害人亲手毁坏自己的所有物，行为人由此获得报酬的，也要构成诈骗罪。实际上并非如此，诈骗罪与盗窃罪一样，犯罪本身必须是"**利欲犯**"。亦即，以被害人自己的处分行为为介，给被害人造成财产性损失的欺骗行为，也必须同时是以直接获得财产性利益为目的的行为。

四、财物的交付

要成立本罪，必须是对方基于**错误**而实施了"**处分行为**"，在第 246 条第 1 款中，是由此取得**财物**（⇒第 16 章第 3 节之一）的占有（即"**交付**"），或者，在第 246 条第 2 款中，是由此取得非法的财产性利益。也就是，在欺骗与取得财物之间，必须存在对方因"错误"而实施"处分行为"这种心理的**因果关系**。因此，对方看穿谎言却出于怜悯而给付财物的，或者，高喊"飞碟！"，转移对方的注意力而趁机夺取财物的，至少不会构成诈骗罪（既遂）。前者是诈骗罪的未遂，后者是盗窃罪。

如前所述，被害人的财产损失与行为人或者第三者的获利，必须是由同一处分行为所引起。为此，欺骗他人使之放弃财物，而后捡走该财物的，只要该行为不是意味着被害人放弃所有权，就不是成立诈骗罪，而是成立侵占遗失物罪（第 254 条）（使他人丢掉财物，是"**占有的弛缓**"而非"**占有的移转**"）。

对骗保行为，有判例以对方职员知情为由，否定存在诈骗罪的故意（最判平成 13·1·25 判时 1735—145）。但是，这样的话，只要不是与该职员一同欺骗保险公司——该案是农协——就应当说，根本不存在欺骗行为本身（证据证券的交付⇒本章第 2 节之七※）。

五、受骗人、处分行为人、被害人之间的关系

司法实务中，还存在被骗的人（**受骗人**）与遭受财产损失的**被害人**不是同一人的"**三角诈骗**"的情形。例如，欺骗代理人，使之处分本人的财产；或者，欺骗有代表权的董事，使之处分公司的财产。在该情形下，**受骗人即处分行为人**必须对被害人而言具有"能处分其财产的权能或者地位"（⇒最判昭和 45·3·26 刑集 24—

3—55、百选Ⅱ No.53）。

相反，**受骗人与处分行为人必须是同一人**（反对意见：团藤·各论第 614 页、大塚·各论第 252 页等）。因为，若非如此，就不能谓之为，处分行为是基于错误而实施的。

对于这一点存在争议的是"**诉讼诈骗**"。诉讼诈骗，是在民事诉讼中，欺骗法官而获得胜诉判决（"**债务名义**"），从而执行被告财产的情形（以他人名下的债务名义进行执行的，最判昭和 45·3·26 刑集 24—3—55 否定成立诈骗罪）。对此，有观点认为，被告不是因为受骗而处分财产，而是因被执行财产而不得不处分财产，因而不能谓之为基于错误的处分行为，应否定成立诈骗罪（团藤·各论第 614 页）。但是，如前所示，诈骗罪中的获利，只要与损失处于对应关系即可，因而与取得（承担）不良债权的情形一样，获得债务名义，由此就已经出现了，被害人的财产减少的具体危险状态这一意义上的损失。因此，此时的处分行为人，就不是诉讼的对方而是裁判所，能够认定受骗人与处分行为人之间存在同一性（对此，批判意见指出，民事裁判采取的是形式的真实主义，在"诉讼诈骗"中，无论原告的主张是真实的还是虚假的，只要证据齐备，裁判所就应该作出胜诉判决，因而并不存在裁判所受骗这种情况。⇒团藤·各论第 614 页。但是，即便如此，该行为仍然有可能被评价为，通过伪造的证据而使得裁判所受到了欺骗）。

进一步而言，在"**信用卡诈骗**"中，无论取得方法本身是否合法，只要让对方误以为，自己现在正要使用的他人名义的信用卡是自己名义的信用卡，而同意自己使用该卡支付的，受骗人、处分行为人以及财产损失的被害人就都是信用卡的加盟店。不过，只要对会员资格的确认没有失误，根据加盟店合同，就应由负有支付义务的信用卡发行公司承担最终的财产损失（最决平成 16·2·9 刑集 58—2—89*、百选Ⅱ No.52 认为：即使被告误以为，本案信用卡的名义人允许自己使用该信用卡，并且，名义人会按照会员规章支付自己刷卡消费的相应价款，仍应成立诈骗罪，但这一结论的射程范围，不及于代理人或者受托人使用信用卡的情形）。

与之相对，没有支付能力的信用卡会员，掩盖自己没有支付能力这一事实而购买商品的，情况则有所不同。在该场合下，只要信用卡未被宣布无效，则加盟店不负有确认会员资格以外的其他调查义务，也不能拒绝提供作为加盟店所应该提供的服务。而且，对于信用卡公司的支付请求权也是正当存在的，因而不会遭受财产损失。毋宁说，在该情形下，在会员自始便恶意违反针对信用卡公司所应承担的支付义务这一点上——企业内部员工维护该财产的义务之外的、**作为针对授信人的诚信义务的违反**——会员实施的是类似于背信罪的背信行为。因此，也有德国等国将这种情形视为背信罪的扩张类型，设置了法定刑轻于背信罪的特别规定。

---

* 本案大致案情：被告人获取了他人名义的信用卡，未经许可，却装成是持卡人，出示该信用卡，在加油站加油。对此，判例认为，装成是信用卡的持卡人本人，明明没有使用该卡的正当权限却装成有此权限，使加油站的工作人员信以为真，并接受汽油的交付，这一行为应构成诈骗罪。在此基础上，进一步指出，"即便被告人误信本案信用卡的名义人会允许其使用该信用卡，且会按照信用卡会员章程就自己（被告人）的信用卡消费进行结算，被告人的本案行为是否构成诈骗罪，也不得为此事实所左右"。——译者注

反之，在日本的判例中，对这种"信用卡诈骗"，是否认定成立现行的诈骗罪，尚存争议。其中，肯定说是有力说，认为受骗人与被害人都是加盟店（福冈高判昭和56・9・21刑月13—8＝9—527、东京高判昭和59・11・19东高时报35—10～12—86等）。其考虑在于，在会员显然没有支付意思与支付能力的场合，根据不让信用卡公司产生不良债权这种基于诚实信用原则的义务，加盟店应该拒绝提供服务，因此，在此限度之内，加盟店也会关心会员的支付意思与支付能力，也正是对这一点，存在受骗与错误。

但是，对于会员的支付能力与支付意思，加盟店不存在利害关系，也不关心，并且对此也不负有调查义务。这是因为，加盟店只要确认了会员资格与信用卡本身的有效性，就有向信用卡公司请求支付的权利；不被个别调查支付能力或者信用而享受服务，这也是信用卡会员的权利（某信用卡公司的广告以骗人的狸猫，以及河童这种虚构的动物作为主人公，意欲体现的正是这种信息）。因此，行为人有关支付能力、支付意思的欺骗行为，对于加盟店的处分行为的动机形成，并不会造成影响。而且，将加盟店作为被害人的理论结构，也与受害的实际情况不符：实际遭受财产损失的，不是加盟店而是信用卡公司（另外，山口・各论第266页以下认为，加盟店具有对信用卡公司而言"处分其财产的权能或者地位"，但这对于加盟店来说是勉为其难的，因为，加盟店既不像裁判所那样拥有债务名义的强制执行权，也不具有背信罪〔第247条〕中的"事务处理人"的地位。若非如此，那么，结果就是，所有债权人都会具有对债务人而言"处分其财产的权能或者地位"）。

六、不动产的转移时点

另外，关于"使之交付"这一问题，有必要探讨一下**针对不动产的诈骗的既遂时点**。对此，《民法》第176条规定，"物权的设定及转移，只要当事人作出意思表示即生效"，因而，究竟是所有人作出转移所有权的意思表示之时——例如，缔结买卖契约之时——还是实际转让不动产之时，或者是转移登记之时，对此尚存争议（大连判大正11・12・15刑集1—763持后一观点）。乍看上去，前者似乎是对《民法》第176条的忠实解释，但是，实际上，该规定确定的不过是，只要存在意思表示即可成为物权的设定或者转移的原因，而非连权利转移的时点也予以了确定，这样理解更能体现日本现在的交易习惯（尤其是《民法》第534条的危险负担的转移时点等）。因此，后一观点对民事与刑事而言都要更为妥当。

在不动产的"**二重转让**"，以及在先顺位的抵押权人的抵押权尚未登记之时，掩盖存在先顺位的抵押权这一事实，又向第三者设定抵押权的"**二重抵押**"的场合（在该场合下，往往是先登记了后顺位的抵押权人的抵押权），是否成立针对后面的买主或者后面的抵押权人的诈骗罪，这也是一个问题。但是，现在的多数说认为，前一情形下，成立针对前一个买主的侵占罪；后一情形下，成立针对前一个抵押权人的背信罪。详见侵占罪（⇒第20章）与背信罪（⇒第21章）中的相关解说。

※**与使用诡计的盗窃罪的区别**：现行刑法有关诈骗罪的规定（《刑法》第246

条),虽然在"欺骗他人"这种诈骗方法上是相同的,但又具体分为财物诈骗罪(第246条第1款)与利益诈骗罪(第246条第2款),前者以"使之交付财物"(1995年刑法修正之前是"骗取财物")为要件,而后者以"取得非法的财产性利益,或者使他人取得该利益"为要件。如果仅看这一点,在财物诈骗罪中,只要受骗的他人事实上交付了财物,更为准确地说,在如果不受骗就不会交付财物的场合,似乎仅此即可构成本罪。

但是,如果仅此即可构成财物诈骗罪的话,则会出现一些难以应对的问题。例如,在百货商场的女装卖场谎称"让我试穿一下",从店员手中接过衣服,在店内的试衣间换好衣服之后,乘店员不备逃走的,似乎也要构成诈骗罪。但是,根据通说,店员并无转移该商品的占有的打算,该行为应构成盗窃罪,而非构成诈骗罪(⇒西田·各论第193页。由于没钱支付住宿费,谎称外出送客,穿着旅馆的睡袍离去的,最决昭和31·1·19刑集10—1—67判定,成立针对睡袍的盗窃罪。此外,单纯逃走而逃避支付住宿费的,最决昭和30·7·7刑集9—9—1856、百选Ⅱ No.50 判定也不构成利益诈骗罪。另见团藤·各论第613页等)。为此,诈骗罪中的"交付财物",并非简单地将财物的持有由(被害人的)这只手转移至(行为人的)那只手——法律上是否有效另当别论——而必须是以观念意义上的转移占有为内容的"处分行为"。换言之,成立财物诈骗罪,必须是以转移占有为内容的"处分行为",由此区别于"使用诡计手段的窃取"(反对意见:林·各论第235页)。

被告接到店员递来的电话卡后,在支付价款之前,谎称要先将卡交给在外面等待的人,并使店员信以为真,却拿着电话卡就此逃走的,对此案件,东京高判平成12·8·29判时1741—160认为,在该案中,被告使店员误信,并知晓、允许自己把电话卡拿到店外,因而能认定,店员是受到被告的欺骗而交付了电话卡,从而撤销了判定成立盗窃罪的一审判决,最终判定构成诈骗罪。但是,对于谎称试穿而拿走衣服的,通说认为应构成盗窃罪,按照这种通说观点,对该判决就会存在这样的疑问:店员同意被告把卡带至停在店门口的车边,并不能由此认定,被害人存在转移占有的意思。虽然也有观点试图找出允许带至店内某处与允许带出店外之间的不同,但与带至稍有距离的店内试衣间的行为相比,这种观点并不具有说服力。在本书看来,毋宁说,在该案中,被告自始便出于骗取的意图而要求购买电话卡,存在以这一点作为理由而认为成立诈骗的余地(对类似案件认定成立诈骗罪的判例,⇒最判昭和26·12·14刑集5—13—2518)。

不过,只要存在以转移占有为内容的处分行为,在"不受骗就不会交付财物的场合",一般都成立诈骗罪,这种做法也稍有不妥。例如,某房地产商不打算与吸烟者进行交易,某吸烟者掩盖自己吸烟的事实,从该房地产商处购买了不动产的,仅凭这一点想必是不能构成诈骗罪的。在这种"恣意的交易条件"的场合,引起有关这一点的处分行为之动机错误,尚不属于诈骗罪中的"欺骗行为"(不过,如果是该房地产商为了支持禁烟运动,对不吸烟者,会以特别优惠的价格出售不动产的情形,则另当别论)。

七、财产性利益

在自己或者第三人获得了**非法的财产性利益**时，利益诈骗（第246条第2款）达到既遂（关于财产性利益，参见第16章第3节之二）。反过来说，就是以被害人遭受了**财产性损失**为必要（"**素材同一性**"⇒本节之三※※）。

另有判例认为，要成立诈骗罪，（通过欺骗手段）得以提前取得的工程承包款的支付，与未使用欺骗手段所能正常得到的承包款的支付相比，必须达到能谓之为另外的支付的程度，从而否定获得了非法的财产性利益，也否定存在指向这种非法利益的欺骗行为（最判平成13・7・19刑集55—5—371、百选Ⅱ No.47）。*

有些情形下，乍看上去是骗取了"财物"，但实质上应视为利益诈骗。使他人交付能证明债权等其他合同上的权利的证明书的（"**证据证券**"），就属于此类情形。例如，掩盖被保险人有重大疾病的事实，加入或使其加入人身保险的，判例一直以来的态度是，属于骗取了人身保险单的财物诈骗（大判昭和10・4・1刑集14—368、大判昭和11・4・2刑集15—439、大判昭和13・10・8刑集17—708、最决平成12・3・27刑集54—3—402、百选Ⅱ No.48等）。但是，该行为同时也骗取了作为保险合同人的地位，因此，被保险人死亡之后，行为人领取保险金的行为，就不再构成另外的诈骗罪（大判昭和10・4・1刑集14—368认为，骗取保险单的行为与此后的骗取保险金的行为属于包括的一罪）。

在这一点上，欺骗消费者借贷机构（小额贷款机构），使之交付可以消费、借贷至一定金额的贷款卡（loan card）之后，将该卡插入自动订立合同的机器，实际借取现金的，有判决判定构成（针对贷款卡的）诈骗罪与（针对现金的）盗窃罪的并合罪（最决平成14・2・8刑集56—2—71、东京高判平成17・10・31东高时报56—1～12—72）。但是，第一行为骗取的，不仅是作为物体的贷款卡，而且是该卡所证明的——可以借取一定金额的——契约上的地位与权利，而此后的取款行为不过是在行使该权利，因此应认定为，与后面的取款行为一同构成诈骗罪的包括的一罪（⇒【问题研讨】）。

再者，使用他人的健康保险证，用作身份证明，让银行将该他人的姓名误以为是自己的姓名，并开设了银行账户，领取了存折的，有判例判定成立诈骗罪（最决平成14・10・21刑集56—8—670）。但是，虽然伪构了真实姓名，但被告是存款合同人这一事实并无改变，因此，将存款合同人领取存折的行为视为财产犯，这是存在疑问的（同旨，山口・各论〔补正版〕第267页注114）。

※证据证券的交付与诈骗罪：既然诈骗罪是财产犯，则仍然以实质的财产性损

---

* 该案大致案情为，承包人原本具有领取工程承包款的权限，但采取欺骗手段非法提前支取了工程款，对此，判例认为，要对承包款全额认定诈骗罪，必须是"行为人得以提前的支付期，达到（提前支付的承包款）与不采用欺骗手段而支付的承包款，按照社会一般观念，可谓之另外的支付的程度"（最决平成13・7・19刑集55—5—371）。也就是，支付期的若干提前，尚不存在足以肯定成立诈骗罪的实质性的获利、损失；但如果能认定属于"社会一般观念上另外的支付"，就可肯定成立第1款诈骗罪。——译者注

失这一要件为必要（西田·各论第 203 页）。在让他人重新制作了不过是权利之证明的证券的场合，重点不在于证券这一有体物，而在于其所体现的权利（⇒中森喜彦：《二項犯罪小論——その由来を中心に——》，载《法学論叢》第 94 卷 5＝6 号，第 217 页）。在属于权利人的受领人不是骗取了该权利，且其目的不过是证明本人是该证券所证明的权利人之时，就应该认为，不成立诈骗罪。在这一点上，使用他人的健康保险证，用作身份证明，让银行将该他人的姓名误以为是自己的姓名，并开设了银行账户，领取了存折的，对此，前揭最决平成 14·10·21 刑集 56—8—670 判定成立诈骗罪，应该说这是存在疑问的。再者，在骗取权利的场合，即使交付了（代表权利的）证券，在区分财物诈骗罪与利益诈骗罪的现行刑法的规定之下，这种取得证券的行为，就应该被理解为，构成利益诈骗罪（⇒中森喜彦：《二項犯罪小論——その由来を中心に——》，载《法学論叢》第 94 卷 5＝6 号，第 217 页）。

八、处分行为

要成立诈骗罪，受骗人必须交付财物或者转移财产性利益。两者合称为"**处分行为**"。民法中的意思表示以及其他法律行为（《民法》第 90 条以下）属于处分行为，这一点不存争议。而且，处分行为不仅包括以作为方式实施的情形，而且包括诸如放弃请求等以不作为方式实施的情形。在此意义上，"处分行为"不限于民法上有效的法律行为。不过，债务人装出一副打算立即履行债务的样子，由此使得债权人不过是暂时不再催促其履行债务的，仅此尚不足以称之为处分行为（最判昭和 30·4·8 刑集 9—4—827、百选 Ⅱ No. 54）。

问题在于，受骗人对于利益的转移并无转移意识的，是否也能谓之为"处分行为"（"**无意识的处分行为**"）。对于为了少付电费而拨回电表指针的行为（大判昭和 9·3·29 刑集 13—335）、对于"区间性逃票乘车"的行为（大阪高判昭和 44·8·7 刑月 1—8—795、百选 Ⅱ No. 51），有判例判定成立诈骗罪。在此类情形中，对于金额的不足部分，受骗人都没有免除支付的意思。相反，无钱饮食或者无钱住宿的场合，在接受服务之后，产生不付款的意思而逃走时，就有判例判定不构成诈骗罪（最决昭和 30·7·7 刑集 9—9—1856、百选 Ⅱ No. 50）。

但是，如果广义地承认"无意识的处分行为"的话，则很难将诈骗罪区别于采取欺骗手段的盗窃罪。典型的诈骗罪，是使对方陷入"动机错误"以处分财物或者财产性利益，当时，被害人对于处分该财物是存在认识的，仅仅是存在"赚钱"等动机上错误。可以改变这种典型的诈骗到何种程度，这种改变又是否与"欺骗"这种一般观念相一致，这些就属于判断的要点。

在财物是**特定物**的场合，有关该财物之财产性价值的欺骗，以及受骗人的错误，就相当于诈骗罪；然而，在有关**不特定物**的数量的错误中，对于受骗人所了解的数量的超出部分，就应认定为盗窃罪。**财产性利益**的情形，也是如此。因此，在使用欺骗手段享受了受骗人未曾意识到的利益的，就属于"利益盗窃"，只要没有特别的处罚规定，就不过是不可罚的不当得利（《民法》第 703 条以下）或者不履行债务。不过,欺骗对方,使之误以为请求权的消灭时效尚未届满,从而使得该人怠于行使请求权,由此逃避支付债务的,由于受骗人对于属于请求对象的利益存在认识,因而仍然有构成诈骗罪之可能。

从当时的具体状况、行动的前因后果来看,也可以从"处分行为"中读出处分意思,因此,也有可能存在"默示的处分行为"(对于因受到胁迫而放弃要求支付的情形,最决昭和43·12·11刑集22—13—1469、百选 Ⅱ No. 59 承认,对于延缓支付,存在默示的处分行为)。

※ "区间性逃票乘车"与诈骗罪:有关"无意识的处分行为",典型的是,如何处理"区间性逃票乘车"的行为。例如,行为人乘坐列车,购买了 A 站至 B 站以及 C 站至 D 站的车票,没有购买 B 站至 C 站的车票,却从 A 站经由 B 站、C 站到达 D 站。在主张成立诈骗罪的积极说之中,一种观点认为,在 A 站出示 A 站至 B 站的车票,该行为就是欺骗行为,运送就是劳务的提供即处分行为(**乘车站说**:大塚·各论第264页、大谷·各论第281页、中森·各论第140页。大阪高判昭和44·8·7刑月1—8—795)。与之相对,另一种观点则认为,在 A 站,行为人通过检票口时,持有的是正常的车票,毋宁说,问题在于 D 站,也就是,(明明有尚未支付的车费)不经过补票就直接走出检票口,这就是欺骗 D 站工作人员的利益诈骗(**下车站说**:平野·概说第216页、福田·各论第259页、堀内·各论第148页、西田·各论第199页、山口·各论第261页。对于高速公路上的"区间性逃票"的行为,福井地判昭和56·8·31刑月13—8=9—548判定,在出口处构成诈骗罪)。

但是,无论是在 A 站还是在 D 站,工作人员都不知道行为人没有购买 B 站至 C 站的车票(存在 B 站至 C 站的票款债权)这一事实,因此,工作人员并不存在处分意思:既没有同意在行为人不支付运费的情况下,仍然提供 B 站至 C 站之间的运送服务;也没有同意免除支付或者延缓支付。因此,在该情形下,并不存在针对对象利益的"处分行为",上述积极说的两种观点都忽视了这一点。对于这种"区间性逃票乘车"的行为,《铁路营业法》第29条已经规定了罚金等制裁措施,因而也没有必要另外勉强地认定成立诈骗罪。不仅如此,目前,相当数量的车站已经采取了检票系统的自动化与无人化(高速公路也通过设置 ETC,而实现了无人化),原本以针对人(自然人)的欺骗行为为必要的诈骗罪,也已经无法有效应对"区间性逃票乘车"行为(而且,既然自动检票机是依据预先设定的程序而运行,也难以适用第246条之二的计算机诈骗)。因此——此后越来越是如此——消极说是妥当的(西原·各论第229页、中山·口述各论第175页、平川·各论第372页、曾根·各论第152页、齐藤〔信〕·各论第155页、山中·各论第392页)。

九、造成损失

在财物诈骗的场合,通常情况下,被害人受骗交付了财物,就被理解为,转移了该财产的所有权,因此可以认为,"受骗交付财物"就是"财产损失"。换言之,"受骗交付财物"就是"财产损失"的具体例子。在此意义上,财物诈骗的情形,也以发生财产损失为必要，并且实际上也存在财产损失（另外，有关利益诈骗，有观点认为，以整体财产的减少为必要〔团藤·各论第 620 页〕，但这是后述受骗人的"作用"的问题）。

问题在于，针对所交付的财物，支付了**相应金额的对价**的，是否也能谓之为造成了损失。对此，有判例作了如下判决："在即便提供了价格相当的商品，倘若告知实情，对方便不会支付金钱的场合，刻意就该商品之效能，告知对方有违真实的夸大事实，使之产生误信，并接受了其交付的金钱的，成立诈骗罪"（最决昭和 34·9·28 刑集 13—11—2993、百选 Ⅱ No. 46）。也就是，该财物的转移本身就是损失，即便支付了对价，也仍然存在损失。此外，近年有判例对下述案件判定成立诈骗罪：作为让对方（住管机构）放弃最高额抵押权等的对价，被告向设定了最高额抵押权的对方所支付的价款，是基于本案不动产当时的市价，在对方看来属于相当的金额，并且，对方答应只要被告部分履行债务即可，并由此放弃了本案最高额抵押权，即便对方（住管机构）对于这些并无错误，但如果住管机构不受被告欺骗而误以为本案不动产是被正规地卖给第三人，则不会答应放弃该最高额抵押权（最决平成 16·7·7 刑集 58—5—309）。*

可以说，这是与**诈骗国家机关**（以国家机关为对象的诈骗）""**捐款诈骗**"的情形相类似的问题（⇒本章第 1 节之二）。也就是，除了发挥以追求利润为目的的"商人"的作用而行动的情形之外，任何个人都可以自由地决定，出于何种目的、以何种方式处分自己的财产权。也就是，对这一点，任何个人都有不接受虚假的情报，而由此作出违背自己本意的财产处分行为的权利。因此，（由于被提供了虚假信息）处分行为的动机产生错误，并由此实施了无法达成处分之目的的财产处分的，这本身就属于损失。为此，即使支付了相当金额的对价，仍然存在财产损失，因而有可能成立诈骗罪（不过，本书以为，在放弃最高额抵押权的债权人本人接受了自认为相当的对价之时，就达到了其处分财产的目的，因而前揭最决平成 16·7·7 刑集 58—5—309 是存在疑问的）。

※**财物的交付与财产损失的关系**：现行刑法采取了将诈骗罪区分为"财物诈骗"（第 246 条第 1 款）与"利益诈骗"（第 246 条第 2 款）的方式，而并未像德国刑法那样采取"针对整个财产的犯罪"这种结构。其理由在于，受 1810 年法国刑

---

* 本案大致案情为：被告（A 公司）欺骗株式会社住宅金融债权管理机构（住管机构），谎称要将该机构设定有"最高额抵押权"的某处不动产正规地卖给第三人，该机构信以为真，遂答应对方只要部分履行债务即可，并放弃了所设定的"最高额抵押权"。事实上，被告是打算让住管机构放弃"最高额抵押权"之后，利用该不动产，从银行融资，以用于支付其他债务。对此，判例认为，"作为放弃本案最高额抵押权的对价，A 公司向住管机构所支付的价款，按照当时的市价，在住管机构看来属于与市价相当的金额，并且，对于答应对方只要部分履行债务即可，并放弃本案最高额抵押权，住管机构并无错误，即便如此，但应该说，如果不是因受被告人的欺骗，误以为是将本案不动产正规地卖给第三者，住管机构原本不会答应放弃该最高额抵押权。被告人在对此存在认识的基础上，对于自己的真实意图——实际上是卖给由自己实际控制的'皮包公司'——秘而不宣，欺骗住管公司的具体担当人员，使之误信是将该不动产卖给第三者，从而让住管公司放弃本案最高额抵押权，并完成了注销登记手续，因此，应当成立《刑法》第 246 条第 2 款之诈骗罪"。——译者注

法的影响，日本旧刑法将诈骗罪视为"诈骗取财"（旧《刑法》第390条以下），是将以"财物"（动产）为对象的诈骗作为基本类型，在此基础上再增加了表征个别的财产性利益的证券等，现行刑法继承了这种立法模式。然而，在受到将诈骗罪定位为财产犯罪的法国刑法的影响这一点上，19世纪的德国刑法也是如此。也就是，到1871年，德国刑法的诈骗罪已经发展为包括财物与财产性利益在内的"整个财产"的犯罪；与之相对，日本刑法的诈骗罪则限于将财产性利益予以一般化（有关其间的立法过程，⇒中森喜彦：《二項犯罪小論——その由来を中心に——》，载《法学論叢》第94卷5＝6号，第215页、第217页以下。有关19世纪德国刑法的诈骗罪的发展过程，⇒中村勉：《19世紀におけるドイツ刑法の『詐欺概念』の史的変遷——エトガーブゥシュマンの『19世紀における刑法の詐欺概念の発展』に関する論文を中心に——〔1〕〔2〕〔3〕》，载《帝京法学》第17卷第2号第91页、第18卷第1号第137页、第18卷第2号第153页）。

在本书看来，正是这种改变的不彻底才引导出了这种判例结论：存款债权人接受了存折之交付的场合，由于形式上也存在由"诈骗行为"所引起的"交付财物"，因而成立诈骗罪（前揭最决平成14·10·21刑集56—8—670）。毋宁说，仅根据由事实的财物持有的转移所引起的财物持有的丧失，尚不足以认定为"财产性损失"这一意义上的"交付财物"，只有意味着"财产权的侵失"之时，才具有作为诈骗罪成立要件的意义。并且，对于这种"财产权的侵失"的测定，也应当考虑到，未能实现与被害人的"社会作用"相适应的目的这一点。

如前所述（⇒本章第1节之一），与保护财物的静态状态的盗窃罪等不同，这种意义上的诈骗罪，应该理解为，是为了保护那种属于追求自己的幸福以及其他目的而自由处分财产之条件的、"不被他人给予错误信息，进而处分财产"的权利。同样，也可以说，恐吓罪保护的是，"不被他人实施暴力或者胁迫，进而处分财产"的权利。虽然同属于"财产犯"，但这些犯罪的性质、"法益"，与盗窃罪之间存在很大不同（⇒总论第5章第3节之三）。

十、不法原因给付与诈骗罪

最后探讨不法原因给付与诈骗罪的问题。亦即，根据《民法》第708条＊，以"不法原因给付"为理由，对于给付物不存在返还义务的场合，能否以诈骗罪处罚欺骗行为人。有最高裁判所的判例认为，只要是通过欺骗手段而使对方交付了财物，那么，即便是在进行受到经济管制法规处罚的黑市交易时所实施的欺骗行为，也构成诈骗罪（最判昭和25·7·4刑集4—7—1168、百选ⅡNo.44等）。其理由是，这种通过违法手段所实施的行为，有扰乱社会秩序的危险。

若仅看这一点，在刑事法律中，即便是作为"不法原因给付"而没有返还义务的场合，看上去似乎也有可能成立诈骗罪（多数说似乎也是如此。不过，对于卖淫

＊ 日本《民法》第708条［不法原因给付］规定，"因不法原因予以给付的，不得请求返还该给付物。但是，不法原因仅存在于受益人一方的，不在此限"。——译者注

的嫖资问题,尚存争议:作肯定判断的,参见名古屋高判昭和30·12·13裁特2—24—1276;作否定判断的,参见札幌高判昭和27·11·20高刑集5—11—2018。想必是因为,原本在将性交视为具有对价性价值的东西这一点上,裁判所是存在抵触的。也就是,否定说是立足于法律·经济的财产说〔⇒第2节之三※※〕,那是妥当的)。但是,问题在于,是否应依据《民法》第708条而否定存在返还请求权这一问题本身,就需要通过综合判断诸多要素而决定(⇒谷口知平:《不法原因给付の研究〔第3版〕》,第213页以下;佐伯=道垣内·第48页以下)。

此外,在诈骗的场合,受骗之前的被害人的财产本身应该受到保护,并且,与被害人相比,不法原因多在于提出不法交易的欺骗行为人。因此,被害人一方未必一定没有返还请求权。况且,仅凭"给付还是寄托"(⇒大谷·各论第307页以下)这种单一标准,也无法找出妥当的解决路径(⇒松宫孝明:《刑事法学の動き》,载《法律时报》第74卷第4号,第93页以下)。

十一、处分行为与损失及获利的直接性

由诈骗所导致的财产损失与获利,必须与受骗人实施的处分行为具有直接关系。若非如此,就会出现如下奇妙的现象:他人约定向行为人支付报酬,行为人为此欺骗被害人,使被害人损坏了自己所有的财物的,也要构成诈骗罪("直接性"⇒本章第2节之三※※)。

所谓"锅焚"明明没有治疗效果,却欺骗信徒(被害人),使之相信可以治愈疾病,并与被害人之间伪装成购买中药的形式,由被害人用信用卡支付"锅焚"的部分费用(另一部分费用以现金支付),对此,最高裁判所判定,就整个受害金额成立财物诈骗罪(第246条第1款)(最决平成15·12·9刑集57—11—1088)。*不过,在该案中,信用卡公司也因为受骗,而垫付了原本无须支付的虚假买卖的货款,属于诈骗的被害人。为此,该信用卡公司的垫付,就不能被谓为信徒本人的处分行为,不属于由信徒的处分行为所直接引起的获利。对该案,毋宁说,由于已经无法进行"同时履行等的抗辩",在实施"锅焚"者确实产生价款债权,而信徒确实承担了价款债务的时点,就应该认定为利益诈骗(第246条第2款)的既遂(这并非山口·各论第263页所谓"三角诈骗",而是两个诈骗行为)。不过,在该案中,由于裁判所已经就以现金方式支付的部分"锅焚"费,认定成立财物诈骗,因而就应该认为,这种价款债务被财物诈骗所吸收,属于包括的一罪。

另外,对于掩盖出卖存折与CD卡的目的,开设银行账户并接受存折之交付者(最决平成19·7·17刑集61—5—521),以及掩盖让他人搭乘飞机的目的,在柜台办理并接受登机牌者(最决平成22·7·29刑集64—5—829),最高裁判所均判定成立财物诈骗罪。在这些案件中,在承认银行、航空公司有可能间接地遭受经济损

---

* 本案大致案情:被告A对苦于病痛的B等人说,生病原因在于"灵障",谎称"锅焚"这种仪式具有治愈疾病的效果,并以"锅焚"费的名义,要求B等支付钱款,对于不能马上支付"锅焚"费的被害人,让他们装作从被告人A等人经营的药店购买了药物,并就药费的支付与从事信用业务的信用卡业者C签订了信用合同,然后,被告基于被害人等的委托,让C将货款直接汇入该药店的账号。——译者注

害这一点上，看上去似乎终于得以维系诈骗罪的财产犯罪性质。但是，这种间接地遭受经济损害的危险，依据的是顾客、各国政府的独立的意思决定，而不是由处分行为所直接引起，因此，对于成立诈骗罪，是存在疑问的（针对最决平成19·7·17刑集61—5—521，笔者修改了旧版的观点）。

十二、罪数

通说与既往判例都认为，诈骗罪是侵犯个人的财产权的犯罪，并且，不同于常习累犯盗窃罪（《盗犯等防止法》第3条），不属于即便是复数行为也按照一罪处理的"集合犯"（⇒总论第23章第2节之二），因此，如果被害人不同，就应成立不同的诈骗罪（在这一点上，针对街头诈骗捐款的行为，最决平成22·3·17刑集64—2—111将整个行为视为诈骗罪的包括的一罪，是存在疑问的）。另外，由一个欺骗行为导致被害人数次付款的，概括地评价为一罪。

第三节　计算机诈骗罪

除第246条规定的情形之外，向他人用于处理事务的电子计算机输入虚假信息或者不正当指令，从而制作出有关财产权得失或变更的不真实的电磁记录，或者提供有关财产权得失或变更的虚假电磁记录，供他人用于处理事务，由此取得非法的财产性利益或者使他人取得的，处10年以下惩役（第246条之二）。

犯罪未遂的，应当处罚（第250条）。

一、本条旨趣

本条是基于利用CD（Cash Dispeser）卡等银行在线系统的犯罪逐渐增多这一理由，与其他一系列关于"计算机犯罪"的规定一起，于1987年追加的。例如，利用计算机将虚假的信息输入银行的在线系统，制造出已向自己的银行账户存款，或者已向他人的账户汇款的假象。在此类情形下，由于欺骗的是机器，不能构成诈骗罪，而且，在实际提取现金之前，也不构成盗窃罪。为此，就有必要增设新的规定。本条就是这种规定。**本罪与诈骗罪、盗窃罪之间是补充关系**，在欺骗他人或者自己从ATM中取款的场合，本罪即被前者所吸收（不过，向ATM输入规定信息而提取现金的，实际上是由机器来交付财物，因而应该由本罪来处理，而不属于盗窃）。

二、保护法益

与诈骗罪的情形一样，本罪的保护法益是个人的财产权，而非交易的安全或者计算机系统的安全。并且，从与诈骗罪、盗窃罪的法定刑之间的比较来看，应该将本罪理解为侵害犯。不过，在诸如篡改银行的客户原始台账，处于随时可以转换为现金的状态的，就可以解释为"取得了非法的财产性利益"。

三、客体

本罪的客体与利益诈骗罪相同，是"财产性利益"。但无须存在他人（对方）的"处分行为"。

四、行为

本罪行为必须是：（1）向他人用于处理事务的电子计算机，（2）输入虚假信息或者不正当指令，（3）从而制作出有关财产权得失或变更的不真实的电磁记录，或者提供有关财产权得失或变更的虚假电磁记录，供他人用于处理事务，（4）由此取得非法的财产性利益或者使他人取得。

（1）所谓"**他人用于处理事务的电子计算机**"，是指他人用于处理有关其财产权之得失、变更事务的电子计算机，不包括其安装在家用电器、汽车上的微型计算机。

（2）所谓"**虚假信息**"，诸如实际没有现金入账，但反映存在汇款入账的信息那样（东京高判平成 5·6·29 高刑集 46—2—189*、百选 Ⅱ No.55），是指内容有违真实的信息。即便是非法的汇款，只要实际进行了汇款，就不属于虚假信息（东京地判平成 4·10·30 判时 1440—158）。"**不正当指令**"，是指诸如随意更改存款管理程序等那样，与电子计算机的设置管理人原本预定的指令相反的指令。

（3）所谓"**有关财产权得失或变更的电磁记录**"，是指记录了财产权之得失、变更的事实，或者能引起这种得失、变更的事实的电磁记录，制作出这种电磁记录，会事实上引起财产权的得失、变更。

五、本罪的未遂、既遂

例如，篡改了客户存款原始台账的，仅此行为即达到本罪既遂。这实质上处罚的是，诈骗罪、盗窃罪的预备阶段的行为。

第四节　准诈骗罪

利用未成年人的知虑浅薄或他人的心神耗弱，使之交付财物，或者取得非法的财产性利益或使他人取得的，处 10 年以下惩役（第 248 条）。

犯罪未遂的，应当处罚（第 250 条）。

---

* 本案大致案情为：神田信用金库S支店的支店长被自己个人的债权人追债，明明实际上不存在资金汇入，却命令令部下做有资金汇入自己以及他人账户的处理（"神田信用金库事件"）。对此，一审认为，由于支店长具有入款、出款的权限，因而仅构成背信罪（东京地判平成4·10·30判时1440—158）。但作为二审的东京高等裁判所认为，"被告人指示职员操作计算机，输入有关资金汇入的信息，但实际上根本没有与此相对应的资金汇入，很明显，完全属于不伴有经济上、资金上之实质的信息，因而属于'虚假信息'，构成使用电子计算机诈骗罪"（东京高判平成5·6·29高刑集46—2—189）。——译者注

一、法律性质

本罪是以尚未达到欺骗、胁迫程度的诱惑等方法，利用未成年人的知虑浅薄或者他人的心神耗弱，使之处分财产，由此获利的犯罪。得到心神丧失者、无意思能力者的表面上的同意，进而取得财物的行为，构成盗窃罪（不过，因对被害人的能力存在错误，不能认定存在盗窃罪之故意的场合，就补充性地成立本罪）。此外，采取了与针对正常人一样的欺骗手段的，成立诈骗罪（大判大正 4·6·15 刑录 21—818）。

二、成立要件

本条所谓未成年人，是指未满 20 周岁者（《民法》第 4 条）。也有学说主张，从保护未成年人的角度出发，因婚姻所形成的**成年拟制**（《民法》第 753 条）这一规定不应适用于本罪（西田·各论第 223 页），但从因结婚而被视为具有相应能力这种成年拟制的旨趣来看，该观点是存在疑问的。

本条所谓"**知虑浅薄**"，是指知识贫乏思虑不足，不要求是在一般情况下，而只要是就某具体事项，知识贫乏思虑不足即可。所谓"**心神耗弱**"，是指虽未达到丧失意思能力的程度，但精神并不健全，对于事物的判断，不完全具备一般人所应有的知识与能力这种状态（大判明治 45·7·16 刑录 18—1087）。

本罪的其他成立要件与诈骗罪的情形相同。

第五节 恐吓罪

恐吓他人使之交付财物的，处 10 年以下惩役（第 249 条第 1 款）。

以前款方法，取得非法的财产性利益或者使他人取得的，与前款同（同条第 2 款）。

犯罪未遂的，应当处罚（第 250 条）。

一、法律性质

与诈骗罪相同，本罪也是利用被害人的有瑕疵的意思的犯罪，但本罪的手段是暴力或者胁迫。本罪与诈骗罪的区别在于手段，与抢劫罪的区别在于压制意思的程度，与强要罪的区别在于目的物是否是财物或者财产性利益。不过，实质上，利益抢劫罪（第 236 条第 2 款）包含着本罪的加重类型（⇒第 18 章第 1 节、第 2 节）。本罪的保护法益类似于诈骗罪，是（由于受到暴力、胁迫等引起的心理压迫）"**不因存在瑕疵的动机而处分财产的权利**"。本罪的结构，可以图示如下：

暴力或者胁迫 → 处分的动机 → 处分行为（"交付财物"或者"处分财产性利益"）→ 获利、造成损失

二、胁迫的范围

本条所谓胁迫的范围，要广于胁迫罪（第 222 条）、强要罪（第 223 条），对于

恶害的内容、加害的对象均无限制。在暴力也属于处分行为的动机这一点上，暴力也属于胁迫的一种形态（最决昭和33·3·6刑集12—3—452）。*

暴力、胁迫的程度，达到足以使对方实施基于对方自己的意思的处分行为即可，与抢劫罪不同，无须达到足以压制反抗意思的程度。**

三、权利行使与恐吓罪（或者诈骗罪）

例如，暴力团等催讨条件苛刻的借款的，能否构成恐吓罪呢？对此，存在两种相互对立的观点：（1）暴力或者胁迫罪说认为，让对方支付金钱这没有问题，只有行为手段会构成犯罪（仅认定为胁迫罪的判例，参见大判昭和5·5·26刑集9—342。另外，虽然是有关诈骗罪的判例，大连判大正2·12·23刑录19—1502认为，对于超过债权额的部分，应构成诈骗罪）（2）恐吓罪说认为，不仅是手段行为，包括所催讨的钱款在内，应成立恐吓罪（最判昭和30·10·14刑集9—11—2173、百选Ⅱ No.58）。

但是，民法并不承认，债权人具有可以通过暴力、胁迫以强制债务人履行债务的权利，因而这种催讨行为超出了行使权利的范围，因此，第（2）说即恐吓罪说更为妥当（不过，对于暴力索取欠款的情形，几乎看不到适用恐吓罪的案例。实务中，主要是适用违反《出资法》之罪。⇒第16章第3节之一的2）。

【问题研讨】

X试图骗取A的100万日元，遂编造捐款理由，请A捐款。A于是将银行卡交给X，让X代替自己去银行取款100万日元。X用该银行卡从银行的自动取款机取出100万日元，并将卡还给了A。但X却将100万日元用于自己的游玩以及偿还欠债。

【解说】

本案是根据东京高判平成10·12·10东高时报49—1～12—87（控诉驳回·上告）的案件改编而成。对于试图从A处骗取100万日元的被告，针对让被害人交付银行卡，并代替被害人去银行取款100万日元，并且，消费了用该卡取出的100万日元这一案情，判例判定，针对银行卡成立诈骗罪，针对所取出的100万日元成立以银行为被害人的盗窃罪（两罪构成并合罪）。

其理由如下：在该判决看来，接受现金卡的行为显然构成诈骗，而且，就取出

---

* 对此，山口·各论第281页指出，"暴力，也可成为恐吓的手段（参见最判昭和24·2·8刑集3—2—75），但可以认为，一旦遭受暴力之后也许还会遭受暴力，这种胁迫性因素才是让被害人感到畏惧的实质（最决昭和33·3·6刑集12—3—452）。在此意义上，可以将暴力理解为'以态度进行的胁迫'"（山口厚．刑法各论：2版．王昭武，译．北京：中国人民大学出版社，2011：329．）．——译者注

** 也就是，恐吓，是指通过暴力或者胁迫，使被害人感到畏惧，进而交付财物，这种恐吓行为必须针对财物或者财产性利益的交付。要成立属于交付罪的恐吓罪，必须是被害人基于自己的意思实施交付行为，因而行为人的暴力、胁迫行为虽足以引起被害人的畏惧，但必须尚未达到抑制被害人反抗的程度，否则可能构成抢劫罪。——译者注

100万日元这一事实而言,"虽说被告取出100万日元,是受存款人之托,但那是因受到被告的欺骗所致,因而不能谓之为,存在存款人的任意且真挚的委托,对于银行卡的使用,被告也不具有正当权限。并且,虽然存款人对于存款拥有取款的权限,但对于自动取款机中的不特定的现金,却不存在占有,因而被告从自动取款机中取出的100万日元现金,属于银行支店长支配管理之下的现金,姑且不论民事上的被害人是谁,但只能是认为,取款行为的刑事上的被害人是银行"。此外,针对辩护人主张的仅构成第2款诈骗一罪的观点,判决认为,"对于存款人将银行卡交给了被告这一点,理解为给予了被告取出并接受存款的权限这种处分行为,进而主张成立第2款诈骗,这种观点不仅使得第1款诈骗与第2款诈骗之间的区别失去意义,也未能就接受现金这一法益侵害行为作出评价,因而不在(本判决)采纳之列"。并且,最终判定,"除了成立针对现金卡的诈骗罪之外,还成立针对银行的盗窃罪,既然两罪中的被害人不同,认为两罪属于并合罪更为妥当"。

不过,本判决判定成立,以并非民事上的被害人的银行作为被害人的财产犯罪,在这一点上,就蕴含着与民法之间的矛盾;同时,还存在对存款人的100万日元的损失实质上进行了双重评价的问题。

首先,本案的案件事实是,"X试图骗取A的100万日元,遂编造捐款理由,请A捐款。A于是将银行卡交给X,让X代替自己去银行取款100万日元"。在此阶段,X是否成立以银行卡这一"财物"为对象的第1款诈骗罪呢?

对此,有观点认为,银行卡本身就是重要的财物,因而通过欺骗A而取得对银行卡的占有的X,应构成第1款诈骗罪(前田雅英《Lesson 刑法37》第302页。前揭东京高判平成10·12·10东高时报49—1~12—87可能也是相同意思)。但是,问题在于,X对于银行卡不具有非法占有的目的。因为,X真正希望取得的是100万日元的现金,而银行卡不过是获取现金的手段而已,事实上,在该案中,X在取出100万日元之后,又将银行卡还给了A。为此,上述观点认为被告存在"取得银行卡本身的意思",是存在疑问的。毋宁说,正确的理解应该是,在该阶段,作为骗取100万现金的手段,让对方出借了银行卡,并且取得了提取100万日元的代理权。

也有可能存在这样的理解:因为A将自己的银行卡交给了X,因而该行为属于给予X以"提取并接受存款"之权限的处分行为,应构成第2款诈骗罪。不过,如果认为,提取100万日元的代理权,是为了A而非为了X的代理权,因而在该阶段X尚未取得"财产性利益",那么,就应该理解为,尚属于针对100万日元现金的第1款诈骗的未遂阶段。对此,究竟采取哪一种理解,会直接影响到最后的罪数处理。

其次,通过受骗的A基于错误动机所授予的代理权,X才取得了代替A提取100万日元的权限。那么,基于这种权限从银行提取100万日元的行为,对于银行具有何种效果呢?

关于这一点,可能存在这样的理解:X拥有的代理权,是X所实施的欺骗行为的结果,因而不能说,存在存款人的任意且真挚的委托,因而X不具备使用银行卡的正当权限，X提取100万日元的行为属于无效行为。并且，按照这种观点，A虽然有提取存款的权限，但对于自动取款机中的不特定的现金并不存在占有，因而X从存款机中提取的100万日元，是属于银行支店长支配管理之下的现金，X可能成立以银行为被害人的盗窃罪（前揭东京高判平成10·12·10东高时报49—1~12—87）。

但是，根据《民法》第96条，以第三者实施欺诈为理由，得以撤销意思表示的情形，仅限于对方知道该事实之时（《民法》第96条第2款）；并且，该撤销不得对抗善意第三人（《民法》第96条第3款）。因此，如果在取款当时，银行不知道诈骗的事实，则不管怎样A授予代理权的意思表示都是有效的，银行不过是按照代理权，向A的有效代理人X支付了100万日元。当然，尽管A属于X的诈骗行为的被害人这一点并无改变，但即便成立诈骗罪，也并非由此直接否定了，基于动机错误所作出的法律行为的效力。为此，应该说，X拥有代理A并为了A而取出100万日元的正当权限（如果X超出提取100万日元的代理权而提取了现金，则属于《民法》第110条的以"逾越代理权"为理由的表见代理的问题。由于表见代理是"无权代理"，因而在该情形下，X没有正当的取款权限）。

对于这一点，有观点以向银行柜台出示窃取的存折而提取存款的，除了盗窃罪之外还要成立诈骗罪为理由，主张本案情形下也应成立盗窃罪（前田雅英《Lesson刑法37》第302页）。但是，在使用所窃取的银行存折的情形下，盗窃犯并不具有代理存款人提取存款的权限。不仅如此，由于盗窃犯装作是存款人本人，因而与存在代理权的本案情形，完全属于不同案件。

不过，在从自动取款机提取现金之时，由于X已经不具有"为了A"的意思，因而在拿到100万日元的时点，就已经（非法）取得了100万日元，应成立以A为被害人的第1款诈骗罪。即使不是这样，那么，至迟在X为了自己而消费该100万日元时，毫无疑问可以成立第1款诈骗罪。但不管怎样，在本案中，认定被告成立以银行为被害人的盗窃罪，与认为即便是因受欺诈而实施的法律行为至少对不知情的银行而言是有效的这种民法的旨趣之间，是难以调和的。

这样考虑的话，X就应当成立以A为被害人的、损失总额为100万日元的第1款诈骗罪。按照认为在接受银行卡之交付的时点应构成第2款诈骗罪的观点，在提取现金的时点，就应该已经发展至第1款诈骗罪。并且，如果认为接受银行卡的时点属于第1款诈骗的未遂，那么，提取了现金的时点，就应该构成该罪的既遂。

对于这种认定成立第1款诈骗罪的观点，能够想到，可能会有观点立足于在接受银行卡之交付的时点即构成第1款诈骗的既遂这一前提，批判该观点未能就接受现金这一法益侵害行为作出独立的评价（前揭东京高判平成10·12·10东高时报49—1~12—87就实际提出了这种批判）。但是，这种批判意见是以认定X对于自己并没有非法取得之意思的银行卡成立第1款诈骗罪为前提的，这本身就是问题；不仅如此，让X成立盗窃罪与诈骗罪这两个犯罪，还存在这样的疑问：对于A遭受的实质上相同的损失进行了双重评价。为了避免这种双重评价的弊端，还是应将整个行为整体性地评价为第1款诈骗罪。同时，按照这种整体评价为一罪的观点，在使得第 2 款诈骗发展至第 1 款诈骗，或者使得第 1 款诈骗未遂发展至第 1 款诈骗既遂这一点上，就已经在刑法上正当地评价了提取现金的行为（对于有关骗取小额贷款机构的贷款卡〔loan card〕的前揭最决平成 14·2·8 刑集 56—2—71，也应该进行同样的考虑）。

第二十章
侵占犯罪
——针对财产权的犯罪（之四）

第一节 概 述

一、侵占犯罪的种类

在现行《刑法》第 2 编第 38 章"侵占犯罪"中，第 252 条规定了针对委托物的侵占罪，第 253 条规定了作为其加重规定的业务侵占罪，第 254 条规定了针对遗失物等脱离占有之物的侵占罪。

第 252 条只是规定"侵占自己所占有的他人之物的"，虽未必明确要求了该物是受他人委托之物，但一般认为，"从与侵占遗失物罪规定的关系上来看，显然不包括偶然进入自己事实上的支配范围之内的财物"（团藤·各论第 636 页等）。

对于这里所谓"侵占"的含义，一般存在如下两种学说之间的对立："**取得行为说**"认为，侵占是指"实现非法占有的目的的一切行为"（团藤·各论第 631 页）；"**越权行为说**"则认为，侵占是指"针对占有物实施超越权限的行为"（牧野·各论第 796 页）。其中，"取得行为说"被认为是"通说、判例采取的观点"（团藤·各论第 629 页。大判大正 6·7·14 刑录 23—886）。换言之，**所谓"侵占"，就是指不伴随占有转移的"非法取得"**（不伴随占有转移的取得罪）。侵占，是以非法的方法将他人之物或者公共之物据为己有（未必正式获得了所有权）。

根据第 255 条的规定，对本章之罪，准用有关亲属间犯罪的特例（第 244 条）。但是，对本章之罪，不能准用有关属于他人占有等的自己的财物的特例（"有关自己财物的特例"）（第 242 条）、有关将电力视作财物的"视作规定"（"有关电力的特例"）（第 245 条）。

二、侵占犯罪的法律性质

对于本章之罪的基本法律性质，存在争议：侵占各罪在"取得罪"的性质上是共通的，或者，侵占委托物罪的本质在于，背叛了委托人的信赖这种**背信性质**。也就是，争议在于，侵占委托物罪与侵占遗失物等罪的法律性质是否不同（⇒平野龙一《刑事法研究最终卷》第89页以下）。

这种争议主要体现于对于共犯关系的处理。同样以委托物作为客体的业务侵占罪，是侵占委托物罪的加重类型，对此不存在争议。因此，在接受他人委托管理财物的业务人，与非业务人处于共犯关系时，就适用有关**加减的身份犯**（不真正身份犯⇒总论第22章第1节之三）的共犯规定（第65条第2款）。另外，对于侵占遗失物等罪，如果认为其在法律性质上与侵占委托物罪同属于"领得罪"，那么，在侵占委托物罪中，就是由于具有受托管理财物者这一身份而加重了刑罚，因而以此为理由，就可以认为，两罪也处于加减的身份犯的关系。反之，如果强调侵占委托物罪的背信性质，认为两罪属于罪质不同的犯罪，那么，两罪之间就不具有上述关系，侵占委托物罪就属于**构成的身份犯**，规定的是由受托管理财物者这一身份所构成的犯罪行为（真正身份犯：第65条第1款）。

通说与判例均将侵占委托物罪视为构成的身份犯（最判昭和27·9·19刑集6—8—1083）。但是，与之相对，有力说则认为，侵占遗失物等罪属于最纯粹（基本）的取得罪，是侵占犯罪的基本犯（宫本·大纲第381页、泷川·各论第142页、平野龙一《刑事法研究最终卷》第91页、山口·各论第289页）。如下所示，如果从现行法的提案理由来看，有力说的理解才是正论。不过，在对共犯关系的处理这一点上，两罪法定刑的差异很大；而且，也完全有可能这样理解：不认为侵占委托物罪属于身份犯，而认为是因为"委托物"与"脱离占有物"（更准确地说，是整个"财物"⇒本章第4节之二）这种客体的不同而导致了法定刑的差异（在该场合下，对侵占委托物罪的共犯，就无须适用第65条第1款）。为此，就应当认为，两罪在"侵占"行为这一点上是共通的，但属于客体不同的不同犯罪（另外，不能因为是"违法身份"，其处断刑就总是连带的。⇒总论第22章第1节之五）。

※**立法当时侵占委托物与侵占遗失物等的关系**：原本来说，在旧刑法中，侵占委托物罪被规定在第3编第2章第5节"诈骗取财犯罪以及有关受托财物的犯罪"的第395条，而侵占遗失物等罪则被规定在第3编第2章第3节"有关遗失物埋藏物犯罪"的第385条以下。这是将这些罪名规定在现行刑法之同一章的缘由，其中值得关注的是其提案理由，"本章是将第5节中的有关受托财物的犯罪，合并在现行法第3编第2章第3节，并对此进行了修订而成的"（仓富等·第2213页）。也就是，这是以"有关遗失物埋藏物犯罪"的规定为基础，合并了有关受托财物的犯罪而成的。

在此意义上，现行《刑法》第2编第38章"侵占犯罪"显然采取的是这样一种形式：以254条的侵占遗失物等为基础，增加了第252条的侵占委托物。并且，该章所谓"侵占"，是指将该财物非法地据为己有，即"非法取得"。

三、保护法益

侵占犯罪的保护法益是，针对财物的所有权以及其他本权（**本权说**）。该法益因行为人随意将他人之物据为己有（非法取得）而遭受侵害（**取得行为说**）。不过，对于受公务机关之命所保管的自己之物（第 252 条第 2 款），其保护法益是由保管命令所担保的他人的担保权等，该法益会因行为人超越受到限制的权限而实施的处分行为，而受到侵犯。

与之相对，有观点立足于就盗窃罪支持**持有说**的立场认为，在侵占罪中，物的受托人针对该财物所实施的、超越委托人所赋予的权限的处分行为，就是侵占（**越权行为说**）。因为，该观点是将受托人的背信性视为本罪之本质。

但是，后者只是少数说，并且，该说也无法解释没有委托关系的侵占遗失物等罪中的"侵占"的含义。事实上，对于被告自作主张，将自己为了公司而占有的财物擅自返还给财物所有人的这种越权行为，也有判例判定仅成立背信罪（大判明治 44・12・19 刑录 17—2231）。

不过，如后所述，对于侵占罪中的"**非法占有的目的**"的内容，受这两种相互对立的学说的影响，也存在争议（⇒第 2 节之七）。

第二节　侵占委托物罪

侵占自己所占有的他人之物的，处 5 年以下惩役（第 252 条第 1 款）。

虽然是自己之物，但在公务机关命令其保管的情形下，仍侵占该物的，与前款同（第 252 条第 2 款）。

一、主体

根据通说，**本罪主体是受托占有他人之物者**。在此意义上，本罪是构成的身份犯（不过，第 252 条的法条用语本身对主体并无限制，毋宁说，也存在将本罪理解为，将客体限于"委托物"的犯罪的余地。⇒本章第 1 节之二）。不过，那些因拾得遗失物而得以占有他人之物者，不属于本罪主体（⇒第 254 条）。

本罪的法定刑轻于盗窃罪（第 235 条）。一般认为其理由是，与盗窃罪相比，本罪"在形态上是和平的，在动机上是诱惑的"（泷川）。但是，比较盗窃罪与损坏器物罪（第 261 条）的法定刑即可明白，盗窃罪的动机更具有诱惑性，其法定刑反而更重。毋宁说，原因在于：一是在不伴有占有侵害这一点上，行为的形态是和平的；二是委托人一方也存在过错——对方明明不是业务者——将物委托给了不值得信任的人。

二、客体

本罪客体是，自己受托占有的他人之物（第 252 条第 1 款），或者是**受公务机关命令保管的自己之物**（第 252 条第 2 款）。这里所谓"物"，就是指"财物"（⇒

第 16 章第 3 节之一）。不能准用有关将电力视作财物的"视作规定"（"有关电力的特例"）（第 245 条）。而且，不存在针对利益的侵占罪。不过，**不动产**也可以成为本罪客体。对不动产而言，占有人通常是登记簿上的名义人，但在所有人是法人的场合，占有人也可以是作为该法人的董事而管理该不动产者（最大判平成 15·4·23 刑集 57—4—467、百选 II No. 67）。

根据通说，本罪中的"占有"，是指**在事实上或者法律上具有对物之支配力的状态**，其范围比仅限于事实性支配的盗窃罪要宽。例如，上述不动产的登记名义人，或者提货单等物权性有价证券的占有人，也可以认为是该不动产或者该货物的占有人。不过，就动产而言，如果采取不同于盗窃罪的概念，则无法依据行为人是否存在"占有"，以区分盗窃罪与——委托物及遗失物——侵占罪，也难免不会出现同一行为同时构成盗窃罪与侵占罪的问题。

※**存款债权的占有**：在这一点上，**存款债权**会出现问题。因为，存款债权不是债权凭证、有价证券，无法将"债权"本身理解为"物"。具体而言，在受托人与委托人之间达成合意，将受托的金钱存入自己的存款账户进行管理的场合，对于挪用处于存款状态下的该金钱的行为是否构成侵占的问题，大审院判例认为，从委托的旨趣来看，取出的现金的所有权属于委托者，进而作为对取出的现金的侵占，而认定成立本罪（大判大正 9·3·12 刑录 26—165。牧野等人的越权行为说，正是为了批判该判例而提出的。⇒牧野英一《刑法研究第 3 卷》第 397 页以下。与之相对，大判大正 1·10·8 刑录 18—1231 的理论构成并不明确*，虽然有解释为"该判例是对取出的现金判定构成侵占"的余地，但无法断定为，肯定了针对存款的占有）。学界虽然也有观点将存款视为"物"，并承认是针对这种"物"的侵占（大谷·各论第 302 页**、西田·各论第 235 页、山口·各论第 295 页等），但在消费寄托的场合***，则与所有权转移至受托人这一前提（大谷·各论第 305 页）相矛盾，而且，从"债权"以及"物"的定义来看，也是存在疑问的。在存款的阶段，应解释为仅构成背信罪（如果认为这种观点不合理，就应直接采取"越权行为说"。若非如此，虽立足于多数说即"有体性说"〔⇒第 16 章第 2 节之一〕，却将"债权"视为"物"，对于如何避免出现这种不合理，就应该作出说明）。

此外，这种解释还与"汇款错误"情形下的判例态度相矛盾：在 ATM 机上取款的，存款债权人构成盗窃罪（东京高判平成 6·9·12 判时 1545—113）；在银行

---

* 大判大正 1·10·8 刑录 18—1231 认为，村长将由自己保管的、该村所有的现金存入银行，该款项便相当于自己所占有的他人之物，如果出于非法占有的目的而提取该款项，就构成侵占。——译者注

** 大谷·各论第 289 页认为，"确实，存款的名义人履行一定手续，可以提取存款，因而看上去似乎存在法律上的支配。但是，并非只要履行了取款手续，邮局或者银行就会自动地回应取款，而是通过确认对方是真实的权利人之后，再回应对方的取款，因此，应该认为，对存款的事实上、法律上的支配，实际上存在于邮局、银行。"——译者注

*** 日本《民法》第 666 条规定了消费寄托。所谓消费寄托，是指接受寄托者可以消费寄托物，而只要返还与此等量、等质的同种物即可。银行存款就是其适例。由于与消费借贷相类似，原则上准用有关消费借贷的规定。——译者注

柜台取款的，存款债权人构成诈骗罪（**最决平成 15·3·12 刑集 57—3—322**）。这也是因为，如果存款的"占有"属于存款债权人，那么，对该行为人肯定成立伴有占有侵害的盗窃罪，或者伴有占有转移的诈骗罪，这之间就存在矛盾（⇒第 16 章第 2 节之四）。

三、委托关系

委托关系的发生原因，也包括无因管理（《民法》第 697 条以下）与监护（《民法》第 838 条以下）。此外，即便委托合同在民法上无效，亦不受影响（不过，在不法原因给付的场合，则会出现问题。⇒本章本节之五）。

四、他人之物

"他人之物"，是指所有权属于他人的财物，不包括无主物。尤其是在下述情形下，其与自己之物的界限存在争议。

首先，在不动产等的**"二重买卖"**（"二重转让"）中，在承认所有权属于第一买方的场合，再将不动产卖给第二买方的行为，就构成侵占罪（**最判昭和 30·12·26 刑集 9—14—3053**）。此时，第二买方执意要求对方实施出售行为的，也有判例判定其构成侵占罪的共同正犯（**福冈高判昭和 47·11·22 刑月 4—11—1803、百选 Ⅱ No.62**）。不过，此时需要注意的是，**不动产所有权的转移时间**。按照不动产的交易习惯，不动产所有权的转移时间，不是在签订合同之时，而是实际支付价款，或者交付对象物，或者转移登记之时。之所以如此，这也是因为，虽然签订了合同，由于买方没能准备好资金，为此卖方为了筹措资金而另外寻找其他买家，这种现象是很正常的，因而，完全不追究没有准备好资金的买方的责任，而仅判定卖方构成犯罪，这种做法是不合理的（**大连判大正 11·12·15 刑集 1—763**。⇒第 19 章第 2 节之六）。

在**"分期付款"**的情形下，在物之价款支付完毕之前，通常由卖方保留所有权。因此，买方在价款支付完毕之前随意处分该物的话，构成本罪（**大判昭和 9·7·19 刑集 13—1043、最决昭和 55·7·15 判时 972—129**）。反之，在从金融机关借款支付价款的**"贷款销售"**场合，只要未出于担保目的而将物之所有权转让给贷款公司，则所有权转移至买方，有时候该物之上仅设定有担保权。

在物之所有权转让给债权人，而债务人仍保留占有的**"转让担保"**的场合*，担保物的所有权是否转移，这取决于该契约的旨趣或者形式。在"归属清算型"的场合，物的所有权转移至债权人，但债务人具有请求清算被担保债权与物之价款之间的差额的清算金请求权，并具有"保留权"，可以要求采取物之交付与清算金支

---

* 转让担保，是指债务人作为对债务的担保，采取将目的物的所有权转移给债权人的形式，与所有权保留一样，属于一种非典型担保。一般认为，债权人有支付清算金的义务。转让担保的实现，主要有两种形式：其一是"归属清算型"，也就是，债权人取得目的物，将目的物的适当价款与被担保债权的价款之间的差额部分返还给债务人的一种清算方法；其二是"处分清算型"，也就是，债权人将目的物处分给第三者，债权人从所得价款中优先清偿债权，将所得价款与被担保债权之间的差额部分返还给债务人的一种清算方法。——译者注

付同时履行（《民法》第533条）这种形式（⇒佐伯＝道垣内·第66页以下）。为此，在该情形下，债务人擅自处分了转让担保物的，就成立侵占罪（大判昭和8·11·9刑集12—1946、名古屋高判昭和25·6·20判特11—68）；反之，担保权人窃取了转让担保物的，则通过适用第242条（"有关自己财物的特例"），构成盗窃罪（最判昭和35·4·26刑集14—6—748、最决平成1·7·7刑集43—7—607、百选Ⅱ No.25。对于就不动产转让担保取得了登记的担保权人，大判昭和11·3·30刑集15—396判定构成侵占罪。在该案中，在相关人员之间的内部关系上，判例认为债务人保留着所有权。而对类似案件，大阪高判昭和55·7·29刑月12—7—525则判定成立背信罪）。

在**金钱之委托**的场合，在确定金钱的用途而予以保管之时*，一般认为，由委托人保留所有权。在该场合下，现金的所有与占有就是不一致的（最判昭和26·5·25刑集5—6—1186、百选Ⅱ No.61）。

另外，一般而言，在民事中，**金钱的所有与占有通常是一致的**，上述所谓不一致的情形应限于根据当事人的意思，而改变了价值的归属分配比例之时，没有必要认为，刑法上存在独立的金钱所有权（并且，最判昭和29·11·5刑集8—11—1675是最高裁判所判定金钱的所有与占有一致的典型案例，是有关背信罪的刑事判例）。

※**侵占物的再侵占**：对于行为人恣意在他人的不动产上设定抵押权，而后又出售该不动产的案件，最大判平成15·4·23刑集57—4—467、百选Ⅱ No.67认为，仅凭出售行为即可构成侵占罪。当然，这并不意味着，设定抵押权的行为不构成侵占；而且，也并不意味着，设定抵押权与出售，应构成两个侵占罪。** 对此类案件，曾有被告被认为设定抵押权行为与之后的出售行为一同构成侵占罪而受到起诉，对

---

* 日本《民法》第657条〔保管〕规定，"保管因一方当事人委托相对人保管某物，相对人对此承诺而发生效力"。——译者注

** 本案大致案情为：一审判决认定，被告人是宗教法人A的责任董事，基于与A的代表董事等人的共谋，(1) 于2002年4月30日，将业务上所占有的为A所有的本案土地X，以10 324万日元的价格卖给了株式会社B，同日，办理了所有权登记转移，并侵占了该款项；(2) 于同年9月24日，将业务上所占有的为A所有的本案土地Y，以1 500万日元的价格卖给了株式会社C，并于同年10月6日，办理了所有权登记转移，且侵占了该款项，因而判定成立业务侵占罪。对此，辩护人提起控诉，提出下述主张：被告人在实施上述出售行为之前，首先，对于本案土地X，已于1980年4月11日，设定了以被告人所经营的株式会社D作为债务人的最高额为2 500万日元的最大额抵押权，且办理了相关登记，其后，又于2002年3月31日，设定了以D为债务人的债权额为4 300万日元的抵押权，且办理了相应登记；其次，对于本案土地Y，于1989年1月13日，设定了以D为债务人的债权额为3亿日元的抵押权，且办理了相应登记，因此，应该是这些抵押权设定行为构成侵占罪，至于其后的土地出卖行为，应该作为不可罚的事后行为，不另外构成犯罪。对此，二审维持一审判决，但辩护人又以二审判决违反了最高裁判所的判例（最判昭和31·6·26刑集10—6—874）为由，向最高裁判所提起了上告。对此，最高裁判所认为，"受托占有他人的不动产的人，擅自在该不动产上设定抵押权并办理相应登记之后，该不动产仍为他人之物，受托人仍占有该不动产，这一点并无变化。其后，针对该不动产，受托人擅自实施出售等所有权转移行为，并办理了相应登记之时，这无非就是，违背委托任务，明明对该物没有相应权限，却实施了非所有人不能实施的处分行为。因此，对于通过出售而转移所有权的行为，成立侵占罪，这一点是能够肯定的。在此之前所实施的抵押权设定行为这种先前行为，应该理解为，这无碍于后续行为即所有权转移行为成立犯罪本身"（否定属于不可罚的事后行为），从而作出了改变前述判决（最判昭和31·6·26刑集10—6—874）的判断。——译者注

此，大判明治43·10·25刑录16—1745仅认定成立以抵押权设定行为为理由的侵占罪一罪。另外，针对设定抵押权之后的被担保债务，用替代物清偿债务（代物清偿）*，而转移了不动产之所有权的，最判昭和31·6·26刑集10—6—874认为，不应成立两个侵占罪。**

不过，前揭最大判平成15·4·23刑集57—4—467认为，在判断出售行为是否构成侵占罪之际，不应就出售之前是否存在应构成侵占罪的抵押权设定行为这种诉因之外的情况进行深入审理判断。*** 但是，这是存在疑问的。原本来说，设定抵押权与出售是针对同一财物所有权的阶段性侵犯，因而认定成立两个侵占罪并不妥当。因此，两个行为——无论将出售行为称为"**不可罚的**"事后行为还是称为"**共犯的**"事后行为——属于包括的一罪（前揭大判明治43·10·25刑录16—1745判定出售行为无罪，但实际上无此必要），将处于一罪之关系的行为，认定为属于"**一个诉因**"之外的行为（"一罪一诉因原则"），这是很难想象的。而且，即便只应仅将起诉状上所记载的行为作为问责对象，例如，针对以盗窃罪与收受盗赃罪等为理由的诉因，在被告一方主张盗窃行为已经超过**公诉时效**（《刑事诉讼法》第250条）的场合，就无法想象，上述判决的旨趣在于，使盗窃行为超出了公诉时效这一点属于"诉因外的情况"，不得成为审理之对象。反之，如果可以这样的话，对于将盗得之物当作自己之物而每天使用的盗窃犯而言，尽管盗窃行为的公诉时效应该自窃取行为当时开始起算，但如果将属于"不可罚的事后行为"的每天的使用行为，独立地作为侵占遗失物等罪予以起诉，那么，该罪的公诉时效也许就永远无法到期了。如果起诉了先前的行为，其后的行为就属于"不可罚的事后行为"，但如果仅起诉后面的行为，公诉时效就无法到期，这显然是对时效制度本身的否定。事实上，犯罪的成立与否以及罪数关系这种实体的法律关系，在逻辑上必须先行于起诉这种诉讼行为。是否可以部分起诉，则属于这之后的问题。

当然，对于已经窃取或者已经侵占的财物——只要不属于动产的善意取得（《民法》第192条）——并不能就此否定被害人的所有权，因此，对于已经窃取的财物，同一人虽不可能重复实施伴有事实上的占有转移的窃取，但可以实施属于侵

---

* 日本《民法》第482条〔代物清偿〕：债务人得债权人之承诺，就其所承担的给付，实施其他给付以替代的，该给付具有与清偿同一效力。——译者注

** 该案大致案情为：A将自己所有的不动产卖给B，并转移了所有权之后，乘尚未办理所有权登记转移之机，又在该不动产上对C设定了抵押权，并办理了抵押权登记，其后，更是将该不动产的所有权转移至C，并办理了所有权登记转移。对此，最高裁判所判例判定，A（明知不动产的所有权已经属于B，仍对C设定了抵押权，仅此即已经）成立侵占委托物罪，即便其后又将所有权登记名义转移至C，也不另外成立侵占委托物罪。——译者注

*** 对此问题，最大判平成15·4·23刑集57—4—467在上述判决理由之后，进一步指出："这样，既然所有权转移行为能成立侵占罪，无论先前行为即抵押权设定行为成立的侵占罪，与后续行为即所有权转移行为所构成的侵占罪之间的罪数关系如何，检察官可以考虑到案件情节的轻重、举证的难易等相关情况，不以前面的抵押权设定行为，而是以后面的所有权转移行为，提起公诉。而且，受理了这种公诉的裁判所，应该仅以所有权转移这一点作为审理对象，在决定是否成立犯罪之际，对于出售之前是否还存在可以构成侵占罪的抵押权设定行为，不得就这种诉因之外的情况进行审理判断。在这种情况下，对于被告人，如果允许其通过主张、举证诉因之外的犯罪事实，而就属于诉因之内的事实是否成立犯罪展开抗辩，那么，围绕诉因之外的犯罪事实，被告人就会尽力证明成立犯罪，而检察官则努力证明不成立犯罪，因而，就难免会出现让当事人双方进行不正常的诉讼活动的情况，应该说，这不符合采取诉因制度的诉讼程序的宗旨。"——译者注

犯所有权之行为的委托物或遗失物之侵占，或者损坏器物的行为。由于那种行为只能被适用于先前行为的法条所一同评价，如果因超过了公诉时效等理由而不能处罚先行行为，那么，仅以能够适用于后一行为的法条进行处罚，仅对后一行为提起诉讼，也是可以的。但是，即便是这种情形，也还是应该认为，诸如每天使用盗赃等那样，对于极其轻微的侵犯所有权的行为，就应该不予追究，只要不是诸如出售、损坏等可以视为明显是对所有权之再度侵犯的行为，就不能进行上述单独处理（⇒平川宗信＝后藤昭编著：《刑事法演习》第223页以下〔松宫孝明〕）。

五、不法原因给付与侵占

侵占了委托人基于不法原因而给付的财物（**不法原因给付物**）的场合，问题在于，侵占者虽没有返还义务（《民法》第708条），是否仍然要构成侵占罪？否定成立侵占的观点认为，在此类场合下，若成立侵占，这就是对民法上可以不返还的财物，通过刑法强制要求返还，并不妥当。对这一点，也有判例就侵占行贿资金的案件，判定成立本罪。因为，本罪"仅以犯人占有的是他人之物为要件，未必是以物之给付人在民法上得以请求返还为要件"（最判昭和23・6・5刑集2—7—641、百选Ⅱ No.60）。

但是，在该场合下，如果委托人有中止行贿的意思，即便是在民法上，想必也能认定存在返还请求权（⇒谷口知平：《不法原因給付の研究〔第3版〕》第213页以下、佐伯＝道垣内・第48页以下）。而且，此时，贿赂并未到达公务员处，因而"给付"并未完成——**没有给付的终局性**，因而也不属于《民法》第708条的适用对象（承认所有权在于受赠人的最大判昭45・10・21民集24—11—1560，针对的是以转移所有权为内容的赠与，其结论不能一般化至不以转移所有权为内容的"给付"*。

总之，判断是否成立侵占罪，要通过民法层面的综合判断，对于是否承认被害人的返还请求权进行个别判断，这是不可或缺的。因为，若非如此，就会在"**法秩序的统一性**"上出现矛盾（⇒第16章第2节之四）（⇒松宫孝明：《刑事法学の動き》，载《法律时报》第74卷第4号，第93页以下）。

六、盗赃等的侵占

侵占了盗窃犯人等委托的盗赃等的（**盗赃等的侵占**），能否构成本罪呢？不同于上述"不法原因给付物"的情形，该问题是以下述形式体现的：如果侵占人知道是盗赃，则构成赃物罪（第256条）——搬运罪、保管罪、有偿处分斡旋罪，但除

---

* 这也就是，在本书作者看来，在受托行贿而受托人将行贿款部分或者全部据为己有的场合，由于委托人的行为不是"以转移所有权为内容的赠与"，没有"给付的终局性"，而是保留了所有权，因而受托人侵占的是"自己占有的他人之物"，应成立侵占罪；反之，《民法》第708条的适用对象是所有权已经转移至对方的赠与，例如，为了维持情人关系而给情人买房的情形。因此，尽管都是出于不法原因将财物交给对方（受托人），但应该区分转移所有权的"给付"与保留所有权的"寄托（保管）"（本书作者这里未使用林干人、大谷实等学者倡导的"寄托（保管）"概念，只有前者不侵犯所有权不构成侵占罪。——译者注

此之外，是否还成立侵占委托物罪？这属于罪数的问题，至于委托人是否具有民法上的返还请求权，则不成为问题。

因此，如果认为，侵占人不知是盗赃的，应认定构成侵占委托物罪，那么，严格来讲，对本罪的成立而言，就无须委托人是所有人或者其他本权人，包括违反所有人之利益的情况在内，只要存在**事实上的委托关系**即可。在此限度内，可以说，相对真正的被害人而言，侵占委托物罪阻碍的是，从所有权派生出来的、取回盗赃权这一意义上的"**追求权**"（⇒第22章第2节之二）。

对这一点，判例态度并不一致。在最高裁判所判例中，对于侵占出售盗赃所得价款的行为，有判例判定构成侵占委托物罪（最判昭和36·10·10刑集15—9—1580：盗赃等有偿处分斡旋罪与侵占委托物罪。学说参见藤木·各论第340页、大谷·各论第310页、前田·各论第267页）；而在大审院的判例中，对于侵占盗赃的出售价款的行为，则有判例持否定态度（大判大正8·11·19刑录25—1133：仅成立盗赃等有偿处分斡旋罪），而且，对于侵占保管之下的盗赃的案件，"判例"依然持否定态度（大判大正11·7·12刑集1—393：仅成立保管盗赃等罪）。

如前所述，侵占罪的保护法益是所有权以及其他本权，而非委托人的信赖，因此，对侵占罪的成立与否而言，是否违背了盗窃犯等的信赖，这一点并不具有独立意义。相对真正的被害人而言，应该将这种非法取得行为视为一种侵害其所有权以及其他本权的行为——这也是阻碍"追求权"之行使的行为。在这一点上，与从小偷处偷走盗赃的小偷并无不同（⇒第16章第3节之一）。并且，盗赃罪已经就此作出了评价，因而没有必要再重复认定为侵占罪（大塚·各论第292页、中森·各论第169页、曾根·各论第173页、西田·各论第243页、林·各论第152页、山口·各论第303页*，等等。也就是，这属于罪数问题，尤其是赃物罪的共罚的事后行为的问题〔⇒总论第23章第1节之四〕。为此，因某种理由而不构成盗赃罪的场合，有可能成立侵占罪。仅认定成立侵占罪的，参见大判昭和13·9·1刑集17—648）。

七、侵占行为

有关"侵占犯罪"中"**侵占**"的含义，存在"**取得行为说**"与"**越权行为说**"之间的对立。"取得行为说"认为，实现"**非法占有的目的**"的所有行为都是"**侵占**"，也就是，"非法取得"就等于"侵占"；与之相对，"越权行为说"则认为，侵占行为背弃了以委托为基础的信赖关系，是对占有物实施了超越权限的行为。其中，判例立场与通说采取的是"取得行为说"。与盗窃罪的情形一样，上述两种学说之间的对立体现于，对于擅自暂时使用委托物的"**使用侵占**"，以及"**毁弃侵占**"（是指委托物之毁弃），是否应该作为侵占罪来处罚（⇒第17章第2节之三）？

---

* 山口·各论第303页认为，受托保管赃物的人，非法处分了赃物的，不成立侵占委托物罪。因为，既然保管赃物的行为构成保管赃物罪（第256条第2款），委托行为便不值得保护（否定存在值得保护的委托关系）。因此，问题仅在于，该行为是否成立针对本犯（盗窃罪等）的被害人的侵占遗失物罪。一般认为，应成立相对更重的保管赃物罪（山口厚. 刑法各论：2版. 王昭武，译. 北京：中国人民大学出版社，2011：355.）。——译者注

不过，问题在于"非法占有的目的"的定义。因为，在最高裁判所的判例中，不同于盗窃罪的情形，侵占委托物罪中的"非法占有的目的"被定义为，"**他人之物的占有者违背委托任务，明明对该物并无权限，却仍然具有实施非所有人则不能实施的处分行为的意思**"（最判昭和 24·3·8 刑集 3—3—276、百选 II No.63）。实际上，这正是实施越权行为的意思。因此，也有对如下案件认定成立业务侵占罪的判例：为了防止偷工减料被发觉，隐匿了小学的设计图纸等（大判大正 2·12·16 刑录 19—1440。不过，该判决的特点在于，让所有人丧失保存使用该物之利益，被告则处于可以处分该物的状态，判例将其视为取得意思的外在显现，而并未考虑被告不存在具体的使用目的）；农协会长为了替农户购买来年的肥料，出于用其后收集上来的多余大米来填补存米不足的意思，暂时使用了各农户上交的用于卖给政府的大米（最判昭和 24·3·8 刑集 3—3—276）；森林工会的会长以工会名义，将限定了具体用途的政府专用贷款转贷给了地方公共团体（最判昭和 34·2·13 刑集 13—2—101）。

但是，这种定义不符合"侵占"的一般定义，仅仅考虑的是侵占委托物罪的情形。而且，现行刑法的"侵占犯罪"这一章，是将侵占委托物罪合并于侵占遗失物罪，显然，那里所谓"侵占"，是指"将受托财物据为己有"，而并不包含单纯的"越权"行为（⇒本章第 1 节之二）。

※ **"自己之物的特例"与"取得"**：第 252 条第 2 款的"自己之物的特例"中，重新将自己的所有物"据为己有"这种事情是很难想象的，为此，这里的"侵占"，原本是对旧《刑法》第 386 条中的"藏匿"或者"脱漏"的一般化，其含义有别于一般的"侵占"。同时，在属于侵占遗失物等规定的前身的旧《刑法》第 385 条中，"藏匿"属于行为样态之一，是为了确保该物之经济性利用的机会而实施的"藏匿"，与本罪的利欲犯性质并不矛盾。因此，不能就此认为，那种纯粹的"藏匿"与"毁弃"也都相当于"侵占"。

如前所述（⇒本章本节之四※），随意在他人的所有物上，为自己的债务设定担保权的，这种行为也相当于"侵占"（有关抵押权的案件，参见前揭大判明治 43·10·25 刑录 16—1745、最判昭和 31·6·26 刑集 10—6—874）。在该场合下，是作为该物之所有人，按照该物之经济用途予以利用，因此，即便采取了与盗窃罪的情形一样的"非法占有的目的"的定义，那也是因为，是相当于实现"非法占有的目的"的行为。

与之相对，就不实的担保权设定进行登记或者临时登记的，对此，有判例认为，除了成立公正证书原件不实记载罪（第 157 条。⇒第 29 章第 4 节之三）之外，还要成立侵占罪（最决平成 21·3·26 刑集 63—3—291）。但是，这是存在疑问的。因为，既然担保权设定是不真实的即虚假的，那么，就没有在该物之上设定担保权，因此，也就不能说，存在侵占行为，亦即，实现"就该物……进行处分的意思"的行为。

八、"非法占有的目的"向盗窃罪的接近

近年，下级裁判所的判例中，对于侵占信息媒介的行为（**信息媒介的侵占**），与盗窃罪的情形一样，有判例对此定义为：**排除权利人而将他人之物据为己有，按照其经济用途，加以利用或者处分的意思**（东京地判昭和60·2·13刑月17—1＝2—22、百选ⅡNo.65等。不过，也有判例对类似案件认定成立背信罪。东京地判昭和60·3·6判时1147—162、百选ⅡNo.69）。此外，对于也禁止委托人本人实施的行为，出现了否定成立侵占的判例（最决平成13·11·5刑集55—6—546、百选ⅡNo.64、最判平成14·3·15裁时1311—7。特别是后一判例：被告是Ａ公司的财务部次长，与Ａ公司的董事兼财务部长Ｃ等人一起，出于与囤购本公司股票的Ｂ相对抗的目的，委托第三者对Ｂ的囤购行为实施妨害，以阻止Ｂ取得Ａ公司的经营权，并且，明明没有支出资金的权限，却挪用公司资金，数次将现金交付给该第三者，用于支付用作妨害活动的活动资金与报酬。对此，最高裁判所认为，在该案中，没有足够的证据认定，被告等存在诸如明哲保身等固有的谋利目的；而且，至少在某一阶段之前，还有这样解释的余地：现金的交付是基于Ｃ的权限，或者完全属于为了Ａ公司的正当支出，进而以此为由，否定被告存在业务侵占罪中的非法占有的目的）。对这一点，设想一下下述情形就一目了然：例如，受本人之托购买兴奋剂，遂利用本人预付的钱款，为了本人而购买了兴奋剂，对此，我们就不能说，由于即便是本人也禁止实施该行为，因而属于"违背委托任务，明明没有权限，却实施了非所有人则不能实施的处分行为"，应成立侵占罪（有关这一点，尤其是前揭最判昭和34·2·13刑集13—2—101，有再考虑之余地）。即便是在侵占罪中，"非法占有的目的"的内容，也与盗窃罪并无不同。

不过，不同于盗窃罪，在侵占罪中，"非法取得"（即"侵占"）属于客观构成要件要素。因此，**"非法占有的目的"就是侵占的故意**（不过，在让第三人取得的场合，由于存在将那些仅仅给被害人造成损害的、非出于利欲性动机的情形也广泛包括在内之虞，因此，与诈骗罪的情形一样，对于使之取得的对象，有必要作如下限定：不包括那些与行为人毫无关系的、对行为人而言并无利害关系或者不属于行为人关心之对象的人。⇒第19章第2节之三）。

九、未遂与既遂

"侵占之罪"没有处罚未遂的规定。取而代之的是，一般情况下，如果开始实施具有"非法占有的目的"的行为，则直接构成既遂。因此，从理论上讲，实施了试图将他人之物变为自己或第三人之物的行为的，无论是侵占委托物还是侵占遗失物，就已经构成既遂。

不过，这样的话，就成了主观主义刑法学的表征主义，如果忠实于客观主义，追求的方向就应该是，先定义"侵占"即"非法取得"的行为，而后认定实施该行为的意思为"非法占有的目的"。若非如此，不仅法的适用无法稳定，还会陷入"侵占"＝"非法占有的目的"之体现＝"侵占"这种循环论证。例如，以出售受

托的不动产的方式实施侵占的，"侵占行为"的实施就不是签订合同之时，而应当是开始支付价款，或者进行转移登记，或者转让该不动产之时。

第三节　业务侵占罪

侵占自己基于业务所占有的他人之物的，处10年以下惩役（第253条）。

一、本条之旨趣

业务侵占罪，是以"业务者"为主体的、**侵占委托物罪的加重类型**。因此，与侵占委托物罪之间是**加减的身份**犯之关系（第65条第2款）。

二、"业务"的含义

这里的"业务"，是指"基于社会生活上的地位，以反复持续的意思而实施"的事务，是以受托管理财物为业务内容，包括当铺、仓储业者，以及负责管理法人或团体之物的负责人等。

由于本罪是侵占委托物罪的加重类型，因而有观点主张，对于那些没有直接或者间接地得到所有人之委托的、负责保管遗失物的业务，就不属于本罪中的业务（西田·各论第249页）。的确，收到的遗失物不能被谓为委托物。但是，当物之承借人未经所有人允许而将该物寄存在第三人处之时，委托关系也是成立的；而且，在所有人出现之前，由财物的拾得人予以寄存的，也完全有可能理解为，属于来自拾得人的委托物（大塚·各论第309页、中森·各论第156页、山口·各论第314页）。

第四节　侵占遗失物等罪

侵占遗失物、漂流物或其他脱离占有的他人之物的，处1年以下惩役或者10万日元以下罚金或科料（第254条）。

一、本条之旨趣

侵占遗失物等罪是"**取得罪**"中最基本的类型，是以那种"将拾得之物昧起来"的行为等为对象。其客体是"他人之物"。成立本罪，无须存在盗窃罪那样的夺取（侵害占有）、诈骗罪那样的由被害人交付财物（处分行为）、侵占委托物罪那样的委托关系。作为针对所有权以及其他本权的犯罪，在基于某种理由而不成立其他侵犯所有权的犯罪时，对这些犯罪，本罪就发挥"兜底"作用（"**兜底的构成要件**"或者"**善后的构成要件**"）。例如，误以为是遗忘物，将他人有意识地放在公园椅子上的财物拿走的，由于没有侵犯他人的占有的故意，不构成盗窃罪，但取而代之的是，可以构成本罪。

二、客体

"他人之物",也就是他人的所有物,"遗失物""漂流物"只是其例示,不包括"无主物"(《民法》第 239 条第 1 款)(对于附着在岩石上的野生海藻,⇒大判大正 11·11·3 刑集 1—622。* 判定仅限于对渔业权的侵害)。

"脱离占有"这一表述属于"表面的构成要件要素",并非真正的构成要件要素(⇒总论第 15 章第 2 节之三),显示的是,若伴有侵害占有或者转移占有,则属于盗窃罪等夺取罪。因此,"脱离占有"之物也包括下述情形:误认为是自己之物而开始占有,后来虽意识到是他人之物,却取得该物的;以为处于他人占有之下的财物是遗失物而取得的(东京高判昭和 35·7·15 下刑集 2—7=8—989)。

另外,对于古墓中的埋藏物(大约是 1500 年前到 600 年前的东西)(大判昭和 8·3·9 刑集 12—232)、从放置在水域辽阔的湖中的养殖用鱼笼中逃走的花鲤(最决昭和 56·2·20 刑集 35—1—15),也有判例判定成立本罪。与之相对,对于具有归巢习性的宠物、高尔夫爱好者丢弃在高尔夫球场的人工池内的高尔夫球(弃球),判例则判定,尚处于他人的占有之下,应构成盗窃罪(有关高尔夫球场的弃球,参见最决昭和 62·4·10 刑集 41—3—221)。另外,对于丢弃不管的自行车,诸如丢弃在自行车停车场那样,如果看上去客观上仍存在占有,则能成立盗窃罪(⇒第 17 章第 2 节之一)。

三、侵占行为

行为是"侵占",也就是非法取得的行为(⇒本章第 2 节之七)。如果应将本罪视为"侵占犯罪"的基本类型,就只能是采取认为"侵占"就等于"非法取得"的"取得行为说"。

另外,本罪属于"取得罪",刑罚上限是 1 年惩役,轻于属于"毁弃罪"的损坏器物罪(第 261 条)。这是因为,损坏器物罪的客体中,还包括处于他人占有之下的财物(山口·各论第 315 页以下)。因此,对于遗失物等"脱离占有之物",即使予以毁坏,从刑罚均衡上考虑,也应该将量刑的上限限为 1 年惩役。这是因为,对于不处于他人占有之下的财物,受刑法保护的价值也相应降低。

第五节 侵占罪的共犯、罪数

一、共犯关系

如前所述,通说认为,侵占委托物罪是以"物之受托人"为身份的**构成的身份犯**(第 65 条第 1 款)(⇒本章第 1 节之二)。但是,第 252 条中并未明文要求是

---

* 判例认为,附着于岩石上野生的海草,将其从岩石上剥离下来而采集的,就属于善意取得,不属于岩石的加工者所有之物。——译者注

"接受物之委托者",毋宁说,"侵占了自己所占有的委托物的人"是更忠实于法条的解读。因此,没有将本罪理解为身份犯的必然性。即使不适用第 65 条第 1 款,也可以成立针对侵占委托物罪的共犯(⇒本章第 1 节之二)。

与之相对,由于第 253 条的业务侵占罪是侵占委托物罪的加重类型,因而,未接受财物之委托的非业务者参与其中的,根据有关**加减的身份犯**的第 65 条第 2 款,应适用侵占委托物罪之刑罚。判例也认为,在非业务者与业务人基于共谋,侵占了业务者所保管的他人之物之时,应根据第 65 条第 1 款,适用第 253 条(业务侵占罪),但由于非业务者不具有基于业务而占有他人之物这种身份,因而应根据第 65 条第 2 款,处以第 252 条第 1 款(侵占委托物罪)之刑罚(大判明治 44·8·25 刑录 17—1510、大判大正 3·5·5 刑录 20—764、大判大正 4·3·2 刑录 21—194、大判大正 15·5·29 刑集 5—227、大判昭和 15·3·1 刑集 19—63、最判昭和 32·11·19 刑集 11—12—3073)。这也就是,成立的罪名是业务侵占罪,但按照侵占委托物罪予以科刑。但是,在其他犯罪中,按照惯例,对于没有加重身份者,不适用第 65 条第 1 款(例如,大判大正 7·7·2 新闻 1460—23、最判昭和 31·5·24 刑集 10—5—734 就指出,对于不具有删除之前的《刑法》第 200 条之身份的共犯,适用《刑法》第 65 条第 1 款,属于法令适用错误),因此,在此情形下,应该避免罪名与科刑的分离,仅在侵占委托物罪的限度内适用第 65 条第 1 款,仅在与业务侵占罪的关系上,适用第 65 条第 2 款。当然,像本书那样,如果不认为侵占委托物罪属于身份犯,就只要适用第 65 条第 2 款即可。

二、罪数、与他罪的关系

为确保侵占物而实施欺诈的,仅成立侵占罪(大判明治 43·2·7 刑录 16—175)。不过,利用侵占的存折取款的,由于是欺骗银行职员使其误以为自己是存款人,因而应另外成立诈骗罪(有关存折,⇒最判昭和 25·2·24 刑集 4—2—255;有关支票,⇒最决昭和 38·5·17 刑集 17—4—336)。

此外,有关侵占委托物罪与背信罪的关系,参见第 21 章中的解说。

第六节 有关亲属间犯罪的特例

第 244 条的规定准用于本章之罪(第 255 条)。

一、旨趣

本条规定,对于本章之罪即侵占罪(第 252 条)、业务侵占罪(第 253 条)、侵占遗失物罪(第 254 条),也准用有关亲属间犯罪的特例(第 244 条),其旨趣与有关第 244 条的旨趣相同("法不介入家庭")。

因此,**直系血亲**、**配偶**以及**同居的亲属**之间实施上述犯罪的,免除刑罚;其他亲属之间实施上述犯罪的,告诉的才处理。但这种特例不适用于非亲属关系的共犯。

二、亲属的含义

"直系血亲""配偶""亲属"的含义，依据民法的规定（《民法》第 725 条以下）。收养关系也可以认定为亲属关系（东京高判昭和 34·11·20 东高刑 10—11—425）。另外，尽管是涉及盗窃罪的案件，有判例认为，非婚同居关系不属于第 244 条第 1 款之"配偶"（最决平成 18·8·30 刑集 60—6—479）。

三、亲属关系的范围

要根据第 255 条的规定而适用第 244 条，以侵占行为人与侵占对象物的所有人之间存在亲属关系为必要（父亲受房屋所有人之托代收房租，而儿子即被告代替父亲催收房租之后，未经允许花掉了所保管的房租的，⇒大判昭和 6·11·17 刑集 10—604）。因为，侵占之罪的内容通常是，侵犯侵占物之所有权。

反之，对于委托人与侵占行为人之间是否必须具有亲属关系这一问题，学界存在不同观点。积极说的理由是，侵占犯罪也破坏了与委托人之间的信任关系（团藤·各论第 647 页、大塚·各论第 282 页、福田·各论第 285 页等，多数说）；消极说的理由在于，本章之罪侵犯的是财物的所有权以及其他本权（小野·各论第 272 页以下、内田·各论第 375 页）。鉴于在侵占遗失物等罪中不会出现委托人的问题，并且，本章之罪原本以侵占遗失物等为基本类型的取得罪，背信性并非其本质，还是消极说更为妥当。不过，如果委托人拥有租赁权等本权，那么，委托人也属于被害人，因此，在此情形下，就以委托人与侵占行为人之间具有亲属关系为必要。

下面的案件与该问题也存在一定关联：监护人是同居的亲属，消费了由自己管理的被监护人的财物的，对此，有判例通过强调监护人的公共属性而否定了本条的适用（最决平成 20·2·18 判时 1998—161。有关成年监护人，⇒仙台高秋田支判平成 19·2·8 判夕 1236—104）。然而，即便成为监护人，但亲属依然是亲属，因而这种无视第 244 条的明文规定的做法，有违罪刑法定原则。并且，不经过对关系人的冷静判断，而直接以刑事法律介入，就存在对于监护人行使费用请求权与报酬请求权（《民法》第 861 条、第 862 条）的行为，直接认定为业务侵占的危险；尤其是对第 244 条第 1 款所规定的亲属而言，也存在因刑事法律的介入，家庭关系遭到破坏的危险。"法不介入家庭"这一格言应该是指，在财产侵害仅限于家庭内部之时，刑法就不得介入（不过，从现代的家庭关系来看，在立法论上，需要重新审视这种不介入政策，例如，对于监护人的财产犯罪，就可以考虑规定为，以被害人的告诉、家庭裁判所的告发为条件的亲告罪）。

【问题研讨】

X 将自己所有的手枪借给 Y，请 Y 去杀 A，但后来反悔，要求 Y 返还手枪。对此，Y 咆哮道："你小子请别人替你杀人，还有资格说什么还枪吗？这枪归我啦！"其后，Y 一直都说会去替 X 杀人，而没有归还手枪。

或者，与此相反，X一直打算让Y杀掉A，但Y迟迟未动，因而X为了请其他杀手动手而要求Y返还枪支，但Y反悔，为了不让其杀害A而携枪逃走了。

【解说】

本案考察的是，以不法原因给付（《民法》第708条）为理由而否定成立侵占罪的，究竟是哪些情形。

在前一情形下，对于基于以杀人为目的而出借这一委托信任关系所"占有"的，属于X这一他人的"他人之物"的手枪，尽管所有人X要求其返还，Y却宣称"归我啦！"而拒绝返还。这是排除所有人——不知道Y究竟是出于兴趣还是为了用于杀人，但至少不是为了毁弃——将他人之物据为己有，因而符合侵占委托物罪。

但是，对于这种基于杀人的委托而交付的手枪，作为委托杀人者的所有人是否能够请求返还呢？如果不能的话，那么，既然通过刑法来强制要求返还是不妥当的，想必就不能认定Y构成侵占罪。

在这一点上，正如正文所述，能否依据《民法》第708条而否定给付人的返还请求权，应通过考虑两者的违法性程度，以及此后的诸多情况，按照法秩序之整体精神，进行综合判断。如此考虑的话，在本书看来，对于出于反悔，不再打算杀害A而要求返还手枪的X，裁判所应当支持其要求。因此，在该情形下，即便认定Y成立侵占罪，民法与刑法之间，也不会在行为规范层面出现矛盾。因为，无论民法还是刑法，都会要求Y返还手枪。

反之，在Y反悔之时，裁判所就不应支持X的要求。因此，X没有返还请求权，Y不构成侵占罪。也就是，在该场合下，无论民法还是刑法都会认为Y无须返还手枪。

第二十一章
背信犯罪
——针对财产权的犯罪（之五）

第一节 概　述

为他人处理事务者，出于为自己或第三者谋取利益，或者损害本人利益的目的，实施违背其任务的行为，给本人造成财产性损失的，处5年以下惩役或者50万日元以下罚金（第247条）。

犯罪未遂的，应当处罚（第250条）。

在旧刑法以及作为旧刑法之原型的1810年法国刑法典中，并不存在背信罪，该罪是现行刑法增设的犯罪类型。其原型是1871年德国《刑法》第266条。不过，在德国刑法中，过去一直是将本罪行为归为与侵占委托物罪相同类型的犯罪，之后，在1851年的普鲁士刑法典中，设置了主体仅限于监护人与财产管理人的背信罪。在1871年的德国刑法典中，明确了侵占罪是以侵占遗失物罪为基本类型的针对所有权的犯罪，而对于背信罪，则采用了列举的规定方式，具体列举了那些滥用依据法律或者委任等而获得的管理、处分他人财产之权限的情形。对此，有学说认为，背信罪的本质在于，滥用自己所获得的、有关处分他人财产的法律权限（"**滥用权限说**"）。"滥用权限说"考虑的是，他人的代理人、法人或者团体的代表人滥用其权限追求私利，而实施给本人造成财产损失的行为。但是，仅此尚无法应对下述情形：因滥用权限而实施的处分行为在法律上归于无效的情形、在对外关系上不具有处分本人财产之权限者实施的事实上的背信行为的情形、通过不行使权限而放任本人"吃眼前亏"的情形等。因此，实务部门采取的解释是，将这种事实上的背信行为也认定为背信（"**背信说**"）。此后，在德国，1933年，一方面设置了用于把握这种滥用法律权限的情形的构成要件（"**滥用构成要件**"），另一方面，又考虑到依据雇佣等合同而负有保护他人财产之义务者,违背这种财产保护义务的情形,而另外追加了构成要件("**背信构成要件**")。

日本《刑法》第247条先于德国刑法的修正而作了如下规定,"为他人处理事务者……实施违背其任务的行为,给本人造成财产性损失的",这是将包含"滥用权限"在内的整个"背信"行为予以构成要件化(⇒展开·各论第234页〔平川宗信〕)。与德国刑法一样,作为以类似于诈骗罪的"背叛"(违背)、"欺骗"为内容的犯罪,背信罪被定位于"诈骗以及恐吓犯罪"(关于背信罪的沿革,⇒上嶌一高:《背任罪理解の再構成》第11页以下)。

不过,在日本此后的刑法修正工作中,由于在"背信性"这一点上,本罪与侵占委托物罪具有共同的性质,因而本罪被作为"侵占以及背信犯罪"来处理(《改正刑法草案》第2编第39章)。但是,侵占犯罪的本质并非背信性,而是作为侵害所有权的犯罪,以侵占遗失物罪为基本类型,侵占委托物罪不过是侵占遗失物罪加重类型(⇒第20章)。因此,这种定位不仅在现行刑法的解释上,而且在立法论上,也是存在疑问的(⇒平野龙一:《刑事法研究最终卷》第34页以下)。

需要注意的是,作为本罪的加重类型,《公司法》第960条以下规定有"特别背信罪"。并且,通过1997年的《商法》旧486条的改正,"特别背信罪"的法定刑最高刑期已经提升至10年惩役,而且可以并处1 000万日元以下罚金。在可以并处罚金这一点上,该罪的法定刑重于业务侵占罪(第253条)。

第二节 背信罪的本质

一、滥用权限说与背信说

如前所述,围绕背信罪的本质,存在"滥用权限说"与"背信说"之争。"**滥用权限说**"认为,背信是指,滥用制定法、合同等承认的法律上有效的代理权限、代表权限的行为,不包括那些违背事实上的信赖关系、诚实义务的行为。与之相对,"**背信说**"则认为,背信是指,违反有关本人财产之处分的事实上的信赖关系、诚实义务的侵犯财产的行为。在这一点上,**现行刑法采取的是,包含滥用法律权限在内的"背信说"**(有关抵押物的保管人未经债权人同意而擅自将抵押物返还给债务人的案件,⇒大判明治44·10·13刑录17—1698)。

二、违反事务处理说

与之相对,近年来,"**违反事务处理说**"正逐渐成为有力学说。该说认为,背信是指,滥用受本人之托的事务处理权限,由此侵犯本人财产的行为(平野龙一:《刑事法研究最终卷》第34页以下;上嶌一高:《背任罪理解の再構成》第240页;山口·各论第320页)。这里所谓事务处理,不仅指法律行为,还包括事实行为。其要点在于:所谓背信,不包括单纯不履行债务这种针对债权人的背信,而应限于受托处理本人财产事务者违背其任务这种形式的背信。

该说的结论是妥当的。不过，限于受托处理本人财产事务者违背其任务这种形式的背信，这一点原本就是（属于第247条用语之背景的）"背信说"本身所包括的含义，在此意义上，本说是否另外存在有别于"背信说"的独立意义，就不无疑问。

第三节　背信罪的成立要件

一、背信罪的主体——事务处理者

背信罪的主体，是"为他人处理事务者"。在此意义上，本罪是**构成的身份犯**。由于条文规定的是"（为他人处理）事务（者）"，因而所处理的事务，必须是受到**委托**的**该他人的事务**。委托关系，除了基于合同的情形之外，还包括基于法令、习惯、无因管理（《民法》第697条以下）的情形。此外，作为辅助者、代行者而参与管理事务的情形亦可。

在这一点上，他人的事务与"自己的事务"之间的界限就会成为问题。履行合同上的债务是债务人的事务，因而即便怠于履行债务，也不构成针对债权人的背信罪。例如，在出售不动产之际，即便卖方违背了应协助进行所有权转移登记的义务，但由于协助登记是卖方自己的事务，因而不构成针对买方的背信罪（有关矿业权的二重转让，⇒大判大正8·7·15新闻1605—21。不过，若当时受托处理债权人的事务，则有可能构成背信罪。关于电话加入权的二重转让，⇒大判昭和7·10·31刑集11—1541）。而且，对于为进行税务处理而有记载之义务的商业账簿，由于记载属于记载人本人的事务，因而即便怠于记载或者进行虚假记载，也不构成针对税务机关的背信罪。

问题在于，债务人侵犯了担保权的情形。例如，对于利用第一顺位抵押权尚未登记之机，登记了第二顺位抵押权的"**重复抵押**"的案件，有判决认为，作为不动产所有者的抵押权设定者的"协助抵押权人的义务"，"主要是为了他人即抵押权人而承担"，因而构成针对第一顺位抵押权人的背信罪（最判昭和31·12·7刑集10—12—1592、百选ⅡNo.68）。又如，签订了取得县知事的许可始生效的农地所有权转让合同之后，在得到县知事的许可之前，又为第三人设定了抵押权并进行了登记，对此，判例（认为，在取得县知事的许可这一条件成就之前，被告人负有协助进行所有权登记转移的义务）判定成立针对买方的背信罪（最决昭和38·7·9刑集17—6—608）。再如，股票质权的设定者将股票交付给质权人之后，对于质押的股票，通过虚假的申请，获得裁判所的除权判决*，使得作为质物的股票失效，

---

* 除权判决，是一种确定权利归属的司法手段。催告申请人向裁判所提出申请，启动公示催告程序，在规定日期之前，如果无人对催告对象提出申请或权利请求，裁判所则作出有利于催告申请人的判决，以消灭或变更某种法律关系。针对遗失的支票宣告无效就是此类判决。——译者注

从而对质权人造成了损害，对此，判例（认为，质权设定者负有应保全股票的担保价值的任务——以不得进行通过除权判决而使该股票失效这一不作为为内容的任务，当然也包括在内——该任务是为了他人即质权人而承担）判定成立针对质权人的背信罪（最决平成15·3·18刑集57—3—356）。还有，对于转让担保权人在债务清偿期限之前非法处分对象物（在作为对象物的不动产上设定抵押权）的案件，也有判例判定成立本罪（大阪高判昭和55·7·29刑月12—7—525）。

其中，对于有关"重复抵押"与除权判决的案件，多数说主张成立背信罪，但在不能认定存在"担保权的保全信托"* 这一关系的情形下，认为被告处理了"他人事务"，就存在疑问（消极说：平野·概说第229页、山口·各论第323页以下。在本书看来，前揭最判昭和31·12·7刑集10—12—1592的案件似乎有这样解释的余地：承担了保全担保权的任务）。因为，背信罪并非单纯的利益侵占罪。

本罪所谓"事务"，限于财产性事务（多数说。反对意见：前田·各论第279页）。因此，受托实施医疗的医师、为升学而聘请的家庭教师、代为进行身份诉争的律师等，即便怠于履行其任务，也不构成本罪（反之，若按照反对说的观点，即便是医师故意实施不恰当的治疗，导致患者医疗费用增加的场合，除了构成伤害罪之外，还要成立背信罪）。

有力说认为，受托的事务，需要是某种程度的概括性的事务（团藤·各论第652页、大塚·各论第321页、大谷·各论第331页以下、曾根·各论第185页、前田·各论第279页等），但这是受到了"滥用权限说"的影响，如果采取"背信说"，则不存在作如此限定的必然性（同旨，山口·各论第325页）。

对于本罪，准用有关亲属间犯罪的特例（第244条"亲属相盗例"）。

二、背信行为

成立本罪，需要实施**"违背其任务的行为"**（违背任务）。这种行为是作为受托处理他人的财产性事务者，破坏自己与本人（委托者）之间的信任关系的行为，也就是，违背了不给该他人造成财产损失这种法律任务。按照"背信说"，背信行为不限于法律行为，还包括在账簿上做虚假记录、向电脑程序做不正当的输入等事实行为（大判大正3·6·20刑录20—1313、东京地判昭和60·3·6判时1147—162等）。

对经营伴有一定风险的交易行为的营利法人等而言，被允许的**"冒险的交易"**与违背任务之间的界限，就成为问题。并非说，因为从结果来看是投资失败，所以应成立背信罪。只能是通过综合考虑行为人所担当的事务的性质、业界的惯例、是否属于正常的业务范围等来进行判断。为此，这里的"违背任务"，必须是具有给本人造成财产损害的"不被允许的危险"的行为。

金融机关的贷款负责人实施的徇私贷款（对方担保不充分，却违背银行内部规定予以贷款，对此案，⇒最决平成10·11·25刑集52—8—570、百选Ⅱ No.72）、

---

* 也就是，担保权之保全已经委托给被告。——译者注

公司董事的粉饰决算（以及由此实施的"动用资本金分红"）等都属于违背任务。不过，一眼看上去似乎是，尽管企业并没有偿还义务，但董事仍然实施了偿还，即便是这种情形，也存在通过综合考察而不能被谓为违背任务的可能。例如，对于银行行长要求信用保证协会的董事实施"代位清偿"的案件，最高裁判所判例认为，考虑到这些董事处于应当通过综合比较衡量答应"代位清偿"，与（若不答应"代位清偿"就）不能从银行收到针对信用保证协会的负担金支出之间的利害得失关系，来决定其态度的地位，最终对认定这些董事"违背任务"提出了疑问（最判平成16·9·10刑集58—6—524）。在此类情形下，应适用公司法上的"经营判断的原则"，允许经营者进行一定程度的裁量（最决平成21·11·9刑集63—9—1117）。

三、财产性损失

"给本人造成财产性损失的"，成立本罪。* 对此，通说认为，背信罪是"针对整体财产"的犯罪，要被谓为造成了"财产性损失"，必须是总额结算上出现亏损（最决昭和58·5·24刑集37—4—437、百选Ⅱ No.70）。这种财产性损失，不仅是指减少了本人财产的情形，还包括妨碍了本应增加之财产的增加的情形。

而且，诸如不良债权、不良贷款、债务担保等，如果是事实上无法回收的债权，在让本人取得这种债权的阶段，就已经能认定为财产性损失（有关债务担保，⇒最决昭和58·5·24刑集37—4—437；有关票据担保，⇒最决平成8·2·6刑集50—2—129**、百选Ⅱ No.71）。丧失担保权的，也属于财产性损失。再者，即便某种债务担保行为对本人而言是无效的，但考虑到民事审判中仍然有败诉的危险，因而也可以认定为财产性损失。在此意义上，所谓财产性损失，只要存在**财产减少的具体性危险**即可（最判昭和37·2·13刑集16—2—68）。这被称为"**经济的财产说**"（⇒第19章第3节※※）。不过，从其中将不应承认嫖资等的对价性这一点排除在外的"法律·经济的财产说"要更为合适。同旨，团藤·各论第659页）。

※**违法事务的委托**？在受委托的事务的裁量范围较窄时，算定损失之际，应仅考虑该范围之内的差额。因此，将公司的财产用于行贿或者违法的政治献金，以图将来之便的，由于行贿、违法的政治献金超出了受托的事务范围，因而这里不应考虑这种违法利益。

---

* 山口·各论第329页认为，"属于针对整体财产之罪的背信罪，作为任务违背行为之结果，给本人造成了财产性损失之时，达到既遂（虽实施了任务违背行为，但没有发生财产性损失的，止于构成具有可罚性的背信罪未遂）"（山口厚．刑法各论：2版．王昭武，译．北京：中国人民大学出版社，2011：383．）。——译者注

** 本案大致案情为：银行的某支店长明知某公司因透支而陷入过量债务，已无偿还能力，却仍以银行名义对该公司所开出的期票进行票据担保，该公司在获得票据贴现之后，为了偿还自己的活期存款的透支债务而将该贴现金额存入该公司在该银行的账户中（支票担保、支票贴现、进款等同时进行）。对此，判例认为，该进款虽暂时减少了透支余额，制造出了公司有债务偿还能力的表象，但如果这是出于继续让银行向该公司融资的目的而实施的，那么，"上述进款并不能使得与该票据保证相对应的经济性利益确实归属于该银行"，因而应肯定存在财产性损失。——译者注

四、谋利加害目的

成立本罪，以出于"为自己或第三者谋取利益，或者损害本人利益的目的"为必要。要认定本罪故意，必须对通过"违背任务"而给本人造成财产性损失这一点存在认识或者预见，且仅此即可。"为自己或第三者谋取利益的目的"（以下简称为"**谋利目的**"）是本罪的特别动机。反之，"损害本人利益的目的"（以下简称为"**加害目的**"）既是本罪的动机，同时，其本身也是本罪的故意。在此限度之内，上述目的都不属于"超过的内心倾向"（⇒总论第5章第3节之六）。为此，学界有观点将"加害目的"理解为特别的动机、目的（团藤·各论第654页）。与此相反，有判例认为，上述目的均无须达到具有意欲或者积极的认可的程度（有关特别背信罪，参见最决昭和63·11·21刑集42—9—1251）。但是，在没有"谋利目的"的场合，对于加害，还是需要存在积极的动机或者确定的认识；反之，在具有"谋利目的"的场合，对于加害，则只要存在未必的认识或者预见即可（同旨，团藤·各论第656页）。

换言之，即便违背了任务，倘若是出于"为本人谋取利益的目的"，则不构成本罪（大判大正3·10·16刑录20—1867认为，即便董事动用资本金分红，倘若其目的在于为公司谋取利益，则不应作为背信罪处罚）。然而，即便是为了本人的利益，倘若同时其主要目的是为他人谋取利益，还是应构成本罪（大判昭和7·9·12刑集11—1317认为，在银行的董事主要是为了向股东分红而不将不可能回收的不良债权计入亏损，亦即实施所谓"动用资本金分红"的场合，即使附带具有维护银行信用的目的，也应构成背信罪。最判昭和29·11·5刑集8—11—1675认为，在工会组织的理事主要出于为第三人谋取利益的目的而违背其任务实施了不当贷款时，应构成背信罪，即便其次要目的是为了工会的利益，也不影响本罪的成立。另外，该判决最早提出，只要没有特别事由，金钱的所有权会随着金钱的占有的转移而一同转移。⇒第20章第2节之四）。学界有观点认为，要求存在"谋利加害目的"，这正是从反面论证，不存在"为本人谋取利益的目的"是背信罪的成立条件（中森·各论第141页、西田·各论第259页*、前田·各论第284页**、山口·各论第328页***、

---

* 西田·各论第259页以下认为，"有力观点认为，有关谋利、加害的目的，必须是就谋利、加害的事实存在确定性认识或追求，但判例认为没有必要达到追求或积极容认的程度。诚然，本罪以发生财产性损失这一结果为必要，因而对此结果的认识就属于故意的要件。如果认为，加害目的只要存在未必的认识即可，那么，只要存在本罪的故意，就同时可以肯定存在加害目的，因而便失去了在故意之外另外将加害目的作为主观要件予以规定的意义，同时也便失去了选择性地规定谋利目的的意义。但可以说，谋利、加害目的这一要件，正是从反面规定了另一要件，即，实施该违背任务的行为，并不是出于为本人谋利的意思（本人谋利目的）。因此，就应该认为，在不能认定存在本人谋利目的的场合，作为本罪要件的谋利、加害目的，只要是未必性的即可。这被谓为'消极的动机说'"（西田典之. 日本刑法各论：6版. 王昭武，刘明祥，译. 北京：法律出版社，2013：272.）。——译者注

** 前田·各论第284页提出，我们应该认为，谋利、加害目的的机能在于，在明明认识到会给予财产上的损害却仍然实施了违背任务的行为之中，"意图为本人谋取利益的，不作为处罚对象"。这也就是，如果能认定其动机在于"为了本人"，就否定存在谋利加害目的。——译者注

*** 山口·各论第327页认为，如果存在本人谋利目的，就可否定，其对实施实质上不利于本人的行为存在认识。并且，"通过这样的理解，才有可能明确，谋利加害目的所具有的独特意义"（山口厚. 刑法各论：2版. 王昭武，译. 北京：中国人民大学出版社，2011：381.）。——译者注

等等）。* 但这种观点忽视了那些"目的并存"的情形。

五、背信罪的共犯

在非事务处理者参与了事务处理者的背信行为之时，由于背信罪是身份犯，因而通过适用第 65 条第 1 款，该非事务处理者构成背信罪的共犯。不过，在要求金融机关进行不合理的融资或者偿还之时，借贷者并不清楚，究竟哪些行为属于违背任务的行为，以及是否会造成财产损失，那么，在信贷员（融资担当者）构成背信时，直接认定借贷者成立共犯，这显然不符合贷款交易的实际情况。为此，我们应该这样来理解：即便那些日常司空见惯的要求对方放款的行为在结果上诱发了对方的背信，但该行为作为"日常交易行为"，不构成背信罪的共犯（⇒总论第 21 章第 2 节之四。在认定非法融资的借贷者构成特别背信罪〔《商法》旧第 486 条〕的共犯之时，最决平成 15・2・18 刑集 57—2—161**、百选 Ⅱ No. 73 重视的是，借贷者对于事务处理者违背任务，以及此行为会给融资方造成财产损失存在高度的认识，并且，利用了对方处于不得不答应放款的状况等因素；最决平成 20・5・19 刑集 62—6—1623 重视的是***，借

---

* 谋利加害目的：要解析谋利加害目的这一论点，取决于对下一问题的理解，即，除了客观要件（对通过违背任务而故意给予损害这种具有违法性的行为予以规定）之外，为什么还特意附加了谋利加害目的这一主观要件？对此，应该这样理解：考虑到仅就背信罪附加了这一主观要件，就应该认为，这并非出于责任的角度（因具有谋利加害目的，而增加了非难程度），而是出于违法性的角度；而且，考虑到并不能说，谋利加害目的会当然提升违法性，即便是通过违背任务而故意给予损害的情形，如果是出于为本人谋利的目的而实施了行为，更为妥当的结论就应该是，对此否定具有违法性，并不构成背信罪，因此，为了体现这种旨趣，才特意附加了上述主观要件。基于这种视角来探讨的话，与财产性的东西相比，本人利益的重点更在于非财产性的东西，因此，第一，出于保持本人的信用颜面这种非财产性的目的而实施行为的，也应该是不处罚，反之，为了让本人丧失信用颜面，或者保持行为人自己的信用颜面而实施行为的，就应该予以处罚；第二，也自然能理解判例结论（根据为自己或者第三者谋利的目的、为本人谋利的目的这两者之间的主从，来决定是否成立背信罪）。

根据目的的主从来决定是否成立背信罪，这实际上是指，是否成立背信罪，取决于究竟是哪一目的成为行为动机。具体而言，以谋利加害目的为主，就是指如果没有该目的就不会实施行为，反之亦然。如此，可以说，判例是将目的内容理解为动机。进一步而言，既不存在谋利加害目的也不存在为本人谋利目的的场合，或者这两个目的之间主次不明的场合，对此如何处理，判例并未涉及。本文认为，在上述场合下，由于并不存在可以将通过违背任务而给予本人损害的行为予以正当化的理由，因此，即便没有谋利加害的动机，只要对此存在认识，就应肯定成立背信罪。

总之，对于谋利加害目的的含义，应该理解为，是指对谋利加害存在认识，并且，没有为本人谋利的动机。参见香城敏麿．背信罪的成立要件//刑法基本讲座〔5〕：265.——译者注

** 本案大致案情与判决为：B 金融公司的董事甲为了从 A 住宅金融专业公司的融资担当者乙等人处继续接受融资，明明实质上处于无担保的状态，却仍采取迂回融资的形式继续接受了融资，对此，最高裁判所判定，"针对乙等融资担当者违背其任务的行为，甲并未行使支配性影响力，也并未采取不为社会一般观念所允许的方法而积极地活动，尽管如此，对于乙等人的任务违反行为会给 A 公司带来财产性损失等，甲存在认识，并且，甲还认识到，乙等人具有为他们自己以及 B 公司谋取利益的目的，甲利用乙等人处于不得不继续融资的处境，对于 A 公司采取迂回融资的程序（继续融资的行为）提供协助，因而加担了本案融资的实现，因此，应该说，甲不能免于针对乙等人的特别背任行为予以了共同加功这一评价"，进而判定甲成立共同正犯。——译者注

*** 本案大致案情与判决为：被告人认识到，本项融资极难完成还款，作为担保物的高尔夫球场也鲜有担保价值，该项融资肯定会陷入"坏账"；而且，还充分认识到，实施本项融资有违银行董事长等人的任务，一旦融资，就会给银行带来财产性损失；另外也认识到，实施本项融资会暂时避免被告人自己所经营的公司破产，而且，也可避免银行董事长等人被追究经营责任这种事态的发生，因而也关系到银行董事长等人的自我保全，也就是，被告人已经认识到，银行董事长等人也具有为自己谋取利益的目的，虽然如此，但被告人不单是提交了本项融资申请，还提议了作为本项融资之前提的公司重振（再生）方案，推动有关债权转让的谈判，并让不动产鉴定师制作了不动产评估鉴定书，大幅虚报担保价值，并且，自己还另外设立公司，使之作为该高尔夫球场的受让方，还与银行董事长等协商融资条件，等等。对此，判例认为，被告人积极地加担了本项融资的实现，就银行董事长等人的背信行为存在共同加功，进而判定成立背信罪的共同正犯。——译者注

贷者通过向 D 等人提交作为本案非法融资之前提的公司重振方案，而积极地参与了本案融资的最终实施。相反，名古屋高判平成 17·10·28 高等裁判所刑事裁判速报集 285〔2005 年〕则认为，作为日常经济活动中的一种业务交涉行为，只要没有超出社会容认的限度，就不构成背信罪的共犯）。

第四节 背信与侵占委托物的关系

一、具体案例

侵占犯罪是针对物之所有权的犯罪，背信罪则是以背信行为为手段的针对本人的整体财产的犯罪。但是，在属于侵占罪之加重类型的侵占委托物罪的限度之内，在背叛委托人或者本人的信赖这一"背信性"上，两罪存在共通之处。为此，针对侵占委托物罪与背信罪的关系或者区别这一问题，学界存在各种观点。

例如，法人的理事甲将借贷给法人且规定了特定用途的款项，不按照规定用途，以本人即法人的名义转贷给了第三人。并且，该贷款已经按照约定连本带利返还给了法人，法人并未由此造成财产性损失。在这种情形下，甲是否构成侵占委托物罪或者背信罪呢？

对此类案件，判决结论存在分歧：村长将自己基于职务所保管的村有基金，出于为村里打算的想法，未经村议会的决议而擅自借贷给第三人（最后给村里造成了财产性损失），对此，有判例判定构成背信罪而不构成业务侵占罪（大判昭和 9·7·19 刑集 13—983、百选 Ⅱ No.66）；森林协会会长与常务理事出于为协会考虑的想法，以协会的名义，违反规定用途，将禁止转贷给会员以外的其他人的指定用于植树造林的政府贷款，转贷给作为第三者的地方公共团体，对此，有判例判定构成业务侵占罪（最判昭和 34·2·13 刑集 13—2—101。⇒第 20 章第 2 节之七）。在后一案件中，只要是借贷给地方公共团体的借款，由于并未给本人即森林协会造成财产性损失，因而很难认定为背信罪。由此可见，对于那些对象物是"物"或者"财物"，看似既符合"非法取得"又符合"违背任务"——或者看似既不符合"非法取得"也不符合"违背任务"——的案件，究竟是构成侵占委托物（业务侵占）还是构成背信，就会成为问题。

二、各种学说

学界主要存在如下四种观点：
(1) 在客体是物时成立侵占罪，侵占罪与背信罪属于一般法与特别法的关系；
(2) 主要出于为自己谋取利益的目的的，构成侵占罪；主要出于为第三者谋取利益的目的的，则构成背信罪；
(3) 只有在出于为第三者谋取利益的目的，但以本人的名义或者出于为本人的打算而实施的场合，才构成背信罪；
(4) 滥用所赋予的权限的，构成背信罪；僭越所赋予的权限的，则构成侵占罪。

另外，上述判例（最判昭和 34·2·13 刑集 13—2—101）似乎采取的是第（4）种观点。

但是，即便僭越了所赋予的权限，但在作为本人之事务而实施的场合，是不能谓之为侵占了他人之物（平野·概说第 232 页）。并且，因为未得到本人的同意所以是侵占这种理由也难以成立。这是因为，例如，甲意欲将从乙处借到的生活费用于购买兴奋剂，为了请朋友丙代购而将该款项交给了朋友丙，在该场合下，如果甲替本人即乙购买了兴奋剂，我们就很难想象，甲会突然构成对金钱的侵占（有关使用公司资金非法购买本公司股票的案件，参见最决平成 13·11·5 刑集 55—6—546*、百选 II No.64、最决平成 14·3·15 裁时 1311—7。⇒第 20 章第 2 节之八）。

三、结论

正如第 20 章以及本章所述，非法取得受托保管的他人财物的，构成侵占委托物罪，如果满足背信罪的要件，则构成背信罪。由于两罪在财产犯的层面上存在竞合，因而对于同一行为，成立任何一罪均可（法条竞合中的择一关系。⇒总论第 23 章第 1 节之四）。为此，通常情况下，优先成立刑罚下限相对较重的侵占委托物罪，只有在不成立侵占委托物罪时才成立背信罪，在此意义上，背信罪具有补充性（因此，如果立法加重背信罪的法定刑，优先成立侵占罪的必然性也会随之丧失）。但是，**两罪原本不存在一般法与补充法的关系**，因此，并不是对于所有无法成立侵占罪的行为，均由背信罪来处理（平野龙一：《刑事法研究最终卷》第 34 页以下）。

重要的是，通常情况下，如果认定属于"侵占"行为，即构成侵占委托物罪，否则，如果满足背信罪的要件，则构成背信罪（问题主要在于侵占委托物罪的成立界限不明确。同旨，山口·各论第 334 页**）。区别二罪的标准大致如下：

(1) 对象是"物"。

(2) 在侵占委托物的场合，是否大致尊重了委托人的所有权。换言之，是否是以本人的名义或者为本人打算。

(3) 在侵占委托物的场合，是否存在僭越了所赋予的权限的处分。如果没有僭越，则至多是"背信"。但是，也并非只要"越权"即构成"侵占委托物罪"。

(4) 最后，一并考虑其他情形，看能否能谓之为"非法地取得了（物）"。

---

* 本案〔国际航业事件〕大致案情与判决为：公司的财务部长等人，由于与囤购本公司股票的投机集团相对抗的目的，委托第三者对囤购行为实施妨害，并支出自己所保管的公司资金，用作妨害活动的活动资金与报酬。对此，原判（二审）（东京高判昭和 8·2·26 判时 1575—131）基于行为的目的违法等理由，认为被告人等的行为性质，属于即便是公司本身也不得实施的行为，因而不能谓之为，完全是为了公司的利益而实施该行为，进而判定成立业务侵占罪。尽管在结论上最终认定行为人存在非法占有的目的，并驳回了被告人的上告，但最高裁判所认为，即便是违反了商法或者其他法令的行为，但行为人在主观上具有完全是为了公司这一意思，并在此意思之下实施该行为，这并非完全没有可能，进而否定了二审判决在这一点上的判断。——译者注

** 山口·各论 335 页认为，"要（优先于背信罪）成立侵占委托物罪，必须存在对物的所有权的侵犯，若不能认定这一点，就不过是是否成立背信罪的问题"（山口厚．刑法各论：2 版．王昭武，译．北京：中国人民大学出版社，2011：389.）．——译者注

在上述标准中，如果肯定了第（1）（3）点而否定了第（2）点，就可以推定为"取得"即"侵占"，即便如此，如果存在得以否定第（4）点的特别事由，亦即，如果存在从社会上看不能认定为"据为己有"的特别事由，那么，还是应否定"侵占"。此外，在侵占非委托物的场合，原本就不会出现第（2）（3）点的问题（⇒松宫孝明：《『横領』概念について》，载《産大法学》第34卷第3号第316页以下）。

【问题研讨】

公司董事长X拥有以公司名义签发支票的权限。某日，为了作为礼物送给自己经常光顾的酒吧的女招待一块宝石，X以公司的名义签发了支票，在将支票交给宝石商后，拿到了送礼用的宝石。

【解说】

到现在为止，我们还没有讲解伪造有价证券罪（第162条第1款）、使用伪造的有价证券等罪（第163条第1款），因而这里仅仅考虑是否成立侵占委托物罪与背信罪的问题。

支票是"物"。为此，随意以公司名义签发支票，购买个人用品的，乍看上去，似乎应成立针对支票的侵占罪。但这混同了支票——有价证券也是其中的一种——这种债权证书所具有的作为"财物"的意义，及其作为"债权的证据物"的意义。

曾有大审院判例指出，"债权证书因为是物而得以成为本罪（侵占委托物罪——笔者注）之目的物，其本身不属于物的债权则不得成为本罪之目的物。故而，在保管原属于他人所有的债权证书期间，随心所欲地行使该债权，从债务人处取得金钱的，也不构成消费委托物罪"（大判明治42·11·25刑录15—1672）。从最终结论上来看，该判决认为，随意将债权证书返还给债务人，从而使得债权人丧失证明债权之手段的，应构成侵占委托物罪。但反过来说，该判决的逻辑应该是，在处分的不是债权证书作为"物"的效用，而是债权证书所记载的债权本身的场合，就不是侵占罪，而应以针对本人的背信罪来处断。

不过，在本案中，X拥有以公司名义签发支票的权限（在此意义上，X的行为属于"滥用权限"）。因此，交给宝石商的本案支票，无疑属于有价证券，记载了针对X所代表的公司的债权。并且，X将支票交给宝石商的行为，是产生宝石商针对X的公司的债权的行为，或者——按照所谓"创造说"的观点——属于将支票上已经成立的债权转让给宝石商的行为。为此，X的行为即便属于让X所代表的公司承担债务的行为，但也并不是非法取得为公司所有的支票的行为。因此，不得不说，即便X能构成背信罪——也成立《公司法》第960条的特别背信罪——但不能构成侵占委托物罪（例如，不是出于为协会谋取利益的目的，而是出于为第三人谋取利益的目的，住宅协会理事的助理以真实存在的理事的名义，抵销了协会所有的债权，无偿转让了属于债权证书的存折，对此案，大判昭和8·11·29刑集12—2145判定构成背信罪）。

第二十二章
有关盗赃等的犯罪（赃物罪）*
—— 针对财产权的犯罪（之六）

第一节 赃物罪的种类与法律性质

无偿受让盗赃或者其他相当于财产犯罪的行为所取得之物的，处3年以下惩役（第256条第1款）。

搬运、保管或有偿受让前款规定之物，或者就该物的有偿处分进行斡旋的，处10年以下惩役及50万日元以下的罚金（同条第2款）。**

一、赃物罪的种类

《刑法》第2编第39章的标题是"关于盗赃等的犯罪"，第256条第1款规定了无偿受让赃物罪，同条第2款规定了搬运赃物罪、保管赃物罪、有偿受让赃物罪、斡旋有偿处分赃物罪。在1995年的刑法修正之前，本章犯罪被称为"有关赃物的犯罪"。本书将其统称为赃物罪（盗赃罪）。

上述规定是经过对旧《刑法》第399条至第401条稍加修正而来的。旧刑法将赃物罪区分为抢劫、盗窃的赃物以及其他犯罪的赃物，并设置了不同的法定刑，但现行刑法废除了这种区分，取而代之的是，在无偿受让罪与其他犯罪之间设置了不同的法定刑。

"无偿受让"（1995年的刑法修正前为"收受"），是指无偿接受赃物的交付，

---

* 日文原文为"有关盗赃等的犯罪"。按照中国刑法的习惯，本书将其译为"赃物罪"。但值得注意的是，这种译法未能体现1995年的日本刑法部分修正对本节罪名的修改（将法条中的"赃物"这一用语修改为"盗赃或者其他相当于财产犯罪的行为所取得之物"），而且，本书作者采取的是"盗赃等"这一表述，因而作为翻译本身未必合适。——译者注

** 本条之旧规定如下："收受赃物的，处3年以下惩役（第1款）；搬运、隐藏、明知而购买赃物或者进行赃物之买卖牙保的，处10年以下惩役及50万日元以下的罚金（第2款）。"——译者注

以取得的意思获取该赃物。交付人与受让人之间必须对此存在合意。如果交付人与受让人之间对此不存在合意，那么，尽管对象物是赃物，夺取赃物的，属于盗窃或者抢劫；采取欺骗手段取得赃物的，属于诈骗；采取胁迫手段取得赃物的，属于恐吓。仅仅只是为本犯保管赃物的，则构成保管赃物罪。

"搬运"，是指接受委托，转移所交付的赃物的所在地，不问是有偿还是无偿。

"保管"（1995年的刑法修正前为"寄藏"），是指接受委托，取得对赃物的占有并予以管理（最判昭和34·7·3刑集13—7—1099），不问是有偿还是无偿。只是约定保管的*，尚不足以构成"保管"（京都地判昭和45·3·12刑月2—3—258）。

"有偿受让"（1995年的刑法修正前为"故意购买"），是指以有偿形式接受赃物的交付，取得对赃物的事实上的处分权（大判大正2·12·19刑录19—1472）。不问具体的受让形式是买卖、交换，还是用替代物清偿债务〔代物清偿**〕等（大判大正12·4·14刑集2—336）。要达到既遂***，必须实际转移了赃物（大判大正12·1·25刑集2—19）。

"斡旋有偿处分"（1995年的刑法修正前为"牙保"），是指以居间形式参与赃物的有偿处分，（虽然要求处分本身是有偿的，但）不问斡旋本身是有偿还是无偿（最判昭和25·8·9刑集4—8—1556）。虽有最高裁判所的判例认为，一旦实施斡旋行为，本罪即达到既遂（最判昭和23·11·9刑集2—12—1504、最判昭和26·1·30刑集5—1—117。同旨，前田·各论第301页）。但学界存在不同意见，既有观点认为，至少需要就斡旋对象形成合议（大塚·各论第339页、大谷·各论第349页、佐久间·各论第257页，等等）；还有有力观点主张，为了与赃物罪的其他犯罪类型保持均衡，需要实际移转了赃物（中山·各论第348页、曾根·各论第195页、西田·各论第276页）。

二、本罪的法律性质

第1款与第2款的法定刑之所以存在差异，其原因在于：第1款的犯罪只是针对财物的**间接取得罪**，而第2款的犯罪则具有通过搬运、保管、有偿受让、斡旋有偿处分等手段，庇护本犯（财产犯罪的犯罪人）并助长同类财产犯罪的性质（⇒平野龙一：《刑法の基礎》第198页以下；丰田兼彦："盗品等に関する罪について（1）〜（3·完）"，载《愛大法経論集》第159号第1页、第160号第83页、第161号第1页）。

第二节　赃物罪的本质

一、"追索权说"与"违法状态维持说"

有关本罪的本质，存在"**追索权说**"（多数说）与"**违法状态维持说**"（木村·

---

* 必须现实地转移对赃物的占有。——译者注
** 日本《民法》第482条〔代物清偿〕：债务人得债权人之承诺，就其所承担的给付，实施其他给付以替代的，该给付与清偿具有同一效力。——译者注
*** 不能仅仅是约定买卖等。——译者注

各论第 166 页）之间的对立。"追索权说"认为，赃物罪的本质在于，赃物罪侵害的是取回赃物的权利，亦即，使得被害人难以基于有关赃物等的所有权以及其他恢复请求权而行使追索权。反之，"违法状态维持说"则认为，赃物罪的本质在于，维持因财产犯罪而引起的违法状态。

两者的差异体现于：由不侵犯所有权的财产犯罪所取得的物品，是否也属于这里的"赃物"？例如，通过侵犯他人的渔业权而捕获的鱼，并非他人的所有物（《民法》第 239 条第 1 款规定的**"无主物先占取得"**），因此，对知情购买者，按照追索权说，将不构成有偿受让赃物罪；而按照违法状态维持说，则应构成有偿受让赃物罪。在这一点上，本法条的用语本身并非决定性因素。这是因为，渔业权也是财产权，对渔业权的侵犯也包含在"针对财产的犯罪"之中（⇒《渔业法》第 143 条）。关于该问题，也有违法状态维持说的论者提出，财产犯罪之外的犯罪所获得的物品也属于这里的"赃物"，但应该说这种理解并不正确。

一般认为，日本的通说、判例均立足于"追索权说"（大判大正 11·7·12 刑集 1—393、最决昭和 27·7·10 刑集 6—7—876、最判昭和 24·10·20 刑集 3—10—1660、百选 II No. 76，等等）。但是，如果深入考察的话，"追索权说"仍存在各种问题。

二、"赃物"的含义*

"赃物"，是指由那些构成盗窃罪、抢劫罪、诈骗罪、侵占罪等针对财产的犯罪的行为所取得之物。这种构成针对财产的犯罪的行为，即便是由无责任能力者实施亦可（大判大正 3·5·12 刑录 20—861。"限制从属形式"也适于这种情况。⇒总论第 21 章第 1 节之三）。而且，即便是因适用"有关亲属间相盗的特例"而得以免除刑罚的场合（大判大正 5·7·13 刑录 22—1267），或者本犯的公诉时效已经完成的场合（大判明治 42·4·15 刑录 15—435），或者本犯不被起诉或不受处罚的场合（大判明治 44·3·9 刑录 17—295），也没有影响。尽管多数说认为，这里的"赃物"也包括**不动产**（林·各论第 308 页等对此提出了疑问），但不动产至少无法成为搬运罪的客体（对象）。**

按照"追索权说"，赃物还应该是被害人可以请求返还（即"追索"）之物（大判大正 12·4·14 刑集 2—336）。反之，按照"违法状态维持说"，只要是由侵犯财产权的犯罪所取得之物即可，不问是否具有追索权（木村·各论第 166 页以下。不过，值得注意的是，即便是按照这种观点，由不侵犯财产权的贿赂或者赌博等所取得之物，也不构成本罪的客体），因此，由侵犯他人的渔业权、狩猎权或者采矿权所取得之物，也属于这里的"赃物"。有关此问题，曾有大审院判例认为，即便在

---

* 如前所述，1995 年刑法修正之后，统一将"赃物"改为"盗赃等"，因而这里的日文原文是"盗品等"。——译者注

** 对此，山口·各论第 340 页注 149 指出，"就不动产而言，由于能认定登记占有，因而通过登记名义的转移，就完全有可能无偿受让、保管、有偿受让不动产，进而也可侵犯追索权，因此，将不动产纳入本罪客体是妥当的。不过，由于不动产不能'搬运'，因而不能成为搬运赃物罪的客体"（山口厚. 刑法各论：2 版. 王昭武，译. 北京：中国人民大学出版社，2011：395.）。——译者注

他人拥有专属渔业权的渔场，非法采集、取得了附着于岩石之上的野生海苔的，也不构成盗窃罪，故而也不构成有偿受让赃物罪（大判大正 11·11·3 刑集 1—622）。该判决显然采取的是"追索权说"。此外，根据《民法》第 192 条而由第三人善意取得（即时取得）的*，该物之赃物性亦随之丧失（大判大正 6·5·23 刑录 23—517。不过，根据《民法》第 193 条**，如果能认定该物是具有两年的恢复请求权的盗赃或者遗失物，在此期间，则不丧失赃物性。大判大正 15·5·28 刑集 5—192）。

接下来的问题是，如何处理"**不法原因给付物**"（《民法》第 708 条）。*** 按照"追索权说"，被害人不具有恢复请求权的不法原因给付物，不能成为本罪的对象。反之，按照"违法状态维持说"，则可以成立本罪。但是，如前所述，是否应该承认返还请求权，应该通过综合考虑各种情况进行判断，因此，在民法上否定存在返还请求权，却在刑法中认定成立赃物罪，这种情况实际上是不可想象的（⇒ 第 19 章第 2 节之十、第 20 章第 2 节之五）。不过，在"**违禁品**"的场合，由于被害人的追索权本身并未被否定，因而是有可能成立本罪的。

侵占了受本犯之托而保管的赃物的（**侵占了赃物**），仅成立保管赃物罪，侵占委托物罪被该罪所吸收（大判大正 11·7·12 刑集 1—393）。反之，侵占了销赃所得赃款的，既有判例认为，除构成斡旋有偿处分赃物罪之外，还应构成侵占委托物罪（最判昭和 36·10·10 刑集 15—9—1580。另见藤木·各论第 340 页、大谷·各论第 310、338 页，前田·各论第 267 页），也有大审院判例认为，仅仅构成斡旋有偿处分赃物罪（大判大正 8·11·19 刑录 25—1133）。就销赃所得赃款而言，由于小偷并不具有返还请求权，因此，在与真正的被害人的关系上，只要认定成立赃物罪即可（⇒ 第 20 章第 2 节之六）。

在赃物丧失了**同一性**之时，即丧失针对该赃物的追索权。**** 对于**由赃物所换取的钱款**，尚存在问题。对于用侵占得来的纸币所兑换的钱款（大判大正 2·3·25 刑录 19—374）、兑付骗取来的支票而获取的钱款（大判大正 11·2·28 刑集 1—82*****），判例均肯定具有赃物性。不过，一般认为，对于前者，能认定存在针对金额的追索权（参见大谷·各论第 345 页、曾根·各论第 193 页、西田·各论第 273 页、林·各论第 310 页、山口·各论第 344 页）；对于后者，可以以兑付骗取来的支票这一行为本身就构成诈骗罪为由，认定具有赃物性（参见内田·各论第 384 页、

---

* 日本《民法》第 192 条〔善意取得〔即时取得〕〕：平稳且公然地开始占有动产者，如系善意并无过失，则即时取得行使于该动产上的权利。——译者注

** 日本《民法》第 193 条〔有关盗赃、遗失物的特别规则〕：在前条〔即时取得〕情形之下，占有物系盗赃或者遗失物的，受害人或者遗失人，自被盗或者遗失之日起 2 年之内，可以向占有人请求返还其物。——译者注

*** 日本《民法》第 708 条〔不法原因给付物〕：因不法原因给付者，不得请求返还。但是，不法原因仅存在于受益人一方时，不在此限。——译者注

**** 这是因为，"追索权终究是针对该被害物的权利或利益。因此，对于由赃物等转换而来的财产，就不能肯定具有赃物性。例如，通过出售赃物而取得的金钱，就不能认定具有赃物性；对于用取得的金钱所购置之物，也应否定赃物性"（山口·各论第 343 页）（山口厚. 刑法各论：2 版. 王昭武，译. 北京：中国人民大学出版社，2011：399.）。——译者注

***** 判决强调，支票不过是让对方支付现金的手段方法而已。——译者注

大谷·各论第332页、西田·各论第273页、林·各论第310页、前田·各论第416页、山口·各论第344页、山中·各论第476页）。

再者，赃物通过"加工"（《民法》第246条*）而丧失了同一性之时，也丧失赃物性（否定"加工"的判例，⇒大判大正5·11·6刑录22—1664、前揭最判昭和24·10·20刑集3—10—1660）。

※**将赃物归还给被害人的场合与赃物罪**："追索权"是取回该"赃物"的权利，因此，在将赃物归还给被害人的场合，原则上不构成赃物罪。然而，即便是将赃物归还给被害人的场合，有时候也会例外地构成赃物罪。

司法实践中，对于为了让被害人买回赃物而将赃物运至被害人处的情形，以及以赃物罪的被害人为对象而斡旋赃物的有偿处分的情形，有判例判定成立赃物罪（判定成立搬运赃物罪的判例，⇒最决昭和27·7·10刑集6—7—876；判定成立斡旋有偿处分赃物罪的判例，⇒最决平成14·7·1刑集56—6—265、百选Ⅱ No. 74）。这是因为，即便是以被害人本人作为处分赃物的对象，但这种行为不仅会使得被害人难以正常地取回盗赃，并且还有助长、诱发盗窃等犯罪之虞。

但是，助长本犯的性质不过是相对于第256条第1款的无偿受让而言，第256条第2款的行为的法定刑得以加重的刑罚加重事由而已，而无论是哪种情形，要成立赃物罪，都以对被害人追索权的侵犯为要件。若非如此，由于被害人自己买回赃物的行为客观上也有利于本犯，因而就应当作为助长本犯的行为，而处以赃物罪。显然，这是一种相当奇妙的结论，而且，就是在司法实务中，对于为了被害人的利益而买回赃物者，也有判决否定成立赃物罪（东京高判昭和28·1·31东高时报3—2—57判定，"有人要求日莲宗的某信徒购买在信仰上可以等视于日莲的三幅'同日三幅本尊'，并且被告知，该赃物是身延山久远寺的寺宝，是日莲的真迹。该信徒从对方的打扮、态度、为人等判断，认为若不马上购买，该寺宝将有丢失或者灭失之虞，倘若报警的话，则又有对方迅速逃走或者毁坏寺宝之虞，从而为了受让该寺宝之后将其归还给久远寺而实施的购买寺宝的行为，就不属于**故买赃物罪**"）。

为此，要成立本罪，就需要与本犯的被害人的关系上存在财产犯罪的一面，例如，出卖人暗示，倘若被害人不答应购买，就会将赃物转卖给其他人，追索权会由此被置于危险状态之下〔**追索权的危殆化**〕（井田·各论第157页认为，在诈骗或者恐吓的场合，只要被害人没有撤销其意思表示，就不存在应予保护的追索权，但这里所谓追索权，即便是通过撤销意思表示而可以引起的潜在的追索权亦可，因而就是在此限度之内，本罪也是使得追索权处于危险状态的犯罪〔"追索权危殆化犯"〕）。那是一种具有助长本犯的性质，且以追索权危殆化为内容的恐吓（林·各

---

* 日本《民法》第246条〔加工〕：有对他人之动产进行加工的人（在本条以下简称"加工者"）之时，加工物的所有权归属于材料的所有人。但是，因加工致其价格显著超过材料价格的，加工者取得加工物之所有权（第1款）；在前款规定的情形下，加工者提供了部分材料的，以其价格加上因加工而产生的价格超过材料价格时为限，加工者取得该加工物之所有权（第2款）。——译者注

论第 306 页认为这种情形属于恐吓罪）。实际上，先前的两个肯定成立本罪的判例的案件都是如此。总之，第 256 条第 2 款的犯罪并非"财产犯或者本犯助长犯"，而是"财产犯以及本犯助长犯"（最判昭和 26·1·30 刑集 5—1—117 似乎是仅以有助长本犯的性质便判定构成赃物罪，因而在这一点上是存在问题的）。

第三节 赃物罪的主观要件

一、盗赃性的认识

在无偿或者有偿受让赃物的场合，在受让当时，行为人必须认识到该物品是赃物，未必性认识亦可。在斡旋有偿处分的场合，在斡旋当时，也以对赃物性的认识为必要。这是因为，这些犯罪是"**状态犯**"，犯罪以受让或者斡旋行为的结束为结束（⇒总论第 5 章第 3 节之五※）。

但是，在搬运罪与保管罪的场合，一般认为，在搬运或者保管的过程中，犯罪仍然在继续（"**继续犯**"⇒总论第 5 章第 3 节之五※），因而也可以在认识到赃物性的时点之后认定成立赃物罪（有关保管赃物罪，⇒最决昭和 50·6·12 刑集 29—6—365、百选 Ⅱ No.75。有关搬运罪，⇒大塚·各论第 340 页、大谷·各论第 347 页。持反对意见的，⇒平野·概说第 235 页、曾根·各论第 196 页、中森·各论第 168 页、林·各论第 311 页、山口·各论第 347 页以下，等等。但是，赃物的占有转移行为并非搬运罪、保管罪的构成要件要素，即便占有转移当时对赃物性并无认识，也可以从搬运、保管行为本身中认定具有助长本犯性。同旨，西田·各论第 275 页*）。**

二、非法占有的目的

无偿或者有偿的受让罪是间接取得罪，其成立以具有**非法占有的目的**（非法取

---

* 西田·各论第 275 页认为，"不知道是赃物而受托保管者，知情后仍继续保管的，对此，判例认为，知情之后所实施的保管行为应构成本罪（最决昭和 50·6·12 刑集 29—6—365）。因此，本罪属于继续犯。对此，存在诸多批判意见。其理由在于：其他（行为所构成）的赃物罪均以转移赃物之时对赃物性存在认识为必要，并且，如果着眼于追索权这一层面，那么，正是因为接受委托而转移了赃物的占有，才使得追索更为困难，因此，就必须是在转移占有之时对赃物性存在认识。持这种观点者是将本罪理解为状态犯。但是，不仅仅是受托转移赃物的行为，可以说，转移赃物之后的保管行为本身，在防止发现赃物、让本犯更容易处分赃物等方面，也会使得追索权更加难以实现；在此基础上，再考虑到保管行为所具有的本犯助长性特性，应该说，肯定说要更为妥当"（西田典之. 日本刑法各论：6 版. 王昭武，刘明祥，译. 北京：法律出版社，2013：289.）。——译者注

** 对于这一点，山口·各论第 347 页认为，"起初不知道具有赃物性，而开始保管赃物的人，其后尽管已经知道具有赃物性，仍继续保管的，对此，判例肯定成立保管赃物罪（最决昭和 50·6·12 刑集 29—6—365）。可以说，这是将保管赃物罪理解为继续犯。与判例观点相反，有学说认为，在其他行为类型之下，要求在取得对赃物的占有当时，必须对赃物性存在认识，考虑到与此之间的均衡，而且，转移占有也会侵犯追索权，因此，在占有转移当时，必须对赃物性存在认识，进而以此为理由，主张应否定成立保管赃物罪。尽管也有学说指出，转移赃物之后的保管行为本身，会妨碍发现赃物，使得本犯更容易处分赃物，因而能够认定对追索权的侵害（西田·各论第 275 页）。然而，取得对赃物的占有，也是构成要件要素，因而也必须要求在此阶段存在对赃物性的认识（即便是不作为的占有取得的问题，也以存在作为义务为必要），并且，正是存在在认识到赃物性之后的意思联络，才能认定具有本犯助长性，因此，消极说更为妥当"（山口厚. 刑法各论：2 版. 王昭武，译. 北京：中国人民大学出版社，2011：403.）。——译者注

得的意思）为必要。对此，有判例认为，是指接受赃物之交付，并取得该赃物之处分权（大判大正 2·12·19 刑录 19—1472）。这也意味着，在取得该物的时点，与赃物的持有者之间存在合意。此外，对搬运、保管、斡旋有偿处分而言，以具有维持他人的非法取得，或者让他人非法取得的目的为必要。

三、是否需要与本犯之间存在"合意"

要成立赃物罪，赃物的持有者与行为人之间，必须就转移占有存在"合意"。要谓之为不仅不属于夺取，也不属于基于受骗或者受到恐吓而实施的给付，也以这种"合意"为必要。否则，就可能构成抢劫罪、盗窃罪或者诈骗罪、恐吓罪。

不过，只要行为人与转移占有之前的持有人之间存在这种"合意"即可。如果该人也是从他人处受让该赃物的，就不需要行为人与本犯即本来的财产犯的犯罪人之间存在"合意"。

第四节 共犯与罪数

一、本犯与赃物罪

作为本犯的财产犯的正犯——包括共同正犯——不可能成为赃物罪的主体。因为，即便本犯实施了搬运或者保管赃物的行为，那也是本犯的"不可罚的事后行为"或者"共罚的事后行为"（⇒总论第 23 章第 1 节之四）。反之，针对本犯的狭义的共犯——教唆犯与帮助犯——则有可能成为本罪的主体（最判昭和 24·10·1 刑集 3—10—1629 等）。对此类情形，判例一般认为，针对本犯的共犯与赃物罪处于并合罪的关系（大判明治 44·5·2 刑录 17—745、最判昭和 24·7·30 刑集 3—8—1418、最判昭和 25·11·10 裁集刑 35—461，等等。同旨，大谷·各论第 351 页）。学界既有观点认为应属于牵连犯（大塚·各论第 340 页、中山·各论第 351 页、曾根·各论第 192 页、中森·第 169 页等），也有观点出于与共同正犯保持均衡的考虑，主张本犯的教唆犯、帮助犯也不应成立赃物罪（西田·各论第 278 页*）。应该说，学界的后一种观点是妥当的。

二、赃物犯罪相互之间的关系

针对同一个赃物，实施了搬运、保管、斡旋有偿处分等数个行为的，应将整体

---

* 西田·各论第 278 页认为，"本犯的共犯行为与赃物罪构成并合罪，这是已经确立的判例"，"在学界，尽管有并合罪说与牵连犯说之间的对立，但均认定成立两罪。其理由在于两罪的罪质不一，即如果重视本罪的助长本犯性之性质，那么，赃物参与行为显然存在本犯的共犯行为所不具有的非法的一面。但是，如果从对追索权的侵害这一角度来考察，共犯参与了本犯的犯罪行为，这种参与行为是对占有、所有权的直接侵犯，因此，既然认为本犯的共同正犯不构成本罪，那么，当然也不能以本罪来处罚其他类型的参与行为。尤其是，如果肯定共谋共同正犯理论，那么，根据望风行为究竟是构成共同正犯还是构成帮助犯，就可直接左右其后的赃物参与行为是否具有可罚性，这显然不合理"（西田典之. 日本刑法各论：6 版. 王昭武，刘明祥，译. 北京：法律出版社，2013：292.）。——译者注

行为概括地认定为赃物罪一罪（对类似情形，大判明治44·5·23刑录17—948判定成立斡旋有偿处分赃物罪一罪）。反之，一旦将保管的赃物返还给此前的持有者之后，又就有偿处分该赃物实施了斡旋行为的，有判例判定，构成保管赃物罪与斡旋有偿处分赃物罪的并合罪（最判昭和25·3·24刑集4—3—407）。此外，无论是否有偿，一旦受让了赃物之后，就不可能再为此前的持有人搬运或者保管该赃物，因此，仅构成受让罪（最判昭和24·10·1刑集3—10—1629）。

另外，隐瞒对象物是盗赃这一事实而出售的，是否构成诈骗罪呢？关于这一点，对于行为人隐瞒所售之物是盗赃这一事实而就有偿处分该赃物进行斡旋的案件，有判决判定，仅构成斡旋有偿处分赃物罪（大判大正8·11·19刑录25—1133）。如果能认定对方属于善意取得（即时取得）（《民法》第192条。不过，如果有可能根据《民法》第193条取回该赃物，则另当别论），想必没有认定构成诈骗罪之必要（西田·各论第277页，等等。山口·各论第350页就此提出了质疑*）。

第五节 有关亲属间犯罪的特例

配偶之间或者直系血亲、同居的亲属或这些人的配偶之间犯前条之罪的，免除其刑罚（第257条第1款）。

前款规定不适用于非亲属的共犯（同条第2款）。

一、本条之旨趣

本条第1款是现行刑法增设的规定。本条规定的亲属之间犯赃物罪，在犯罪情节上，应该说是很值得宽宥的，为此，与有关藏匿犯人罪（第103条）和隐灭证据罪（第104条）的第105条——立法当时皆为必要性免除——相同，规定免除其刑罚。亦即，其理由是，为庇护亲属而犯本罪的场合，实施合法行为的**期待可能性**很低。

反之，由于对非亲属关系的共犯，则没有免除刑罚之必要，故而刑法于1947年追加规定了第2款。

二、与何人之间存在亲属关系时可以适用本特例

不同于亲属间相盗的特例（第244条），本规定的**亲属关系必须存在于行为人与本犯之间，而非行为人与被害人之间**。这是因为，如前所述，与有关藏匿犯人罪（第103条）、隐灭证据罪（第104条）的亲属间犯罪的特例——不过，是裁量性免除——相同，本条规定免除刑罚的理由在于，为庇护亲属而犯本罪的场合，实施合

---

* 山口·各论第350页指出："但是，值得怀疑的是，既然有可能针对不知情的对方存在其他的法益侵害，是否真能否定诈骗罪之成立呢？"（山口厚．刑法各论：2版．王昭武，译．北京：中国人民大学出版社，2011：407.）——译者注

法行为的期待可能性很低。

正如从购买了赃物的亲属处再购买该赃物的情形那样，**赃物罪的行为人相互之间存在亲属关系的场合**，是否适用本条尚存争议。判例与多数说持否定态度（最决昭和 38・11・8 刑集 17—11—2357。同旨，西田・各论第 279 页），但肯定说也很有影响（曾根・各论第 197 页、中森・各论第 170 页、前田・各论第 303 页、林・各论第 313 页、山口・各论第 351 页，等等）。在期待可能性很低这一点上，没有理由将这种场合与行为人和本犯之间存在亲属关系的情形作不同解释，因而肯定说是妥当的。

另外，针对《森林法》第 201 条规定的**有关林木赃物的犯罪**，最高裁判所曾有判例判定适用《刑法》第 257 条，这是从实质的角度在扩大本条的适用范围（最判昭和 33・7・11 刑集 12—11—2518）。这种做法是妥当的。

【问题研讨】

自己所有的价值高昂的名画被盗之后，X 宁可付钱也要拿回该画，遂拜托朋友 Y 代为寻找并取回。Y 与盗画的 Z 取得了联系，并向 X 转达了 Z 的口信，"告诉他，支付相应金额的话，可以把画拿回去，但如果砍价或者报警的话，就再也别想见到这幅画了"。于是，X 请 Y 负责交涉，支付了相应金额之后，购回了失窃的名画。

【解说】

本案的问题在于，与本罪的保护法益相关联，判断居间帮助被害人购回盗赃的行为是否构成斡旋有偿处分赃物罪。有关赃物罪的罪质，存在"追索权说"与"违法状态维持说"之间的对立。"追索权说"认为，本罪是使被害人难以实现对受害财物行使追索权的犯罪；"违法状态维持说"则认为，本罪是维持由财产犯罪所引起的违法状态的犯罪。但近年来，鉴于第 256 条第 2 款的法定刑较重，有观点强调，本罪的盗赃参与行为具有助长本犯的性质，或者，本罪具有这种意义上的"事后从犯的性质"。

但是，如果仅凭"助长本犯的性质"即可构成本罪的话，甚至可以说，通过支付相应对价而取回盗赃的被害人也是在助长本犯。因为，对于盗窃犯而言，无论是卖给被害人还是卖给第三人，到手的利益是相同的。但是，这种结论是无论如何都难以接受的。

为此，对本案而言，所采取的理论结构就必须以能使得 X 无罪为前提。但是，如此一来，为了 X 而斡旋买回名画的 Y 又该如何处置呢？如果 Y 构成斡旋有偿处分赃物罪，那么，X 又是否构成该罪之教唆犯呢？同时，利用受害人的心理底线而让其支付价款的 Z 的行为，又是否属于盗窃罪的"不可罚的事后行为"呢？解决上述问题，正是设定本案之宗旨。

首先是赃物罪的保护法益与为了让被害人购回赃物而实施的斡旋行为之间的关系问题。按照通说即"追索权说"，将盗赃返还给被害人的行为，正是实现追索权的行为，根本不是侵犯追索权的行为。而且，既然盗赃本身已经归还至所有人或者权利人，当时究竟是有偿还是无偿，就不应该成为问题。具体就本案而言，在被害人本人提出购回赃物的场合，是否以购回的方式取回盗赃，这完全出自被害人本人的自由意思，因此，以有偿取回为理由而认定侵犯了追索权，就并不妥当。此外，就是按照"违法状态维持说"，如果盗赃归还给了被害人，由于已经解消了"由该财产犯罪引起的违法状态"即盗赃不在被害人手中的状态，因而也应否定赃物罪的成立。

不过，对于为了让被害人购回盗赃而将盗赃搬运至被害人宅邸的行为，最决昭和 27·7·10 日的刑集 6—7—876 判定构成搬运赃物罪。* 并且，作为近年的判例，最决平成 14·7·1 刑集 56—6—265 指出，"赃物的有偿处分的斡旋行为，即便是将赃物处分给赃物的被害人，不仅会使得被害人难以正常地恢复该赃物，而且还有助长、诱发盗窃等犯罪之虞，因此，认为该行为符合《刑法》第 256 条第 2 款所谓赃物的'斡旋有偿处分'是妥当的"，并以此为由，判定成立斡旋有偿处分赃物罪。由于该盗赃本身已经返还给了被害人，势必不能说这种斡旋行为侵犯了被害人的追索权，因而可以说，最高裁判所的该决定强调的是"赃物的正常恢复"与"助长、诱发盗窃等犯罪之虞"。

但是，对于原本拥有要求无偿恢复之权利的被害人，盗窃犯一方通过暗示会毁坏盗赃或者将盗赃转让给第三者，由此让被害人出钱购回的，这种行为带有恐吓的意思，但在被害人自己已经打算出钱购回的场合，就不能称之为恐吓。因为并非因受到恐吓始产生购回的意思（是否构成恐吓未遂，则属于另外的问题）。这种基于

---

* 这是在学界引起极大争议的判例。大致案情为：被害人 A 被盗走了缝纫机，委托被告人 X 找回缝纫机，X 经过调查，找到了盗窃犯 B，B 说如果出 8 万日元就卖给你，X 于是从 A 处拿到 8 万日元付给 B，并将缝纫机搬回至 A 宅。一审作了无罪宣判，但二审撤销一审判决，判定成立搬运赃物罪。最高裁判所认为，"搬运本案赃物，并不是为了被害人而实施，而是为了盗窃犯的利益，承继其取得，且转移了赃物的所在位置"，从而判定 X 将赃物搬回 A 宅的行为构成搬运罪。

对此，大谷·各论第 347 页认为，"该行为并未使得对赃物的追索权难以实现，上述判决并不妥当。这是因为，如果持判例所采取的追索权说的立场，是否成立本罪，重要的问题理应是，能否谓之为，已经使得对被盗物品的追索权难以实现"；林·各论第 306 页认为，"但是，不能将返还赃物的行为，认定为有害于针对赃物的追索权的行为。这里，认为不属于'正常恢复'的根据在于，被害人因受胁迫而被迫交付了不当的财产性利益，但那本应由恐吓罪等来处罚。即便是受本犯的犯罪人之托，与被害人交涉，取得不报警这种旨趣的约定，然后将赃物搬运至被害人住宅，虽然难言是'正常恢复'，但似乎也不应认定成立本罪"。但是，前田·各论第 300 页认为，"按照追索权说的观点，无论出于什么目的，将赃物搬运至被害人家中的行为，都不构成搬运罪。但是，只要明知是赃物，仍然为了本犯的利益而搬运的，就应该当于搬运之余地。"

山口·各论第 346 页认为，"所谓追索权，是指不承担无端的负担，能够要求返还赃物的权利，因此，在这种有害于'正常恢复'的情形下，肯定成立搬运赃物罪，这也是有可能的。当然，如果参与者作为被害人的代理人等，完全是在被害人的指挥、命令之下行事，处于从属性地位，该参与者就不过是从属性地辅助被害人自身所实施的恢复行为，应该否定成立搬运赃物罪"（山口厚. 刑法各论：2 版. 王昭武, 译. 北京：中国人民大学出版社, 2011：403.）。

西田典之教授曾对判例持否定态度，但其后转变了态度。西田·各论第 275 页认为，"如果仅仅是使得赃物的'正常恢复'变得更为困难，就要成立本罪，那么，势必出现奇妙的结论：盗窃的被害人自己与盗窃犯交涉，通过支付对价而取回被盗物品的，也要成立本罪，因此，该理由并不充分。但是，在本案中，负责居间、搬运的被告人，处于可容易地与盗窃犯进行密切交涉的环境之下，也查明了被告人，却不报警，而是让被害人放弃报警的念头，并就被盗物品，从被害人处勒索了金钱，因此，本决定以被告人'搬运本案赃物，并不是为了被害人而实施，而是为了盗窃犯的利益，承继其取得，且转移了赃物的所在位置'为理由，认定成立本罪，这应该是妥当的"（西田典之. 日本刑法各论：6 版. 王昭武, 刘明祥, 译. 北京：法律出版社, 2013：288.）。——译者注

被害人之自由意思的购回，理应不能被谓为"不正常的恢复"。

其次，如果仅以"助长、诱发盗窃等犯罪之虞"作为本罪之成立根据，被害人X本人势必也将被追究有偿受让赃物罪的罪责，但如前所述，这种结论是难以接受的。为此，即便是事关赃物罪，X也应该属于"被害人"。因为不存在处罚"被害人"的法律。也就是，X的某种财产权必须是整个赃物罪共通的法益。

实际上，对于类似案件判定成立搬运赃物罪的最决昭和27·7·10日的刑集6—7—876也特别强调，被告等人的行为"并不是为了被害人而实施，而是为了盗窃犯的利益，承继其取得，且转移了赃物的所在位置"。也就是，该案判定成立赃物罪之际重视的是，斡旋人优先考虑的是盗窃犯的利益，而蔑视了被害人的利益。事实上，在该案中，居间人是暴力团相关人员，也曾威胁被害人，让其交钱购回赃物。在此意义上，可以说，该案的居间人不仅是通过斡旋购回盗赃而为盗窃犯谋求利益，而且，是通过恐吓的方法，让原本无须付钱的被害人支付了金钱。在广义上——在享有"不因胁迫而产生处分财产之动机的权利"这一意义上——这属于侵犯被害人之财产权的行为。如果重视这一点的话，就不是将被害人的购买行为认定为有偿受让罪，而是应该对居间者追究斡旋有偿处分罪之责。

不过，在本案中，不能将Y称为这种居间者。倒不如说，如果Y是真诚协助被害人取回被盗财物的朋友，那么，认定Y构成本罪就是违背基本常识的做法（在这一点上，对于出于将盗赃归还给被害人的目的而自己出钱购回盗赃的被告，否定其构成有偿受让赃物罪的前述东京高判昭和28·1·31东高时报3—2—57的观点，就应该得到尊重）。

最后，按照这种理论构成能够进行解释的最高裁判所判例的观点，就绝对不是立足于什么"侵犯追索权说"。毋宁说，其保护法益是更广义上的——追索权之行使不被置于危险状态这一意义上的——本犯之被害人的财产权。

第二十三章
毁弃与隐匿犯罪
——针对财产权的犯罪（之七）

第一节 现行法的结构

《刑法》第 2 编第 40 章的标题是"毁弃与隐匿犯罪"，设置了毁弃公用文书罪（第 258 条）、毁弃私用文书罪（第 259 条）、损坏建筑物等罪、损坏建筑物等致死伤罪（第 260 条）、损坏器物罪（第 261 条）、损坏境界罪（第 262 条之二）、隐匿书信罪（第 263 条）。其中，损坏境界罪是于 1960 年与侵夺不动产罪（第 235 条之二）一同增设的罪名。

本章是通过对旧《刑法》第 3 编第 2 章第 10 节的"毁坏房屋物品以及损害动植物之罪"予以修正而成。主要修正点如下：首先，有关毁弃公用文书——旧刑法中为"官文书"——的规定原本设置在伪造官文书罪中，出于毁弃与伪造的性质不同，因而条文设置的地方不合适这一理由，转而设置在本章之中，并且，这属于有关毁弃广泛供公务所之用的文书的规定；其次，旧刑法中并没有现行法第 262 条那样的有关损坏自己之物的规定，现行法予以了补充规定；最后，旧刑法中没有隐匿书信罪的规定，现行法也予以了补充规定。

再者，伴随着 1987 年的《有关计算机犯罪的刑法部分修正》，作为毁弃公用文书罪与毁弃私用文书罪的客体（对象），追加规定了电磁记录（《有关计算机犯罪的刑法部分修正》第 7 条之二）。

一般认为，本章之罪的保护法益是，可以成为毁弃或者隐匿之对象的物的效用。但是，如后所述，如果精细考察就会发现，在毁弃公用文书罪、损坏境界罪以及隐匿书信罪中，仅以此作为保护法益，就存在难以解释的部分。

第二节 具体犯罪类型

一、毁弃公用文书罪

毁弃供公务机关使用的文书或电磁记录的，处 3 个月以上 7 年以下惩役（第 258 条）。

本条扩大了旧《刑法》第 202 条第 2 款的毁弃诏书罪、第 203 条第 2 款的毁弃公用文书罪以及第 205 条第 2 款的毁弃官吏掌管文书罪之宗旨，规定的是针对广泛供公务机关使用的文书或者电磁记录的毁弃犯罪。

"**供公务机关使用的文书**"（简称为"公用文书"），不同于制作人或者制作名义人是公务员或者公务机关的"公文书"（⇒ 第 29 章），是指**公务机关出于使用目的而保管的文书**（最决昭和 38・12・24 刑集 17—12—2485）。"供公务机关使用的电磁记录"，也必须是**公务机关出于使用目的而保管的电磁记录**。本罪不问其制作人是公务员（即"公文书"）还是个人（即"私文书"），也不要求其原本的制作目的是用于公务（大判明治 44・8・15 刑录 17—1488、东京高判昭和 28・6・3 高刑集 6—10—1269）。此外，本罪既不问文书之真伪，也不问其所有者是何人（大判昭和 11・3・27 刑集 15—342）。即便是尚未完成的文书，只要已具备作为文书的意思、内容，就属于为供将来之用，应由公务机关予以保管的文书，亦属于"公用文书"（最判昭和 52・7・14 刑集 31—4—713）。

值得注意的是，即便是"公文书"，倘若该文书在某个人手中，现在并非公务机关出于使用目的而保管的文书，就不属于本罪之"公用文书"。在此意义上，本罪的保护法益不是公务机关的所有权，而应该理解为公务机关的职能（《改正刑法草案》第 148 条将本罪定位于"妨害公务犯罪"这一章中。同旨，团藤・各论第 671 页）。

所谓"**毁弃**"，一般被理解为**损害物之效用的一切行为**，不仅包括抹消书面记录与电磁记录这种物理性损坏，还包括"隐匿"（大判昭和 9・12・22 刑集 13—1789、大判昭和 12・5・27 刑集 16—794）、"不具有非法占有目的的拿走"（东京高判昭和 28・6・3 高刑集 6—10—1269。不过，该案是能认定已经物理性地损毁了文书之一部分的案件）。但是，"毁弃"一词原本的含义是"毁而弃之"，作上述解释是存在疑问的。毋宁说，问题在于"隐匿"与"拿走"会妨害公务，因而应探讨是否成立强要罪（第 223 条）或者妨害执行公务罪（第 95 条）；反之，凡不构成强要罪与妨害执行公务罪的，最好是解释为不可罚。这是因为，如果此类案件的问题在于，"隐匿""拿走"等行为会使得被害人暂时无法使用该物，那么，与通过暴力或者胁迫而不让被害人使用该物的强要的情形相比，就没有处以更重的刑罚的理由。再者，如后所述，将"隐匿"作为"毁弃"的一种行为样态，也有违隐匿书信罪（第 263 条）的立法提案理由，而且，这样一来，隐匿书信罪就完全变成了毁弃文书罪的减轻类型（⇒ 本节之七）。

※**毁弃公用文书罪之妨害公务罪的性质**：如前所述，毁弃公用文书罪（第258条）具有妨害公务机关之职能的一面。例如，对于违法搜查过程中制作的供词，比照妨害执行公务罪（第95条）以职务行为的合法性作为不成文的构成要件要素这一旨趣，似乎就有应该否定以毁弃公文书罪加以保护的余地。也有最高裁判所的判例对于这种供词判定成立本罪（最判昭和57·6·24刑集36—5—646），但有进一步探讨的余地。

二、毁弃私用文书罪

毁弃他人的有关权利或义务的文书或者电磁记录的，处5年以下惩役（第259条）。

本罪是亲告罪（第264条）。

本条是对旧《刑法》第424条的毁弃有关他人之权利义务的证书类的犯罪的修正，以他人所有的有关权利、义务的文书或者电磁记录为客体。

本罪之所以是亲告罪，其理由在于，关于权利义务的文书多种多样，某文书是否有保护之必要，这只能交由被害人自己来判断，因而没有必要强行保护被害人自认为没有保护之必要的文书。本罪之告诉权人除了文书等的所有人之外，还包括那些基于本权而持有文书等的持有者。

"他人的"是指"他人所有的"。不过，对于电磁记录，"他人的"就只能解释为，不是指针对记录媒介的所有权属于他人，而是指与记录相关的利用权属于他人（团藤·各论第694页）。即便是自己名义的私文书，如果对为他人所有的文书实施篡改，也成立本罪（大判大正10·9·24刑录27—589、大判大正11·1·27刑集1—16。不过，即便是名义人，也有理解为成立变造私文书罪的余地。⇒第29章）。需要注意的是，对本罪可以适用"有关损坏自己之物等的特例"（⇒本节之五）。

有关"毁弃"的含义，前述有关毁弃公用文书罪中的相关解说也适于本罪（⇒本节之一）。对于夺走对方为了要求支付而拿出的支票，并用双手将支票揉搓得乱七八糟之后不予归还的案件，曾有判例判定构成本罪（最判昭和44·5·1刑集23—6—907）。该判决判定上述行为属于"隐匿"，但"用双手将支票揉搓得乱七八糟"似乎应该属于"毁弃"即"毁而弃之"*。

三、损坏建筑物等罪、损坏建筑物等致死伤罪

损坏他人的建筑物或者船舰的，处5年以下惩役；因而致人死伤的，与伤害罪比较，依照较重的刑罚处断（第260条）。

本条是与旧《刑法》第417条的"损坏他人的房屋及其他建筑物之罪"的宗旨

---

* 山口·各论355页认为，"在客体是电磁记录之时，损坏记录媒介的行为（对本身并不能被称为文书的记录媒介的损害，属于只能成立损坏器物罪的行为，但由此毁弃了有关权利或义务的电磁记录之时，则成立毁弃私用电磁记录罪），以及抹去该记录的行为等，都属于毁弃"（山口厚.刑法各论：2版.王昭武，译.北京：中国人民大学出版社，2011：413.）。——译者注

几乎完全相同的规定。

"他人的"，是指"他人所有的"。需要注意的是，本罪也适用"有关损坏自己之物等的特例"（⇒本节之五）。与民法上的所有权归属之间的关系问题，留待后述（⇒※）。

"建筑物"，是指房屋或与此类似的建造物，有屋顶，用墙壁或柱子支撑而固定在地上，至少是人能够出入其中的（大判大正3•6•20刑录20—1300）。只完成上梁工程，还没有屋顶或者墙壁的，不是建筑物（大判昭和4•10•14刑集8—477）。

"船舰"，不包括正在进行解体而不具备自航能力的船舶（广岛高判昭和28•9•9高刑集6—12—1642。不过，判例判定属于"建筑物"）。

本条所谓"损坏"，也包括对建筑物之一部分的损坏（大判明治43•4•19刑录16—657）。*是否属于建筑物之一部分，对日式拉门与窗户之类而言，判断标准是"是否是不损坏就无法拆除"（大判明治43•12•16刑录16—2188），而屋瓦、天花板、门槛、门楣则当然是与房屋连为一体的（大判昭和7•9•21刑集11—1342等。有关市营集体住宅的金属大门，参见最决平成19•3•20刑集61—2—66**）。反之，也有观点认为，那些容易修补的部分，就应该认定为损坏器物罪的客体（团藤•各论第675页、大谷•各论第358页，等等。并且，广岛高判昭和37•1•23高刑集18—9—634还认为，不影响建筑物之效用的程度极其轻微的毁损，就不能被谓为损坏建筑物）。如后所述，单纯张贴广告的行为是否属于"损坏建筑物"，尚存争议（⇒※※）。

"损坏建筑物致死伤罪"，是损坏建筑物等罪的结果加重犯，在因损坏建筑物的行为而导致他人死伤之时成立。"损坏建筑物罪"中没有处罚未遂的规定，而且，条文的表述应该解读为"损坏建筑物，因而致人死伤的"，因此，在损坏行为归于未遂的场合，即便出现了他人死伤的结果，也不适用本条。该罪不要求死伤的是位于建筑物或舰船之内的人员（大塚•各论第350页）。

※**建筑物之他人性与民法**：被告主张解除因受骗而在自己的建筑物上设定的最高额抵押合同，且损坏了已经被拍卖的该建筑物，对此，最高裁判所判定，要谓之为《刑法》第260条之"他人的"建筑物，无须达到"他人的所有权没有在将来的民事诉讼中被否定的可能性"的程度，因而即便不能否定（他人的行为将来）有成立诈骗罪的可能性，但本案建筑物（现在）仍属于《刑法》第260条之"他人的"建筑物（最决昭和61•7•18刑集40—5—438、百选Ⅱ No.77）。此外，该判决附带的补充意见主张，民法与刑法的立法目的不同，因而对于物之他人性的判断，在

---

* 损坏，无须达到使得建筑物等完全不能使用的程度（大判明治43•4•19刑录16—657页）。将建筑物从其本身的定着点移至他处的行为，也属于损坏（大判昭和5•11•27刑集9—810）。——译者注

** 该判决认为，安装在建筑物之上的东西，是否作为建筑物的一部分，而属于损坏建筑物罪的客体，除了该物与建筑物的结合程度之外，还应考虑该物在建筑物中的功能上的重要程度，综合判断决定。具体就市营集体住宅的金属大门而言，作为大门，与外墙连在一起，发挥着重要作用，因而即便使用合适的工具可以不予损坏而被拆下，仍属于建筑物的一部分。——译者注

民事判断与刑事判断中可以存在相对性（长岛敦裁判官的补充意见）。

但是，对此做法也存在不同意见，"在没有侵犯民法所保护的合法利益的场合，不应认定成立财产罪"（林·各论第170页以下）。这样，在就担保权存在争议的场合，我们不应设想出什么"刑法上的所有权"这种奇妙的东西，而应当采取确保"担保权本身的瑕疵不转移至拍卖之后的所有权"这种制度性措施。事实上，现行《民事执行法》第182条规定了，针对开始不动产拍卖之决定的执行异议申请制度，并且，第184条还规定，在担保的不动产的竞拍中，买受人通过交付拍卖价款而取得不动产，不受担保权的不存在或者消灭的妨害。因此，前面这种问题，理应在拍卖开始之前就得到解决。在此限度之内，上述最高裁判所的决定已不再具有判例约束力（民法学界的多数说似乎认为，拍卖的买受人是抵押权人本人的，不适用《民事执行法》第184条。佐伯＝道垣内·第140页。但是，这样一来，如何保护从拍卖的买受人处转手取得拍卖标的的第三者，就存在问题。⇒第16章第1节之四）。

另外，在刑事审判中，检察官必须证明该建筑物为"他人的"物，达到不容合理怀疑的程度，其结果就可能出现这样的情况：刑事审判宣告被告无罪，但民事审判否定其拥有所有权。对此，亦有观点认为，对于被告拥有所有权的证明，（没有必要达到不容合理怀疑的程度）只要达到想必在民事诉讼中能得到认可这种程度即可（林·各论第171页）。但是，刑事审判宣告被告无罪，民事审判否定其拥有所有权，这之间不存在任何矛盾，只不过是我们不能因为存在可能是"他人的"物的合理怀疑，而就借此认定被告有罪。并非刑事审判的结论优先于民事审判、行政程序的结论（⇒总论第8章第4节之三※、第16章第1节之四）。

※※**张贴传单与损坏建筑物**：对于在公司的建筑物内部张贴400至500张传单的案件，曾有最高裁判所的判例判定成立损坏建筑物罪（最决昭和41·6·10刑集20—5—374等。此外，对于在公共厕所的外墙上用喷漆写"反战"等大字的行为，最决平成18·1·17刑集60—1—29*、百选ⅡNo.79也判定构成本罪。反之，对于张贴34张传单的行为，最判昭和39·11·24刑集18—9—610则否定成立本罪）。此类行为属于减损建筑物之效用的行为。这里，受损的建筑物的效用也包括建筑物的美观与外观（名古屋高判昭和39·12·28下刑集6—11＝12—1240）。但是，建筑物的效用在于挡风遮雨，除去文化遗产这种特殊情形的财产之外，将建筑物的美观也包括在建筑物的效用之中，是存在疑问的（同旨，西田·各论第285页**、山口·各论第358页）。不过，在办公室、工厂、作坊等场所，如果张贴的张数或者方法达

---

* 该案的被害物是设置在公园内的公共厕所，其外观、美观凝聚了相当程度的心血，由于被告人用油漆写了几个大字，其结果就是，建筑物的外观明显异样，显得很不体面，极大地损害了其美观，公众对于利用该厕所，难免不产生抵触情绪、不安情绪，有鉴于此，厕所的管理者判断，这种状态之下，已难以继续供公众使用。对此，判例认为，被告的行为"已经明显污损了建筑物的外观或美观，造成了要恢复原状已相当困难的结果"，属于减损了其效用的行为，从而肯定成立损坏建筑物罪。——译者注

** 西田·各论第285页认为，"但是，对于并不具有文化价值的建筑物持如此观点（将建筑物的美观包括在建筑物的效用之中），不无疑问。还是应该以恢复原状的难易程度，以及在采光、通风等方面是否影响到建筑物的使用作为判断标准"（西田典之．日本刑法各论：6版．王昭武，刘明祥，译．北京：法律出版社，2013；300．）。——译者注

到不可能在其内部从事工作的程度，还是有可能认定为损坏建筑物（对此，中森·各论第 173 页、林·各论第 317 页、山中·各论第 492 页等认为，要求达到已经不可能按照本来的用途进行使用的程度）。此外，对于那种若不损坏部分建筑物就无法清除的张贴方法，也有解释为"损坏"的余地。

四、损坏器物罪

除前三条规定的之外，损坏或者伤害他人之物的，处 3 年以下惩役或者 30 万日元以下罚金或科料（第 261 条）。

本罪是亲告罪（第 264 条）。

本条是对旧《刑法》第 418 条至第 423 条的集中修正。该修正以旧刑法设定的"因客体不同而导致的法定刑的区别"不过是犯罪情节的不同为理由，而废止了这种区别。不过，对于毁坏或者转移表示土地境界的物件的行为，旧《刑法》第 420 条规定应予以处罚，但在修正之际，将该物件限于他人的所有物。为此，对于损坏或者转移为自己所有的境界标示的行为，本条就无法处罚，只能是由 1960 年增设的第 262 条之二来处理。

本罪客体是他人所有之物。不过，适用下述《有关损坏自己之物等的特例》（第 262 条）。这里的物，包括动产与不动产，为此，家畜、宠物等动物若为他人所有亦包含在内。若行为成立毁弃公用文书罪、毁弃私用文书罪或者损坏建筑物罪，则优先适用这些罪名。也就是，就这些犯罪而言，本罪处于**补充地位**（⇒总论第 23 章第 1 节之四）。"将电力视为财物的规定"（第 245 条）不准用于本条，因而电力并非本罪客体（大塚·各论第 351 页持反对意见）。

按照通说，与"毁弃"一样，"**损坏**"不仅是指物理性毁坏，还广泛包括让物丧失其效用的行为（最判昭和 32·4·4 刑集 11—4—1327、百选Ⅱ No.78）。但是，这似乎有超越了用语本身的语义之嫌（⇒※）。

"**伤害**"，是指损害动物的生理机能的行为（⇒第 4 章第 2 节之二）。不过，即便是伤害的场合，通说与判例也认为，是广泛包括让动物丧失其作为动物之效用的行为。

本罪是亲告罪。将本罪规定为亲告罪的理由与毁弃私用文书罪（第 259 条）的情形相同（⇒本节之二）。拥有告诉权的人除了物之所有人之外，还包括基于本权的持有人（对于合法地占有、使用去外国打工挣钱的丈夫之所有物的妻子，最判昭和 45·12·22 刑集 24—13—1862 判定其是告诉权人）；如果物是公用财产，则还包括其管理责任人（最决昭和 33·7·10 刑集 12—11—2500、最决昭和 35·12·27 刑集 14—14—2229）。

※ "毁弃"或者"损坏"的含义：如前所述，通说认为，第 261 条的"**损坏**"与"**伤害**"不限于物理性毁坏，只要在广义上使物丧失其效用即可。作为遵循该宗旨的典型判例，一般会举出下述两个大审院的判例：对于向餐具撒尿的行为（大判明治 42·4·16 刑录 15—452。但本案是旧刑法时期的案件）、将鱼塘中

的鲤鱼放走的行为（大判明治44・2・27刑录17—197），大审院均判定成立损坏器物罪。

具体而言，对于向营业用的酒壶与烧锅中撒尿的行为，前一判例判定，旧《刑法》第421条以及现行《刑法》第261条中的毁弃或者损坏，不仅仅是指物质性地改变或者灭失器物本身形状的情形，还包括事实上或者感情上难以再将该物用于其本来目的的情形。对于拆掉鱼塘的挡水门板与铁质格子窗而使近三千尾鲤鱼游走的案件，后一判例判定，被告的行为属于《刑法》第261条所谓"对物的伤害"。但是，本书认为，倒不如说，这些更应该属于应按照妨害业务罪（第233、234条）来处理的案件。这是因为，在前一案件中，被撒尿的酒壶与烧锅之所以被废弃不用，正是因为属于营业之用，倘若是供个人使用的话，经过消毒处理之后再用，也是有可能的；在后一案件中，在鱼塘中养殖近三千尾的鲤鱼，想必这并非出于个人爱好，亦可看出，被害人可能是在从事鲤鱼养殖业。总之，明明没有让鲤鱼受伤，却要认定为"伤害了鲤鱼"，这种解释还是过于勉强。

五、自己之物的损坏等

虽然是自己的物，但如果已被查封、已负担物权或者已经出租，却加以损坏或者伤害的，依照前三条的规定处断（第262条）。

本条是现行法增设的规定，与放火罪以及决水罪中有关自己之物的特例（第115条、第120条第2款）一样，虽然是自己之物，但在已经被查封、负担物权或者出租的场合，就有必要将其视为他人之物而给予保护。"**负担物权**"包括设定质权与抵押权等担保权的情形。

有判例认为，"**查封**"，是由国家机关作出的强制处分，是指针对第259条至第261条所规定之物，禁止个人进行事实上或者法律上的处分，还包括《民事保全法》上的对不动产的临时查封（东京高判昭和59・5・9高刑集37—2—298）。

六、损坏境界罪

损坏、移动、拆除境界标示，或者以其他方法导致不能识别土地境界的，处5年以下惩役或者50万日元以下罚金（第262条之二）。

如前所述，本条是在1960年与侵夺不动产罪（第235条之二）一同增设的罪名。作为本罪客体的**境界标示，不要求是"他人之物"；只是"移动"境界标示的，境界标示所具有的标示境界的功能本身并不会由此丧失**。在此意义上，本罪并非单纯是损坏器物罪的加重类型，而是带有作为侵夺不动产或者诈骗之手段行为的性质（团藤・各论第677页以下）。为此，本罪的保护法益不是标示境界这一功能本身，而应该理解为**土地的权利关系的明确性**（中森・各论第175页、西田・各论第286页、山口・各论第362页、山中・各论第496页）。此外，在进行上述解释时，损坏他人所有的境界标示的行为，在构成损坏器物罪的同时，也可以构成本罪，两者属于想象竞合（第54条）的关系（东京高判昭和41・7・19高刑集 19—4—463）。*

"**境界标示**"，除了用于标示土地的所有权归属之外，还意味着该标示具有划定成立于该土地之上的权利界限的机能。这种标示意味着现实存在的境界，而非法律上应有的境界，因此，以田地中自然存在的石头作为界标的，该石头也可以成为本罪的客体（东京高判昭和 61·3·31 高刑集 39—1—24）；为了设定自认为正确的境界标示，而导致现在的境界不明确的行为，也可以构成本罪。另外，街道道路的范围内明明设置了石桩，但街道当局长期放置不管，而石桩的所有人以及社会上的其他人都承认该石桩属于境界标示，在该场合下，即便该石桩并非真正的境界标示，但损坏该标示的，也有判例判定应成立毁损境界罪（东京高判昭和 41·7·19 高刑集 19—4—463）。**

本罪行为包括损坏、移动、拆除境界标示以及其他**使土体境界不能识别的一切方法**。

成立本罪，需要造成"**导致不能识别土地境界**"的结果。当然，这里所谓"境界"，是指在对境界标示施加损坏等行为之前所标示的境界。有判例指出，"虽然损坏了境界线，但尚未使得境界不明的，如果成立损坏器物罪，那另当别论，但应该理解为不成立损坏境界罪"（最判昭和 43·6·28 刑集 22—6—569、百选 II No.80）。

七、隐匿书信罪

隐匿他人书信的，处 6 个月以下惩役或禁锢，或者 10 万日元以下罚金或科料（第 263 条）。

本罪是亲告罪（第 264 条）。

本条是现行刑法增设的罪名。按照立法提案理由书，本罪的立法理由在于，虽然第 133 条规定了针对封缄的书信的开拆书信罪，但仅此尚不足以保护书信，因而特别增设了本罪。明明另外存在毁弃私用文书罪，立法理由中却并未提及该罪，而只是强调仅凭开拆书信罪尚不足以保护书信，由此可见，不同于现在的通说观点，在增设本罪当时的立法者看来，"隐匿"这一行为方式并未包含在"毁弃"之中（同旨，曾根·各论第 205 页、林·各论第 318 页以下）。这种理解符合用语的日常含义，因而本条保护的是，即便只是"隐匿"也可能损害的**书信的通信功能**。

"**书信**"，是指由包括团体在内的特定人发给特定人的文书，不以邮寄发送（属于邮寄物）为必要。不过，不同于第 133 条，本条不要求"封缄"，因而也包括**明信片**（⇒第 13 章第 2 节之二）。

规定本罪为亲告罪的理由与毁弃私用文书罪的情形相同（⇒本节之二）。本罪

---

* 不过，山口·各论第 362 页注 162 认为，该情形可以作为包括的一罪，损坏器物罪为损坏境界罪所吸收（参见山口厚. 刑法各论：2 版. 王昭武，译. 北京：中国人民大学出版社，2011：421.）。——译者注

** 也就是，该判例认为，这里的境界，不必是法律上具有正当性的境界，只要属于一般所认可之事实即可。——译者注

的告诉权人是书信的所有人以及基于本权而持有书信者。

※ "损坏""毁弃"与"隐匿"的关系：通说认为，"隐匿"是"损坏"或者"毁弃"的一种行为类型，因而必须就隐匿书信罪的法定刑何以轻于毁弃文书犯罪等作出合理的解释（⇒本节之一）。为此，通说进行了各种尝试。例如，有观点提出，隐匿行为损害书信的效力，达到不可能利用此书信的程度的，就应该作为损坏文书或者器物的犯罪来处罚，只有尚未达到这种程度的隐匿，才构成本罪（团藤·各论第680页、大塚·各论第355页、大谷·各论第350页，等等）；还有观点认为，本罪是仅针对书信，特别从轻处罚"隐匿"行为（平野·概说第236页、西田·各论第286页、山口·各论第361页、山中·各论第499页）。

但是，如前所述，这种观点在无视书信所具有的通信手段这一特殊功能的问题上，与立法者的意思是存在矛盾的。也就是，第263条的隐匿书信罪的旨趣在于，考虑到书信作为"通信手段"的重要性，因而对于那些不构成"毁弃"的隐匿行为也进行处罚（平野·概说第236页也指出，"书信是具有很大的即时利用之必要性的东西，因此，不仅仅是对毁弃行为，对隐匿行为也进行处罚，这种做法或许是合理的"）。另外，对于夺走对方为了要求支付而拿出的支票，并用双手将支票揉搓得乱七八糟之后不予归还的案件，最判昭和44·5·1刑集23—6—907以"隐匿"也属于"毁弃"为由，判定成立毁弃私用文书罪。但是，如前所述，"用双手将支票揉搓得乱七八糟"似乎更应该属于"毁弃"即"毁而弃之"（⇒本节之二）。

【问题研讨】

X得知A要拿着支票去银行兑换现金，为了怄A生气，而对A施加暴力与胁迫，强行要求其不得进入放有支票的办公室，从而妨碍了A的兑换行为。

Y得知A要拿着支票去银行兑换现金，为了怄A生气，而将支票藏在办公室的天花板上，从而妨碍了A的兑换行为。

【解说】

本案中的X与Y均是为了怄A生气而妨碍了A的兑换行为。不过，二人所采取的手段不同，X是通过实施暴力、胁迫，Y是通过实施隐匿行为，各自由此达到了妨碍的目的。在该场合下，至少可以认定X构成强要罪（第223条），这一点是不存在争议的。反之，按照认为"隐匿"也是"毁弃"的方式之一的通说，Y势必要构成法定刑重于强要罪的毁弃私用文书罪（第259条）。但是，X与Y都是为了实现同一目的，与实施暴力、胁迫行为的X相比，采取相对平稳手段的Y反而要构成重罪，这种结论无论如何都是显失均衡的。并且，在上述情形下，支票本身所具有的作为有价证券的效用并未受到丝毫损害。因此，是否能认定这种情形构成毁弃私用文书罪，就有重新考虑之必要。

实际上，被当作典型判例的大审院判决所涉及的案情是：拍卖当天，偷偷将拍卖案件记录带出实施拍卖的裁判所并加以隐匿，导致拍卖暂时难以执行（大判昭和

9·12·22 刑集 13—1789）。如果该案发生在现在，则可以依据其后增设的妨害拍卖罪（第 96 条之三）进行处罚。对于为了让村长助理引咎辞职而隐匿户籍本的案件，也有判例判定构成毁弃公用文书罪（大判昭和 12·5·27 刑集 16—794）。同样，如果该案发生在现在——如果认为"业务"之中包含非权力性公务（⇒第 15 章第 3 节之一）——就应该是构成诡计妨害业务罪（第 233 条）。另外，对于将居民登记台账临时带走的行为，也有判例判定构成毁弃公用文书罪（东京高判昭和 28·6·3 高刑集 6—10—1269）。在该案中，被告是撕破了登记台账的装订边线，因而显然属于物理性地部分毁损该文书的行为。

总之，对于那些实质上不过是暂时妨害文书之使用的隐匿文书的行为，就是从与强要罪、各种妨害犯罪保持均衡的角度来看，也不应该处以法定刑远远重于那些犯罪的毁弃文书犯罪。因此，对本案中的 Y 而言，如果其行为妨碍了 A 的工作，则构成妨害业务罪（第 233 条）；若非如此，则可以通过把握手段行为的性质，处以侵入住宅罪（第 130 条）等犯罪。

第七部分
针对社会法益的犯罪

第二十四章
针对社会法益的犯罪概述

第一节 社会法益的含义

继"针对个人法益的犯罪"之后，下面讲解针对"**社会法益**"（或称为"**社会性法益**"）的犯罪。这里的"社会法益"的含义是，既超越那种信任本地区是真正安全的、信任手中的货币是真实有效的，以及对死者的敬意（⇒《器官移植法》第8条）等个人范畴，同时又独立于国家组织，作为生活共同体的"社会"的法益。此外，这里所谓"社会"，并非简单地由不特定或者多数的个人所组成的集合体，而是由按照自然条件或者文化条件尤其是规范所统合的、为相互所认可的人格而构成的集合体。这种集合体存在于各种层次，小者如街道或者学校的班级，中者如公司、职能团体、宗教团体或者政党，大者如"日本社会"这种国家单位乃至"国际社会"。

第二节 针对社会法益的犯罪的分类

一、公共危险犯、伪造犯罪、风俗犯

在"针对社会法益的犯罪"这一名称之下，本书讲解刑法典第8章至第11章、第14章至第19章以及第22章至第24章所规定的犯罪。一般还将上述犯罪分为三大类型。第一类犯罪被统称为**针对公共安全的犯罪**或者**公共危险犯**。例如，骚乱犯罪（第8章）、放火以及失火犯罪（第9章）、有关决水以及水利的犯罪（第10章）、妨害交通犯罪（第11章）、与有关鸦片烟的犯罪（第14章）以及有关饮用水的犯罪（第15章）。第二类犯罪被统称为**针对交易安全的犯罪**或者直接被称为**伪造**

犯罪。例如，伪造货币犯罪、伪造文书犯罪、伪造有价证券犯罪、伪造印章犯罪以及有关支付用磁卡的电磁记录的犯罪（第16章至第19章）。此外，通过2011年的刑法部分修正，在第2编第19章之后，以"**第19章之二 有关不正当指令电磁记录的犯罪**"为标题，增设了制作不正当指令电磁记录罪（第168条之二）以及获取不正当指令电磁记录罪（第168条之三）等。第三类犯罪被称为**针对风俗的犯罪**或者**风俗犯罪**。在猥亵以及重婚犯罪（第22章）中，除了现在一般被认为是针对个人法益之罪的强制猥亵罪、强奸罪等（《刑法》第176条至第181条）之外，该章之其他犯罪与有关赌博以及博彩的犯罪（第23章）、有关礼拜场所以及坟墓的犯罪（第24章），就属于此类犯罪。

不过，对于风俗犯这一称呼，在该称呼直接意味着是针对"风俗"即社会道德的犯罪这一点上，有观点基于应该将对道德秩序的保护排除在世俗刑法的任务之外这一近年来的倾向，对此持否定态度（平野·概说第226页称之为"针对公众情感的犯罪"）。而且，作为"无被害人的犯罪"而成为非犯罪化之标的的犯罪，主要就是指此类风俗犯。另外，公共危险犯、伪造犯罪曾一度被称为"针对社会秩序的犯罪""针对经济秩序的犯罪"，从而给人以似乎秩序本身就是其保护法益的印象。

在目前的学界，有影响力的倾向是，认为此类犯罪的保护法益是不特定或者多数人的利益，具体就是生命、身体、财产，尽可能不承认超越个人法益之集合的"社会法益"，而是将其还原至"个人法益"。不过，必须留意的是，即使是在这种情形中，如果广泛地承认针对上述法益的危险，最终就会与以秩序本身作为保护目的的情形并无不同。在此意义上，法益论在该领域就不大具有划定解释论或者立法之界限的意义。

二、有关鸦片烟的犯罪与有关饮用水的犯罪

对于刑法典第14章与第15章规定的有关鸦片烟的犯罪与有关饮用水的犯罪，有观点主张，应将其作为公共危险犯的一种特殊类型即**有关公众健康的犯罪**予以归纳（平野·概说第245页、藤木·各论第122页、前田·各论第346页、佐久间·各论第301页）。旧刑法也是将其归纳在"侵害健康犯罪"一章之中。

然而，现在已几乎不再适用这些规定。理由在于，对于前者，《麻药以及精神药品取缔法》《鸦片法》《大麻取缔法》《兴奋剂取缔法》等所谓"毒品四法"已经广泛规定，应取缔那些有侵害健康之虞的毒品，为此，1974年的《改正刑法草案》删除了"有关鸦片烟的犯罪"；对于后者，与刑法典的规制范围相比，包括《水质污染防止法》在内的各种公害、环境规制法规的涵盖范围更为广泛。

【问题研讨】

就力图将"社会法益"还原至"个人法益"的主张之是非进行论述。

【解说】

平野龙一认为，对于社会法益有两种理解方式。一种是将其视为"社会或者社

会制度（如教会或政党）这种超越个人的价值"的观点。那种认为"社会"是超越个人的普遍存在的观点就是其典型。另一种是主张"社会法益最终也应该还原至个人法益，社会法益与个人法益之不同仅仅在于，后者是各个个人的法益，而前者是多数个人的法益"的观点。因此，在此意义上，与"针对社会的犯罪"相比，采取"针对公众的犯罪"这一表述更为合适（平野·概说第 239 页）。后者就是提问中所谓"力图将'社会法益'还原至'个人法益'的主张"。

这种主张体现于，在解释各个具体规定之时，将针对社会法益的犯罪解释为"针对不特定或者多数的个人法益的犯罪"，认为犯罪的成立与否应取决于是否存在针对这些不特定或者多数法益的侵害或危险。例如，在骚乱罪（第 106 条）中，重视的并非有无针对观念上的"公共安全"或者"静谧"的侵害或者危险，而是是否存在针对多数人的生命、身体、财产等的暴力、胁迫；在放火罪中，重视的是有无延烧至周边房屋的危险。

上述观点所具有的防止通过将"秩序"与"治安"本身作为法益而将那些并无保护之必要的恣意的利益纳入其中，从而力图合理划定犯罪成立范围这种倾向，是值得被给予积极评价的。不过，一旦进行具体个别的解释，与根据对法益的不同理解相比，更多是取决于对条文的逻辑性解释；而且，针对社会法益的犯罪中，很多是危险犯，即便是还原至个人法益，也未必能带来多么明确的解释。

与此相反，在骚乱罪的场合，要求存在超越针对个人之危害的针对"一个地区的平稳"的危害，因此，为了能对"一个地区"作出合理的解释，就有必要设定某种超越个人的集合。这是因为，若非如此，原本来说，骚乱罪这一规定的存在意义便不复存在，理应只要存在针对个人的暴力、胁迫或者针对损坏器物的规定即可。

当然，从规定的沿革来看，这里所谓"一个地区"，有必要是根植于人们的现实生活的场所，如果仅仅是多数人集中的场所，还不足以称之为"一个地区"（最决昭和 59·12·21 刑集 38—12—3071、百选 Ⅱ No.81 认为，判断"一个地区"之时应考虑如下因素：该场所在社会生活中所占的重要性、利用该场所的一般市民的举动、以该场所作为职业区域而工作的人员的活动情况，以及该骚动对周边区域的人们的心理所造成的不安或者动摇的程度）。我们当然不得无视个人，但要将所有的"社会法益"都还原至"个人法益"，这也是不可能的。

第二十五章
针对公共安全的犯罪（之一）
——公共危险犯概述、骚乱犯罪

第一节 公共危险犯概述

一、骚乱犯罪的定位

如前所述，骚乱犯罪（第 8 章）、放火以及失火犯罪（第 9 章）、有关决水以及水利的犯罪（第 10 章）以及妨害交通犯罪（第 11 章），一般被称为**公共危险犯**（⇒第 24 章）。其中，尤其是骚乱犯罪，在旧刑法时代，被认为是针对"**静谧**"即公共的平稳本身的犯罪（相反，放火罪则被作为一种针对财产的犯罪）。即便是现在，仍有观点将其视为针对治安本身的犯罪（最判昭和 35·12·8 刑集 14—13—1818。大塚·各论第 358 页、大谷·各论第 367 页、佐久间·各论第 268 页）。

但是，有学者对此提出了批判：如果将这种漠然的东西作为法益，就会造成骚乱罪的成立界限不明（平野·概说第 241 页、内田·各论第 415 页、中森·各论第 179 页）。毋宁说，近年的有力观点是，与其他公共危险犯一样，将其视为针对不特定或者多数人之生命、身体、财产的犯罪（前田·各论〔第 2 版〕第 345 页认为，如果行为人实施的暴力、胁迫完全是为了对付警方的规制措施，就应否定骚乱罪的成立）。

二、抽象危险犯与具体危险犯

在上述公共危险犯之中，既有像《刑法》第 108 条、第 109 条那样，在通过放火或者决水这种手段引起了烧损或者浸坏一定客体的结果之时，仅此即可认定成立的犯罪，也有像第 110 条、第 120 条那样，还以进一步发生了"公共危险"为必要的犯罪。前者被称为**抽象危险犯**，后者被称为**具体危险犯**。对此，除了如何定义"公共危险"这一问题之外，前者的问题还在于，例如，诸如向一间位于荒野中的无人居住的房屋放火的情形那样，在即便几无危及其他之虞的场合，是否只要满足了明文规定的要件，就应该成立抽象危险犯呢？后者的问题还在于，要成立具体危险犯，作为故意，是否以行为人对于危险之发生存在预见为必要？

学界有观点认为，抽象危险犯的处罚根据仅在于公共危险，只要满足了明文规定的要件，就拟制认定为发生了抽象的危险（团藤·各论第 187 页）。在此意义上，抽象危险犯与**形式犯**并无不同。但是，对于向一间位于荒野中的无人居住的房屋放火的行为，却要处以远重于损坏建筑物罪（《刑法》第 260 条）的刑罚，这毫无合理性可言。因此，在这种情形下，也可以以没有发生抽象的危险为由，仅认定成立损坏建筑物罪（内田·各论第 443 页、小暮等·各论第 281 页〔冈本胜〕、中山·各论第 383 页）。

第二节 骚乱犯罪的构成

一、构成

在 1995 年刑法修正之前，骚乱犯罪被称为骚扰犯罪。骚乱犯罪，由第 106 条的骚乱罪与第 107 条的多众不解散罪构成。第 106 条是对旧《刑法》第 137 条的继承，将多众聚集实施暴力或者胁迫者分为首谋者、指挥者、率先助势者以及附和随行者而分别予以处罚。不同于旧刑法，本条以没有处罚之必要而删除了教唆者，取而代之的是追加了率先助势者。与之相对，第 107 条则是对旧《刑法》第 136 条的继承，规定的是，在多众为了实施暴力或者胁迫而聚集在一起的情形下，受到具有相关权限的公务员三次发出的解散命令，仍不解散的，将参与者分为首谋者与其他人而分别予以处罚，因而本条承担着防骚乱于未然的作用。这里也出于与第 106 条相同的理由，删除了旧刑法曾规定的教唆者。

另外，作为特别法，《破坏活动防止法》（破防法）作出了各种扩张处罚范围的规定，例如，出于政治目的的骚乱罪（第 106 条）之预备、作为独立共犯的骚乱罪之教唆或者煽动（破防法第 40 条）。并且，在司法实务中，准备凶器集合罪（第 208 条之三）也发挥着"骚乱预备罪"的功能。

二、保护法益

如前所述，有关骚乱犯罪的保护法益，存在着两种观点之间的对立：一种观点认为是"公共的平稳"或者"静谧"，另一种观点认为是"不特定或者多数人的生命、身体、财产"，即本来意义上的"公共危险犯"（⇒第 1 节之一）。

第三节 骚乱罪

多众聚集实施暴力或者胁迫的，是骚乱罪，按照下列各款区别处断：

(1) 首谋者，处 1 年以上 10 年以下惩役或者禁锢；
(2) 指挥他人或者率先助势的，处 6 个月以上 7 年以下惩役或者禁锢；
(3) 附和随行的，处 10 万日元以下罚金（第 106 条）。

一、主体

本罪的主体是"多众聚集实施暴力或者胁迫的"人员（"**必要的共犯**"中的"**集团犯**"）。* 本条所谓"**多众**"，是指实施足以危害某一地方的公共的平稳或者静谧的暴力、胁迫所需要的适当数量的多数人（大判大正 2・10・3 刑录 19—910），但有判例将三十余人也认定为"多众"（最判昭和 28・5・21 刑集 7—5—1053）。但是，学界也有观点认为，所谓"多众"，是指"达到隶属于此的各个个人的意思所不能支配的程度的集团"（平野・概说第 241 页）。这是因为，本罪毕竟不同于对国家体制进行有组织反抗的内乱。

对于"多众聚集实施暴力或者胁迫的"人员，分为**首谋者**（第 1 项）、**指挥者或者率先助势者**（第 2 项）、**附和随行者**（第 3 项）分别予以处断。

二、行为

本条中的"**暴力**"是指**最广义的暴力**，不仅指针对人的暴力，还包括针对建筑物等物的暴力（最判昭和 35・12・8 刑集 14—13—1818）。其程度必须达到足以危害一个地区之平稳的程度。对于首谋者、指挥者或者率先助势者，判例认为，无须其亲自实施暴力、胁迫（大判大正 4・11・6 刑录 21—1897），而且，其参与即便是多众实施暴力、胁迫之前的行为亦可（最决昭和 53・9・4 刑集 32—6—1077）。但是，条文中的首谋者、指挥者或者率先助势者、附和随行者这种区分，是针对实施了暴力、胁迫的人员所作的区别，但要将未亲自实施暴力、胁迫的人员也认定为第 106 条的正犯，这是存在疑问的。要作如此解释，就应当将第 106 条的正文修改为："多众聚集实施暴力或者胁迫之时，是骚乱罪，对于参与者按照下列各款区别处断"。

对于那些既非首谋者也未实施指挥或者率先助势之行为的单纯的共谋者，即便其在共谋阶段已经预见到暴力或者胁迫之发生，也不以骚乱罪处断（大判明治 44・9・25 刑录 17—1550）。

三、主观要件："共同暴力的意思"

按照判例，作为本罪之特殊的主观要件，以具有"**共同暴力的意思**"（最决昭和 59・12・21 刑集 38—12—3071、百选 II No. 81 等）为必要。所谓"共同暴力的意思"，是指"自恃有众人合力而亲自实施暴力或胁迫的意思，或者使得多众实施暴力或胁迫的意思，以及对该暴力或胁迫表示同意，并加入该合力的意思"（最判

---

* 尤其值得注意的是，《日本刑法典》第 106 条的原文是"多衆で"而非"多衆が"。这就是说，"多众"不是聚集的主语，而是聚集的修饰语，意思是"以多众形式聚集"或者"通过多众聚集"。——译者注

昭和 35・12・8 刑集 14—13—1818）。

　　※ "**共同暴力意思**"的含义：例如，你参加了主旨为"彻查政治腐败"的集会之后，与其他参加者一同参与了街头游行，此时，游行队伍的先头部队与负责警戒的警察之间围绕是否应该限制游行发生冲突，并且发展至警察与游行队伍之间相互施以暴力、胁迫的暴动，导致附近的店铺与建筑物遭受损害。在该案中，你在混乱中被警方逮捕，但你本人并未实施任何暴力或者胁迫行为。不过，你本人对于警方的限制深感不满，心理上对同伴的暴力是持赞同态度的。在被检方以骚乱罪起诉之后，你一方面谴责警方的警戒措施过火，另一方面你也理所当然地主张，本人既未实施暴力、胁迫行为，也并未指挥或者助长游行队伍的暴力、胁迫行为。那么，你是否无罪呢？

　　按照《刑法》第 106 条，对于"多众聚集实施暴力或者胁迫的"人员，分为首谋者、指挥者或者率先助势者、附和随行者而分别予以处断。如果朴素地解读该条文，那么，那些并未亲自实施暴力、胁迫的人员，即便身处集团之内并且声援了暴动，至少是不可能成立第 106 条的正犯的。然而，从取缔方的角度来看，在混乱的暴动现场，要确认谁实际实施了暴力、胁迫并实施逮捕，这无疑是相当困难的。为此，判例与通说均认为，无须首谋者、指挥者、率先助势者亲自实施了暴力或者胁迫。

　　不过，在该情形下，要对并未亲自实施暴力、胁迫的人员就整个暴动追究罪责，就需要另外满足某种特别要件。而且，即便是那些亲自实施了暴力、胁迫的人员，如果要就整个暴动追究其罪责，也是如此。这种特别要件就是这里所谓"**共同暴力的意思**"或者"**共同意思**"。如上所述，该意思是指"自恃有众人合力而亲自实施暴力或胁迫的意思，或者使得多众实施暴力或胁迫的意思，以及对该暴力或胁迫表示同意，并加入该合力的意思"。

　　那么，对于在游行过程中被卷入暴动的你，又应如何处理呢？问题在于，能否认定你具有"对该暴力或胁迫表示同意，并加入该合力的意思"。有判例认为，要认定具有"参与骚乱行为的意思"，需要能被评价为"作为多众聚集的结果，会因多众合力而引起暴力或者胁迫这种事态的发生，对此虽存在预见，却仍然具有加担于此骚乱行为的确定的意思"，但对于暴力或者胁迫的预见本身则只要是未必的预见即可（最判昭和 35・12・8 刑集 14—13—1818）。并且，也不以集团自始便具备该意思为必要。如此一来，在已经察觉到游行将发展至暴动的时点，不从集团中脱离，反而因对过度警戒感到不满而支援同伴，就可以认定你具有"共同暴力的意思"。其结果就是，至少可以作为附和随行者被处以 10 万日元以下罚金。

　　但是，该结论的问题是，难道与个人责任原理不相矛盾吗？这是因为，仅仅凭借对同伴的暴力或者胁迫行为表示赞赏，还不能说，该个人行为与暴动整体之间存在因果关系。判例对于第 106 条的解释是，以超个人的"多众"本身作为本罪的犯罪主体。但是，"多众"（"以多众形式"）并非第 106 条的主体，而是修饰"聚集"

的副词，因而犯罪主体终究是"实施了暴力或者胁迫"的个人。因此，我们应该理解为，这里所谓首谋者、指挥者或者率先助势者、附和随行者，都必须是亲自实施了暴力、胁迫的人员（至于由此所引起的问题，就是因立法的不完备所致）。也就是，所谓"共同暴力的意思"，只是针对那些亲自实施了暴力等的人员，让其对集团整体的暴力承担罪责的要件。因此，本书认为，对于并未亲自实施暴力或者胁迫的人而言，不构成第106条的任何一种类型的正犯。

再者，在分散至数个场所实施暴力、胁迫的场合，"共同意思"还是能让各个参与者就整体行为承担罪责的关键（例如，最决昭和53·9·4刑集32—6—1077）。但是，不同于以扰乱国家体制为目的的内乱罪，对于以处罚骚乱状态之发生为目的的骚乱罪，就不应该将超个人的"共同意思"作为扩大处罚的根据（中山·各论第374页）。应该依据下述因素来划定骚乱罪的成立范围：客观上存在"多众"、暴力或者胁迫达到"危害一个地区的平稳的程度"、行为人的暴力或者胁迫客观上构成整体行为的一部分、行为人对于整体行为存在认识（故意）。

另外，判决一方面要求，加担于骚乱行为的意思必须是确定的意思，另一方面又认为，对于会因多众合力而引起暴力或者胁迫这种事态的发生，只要存在未必的预见即可（最决昭和53·9·4刑集32—6—1077）。

四、共犯、罪数

对于骚乱罪，能否适用《刑法》第60条以下有关共犯的总则规定呢？尽管学界也有观点对此持否定态度（团藤·各论第181页、大塚·各论第362页），但如果如本书那样将实行正犯限制在狭小范围，就似乎不存在否定的理由（中山·各论第376页。多数说也采积极说）。不过，鉴于现行刑法删除了旧刑法中的教唆者的立法旨趣，我们也有这样理解的余地：对于那些既不构成首谋者也不构成指挥者或者率先助势者的纯粹的教唆者，不将其作为第106条的共犯予以处罚。并且，如果考虑到与教唆者之间的均衡，对于纯粹的帮助者，也不应将其作为第106条的帮助予以处罚。

另外，如前所述，对于仅仅参与谋议的人员，也有判例否定其具有作为共犯的可罚性（大判明治44·9·25刑录17—1550。⇒本节之二）。

对于那些往往会与骚乱罪相伴出现的妨害执行公务与损坏建筑物等的行为，除去暴力、胁迫的情形之外，一般认为，应构成本罪与妨害执行公务罪或者损坏建筑物罪等的想象竞合（大判大正11·12·11刑集1—741、最判昭和35·12·8刑集14—13—1818。不过，林·各论第329页认为，也可能构成与暴行罪的想象竞合*；团藤·各论第181页等则认为，妨害执行公务罪与损坏建筑物罪为骚乱罪所吸收）。

---

* 林·各论第329页认为，"即便附和随行者实际实施了暴力行为，如果认为，由于其参与是较共犯中的心理因果性程度更弱的参与，因而应从轻处罚，那么，认定其构成（本罪）与暴行罪之间的想象竞合，也是有可能的"。——译者注

第四节　多众不解散罪

在多众为实施暴力或者胁迫而聚集的情形下,有权公务员三次以上发出解散命令,仍不解散的,对首谋者处 3 年以下惩役或者禁锢,对其他人处 10 万日元以下罚金(第 107 条)。

第 107 条规定,在多众为了实施暴力或者胁迫而聚集时,如果有权的公务员发出了 3 次以上的解散命令,仍不解散的,将参与者分为首谋者与其他参与者,分别予以处罚。本罪具有骚乱罪的预备罪的性质。

不过,对于本条所谓"解散命令",战前的《治安警察法》第 8 条第 1 款作出了明文规定,但战后已废止了该法。因此,学界甚至有观点认为,这样的话,就已经不再存在有关解散命令的实体法根据(平野·概说第 242 条)。而且,《警官执行职务法》第 5 条所规定的为了预防犯罪而作出的警告,并未将解散"命令"也包括在内。

尽管就"三次以上"的含义尚存争议,但本书认为,要成立本罪,需要达到的程度是,虽然有权公务员发出了三次以上的解散命令,但聚集者仍未显出解散的迹象,而并非只要发出了第 3 次命令便即刻构成本罪。

【问题研讨】

X 教唆 A 等人在首都圈实施大规模的暴动,Y 知情后想到暴动之际会用得上而向 A 提供了方材,但 X、Y 二人均未实际参与暴动。另外,Z 想到,对于 A 等人在首都圈实施的大规模暴动,自己应该予以协助,于是赶往现场,专门负责照顾参与者的饮食。

【解说】

要成为第 106 条骚乱罪的正犯,是否需要亲自实施暴力或者胁迫行为?倘若无须亲自实施暴力或者胁迫行为,对于第 106 条是否可以适用总则的共犯规定?这些都是有待解决的问题。这里所谓"暴动",以不具有作为内乱罪(《刑法》第 77 条)之要件而列举的那些目的为前提。

如果像判例、通说所主张的那样,构成骚乱罪的首谋者、指挥者或者率先助势者,不以行为人亲自实施暴力、胁迫为必要,那么,X 便有可能构成骚乱罪的首谋者,A 也有可能构成首谋者或者指挥者,而且,Y 也有可能构成率先助势者(最决昭和 53·9·4 刑集 32—6—1077)。

但是如前所述,这种解释是对条文的无视。反之,如果忠实解释刑法条文,认为要构成第 106 条的正犯以亲自实施暴力或者胁迫为必要,那么,X 与 Y 都无法构成第 106 条的正犯。这里就有必要进一步探讨,X 与 Y 的行为是否构成针对 A 的骚乱行为的总则上的共犯。

前面已经提到,对第 106 条,有观点以第 106 条属于必要的共犯为理由,对适用总则的共犯规定持否定态度。但是，否定说是因为对第106条的正犯作了极其广泛的解释，但如果作出先前那样的限定，我们就很难想象，法之旨趣在于，对于其他参与者一概不予追究。因此，如果能分别认定X、Y针对A实施了具体的教唆、帮助行为，就应该根据A之罪责，认定X、Y成立针对第106条第1项之首谋者的教唆、帮助，或者成立针对第106条第2项之指挥者的教唆、帮助。

但是，自旧刑法演变至现行刑法的过程中删除了处罚教唆行为的规定，因而这种解释又有无视立法上的这一改变之虞。这样考虑的话，认为不能将X作为第106条的教唆犯而加以处罚，也许更为合适。

这样，按照主张未亲自实施暴力、胁迫者不构成第106条之正犯的立场，Z的行为同样也不能构成第106条的正犯。在该情形下，照顾饮食的行为就完全属于激励暴动参与者、促进暴动的行为，如果Z也知道这一点，似乎就应该根据对方的罪责，相应地构成其从犯。当然，Z的行为想必一般是构成针对附和随行者的帮助。

但是，如前所述，如果认为，针对第106条的教唆行为不受处罚，那么，与教唆相比属于更轻的参与行为的帮助，就更不会受到处罚。

反之，按照判例与通说的观点，Z则也有可能构成第106条的正犯，或者该条第2项的率先助势者。不过，这里需要Z具有本人亦加担于集团整体之骚乱行为的"共同意思"。如果Z认为，其本人只是处于集团之外负责提供饮食，也有可能否定其具有"共同意思"。这是因为，若非如此，在暴动当天开门营业的盒饭店，被处以骚乱罪也不是完全没有可能。采取肯定成立骚乱罪之帮助的立场也是如此。对于正常的经营行为，必须作为"日常交易"（⇒总论第21章第2节之四）或者正当业务行为（第35条）而不受处罚。

不过，在本案中，由于Z是特意出于协助暴动的目的而负责照顾饮食，因此，按照通说的观点，Z可能被认定具有"共同意思"，而作为率先助势者予以处罚。

第二十六章
针对公共安全的犯罪（之二）
——放火以及失火犯罪、有关决水以及水利的犯罪

第一节　放火以及失火犯罪概述

一、放火犯罪的类型

放火以及失火犯罪（以下简称为"放火犯罪"）是通过燃烧客体而形成的**公共危险犯**。与损坏建筑物罪（第260条）的最高刑期不过是5年惩役相比，第108条规定的放火罪的最高刑是死刑，因而该罪并非简单地通过火力烧毁建筑物的犯罪。

因客体不同，放火罪分为**向现住建筑物等放火罪**（第108条）、**向非现住建筑物等放火罪**（第109条）、**向建筑物等以外之物放火罪**（第110条）。并且，鉴于放火罪所具有的公共危险犯的性质，**向自己所有之物放火的**，只要发生了公共危险，也构成放火罪（第109条第2款、第110条第2款。若符合第115条规定的"有关自己所有的查封物之特例"，则等同于向他人之物放火）。鉴于本类犯罪的犯罪性质严重，在向现住建筑物等放火以及向他人所有的非现住建筑物等放火的场合，存在处罚**未遂犯**（第112条）、**预备犯**（第113条）的规定；除此之外，如果实现了第108条至第110条的客观构成要件，还处罚作为过失犯的**失火罪**（第116条。第117条之二规定了**业务过失、重大过失**），以及作为结果加重犯的**延烧罪**（第111条）。另外，还有针对妨害灭火行为的**妨害灭火罪**（第114条）。

如前所述，这些犯罪还可进一步分为**抽象的危险犯**（第108条、第109条第1款等）与**具体的危险犯**（第109条第2款、第110条等）（⇒第25章第1节之二）。

放火犯罪的类型

向现住建筑物等放火罪	处死刑、无期或者5年以上惩役（第108条）
	犯罪未遂的（第112条）、犯罪预备的（第113条），应当处罚
向非现住建筑物等放火罪	他人所有之物：处2年以上有期惩役（第109条第1款）；犯罪未遂的（第112条）、犯罪预备的（第113条），应当处罚
	自己所有之物：处6个月以上7年以下惩役；但未发生公共危险的，不处罚（第109条第2款）
向建筑物等以外之物放火罪	他人所有之物（要求发生"公共危险"）：处1年以上10年以下惩役（第110条第1款）
	自己所有之物（要求发生"公共危险"）：处1年以下惩役或者10万日元以下罚金（第110条第2款）
延烧罪	故意向自己所有的非现住建筑物等放火，或者故意向自己所有的建筑物等以外之物放火，由此不小心延烧至他人所有的建筑物的：处3个月以上10年以下惩役（第111条第1款）
	故意向自己所有的建筑物等以外之物放火，由此延烧至他人所有之物的：处3年以下惩役（第111条第2款）《森林法》第202条、第205条存在特别规定
妨害灭火罪	处1年以上10年以下惩役（第114条）
失火罪	他人所有的建筑物等：处50万日元以下罚金（第116条第1款）
	自己所有之建筑物等或者建筑物等以外之物，且发生了"公共危险"的：处50万日元以下罚金（第116条第2款）
使易爆物爆裂罪	故意犯罪：与第108条至第110条相同（第117条第1款）
	过失犯罪：与第116条相同（第117条第2款）
泄漏煤气等罪	具体危险犯：处3年以下惩役或者10万日元以下罚金（第118条第1款）
	结果加重犯：与伤害罪比较，依照较重的刑罚处断（第118条第2款）
有关自己所有的查封物之特例	（第115条）
业务过失	针对第116条与第117条之行为（第117条之二）

二、放火犯罪之保护法益

放火犯罪的保护法益是公共安全。其内容一般是不特定或者多数人的财产，但在有人位于建筑物之内的场合，他人之生命、身体也是其保护法益，或者，在属于现在作为居所使用的建筑物的场合，其保护法益还同时包括居住利益。在早期判例中，也有判例将其法益等同于骚乱犯罪，认为也是针对"**静谧**"的犯罪（大判大正2·3·7刑录19—306等），但近年来，认为放火犯罪是针对不特定或者多数人之生命、身体、财产的犯罪的观点处于通说地位。

第二节 放火犯罪的基本问题

一、抽象的危险犯与具体的危险犯

与是否明文要求发生危险相对应，放火犯罪可以分为**抽象的危险犯**与**具体的危**

险犯（⇒第 25 章第 1 节之二）。因放火烧毁目的物而达到既遂的向现住建筑物等放火罪（第 108 条）与向他人所有的非现住建筑物放火罪（第 109 条第 1 款）是抽象的危险犯；即便目的物被烧毁，只要没有发生公共危险就不予处罚的向自己所有的非现住建筑物等放火罪（第 109 条第 2 款），以及要求因放火而引发公共危险的向建筑物等以外之物放火罪（第 110 条）是具体的危险犯。

不过，即便是抽象的危险犯，诸如向位于荒野中的孤零零的一栋房子放火的情形那样，根据因烧损这一结果的发生究竟是**推定**还是**拟制**公共危险之存在，会得出不同的结论。一般认为，抽象危险犯中的危险是拟制的。亦即，一般认为，放火这一手段本身就内含有公共危险。但是，学界也有观点认为，在上述场合，对于"抽象危险的推定"是能够推翻的，因而应否定成立放火罪（内田·各论第 443 页、小暮等·第 281 页〔冈本〕、中森·各论第 185 页、曾根·各论第 215 页、山口·各论第 377 页）。

二、"烧毁"的概念

放火犯罪这一类犯罪均以通过"放火"而"**烧毁**"各自的客体为要件。* "**放火**"一般是指，通过将属于"烧毁"之原因的火力施加于目的物之上，从而直接向目的物点火的行为，除此之外，还包括通过向媒介物点火而等待延烧至目的物的情形，以及对已经着火的目的物实施助燃的情形。

对于"**烧毁**"的含义尚存争议。判例普遍采取的是，被称为（1）**独立燃烧说**的观点。该说认为，在达到火脱离媒介物之后，目的物可以独立地维持持续燃烧的状态之时，即为烧毁。其论据在于，若达到上述状态时，便已经发生了公共危险（持这种观点的学者，参见团藤·各论第 192 页、藤木·各论第 88 页、中森·各论第 185 页、前田·各论第 321 页，等等。另外，山口·各论第 385 页提出，应以某种程度的燃烧可能性为条件**）。其结果就是，一旦达到独立燃烧的状态，例如，使长、宽各一尺的天花板独立燃烧，或者使地板及其上方的长、宽各三尺的部分独立燃烧的，也构成毁损（最判昭和 23·11·2 刑集 2—12—1443、最判昭和 25·5·25 刑集 4—5—854、百选 Ⅱ No.82）。

相反，批判意见认为，按照（1）独立燃烧说，会使得既遂时点过早，由此失去了未遂尤其是中止犯的成立余地。以此为理由，学界又出现了（2）**丧失效用说**（或称之为"**毁灭效用说**"）、（3）**重要部分开始燃烧说**（或称之为"**燃起说**"）、（4）**部分损坏说**（或称之为"**毁弃说**"）等观点。其中，第（2）说即"丧失效用说"曾一

---

* 1995 年的日本刑法改正（主要是将条文予以现代语话、口语化）将日文原文由"烧燬"改为更为口语化的"烧损"。但这里考虑到中文表述的习惯，仍然翻译为"烧毁"。——译者注

** 山口·各论第 385 页指出，"总之，从结论上看，通过限定性地理解第（1）种独立燃烧说，由此来确定烧毁的概念，要更为妥当。如前所述，对于烧毁概念，要求是从由此通常会发生公共危险这一角度来考虑，而在建筑物已经开始独立燃烧之时，就能够肯定存在这种危险。不过，开始独立燃烧之后，还要求应具有一定程度的持续燃烧的可能性。这是因为，由此就能肯定，不是'烧一会即灭'，而是存在由持续燃烧所引起的公共危险。这样，通过附加"某种程度的持续燃烧的可能性"这种限定，独立燃烧说应受支持"（山口厚. 刑法各论：2 版. 王昭武, 译. 北京：中国人民大学出版社，2011：448.）。——译者注

度是学界通说。该说认为，达到因火力而烧损了目的物的重要部分（若是建筑物，就是指屋顶与墙壁），并丧失了其本来的效用的状态之时，就属于烧毁（植松·各论第97页、香川·各论第148页、吉川·各论第239页，等等）。学界对该说的评价一般是，过于强调放火罪的侵犯财产权这种财产犯的方面，但是，毋宁说，也有学者是基于将那些不存在具体的公共危险的情形排除在外这一旨趣而主张该说（木村龟二·志林第37卷第6号第89页）。

第（3）说与第（4）说是位于（1）独立燃烧说、(2)丧失效用说之中间位置的学说。具体而言，第（3）说通过目的物之"燃起（燃烧起来）"或者"一定程度的持续燃烧"而认定发生了"公共危险"（福田·各论第67页）；第（4）说则着眼于放火罪的侵犯财产权这种财产犯的方面，认为因火力而使得建筑物出现了达到毁弃罪尤其是损坏建筑物罪（第260条）所要求的"损坏"程度的状态之时，就属于烧毁（大塚·各论第373页、西原·各论第254页、中山·各论第383页、大谷·各论第381页、川端·各论第481页，等等）。考虑到本类犯罪的性质是公共危险犯、失火罪没有处罚未遂的规定，以及应为中止犯之成立保留适当空间等因素，应该说，第（3）说更为妥当（不过，考虑到与那些很少有燃起之可能性的阻燃性建筑物之间的关系，第（1）说也有其合理性）。

不过，近年来，也有观点从第（2）说或者第（4）说的角度主张，那些目的物未经独立燃烧就已经损坏的情形，也属于这里的"烧毁"。具体而言，这种观点设想的那些具有"耐火性"或者"阻燃性"的建筑物，也就是，此类建筑物因具有"耐火性"或者"阻燃性"，虽被施加火力但不会独立燃烧，却有可能会因为家具或者附件的燃烧而放出有毒气体（被称为**新效用丧失说**。河上和雄·搜查研究第26卷第3号第42页以下。团藤·各论第195页倡导，应合并适用该说与第（1）说。大谷·各论第381页立足于第（4）说而对此持肯定态度）。但是，所谓"烧毁"，即便是按照其最广义意义上的词义，也应该是指目的物的燃烧，因而，那些目的物未经燃烧的损坏，即便是由火力所造成的，也不属于这里的"烧毁"。因此，将这里的"烧毁"理解为"由火力所造成的物之损坏"（大谷·各论第380页等），就完全是一种误读。在这一点上，放火罪不同于单纯因火力而造成的毁弃罪，因而上述观点超出了解释论的范畴（东京地判昭和59·6·22刑月16—5=6—467持消极说。松宫孝明·甲南法学第26卷第1号第85页、吉田敏雄·刑法的基本判例第177页、曾根·各论第219页、前田·各论第321页、中森·各论第185页、山口·各论第386页以下*）。

---

* 山口·各论第386页认为，"新丧失效用说，的确是一种值得倾听的观点，然而，现行刑法要求的是，因火力而烧毁了目的物，因而不得不说，要（以放火罪来）把握非因目的物的燃烧而引起的危险，是很难做到的。当然，作为公共危险的内容，一并考虑由目的物的燃烧而产生的有毒气体，这也并非不可能，但即便如此，考虑由媒介物的燃烧所引起的危险，认为这属于烧毁，就只会使得未遂与既遂的界限更加不明确，并不妥当。要成立放火罪，发生了因火力而延烧至周边建筑物的危险，这属于（发生公共危险的）最低要求，因此，仅凭因产生了有毒气体而造成了针对位于建筑物内部的人的危险这一点，还不能肯定放火罪的成立"（山口厚．刑法各论：2版．王昭武，译．北京：中国人民大学出版社，2011：449．）。——译者注

※**耐火性或者阻燃性建筑物的烧毁？** 对于具有阻燃性或者耐火性的建筑物，是否也有可能将其烧毁呢？对这一点而言，要将目的物不燃烧的情形也认定为烧毁，这是勉为其难的。因此，即便在完全是钢筋混凝土的建筑物中燃烧了物品，也无法烧毁该建筑物（⇒东京地判昭和59·6·22刑月16—5＝6—467）。至于是否能认定为未遂，这取决于是否能认定存在"既遂的危险"即烧毁建筑物的可能性。这并非"公共危险"之有无的问题，因此，以商品散发了有毒气体为理由而认定为未遂的做法是不妥当的。在这种情形下，对"既遂的危险"的判断，也只要作为总论的不能犯的问题予以考虑即可。

不过，即便是阻燃性的建筑物，但如果作为其组成部分的装饰板或者窗框等是由可燃性材料制作而成，在这些部分燃烧的场合，也可认定为烧毁了建筑物。因此，有判例认为，如果能认定构成此类建筑物之一部分的可燃部分已经独立燃烧，就可以认定成立针对该建筑物本身的放火罪（札幌高判昭和47·12·19刑月4—12—1947、东京高判昭和49·10·22东高时报25—10—90、最判平成1·7·7判时1326—157、百选Ⅱ No. 83等）。

问题在于，在无法认定成立针对此类建筑物的放火罪的既遂或者未遂的场合，如果建筑物内部的物品因受热而散发了有毒气体，是否可以构成向建筑物等以外之物放火罪（第110条）呢？这里的要点也在于，是否已烧毁了物品。如果该物品也因具有阻燃性而无法独立燃烧，也应该否定成立向建筑物等以外之物放火罪。在该场合下，根据是否损坏了建筑物或者建筑物内部之物，而认定是否成立损坏建筑物罪（第260条）或损坏器物罪（第261条）。

三、罪数

放火犯罪是**公共危险犯**，因而即便因一个放火行为而烧毁了数栋建筑物，也只成立一个向建筑物等放火罪。不过，一个放火行为烧毁了现住建筑物与非现住建筑物这种不同种类的客体的，则成立其中最重的犯罪一罪，也就是成立向现住建筑物等放火罪（第108条）。在同一地区连续实施的放火行为，有时也可能构成一罪。

四、现住性与非现住性

与向非"现在作为居所使用或者现在有人在内的"建筑物等放火的情形相比，向"现在作为居所使用或者现在有人在内的"建筑物等放火的，无论该建筑物等是否属于自己所有，第108条规定了远重于前者的刑罚。这当然是考虑到，如果向"现在作为居所使用或者现在有人在内的"建筑物等放火，会发生针对有可能身处其中的人员的生命、身体的危险，但也并非仅仅如此，法律还力图对作为人们的日常起居场所而使用的建筑物等提供保护。因此，在判例看来，即便在放火当时居住者不在其中，该建筑物也具有现住性（最决平成9·10·21刑集51—9—755、百选Ⅱ No. 85）。

五、被害人的同意

全体居住者同意放火且已经离开了建筑物的，该建筑物就属于"非现住建筑物",并且,如果该建筑物之所有人也同意放火,那么,该建筑物就作为自己所有的建筑物,只要没有公共危险,就不受处罚(第 109 条第 2 款)。不过,需要注意那些符合第 115 条规定的"有关自己所有的查封物之特例"的情形)。此外,全体居住者被杀害之后的住宅,也属于非现住建筑物(大判大正 6·4·13 刑录 23—312)。

第三节 放火犯罪的具体犯罪类型

一、向现住建筑物等放火罪

放火烧毁现在作为居所使用或者现在有人在内的建筑物、火车、电车、船舰或者矿井的,处死刑、无期惩役或者 5 年以上有期惩役(第 108 条)。

犯罪未遂的,应当处罚(第 112 条)。

以犯本罪为目的而进行预备的,处 2 年以下惩役。但是,依情节可免除其刑(第 113 条)。

第 108 条处罚的是,针对现在作为居所使用或者现在有人在内的建筑物、火车、电车、船舰或者矿井的放火行为(**向现住建筑物等放火罪**)。

居所,是指作为人的饮食起居之所,日常所使用的地方,不要求放火当时实际有人在内(最决平成 9·10·21 刑集 51—9—755 等)。对于学校的值班室(大判大正 2·12·24 刑录 19·1517)(与主建筑物分离的)会客室(最判昭和 24·6·28 刑集 3·7·1129)等,判例亦认定为居所。此外,判例认为,在建筑物的一部分被作为居所使用时,该建筑物之整体也可以被视为现住建筑物;建筑物之一体性,应结合其外观、结构、物理上的接续性、延烧可能性等因素进行判断(最决平成 1·7·14 刑集 43—7—641*、百选 Ⅱ No.84)。不过,也有判例认为,如果向公寓的店铺放火不可能延烧至公寓的其他部分,该店铺部分就属于独立的非现住建筑物(仙台地判昭和 58·3·28 刑月 15—3—279。反之,东京高判昭和 58·6·20 刑月 15—4~6—299 则不承认整个公寓的客厅部分**具有独立性)。

二、向非现住建筑物等放火罪

放火烧损现在非作为居所使用且现在无人在内的建筑物、船舰或者矿井的,处 2 年以上有期惩役(第 109 条第 1 款)。

犯罪未遂的,应当处罚(第 112 条)。

以犯本罪为目的而进行预备的,处 2 年以下惩役;但是,依情节可免除其刑(第 113 条)。

---

* 该案是著名的"平安神宫事件":京都平安神宫的结构(本殿、偏殿、办公室)是几幢建筑物用很长的走廊连在一起,晚上有神职人员在办公室值班,某人在夜间向神殿放火,对该案,最高裁判所认为,"可以将该神殿看作是向其一部分放火则会危及整体的一体性结构,而且,也可以认定整个建筑合为一体,日夜供人居住",从而认定无论在物理性上还是功能性上,均属于一个现住建筑物,肯定具有"现住性",判定成立向现住建筑物等放火罪。——译者注

** 在日本比较高档的公寓,往往一楼大堂用作公共的会客场所以及公寓管理人员的值班地点。——译者注

前款之物属于自己所有的，处6个月以上7年以下惩役。但是，未发生公共危险的，不处罚（第109条第2款）。

即便第109条第1款之物属于自己所有，但已被查封、已负担物权、已被出租或者已投保的，烧毁该物的，依烧毁他人之物论处（第115条）。

第109条第1款处罚的是，针对现在非作为居所使用或者现在无人在内的建筑物、火车、电车、船舰或者矿井的放火行为（**向非现住建筑物等放火罪**）。如该物属于自己所有，其法定刑应予减轻。此外，未发生公共危险的，不处罚（第2款）。虽然属于自己所有，但该物已被查封、已负担物权、已被出租或者已投保的，烧毁该物的，等同于烧毁他人之物（第115条）。与第108条不同，本条不包括火车、电车。火车与电车是第110条之客体。

※ **放火罪中建筑物的一体性**：例如，在有多人居住的公寓中，向其中一间空置房间或者电梯放火，仅将空置房间或者电梯的内部烧毁的，究竟是认定为烧毁了现住建筑物，还是仅能认定为烧毁了非现住建筑物呢？在该场合下，如果将有人居住部分包括在内，将整个公寓理解为一个建筑物，则属于向现住建筑物放火；反之，如果按照所有权的区分，将其中的各个房间分别理解为一个（独立的）建筑物，则属于向非现住建筑物放火。

再如学校校舍、神社、寺院那样，用地之内的某一角落设有供人日常使用的值班室、仓库、办公室等，并通过走廊与其他建筑物连在一起，在该情形下，向没有人在内的部分点火的，是否属于向现住建筑物等放火呢？近年，这一点是作为有无"建筑物的一体性"的问题而展开论述的。

对此，下级裁判所的判例态度不尽一致。例如，某诊所位于十层建筑物的一楼，一到夜间诊所里面便不再有人，行为人夜间向该诊所放火，对此，有判例认为，"本案诊所位于拥有极好的防火结构，火势很难从一个区域延烧至另一区域的公寓的一间房间，并且，也能认定其在结构与效用上具有很强的独立性"，从而否定该诊所与其他现住部分具有一体性（仙台地判昭和58·3·28刑月15—3—279）；反之，针对向空置房屋的一间房间放火的行为，有判例以"虽然有耐火结构，那不过是说，火势不容易延烧至其他房间，但不能说，火势绝对没有根据具体状况而蔓延至其他房间的危险"为理由，肯定具有一体性（东京高判昭和58·6·20刑月15—4~6—299）。概言之，根据有无延烧至现住部分的可能性，以及有无结构上、效用上的独立性，结论会有所不同。

最高裁判所在针对向公寓的电梯内部放火的行为判定成立向现住建筑物等放火罪（最决平成1·7·7判时1326—157、百选Ⅱ No.81）之后，又针对向神社大殿放火的行为——该大殿通过木质结构的走廊与有人在内的神社办公室、警卫室等连在一起——指出，"可以将该神殿看作是向其一部分放火则会危及整体的一体性结构，而且，也可以认定整个建筑合为一体，日夜供人居住"，从而以存在延烧至现住部分的可能性以及功能上的一体性为理由，判定成立向现住建筑物等放火罪（最决平成1·7·14刑集43—7—641、百选Ⅱ No.82）。为此，如何处理延烧可能性、功能上的一体性（或者独立性）与建筑物的一体性之间的关系，就成为问题。换言之，问题在于，只是烧毁了非现住部分的，是否应该认定成立向现住建筑物等放火罪的既遂？这是因为，即便否定具有一体性，如果具有延烧至现住部分的意图与可能性，就能认定成立第108条的未遂。

学界主要有这样两种观点：（1）除了考虑建筑物的外观、结构、物理上的接续性之外，还考虑其目的、功能，由此来具体地判断是否具有延烧可能性，这与该罪属于抽象危险犯这一本质之间是矛盾的（木藤繁夫·研修第462号第47页）；（2）除了考虑建筑物的外观、结构、物理上的接续性之外，还考虑有无延烧的可能性等诸多因素，看能否认定为社会通常观念上的一个建筑物（大谷·各论第384页、甲斐·百选Ⅱ〔第4版〕第150页）。

其中，提出"抽象危险犯的本质"的第（1）说，混同了建筑物的一体性（目的物的性质）的判断问题与危险犯性（对于因烧毁目的物而引起的危险之推定或者拟制）的认定问题，是不合适的。而且，即便是采取第（2）说，根据是像最高裁判所那样考虑功能上的一体性（中森·各论第187页、西田·各论第300页、山口·各论第381页对此持消极态度），还是将延烧可能性视为一体性的必要条件或者充分条件，也有可能得出不同结论（香川敏麿·法曹时报第42卷第9号第329页则认为，不是上面的任何一种情况，而是作为"从物理性角度判断现住建筑物性之时的补充性认识手段"）。

但是，不能以功能上的一体性与延烧的可能性作为论据，甚至连那些无法认定具有物理上的一体性的情形也扩张认定为具有建筑物的一体性。这是因为，若非如此，对于那些向隔离开来的卫生间放火的情形（存在功能上的一体性的情形），或者对距离住所仅有30厘米的隔壁的空置房屋的情形（具有延烧的可能性的情形），也会被认定为，应该构成向现住建筑物等放火罪的既遂（同旨，山口·各论第381页以下）。

反之，在虽然可以认定物理上的一体性但不具有延烧可能性的场合，鉴于从重处罚向现住建筑物等放火罪的旨趣在于保护人的生命、身体以及居住利益，就应该否定具有现住性。在此意义上，应该将延烧的可能性视为一体性的必要条件（目的论的缩小解释）。反之，功能上的一体性则几乎不具有意义。

但是，实际上还留有这样一个问题：向非现住建筑物等放火，但没有延烧至现住部分的可能性的，是否应否定发生了"公共危险"？这首先是对"公共危险"的解释问题。如果将这里的"公共危险"解释为延烧至其他建筑物的可能性，在几乎不存在这种可能性的场合，就有可能仅处以毁弃罪（这与向位于荒野中的无人居住的房屋放火的情形是同一问题）。反之，如果将抽象危险犯视为"危险的拟制"，或者认为"公共危险"还包括因排出有毒气体而危及人的生命、身体的情形，那么，即便没有延烧的可能性，仍可以认定成立向非现住建筑物等放火罪。

三、向建筑物等以外之物放火罪

放火烧毁前二条规定以外之物，因而发生公共危险的，处1年以上10年以下有期惩役（第110条第1款）。

前款之物属于自己所有的，处1年以下惩役或者10万日元以下罚金（同条第2款）。

即便第110条第1款之物属于自己所有，但已被查封、已负担物权、已被出租或者已投保的，烧毁该物的，依烧毁他人之物论处（第115条）。

第110条第1款处罚的是，针对《刑法》第108条、第109条所规定之物以外之物的放火行为（**向建筑物等以外之物放火罪**）。如果目的物属于自己所有，则处以相对较轻的法定刑（第2款）。此外，本罪还适用"有关自己所有的查封物之特例"（第115条）。但是，本罪之未遂、预备不受处罚。

第109条第2款与第110条是明文要求发生"公共危险"的具体危险犯的典型。对于何为"公共危险"，解释上存在分歧，下级裁判所主要存在以下几种观点：(1)"公共危险"是延烧至第108条、第109条第1款之建筑物等的危险（东京高判昭和57·5·20刑集38—6—2144）、(2)"公共危险"是针对不特定多数人的生命、身体或者财产的危险（名古屋地判昭和35·7·19下刑集2—7=8—1072）、(3)"公共危险"是指前两者中任何一种情况（浦和地判平成2·11·22判时1374—141）、(4)"公共危险"是单纯的延烧危险（广岛高冈山支判昭和30·11·15裁特2—22—1173）。如果应当将散发有毒气体而致人死伤之危险包括在"公共危险"之内，那么，"公共危险"仅限于延烧至建筑物的危险，就过于狭窄。

对此，最高裁判所前几年提出了自己的见解：(5)《刑法》第110条第1款所谓"公共危险"，未必仅限于延烧至本法第108条以及第109条第1款所规定之建筑物的危险，也包括存在针对不特定或者多数人的生命、身体，或者前述建筑物等之外的其他财产的危险。并由此认定，在市区的停车场上向汽车放火，火势有延烧至附近的另外两辆汽车的危险，进而以此为理由，判例判定发生了第110条第1款所谓"公共危险"（最决平成15·4·14刑集57—4—445）。*

另外，这里所谓"公共危险"，需要达到可以让一般人担心具有结果发生之危险的程度（大判明治44·4·24刑录17—655）。

※对"公共危险"的认识：成立本罪之故意，是否需要对"公共危险"存在认识呢？对此，既有判例持不要说（最判昭和60·3·28刑集39—2—75、百选ⅡNo.87），也有判例对第109条第2款持必要说（名古屋高判昭和39·4·27高刑集17—3—262。另外，最判昭和40·1·22判时399—20驳回了对该案的上

---

* 该案大致案情与判决理由：在市中心的停车场，某人在夜间10点左右向他人的汽车泼洒汽油并点火，在受害车辆的左右两边各停有一辆汽车，并且，在离现场3.8米之处还放有大约300公斤的可燃性垃圾，另外，马路对面还有小学以及农业工会的建筑物。对此案，最高裁判所认为，"第110条第1款所谓'公共危险'，并不一定限于仅仅有延烧至该法第108条以及第109条第1款所规定的建筑物等的危险，应理解为，也包括存在针对不特定或者多数人的生命、身体，或者前述建筑物等之外的其他财产的危险。这种理解是合适的。并且，在市中心的停车场，因受害车辆起火，而已经具有延烧至第1、第2辆车的危险的本案事实之下，应该能够肯定发生了该法第110条第1款之'公共危险'"。——译者注

告）。学界多数说是"必要说"。烧毁自己所有之物的行为本身并不违法，而且，不要说也无法解释，对于单纯烧毁他人之物的行为，为什么要处以远重于损坏器物罪的法定刑。因而应该采取"必要说"。不过，如果对延烧至他人的建筑物存在具体的认识，就要成立向建筑物等放火罪的未遂，因此，认识的内容只要是相对抽象的程度即可（中·各论第 207 页、中森·各论第 189 页）。如果采取最决平成 15·4·14 刑集 57—4—445 的观点即上述第（5）说，与延烧至第 108 条以及第 109 条第 1 款之客体的可能性相比，"公共危险"的含义要更为广泛，因此，就容易区分两者*（同旨，山口·各论第 390 页**）。此外，有观点认为，对于公共危险之发生，只要存在预见可能性即可（西田·各论第 308 页）。但这种观点无法为本罪的法定刑重于失火罪提供正当化根据，因而也不妥当（同旨，山口·各论第 390 页）。

四、延烧罪

犯第 109 条第 2 款或者第 110 条第 2 款之罪，因而延烧至第 108 条或者第 109 条第 1 款规定之物的，处 3 个月以上 10 年以下有期惩役（同条第 1 款）。

犯第 110 条第 2 款之罪，因而延烧至该条第 1 款规定之物的，处 3 年以下有期惩役（同条第 2 款）。

本罪是第 109 条第 2 款、第 110 条第 2 款的结果加重犯。必须注意的是，在完全没有认识到延烧之危险的场合，可能因为不具有对公共危险的认识而不构成基本犯；在对该危险存在具体的认识的场合，则有认定存在针对重罪的未必的故意的余地。此外，对于"有关自己所有的查封物之特例"（第 115 条）是否适用于加重结果之客体，学界尚存争议（消极说：大塚·各论第 381 页、大谷·各论第 393 页、平川·各论第 113 页，等等；积极说：内田·各论第 463 页、中山·各论第 390 页、中森·各论第 190 页、西田·各论第 310 页、前田·各论第 330 页、山口·各论第 394 页，等等）。规定第 115 条的旨趣在于，针对整个放火犯罪，排除第 109

---

* 即"本罪之故意"与"对'公共危险'的认识"。——译者注

** 山口·各论第 390 页认为，"虽然有部分学说与判例一样持认识不要说，主张无须对公共危险存在认识，但多数学说持认识必要说，主张以对公共危险的认识为必要。认识不要说以下述实质性考虑为其根据：如果将公共危险理解为，延烧至《刑法》第 108 条、第 109 条第 1 款所规定的客体，那么，在对公共危险存在认识之时，无疑存在对《刑法》第 108 条、第 109 条第 1 款的放火罪的故意，因而势必应成立该罪的未遂，但这样一来，就只能是否定《刑法》第 109 条第 2 款有其单独适用的领域（如果像前述最决平成 15·4·14 刑集 57—4—445 那样，不将公共危险限于延烧至《刑法》第 108 条以及第 109 条第 1 款所规定的客体的危险，认识不要说的这种理由就并不妥当）。但是，烧毁自己的所有物，这本身并不存在任何的法益侵害，而《刑法》第 109 条第 2 款的放火罪，只有发生公共危险才能认定具有法益侵害性、违法性，因此，从责任主义以及故意犯的处罚原则的角度来看，当然应该要求对公共危险存在认识，因而认识必要说是妥当的。按照最决平成 15·4·14 刑集 57—4—445 的观点，对公共危险的认识，与对延烧至《刑法》第 108 条、第 109 条第 1 款所规定的建筑物等的危险的认识，是有可能区别开来的；而且，作为对公共危险的认识内容，即便是在能认定'延烧至存在《刑法》第 108 条、第 109 条第 1 款所规定的建筑物等的危险存在认识'的情形之下，在'也许会延烧，但应该没问题'这种心理状态之下，也可认定存在区别于《刑法》第 108 条、第 109 条第 1 款的放火罪的故意的对延烧危险的认识（前半部分〔也许会延烧〕能认定存在对公共危险的认识，后半部分〔应该没问题〕则可否定存在《刑法》第 108 条、第 109 条第 1 款的故意）"（山口厚. 刑法各论：2 版. 王昭武，译. 北京：中国人民大学出版社，2011：453.）。——译者注

条第 2 款与第 110 条第 2 款的特例的适用，而是将其作为他人之物来处理，因而应采积极说。

五、妨害灭火罪

在火灾之际，隐匿或损坏灭火用器具，或者以其他方法妨害灭火的，处 1 年以上 10 年以下有期徒役（第 114 条）。

第 114 条处罚的是，发生火灾之际的妨害灭火的行为。在由此扩大了公共危险这一点上，妨害灭火行为要重于妨害公务与妨害业务。因此，所谓"火灾之际"，是指达到可以引发公共危险这种程度的火灾；妨害行为，则需要具有可以实际妨害灭火活动的性质（中森・各论第 170 页）。不过，按照通说，无须出现实际的妨害结果。放火犯本人实施了妨害行为的，本罪被放火罪吸收（关于第 108 条，参见松江地判昭和 52・9・20 刑月 9—9＝10—744）。

本罪行为必须是在"火灾之际"实施（**行为状况**），但不问火灾原因。若不是在火灾之际实施妨害行为，则适用《消防法》上的相关罚则。

六、使易爆物爆裂罪

使火药、锅炉或者其他有可能爆炸之物爆裂，而损坏第 108 条规定之物或者属于他人所有的第 109 条规定之物的，依照放火的规定处断；损坏属于自己所有的第 109 条规定之物，或者第 110 条规定之物，因而发生公共危险的，亦同（第 117 条第 1 款）。

前款行为出于过失的，依失火的规定处断（同条第 2 款）。

本条中的"**易爆物**"，是指因急剧膨胀、爆裂而具有破坏物品之力的物质。针对**爆炸物**，专门有《爆炸物取缔罚则》予以规制。* 对于使易爆物爆裂的行为，根据其目的物，处以与放火罪相同的刑罚，而有关是否处罚此类行为未遂、预备，学界存在分歧（消极说：团藤・各论第 207 页。积极说：大塚・各论第 386 页、大谷・各论第 398 页、中森・各论第 192 页、山口・各论第 398 页。另外，《刑法》第 3 条第 1 项被视为，有关处罚本罪之未遂的规定）。

第 117 条第 2 款规定，因过失而导致易爆物爆裂的，与失火罪（第 116 条）做相同处断。

七、泄漏煤气等罪

使煤气、电力或蒸汽泄漏、流出或者将其阻断，因而使他人的生命、身体或者财产发生危险的，处 3 年以下徒役或者 10 万日元以下罚金（第 118 条第 1 款）。

使煤气、电力或蒸汽泄漏、流出或者将其阻断，因而致人死伤的，与伤害罪比较，依照较重的刑罚处断（同条第 2 款）。

---

* 也就是，爆炸物虽然也属于易爆物，但《爆炸物取缔罚则》是特别规定，应该优先适用，不再另外成立使易爆物爆裂罪。——译者注

第 118 条第 1 款处罚的是，使煤气、电力或者蒸汽泄露、流出，或者将其阻断，因而使他人的生命、身体或者财产发生危险者；第 2 款是针对使煤气、电力或者蒸汽泄露、流出，或者将其阻断，由此致人死伤者，将其作为结果加重犯予以处罚。本罪以发生针对特定少数人的具体的危险以及对此的认识作为要件，但本罪作为公共危险犯，属于抽象的危险犯（团藤·各论第 208 页）。

八、失火罪、业务失火罪、重失火罪等

因失火而烧毁第 108 条规定之物或者属于他人所有的第 109 条规定之物的，处 50 万日元以下罚金（第 116 条第 1 款）。

因失火而烧毁属于自己所有的第 109 条规定之物，或者第 110 条规定之物，因而发生公共危险的，与前款同（同条第 2 款）。

第 116 条或者第 117 条第 1 款的行为是出于懈怠了业务上的必要注意，或者是出于重大过失而引起的，处 3 年以下禁锢或者 150 万日元以下罚金（第 117 条之二）。

1. 失火罪

第 116 条处罚的是失火行为，也就是因过失而使对象物着火的行为。根据对象物的不同，本条进一步分为两种情形：一是针对第 108 条规定之物，或者属于他人所有的第 109 条规定之物的情形（第 1 款）；二是针对属于自己所有的第 109 条规定之物，或者第 110 条规定之物的情形（第 2 款）。与延烧罪的情形相同，对于是否适用第 115 条的"有关自己所有的查封物之特例"，学界尚存争议，但本书认为应作积极的解释。

2. 业务失火罪、重失火罪

第 117 条之二规定，失火或者因过失而导致易爆物爆裂，是出于懈怠了业务上必要注意，或者出于重大过失而引起的，应加重其法定刑。这是 1941 年的刑法部分修正之时增设的规定。本条的**业务**，是指"处于作为职务行为而应当考虑用火安全的、在社会生活中的某种地位"（最决昭和 60·10·21 刑集 39—6—362、百选 I No.59）。主体除了从事直接用火的工作的人员之外，还包括负有防止着火等任务的人员（最判昭和 33·7·25 刑集 12—12—2746）。其具体包括以下三类人员：（1）厨师、锅炉工、电焊工等以用火作为其直接业务内容者；（2）加油站、燃气公司的职工、聚氨酯工厂的职工等从事直接接触容易着火的物质、器具、设备等工作者；（3）夜警、宾馆的负责人与宾馆的消防责任人等负有防止着火、延烧之义务者。

但是，作为立法论，考虑到实际处罚情况以及与过失浸害建筑物等罪（第 122 条）之间的平衡，这种加重处罚的必要性是值得怀疑的。这是因为，我们未必能说，因为是"职务"失火所以总是具有更大的非难可能性；而且，谁都会用火，很难找出"业务者"与一般人在这方面有什么不同；进一步而言，从几乎所有案件都是处以罚金这种实际的量刑情况来看，即便废止"业务过失"而仅规定"重过失"，也不会有什么问题（⇒ 松宫孝明：《過失犯論の現代的課

题》第 71 页以下）。

第四节　有关决水以及水利的犯罪

决水浸害现在作为居所使用或者现在有人在内的建筑物、火车、电车或矿井的，处死刑、无期惩役或 3 年以上有期惩役（第 119 条）。

决水浸害前条规定以外之物，因而发生公共危险的，处 1 年以上 10 年以下有期惩役（第 120 条第 1 款）。

被浸害之物属于自己所有的，只要该物已被查封、已负担物权、已被出租或者已投保的，仍依前款处断（同条第 2 款）。

在发生水灾之际，隐匿或损坏防汛用物，或者以其他方法妨害防汛的，处 1 年以上 10 年以下有期惩役（第 121 条）。

过失决水，浸害第 119 条规定之物的，或者浸害第 120 条规定之物因而发生公共危险的，处 20 万日元以下罚金（第 122 条）。

决溃堤防、破坏水闸，或实施其他足以妨害水利的行为，或者实施其他足以造成决水的行为的，处 2 年以下有期惩役、禁锢或者 20 万日元以下罚金（第123 条）。

一、概述

有关决水以及水利的犯罪（第 2 编第 10 章）分为两类：由水力而导致的作为公共危险犯的**决水犯罪**（第 119 条至第 122 条、第 123 条后段。1995 年刑法改正前称之为"溢水犯罪"）与**妨害水利罪**（第 123 条前段）。虽然后者侵犯的是水利权，并非公共危险犯，但由于妨害水利多以决溃堤防、破坏水闸等伴有引发洪水之危险的手段来实施，因而，自旧《刑法》第 413 条以来，一直将其与有关决水的犯罪一并规定在同一章。

二、决水罪

决水罪又进一步分为：**浸害现住建筑物等罪**（第 119 条）、**浸害非现住建筑物等罪**（第 120 条）、**妨害防汛罪**（第 121 条）、**过失浸害建筑物等罪**（第 122 条）、**决水危险罪**（第 123 条后段）。所谓"**（使之）决水**"是指引发洪水。在已经有一定程度的浸水之时，决溃堤防进一步增加水量的行为，也属于"决水"（大判明治 44・11・16 刑录 17—1987）。所谓"**浸害**"，是指通过将客体浸入水中，丧失或者减损其效用（团藤・各论第 217 页、中森・各论第 193 页、山口・各论第 400 页）。只是暂时性地丧失或减损其效用亦可。与妨害灭火罪类似，妨害防汛罪也要求是在"水灾之际"实施。决水危险罪发挥的是浸害犯罪的未遂犯罪的作用，但未必需要实际发生了物被浸害的危险。* 上述犯罪可以准用有关放火罪的解释。

---

* 也就是，只要实施了"足以造成决水的行为"即可，无须实际发生了浸害的危险乃至公共危险。——译者注

三、妨害水利罪

本罪是通过决溃堤防或者破坏水闸等方法，妨害他人的水利权的犯罪。所谓"水利"，是指诸如将水用于灌溉、水车、发电、饮用等那样利用水的权利，被称为水利权。成立该罪不问这种水利权是依据契约还是源于习惯，但针对无水利权者不成立本罪（大判昭和7·4·11刑集11—337）。

作为决溃堤防、破坏水闸的手段，主要有堵塞水流（大判昭和4·6·3刑集8—302）、改变水的流向（大判明治35·4·14刑录8—4—77）、使储存的水流失（大判昭和9·5·17刑集13—646）等。成立本罪，只要实施了有妨害水利之虞的行为即可，无须实际妨害了水利。

【问题研讨】

因自己位于海边岩石上的别墅已经荒废，X想到不如将其烧毁以获取保险赔偿。在确认风向为北风之后，点着了放在别墅北侧的垃圾箱，但没想到风向突变，结果只是烧毁了垃圾箱后，火归于熄灭。

【解说】

本案的问题是，在针对已经投保的自己所有的非现住建筑物的放火未遂（第109条第1款、第115条）的场合，是否发生了该建筑物被烧毁的情形下的"公共危险"，以及是否存在成立未遂犯罪所必要的烧毁的危险。

从本案来看，我们可以认为，别墅周边不存在其他可以延烧的建筑物。因此，即便如X所设想的那样，烧毁了该别墅，在抽象层面上，认定不存在"公共危险"也是有可能的。在该场合下，根据是将抽象危险犯视为"危险的拟制"还是"危险的推定"，结论会有所不同。

如果将抽象危险犯视为"危险的推定"，在本案中，是有可能通过反证而推翻这种推定的。在该场合下，即便已经投保，损坏自己所有的建筑物的行为也是不受处罚的（⇒第262条），因此，无须探讨是否成立不能犯的问题，其未遂也当然是不可罚的。X的行为至多属于不可罚的诈骗的预备阶段。

如果将抽象危险犯视为"危险的拟制"，因风向突变而仅仅烧毁了垃圾箱的，就存在是否构成不能犯的问题。在该场合下，危险的内容并非直接是"公共危险"本身，而是"烧毁建筑物的危险"，亦即"既遂的危险"。对于这种危险，是作为不能犯的一般问题来处理的。不过，在本案中，实际情况是，是否存在危险的判断标准是是否存在延烧至别墅的危险，因此，有关第110条的"公共危险"，在风向改变时，以"物理现象以瞬息万变为恒常"为理由而认定存在危险的判例观点（大判昭和44·4·24刑录17—655）是可以作为参考的（即便是采取"客观的危险说"，想必也会得出相同的结论）。按照这种观点，本案可以成立向非现住建筑物等放火罪的未遂。

第二十七章
针对公共安全的犯罪（之三）
——妨害交通的犯罪

第一节 概　述

　　第 2 编第 11 章规定的是妨害交通的犯罪。此类犯罪是**公共危险犯**，具体包括妨害交通罪（第 124 条）、交通危险罪（第 125 条）、倾覆火车等罪（第 126 条）与这些犯罪的未遂（第 128 条），以及交通危险致火车倾覆等罪（第 127 条）、过失交通危险罪（第 129 条）等。此类犯罪的保护法益是不特定或者多数人的交通自由及其生命、身体或者财产。

　　旧刑法将倾覆船舶罪定位为针对个人财产的犯罪（旧《刑法》第 415 条、416 条），现行刑法则将其与妨害交通的犯罪一同定位于公共危险犯，并追加了处罚过失犯的规定。

　　不过，近年来，随着交通手段的日益发达，在交通安全领域，《道路交通法》《关于处罚引起航空之危险的行为等的法律》等特别法会发挥更为重要的作用。

第二节 具体犯罪类型

一、妨害交通罪、妨害交通致死伤罪

　　损坏或者堵塞陆路、水路或者桥梁，以致妨害交通的，处 2 年以下惩役或者 20 万日元以下罚金（第 124 条第 1 款）。

　　犯前款之罪，因而致人死伤的，与伤害罪比较，依照较重的刑罚处断（同条第 2 款）。

第124条处罚的是损坏或者堵塞陆路、水路或者桥梁，以致妨害交通者（第1款），并将因此致人死伤者作为结果加重犯予以处罚（第2款）。

第1款的保护法益并非人的生命、身体，而是不特定或者多数人的通行自由。只是单纯妨害了交通还不足以构成本罪，还需要采取了损坏或者堵塞陆路、水路等手段。所谓"堵塞"，是指通过设置障碍物以阻塞交通。所谓"妨害交通"，是指已经引起了通行困难的状态，但无须由此实际妨害了某人的通行（大判昭和3·5·31刑集7—416。反对意见参见小暮等·各论第322页〔冈本〕等）。*在此意义上，本罪是**具体的危险犯**。

第2款的致死伤罪要求，在成立妨害交通罪之后，又发生了死伤之结果，因而不包括由此前的损害、堵塞行为本身所引起的死伤结果（通说。反对意见参见前田·各论第467页。为了获得国库补助款，实施了违法损坏桥梁的行为，在施工过程中，因桥梁坍塌而造成工人、行人死伤，对此，最判昭和36·1·10刑集15—1—1判定成立妨害交通致死伤罪。但在该案中，在桥梁坍塌之前，已经发生了妨害交通的危险。⇒中森·各论第196页、山口·各论第406页**）。

第124条第1款中的"**堵塞**"（1995年刑法修正之前的用语是"壅塞"），原本是指通过障碍物而"阻塞"了某种东西。但是，有关刑法修正之前的"壅塞"的含义，最高裁判所认为，"即便不过是通过所设置的障碍物而部分阻塞了道路的场合，但在阻碍该道路之效用，发生了交通危险之时，就属于壅塞了陆路"，并由此判定，将汽车横在马路上，浇上汽油使之燃烧起来，产生了发生爆炸的危险的，尽管汽车旁仍有约2米的马路可以通行，该案仍成立因"壅塞"陆路而构成的妨害交通罪（最决昭和59·4·12刑集38—6—2107）。但是，本罪处罚的是，通过"堵塞"道路而妨害交通的行为，因此，不应从保护法益的角度，超越构成要件要素的本来语义，对其进行扩张解释。

二、交通危险罪、过失交通危险罪

损坏铁道或其标识，或者以其他方法使火车或电车的交通发生危险的，处2年以上有期惩役（第125条第1款）。

损坏灯塔或浮标，或者以其他方法使船舰的交通发生危险的，与前款同（同条第2款）。

本条第1款、第2款的未遂，应当处罚（第128条）。

由于过失，使得火车、电车或船舰发生了交通危险，或者倾覆或破坏了火车、

---

* 这也就是，"必须实际发生了这种足以妨害交通的状态（否则就构成未遂），如果因没有行人、车辆通过，而实际上未能妨害交通的，也成立本罪（在此意义上，本罪不以实际发生妨害结果为必要）"（山口·各论第405页）（山口厚. 刑法各论：2版. 王昭武, 译. 北京：中国人民大学出版社，2011：472.）。——译者注

** 山口·各论第406页认为，"本罪是妨害交通罪的结果加重犯，以妨害交通罪达到既遂为必要。因此，致人死伤的结果，必须是由妨害交通的结果所导致，即便是因损坏行为、堵塞行为本身引起了致人死伤的结果，也不成立妨害交通致死伤罪"（山口厚. 刑法各论：2版. 王昭武, 译. 北京：中国人民大学出版社，2011：472.）。——译者注

电车，或者倾覆、沉没或破坏了船舰的，处 30 万日元以下罚金（第 129 条第 1 款）。

从事交通业务者犯前款之罪的，处 3 年以下禁锢或者 50 万日元以下罚金（同条第 2 款）。

第 125 条处罚的是，损坏铁道或其标示，或者以其他方法使火车或者电车的交通发生危险者（第 1 款），以及损坏灯塔或浮标，或者以其他方法使船舰的交通发生危险者（第 2 款）。此类行为的未遂，亦予处罚。针对此类行为的特别法，主要有《铁道营业法》《破坏活动防止法》第 40 条、第 41 条等。

本罪是针对不特定或者多数人的生命、身体的**具体的危险犯**。这种危险一般被解释为，"火车或者电车因脱轨、倾覆、相撞、破坏等，在交通过程中有发生危险结果之虞的状态，仅仅是妨害了交通还不足以成立本罪，但无须达到会必然或者盖然性地发生上述脱轨等实害的程度，只要有发生上述实害的可能性即可"（最决平成 15・6・2 刑集 57—6—749、百选 II No. 88）。有判例认为，第 1 款的客体即"**火车**"包括汽油机车（大判昭和 15・8・22 刑集 19—540），但从法条重视动力的不同而特意区分"火车或电车"这一点来看，判例的这种观点是存在疑问的（中山・各论第 404 页）。在本罪中，也许直接用"列车"这一用语来替代"火车"要更为准确。

在线路上放置石块或者设置虚假标识等，也完全可以成为本罪的手段，然而，对于在罢工期间工会组织成员按照正式的电车运行时刻表运行电车的行为，也有判例判定构成本罪（最判昭和 36・12・1 刑集 15—11—1807），应该说，这有将本罪转化为抽象的危险犯之嫌（中山・各论第 404 页、中森・各论〔第 2 版〕第 215 页）。成立本罪的故意，需要对交通危险存在认识（大判大正 13・10・23 刑集 3—711。持反对意见者，参见藤木・各论第 114 页、西田・各论第 319 页）。

第 129 条处罚的是，因过失而导致的交通危险、汽车倾覆等，对于从事业务者，第 2 款规定了加重的法定刑。不过，与第 126 条的倾覆火车等罪不同，第 129 条不要求现在有人在作为客体的车船之内。第 2 款的业务，是指直接或间接地与车船的运行相关的事务（大判昭和 2・11・28 刑集 6—472）。但是，对于不适合从事该业务者，只要将其排除在该业务之外即可，因而除此之外再另外加重处罚，就有违反责任主义之嫌。

※**"人民电车"事件**：曾发生过这样一个案件：在劳动争议的过程中，作为工会组织的罢工的一个环节，几个具有驾驶资格的电车司机，为了运送上下班的乘客，按照正式的电车运行时刻表运行名为"人民电车"的电车，被检方以交通危险罪起诉。该案被称为"人民电车"事件。

对该案，最高裁判所判定构成交通危险罪（最判昭和 36・12・1 刑集 15—11—1807）。然而，对于这种按照正式的电车运行时刻表，由具有驾驶资格的电车司机驾驶电车的行为，能否认定具有第 125 条所预定的"使火车或电车的交通发生危险"，是存在争议的。该案一审判决（横滨地判昭和 31・12・26 刑集 15—11—1827）以没有发生事故的"违法的危险"为由，判定不成立交通危险罪。但二审判决（东京高判昭和 33・6・23 高刑集 11—8—437）则认为，在"人民电车"的运行区间内,在与其他线路的电车交汇之际,有发生事故的抽象的危险,因而,"引发上述危险的行为是否具有违法性,这与发生事故的必然性或者盖然性之有无或者强弱无关,应脱离这一点,根据行为整体是否具有违反法秩序之性质来进行判断",由此进一步判定,不服从当局的统一线路规制的本案驾驶电车行为,不属于正当业务行为(第35条),故而应构成交通危险罪。

东京高等裁判所的逻辑是,"电车的运营总是危险的",符合第125条的可罚的违法类型,因而,其中只有那些存在违法性阻却事由的情形,才不构成交通危险罪。这样一来,第125条作为具体危险犯,特意要求"使火车或电车的交通发生危险",就失去了意义。我们只能说,这种危险概念是极其形式性的、观念性的东西(吉川经夫·百选Ⅱ〔第2版〕第153页)。因此,本案应当否定成立交通危险罪。

三、倾覆或破坏火车等罪、倾覆或破坏火车等致死罪

倾覆或者破坏现在有人在内的火车或者电车的,处无期或者3年以上有期惩役(第126条第1款)。

倾覆、沉没或者破坏现在有人在内的船舰的,与前款同(同条第2款)。

犯前二款之罪,因而致人死亡的,处死刑或者无期惩役(同条第3款)。

第126条第1款、第2款的未遂,应当处罚(第128条)。

第126条处罚的是,倾覆或者破坏现在有人在内的火车或者电车者,以及倾覆、沉没或者破坏现在有人在内的船舰者。《破坏活动防止法》第39条、第41条对此有特别规定。

第126条规定的是,针对位于车船之内除犯人本人之外的其他人的生命或者身体的**抽象危险犯**。诸如正在维修之中的车船那样,已经停止作为交通工具之功能的车船,不包括在本罪客体之内。**现在在内的人**,不必是车船的乘客。有关必须"有人在内"的时点,既有判例认为,只要开始实行之时有人在内即可(大判大正12·3·15刑集2—210。林·各论第345页认为,只要在发生倾覆、破坏之紧迫危险的时点有人在内即可;山口·各论第409页则认为,只要在倾覆等危险被现实化的时点有人在内即可);也有观点认为,只要自开始实行至结果发生之前的任何时点,有人在内即可(大塚·各论第401页、大谷·各论第409页、中森·各论第198页、西田·各论第320页、前田·各论第342页等);还有观点认为,条文要求的是,在结果发生之时,亦即在倾覆之时有人在内(团藤·各论第230页、内田·各论第85页、林·各论〔初版〕第344页等)。本罪既是危险犯也是结果犯。本罪是抽象危险犯,这一点并不能成为成立本罪不以发生"现在有人在内的火车等被倾覆了"这一结果为必要的根据。在发生结果之前,当时在内的人成功逃出的,构成本罪的未遂。

作为本罪之结果的倾覆不包括脱轨;而且,只是触礁的,也不构成沉没。所谓"破坏",是指损害其作为车船的实质,达到使其丧失作为交通工具的全部或者部分功能的程度的物理性损坏(最判昭和46·4·22刑集25—3—530),只是造成几扇玻璃窗破碎的,还不足以谓之为这里的"破坏"。

对于"破坏"的含义,例如,在严寒期,行为人将渔船搁浅在千岛群岛中"乌鲁普"岛的海滩上,使之触礁之后,又拔掉进水栓让海水流入驾驶舱,并将启动引擎用的压缩空气全部排空,使得渔船不可能凭己力离开,从而使该渔船丧失航行能力,对此,有判例判定属于本条的"破坏"(最判昭和 55·12·9 刑集 34—7—513、百选 Ⅱ No. 89)。但是,在并未给包括共犯在内的犯人之外的其他船员的生命、身体造成危险的场合,应该否定本罪的成立(团藤·各论第 232 页指出,"应该说,……伴有对现在位于船舰之内的人的生命、身体之危险的场合,才属于'破坏'",并认为本案属于这种场合。⇒【问题研讨】)。

第 126 条第 3 款规定,犯倾覆或者破坏火车等罪(第 126 条第 1、2 款),因而致人死亡的,处死刑或者无期惩役。

本罪是仅以致人死亡的情形作为对象的结果加重犯。必须是作为倾覆、破坏车船的结果而致人死亡,本条不适用于倾覆、破坏止于未遂的情形。因此,本罪不包括由以倾覆、破坏为目的的行为而直接导致他人死亡的情形(平野·概说第 244 页、大谷·各论第 411 页、中森·各论第 199 页、西田·各论第 321 页。持反对意见的,⇒最大判昭和 30·6·22 刑集 9—8—1189、百选 Ⅱ No. 90、东京高判昭和 45·8·11 高刑集 23—3—524)。这里的致人死亡,是否限于现在在车船之内的人的死亡呢?对此尚存争议。有力说认为,致人死亡不限于车船之内的人的死亡(最大判昭和 30·6·22 刑集 9—8—1189。团藤·各论第 232 页、大塚·各论第 403 页、大谷·各论第 412 页、西田·各论第 321 页、前田·各论第 343 页、林·各论第 346 页,等等)。但考虑到本罪的法定刑极重,还是应该认为,本款是对于那些位于车船之内的人的生命予以特别保护的规定(中山·各论第 406 页、平川·各论第 132 页、曾根·各论第 230 页、中森·各论第 199 页、山口·各论第 410 页,等等。田中·释义下第 393 页在解说本款时,引用的是有关旧刑法的"在船中的死亡"的学说。另外,按照限定说,对于车船之外的人的死亡,可能成立杀人罪、伤害致死罪或者过失致死罪等)。

行为人存在杀人故意的,应如何处理呢?对此,观点不尽一致:(1)有判例认为,应构成本罪与杀人罪的想象竞合(大判大正 7·11·25 刑录 24—1425。团藤·各论第 232 页等);(2)有学说认为,仅成立本罪(大谷·各论第 412 页、中森·各论第 199 页、中山·各论第 407 页、曾根·各论第 230 页、西田·各论第 321 页、前田·各论第 343 页、山口·各论第 410 页,等等。不过,在最终止于杀人未遂的场合,构成倾覆火车等罪与杀人罪未遂的想象竞合);(3)还有学说认为,构成倾覆火车等罪与杀人罪的想象竞合(大塚·各论第 404 页等)。将毒物等混入水道罪(第 146 条)也会出现同样的问题。第(1)说是对结果进行重复评价,因而并不妥当。第(3)说存在这样的矛盾:在犯罪既遂的场合,有杀人故意的,其法定刑之下限反而更轻。本书以为,第(2)说更为妥当。但本罪与第 240 条(抢劫致死伤罪)的情形一样,根本问题还在于,针对没有故意的行为,规定了过重的法定刑。因而希望能通过进行刑法部分修正,以降低其法定刑。

四、交通危险致火车倾覆等罪

犯第 125 条之罪,因而倾覆或破坏了火车、电车,或者倾覆、沉没或破坏了船舰的,依前条处断(第 127 条)。

第 127 条处罚的是,犯交通危险罪(第 125 条),因而倾覆或破坏了火车、电车者,或者倾覆、沉没或破坏了船舰者。

本罪对加重结果不存在故意,并且,交通危险罪不要求是针对现在有人在内的火车等实施行为,因而在这一点上,由本罪规范的行为要更为广泛。尽管如此,以第 126 条的法定刑论处,属于极其例外的规定,其合理性是受到质疑的(中森·各论第 200 页)。

有关本条,"三鹰事件"判例(最大判昭和 30·6·22 刑集 9—8—1189)存在诸多争议问题*:(1) 第 127 条中的"依前条论处"中的"前条",除了第 126 条第 1、2 款之外,是否还包括第 3 款?(2) 被倾覆、破坏的车船是否也可以是现在无人在内的车船?(3) 第 126 条第 3 款中的人的死亡,是否还包含位于车船之外的人的死亡?(4) 第 127 条的车船是否包括作为交通危险罪的手段而使用的车船?(5) 第 126 条第 3 款的人的死亡,是否不限于因车船的倾覆、破坏等引起,还包括由其手段行为所引起?

※让无人电车疾驶,电车因脱轨而倾覆之际,致周边的人死亡的情形:"三鹰事件"的最高裁判所判决(最大判昭和 30·6·22 刑集 9—8—1189)对于上述第 (1)~(4) 个问题都作出了积极的解释,最大程度上扩大了第 127 条本身所内含的

---

* "三鹰事件":对于让无人在内的电车疾驶,发生电车交通的危险,最终使得该电车因脱轨而受到损坏的案件,最高裁判所判定成立本罪。最高裁判所的主要判决理由在于:"首先,第 127 条规定,犯第 125 条之罪,因而发生了火车、电车被倾覆或者被破坏的结果之时,依照第 126 条的规定处断。其法意在于,不仅是发生上述结果之时,应按照第 126 条第 1 款、第 2 款的规定处断,而且,因倾覆或者破坏了火车、电车而发生致死的结果之时,也应按照第 126 条第 3 款的规定处断,这样理解是妥当的。这是因为,对于发生上述致死结果的情形,第 127 条并没有作出明文规定,如前所述,第 127 条只是规定'依照前条规定处断',既没有排除第 126 条第 3 款,也没有规定'依照前条第 1 款、第 2 款规定处断',从文理上看,这当然表示,发生了第 126 条各款所规定的结果之时,均应与该款同样处断。其次,第 126 条规定的是,就现在有人在内的火车、电车的倾覆或破坏的发生,持故意的情形,与此相反,第 127 条广泛规定的是第 125 条之罪的结果犯,尽管如此,就其处断而言,第 126 条与第 127 条之间并无差异,对其法意就应该理解为,第 125 条所规定的造成火车或电车的交通危险的行为,其本质上就充分内含着,存在倾覆或者破坏汽车或者电车,进而引起致人死亡的结果这种惨剧的危险,因此,只要发生了上述各种重大结果,准照第 126 条各款的情形,作同样处断,就是相当的。最后,第 126 条第 3 款中的'人',未必一定限于第 126 条第 1 款、第 2 款中的现在位于车内、船内的人,还可能包括因火车或电车的倾覆或破坏而致死的人,这样理解其法意,是相当的。盖因倾覆或破坏现在有人在内的火车或电车,或者造成火车或电车之交通危险,由此发生与前面同样的结果之时,针对他人生命的危害的所及范围,并不会单单局限于位于车内之人。而且,没有理由认为,第 127 条所谓火车或电车,不包括供第 125 条犯罪之用的火车或电车。""这样,按照原审(二审)判决所认定的被告人的犯罪事实,该被告人原本打算,在三鹰电车场内,启动处于入库状态下的无人在内的电车,在无人驾驶的情形下,让电车疾驶而出,在电车场的出口附近脱轨,由此妨害(其他)电车进出停车库。被告人操作电车的发车装置,让电车在无人状态下疾驶,由此发生了电车的交通危险,但事与愿违,该电车急速行至三鹰车站南行方向 1 号线上,与 1 号线的停车装置发生碰撞,该电车因脱轨而损坏,损坏之际同时还致正好在此的 A 等 6 人死亡。在认定该事实的基础上,必须说,对此行为适用《刑法》第 127 条,按照《刑法》第 126 条第 3 款的规定来处断,是合法的。"——译者注

矛盾。对于上述几个问题，该判决的具体态度是：(1) 第 127 条的用语本身并未将 126 条第 3 款排除在外；(2) 由于第 125 条的交通危险行为本质上包括火车等的倾覆、破坏，以及致人死亡的危险，因而与第 126 条的各款作相同处断是合适的；(3) 在因交通危险行为而发生了与致使现在有人在内的火车等倾覆、破坏等相同的结果之时，危及他人生命的范围就不限于当时位于车内之人；(4) 对于第 127 条的客体，没有理由解释为，不包括供第 125 条的犯罪之用的东西（尽管该判决没有明确提到第 (5) 点，但既然肯定了第 (4) 点，那么，至少在由属于交通危险罪之手段行为的倾覆、破坏火车等而引起了死亡结果之时，想必其旨趣是作积极的解释）。

不过，对第 (1) 点，判决书中附有五名最高裁判所法官的反对意见：判决"违反了仅限于倾覆、破坏者等这一法条的明文规定"。而且，学界存在以各种形式限制第 127 条之适用的观点：既有对第 (2) 点做消极解释者（团藤·各论第 229 页、中森·各论第 200 页），也有对第 (3) 点做消极解释者（曾根·各论第 230 页、中森·各论第 200 页等），还有对第 (4) (5) 点作消极解释者（平野·概说第 245 页）。

本书认为，如果我们正视第 126 条第 3 款对于没有故意的杀人者也设置了死刑这种法定刑，以及对其进行进一步的扩大理解的第 127 条存在的问题，就应该认为，那种试图通过某种方式来限制第 127 条之适用的解释论，在政策层面是具有妥当性的。但是，没有合理根据的限定解释，也会超越解释论的范畴。

在这一点上，对第 (1) 点进行消极解释，就有些勉强。对此，已经有学说从立法旨趣的角度支持积极说（山火正则·百选Ⅱ〔第 4 版〕第 158 页以下），而且，消极说也与对于事后抢劫承认适用抢劫致死伤罪（第 240 条）的通说态度是矛盾的。但是，对第 (2) 点至第 (5) 点进行消极解释的做法，是可以予以支持的。

具体而言，对第 (2) 点，第 127 条的"依前条处断"，就是指与规定对"现在有人在内"的车船进行攻击的情形的第 126 条的情况相同，因此，从法条用语上看，攻击的客体应该限于"现在有人在内"的车船。而且，这一点也是可以将"即便对死亡结果没有故意亦予重罚"这一点予以正当化的根据（田中·释义下第 393 页在解说第 126 条第 3 款时，就引用了有关旧刑法的"在船中的死亡"的学说。另见团藤·各论第 229 页）。在该场合下，对于故意倾覆"现在无人在内"的车船等的行为，就应按照第 125 条与损坏建筑物罪或者损坏器物罪进行处断。

对第 (3) 点，如前所述，第 126 条第 3 款的重罚根据在于，是针对位于车船之内这些尤其处于危险状态的人实施侵害。

对第 (4) (5) 点，如前所述，倾覆等归于未遂时不适用第 126 条第 3 款，考虑到与这种情况之间的均衡，我们应该认为，第 126 条第 3 款不包括由手段行为引起死亡结果的情形。

因此，最终结论是，既然应该采取上述限制解释，在本案中，行为人是以让无人电车疾驶为手段而实施了交通危险行为，并由此导致该无人电车被倾覆、破坏，同时，还在行为人无故意的情况下导致了他人死亡，那么，就应该是成立第 125 条（交通危险罪）与第 210 条（过失致死罪）。如果行为人具有破坏的故意，再另外成立第 261 条（损坏器物罪）。但是，不管怎样，对于第 126 条第 3 款以及第 127 条，我们需要在立法上采取措施以缓解重罚。

【问题研讨】

X 为了伪造海难事故以骗保，与其他船员一道将船只搁浅在海滩的砂石上，并拔掉进水栓让海水流入驾驶舱，使得船只已无法凭借己力继续航行。

【解说】

在本案中，X 骗保的问题另当别论，需要研究的问题是，X 是否构成破坏船舰罪（第 126 条第 2 款）。对该案，最高裁判所的决定曾判定成立破坏船舰罪（最决昭和 55·12·9 刑集 34—7—513、百选 Ⅱ No.89）。具体而言，这里的问题可以归结为以下两点：(1) 如本案那样，在全体船员都是共犯的场合，该船只是否还能被称为第 126 条第 2 款所谓"现在有人在内"的船舰？(2) 只是让船只触礁不能继续航行的，能否谓之为"破坏了"船舰？

最高裁判所决定的理由中仅阐述了结论，但在其补充意见中，团藤重光裁判官作了如下论述：损坏器物罪（第 261 条）的损坏包括毁灭目的物之效用，与此相比，像本案那样，通过让船只触礁，使得船只不可能凭借己力离开，由此使之丧失航行能力的，就属于对船舰的破坏，但由于本罪是公共危险犯，以同时伴有针对在船只之内的人的生命、身体的危险为必要。此外，谷口裁判官认为，如果将航行能力的丧失在价值上等同于破坏，就应该考虑到行为当时的具体情况，将航行能力的丧失限于一般能认定存在针对人的生命、身体之危险的场合。

但是，对于全体居住人一致同意放火的情形，通说认为构成向非现住建筑物放火罪（⇒第 26 章第 2 节之五），那么，对第 (1) 点，就必须考虑到与这种通说之间的整合性。这是因为，在这一点上，如果否定"现在有人在内"，就已经不成立第 126 条第 2 款了。对此，就有必要探讨下述观点是否具有合理性：只要是位于海洋中的船舰，即便是对于共犯的生命、身体，法也没有放弃保护。这里，"被害人的自我答责"就属于有益的研究视角。

就第 (2) 点而言，如团藤重光所裁判官主张的那样，将本罪与损坏器物罪进行比较，这应该是一种有益的做法，但这里必须探讨的是：将事实上的毁灭效用的行为全部解释为"损坏"或者"破坏"，是否是对于来自法条用语本身的限制的无视？关于这一点，便需要对损坏罪的解释本身进行再探讨了。进一步而言，像谷口裁判官所主张的那样，将航行能力的丧失与破坏"在价值上等而视之"，即便另外还要求存在针对生命、身体的危险，也无法打消这样的疑问：这难道不就是类推解释吗？因此，在本案中，还是需要能够认定：从具体上看，由于触礁而至少已经使船舰遭到部分"破坏"。

由上可见，行为是否构成第 126 条第 2 款，取决于对第 (1)(2) 点的判断结论。

第二十八章
针对公众健康的犯罪

第一节 概 述

　　作为危害公众即不特定或者多数人之健康的危险犯，刑法典规定了"有关鸦片烟的犯罪"（第 2 编第 14 章）与"有关饮用水的犯罪"（第 2 编第 15 章）。

　　当然，现在另外存在不少相关规定。除了刑法典中的这些规定之外，与毒品相关的法律还有《大麻取缔法》（1948 年法律第 124 号）、《兴奋剂取缔法》（1951 年法律第 252 号）、《麻药以及向精神药取缔法》（1953 年法律第 14 号）。此外，《关税法》第 109 条、第 112 条还有针对进口的相关规定。关于鸦片，为了保证适当供给医疗以及学术研究之用，立法者出于如下目的制定了《鸦片法》（1954 年法律第 71 号）：由国家负责鸦片的进口、出口、收纳以及出售，并对罂粟的栽培以及鸦片与罂粟的转让、受让、持有等进行必要的规制。并且，针对信纳水（thinner）的滥用，制定了《毒物以及剧毒物取缔法》（1950 年法律第 303 号）。另外，针对水质污染，作为环境法制的一环，制定了《水质污浊防止法》（1970 年法律第 138 号）等。在司法实务中，这些特别法发挥着重要作用。

第二节 有关鸦片烟的犯罪

　　《刑法》第 2 编第 14 章规定了"有关鸦片烟的犯罪"。

　　鸦片烟，是指将罂粟的液汁凝固之后（生鸦片），再予以加工使之成为适于用烟嘴、管子来吸食之物（鸦片烟膏），不包括生鸦片本身（大判大正 8·3·11 刑录 25—314）。鸦片烟通过其中所含有的吗啡的药理作用而作用于人的中枢神经，引起依赖症，进而危害吸食者的健康。鸦片烟的吸食本身不过是一种自伤行为，但正如

"鸦片战争"（1840 年）等所体现的那样，鉴于鸦片烟对社会所造成的影响，而被规定为刑罚的对象（对于麻药与兴奋剂，也有从严处罚自己使用行为的倾向。但是，从连自杀都不处罚的现行刑法的观念来看，刑法不仅处罚出卖给他人的行为以及以此为目的的持有行为，还处罚自己使用的行为，应该说，这种做法是有再考虑的余地的）。

一、进口鸦片罪

进口、制造、贩卖，或者以贩卖为目的持有鸦片的，处 6 个月以上 7 年以下有期惩役（第 136 条）。

犯罪未遂的，应予处罚（第 141 条）。

"**进口**"，不是指进入日本国的领海或者领空，而是指在日本国领土上卸货（大判昭和 8 · 7 · 6 刑集 12—1125。有关进口麻药罪，最大判昭和 41 · 7 · 13 刑集 20—6—656 认为，从当时尚处于美国统治之下的冲绳运入日本国内也属于进口）。"**贩卖**"，是指有偿让渡给不特定或者多数人。"**持有**"，是指对目的物存在认识，并将其置于自己的支配范围之内。没有贩卖目的的持有，以第 140 条进行处罚。

二、进口吸食鸦片烟的器具罪

进口、制造、贩卖，或者以贩卖为目的持有吸食鸦片烟的器具的，处 3 个月以上 5 年以下有期惩役（第 137 条）。

犯罪未遂的，应予处罚（第 141 条）。

本罪以进口、制造、贩卖、以贩卖为目的持有鸦片烟用烟管等吸食鸦片烟的器物为对象，其行为与第 136 条（进口鸦片罪）的行为相同。

三、海关职员进口鸦片烟罪

海关职员进口鸦片烟或者吸食鸦片烟的器具，或者准许他人进口的，处 1 年以上 10 年以下有期惩役（第 138 条）。

犯罪未遂的，应予处罚（第 141 条）。

本罪是有关进口行为，以海关职员作为身份的，针对第 136 条、第 137 条之罪的加重的身份犯（第 65 条第 2 款）。就进口的许可行为而言，乍看上去似乎是以海关职员为身份的构成的身份犯（第 65 条第 1 款）（团藤·各论 237 页），然而，在实际发展至进口的场合，则要适用第 65 条第 2 款，因而为了与此保持均衡，对于那些没有身份的共犯，还是应该通过类推适用第 65 条第 2 款，以第 136 条或者第 137 条的法定刑予以处断。

不过，本罪是将有关进口鸦片烟等罪的共犯行为作为独立的犯罪予以规定，因此，对于那些因得到许可或者基于许可而实际进口了鸦片烟等的人，只能认定其成立第 136 条或者第 137 条的正犯，而不成立本罪的共犯（团藤·各论第 238 页）。

四、吸食鸦片烟罪、提供吸食鸦片烟场所罪

吸食鸦片烟的，处 3 年以下有期惩役（第 139 条第 1 款）。

为他人吸食鸦片烟，提供房屋或房间，以谋取利益的，处 6 个月以上 7 年以下有期惩役（同条第 2 款）。

犯罪未遂的，应予处罚（第 141 条）。

本条第 1 款的吸食鸦片烟罪，处罚的是自己使用（吸食）鸦片烟的行为。如前所述，对于处罚自伤行为这一点，在立法论上还有进一步探讨的余地。

本条第 2 款的提供吸食鸦片烟场所罪，是以获取财产性利益为动机——作为心情要素——的目的犯，但无须实际获取了利益。

五、持有鸦片烟等罪

持有鸦片烟或者吸食鸦片烟的器具的，处 1 年以下有期惩役（第 140 条）。

犯罪未遂的，应予处罚（第 141 条）。

本罪的对象是，不以贩卖为目的而持有鸦片烟等的行为。实际吸食鸦片烟之际，持有鸦片烟等的，该持有行为被吸食鸦片烟等罪（第 139 条）吸收，不再构成本罪（大判大正 6 · 10 · 27 刑录 23—1103）。但是，已经持有吸食器具者，利用该器具吸食鸦片烟的，构成本罪与吸食鸦片烟等罪的并合罪（大判大正 9 · 3 · 5 刑录 26—139）。

第三节 有关饮用水的犯罪

《刑法》第 2 编第 15 章规定了"有关饮用水的犯罪"。此类犯罪是针对公众即不特定或者多数人的生命、身体的危险犯。本罪对象是"供人饮用的净水"以及"通过水道供公众饮用的净水或者其水源"，这些都是指供不特定或者多数人饮用之水（大判昭和 8 · 6 · 5 刑集 12—736 虽作上述理解，但对于将毒物灌入盛有饮用水的伙房的储水池的行为，判定构成第 145 条的污染净水等致死罪）。

一、污染净水罪

污染供人饮用的净水，因而导致不能饮用的，处 6 个月以下惩役或者 10 万日元以下罚金（第 142 条）。

"**净水**"是指"干净的水"。本条所谓"**污染**"（1995 年刑法修正之前为"污秽"），是指污染净水，使水达到不能作为饮用水使用的程度，不能使用的理由既可以是生理上的也可以是心理上的（对于将食用红色素投入井中的案件，最判昭和 36 · 9 · 8 刑集 15—8—1309 判定构成本罪）。

二、污染水道罪

污染通过水道供公众饮用的净水或者其水源，因而导致不能饮用的，处 6 个月

以上7年以下惩役（第143条）。

本条中的"水道"，与第147条中的"水道"一样，是指在将净水保持清洁的状态下将其导入一定场所的设施，如果是单纯的天然水流，即便正在供公众饮用，也不是这里所谓净水的水道。但是，如果可以谓之为水道，则不问该水道是否为法令或者习惯所认可（有关第147条，⇒大判昭和7·3·31刑集11—311）。

三、将毒物等混入净水罪

将毒物或者其他足以危害他人健康的物质混入供人饮用的净水的，处3年以下有期惩役（第144条）。

本条所谓"足以危害他人健康的物质"，包括可以引起中毒症状，并且引起眩晕呕吐的物质（大判昭和8·6·5刑集12—736）。

四、污染净水等致死伤罪

犯第142条、第143条、第144条之罪，因而致人死伤的，与伤害罪比较，依照较重的刑罚处断（第145条）。

本罪是第142条、第143条、第144条的结果加重犯。但是，杀人罪（第199条）另当别论。本罪的法定刑要么与伤害罪（第204条）或伤害致死罪（第205条）相同，要么更重，因此，其旨趣不在于，将那些对于伤害持有故意的情形排除在外，另外再成立伤害罪或者伤害致死罪（大判昭和8·6·5刑集12—736主张，不问对伤害结果是否存在认识。前田·各论第349页也认为，只有在对死亡结果存在故意的场合，才成立第144条与第199条的想象竞合。相反，团藤·各论第241页则认为应构成与伤害罪的牵连犯；大塚·各论第507页、大谷·各论第419页、山口·各论第417页认为，〔对伤害结果有故意的〕构成与伤害罪的想象竞合）。

五、将毒物等混入水道罪、将毒物等混入水道致死罪

将毒物或者其他足以危害他人健康的物质混入通过水道供公众饮用的净水或者其水源的，处2年以上有期惩役；因而致人死亡的，处死刑、无期惩役或者5年以上有期惩役（第146条）。

本条前段的"将毒物等混入水道罪"，不问是否实际危害了他人健康（大判昭和3·10·15刑集7—665）。此外，由于本罪的法定刑重于伤害罪（第204条），因而，即便发生了伤害结果，或者即便持有故意，也不再另外成立伤害罪（通说）。

在对死亡结果持有故意的场合，由于本条后段的法定刑与杀人罪（第199条）相同，因而，不必对被害人的死亡结果进行重复评价，应该是仅成立本罪（大谷·各论第419页，中森·各论第204页，西田·各论第326页，山口·各论第412页，等等）。

尽管在杀人行为归于未遂之时，尚存在一些问题，但考虑到针对不特定或者多数人的杀人未遂的罪数是不确定的，那种主张仅适用本条前段的做法，也是有其合

理性的。在这种观点看来，本条前段原本就包括，通过将毒物混入水道而造成的大规模杀人的未遂形态（反之，团藤·各论242页、大塚·各论第508页等认为，杀人既遂的，构成杀人罪与本条后段的想象竞合；杀人未遂的，构成杀人未遂与本条前段的想象竞合；此外，大谷·各论第419页、中森·各论第204页、西田·各论第326页、山口·各论第418页等也承认，仅限于未遂的场合，构成杀人未遂与本条前段的想象竞合）。

六、损坏水道罪、堵塞水道罪

损坏或者堵塞供公众饮用的净水的水道的，处1年以上10年以下有期惩役（第147条）。

本条以水道本身的损坏或者堵塞（1995年刑法修正之前为"壅塞"）为对象。除此之外的针对取水、蓄水、净水等设施的犯罪，《水道法》中有特别规定（《水道法》第51条以下）。

本条所谓"损坏"，是指对水道实施破坏，达到通过水道供给净水已经变得困难或者不可能的程度（大阪高判昭和49·6·12判时760—106）。"堵塞"，是指通过有形的障碍物而切断水道，使得净水的供给变得不可能或者显著困难（不包括通过操作水道设施本身以切断供水的情形。大阪高判昭和41·6·18下刑集8—6—836）。

"供公众饮用的净水的水道"，与第143条一样，是指在将净水保持清洁的状态下将其导入一定场所的设施，如果只是单纯的天然水流，即便正在供公众饮用，也不是这里所谓净水的水道（将河水引入蓄水池的水路，也并非这里所谓"净水的水道"。大判昭和12·12·24刑集16—1635）。但是，如果可以谓之为水道，则不问该水道是否为法令或者习惯所认可（大判昭和7·3·31刑集11—311）。

【问题研讨】

X虽预见到会导致不特定或者多数人的死亡，仍然向供150万市民饮用的水道的净水设施中投入了大约能致10万人死亡的剂量的毒药。结果导致约5000名市民因使用该净水设施所提供的饮用水而死亡，另有约20万人因身体不适而接受治疗。

【解说】

本案的问题是，除了构成将毒物等混入水道致死罪（第146条后段）之外，X还另外成立多少个杀人罪未遂（第199条、第203条）？

正如正文中已经说明的那样，按照现在的多数说，将毒物等混入水道致死罪的法定刑与杀人罪的法定刑相同，因而不必对被害人的死亡结果进行重复评价，基于这种理由，即便行为人具有针对不特定、多数人的杀人故意，也仅仅成立第146条后段之罪。而且，将毒物等混入水道致死罪正是针对不特定或者多数的被害人这种社会法益的犯罪，因此，即便发生了数个死亡结果，也只成立本罪一罪。

但是，问题在于，在这种混入毒物的案件中，如果出现了死者，往往同时也会出现险些死去的被害人。其中，既有因毒物损害了健康而必须接受治疗的，也有不得不承受后遗症之苦的。与之相反，也会有幸运地没有出现症状的，以及更为幸运地在饮水之前就因得到消息而幸免于难的。这里，如果应该以针对这些人导致了"差一点就死了"这一点为由，而认定成立杀人罪未遂，那么，无疑就会出现，究竟应成立多少个杀人罪未遂的问题（当然，无论构成多少个杀人罪未遂，在科刑上都是按照想象竞合〔第54条前段〕作为一罪处理的）。

在这一点上，一种解决方式是，多数说认为，对于杀人既遂，仅成立将毒物混入水道致死罪，而仅仅对于未遂，认定成立将毒物混入水道罪（第146条前段）与杀人罪未遂的想象竞合。这种观点是存在疑问的。因为，在发生结果之前，成立针对不特定或者多数的人的杀人未遂，而一旦发生结果，则全部被"将毒物混入水道罪"所吸收，这一点怎么说也有些不自然；而且，就是在发生了结果的场合，基本上也能想到，另外还有一些"差一点死去"的被害人（当然，通过起诉裁量来适当调整，这并不能成为本案的解决方式。因为本案涉及的是，属于起诉裁量之前提的实体法上的法律关系问题）。

另一种解决方式是，成立与X所预见到的结果数量相对应的杀人罪未遂。然而，究竟谁是具体的被害人，是无从确定的。这是一种依据"**择一的故意**"的解决方式（⇒总论第14章第4节之四）。不过，作为这种解决方式的前提，就必须采取"故意犯的成立，限于行为人所设想的发生结果的数量"这种观念。但按照现在的多数说即"**数故意犯说**"（⇒总论第15章第2节之四），不仅很难接受这种解决方式，相反，还很有可能成立针对除行为人之外的全人类的杀人未遂。但是，按照"择一的故意"的解决方式，最终也无法明确所成立犯罪数量，仍然是一种难以令人满意的解决方法。

因此，本书认为，应当将将毒物等混入水道罪（第146条前段）理解为，对于这种设想到针对不特定或者多数的被害人的大规模杀人未遂的定罪困难进行救济的规定。也就是，这种针对不特定或者多数人的杀人未遂，原本就已经被纳入将毒物等混入水道罪（第146条前段）之中，因而只应成立本罪。同时，作为立法论来说，对于以其他手段实施的无差别大规模的杀人，最好也能设置类似规定（⇒总论第3章第1节之二）。

第二十九章
针对公共信用的犯罪（之一）
——伪造罪概述、伪造文书犯罪

第一节 概 述

一、各种伪造罪的犯罪类型

《刑法》在第16章至19章规定了针对货币、文书、有价证券、印章的伪造犯罪。此外，2001年，第18章之二还增设了关于支付用磁卡电磁记录的犯罪。刑法意图通过设置这些伪造犯罪，保护货币、文书等的信用或者证据能力，以谋求交易的安全；同时，就制作虚假公文书罪（156条）与制作虚假诊断书罪（160条）而言，还意图通过对公务员、医师科以保证真实的义务，以担保公文书内容的真实性或者其证明力。

伪造犯罪与诈骗罪、伪证罪等犯罪一样，原本都是从"谎言罪"（拉丁语中称为"falsum"）中逐渐分解、独立而来的。最早独立出来的是伪造货币犯罪。其中，从其沿革上看，使用伪造的货币等罪之中，已经包含伴随使用行为而出现的诈骗，因而在使用罪之外不再另外成立诈骗罪。伪证罪等作为"针对司法职能的犯罪"，也属于较早独立出来的犯罪。最后分化、独立出来的是诈骗罪与伪造文书犯罪。一方面，诈骗罪是作为针对财产的犯罪而分化、独立出来的；另一方面，伪造文书犯罪则是作为危害针对不同于个人法益的社会法益的文书等的"公共信用"（publica fides）的犯罪，而分化、独立出来的。

虽说如此，但也不能说，这些伪造犯罪作为那些针对财产与司法职能的犯罪的预备行为的色彩就此消失了。为此，就伪造货币犯罪与伪造文书犯罪而言，仅有伪造行为还不够，只有具备使用的目的才得以成立，时至今日仍然如此。在此意义上,可以说,这些犯罪属于针对诈骗罪等侵害犯之预备阶段的犯罪,"公共信用"这一保护法益也便具有"临时性的要素"的性质。

新近被犯罪化的非法制作电磁记录、支付用磁卡的行为,也同时针对那些发展至伪造文书阶段之前的行为。尤其是,非法制作磁卡行为本身,就属于通过诈骗等行为而引起实际损害这一阶段的预备阶段,而出于非法制作支付用磁卡的目的的非法获取电磁记录信息罪(163条之四第1款)及其未遂(163条之五后段)、非法制作的准备(163条之四第3款)针对的则是,该预备阶段的预备阶段,而且还一般性地处罚其未遂、预备,因而可以说,这大幅提前了犯罪的成立阶段。从实质上看,这是将"预备之预备的未遂"予以犯罪化。

二、保护法益

上述各种伪造犯罪的直接保护法益是,针对文书、货币等的真实性(Echtheit)的"**公共信用**"(publica fides),也就是,对于文书、货币等是"真品"的信赖。在此意义上,实际保护的是社会法益。同时,在间接且终局的层面,这些犯罪保护的是,以文书、货币等为媒介而实施的交易、契约等的安全。因此,要成立针对文书、货币等的"伪造犯罪",就以"使用的目的"为必要。刑法在通过设置这些伪造犯罪,保护货币、文书等的信用,谋求交易之安全的同时,也通过设置制作虚假公文书罪(第156条)等犯罪,力图保护行使职务的适正性(团藤・各论第247页则着眼于其作为经济犯罪的一面)。这里加入公务员对于国家等的忠实义务这一要素,因而从中可以看到,此类犯罪也多少具有渎职犯罪的性质。

一般认为,伪造有价证券犯罪的性质类似于伪造作为流通手段的货币,为此,在1974年的改正刑法草案中,将伪造有价证券犯罪放在伪造货币犯罪之后。但是,在以其真实性(真正性)作为保护法益这一意义上,伪造犯罪的基本形态是伪造文书,伪造货币不过是其中的类型之一(伪造印章犯罪是伪造文书犯罪的预备形态)。因此,本书首先解说伪造文书犯罪,而后依次解说伪造货币犯罪、伪造有价证券犯罪,以及其他伪造犯罪。

并且,社会发展至今天,交易过程中开始大量使用电脑网络,因而货币、有价证券、文书等传统交易媒介的作用也相对降低。对此,1987年的刑法部分修正已经将属于计算机犯罪的几种行为予以犯罪化,但尚难言跟上了技术发展的步伐。为此,就需要由《防止非法链接法》等特别法进行补充性保护。不过,就刑法直接介入计算机通信而言,最大的疑问在于,刑法能否成为有效的防止措施(⇒中山研一、神山敏雄:《コンピューター犯罪に関する刑法一部改正(注釈)》(成文堂、1989年改订増补版)第1页以下[加藤敏幸])。

第二节 有关伪造文书犯罪的共通问题

一、"伪造"的定义——形式主义与实质主义

如果将"伪造"这一行为的性质理解为,财产犯等其他实害犯的预备罪,那

么，就应将虚假制作也纳入"伪造"之中予以处罚。这被称为"**实质主义**"，为法国刑法等所采用。反之，德国刑法采用的是"**形式主义**"，将号称他人名义而制作文书的行为（**冒用名义**）认定为"伪造"。按照这种"形式主义"，"伪造"是一种侵害作为记载人的意思或者观念之物的"文书的证据能力"的行为，而不问是否事关损害。"形式主义"与"实质主义"之间的对立，是围绕"伪造"的**定义的对立，而非围绕伪造犯罪之保护法益本身的对立**（⇒※）。在"形式主义"看来，对于是否成立"伪造"而言，只有该文书是否真实地表达了名义人的意思或者观念才是重要的，至于所表示的内容本身是否与真实相符，以及冒用名义的行为是否具有给财产等造成实害的危险，这些都不重要（这是"使用的目的"所要考虑的问题）。在日本，对于刑法条文——而非章节标题——中的"伪造"（即"狭义的伪造"），是模仿德国刑法采用了"形式主义"，而另行规定了虚假制作行为。

伪造文书犯罪分为（狭义的）伪造（第154条、第155条、第159条）与虚假制作（第156条、第160条），伪造有价证券犯罪也分为（狭义的）伪造（第162条第1款）与虚假记载（第162条第2款）。所谓（狭义的）伪造，是指号称他人名义而制作文书等的行为，严格来说，是"**伪构制作人与制作名义人的人格同一性**"的行为。相反，所谓虚假制作或者虚假记载，一般认为是，以自己的名义制作内容虚假的文书等（不过，对于冒用他人署名而对票据进行背书、接受、保证的，也有判例认为属于虚假记载。大判大正2・6・12刑录19—705）。冒用名义侵害的是名义的真正性，被称为"有形伪造"，而虚伪制作则被称为"无形伪造"。对于私文书，现行刑法以处罚（狭义的）伪造即有形伪造为原则，而以处罚虚假制作即无形伪造为例外。

不过，如后所述，在非法制作电磁记录罪（第161条之二）中，有时很难明确区分（狭义的）伪造与虚假制作等（⇒本章第6节）。

另外，**要被谓为"伪造"，该文书必须具备足以使一般人认为是真正制作的文书这种程度的形式或者外观**（如后所述，所谓真正制作，是指表达的是名义人的意思或者观念。⇒本章本节之二～四）。不过，对于那些原本预定通过扫描仪等机械来加以使用的文书，虽然尚未达到让一般人通过肉眼识别而认定为真正文书的程度，但如果达到了利用机器可以让一般人认定为真正文书的程度，也属于"伪造"（⇒大阪地判平成8・7・8判夕960—293、百选ⅡNo.93。东京地判平成22・9・6判时2112—139——并考虑到，警察是隔着前挡风玻璃来确认这种禁止停车例外车标的原本用途，而认定为伪造了禁止停车例外车标）。

※ **"形式主义"与"实质主义"**：关于伪造文书犯罪中的"形式主义"与"**实质主义**"，一般的理解是，前者是将冒用名义作为伪造予以处罚，而后者是将文书的虚假制作作为伪造予以处罚；前者源自德国刑法，后者则是法国刑法的思维。但是，这种理解实际上并不正确。这是因为，按照这种理解，就无法解释为何要将冒用名义称为"形式主义"，而将虚假制作称为"实质主义"；不仅如此，事实上，在

法国刑法中，冒用名义也是作为伪造罪予以处罚的（⇒岛冈まな：《フランスにおける文書偽造罪》，载《法学研究》第 68 卷第 3 号，第 61 页以下），而德国刑法中也存在虚假制作公文书罪。

实际上，之所以分别称之为"形式主义"与"实质主义"，不过是"伪造"这一词语的定义的问题。在法国刑法中，"伪造"的定义之中，已经包含了——包括针对名义的真正性的公共信用的侵害——"损害"（le préjudice）的意思，因而无论是冒用名义还是造成损害的制作虚假文书，都是作为伪造犯罪的类型之一而加以规定的。反之，在德国刑法中，"伪造"仅限于形式上的名义冒用，而实害可能性是在"交易中的欺骗目的"中加以考虑的；同时，虚假文书的制作是作为——不包括不具有公务员身份的医师所实施的制作虚假诊断书的行为——违反公务员等的特别真实义务的犯罪，被转移到类似于日本的渎职罪的"公务员犯罪"一章中。就是在日本，刑法典条文中的"伪造"也是基于形式主义。

二、"文书"的概念

伪造文书犯罪中的**"文书"**，是指通过文字以及其他符号表达意思或者观念之物。至于具体表示在何种物体之上，并不重要。而且，记载也不必是完整的文章，被省略的形式亦可（"省略文书"）。不过，由于刑法另外规定了伪造印章罪，因而如果仅有印章、署名，即便是表达意思或者观念之物，也并非这里所谓"文书"（⇒第 30 章第 4 节之二※）。并且，就公文书而言，必须是"应由公务机关或者公务员制作的文书"，而就私文书而言，则必须是"事关权利、义务或者事实证明的文书"。如后所述，对于非法制作电磁记录罪（第 161 条之二）所不能涵盖的伪造有价证券犯罪，是否以该有价证券属于"文书"为必要，尚存在争议。

只有基于某人的名义之时，文书才属于伪造犯罪的保护对象。这是因为，匿名文书没有证据能力，而且也不可能存在名义的冒用。但问题在于，记载名义人的某种意思或者观念的文书（即"原件"）的**"写本"*****，是否可以被谓为，用以表达原件之名义人的意思或者观念的文书呢？如果显然是原件的写本，其整体就直接属于"写本"制作人名义的文书。为此，即使该"写本"是与原件内容不同的虚假文书，那也不过是"写本"制作人名义的虚假文书。无论是手写写本还是相片拷贝

---

* 在日语中，与"原本"（原件）相对应的是"写"。"写"包括正本、誊本以及狭义的"写"，为了避免歧义，这里将上述意义上的"写"，翻译为"写本"。在日本的文书规范中，往往在写本上盖有"写"字样，表明其不是原件。按照大谷实教授的解释，"正本，是指按照法定形式所制作的'写本'，与持有原件具有同等效力。判决书的正本即属于此。誊本，是原件的整体抄写，户籍誊本即属于此。抄本，是对原件的摘抄。上述几种形式均附有相应的认证表述，因而其本身就具有原件性。狭义的'写'，只有以原件的存在为前提，才具有作为文书的机能"（大谷实. 刑法講義各論：4 版. 成文堂，2013：442.）。其中，狭义的"写"，就是汉语中的"副本"。——译者注

** 写本，是表示特定人的意思或者观念的东西，从其性质上看，具有加入写本的制作者的意思或观念，改变原件的意思或观念的可能性，有时候也有可能没有如实表示名义人的意思或者观念，因此，在社会观念上，针对写本的表示内容的公众信赖相对稀薄，刑法没有必要保护写本制作的真正性。不过，如果存在注明是写本或者誊本这一意思的认证表述，由此就可认定，该文书具有原件性。参见大谷实. 刑法講義各論：4 版. 成文堂，2013：442. ——译者注

（copy）件，这一点并无不同。因此，即便利用相片拷贝件制作了虚假的写本，只要没有谎称是原件，就不属于冒用名义。

遗憾的是，对于这一点，最高裁判所更重视相片拷贝件的正确性及其派生的证明机能，采取的观点是，相片拷贝件也属于表示原件名义人的意见、观念的文书（最判昭和51·4·30刑集30—3—453、百选Ⅱ No.91、最决昭和54·5·30刑集33—4—324、最决昭和58·2·25刑集37—1—1。批判意见，⇒平野·诸问题〔下〕第409页以下）。但是，正如即便携带了驾照的相片拷贝件，仍应被追究不携带驾照罪一样，相片拷贝件是不可能替代原件本身的证明机能的。因此，文书必须是——包括认证表述为"写本"的文书——"原件"（有关承认大学入学考试答案的文书性的案例，参见最决平成6·11·29刑集48—7—453、百选Ⅱ No.92）。与文书一同作为伪造犯罪之对象的**图画**，也应当具有上述性质。

另外，电磁或者磁性的记录物，是1987年增设的第161条之二的客体，而非"文书"。在1987年的刑法修正之前，也曾有判例将一定的磁性记录物判定为文书（对于汽车登录簿的磁性文档，⇒最决昭和58·11·24刑集37—9—1538；关于信用卡的磁条部分，⇒大阪地判昭和57·9·9刑月14—10—776），但由于增设了第161条之二，这些判例业已丧失"先例性"。

三、制作人

所谓"伪造"，如前所述，是指明明"制作人"与"名义人"之间不具有人格的同一性，却制作出伪装成具有同一性的文书。因此，要理解"伪造"的含义，就需要理解这里所谓"制作人"与"名义人"的含义。

围绕文书的"**制作人**"的定义，尚存争论。"**事实说**"（"身体说"）将亲手实际书写文书的人视为"制作人"，而"**观念说**"（"意思说""精神性说"）则认为，包括通过他人制作的情形在内，"制作人"是**文书所表达的意思或者观念的主体**。例如，在订单是由社长口述秘书记录的场合，按照事实说，秘书是"制作人"，而按照观念说，社长才是"制作人"；又如，在代理人为了本人的利益而利用代理名义制作了文书的场合，按照事实说，代理人是"制作人"，而按照观念说，本人才是"制作人"。

此时，应根据民法的意思表示规则来确定文书所表示的意思、观念的主体。在这一点上，"观念说"是一种规范性的思维。此外，正如奴隶契约等违反公序良俗（《民法》第90条）的契约那样，虽然该契约（因为违反公序良俗）对于"制作人"不产生法律效果，但契约的"制作人"仍然是通过书面形式表达自己成为奴隶这一意思的人，由此可见，决定意思、观念之主体的规则，与决定所表示的意思、观念是否产生法律效果的规则，完全是两码事。在此限度之内，"观念说"又是一种不受"法律效果的归属"之有无所左右的事实性思维。因此，将"观念说"区分为"事实的观念说"与"规范的观念说"的观点（林·各论第355页、曾根·各论第242页，等等）本身就不妥当。在决定文书所表示的意思、观念的主体这一限度之内，"观念说"属于一种规范性的东西（山口·各论第438页所谓"归属说"也基本上是同样旨趣*）。

不过，在代理文书的场合，在日本，很多学者立足于也可被谓为"不彻底的观念说"的立场，主张代理人就是"制作人"。虽然承认"名义人"是本人，但由于代理人具有"制作权限"，因而想必不属于有形伪造。但是，如此一来，"伪构制作人与制作名义人的人格的同一性"这一"伪造"概念本身的统一性，就会彻底瓦解。原本来说，所谓文书制度，是指以书面形式表示并固定人的意思或者观念，用以证明权利、义务与事实的制度，因此，对文书制度而言，更重要的应该是，谁是所表示的意思或者观念的主体。由此看来，"观念说"更为妥当。

四、（制作）名义人

实际上，所谓"（制作）名义人"，是指从文书本身，或者从文书以及附随于文书的相关情况中所看到的，被视为该文书所表示的意思或者观念之主体的人格（包括婴儿等没有意思能力的人，以及法人与没有法人资格的团体）。换言之，**文书所表示的意思或观念的书面上的主体**，亦即，**从文书中可以看出来的"制作人"就是名义人**。并且，在"从文书中可以看出来的制作人"与"真正的制作人"不一致的场合，就属于（狭义的）伪造。因此，如果能够让人感到似乎是实际存在的，伪造文书中的名义人也可以是实际并不存在的人（⇒本章本节之七）。

因此，即便是围绕"名义人"，也有可能出现事实说与观念说的论争。不过，在日本，在代理文书的场合，有学者将这种名义人解释为，"从文书的性质与接受人的关注点来看，代理资格与代理人的姓名作为一个整体，属于名义人（乙代理人甲）"（西田·各论第 373 页等**）。这实际上是事实说的一种（山中·各论第 603 页

---

* 山口·各论 437 页以下认为，"这样，基于认为文书是意思、观念之表示的证据的立场，就应该认为，制作者就是意思、观念的归属主体（归属说）。文书所表示出来的意思、观念（客观上）的归属主体就是制作者，当该制作者与文书上所能认识到的制作者（制作名义人）不同之时，就能肯定属于有形伪造（正如从违反公序良俗的意思表示的情形所显而易见的那样，意思、观念的归属与法律效果的归属是相互区别开来的）。换言之，所谓有形伪造，是指制作出，文书所表示的意思、观念并不归属于制作名义人的文书（伪造的文书、不真正的文书）。在此立场看来，滥用制作名义人所一般给予的文书制作权限而制作了文书之时，文书所表示的意思、观念就归属于制作名义人（也就是，制作名义人＝制作人），否定成立有形伪造"（山口厚．刑法各论：2 版．王昭武，译．北京：中国人民大学出版社，2011：511.）。——译者注

** 西田·各论第 372 页以下认为，"例如，并无代理权或代表权的某甲以'乙之代理人甲'的名义制作文书，或者，并非支店长的某甲以'乙银行支店长甲'的名义制作文书的，这种行为是否构成本罪呢？在这种情况下，由于甲本人的姓名也记载在文书上，因而，文书的接受人完全可以向甲追究该文书的制作责任。为此，认为这种情况仅仅只是头衔或者资格的冒用，属于无形伪造，并不具有可罚性，这在理论上也是可能的""反之，通说、判例则认为，由于文书的效果最终归属于被代理的本人（乙），因而，其名义人也是本人（乙）。出于这一理由，通说、判例主张，应成立有形伪造（最决昭和 45·9·4 刑集 24—10—1319）。但是，既然是代理名义的文书，文书的效果便当然归属于本人，仅以此为理由，对于'意思表示的主体是称为代理人的甲'这一点，想必还难以否定。另外，为了撑面子，甲在结婚典礼的来宾簿上签名时，写上'乙银行支店长甲'，想必也没有必要因此而认定成立本罪。在本书看来，是否成立本罪，应该从文书的性质以及法律上的根据（《民法》第 99 条以下）出发，在代理人这一头衔或资格是形成对该文书的公共信用的基础事实的情形下，通过将代理人这一头衔或资格理解为名义人之意思表示的一部分来进行判断。在此意义上，肯定成立本罪的，主要是下面这样一种情况：从文书的性质以及文书的接受人的关注点来看，明明被认为是代理资格与代理人的姓名作为一个整体而属于名义人（乙之代理人甲），但由于实际的制作者是并无代理权的某甲，因而，这属于对名义人与制作者的人格同一性的伪构。因此，这里尽管可以追究到事实上的制作者，但由于无法追究到规范上作为名义人即制作人而被认识到的某人——从该文书的性质等来看，可以说，文书的接受人当然可以一般性、类型性地期待的、具有该属性的制作责任人——因而，仍然可肯定成立有形伪造"（西田典之．日本刑法各论：6 版．王昭武，刘明祥，译．北京：法律出版社，2013：386.）。——译者注

以下也采取了修正的事实说)。但如此一来,该观点就存在这样的风险:对于原本一直认为不构成"伪造"的"诈称头衔"的行为(⇒六),也认定为"伪造"(同旨,山口·各论第 461 页*)。

诚然,对于意思表示之瑕疵的判断,应当以代理人的心理为基准(《民法》第 101 条)。但是,这并不包含"代理文书的意思主体并非本人"这一意思(为此,即使代理人是未成年人,也不能以未成年为理由而予以取消。⇒《民法》第 102 条)。因此,这里也应当按照"观念说",将文书所表示的意思的主体视为本人,将其理解为"名义人"。最高裁判所也认为,文书所表示的意思的效果及于被代理、被代表的本人,因而是本人名义的文书(最决昭和 45·9·4 刑集 24—10—1319**、百选Ⅱ No.96)。应该认为,这与本书的观点是一致的。这是因为,如果仅仅依据是否对代理文书承担责任来定义名义人与制作人,那么,在**表见代理**(《民法》第 109 条)的场合,由于本人既是名义人又是制作人,连这种情形也不能认定为(狭义的)伪造;反之,如果是内容违反**公序良俗**(《民法》第 90 条)而无效的契约,经由真正的代理人之手制作的契约,也要成为伪造的文书。

※ **"人格同一性"**:"制作人"与"名义人"的**"人格同一性"**,实际上就是指,"人(person)的同一性",不包括诸如大学毕业等学历、经历、头衔、资格等所谓"人的属性的同一性"。这也就是,写在书面上的姓名所指代的某人的意思或者观念,如果被实际表示在书面之上,该文书就属于真正的文书。因此,在仅仅写有准考证号的考试答题纸上,如果该准考证号所指代的考生的意思或者观念被表示在书面之上(不过,由于考试答题纸显示的是考生的"学业能力",因而这种东西能否被谓为"文书",对此是留有疑问的),该考生就是名义人。

有关这一点,对于被告 X 采用 Y 这一假名制作简历并提交给相关公司的行为,有判例判定成立伪造私文书罪(第 159 条)(最决平成 11·12·20 刑集 53—9—1495、百选Ⅱ No.99)。然而,无论是被告还是公司都从未认为,Y 这一假名指代的是被告 X 以外的其他人格,因而将此类行为理解为"伪造了人格的同一性",是存在疑问的。并且,在该案的二审判决书(东京高判平成 9·10·20 高刑集 50—3—149)中,被告栏写的就是"Y 即 X"。也就是,二审判决也不认为,Y 这一姓名指代的是不同于被告的其他人格(⇒松宫孝明:《文書偽造罪における作成者と名義人について》,载《立命館法学》第 264 号,第 349 页以下)。

---

* 山口·各论第 461 页认为,按照该观点,"就 A 冒用头衔的行为而言,如果该头衔具有重要意义,就可以设想出'拥有该头衔的 A'这样一种另外的人格,这样,该说所采取的理论就蕴含着将一直以来不认为具有可罚性的冒用头衔的行为也纳入本罪的处罚对象之内的危险,这一点还需引起注意"(山口厚. 刑法各论:2 版. 王昭武,译. 北京:中国人民大学出版社,2011:539.)。——译者注

** 判例认为,不具有代理权、代表权的人以代理、代表的名义制作文书的行为,属于有形伪造。这是因为,"不具有作为他人的代表人或者代理人而制作相应文书的权限的人,显示自己具有代表或者代理他人的资格,或者显示出足以使得一般人误信其具有代表或者代理他人之资格,并制作文书的,由于该文书具有基于该文书所表示的意识(意思)内容的效果,会被归属于被代表或者被代理的本人的形式,因此,将该文书的名义人理解为被代表或者被代理的本人,这是妥当的"(最决平成 11·12·20 刑集 53—9—1495、百选Ⅱ No.99)。——译者注

反之，也有观点认为，就这里所谓"人格"而言，同样是乙，"身处公务所的乙"与"身处自己家里的乙"就属于不同的人格（⇒西田·各论第375页*）。但是，果真如此的话，当大学教授明明在居酒屋喝酒，却给家里发短信说"我在研究室"时，势必也属于发送了"伪造的"短信。

五、代理、代表名义的冒用

尤其是有关**代理、代表名义的文书**等，对于其"制作人"以及"（制作）名义人"究竟是本人还是代理人（或者代表人），尚存争议。

这是因为，对于此类冒用代理名义、代表名义的文书，由于冒用人本人的姓名也出现在书面上，因而有观点提出，不能谓之为他人名义的文书（牧野·各论第164页、木村·各论第250页。不过，上述观点都主张无形伪造也属于"伪造"，应予以处罚）。但是，这是采取"**事实说**"时才会出现的问题。如果采用"**观念说**"，根据民事法律的意思表示规则（《民法》第99条以下等），真正的代理人、代表人制作的文书所表示的意思、观念，就属于被代理、被代表的本人的意思、观念，因而其"制作人"与"（制作）名义人"都是本人（为此，没有必要考虑"甲之代理人乙"这种附带资格的人格）。反之，在由无代理权、无代表权的人制作了文书的场合，虽然是以本人的名义，但实际表示的是该人的意思、观念。因此，虽然"（制作）名义人"是本人，但"制作人"却是该无权代理人、无权代表人，这里就出现了名义人与制作人之间的人格的不一致。判例、通说均认为，此类情形属于有形伪造（最决昭和45·9·4刑集24—10—1319）。

相反，一般认为，代理权范围之内的**代理、代表名义的滥用**，虽然有可能构成背信罪，但不会构成伪造罪。例如，公司董事长完全是为了替自己或者第三人谋取利益，制作了公司名义的文书的，就属于此类情形（大判大正11·10·20刑集1—558）。这是因为，如果是在其代理权的范围之内使用本人名义，就被视为本人的意思表示，其结果就是，该文书属于真正的文书。在法定代理的场合，"制作人"也是本人。因此，为了让幼儿A获取幼儿B名义的护照，A的父亲D让B的父亲C填写了B名义的护照申请书的，就成立以A为"制作人"，B为"名义人"的伪造私文书罪（东京高判平成12·2·8东高时报51—2—9认为A是"名义人"，但这种结构与将出借名义者认定为"名义人"的东京高等裁判所的此前两个判例〔东京地判平成10·8·19判时1653—154、东京高判平成11·5·25东高时报50—5—

---

* 西田·各论第375页认为，"从立法意图（参见《道路交通法》第126条、《护照法》第3条）以及这些文书本身的性质来看，当然已经预想到，这些文书是在特定场所下制作的：交通事故记录本是在交通违章现场、入学考试答卷是在考场、护照申领书是在公务所提交的。这样的话，这些文书的名义人就不再是单纯的乙，而必须是被警察当场认定违反交通规则的乙、实际参加了考试的乙、亲自到公务所提交了申领书的乙。另外，在通过自动签约机而签订融资合同的情形下，既然申领书上写有'我申请……'这样的表述，对于该申领书的名义人，就应该理解为，是实际来到自动签约地，并制作了申领书的乙。因此，即便甲所实施的制作文书的行为确实是基于乙的意思而实施的，按照意思说的观点，乙是制作人，但是，由于仍然伪构了名义人与制作人的同一性，因而，可以认定成立本罪（今井猛嘉.对伪造文书罪的一点考察〔4〕.法学协会杂志，116（6）：106.）"（西田典之.日本刑法各论：6版.王昭武，刘明祥，译.北京：法律出版社，2013：389.）。——译者注

38〕的观点相矛盾)。反之,僭越权限,也就是开具自己并无权限的支票的,就有可能被认定为"伪造"(最决昭和42·11·28刑集21—9—1277、最决昭和43·6·25刑集22—6—490等)。

在成立民法上的**"表见代理"**(《民法》第109条等)的场合,尽管有可能让本人就无权代理人所制作的合同承担民事责任,但如前所述,"表见代理"这种表见责任,原本是为了保护第三人而特别让本人承担责任的制度,而并未否定该文书本身属于伪造(⇒本章本节之四)。

※**伪造、变造、虚假制作等的定义**:如前所述,所谓**"伪造"**,损害的是文书、货币等的**"真正性"**,是"伪构制作人与制作名义人之间的人格的同一性"的行为。这实际上是指,制作了文书等的人格即"制作人",明明与从该文书、货币中所读取到的"制作名义人"("名义人")不是同一人,却伪装成好像完全是同一人。如果有可能进行这种伪装,"名义人"即便不是实际存在的人格亦可。"伪造"不问文书内容的真伪。

所谓**"变造"**,损害的是文书等的**"确定性"**,是对于已经一度确定的真正文书等随意地加以变更。因此,不同于通说,本书认为,这种"变造"也有可能由名义人实施(在德国,这种观点是通说)。"变造"也不问文书等的内容的真伪。并非名义人的他人就文书等的实质部分予以变更的,就不是"变造"而是"伪造"。

所谓**"虚假制作"**或者**"虚假记载"**,是指文书等的名义人制作出内容有违真实的文书等。

六、诈称头衔、冒用资格

单纯的**诈称头衔、冒用资格**虽然有可能触犯《轻犯罪法》第1条第15项,但不属于伪造文书。例如,另外存在与自己同名同姓的律师,被告人利用这一事实,号称自己就是律师,以自己的本名制作了附带律师资格(律师名义)的报酬支付要求书与发票,对此行为,有判例判定成立伪造私文书罪(最决平成5·10·5刑集47—8—7[*]、百选Ⅱ No.98)。但是,既然使用该文书的对方看到该文书时,并不会认为这是被告以外的其他律师制作的文书,那么,就不会出现名义人与制作人的不一致,亦即,不会出现"伪构制作人与名义人的人格的同一性"的问题。至于无关的第三人如何考虑,这不会对文书的证据能力造成影响。不过,如果使用该文书者很有可能误认为是同名同姓的其他人制作的文书,并且制作者也是有意识地制作了该文书,则属于伪造文书。

---

[*] 本案大致案情与判决为:住在大阪的某甲并非律师,偶尔知道东京有与自己同名同姓的律师,便利用该巧合,装成律师的样子,制作了律师报酬支付要求书、汇款要求书、催收书、发票等文书,并在文书上附上律师资格,然后将相关文书交给了当事人。对此,最高裁判所认为,只要本案各种文书与律师业务相关,具备了具有律师资格者所制作的文书的形式与内容,"显然,在本案中,各种文书所表示的名义人就是隶属于东京第二律师协会的(实际存在的)律师甲,该甲与并不具有律师资格的本案被告人具有不同的人格,因此,应该说,本案中的各种文书的名义人与其制作人之间,在人格同一性上出现了不一致",从而判定成立伪造私文书罪、使用伪造的私文书罪(最决平成5·10·5刑集47—8—7)。——译者注

此外，下面这一判例是近年的重要判例。"国际旅行联盟"是一个实际存在的团体，该团体并不具有根据《日内瓦条约》发行国际驾照的权限，却仍以"国际旅行联盟"的名义制作并发行了酷似于国际驾照的文书，对于此案，最高裁判所认为，"该文书由根据《日内瓦条约》具有国际驾照发行权限的团体所发行，这一点正是本案文书的社会性信用之基础，因此，应该认为，本案文书的名义人是'根据《日内瓦条约》具有国际驾照发行权限的国际旅行联盟这一团体'"。另外，由于制作者是实际并无发行权限的国际旅行联盟，因此，其间并无名义人与制作人之间的人格上的同一性，进而肯定成立伪造私文书罪（最决平成15·10·6刑集57—9—987、百选Ⅱ No.100）。但是，我们设想一下下述情形就可明白，这不过是冒用资格：某人伪装成警察，遗失物的拾得者拾得遗失物之后转交给该人，该人将自己手写的遗失物收条交给了拾得者。

七、使用实际并不存在的人的名义、使用俗称

被冒用的名义，也可以是没有法人资格的团体的名义。即便是**实际并不存在的人的名义**，如果能让使用该文书的人联想到不同于制作人的其他实际存在的人格，也属于"伪造"。

与此相关的问题是，如何处理使用**俗称**（通用名）的情形。一般来说，文书的证据能力，是通过确保制作人与名义人之间的人格同一性而得到担保的，这里所使用的姓名，不必是户籍或者外国人登录证上的姓名。因此，即便是使用作为指代该人而被广泛认知的俗称制作了文书，只要与相关人员所认识到的该俗称所实际指代的人物是一致的，就不会损害制作人与名义人之间的同一性。但是，例如，被告是偷渡者，取得他人A的名义的外国人登录证之后，无论公私，（在长达25年的时间内）一直持续地以A的姓名生活，并且，A这一姓名实际上就是指该人（被告人）这一点也已经固定下来。某日，被告为了申领A名义的再入境许可证，而制作并提交了A名义的再入境许可申请书。对于此案，最高裁判所认为，比照再入境许可申请书的性质，显然，由文书中所表示的A这一姓名所能认识到的人格，应该是被允许在本国合法在留的A，这与偷渡入境，且没有任何在留资格的被告人，是完全不同的人格，因此，在本案文书的名义人与制作人的人格的同一性上出现了不一致，应成立伪造私文书罪（最判昭和59·2·17刑集38—3—336、百选Ⅱ No.97）。最高裁判所是考虑到，不同于普通的私文书，为了加强入境管理，再入境许可申请书不仅要求制作人与名义人之间具有人格的同一性，而且，根据申请书本身的性质，还要求使用真名，但是，严格意义上来说，这是为了保护设置伪造文书罪时所不曾预定的行政利益，而不当地扩大了伪造的概念。换言之，该申请书无疑是表示了被告意思的文书，而非构成伪造罪的表示其他人格的意思的文书。

※伪造的定义：
（1）伪造的一般定义
狭义的伪造（有形伪造）一般被定义为，没有"**制作权限**"者冒用他人的名义

制作文书。与之相对，在本书中，不使用"制作权限"这一概念，而将狭义的伪造单纯定义为，谎称他人之名制作文书。换言之，有形伪造，是指制作了名义人与制作人之间的人格不一致的文书。那么，为何不应使用"制作权限"这一表述呢？下面简述其理由。

(2) "制作人"与"制作权限"

采用通说定义的问题是，"制作权限"能否因名义人的同意而授予他人？不过，在讨论该问题之前，首先需要再次明确文书制作人的定义。

如前所述，围绕"**制作人**"的概念，存在"**事实说**"与"**观念说**"之争。例如，诸如秘书那样忠实地记录本人的意思或者观念的，按照事实说，该代者就是"制作人"，而按照观念说，"制作人"则是本人。在上述例子中，一般认为观念说是妥当的。

在代理人明确表明代理权并为本人制作文书之时（《民法》第99条），按照观念说，本人既是"**名义人**"也是"制作人"。对此，一直以来比较多的解释是：代理人是"制作人"，"名义人"与"制作人"之间存在不一致，但由于代理人拥有"制作权限"，因而不属于有形伪造。但是，在观念说看来，原本来说，该文书所实际表示的意思或者观念的主体就是"制作人"，因此，由于应当将代理文书的真正的意思主体视为本人，因而由代理人制作的文书的"制作人"正是本人。为此，在此类场合，应当直接解释为，因为"名义人"与"制作人"是一致的，所以不构成有形伪造，完全没有必要使用所谓"制作权限"的概念。

(3) 名义人的同意、承诺

不过，代理权通常不需要明示。例如，女儿B受父亲A之托去银行取钱，使用父亲的存折与印章填写取款单的，即便没有特意在取款单上注明"A之代理人B"，也不会构成伪造私文书罪；而且，虽然呼叫的是男人的名字，但走过来女子的，银行职员也不会感到诧异。在此类场合下，在交易的相关人员之间，只要提交了存折与印章，就能认定存在代理权的授予。因此，在该场合下，"制作人"是父亲A而非女儿B，"名义人"与"制作人"之间并不存在不一致。代书的情形也是如此（票据法、支票法等所认可的签名盖章这种程序本身就是广泛允许代书的）。

与上述的取款单应理解为"制作人"为"A（代理人B）"相反，在要求本人亲笔署名的外国银行，情况就可能有所不同。女儿B以父亲的名义填写取款单并模仿父亲的签名的，就有成立伪造私文书罪的余地。这可能是因为，签名程序通常是不承认代书的。不过，在得到交易相关人员的同意之后，女儿替手残疾的父亲签名的，也可视为合法的代书。重要的是，交易相关人员都知道，文书所记载的意思或者观念正是名义人本人的意思或者观念。

然而，在X事先征得朋友Y的同意而在交通违章单的陈述栏中写下Y的姓名的场合，不同于上述取款单的情形，X并没有代理Y表达"我……违反了交通规则"这一观念的意思（原本来说，这种事实行为也与"代理"的性质不符）。而且，不同于银行职员，警察也绝不会认为该违章单属于那种性质的文书。并且，X本人也知道，在违反交通规则的处理程序中，这里的签名是作为不同于自己的、属于其他人格的Y来处理的。概言之，在这种情形下，不可能将"Y"这一署名解读为"Y之代理人X"的省略，因而"制作人"是X，与"名义人"Y之间出现了不一致。不过，在该场合下，如果X写的是"Y之代理人X"，尽管作为陈述书而言已经丧失意义，但不会构成伪造文书。问题不在于该签名是否符合最高裁判所判例（最决昭和56·4·8刑集35—3—57*、百选Ⅱ No. 101等）所提出的"文书的性质"，而在于客观上是否可以将其视为代书或者代理名义的省略。

不过，在使用假名或者俗称在陈述书上签名的，情况则有所不同。在此类场合下，由于该假名或者俗称是用于指代陈述者本人，并未由此设想到其他人格，因而，就不存在"名义人"与"制作人"之间的不一致（在这一点上存在疑问的是：最判昭和59·2·17刑集38—3—336、百选Ⅱ No. 97、最决平成11·12·20刑集53—9—1495、百选Ⅱ No. 99）。

（4）辅助公务员的情形

正确定义"伪造"，对伪造公文书罪的解释而言，也是至关重要。尤其是，对于那些由辅助公务员单独制作文书，上司仅仅进行事后裁决的情形，最高裁判所认为，对参与制作印章证明的辅助公务员而言，如果内容正确，就不构成伪造公文书罪（最判昭和51·5·6刑集30—4—591、百选Ⅱ No. 94）。

对于该判决，有批判意见认为，"从形式主义的角度看来，再附加所谓内容的正确性这种要件，就并不合适"（西田·各论363页**）。但是，不同于被赋予了裁

---

* 本案大致案情与判决为：某X因无证驾驶当场被抓，由于X事先已征得拥有驾照的朋友Y的同意，而在交通违章单的陈述栏上，以Y的名义填写了相关事项，对此，判例认为"交通违章单的陈述栏，从其作为文书本身的性质上看，法令不允许制作名义人以外的其他人进行填写，故而在以他人名义填写上述陈述栏的情形下，即便事先已征得该他人之承诺，亦成立伪造私文书罪"（最判昭和56·4·8刑集35—3—57）。另外，也有下级裁判所的判例基于同样的理由，认定以下情况构成本罪：事先征得某人的承诺，以该人的名义制作了私立大学的入学考试答卷（即所谓"冒名替考"）（东京高判平成5·4·5判夕828—275）；得到他人之承诺，通过消费者金融机构的自动签约机，出示了该他人的健康保险证，并以该他人的名义，制作了申领书，让对方制作并交付了融资卡（小额贷款卡）（仙台高判平成18·9·12高刑速报〔平成18年度〕329页）。——译者注

** 西田·各论第363页认为，"对于公务员的辅助人员制作内容虚假的公文的行为，如果是随意使用公章，一直以来，判例均一律认定构成伪造公文书罪（大判大正5·12·16刑录22—1905、最判昭和25·2·28刑集4—2—268）。但是，最高裁判所的态度发生了变化。市民课调查组组长作为属于市长之代决者的市民科科长的辅助人员，具体负责制作印章证明书的工作，在并未履行提交申请书、比较影印件（影印件本身是真正的影印件）、交付手续费等手续的情形下，制作了印章证明书，对于此案，最高裁判所认为，具有公文书的制作权限的人，不仅是一般允许不经制作名义人的裁决，可按照自己的判断制作公文书的代决者，在诸如履行一定的程序等特定条件之下，被允许制作公文书的辅助人员，'在确保公文书内容的正确性、遵循了能确定对该被告之授权的一定基本条件的限度之内'，也具有制作权限，因此，由于市民科科长的裁决是第二天进行的事后裁决，市民科科员基于市民科科长的辅助人员的立场，在一定条件之下，也具有制作印章证明书的权限，进而撤销了认定构成伪造文书罪的原判决，判定本案行为人的行为不成立本罪（也就是，成为问题的印章证明书的内容本身是正确的，如果履行正常的申请手续，理所当然会将证明书交付给申请人，因而，该行为不能被谓为，超出了作为辅助者的制作权限的行为。最判昭和51·5·6刑集30—4—591）。但是，既然刑法已经将伪造公文书的行为（第155条）与制作虚假公文书的行为（第156条）区别开来，就应该说，只要内容正确就具有制作权限的这种解释，有违其基本前提。只要认定其在一定限度之内具有独立的制作权限，那么，从形式主义的角度看来，再附加所谓内容的正确性这种要件，就并不合适。如果认定本案无罪，原本应该是从正面认定存在制作权限（参见西田典之. 判批. 警察研究，52（11）: 48.）"（西田典之. 日本刑法各论: 6版. 王昭武，刘明祥，译. 法律出版社，2013: 375-376.）。——译者注

量权的代理人、代决人，对于那些仅仅拥有忠实记录本人的意思、观念的权限的公务员而言，与进行口述记录的打字员的情形一样，如果其作出了不同于本人的意思、观念的记载，在本书看来，就属于以本人的名义制作了自己的文书。为此，市政府机关的辅助公务员故意制作了内容虚假的印章证明的，就僭越了其应该机械地记录"特证明是与所登记的印章相同的印章"这一市长意思的代笔权限，是谎称市长名义而将自己的意思、观念体现于文书之上，应该视为造成了"制作人"与"名义人"之间的不一致。因此，判例以内容的正确性作为否定成立伪造罪的根据，这种做法本身是妥当的。不过，判例是通过"制作权限"的概念来对此进行说明的，这也是引起理论争议的原因。

（5）存在同名同姓人物的场合

反之，利用另外存在与自己同名同姓的律师这一事实，号称自己是律师，以自己的本名制作了附带律师资格（律师名义）的报酬支付要求书与发票的，这种场合就不存在"制作人"与"名义人"之间的不一致。尽管有判例认为，这种场合应构成伪造私文书罪（最决平成5·10·5刑集47—8—7、百选Ⅱ No.98），但既然使用该文书的对方看到该文书之后，并不会联想到不同于被告的其他人格，那么，就不应该属于伪造。否则，这些报酬支付要求书与发票就成了不同于被告的其他人名义的文书，也成了不表达被告的要求支付报酬以及收受了报酬这种观念的文书，而且，作为对方已经向被告支付了报酬的证明文书的价值也不复存在。但是，被告显然是作为表示自己的意思、观念的文书而制作并使用这些文件，对方也是将这些文件作为该旨趣的文书而予以接受。如果将其视为伪造的文书，反而会引起交易的混乱。那种采取积极说的"文书的性质"论，不仅错误理解了伪造的本质，还会导致恣意的解释（作为消极说的论者，参见平川·各论第454页、林·各论第368页以下，等等）。

八、虚假文书的制作（无形伪造）

所谓**虚假文书的制作**，是指名义人或者拥有制作权限的人制作内容虚假的文书（无形伪造）。按照现行刑法，对公文书，一律处罚无形伪造（第156条）；对私文书，则仅限于应由医师提交给公务机关的诊断书，才处罚无形伪造（第160条）。

一般认为，第156条的"**变造**"也是虚假制作的一种形式，是指拥有制作权限的公务员更改既存的公文书，使其成为虚假文书的情形。但是，即便没有更改至虚假内容，但对一旦已经确定的公文书随意进行更改的，想必也应该构成这里所谓"变造"。对于名义人随意篡改为他人所有的文书的情形，有判例判定构成毁弃文书罪（大判明治37·2·25刑录10—364），但如果是公文书的话，就会被理解为，属于第156条的"变造"。

九、有形伪造的"间接正犯"

诸如谎称是请愿书而实际让对方在借用证书上签名的情形那样，让名义人对文书的性质产生误解而让其在文书上签字、盖章的,一般认为,应构成**伪造文书的间接正犯**。也就是,制作人是让名义人签字、盖章的人,但表示的并非名义人本人的意思或者观念。不过,只是让对方误认为文书的内容是真实的,就属于间接无形伪造即虚伪制作的间接正犯,而非(狭义的)伪造(⇒本章第3节之二)。

十、变造

文书的"变造"是指,没有更改权限,却更改已经确定的真正文书,且伪装成该文书自始便是如此的样子。"变造"不问其内容之真伪。至于那些内容尚未确定的底稿、草案、草稿,不属于"变造"的对象。不过,在某一特定时期,本身含有一定内容的草稿之存在具有重要意义的场合,则另当别论(中森·各论第214页)。通说要求变造的是他人名义的文书,但"变造"实质上是有害于文书之确定性的行为,因此,只要有害于确定性,名义人本人也完全有可能实施变造(内田·各论第540页)。若非如此,篡改用以证明他人权利的自己名义、自己所有的文书的,就会出现处罚的漏洞。另外,第156条的"变造"的含义也是如此(⇒本章本节之八)。

十一、"使用"以及"使用的目的"

"**使用**"伪造的文书、虚假的文书的,与"伪造"受同样处罚(第158条、第161条)。而且,伪造有价证券的情形也是如此(第163条)。一般认为,所谓"使用",是指将伪造的文书等作为真正的文书,或者将虚假的文书等作为内容真实的文书而使用。要被谓为"使用",要求通过向作为自然人的他人提交、出示,而处于该他人得以认识的状态(关于这一点,对于"使用"通常没有预定针对自然人使用的变造的电话卡的,最决平成3·4·5刑集45—4—171判定存在"使用"的目的,但这种观点是存在疑问的)。

对于配置在一定场所以供阅览的文书而言,通过配置而将其置于可以阅览的状态之下,就属于使用,但未必需要依照其本来用途加以使用。例如,对于为了让父亲放心而向父亲出示伪造的公立高中毕业证书的行为,判例也判定构成使用伪造的公文书罪(最决昭和42·3·30刑集21—2—447)。不过,只是携带伪造的驾照驾车的,尚不构成"使用"(最大判昭和44·6·18刑集23—7—950、百选Ⅱ No.103。该判决是对认定属于"使用"的最决昭和36·5·23刑集15—5—812 的判例变更)。仅以口头形式告知文书的内容、形式,或者只是手持"写本"向他人出示的,也不足以构成使用(反之,对于出示照片拷贝的行为,平野·诸问题〔下〕第412页则认为属于使用)。使用犯罪与伪造犯罪属于**牵连犯**(第54条后段)(大判明治42·2·23刑录15—127)。

另外,相对于"使用"而言,"伪造"与其处于预备的关系,但在伪造犯罪的场合,"使用"的法定刑一般与"伪造"是相同的(第148条第2款、第149条第2款、第158条第1款、第161条第1款,等等)。

第三节　伪造诏书罪、使用伪造的诏书罪、伪造公文书罪、使用伪造的公文书罪

　　以使用为目的，利用御玺、国玺或者御名伪造诏书或者其他文书，或者利用伪造的御玺、国玺或者御名伪造诏书或者其他文书的，处无期或者3年以上惩役（第154条第1款）。

　　变造盖有御玺、国玺或者署有御名的诏书或者其他文书的，与前款同（同条第2款）。

　　以使用为目的，利用公务机关或者公务员的印章或者署名，伪造应由公务机关或者公务员制作的文书或者图画，或者利用伪造的公务机关或者公务员的印章或者署名，伪造应由公务机关或者公务员制作的文书或者图画的，处1年以上10年以下惩役（第155条第1款）。

　　变造经公务机关或者公务员盖章或者署名的文书或者图画的，与前款同（同条第2款）。

　　除前两款规定的情形之外，伪造应由公务机关或者公务员制作的文书或者图画，或者变造已由公务机关或者公务员制作的文书或者图画的，处3年以下惩役或者20万日元以下罚金（同条第3款）。

　　（上述各款的）使用及其未遂，也应当处罚（第158条第1款、第2款）。

一、伪造诏书罪

　　对于以使用为目的，利用御玺、国玺或者御名而伪造文书或者其他文书，或者利用伪造的御玺、国玺或者御名而伪造诏书或者其他文书的，第154条规定处以重于一般的伪造公文书罪的刑罚（第1款）。对于变造盖有御玺、国玺或者署有御名的诏书或者其他文书的，也是如此（第2款）。御玺、御名分别是指天皇的印章、署名，国玺是指日本国的印章。不过，从立法论上讲，区别于一般的公文书，对于伪造诏书等的行为进行特别规定，这是否有其合理性，是存在疑问的（中森•各论第222页）。

二、伪造公文书罪

　　第155条处罚的是，以使用为目的，利用公务机关或者公务员的印章或者署名，伪造应由公务机关或者公务员制作的文书或者图画，或者利用伪造的公务机关或者公务员的印章或者署名，伪造应由公务机关或者公务员制作的文书或者图画的行为（第1款）。变造经公务机关或者公务员盖章或者署名的文书或者图画的，也是如此（第2款）。两者被合称为**伪造、变造有印公文书**。对于不使用印章、署名，伪造应由公务机关或者公务员制作的文书或者图画，或者变造已由公务机关或者公务员制作的文书或者图画的，处罚轻于前两款（第3款）。这被称为**伪造、变造无印公文书**。

　　对于刑法中的"公务员"以及"公务所"的定义，《刑法》第7条作出了规定。

这种应由公务员或者公务所制作的文书,被称为公文书。本罪不问文书的内容本身是事关公共性还是事关私人性。此外,文书是否供公务所之用,也不重要(这一点不同于《刑法》第258条、第259条中的公用文书、私用文书)。再者,诸如公务员的辞职信那样,公务员基于个人立场无关于其职务而制作的文书,不属于公文书。

第155条第1款前段中的印章、署名,是指真正的印章、署名。在该场合下,不正当使用印章罪(第165条第2款)被伪造公文书罪吸收。同款后段中的印章、署名,则不问是否是由行为人自己伪造。自己伪造印章或者署名,然后又伪造公文书的,伪造印章罪被伪造公文书罪吸收。

三、辅助公务员

即便是公务员,只要没有制作权限(正确的说法应该是,代理作为名义人的公务员,将其意思或者观念记载于文书之上的权限),也可以成为本罪主体。问题在于,应如何看待辅助那些作为名义人的公务员或者辅助那些拥有该权限的公务员而起草文书的公务员(**辅助公务员**)的行为。有判例认为,没有独立制作文书之权限的辅助公务员单独制作文书的,通常应构成伪造公文书罪(最判昭和25·2·28刑集4—2—268等)。不过,在上司仅负责事后裁决的场合,如果满足了文书内容的正确性等条件,即使是辅助公务员,有时也得以否定伪造公文书罪的成立(最判昭和51·5·6刑集30—4—591、百选ⅡNo.94。⇒本章第2节之七※〔4〕)。

虽然文理上不太明晰,但在(第155条)第2、3款的场合,也应该是"以使用为目的"。

第四节 制作虚假公文书罪、公正证书原本等不实记载罪

公务员有关其职务,以使用为目的,制作虚假的文书或图画,或者变造文书或图画的,依据有无印章或者署名进行区分,按照前两条的规定处断(第156条)。使用及其未遂,也应当处罚(第158条第1款、第2款)。

向公务员进行虚假申报,致其在登记簿、户籍簿以及其他有关权利或义务的公正证书原件上作不实记载,或者致其在作为有关权利或义务的公正证书原件使用的电磁记录上作不实记载的,处5年以下惩役或者50万日元以下罚金(第157条第1款)。犯罪未遂的,应当处罚(第157条第3款)。使用或者电磁记录的提供使用及其未遂,也应当处罚(第158条第1款、第2款)。

向公务员进行虚假申报,致其在资格证、执照或者护照上作不实记载的,处1年以下惩役或者20万日元以下罚金(第157条第2款)。犯罪未遂的,应当处罚(第157条第3款)。使用及其未遂,也应当处罚(第158条第1款、第2款)。

一、制作虚假公文书罪

公务员在与其职务相关的情况下(有关其职务),以使用为目的,制作虚伪的文书或图画,或者变造文书或图画的,依据有无印章或者署名进行区分,按照伪造

诏书罪以及伪造公文书罪（的相关条款）处理（第156条）。本罪具有公务员之渎职犯罪的性质（泷川·各论第262页将本罪视为滥用职权罪的一种类型）。本罪是身份犯，由有关其职务，应由其制作该文书或者图画的公务员实施（这里的"制作"，不同于有形伪造中观念说所谓"制作"，想必还包括事实性的"记载"。这是因为，若非如此，在代决权人滥用其权限制作了虚假的公文书的场合*，按照观念说，"制作人"便成了代决权人的上司。不过，通说、判例并未就"制作人"给出明确的定义）。

二、"间接无形伪造"

不具有文书制作权限的人欺骗具有制作权限的公务员，使其信以为真而实际制作了内容虚假的文书的（"间接无形伪造"），围绕此类情形能否成立制作虚假公文书罪的间接正犯，尚存争论。判例虽然对于非公务员所进行的虚假申报的行为，否定该非公务员成立本罪（最判昭和27·12·25刑集6—12—1387**），但对于辅助公务员在起草内容虚假的文书之后再让拥有权限的上司盖章的情形，则肯定该辅助公务员成立本罪（最判昭和32·10·4刑集11—10—2464、百选Ⅱ No.95）。

由于单独的间接正犯是单独犯（单独正犯），因而要适用第156条，则至少需要具备公务员的身份，那么，对于非公务员的间接正犯，如后所述，则只能是依据公正证书等原本不实记载罪（第157条）来处理。问题在于，如何处理那些没有独立制作文书的权限的辅助公务员的行为。积极说虽认为辅助公务员没有权限，但仍然主张，即便没有权限，仍然有可能成为第156条的间接正犯的主体（川端·各论第554页）；消极说则认为，辅助者事实上与上司共同拥有制作文书的权限，从而肯定其成立第156条的犯罪（西原·各论第270页、大塚·各论第474页。准确地说，这种情形应视为直接正犯）。本书认为，后一种观点更为妥当。按照前一种观点，明明身份犯的"间接正犯"也必须具备身份，而制作文书的辅助公务员不具有第156条的主体身份，因而应该是构成第155条（伪造公文书罪）的间接正犯，而非第156条。而这一结论又违背了基本的前提：只要被骗者对文书性质存在认识，行为人就不可能成为第155条的间接正犯（⇒第2节之九）。

三、公正证书***原件等不实记载罪

《刑法》第157条规定，对于向公务员进行虚假申报，致其在登记簿、户籍簿

---

* 所谓"代决"，是指裁决权人不在的场合，由其部下临时代替裁决权人进行裁决。——译者注
** 对于某人向村公所提交内容虚假的申请，而使得村公所以村长名义制作了在日本未曾服过兵役这一虚假的证明书的案件，最高裁判所认为，由于《刑法》第157条（公正证书原本不实记载罪）的处罚明显轻于《刑法》第156条（制作虚假公文书罪），在不具有公务员身份者构成制作虚假公文书罪的间接正犯的场合，就应该认为，其旨趣在于，除了该当于《刑法》第157条的情形之外，对此类情形不予处罚，进而撤销认定成立《刑法》第156条的原判决，宣判无罪（最判昭和27·12·25刑集6—12—1387）。——译者注
*** 按照《广辞苑》的解释，"公正证书"是指公务员基于其权限而制作的证书，特别是指公证人制作的有关私权的证书，可以认定其在法律上具有完全的证据力。考虑到日文中除了"公正"一词之外，还专门存在"公证""公证人"等词汇，再者，对照《刑法》第157条所规定的事项，译者认为这里的"公正证书"并不仅指由公证机关所出具的公证书，故仍使用刑法原文，而不译为"公证证书"。——译者注

以及其他有关权利或义务的公正证书原件上做不实记载,或者致其在作为有关权利或义务的公正证书原件使用的电磁记录上做不实记载的行为(第 1 款);或者,向公务员进行虚假申报,致其在资格证、执照或者护照上做不实记载的行为(第 2 款),处以轻于制作虚假公文书罪的刑罚。而且,这种行为的未遂,也应当受到处罚。

如上所述,一般认为,本罪处罚的是,制作虚假公文书罪的部分"间接无形伪造"行为。但是,也有观点认为,与第 156 条的教唆的情形相比,本罪的法定刑更轻,因而在非公务员的场合,即便相当于第 156 条的共犯,也适用本条(佐伯·各论第 87 页)。

所谓有关权利或义务的公正证书,是指公务员凭借其职务制作的文书,具有证明有关权利、义务之事实的效力(最判昭和 36·3·30 刑集 15—3—605)。例如,不动产登记簿、商业登记簿、户籍簿、土地登记册(最判昭和 36·3·30 刑集 15—3—605)、居民证的原件(最决昭和 48·3·15 刑集 27—2—115)等,就属于这种公正证书。关于电磁记录,参见后述(⇒本章第 6 节)。

第五节 伪造私文书罪、使用伪造的公文书罪、制作虚假诊断书罪、使用虚假的诊断书罪

以使用为目的,利用他人的印章或署名,伪造有关权利、义务或者事实证明的文书或图画,或者利用伪造的他人的印章或署名,伪造有关权利、义务或者事实证明的文书或图画的,处 3 个月以上 5 年以下惩役(第 159 条第 1 款)。

变造他人已经盖章或署名的有关权利、义务或者事实证明的文书或图画的,与前款同(同条第 2 款)。

除前两款规定的情形之外,伪造或者变造有关权利、义务或者事实证明的文书或图画的,处 1 年以下惩役或者 10 万日元以下罚金(同条第 3 款)。

医师在应向公务机关提交的诊断书、检验报告或者死亡证明上作虚假记载的,处 3 年以下禁锢或者 30 万日元以下罚金(第 160 条)。

(上述各款的)使用及其未遂,也应当处罚(第 161 条第 1 款、第 2 款)。

一、伪造私文书罪

第 159 条处罚的是,以使用为目的,利用他人的印章或署名,伪造有关权利、义务或者事实证明的文书或图画,或者利用伪造的他人的印章或署名,伪造有关权利、义务或者事实证明的文书或图画的行为(第 1 款);变造他人已经盖章或署名的有关权利、义务或者事实证明的文书或图画的行为(第 2 款)。此类行为被称为**变造、伪造有印私文书**。除前两款之外,伪造或者变造有关权利、义务或者事实证明的文书或图画的,处以较轻的刑罚(第 3 款)。此行为被称为**伪造、变造无印私文书**。

有关权利、义务或者事实证明的文书,除了其中的公文书之外,都是本罪的对象。因此,应由外国的公务所或者公务员制作的文书,也是本罪的对象。所谓"有

关事实证明的文书",判例将其定义为,足以证明"社会生活中存在争议的事项"的文书(最决昭和33・9・16刑集12—13—3031);但学界则认为,判例的定义过于宽泛,而应将其限定为,有关具有法律意义的事项的文书(大塚・各论第484页),或者,法律上或者交易中重要的文书(团藤・各论第272页)。总之,艺术作品等不属于本罪的客体(最决平成6・11・29刑集48—7—453将入学考试的答卷理解为文书)。

二、冒用名义的"同意"

名义人对冒用名义的同意,不影响本罪的成立。因此,事前取得朋友的同意,谎称是自己的名字而在交通违章单的陈述栏填写朋友的名字的,也构成伪造私文书罪(最决昭和56・4・8刑集35—3—57、百选ⅡNo.101等)。关于这一点,枪手替考的答卷也是如此(最决平成6・11・29刑集48—7—453。平野・诸问题〔下〕第408页持反对意见)。这是因为,无论是上述哪种情形,真正的制作人与文书上的制作人(名义人)都是不一致的。不过,在同意意味着授予代理权,写上他人的姓名被视为省略了代理人姓名的场合(即应该解读为X〔代理人Y〕的场合),或者单纯的代书的场合,则不属于冒用名义,不构成有形伪造(⇒〈问题研讨〉)。

三、制作虚假诊断书罪

第160条处罚的是,医师在应向公务机关提交的诊断书、检验报告或者死亡证明上作虚假记载的行为。这是例外地处罚针对私文书的无形伪造行为。本罪不要求必须是由医师本人提交的诊断书等。另外,在特别法中,也有处罚在私文书上做虚假记载的规定(《所得税法》第242条等)。

第六节 不正当制作电磁记录罪、提供不正当制作的电磁记录罪

以使他人的事务处理出现错误为目的,不正当地制作供该事务处理之用的有关权利、义务或者事实证明的电磁记录的,处5年以下惩役或者50万日元以下罚金(第161条之二第1款)。

前款之罪涉及应由公务机关或公务员制作的电磁记录的,处10年以下惩役或者100万日元以下罚金(同条第2款)。

出于第1款之目的,将不正当地制作的有关权利、义务或者事实证明的电磁记录,提供给他人作事务处理之用的,与不正当地制作该电磁记录的,处同一刑罚(同条第3款)。

前款犯罪未遂的,应当处罚(同条第4款)。

一、概述

不正当制作电磁记录罪与提供不正当制作的电磁记录罪(第161条之二),是为了保护电磁磁盘或激光磁盘等高科技记录免受不正当操作的侵害,而于1987年

的刑法部分修正时增设的犯罪，属于所谓"计算机犯罪"中的一种。刑法中的所谓电磁记录，是指用电子方式、磁气方式以及其他不能为人的知觉所认识的方式制作的，供电子计算机处理信息之用的记录（第7条之二）。

与伪造和使用文书相对应，第161条之二处罚的是，电磁记录的"不正当制作"与"提供使用"。不过，由于没有与伪造、虚假制作相对应的概念，那么，疑问就在于：至少在此限度之内，是否会将处罚范围扩张至整个虚假制作私电磁记录的行为呢？这样，不做与伪造、虚假制作相对应的区别的理由可能就在于，电磁记录上未必显示了名义人，或者是很多时候是数人参与制作等（米泽慶二编：《刑法等一部改正法の解説》第80页），但无法确定名义人的记录往往不具有证据能力，理应不值得被保护。

二、不正当制作电磁记录罪、提供不正当制作的电磁记录罪

第161条之二第1款处罚的是，以使他人的事务处理出现错误为目的，不正当地制作供该事务处理之用的有关权利、义务或者事实证明的电磁记录的行为。

所谓"**他人的事务处理**"，是指针对可能会给人的财产、身份以及其他与生活相关的事项造成影响的事务的处理，至于是否是作为业务而从事的事务，或者是否是法律性事务，则在所不论。所谓"**提供使用**（供……之用）"，是指具有能够用于处理该事物的性质（中山研一、神山敏雄编：《コンピューター犯罪に関する刑法一部改正（注釈）》第79页以下〔加藤敏幸〕）。所谓"**不正当制作**"，与伪造私文书的情形相对应，应该是指冒用他人名义制作记录的行为。不过，与文书的情形一样，拥有代理、代表权限者不是实施"冒用名义"行为的行为人，而且，只是机械地记录名义人意思的人也非制作人（观念说）。因此，例如，程序员制作出内容违反委托人意思的记录的，就出现了名义人与制作人之间的不一致，能够被谓为"不正当制作"。

只是为了获取信息而未经允许拷贝他人的记录的，不能说属于"以使他人的事务处理出现错误为目的"。此外，无权限者制作了内容真实的记录的，也不具有上述目的（中森·各论第229页）。

三、不正当制作公电磁记录罪

第161条之二第2款规定，对于不正当地制作应由公务机关或公务员制作的电磁记录的行为，加重处罚。

这是一种加重处罚规定，针对的是不正当制作公电磁记录的情形。在该情形下，与前款相反，问题在于，是否包括与虚假制作公文书相对应的行为？不过，由于机械性的记录人并非制作人，因而在该场合下，如果机械性的记录人制作了内容有违本来的制作人之意思的记录，应该可以被谓为"不正当制作"。但是，这是有别于本来意义上的虚假制作的行为（虽然也有观点认为，对于公务员制作的虚假记录，应全部视为无权制作，但这与将伪造文书的行为区分为有形伪造与无形伪造这种刑法思维是矛盾的）。

四、提供不正当制作的电磁记录罪

第 161 条之二第 3 款处罚的是，以使他人的事务处理出现错误为目的，将不正当地制作的有关权利、义务或者事实证明的电磁记录，提供给他人作事务处理之用的行为。犯罪未遂的，也应当处罚。

所谓"提供给他人作事务处理之用"，是指将不正当地制作的电磁记录，置于他人事务处理之用的电子计算机可以使用的状态之下。这里所谓提供给他人使用的记录，即便是其他人制作的记录亦可，而且，也不要求是出于使他人的事务处理出现错误为目的而制作的记录。

【问题研讨】

X 在受到暂扣驾照的处分期间驾车，因违章停车而受到取缔。这时，X 想起自己的朋友 A 曾说过，"如果只是违反规则罚款之类的处罚的话，你也可以用我的名字"，于是，谎称"忘带驾驶证了"，而后在违章处罚单原件的陈述栏中写下了"A"的名字，并支付了不携带驾照驾驶与违章停车的罚款。

【解说】

正如在第 5 节之二所讨论的那样，该问题事关如何定义"有形伪造"。对于此类事件，判例一直认为，应构成伪造私文书罪（最决昭和 56·4·8 刑集 35—3—57 等）。其理由就在于，"交通违章单的陈述栏，从其作为文书本身的性质上看，法令不允许制作名义人以外的其他人进行填写"。但是，例如，X 因在驾车过程中受伤而无法自己签名之时，同乘人 A 在得到警官的同意之后，在陈述栏代为签名的，想必应该是允许的。在此意义上，违章处罚单原件的陈述书绝非判例所谓"法令不允许制作名义人以外的其他人进行填写"这种性质的文书。此外，按照观念说，由名义人之外的其他人制作，理应对于所有的私文书都是不被允许的。

毋宁说，更为重要的是，如前所述，能否将 X 使用 A 名义的行为视为代理名义的省略？例如，女儿 Y 受父亲 B 之托代为取钱时，女儿 Y 以 B 的名义填写的取款单，就应该解读为"B（代理人 Y）"。但与之相反，写有 A 的名字的本案陈述书就不能解读为"A（代理人 X）"，而且，无论是 A 还是 X，原本也没打算让人如此理解（一般情况下，使用假名的行为不属于伪造文书）。在此意义上，认为只要得到了 A 同意，就转移了私文书的"制作权限"，应该说这种理解是不正确的（采用类似的观点的，⇒内田文昭："名義人の承諾と文書偽造罪の成否"，载《研修》第 396 号，第 3 页以下；安達光治·百选Ⅱ〔5 版〕第 190 页以下）。因此，在本案中，X 应构成伪造私文书罪（⇒本章第 2 节之七※（3））。

第三十章
针对公共信用的犯罪（之二）
——其他伪造犯罪

第一节 伪造货币犯罪

以使用为目的，伪造或者变造通用的货币、纸币或者银行券的，处无期或者3年以上惩役（第148条第1款）。

使用伪造或变造的货币、纸币或银行券，或者以使用为目的，将伪造或变造的货币、纸币或银行券交付他人或者进口的，与前款同（同条第2款）。

以使用为目的，伪造或者变造正在日本国内流通的外国的货币、纸币或者银行券的，处2年以上有期惩役（第149条第1款）。

使用伪造或者变造的外国的货币、纸币或者银行券，或者以使用为目的，将伪造或者变造的外国货币、纸币或者银行券交付他人或者进口的，与前款同（同条第2款）。

以使用为目的，收受伪造或者变造的货币、纸币或者银行券的，处3年以下惩役（第150条）。

（上述各款）犯罪未遂的，应当处罚（第151条）。

收受货币、纸币或者银行券后，知道是伪造或者变造的而使用，或者以使用为目的交付他人的，处面额3倍以下罚金或者科料，但不得少于2 000日元（第152条）。

以供伪造或者变造货币、纸币或者银行券之用为目的，准备器械或者原料的，处3个月以上5年以下惩役（第153条）。

一、保护法益

伪造货币犯罪的保护法益*，是**针对货币之真正性的公共信用**。在理论发展沿革中，也曾有观点认为，其保护法益是货币发行权或者国家的"**货币额度权**"。一般认为，对货币发行权的保护，不同于对针对货币之真正性的公共信用的保护。但是，按照有关"制作人"的"观念说"，货币是真正的货币，这一点意味着该货币是由发行权人所制作，因此，对于货币发行权的保护，也包含在对针对货币之真正性的公共信用的保护之中。

二、本类犯罪的具体类型

《刑法》第148条规定，以使用为目的，伪造或者变造通用的货币、纸币或者银行券的，或者使用伪造或变造的货币、纸币或银行券的，或者以使用为目的，将伪造或变造的货币、纸币或银行券交付他人或者进口的，处无期或者3年以上惩役（货币的伪造以及使用伪造的货币等）；第149条规定，以使用为目的，伪造或者变造正在日本国内流通的外国的货币、纸币或者银行券的，或者使用伪造或者变造的外国的货币、纸币或者银行券的，或者以使用为目的，将伪造或者变造的外国货币、纸币或者银行券交付他人或者进口的，处2年以上有期惩役（外国货币的伪造以及使用伪造的外国货币）；并且，第150条还规定，以使用为目的，收受伪造或者变造的货币、纸币或者银行券的，处3年以下惩役。此外，上述犯罪的未遂，也应当处罚（第151条）。再者，作为伪造犯罪、变造犯罪的预备犯罪，第153条规定，对于伪造货币等的预备行为，处3个月以上5年以下惩役。

《刑法》第152条规定，收受货币、纸币或者银行券后，知道是伪造或者变造的而使用，或者以使用为目的交付他人的，处面额3倍以下罚金或者科料，但不得少于2 000日元。这是一种特别规定。该规定考虑的是，使用伪造的货币等行为的被害人很容易产生将损失转嫁给他人的心情，因而实施合法行为的期待可能性相对较低。另外，通说认为，使用伪造的货币等的，同时还会构成诈骗罪，但由于诈骗罪已经被使用伪造的货币等罪所吸收，因而即便是构成第152条的情形，也不再另外成立诈骗罪。

三、伪造货币罪、使用伪造的货币罪

1. "货币额度权"与伪造货币罪

刑法处罚的是，针对日本国的货币以及正在日本国流通的外国货币的伪造、变造、使用、以使用为目的的交付、进口、收受等行为。有关此类犯罪的保护法益，

---

* 在日本，只有由日本政府制造并发行的货币（硬币，包括1元、5元、10元、50元、100元、500元等六种）与由日本银行发行的银行券（日本银行券）才属于通货（⇒《通貨の単位及び貨幣の発行等に関する法律》第2条、第4条）。这也就是，通货包括这里所谓货币、纸币或者银行券，因而严格意义上来说，这里所谓伪造货币犯罪，应该是伪造通货犯罪（日文原文就是如此）。但鉴于我国刑法不采用"通货"这一表述，而是统称为"伪造货币罪""变造货币罪"，故而这里不特别采用"伪造通货"这种翻译，而直接翻译为"伪造货币"犯罪。——译者注

除了针对货币之真正性的公共信用之外，是否还包括国家的货币发行权（**货币额度权**），对此尚存争议。具体而言，二战后，新旧日币替换之际，每人可以获得的用于贴在旧日元上的新日元证纸是有额度限制的，但有人非法地获取了超过限额的证纸并贴在旧日元之上，就该行为是否构成伪造货币罪，一度存在争议。* 这是因为，既然证纸本身是真的，那么，由此制作的所有新币也都是真币而非假币，因而被告不过是违反了国家的货币政策而已。对此，最高裁判所以这种行为侵害了货币发行权人的发行权为理由，判定构成伪造货币罪（最判昭和22·12·17刑集1—94）。但是，所谓伪造货币，理应是指制造了虚假的货币，既然本案不能被谓为制造了虚假的货币，就很难得出最高裁判所那样的结论（中森·各论第206页、山口·各论第421页以下等。当然，获取证纸的行为有可能构成其他犯罪）。

2. 伪造货币罪

第148条规定，以使用为目的，伪造或者变造通用的日本国**货币**（货币、纸币或者银行券）的（第1款），或者使用伪造或变造的货币的，或者以使用为目的，将伪造或变造的货币交付他人或者进口的（第2款），处无期或者3年以上惩役。与伪造文书等的犯罪不同，本罪不仅处罚使用行为的未遂，也处罚伪造行为的未遂。此外，包括未遂在内，在外国实施本罪行为的，也予以处罚（《刑法》第2条）。

与伪造文书的情形一样，所谓"**伪造**"，是指伪构制作人与制作名义人之间的人格同一性，在伪造货币的情形下，"伪造"是指非货币发行权人制造出似乎是发行权人所制造的虚假货币。与之相对，所谓"**变造**"，是指对真正的货币实施尚未达到使其丧失同一性程度的加工。总之，这两种行为都要求，所制造的货币具有足以使一般人误以为是真币这种程度的外观，若达不到该程度，则不过是"仿造"（《通貨及証券模造取締法》第1条）。

所谓"**通用**"，仅仅是事实上的流通还不够，还必须是具有法律所赋予的强制通用力（⇒《通貨の単位及び貨幣の発行等に関する法律》）。失去这种通用力的古钱币，就并非本罪客体。对于制造出实际上并不存在的银行券的情形，多数说认为，无须存在与之相对应的真币，只要其外观达到足以使一般人误以为是真币的程度，就可以构成本罪（⇒中森·各论第207页）。但是，在本书看来，这应该不能

---

* **新币兑换案**：昭和21（1946）年，日本实行新币兑换，采用的方法是，发给每位国民相当于100日元的证纸，然后由国民自己将证纸粘贴在旧币上使用。行为人从不需要证纸的人手中购得该证纸，并粘贴在旧币上，但总金额超过了100日元这一限额，检察机关以伪造货币罪起诉了行为人。对此，最高裁判所认为，"伪造货币罪是通过保障货币发行权人的发行权，而力图确保货币的社会信用，因此，只要该制作人不具有货币发行权限"，其制作行为就构成伪造货币罪（最判昭和22·12·17刑集1—94）。对此，否定说颇有影响。否定说对该判决的批判如下：在这种情况下，无法将违法制作的新币与合法制作的货币区别开来，只能是作为有效货币而通用，因此，该行为并未损害对于货币真正性的信用，认定构成本罪并不合适。对此，西田典之教授认为，在该情形下，由于不能宣布违法制作的新币无效，并且，也并未超过国家的预定发行额度，应该说，认定成立伪造货币罪，的确不妥当。但是，例如，伪造了与真币同一材质、外形的10万日元的纪念硬币，与伪造日本银行券（纸币）不同的是，一旦其进入流通领域，要认定哪种硬币是无效硬币几乎不可能，因而，也只能是认定其有效，但如果将这种行为认定为不可罚的行为，显然也不妥当。要认定行为具有可罚性，就只能以侵害了国家的货币发行权为根据。⇒西田典之，日本刑法各论：6版．王昭武，刘明祥，译．北京：法律出版社，2013：342．——译者注

被谓为"正在通用的银行券"。

伪造、变造，必须是出于"使用的目的"。所谓使用的目的，是指将伪造、变造的货币作为真正的货币，按照其本来的用途置于流通过程的目的，包括让他人使用的情形（最判昭和34·6·30刑集13—6—985），以及在自动售货机等机器上使用的情形（东京高判昭和53·3·22刑月10—3—217）。但是，其不包括作为标本使用或者作为"亮相金"＊而出示的目的。另外，没有使用目的伪造，也有可能被认定构成仿造罪。

3. 使用伪造的货币罪

所谓"**使用**"，是指将假币作为真币而置于流通过程。"使用"不问是有偿还是无偿。所谓"**交付**"，是指不构成使用的其他所有转让行为。＊＊不过，伪造犯罪的共犯之间的给付，还不能被谓为交付（中森·各论第209页）。将假币交给不知情者让其去购物的，究竟是构成使用还是交付，尚存争议（大判明治43·3·10刑录16—402将此类行为视为"交付"），但由于这两种行为都规定在同一条文，因而这种讨论并无多大实际意义。所谓"**进口**"，在船运的情形下必须达到上岸卸货的状态，而在空运的情况下则必须达到能够卸货的状态。

伪造货币并使用的，构成伪造罪与使用罪的牵连犯。关于本罪与诈骗罪的关系，一般可以认为，使用包含了通常意义上的诈骗行为，因而诈骗罪被本罪所吸收（西原·各论第279页持相反意见）。

4. 伪造外国货币罪

《刑法》第149条规定，以使用为目的，伪造或者变造正在日本国内流通的外国的货币、纸币或者银行券的（第149条第1款），或者以使用为目的，将伪造或者变造的外国货币、纸币或者银行券交付他人或者进口的（第149条第2款），处以轻于日本货币的情形的2年以上有期惩役。

尽管本罪也可以适用于在日本国内部分地区事实上通用的情形，但还是应该将那些非法流通的情形排除在外（平野·概说第256页）。另外，对于根据《日美安保条约》而允许在驻日美军设施之内流通的以美元表示的军票，也有最高裁判所的决定判定属于本罪客体（最决昭和28·5·25刑集7—5—1128）。

对于那些伪造、变造、仿造仅在外国流通的货币的行为，《有关伪造、变造以及仿造在外国流通的货币、纸币、银行券、证券的法律》（明治38年法律66号）中有相应的处罚规定。

四、收受伪造的货币罪、收受伪造的货币后知情使用罪、伪造货币等准备罪

1. 收受伪造的货币罪

第150条规定，以使用为目的，收受假币的，处3年以下惩役。犯罪未遂的，

＊ 所谓"亮相金"，是指为了取得对方信任而故意亮出给对方看的钱款。——译者注
＊＊ 交付，是指告知对方是假币，或者将假币的占有转移至明知是假币者；而且，交付伪造的货币罪，实质上就相当于使用伪造的货币罪的教唆、帮助行为，但即便收受者实施了构成使用伪造的货币罪的行为，交付人也不另外构成使用伪造的货币罪的共犯（大判明治43·3·10刑录16—402）。——译者注

也应当处罚。

所谓"收受",是指明知是假币而获得。"收受"不问是有偿收受还是无偿收受,还包括窃取、骗取的情形(构成本罪与盗窃、诈骗的想象竞合。不过,其在与第152条的关系方面还存在问题)。虽然在侵占的情形下还存在争议,但如果重视侵占罪与本罪的保护法益不同这一点,就没有理由将侵占的情形排除在外(植松·各论第140页、中森·各论第210页。反对意见:大塚·各论第419页、大谷·各论第434页,等等)。

2. 收受伪造的货币后知情使用罪

第152条规定,不知是假币而收受之后,虽明知是假币,却仍然使用,或者以使用为目的而交付他人的,处面额3倍以下罚金或者科料(但不得少于2 000日元)。对于此类情形,与通常的使用假币的犯罪相比,处以更轻的法定刑的根据主要在于,考虑到行为人是为了将收受假币所造成的损失转嫁给他人,实施合法行为的期待可能性相对较低。

因此,通过窃取等手段而非法取得假币之后又知情使用的,虽然不存在减轻刑罚的合理性(对于此类情形否定适用刑法第152条的观点,参见大塚·各论第420页、大谷·各论第435页、中森·各论第211页、西田·各论第322页,等等),但是,既然在《刑法》第150条的解释中,将窃取、骗取也包含在"收受"之内,那么,对于紧跟在第150条之后的本条,就不能通过解释来缩小其适用范围(内田·各论第550页)。

另外,本罪是第148条第2款的使用罪的减轻类型,因此,对于由此而骗取了财物的情形,也不另外成立诈骗罪(团藤·各论第255页等、通说)。这是因为,若非如此,设定较轻的法定刑的意义便不复存在。

3. 伪造货币等准备罪

第153条处罚的是,以供伪造或者变造货币、纸币或者银行券之用为目的,准备器械或者原料的行为。这属于伪造通货罪的部分预备行为,但不同于通常情形的预备罪,这里还包括行为人本人不具有伪造的意图而完全是为他人准备(他人预备)的情形(植松·各论第142页持相反意见。内田·各论第546页将他人预备视为本罪的从犯)。

本罪也要求是出于"使用的目的"而实施,若非如此,与不处罚没有使用目的的伪造之间,便有失均衡。不过,对于他人的使用目的存在认识亦可。

※ **"货币额度权"与"货币的真正性"**:与文书的伪造一样,货币的(狭义的)**伪造**,也是指伪构制作人与名义人之间的人格同一性。例如,在个人制造了与日本银行券具有相同外观的东西时,在其伪装出名义人即作为发行权人的日本银行是制作人这一点上,就属于伪造。因此,以自己之名作为发行人,制造出1万日元钞票的,即便该假钞可以以假乱真,该行为也不构成伪造货币罪,而仅仅是违反特别法(仿造货币罪等)。与之相对,所谓**变造**,是指随意更改真正成立的货币的表示内容。

"针对货币真正性的公众信赖"或者"货币额度权"等本罪的保护法益,也是通过担保这种货币发行名义的真正性而得到保护。

对于前述最高裁判所就获取超出配给份额的新币证纸并将其粘贴在旧币上的行为判定成立伪造货币罪的判决(最判昭和22·12·17刑集1—94),有观点认为,即便不提出侵犯了国家的货币额度权这一理由,也能认定该行为构成伪造罪(前田·各论第352页)。亦即,即便所完成的货币是有效的,但制造了对货币的真正性存在疑义的东西,由此就可以视为侵害了货币制度本身,在该情形下,也应当认定成立本罪;而且,另外还存在不公正地使用证纸的人,可以想见,这会让国民对货币制度本身产生不信任感,进而危及该制度的存在基础。

但是,如果因为证纸是伪造的而导致无效的货币在市场流通,想必会引发对货币制度的不信任感,但在将真正的证纸粘贴在真正的旧币之上的场合,由此完成的新币是真币,因而至多会产生对证纸配给制度本身的不信任感。并且,在该情形下,由于整体的新币额度没有变化,因而很难想象会给整个货币制度造成混乱(中森·各论第206页)。所谓针对货币制度的不信任感,毕竟只有存在是否有假币流通这种疑问之时,才有可能得以认定。

如果从是否存在伪造这一角度来看待该问题,那又是一种什么情况呢?正如许多学者所指出的那样,在该情形下,由于证纸与旧币都是真的,因而只能将完成的新币也认定为真币。这样的话,明明只是制造了真正的货币,显然不能认定为伪造货币罪(山口·各论第421页以下)。

如此一来,即便将"货币额度权"理解为本罪的保护法益,显然,那实际上与保护货币发行名义的真正性是相同意思。换言之,针对个人的证纸配给数,这无法由本罪来担保。这类似于社长将空白支票交给社员,并叮嘱说,"至多填10万日元!",但社员却擅自填了100万元的情形。这张100万元的支票完全是真正有效的支票,是否构成背信罪另当别论,但没有构成伪造有价证券罪的余地。因此,即便将"货币额度权"理解为本罪的保护法益,那也与将"针对货币的真正性的公众信赖"视为保护法益的情形是一样的。至多是对于获取超过配给额度的证纸的行为,根据具体情况,有可能构成诈骗罪。

第二节 伪造有价证券犯罪

以使用为目的,伪造或者变造公共债券、政府证券、公司股票或者其他有价证券的,处3个月以上10年以下惩役(第162条第1款)。

以使用为目的,在有价证券上作虚假记载的,与前款同(同条第2款)。

使用伪造或变造的有价证券或者存在虚假记载的有价证券,或者以使用为目的而交付他人或者进口的,处3个月以上10年以下惩役(第163条第1款)。犯罪未遂的,应当处罚(同条第2款)。

一、保护法益

有价证券是一种有关权利、义务的文书,作为经济交易的手段,发挥着准照于货币的功能。为此，有别于一般文书，对于有价证券的伪造、变造以及使用，刑法规定了重于伪造私文书罪的 3 个月以上 10 年以下有期惩役的法定刑（第 162 条、第 163 条）；而且，与货币的情形一样，也处罚有价证券的交付、进口（第 163 条）。本罪的保护法益是针对有价证券的真正性或者确定性的公共信用。另外，伪造、变造、虚假记载、交付、进口等行为，都需要存在"使用的目的"。

二、"有价证券"

本罪所谓"**有价证券**"，是表示财产权的证券，该权利的行使、处分，都要求持有证券（大判大正 3·11·19 刑录 20—2200、最判昭和 32·7·25 刑集 11—7—2037）。即便是乘车券、彩票等那些本身没有预定用于流通的证券，也包括在这里的有价证券之内，在这一点上，不同于商法中的有价证券的概念。不过，邮票与印花由特别法规制，排除在本罪客体之外。

正由于有价证券的性质介于文书与货币之间，自 1940 年草案之后的刑法草案都将伪造有价证券犯罪置于伪造货币罪与伪造文书罪之间。不过，"伪造"的含义以伪造文书中的"伪造"为基本，而且，从便于解释条文的角度来看，在解释了伪造文书与伪造货币之后再解释本罪，也更容易理解（同旨，中森·各论第 208 页）。

三、伪造有价证券罪

第 162 条处罚的是，以使用为目的，伪造或者变造公共债券、政府证券、公司股票或者其他有价证券，或者在有价证券上作虚假记载的行为。

所谓"**公共债券**"，是指与日本国或者日本国的地方公共团体的债务相关的证券；所谓"**政府证券**"，是指大藏省证券、邮政汇兑证书等。"**其他有价证券**"除了票据、支票、货物提单等物权性的有价证券之外，还包括乘车券、赛马券、彩票等没有流通性的证券。但是，如前所述，邮票与收入印花并非这里所谓"有价证券"，对于伪造邮票与收入印花的行为，由特别法予以处罚。

与文书的情形一样，所谓**伪造**，是指伪构制作人与名义人之间的人格同一性。所谓**变造**，也与文书的情形一样，是指虽然没有权限但对真正的有价证券进行了改变。反之，对于第 162 条第 2 款的"**虚假记载**"，学说认为，是指名义人对有价证券进行虚假的记载（是以名义人为主体的**身份犯**）；而判例对于附随的证券行为（背书、收受、保证等）则认为，冒用他人名义的，也构成本罪（大判大正 2·6·12 刑录 19—705。但是，学说则认为应构成"伪造"）。* 其理由在于，按照那种认

---

* 有关虚假记载的含义，判例与学说相互对立。判例认为，所谓虚假记载，既包括针对（开具票据等）基本证券行为的无形伪造（制作权限者制作出内容虚假的证券），例如，实际上并无货物交付而开具提货单的行为（大判大正 15·9·18 刑集 5—413），还包括针对（背书、收受、保证等）附随证券行为的无形伪造与有形伪造（由无制作权限者所实施的行为），例如，在票据或支票上背书或写上保证（大判大正 2·6·12 刑录 19—705）。对此，学界通说认为，无论是基本证券行为还是附随证券行为，只有无形伪造才属于虚假记载，而有形伪造即便是针对附随证券行为，也属于第 162 条第 1 款的伪造。不过，两个行为最终结果都是成立本罪（伪造有价证券罪），因而，其间的区别并不重要。西田典之. 日本刑法各论：6 版. 王昭武，刘明祥，译. 北京：法律出版社，2013：349. ——译者注

为欺骗名义人让其进行虚假记载的情形应构成虚假记载罪的间接正犯的判例观点（大判大正8·2·12刑录25—100、大判大正11·4·1刑集1—194），是从事实说的角度来理解"虚假记载"——与"制作人"的概念不同——是将本罪视为非身份犯。

四、使用伪造的有价证券罪

第163条处罚的是，使用伪造或变造的有价证券或者存在虚假记载的有价证券，或者以使用为目的而交付他人或者进口的行为。犯罪未遂的，也应当处罚。这里的伪造、变造、虚假记载，无须行为人本人实施，也无须以使用为目的而实施。

不同于货币的情形，这里所谓"**使用**"，无须将伪造的有价证券置于流通过程，而是与文书的情形一样，只要作为真正、真实的有价证券使用即可。将该有价证券置于对方可以认识的状态之下时，即构成既遂。所谓"**交付**"，是指让对方知晓该有价证券属于伪造、变造的有价证券或者存在虚假记载的有价证券，或者将该有价证券交给知情者。不过，行为人虽然原本没有"使用"的打算，但对方误认为是真正、真实的有价证券的，想必也应该包括在"交付"之内。但伪造罪、变造罪或者虚假记载罪的共犯之间的收受行为，就不应视为这里的"交付"。所谓"**进口**"，在船运的情形下必须达到上岸卸货的状态，而在空运的情况下则必须达到能够卸货的状态。

※**有价的电磁记录**：直至2001年的刑法修正增设"有关支付用磁卡的电磁记录的犯罪"之前，作为跨越伪造有价证券犯罪与伪造文书犯罪的问题，对于预付卡那样的电磁记录物是否属于"有价证券"这一点，一直没有明确结论。

在1987年的刑法部分修正中，有关伪造有价的电磁记录的规定最终也未能就其定义作出明确规定。并且，对于只是非法改变、制作赛马券反面的磁条信息部分（电磁性记录）的行为，也开始有下级裁判所的判例（甲府地判平成1·3·31判时1311—160）判定构成不正当制作电磁记录罪（第161条之二）。然而，篡改电话卡的磁条信息部分（电磁性记录）以增加电话刻度之后再予以销售的行为，对此如何处理此后逐渐成为必须解决的问题，而且，第161条之二并没有处罚"交付"行为的规定，因此，又出现了将此类行为作为"交付变造的有价证券罪"予以处罚的判例（最决平成3·4·5刑集45—4—171）。该判决的理由是：如果将磁卡表面的可读性记载与磁条信息部分（电磁性记录）视为一体，就可以将此类磁卡认定为有价证券。

但是，这种解释多少还是有些牵强。首先，电话卡的磁条信息部分（电磁性记录）并非"文书"。这是因为，要称之为文书，必须以文字以及其他可以供人阅读的符号来表示意思或者观念（1987年的刑法修正前，大阪地判昭和57·9·9刑月14—10—776曾将CD卡的磁条信息部分认定为文书。在该判决看来，缩微胶片也是不借助机械就无法阅读，但被认定为文书，而且，磁条信息部分也是可以借助机械阅读其内容的，因此，后者也属于文书。*但是，缩微胶片的文字只要放大就可

---

* 该判决认为，电磁记录本身虽不具有可视性、可读性，但存在作为具有可视性、可读性的文书而再生的可能性，并且，再生的文书与电磁记录具有连为一体不可分割的关联关系，进而判定电磁记录属于文书。——译者注

以阅读，而且，如果凡可以借助机械阅读的东西都属于文书，那么，一旦声音打字机得以普及，按照其观点，人的记忆势必也要成为文书）。按照以往的解释，有价证券属于文书的一种，因而凡不属于文书的，就不能谓之为有价证券。实际上也有观点基于该理由，否定电话卡的有价证券性（千叶地判平成1・11・2判时1332—160。曾根・各论第258页、中森・各论第231页、山口・各论第481页*，等等）。为此，最高裁判所通过将磁条信息部分与磁卡表面的可读性记载视为一个整体，而试图克服可读性要件这一障碍。

但是，电话卡表面的记录，实际上并不是表示电话卡持有人的电话利用权的东西。这也是因为，电话卡的剩余读数并未体现在电话卡的表面之上。因此，无论与什么东西成为一个整体，不表示权利的记录是不可能成为有价证券的（这一点与附有电磁记录的赛马券不同）。而且，即便篡改了不可读的部分，也不能谓之为文书的变造。并且，按照这种结构，在表面没有任何记录的电话卡的场合，即便同样是篡改了磁条信息部分（电磁性记录），也不成立伪造有价证券罪。

能否将其本身并未预定对人使用的东西视为有价证券，也是需要解决的问题。一直以来，对所谓有价证券上的权利的行使，既往设想的都是，通过向人出示而行使权利。《刑法》第161条之二（非法制作电磁记录罪）之所以采取了"供……之用"这一表述，也正是考虑到，需要插在机器上方能使用这种电磁性记录的特殊性。然而，电话卡等预付卡原本就是通过直接插入机器而使用的。在此意义上，这种卡的性质类似于钥匙。因此，原本没有预定向人使用的卡，就不属于有价证券（同旨，山中敬一・《法学セミナー》第442号第123页等）。的确，虽然也有直接在电话局窗口用电话卡支付电话费的做法，但那毕竟只是电话卡的辅助功能，以此为根据而直接认定电话卡具有有价证券性，这是不妥当的。

针对可读性要件，部分实务部门的人员认为，有价证券也可以不是文书。但问题在于，按照这种观点，就无法解决最后的"使用"要件的问题。因此，那种认定构成伪造有价证券犯罪的判例观点，作为解释论来说，是极其值得怀疑的。下述2001年增设的"有关支付用磁卡的电磁记录的犯罪"（是从立法上）解决了该问题。

第三节　有关支付用磁卡的电磁记录的犯罪

以使他人的财产性事务处理出现错误为目的，不正当地制作供该事务处理之

---

* 山口・各论第480页以下认为，"判例认为，电话卡作为一种充值卡（卡的反面以电磁记录的形式记载了可利用读数信息），也相当于有价证券（最决平成3・4・5刑集45—4—171〔若将电磁信息部分、卡面上的记载及其外观作为一个整体来看待，就可以认定，该证券上面显示了接受电话劳务的提供这种财产性权利，并且，将该证券插入卡式公用电话机就可以使用，因此，电话卡属于有价证券〕）。并且，进一步认为，篡改电话卡的电磁信息部分的行为构成变造有价证券罪；将篡改后的电话卡卖给知情者的行为构成使用变造的有价证券罪。但是，证券上所显示的财产性权利，必须是可以针对人使用的东西（因此，如后所述，存在真正的有价证券的外观，这一点属于伪造、变造有价证券罪的成立要件），因此，将在机器上使用的电话卡理解为有价证券，就存在疑问。如后所述，通过2001年的刑法修正，最终以立法形式解决了此问题"（山口厚．刑法各论：2版．王昭武，译．北京：中国人民大学出版社，2011：561．）．——译者注

用，且构成信用卡以及其他用于支付价款或费用的磁卡的电磁记录的，处 10 年以下惩役或者 100 万日元以下的罚金。不正当地制作构成用于提取存款的磁卡的电磁记录的，亦同（第 163 条之二第 1 款）。犯罪未遂的，应当处罚（第 163 条之五）。

出于前款的目的，将前款不正当地制作的电磁记录供他人的财产性事务处理之用的，与前款同（第 163 条之二第 2 款）。犯罪未遂的，应当处罚（第 163 条之五）。

出于第 1 款的目的，转让、出借或者进口以第 1 款的不正当地制作的电磁记录为其构成部分的磁卡的，与第 1 款同（第 163 条之二第 3 款）。犯罪未遂的，应当处罚（第 163 条之五）。

出于前条第 1 款的目的，持有该条第 3 款的磁卡的，处 5 年以下惩役或者 50 万日元以下罚金（第 163 条之三）。

以供第 163 条之二第 1 款的犯罪行为之用为目的，取得该款的电磁记录信息的，处 3 年以下惩役或者 50 万日元以下罚金。知情而提供该信息的，亦同（第 163 条之四第 1 款）。犯罪未遂的，应当处罚（第 163 条之五）。

出于前款的目的，保管不正当地取得的第 163 条之二第 1 款的电磁记录信息的，与前款同（第 163 条之四第 2 款）。

出于第 1 款的目的*，准备器械或者原料的，与第 1 款同（第 163 条之四第 3 款）。

一、保护法益

通过 2001 年的刑法部分修正，在第 18 章之二中增设了"有关支付用磁卡的电磁记录的犯罪"。此类犯罪通过处罚那些针对以电磁性记录作为构成部分的信用卡、现金卡、借记卡、预付卡等支付用卡的不正当地制作、提供使用，以及持有不正当地制作的磁卡以及为不正当地制作做准备的行为，从而力图对于因提供那些不正当地制作的磁卡而有可能造成的财产性损害防患于未然。

此类犯罪的处罚范围极广，不仅包括不正当地制作磁卡的行为及其未遂，还包括具有不正当地制作的预备性质的取得电磁记录信息的行为，与提供电磁记录信息的行为及其未遂，亦即，**不正当地制作的预备的未遂**，也包括准备用于不正当地制作的器械或原料的行为。如果考虑到不正当地制作行为本身还具有使用不正当地制作的磁卡进行诈骗等的预备的性质，这实际上就意味着，对于那些"预备的预备（的未遂）"进行处罚。而且，还处罚甚至伪造货币犯罪中也不处罚的持有不正当地制作的磁卡，以及保管不正当地制作的用于提取存款的磁卡的电磁记录的行为。此类犯罪的保护法益，也似乎已经超出了针对个别磁卡的真正性的公共信用，而是以针对利用磁卡进行交易的整个系统本身的信赖作为其保护法益。在这一点上，可以说，此类犯罪与以往的伪造犯罪存在质的差别，保护的是更为前置的"普遍性"的法益（西田·各论第 344 页认为是，"以电磁记录为构成

---

* 如后所述，这里所谓"第 1 款的目的"，是指"不正当地制作支付用磁卡的目的"，而非"取得信息或者提供信息的目的"。——译者注

部分的支付用磁卡所形成的交易系统的安全且圆满的运行"*）。

※**支付用磁卡**：所谓"**支付用磁卡**"，是指信用卡、借记卡、预付卡、银行存取款用现金卡。尽管这些磁卡也具备如信用卡那样的作为"证明书"的功能，但现在大多是使用电磁性记录通过机械进行处理，因而仅将其作为"文书"进行保护是不够充分的。由于是用于支付等情形，因而仅限于用于支付货款或者费用的磁卡以及存取款用的磁卡，而不包括贷款业者发放的借贷卡。

二、本类犯罪的具体类型

第163条之二以"**不正当地制作支付用磁卡的电磁记录等**"为题（作为罪名）规定，对于下述情形处以10年以下惩役或者100万日元以下罚金：以使他人的财产性事务处理出现错误为目的，不正当地制作供该事务处理之用的电磁记录，且该电磁记录构成信用卡或者其他用于支付价款或费用的磁卡的；出于同样的目的，将不正当地制作的上述电磁记录供他人的财产性事务处理之用的；出于同样的目的，出让、出借或者进口以不正当地制作的上述电磁记录为其构成部分的磁卡的。所谓"**不正当地制作**"，是指没有记录权限的人不正当地制作电磁记录。这里所谓"**不正当地（不正）**"，是指没有反映发行人（制作人）的意思。

第163条之三以"**持有不正当地制作的电磁记录的磁卡**"为题（作为罪名）规定，对于出于同样的目的，持有以不正当地制作的上述电磁记录为其构成部分的磁卡的，处5年以下惩役或者50万日元以下罚金。

第163条之四以"**准备不正当地制作支付用磁卡的电磁记录**"为题（作为罪名）规定，对于出于不正当地制作支付用磁卡的电磁记录的目的，取得有关支付用磁卡的电磁记录的信息者，以及知情提供该信息者，处3年以下惩役或者50万元以下罚金；此外，对于出于供不正当地制作磁卡之用的目的，保管不正当地取得的有关支付用磁卡的电磁记录的信息者，以及出于不正当地制作支付用磁卡的目的，准备器械或者原料者，也以相同的法定刑予以处罚。

取得磁卡信息的行为包括"快速读取（skimming）"行为。对于不正当地制作磁卡，以及取得或者提供电磁信息的行为，第163条之五还设有处罚未遂的规定。

※**不正当地制作的准备与"快速读取（skimming）"的未遂、预备**：第163条

---

* 西田·各论第344页认为，"根据本法的起草机关的说明，本类犯罪的保护法益为，对于构成支付用磁卡的电磁记录的真实性，以及使用这些支付用磁卡的支付体系的社会信赖。因此，与现行的伪造货币罪、伪造有价证券罪相并列，将本类犯罪定位为伪造犯罪的一种（长濑敬昭：《有关刑法部分改正的法律》，载《警察学论集》第54卷第9号，第107页）。在使用不正当地制作出来的伪造的信用卡而骗取商品或者兑换现金的场合，在有损对于信用卡的真实性的社会信赖方面，可以说，本罪确实具有伪造犯罪的特征。但是，本罪的客体还包括诸如预付卡以及现金卡等不针对人使用，而仅针对机械使用的支付用磁卡。正因为如此，对于不正当地制作那种不具有真正磁卡之外观的磁卡的行为，例如，仅在'白卡'上粘贴电磁记录的行为，也应当认定构成本罪。这样一来，就应该将本罪质理解为，与伪造罪相并列，或者超出伪造罪的，以电磁记录为构成部分的支付用磁卡所形成的结算系统的安全且圆满的运行"（西田典之．日本刑法各论：6版．王昭武，刘明祥，译．北京：法律出版社，2013：356．）．——译者注

之四第 3 款规定："出于第 1 款的目的，准备器械或者原料的，与该款同。"根据该规定，对于出于第 163 条之四第 1 款规定的不正当地制作支付用磁卡的目的，准备相关器械或者原料的行为，无疑应按照与取得信息或者提供信息的情形相同的法定刑予以处罚（并且，第 163 条之四第 3 款规定是"出于第 1 款的目的"，但根据对文字的具体解读方式的不同，可能会产生这样的误解：认为其是出于第 163 条之四第 1 款所规定的取得信息或者提供信息的目的）。此外，第 163 条之五规定，也处罚第 163 条之四第 1 款的未遂。并且，依据第 43 条的规定，其处断刑可以按照既遂的法定刑予以减轻。但这里会略微出现矛盾。这是因为，我们也可以这样来解读：在取得磁卡信息的行为止于未遂的场合，其处断刑是以 3 年以下惩役或者 50 万元以下罚金（第 163 条之四第 1 款）为基础进行减轻（酌情减轻的情形另当别论），然而，在取得信息的行为虽止于预备阶段，但利用了用于取得信息的器械（扫描仪等）的，却反而因构成准备不正当制作罪（第 163 条之四第 3 款）而没有减轻刑罚的可能。那么，如果笔者是检察官，对于那些因取得信息的未遂（例如，信息读取失败等）而被抓捕的嫌犯，想必会全部以准备不正当制作罪进行起诉。因为这样做处罚更重。

为此，部分学者尝试通过解释论来消除此矛盾。例如，有观点认为，出售、购买用于读取信息的器械、装置的行为，相当于取得电磁记录信息的行为的准备行为，实质上属于准备不正当制作罪的预备行为，不属于本罪的处罚对象（山口・各论第 494 页以下、山中・各论第 666 页；长濑敬昭：《刑法の一部を改正する法律について》，载《警察学論集》第 54 卷第 9 号，第 116 页）。但是，从与准备伪造货币罪（第 153 条）的比较以及其用语本身来看，鲜有将准备扫描仪等器械的行为排除在准备不正当制作罪之外的根据（西田・各论第 351 页）。应该说，这属于立法的失误。即便能通过均衡论的缩小解释来暂时应对此矛盾，但还是希望能尽早修正（具体修正方法可以是：要么从第 163 条之五中删除"以及前条第 1 款"，要么删除第 163 条之四第 3 款，或者将其法定刑的上限降低至 1 年左右的有期惩役）。

第四节　伪造印章犯罪

出于使用的目的，伪造御玺、国玺或御名的，处 2 年以上有期惩役（第 164 条第 1 款）。

不正当地使用御玺、国玺或御名的，或者使用伪造的御玺、国玺或御名的，与前款同（第 164 条第 2 款）。犯罪未遂的，应当处罚（第 168 条）。

出于使用的目的，伪造公务机关或公务员的印章或署名的，处 3 个月以上 5 年以下惩役（第 165 条第 1 款）。

不正当地使用公务机关或公务员的印章或署名的，或者使用伪造的公务机关或公务员的印章或署名的，与前款同（第 165 条第 2 款）。犯罪未遂的，应当处罚（第 168 条）。

出于使用的目的，伪造公务机关记号的，处 3 年以下惩役（第 166 条第 1 款）。

不正当地使用公务机关记号的，或者使用伪造的公务机关记号的，与前款同（第 166 条第 2 款）。犯罪未遂的，应当处罚（第 168 条）。

出于使用的目的，伪造他人的印章或署名的，处 3 年以下惩役（第 167 条第 1 款）。

不正当地使用他人的印章或署名的，或者使用伪造的印章或署名的，与前款同（第 167 条第 2 款）。犯罪未遂的，应当处罚（第 168 条）。

一、保护法益

第 2 编第 19 章规定的是"伪造印章犯罪"。就印章与署名而言，其本身是用于体现意思表示主体的手段，是作为意思表示等证据方法的文书制度之基础。针对伪造与不正当地使用此类印章与署名的行为，刑法规定与公务所的记号相并列，单独进行处罚。由于伪造文书与伪造有价证券均不存在处罚未遂的规定，因而本类犯罪也具有对于文书与有价证券的伪造行为的前阶段行为进行处罚的一面。另外，本类伪造犯罪需要"出于使用的目的"。

二、本类犯罪的具体类型

1. 概述

"印章"，就是所谓"图章"（也包括用于文书末尾的"花押"*）。印在纸张等之上的，谓之为"印影"。有力观点认为，刑法中所谓"印章"应限于这种"印影"，但判例认为，还包括刻有"印影"形状的"图章"（大判明治 43·11·21 刑录 16—2093）。在已经完成文书的场合，伪造印章罪被伪造文书罪吸收。

"署名"，与"自署"或"签名"是一个意思，是指文书的制作人为了将自己的人格明确记载于书面之上，而写下自己的姓名。在已经完成文书的场合，伪造署名罪被伪造文书罪吸收。针对署名究竟应限于亲笔签名（自署）还是也包括记名在内**，尚存争议。判例采取后一种观点（大判大正 2·9·刑录 19—853），但是，记名只有在盖章之后才与亲笔签名具有同等意义，因而前一种观点更为妥当（团藤·各论第 302 页）。

所谓"记号"****，通说认为，不同于显示文书的制作主体的"印章"，是指诸如检验章、订正章等出于证明主体以外的其他事项的目的而使用的东西，但判例则以使用的目的物作为区别标准，主张盖在文书上供证明之用的是"印章"，而盖在其

---

* 花押：是指用于替代署名的记号、符号。原本多是在文书上签上自己的姓名，但为了区别于其他人，而逐渐个性化，以图案形式代替签名。花押多见于东亚地区的汉字文化圈，据传源于中国唐朝（8 世纪左右），日本于平安时代中期（10 世纪左右）开始使用，盛行至江户时代。——译者注

** 记名：例如，在签订合同时，合同当事人表示自己姓名的方法有署名（自署）与记名。署名，是指本人亲笔签名，因笔迹因人而异，只要进行笔迹鉴定即可判别，具有极高的证据效力。记名，是指以亲笔签名之外的其他方式表记自己的姓名，例如，由他人代笔、盖橡皮印章、用打字机打印等。一般而言，由于记名并未留下本人笔迹，其证据效力低于署名。但日本《商法》第 32 条规定，"基于本法规定应署名的，可以以记名盖章的方式代替署名"，因此，署名就等同于记名加盖章，合同不需要盖章，只要有本人署名即可生效。——译者注

*** 所谓"记号"，就是指"戳记"。——译者注

他产品、商品之上的则为"记号"（最判昭和 30·1·11 刑集 9—1—25）。作为商标使用的象征性图案等就属于记号。有判例认为，第 167 条第 1 款的伪造私章罪中的"印章"包括记号（大判大正 3·11·4 刑录 20—2008），但从刑法另外规定了第 166 条这一点来看，判例观点是存在疑问的。*

另外，即便是印章的印影，如果被视为"**省略了的文书**"或者"**省略文书**"，也可以构成伪造文书罪（⇒第 29 章第 2 节之二以及※）。

"使用"，是指针对他人使用。伪造图章之后制作印影的，还只是伪造。

2. 伪造御玺罪、不正当使用御玺罪

第 164 条规定，出于使用的目的，伪造御玺、国玺或御名的，或者不正当地使用御玺、国玺或御名的，或者使用伪造的御玺、国玺或御名的，与下述伪造公印的行为相比从重处罚。使用行为的未遂，也应当处罚。关于御玺、国玺以及御名的含义，参见伪造诏书等罪中的相关解说（⇒第 29 章第 3 节之一）。

3. 伪造公章罪、不正当使用公章罪

第 165 条处罚的是，出于使用的目的，伪造公务机关或公务员的印章或署名的行为，或者不正当地使用公务机关或公务员的印章或署名的行为，或者使用伪造的公务机关或公务员的印章或署名的行为。使用行为的未遂，也应当处罚。

4. 伪造公记号罪、不正当使用公记号罪

第 166 条处罚的是，出于使用的目的，伪造公务机关记号的行为，或者不正当地使用公务机关记号的行为，或者使用伪造的公务机关记号的行为。使用行为的未遂，也应当处罚。

5. 伪造私章罪、不正当使用私章罪

第 167 条处罚的是，出于使用的目的，伪造他人的印章或署名的行为，或者不正当地使用他人的印章或署名的行为，或者使用伪造的印章或署名的行为。使用行为的未遂，也应当处罚。虽然有判例认为本条的"印章"包含记号在内（大判大正 3·11·4 刑录 20—2008），但在涉及公共性之时，刑法是严格区分印章与记号的，因此，判例观点并不妥当（中森·各论第 240 页）。

※**伪造印章与伪造文书的区别**：伪造文书罪的客体即"文书"还包括"省略文书"，因而有时候很难区分伪造印章与伪造文书。这是因为，即便看上去只是单纯的署名或者盖章，但有时候属于代表名义人的某种意思的"省略文书"。在以往的判例中，下述情形被视为"省略文书"：银行的付款单（大判明治 43·2·10 刑录 16—189）、上面记有被冒用人的姓名并盖有印章的用于取得印鉴证明的印章纸（大判大正 2·1·21 刑录 19—20）、邮局的日期邮戳（大判昭和 3·10·9 刑集 7—683）、在有关简易裁判所的督促支付正本的邮政送达书上的领受人的印章或者署名

---

* 日本刑法通说认为，印章是指表示人的同一性的东西，而记号是证明、表示其他一定事实的东西，与记号相比，证明、表示人的同一性的印章更具有信用性、证明力，因此，日本刑法将伪造印章罪作为重于伪造记号罪的犯罪来规定。——译者注

栏中的姓名（最决平成16·11·30刑集58—8—1005），等等。

与之相反，下述情形则被视为单纯的印章、署名：在普通挂号邮件的送达书上的盖章（大判大正8·7·17刑录25—875）、口供（供述书）末尾的供述人栏中的署名或指印（京都地判昭和56·5·22判夕447—157、东京高判平成7·5·22判夕918—260等）、在道路交通法违章事件调查报告书上写下的姓名（福冈高判平成15·2·13判例时报1840—156），等等。

两者的决定性区别是，判断署名或印章的名义人是谁，以及该名义人的意思或者观念是否被表示在书面上。并且，这种判断受该书面的法令上的含义所左右。例如，一般来说，邮件送达书是表示邮递员而非领受人的意思或观念的文书，因而伪造受领章的仅构成伪造印章（⇒松宫孝明：《印章偽造と文書偽造》，载《立命館法学》第298号，第357页以下）。

第五节　有关不正当指令电磁记录的犯罪

没有正当理由，以供他人的电子计算机运行之用为目的，制作或者提供下述电磁记录或者其他记录的，处3年以下惩役或50万日元以下的罚金。

(1) 在他人使用电子计算机之际，该电磁记录会发出不正当指令，使得电子计算机不按该人的意图运行，或者使得电子计算机作出有违其意图的运行。

(2) 除前项所列示的情形之外，记录了该项的不正当指令的电磁记录或者其他记录（第168条之二第1款）。

没有正当理由，将前款第1项所列示的电磁记录供他人的电子计算机运行之用的，与该款同（同条第2款）。犯罪未遂的，应当处罚（同条第3款）。

没有正当理由，出于前条第1款的目的，取得或者保管该款各项所列示的电磁记录或者其他记录的，处2年以下惩役或30万日元以下罚金（第168条之三）。

根据2011年的刑法部分修正，在第2编第19章之后，以"第19章之二　有关不正当指令电磁记录的犯罪"为题，增设了制作不正当指令电磁记录等罪（第168条之二）以及取得不正当指令电磁记录等罪（第168条之三）。这是为了加盟2001年欧洲评议会所通过的《服务器犯罪公约》，作为日本国内担保法，根据2011年的刑法部分改正增设的犯罪。该章对制作与提供计算机病毒、将计算机病毒用于计算机的行为，以及为了上述目的而取得、保管计算机病毒的行为等进行处罚。不正当指令电磁记录的制作及其取得，需要"以供他人的电子计算机运行之用为目的"。因此，在不可避免地出现系统缺陷（BUG）的场合，至少可以说，不存在该目的。将这种电磁记录供他人的电子计算机运行之用的，也以第168条之二第2款进行处罚。对于制作与提供计算机病毒、将计算机病毒用于计算机的行为，处3年以下惩役或者50万元以下罚金，犯罪未遂的也应当予以处罚。而且，取得、保管这种电脑病毒的，也应予以处罚。

另外，本条（第168条之二、第168条之三）所谓"正当理由"，是指为了对计算机系统正当地进行试验或者保护而进行操作。

【问题研讨】

Y 在电车内窃取了 B 的钱包，经过仔细辨认，发现其中的 1 张 1 万日元钞票是假币。但 Y 用这张 1 万日元钞票买了一包香烟，并拿走了找零。

【解说】

本案的中心论点是：Y 使用伪造的纸币（正确的说法应该是伪造的银行券）购买香烟的行为，究竟是构成第 152 条的收受伪造的货币后知情使用罪，还是仅构成使用伪造的货币罪？

如前所述，通过盗窃等违法行为获取假币之后，虽意识到是假币但仍然使用的，是否应适用规定了相对较轻的法定刑的第 152 条，对此是存在争议的。这是因为，对于那些收受后知情使用的行为，之所以从轻处罚，是考虑到收受者本人就是使用假币行为的受害人，不少情形下，期待收受者不将自己所遭受的损失转嫁给他人的期待可能性是较低的，相反，在窃取假币的场合，根本不存在需要转嫁的损失，因而也没有从轻处罚的理由。因此，有观点提出，这种情形应当排除第 152 条的适用。

但是，一面在解释第 150 条的"收受"时认为包括窃取等行为，一面却又在解释第 152 条时否定这一点，想必这应该算是一种恣意的解释。无论多么具有合理性，对于那些有利于行为人的规定，随意进行缩小解释，都应该被理解为，这是对立法权的介入，会有损法规的明确性，是不被允许的做法。

因此，我们只有两个选项：其一，认为"收受"不包含窃取，在第 150 条的解释中也贯彻这一点；其二，对于"收受"中包括窃取这种解释一以贯之，承认对 Y 适用第 152 条。并且，如果认为，收受行为存在使用假币的危险这种不同于盗窃损失的、针对新的法益的威胁，那么，前一选项就有欠妥当，因而后一选项才是合理的。总之，法官不能超越文意范围，对法律进行不利于被告人的解释。为此，本案中的 Y 成立盗窃罪与收受伪造的货币后知情使用罪，两罪并罚。另外，包含于使用之中的诈骗，被第 152 条吸收。

第三十一章 针对风俗的犯罪

第一节 概述

一、"风俗犯"的分类

"猥亵犯罪"（第 2 编第 22 章的"猥亵、奸淫以及重婚的犯罪"中，除强制猥亵犯罪〔第 176 条至第 182 条〕之外的其他犯罪）、"有关赌博以及博彩的犯罪"（第 2 编第 23 章）以及"有关礼拜场所以及坟墓的犯罪"（第 2 编第 24 章）传统上被称为"风俗犯"（Sittlichkeitsdelikt）或者"针对道德秩序的犯罪"。为此，本书将上述犯罪统称为"针对风俗的犯罪"，一并讲解。

二、"风俗"这种保护法益

不过，近年来，对于本类犯罪存在这样的疑问：将"风俗"（Sittlichkeit）这种道德秩序本身作为刑法的保护法益是否合适？

具体而言，在"猥亵犯罪"中，应该认为，其保护法益并非性风俗，而是不愿意看到猥亵的东西这种"公众的性感情"（平野·概说第 268 页）；在重婚罪（第 184 条）中，仅以二重法律婚姻作为处罚对象，并不处罚有情妇的行为，因而其保护法益是一夫一妻制这种婚姻法秩序（平野·概说第 272 页。同时，对此也提出了是否有必要处罚这种"无被害人的犯罪"的疑问）；在"有关赌博以及博彩的犯罪"中，有观点提出，与所谓"勤劳的美德"相比，立法的宗旨更在于，基于父权主义的对个人的"财产保护"以及对公营博彩业的垄断地位的维持。同时，在"有关礼拜场所与坟墓的犯罪"中，还存在这样的问题：以刑法来保护宗教，这是否有违政教分离原则？如何处理与其他财产犯罪、妨害业务的犯罪之间的关系？

除此之外，针对"猥亵犯罪"与"有关赌博以及博彩的犯罪"，有意见提出，只要是基于个人的自由意思，就未必能谓之为侵害了他人的利益（**无被害人的犯罪**），而且，随着社会的性道德观的变化以及公营博彩业的存在，有关赌博与博彩这两种犯罪的规范意识已经发生了很大变化，因而应对其做"非犯罪化"处理。另外，针对"有关礼拜场所与坟墓的犯罪"，也有观点提出：除了意味着对"信教自由"（《宪法》第 20 条）进行间接保护之外，有关犯罪尸体，还带有隐灭证据罪的性质；而且，如后所述，本罪还处罚那些无端从尸体摘取用于移植的器官的行为，因而还应将本罪理解为，是对死者人格权的保护（齐藤诚二：《刑法における生命の保護》第 272 页以下）。

第二节 猥亵犯罪

公然实施猥亵行为的，处 6 个月以下惩役或 30 万日元以下罚金，或者处以拘留或科料（第 174 条）。

散发或者公然陈列猥亵的文书、图画、有关电磁记录的记录媒介物或者其他猥亵物品的，处 2 年以下惩役或者 250 万日元以下罚金或科料，或者处惩役与罚金之并科。通过电信传输，散发猥亵的电磁记录或者其他记录的，亦同（第 175 条第 1 款）。

出于有偿散发的目的，持有前款之物，或者保管前款之电磁记录的，与前款同（同条第 2 款）。

有配偶而又结婚的，处 2 年以下惩役。与之相婚的，亦同（第 184 条）。

一、概述

这里集中对第 2 编第 22 章的"猥亵、奸淫以及重婚的犯罪"中，除强制猥亵犯罪（第 176 条至第 182 条）之外的其他"猥亵犯罪"进行解说。第 182 条的劝诱淫行罪虽然也具有妨害风俗的性质，但与《防止卖淫法》中的犯罪一样，其侧重点在于，主要是通过父权主义来保护个人法益；而且，在现行法的提案理由中，也认为该罪是以保护那些没有淫行常习的妇女为其目的，因而本书将其定位于针对个人法益的犯罪，且已在前文中进行了解说（⇒第 11 章第 8 节）。与之相对，就第 184 条的重婚罪而言，只有重婚的对方也知道重婚的事实时才加以处罚，因而本书将其作为针对超越个人法益的犯罪，在此进行解说。

第 183 条曾规定了只处罚已婚女性与男性通奸的通奸罪，但与不处罚已婚男性的通奸行为相比，明显有违男女平等原则，因而于 1947 年被废止。

二、公然猥亵罪、散发猥亵物品罪[*]

1. 概述

第 174 条处罚的是公然猥亵行为，第 175 条处罚的是散发、公然陈列或者出于

---

[*] 在本罪中，本可以将"猥亵物"直接译为"淫秽物品"，但为了保持前后文的一致，也为了尽可能使用原法律用语，故仍直译为"猥亵"。——译者注

有偿散发的目的而持有猥亵的文书、图画、有关电磁记录的记录媒介物或者其他猥亵物品的行为。与直接的猥亵行为相比，散发、公然陈列或者出于有偿散发的目的而持有猥亵物品的行为的法定刑更重（⇒※）。

2. 猥亵的概念

处罚那些猥亵的表现行为，可能会与"表现的自由"（《宪法》第 21 条）之间处于紧张关系。根据最高裁判所的观点，所谓"**猥亵**"，是指"**纯粹为了兴奋或刺激性欲，且有害于普通人的正常的性羞耻心，并有违善良的性道德观念的东西**"（最判昭和 26・5・10 刑集 5—6—1026、最判昭和 55・11・28 刑集 34—6—433、百选 Ⅱ No. 104）。不过，对于猥亵的具体判断，则伴随着时代的变迁而不断改变。当初，最高裁判所确立了"性行为非公然性的原则"，以"艺术性不影响猥亵性"为理由，判定触犯该原则的，即便属于具有艺术性、学术性价值的表现，也属于猥亵（有关《查泰莱夫人的情人》的判决*，⇒最大判昭和 32・3・13 刑集 11—3—997；有关《败德的繁荣》的判决**，⇒最大判昭和 44・10・15 刑集 23—10—1239）。但是，近年来，裁判所则主张应考虑性表现的程度与手法、在整个文书中所占的比重、文书的思想性与艺术性多大程度上可以缓解性刺激等因素，根据"将文书作为一个整体来看待之时，能否认定其主要在于引起读者的好色趣味"来进行判断（最判昭和 55・11・28 刑集 34—6—433）。

此外，主要是有关《刑法》第 175 条（散发淫秽物品等罪），学界有观点主张，不应只是根据对该对象物本身的客观评价而（绝对地）判断猥亵性，还应同时考虑到散发、贩卖的方法，以及作为散发、贩卖之对象的人的范围等，进行相对判断这种"**相对的猥亵概念**"（大塚・各论第 520 页）。例如，仅仅提供给少数专家使用的，便不应认定为"散发了猥亵物"。可以说，在这种观点看来，问题不仅仅在于"猥亵性"，还应将"散发"等因素也包括在内进行综合性判断。但是，判例却认为，是否属于"猥亵物"，并非取决于贩卖的方法，只要销售了"猥亵物"，便当然属于"散发猥亵物"（有关"国贞"的判决，⇒最判昭和 48・4・12 刑集 27—3—351）。

还有观点认为，即便是那些无法完全否定猥亵性的情形，也应对猥亵性与这种表现的艺术性、学术性价值进行比较衡量（有关《败德的繁荣》的判决的少数意

---

* 即英国作家劳伦斯于 1928 年发表的长篇小说《查泰莱夫人的情人》（Lady Chatterley's Lover）。——译者注

** 《败德的繁荣》（l'Histoire de Juliette ou les Prospérités du vice），是法国作家萨德（Marquis de Sade）的长篇小说，在 1709 年到 1801 年期间出版。描写的是在修道院作为虔诚的女性而成长的主人公 Juliette 在 13 岁之时，受到某位主张道德、宗教等善的概念毫无意义的女性的唆使，从此步入败德与奢华的人生。女主人公为了追求自己的快乐，连亲属、友人也不惜以一切方法予以杀害。通篇展开了有关神与道德、悔恨与爱这种概念的攻击性思考。本案被告人涩泽龙彦 1969 年在日本翻译出版该书，因该书存在性描写的内容，翻译者以及出版者都被以《刑法》第 175 条之罪（散发猥亵物品罪）起诉。一审引用查泰莱案件的判定标准，认定无罪，但控方抗诉，二审转而宣判有罪，被告向最高裁判所提出上告。对此，最高裁判所基于下述旨趣，驳回了被告的上告，判定被告有罪。最高裁判所认为，"……可以认为，即便是具有艺术性、思想性价值的文书，也无碍于认定该文书属于具有猥亵性的文书。当然，文书所具有的艺术性、思想性降低了属于文书之内容的性描写所引起的性刺激，将猥亵性减少至属于刑法处罚之对象的程度以下的情形，也不是不可以想见，但只要没有将猥亵性消解至该程度，即便是具有艺术性、思想性价值的文书，仍难免不作为猥亵的文书来处置。"——译者注

见)。但是，也存在这样的担心：由裁判所来判断艺术价值之有无，这可能属于国家对于学术、艺术的过度干预（平野·概说第271页）。为此，也有观点认为，只有完全不具备艺术性、学术性价值，完全是为了满足好色趣味的东西，才属于猥亵物（大谷·各论第521页、中森·各论第245页、山口·各论第506页）。但是，无论如何，是否属于猥亵，其界限非常微妙，很难消除有违"刑罚法规的明确性"之嫌。

另外，还有观点主张，作为立法论而言，只要对于那些让不打算看的人看见，或者让未成年人看见的情形，予以处罚就足够了（平野·概说第271页）。应该说，这种观点是妥当的。

3. 公然性

猥亵行为与陈列猥亵物，必须是公然实施的。所谓"**公然**"，是指能为不特定的人或者多数人所认识的状态（最决昭和32·5·22刑集11—5—1526、百选Ⅱ No.105），但无须已为不特定的人或者多数人实际认识到。例如，裸奔（streaking）等非营利性的暴露行为，以及跳裸体舞等营利行为，就属于这里的公然猥亵行为（针对露出屁股与大腿的行为，则依据《轻犯罪法》第1条第20项进行规制）。此外，这里还包括引发人的羞耻心的言语表现。

4. 本罪的客体与行为

下级裁判所的判例一般认为，第175条的客体还包括录像带、录音带等物品。但是，将记录媒介物本身视为"猥亵物"，这种解释多少有些勉强。为此，2011年的刑法部分修正在第175条第1款的客体中追加了"有关电磁记录的记录媒介物"。而且，对于通过网络传送猥亵数据的行为，也明文规定予以处罚。同时，将修正之前使用的"贩卖"这一用语纳入"散发"之中，而将其删除；需要特别表示"贩卖"之意的，则表述为"有偿散发"（第175条第2款）。

"**散发**"，包括所有实际交付猥亵物的行为，不问有偿还是无偿。"**陈列**"，也包括电影的放映以及录音物品的播放。但在只有声音的情况下，则不属于"陈列"，应依据第174条（**公然猥亵罪**）处置（⇒※）。有关刑法部分修正之前的"**贩卖目的的持有**"，最高裁判所曾判定，以在国外贩卖为目的的持有，不包括在本罪之内（最判昭和52·12·22刑集31—7—1176）。这是因为，维持国外的性风俗并非日本刑法的任务，而且，国外的性风俗的标准也未必与日本相同。反之，近期还有这样一个案例：存储了猥亵物之图像数据的光盘，属于保存在硬件之中的图像数据（出于对此加以修正，并保存于移动硬盘中，再贩卖该硬盘的意思）的备份，对此，最高裁判所判定，是出于贩卖的目的而持有该光盘，属于"贩卖目的的持有"（最决平成18·5·16刑集60—5—413。对于该决定，西田·各论〔第5版〕第368页认为，"这是处罚预备之预备，并不妥当"）。

与此相关，近来的问题是，如何处理被置于互联网主页之上的猥亵画面等的记忆、存储（"**网络色情**"）。争论焦点在于：行为人只是创造了使得传送猥亵画面等数据信息成为可能的状态，这是否属于猥亵"物"的"陈列"？对于这一点，近年的判例倾向于承认（东京地判平成8·4·22判时1597—151、冈山地判平成9·

12·15判时1641—158、最决平成13·7·16刑集55—5—317、百选Ⅱ No.106等）。这实际上是认为，第175条的"其他猥亵物品"包括存储了猥亵数据的硬盘（不过，冈山地判平成9·12·15判时1641—158将画面数据本身视为"猥亵物"）。但是，这种解释极为勉强。2011年的刑法部门修正在散发的客体中追加了"有关电磁记录的记录媒介物"，但即使如此，也无法将作为记录媒介物的硬盘本身视为"猥亵物"。

另外，2011年的刑法部分修正在第175条第1款后段追加了"通过电信传输，散发猥亵的电磁记录或者其他记录的，亦同"。对此，立法解释是，这是考虑到利用电子邮件的附件来传送猥亵数据的情形而规定的。

进一步而言，由于通过互联网传输的画面等可以供全世界浏览，而各个国家与社会的猥亵标准并不统一，面对这种现实，势必会出现各种新问题。也就是，问题在于，在某国构成犯罪的某种表现在其他国家却是合法的，那么，能否以在不构成犯罪的国家上传的影像在构成犯罪的国家也能够浏览为理由，而将该行为作为"国内犯"（第1条）进行处罚呢？如果可以将该行为作为"国内犯"进行处罚，这难道不是把将该表现认定为犯罪的国家——如果该国属于有能力向全世界派遣军队与警察的超级大国——的文化标准强加给其他国家吗（"文化帝国主义"）？在处罚儿童色情的领域中，这日益成为一个现实问题（⇒【问题研讨】）。

5. 对猥亵性的认识

有关本罪故意是否以"对猥亵性的认识"为必要，判例与学说之间存在争议。在前述"查泰莱夫人的情人"判决（最大判昭和32·3·13刑集11—3—997）中，有关第175条的故意，判决采用了不要说，认为"只要对成为问题的记载及其散发、贩卖存在认识即可"。但是，本罪的违法性就在于散发了"猥亵物"等行为，因此，有关"猥亵物"的认识当然属于本罪的故意内容（通说）。

不过，问题在于，由于"猥亵"的定义本身并不明确，因而有无此认识也不清晰。一种处理方式是，由值得信赖的审查机构进行判断，而不管该机构是官方机构还是民间机构。"黑雪"事件二审判决（东京高判昭和44·9·17高刑集22—4—595）正是以该影片已经通过了电影伦理审查委员会（映伦）的审查这一事实为根据，认为被告有"相当的理由"相信，放映该片在法律上是允许的，从而判定被告无罪。但是，很难想象，"映伦"这种自主性质的审查机构能够作出具有法律权威的判断，因此，毋宁说，更为妥当的解决方式是，基于已经通过了映伦的审查这一事实，否定被告对猥亵性存在认识（平野·总论第171页）。

6. 共犯与罪数

对于散发、贩卖、陈列的对方，不作为共犯处罚（不可罚的**必要的共犯，或者片面的对向犯**）。有关罪数的问题，对于向在舞台上表演的两组男女（复数的猥亵行为）进行灯光聚焦的行为，就有判例判定，构成一个公然猥亵罪的帮助犯（最判昭和56·7·17刑集35—5—563）。这可能是由于将作为帮助对象的复数的猥亵行为概括性地评价为一个公然猥亵罪，从而才作出此判决。不过，由于共犯对正犯行为存在从属性（实行从属性），以复数行为对一个正犯行为进行帮助的，也仅成立一罪。

※**公然猥亵与散发、陈列猥亵物的关系**：例如，X将录有猥亵的对话的录音上传到网络上，并设置了多数人能同时听到的某种装置，然后从数名客户那里收取费用。由于这是猥亵声音的录音物的播放，一般认为，应构成陈列猥亵物罪（东京地判昭和30·10·31判时69—27）。那么，利用这种可以让多数人同时收听的装置，就这种猥亵对话针对多数人进行现场直播的，又应当如何处理呢？在该场合下，由于不是对"猥亵物"的陈列，而是公然实施"猥亵行为"，因而应适用第174条（公然猥亵罪）而非第175条（散发淫秽物品等罪）。的确，这种行为不同于脱衣舞表演等典型的猥亵行为，但让他人收听能感受到猥亵的声音的行为，仍然有可能被视为"猥亵行为"。然而，第175条的法定刑是2年以下惩役或者250万日元以下罚金或科料，而第174条的法定刑不过是6个月以下惩役或者30万日元以下罚金、拘留或科料。那么，与实际实施猥亵行为的情形相比，刑法为什么会对散发、陈列猥亵物的行为规定更重的法定刑呢？

一般认为，其理由在于，猥亵性被固定某个物体之上，具有广泛传播的可能性，在此意义上，其法益侵害性更强（⇒山口·各论第508页）。但是，即便是实际实施的猥亵行为，如果采用大众传媒设备，也是有广泛传播的可能的。因此，在现场直播猥亵行为的场合，究竟是依据第175条处罚，或者认为，采取记录设备直播的也按照实际实施的情形进行处罚，这两种选择均有可能，只要能避免出现法定刑的不均衡即可。并且，由于解释者不得背离条文用语本身，从结论上说，无论是使用录音带还是现场直播声音，都应根据第174条进行处罚。另外，"陈列"这一用语往往让人想到的是一种视觉，对于让他人收听声音的行为，将其理解为"陈列"，应该来说，多少有些勉强（⇒浅田等·各论第319页〔松宫〕）。

三、重婚罪

第184条规定，有配偶而重婚的，该人与相婚的对方都应予以处罚（必要的共犯或者对向犯）。

"**婚姻**"是指法律婚姻。纳妾或者在配偶之外另外拥有情妇的，不属于这里的对象。本罪保护的不是配偶，而是一夫一妻制这种婚姻制度。但是，由于只能是通过欺骗户籍工作人员才能让其受理重婚登记（《民法》第732条），最终总会成立公正证书原件等不实记载罪（第157条），因而鲜有按照本规定重复处罚的必要。因此，也有学者对本罪存在的合理性提出了质疑（平野·概说第272页、中森·各论第250页，等等）。

第三节 关于赌博以及彩票的犯罪

赌博的，处50万日元以下罚金或者科料。但是，只是为了博取供一时娱乐之物的，不在此限（第185条）。

常习赌博的，处3年以下惩役（第186条第1款）。

开设赌场或者聚集赌徒，以图谋利的，处3个月以上5年以下惩役（同条第

2款)。

发售博彩彩票的,处2年以下惩役或者150万日元以下罚金(第187条第1款)。

代售博彩彩票的,处1年以下惩役或者100万日元以下罚金(第187条第2款)。

除前二款规定之外,授受博彩彩票的,处20万日元以下罚金或者科料(第187条第3款)。

一、赌博罪、常习赌博罪、开设赌场罪

1. 赌博罪

第185条处罚的是赌博。但是,只是为了博取供一时娱乐之物的行为,不受处罚。

所谓"**赌博**",是指胜负结果取决于偶然的争输赢行为。其中包括像麻将赌博那样,由赌博当事人决定胜负的情形,以及像赛马、自行车赛车等那样,结果与赌博当事人的行为无关的情形。即便是胜负由技术高低所左右的情形,只要存在介入偶然因素的余地即可。利用骗术实施的**赌博诈骗**,属于部分当事人早已预知胜负的情形,因而尽管这部分人有可能构成诈骗罪,但对方不构成赌博罪(最判昭和26·5·8刑集5—6—1004)。

所谓"**供一时娱乐之物**",是指价格不高的食品等(旧《刑法》第261条第1款但书明文将食品排除在外)。虽然有判例认为,未指定用途的金钱不属于这里的"供一时娱乐之物"(大判大正13·2·9刑集3—95),但如果是相当于供一时娱乐之用这种程度的金钱,即便其用途并未被指定,仍应该认为不构成赌博罪(平野·概说第252页、中森·各论第251页)。此外,虽然有观点将这种"除外规定"视为违法性阻却事由(大塚·各论第530页、大谷·各论第510页),但还是应该将其视为,不符合作为可罚的违法类型的构成要件的情形(中山·各论第472页、中森·各论第251页)。

2. 常习赌博罪

第186条第1款规定,作为常习而赌博的,与第185条的单纯赌博相比,从重处罚(3年以下有期惩役)。所谓"**常习**",是指反复实施赌博行为的惯习,判例将其定位于行为人的属性(大判大正3·5·18刑录20—932)。第186条第1款与第185条属于第65条第2款的**加减的身份犯**的关系(团藤·各论第355页持反对意见。不过,由于该反对意见认为,第65条第2款仅适用于违法身份,因而其结论与仅承认适用第65条第2款的通说基本相同)。此外,通说认为,本罪是**集合犯**,即便实施了数个赌博行为,也仅构成一罪。反之,即便只是一个赌博行为,倘若该行为是常习性的体现,也可以构成本罪。

3. 开设赌场罪、聚集赌徒罪

第186条第2款处罚的是,开设赌场或者聚集赌徒以图谋利的行为。所谓"**开设赌场**",是指以自己为主办者,提供赌博场所;所谓"**聚集赌徒**",是指为了获取财产性利益,集合职业赌博者,为实施赌博提供便利。这两种行为都会广泛助长赌

博行为，因而予以从重处置。所谓"以图谋利"，是指作为举办赌博的对价，从赌博者那里获取抽头等财产性利益的目的。

※ **"骗术赌博"是否属于赌博？** 赌博时通过使用骗术而事先就已经确定对方必输无疑的情形，完全属于赌博诈骗，而不能谓之为，以胜负取决于偶然因素为必要的"赌博"。但本书认为，也并非所有的"骗术赌博"一概不属于"赌博"。这是因为，如果存在数名赌客，且在部分赌客之间，其胜负仍然为偶然因素所左右，那么，还是有可能解释为"赌博"的。

例如，我们可以设想如下情形："X每周一次聚集十余位客人，一边用收音机收听赛马实况，一边对各场比赛赌上重金，在作为组织者收钱、付钱的同时，自己也下注赌博。某日，X在隔壁房间里另外配置了一台收音机，而且，通过改装使得原房间的收音机迟延五分钟播放消息。这样，在房间中，只有X能够事先获知赛马结果。通过这种方式，X一天便从其他赌客那里赚得数百万日元。"

在该情形下，至少在其他赌客之间，其胜负依然被偶然因素所左右，在此限度之内，仍然有可能出现获胜的赌客。在此意义上，就不同于赌博诈骗，X另有可能构成开设赌场罪（第186条第2款）。为此，就应该认为，X构成诈骗罪（第246条）与开设赌场罪，两罪属于想象竞合的关系。

另外，即使其他赌客中有人赌赢了，但如果没有X的诈骗行为，该赌客原本应该是赢的更多，因此，即便是就该赌客而言，也可以认为X构成诈骗罪（⇒浅田等·各论320页〔松宫〕）。

二、博彩罪

第187条处罚的是，发售博彩彩票、代售博彩彩票以及授受博彩彩票的行为。所谓"博彩彩票"，是指在彩票的购买者之中通过抽签等方法决定中彩者，然后将利益分配给该中彩者的奖签。* 相关部门公开发行的"彩票"实质上也属于"博彩彩票"，但只要是在《带中彩奖金的票证法》所允许的范围之内，就可阻却其违法性。与赌博不同，"博彩彩票"的发售者不承担胜负的风险。

第四节　有关礼拜场所以及坟墓的犯罪

对神祠、佛堂、墓地以及其他礼拜场所公然实施不敬行为的，处6个月以下惩役或禁锢或者10万日元以下罚金（同条第1款）。

妨害传教、礼拜或者葬礼的，处1年以下惩役或禁锢或者10万日元以下罚金（同条第2款）。

挖掘坟墓的，处2年以下惩役（第189条）。

---

* 博彩彩票的特点在于：（1）以抽签决定胜负；（2）在提供财物等的同时，也丧失了财物等的所有权；（3）只有购买者承担风险，发售者不承担风险（大判大正3·7·28刑录20—1548）。——译者注

损坏、遗弃或者获取尸体、遗骨、遗发或者藏置于棺内之物的,处3年以下惩役(第190条)。

犯第189条之罪,且损坏、遗弃或者获取尸体、遗骨、遗发或者其他藏置于棺内之物的,处3个月以上5年以下惩役(第191条)。

未经尸检而埋葬非正常死亡者的,处10万日元以下罚金或者科料(第192条)。

一、概述

《刑法》第2编第24章规定的是"有关礼拜场所以及坟墓的犯罪"。其中包括不敬礼拜场所罪、妨害传教罪等亵渎宗教的犯罪,以及挖掘坟墓罪、损坏尸体罪、挖掘坟墓且损坏尸体罪等侵害尸体的犯罪或称"盗墓"犯罪。此外,还包括密葬非正常死亡者罪(第192条),该罪旨趣不同于上述犯罪,是为了担保司法目的或者行政目的的行政刑罚法规。

除密葬非正常死亡者罪之外,"关于礼拜场所以及坟墓的犯罪"有以下两个方面的特征:其一,具有作为传统的宗教犯罪与盗墓犯罪的一面,不敬礼拜场所罪、妨害传教罪与挖掘坟墓罪就是其典型。当然,损坏尸体罪中也有这一面。其二,损坏尸体罪是力图保护有关尸体的特别利害关系的规定,用于规制仅限于事关犯罪侦查、公众卫生与器官移植的尸体处置。在器官移植医疗日渐发达的当代,这个方面的意义正在不断增强。而且,与这一点相关,在司法实务中,必须意识到与《有关墓地、埋葬等的法律》《刑事诉讼法》《尸体解剖保存法》《器官移植法》等特别法之间的关系。如下所述,需要引起注意的是,在这一方面,对于这些犯罪的保护法益的理解,也会出现新的争议。

二、损坏尸体罪的保护法益

一般认为,**损坏尸体罪**(也称为**遗弃尸体罪**)的保护法益是,针对尸体的社会的**宗教情感**或者**虔诚情感**。这是社会法益中的一种,为此,本应实施葬祭的遗属对尸体放任不管的,也构成本罪(大判大正6·11·24刑录23—1302)。因此,遗属原本对于损坏尸体罪的保护法益不具有处分权限,遗属的同意理应不能阻却本罪的违法性。而且,既然是社会法益,那么,死者本人生前的同意,也无碍于本罪的成立。

然而,此外,《器官移植法》第6条第1款规定,以本人的书面承诺,以及遗属的不反对或者遗属书面承诺摘取器官为条件,能够出于移植目的摘取器官。此外,对于那些不属于《器官移植法》之规制对象的器官或者身体组织,准照该规定,一般也以得到本人的承诺或者遗属的同意为条件,可以摘取。这被认为是,《刑法》第35条的一般原则的适用问题(⇒团藤·各论第364页)。

当然,为了用于移植而从尸体中摘取器官的行为,也是符合损坏尸体罪的构成要件的,这一点不存在异议。其证据就在于,一般认为,《器官移植法》规定的正是损坏尸体罪的违法性阻却事由。为此,就必须回答这样一个问题:在损坏尸体罪中,原本来说,由于本人、遗属都不是被害人,其同意理应不能阻却违法性,那么,为什么对于摘取移植用的器官这一点,其同意又可以阻却违法性呢?而且,从法理上讲，这种法律规定又是否妥当呢？

一种观点是，虽然遗属等不具有法益处分权，但因器官移植而获救的患者的利益优越于被害法益，因而违法性被阻却。换言之，这种情形是作为一种紧急避险，而承认违法性阻却。但是，如果是紧急避险，原本是不需要受害人同意的，因而就必须是即便没有本人与遗属的同意，也可以摘取器官。最终就是所有死者的器官都属于社会医疗资源，这倒是与不考虑死者与遗属的处分权的"整体主义"的思维相吻合。但是，这种观点并不妥当，也不符合重视死者本人及其遗属的意愿的现行法的立场。

另一种观点是，在为了用于移植而摘取器官，且得到本人等的同意的场合，就应该视为，没有伤害针对尸体的社会的宗教情感或者虔诚情感。按照这种观点，即使不承认本人或者遗属的处分权，也可以对阻却违法性进行解释。但是，为何在这种情形下，就可以谓之为，没有伤害针对尸体的社会的宗教情感或者虔诚情感呢？这一问题依然没有得到解决。如果这里再提出什么本人或者遗属的处分权，等于又将讨论拉回到原点。如果认为这样也可以的话，那么，重要的是，对尸体的这种处置方式最终是否符合死者本人意愿呢？

不过，仍然存在这样一个问题：无论看上去如何符合本人意愿，但如果尸体处置方式有违相关社会习俗，这种情形能够否定本罪的违法性吗？例如，遵循本人生前意愿将尸体切成几段埋葬的行为，依然存在是否构成损坏尸体罪的问题。这尽管是一个难题，但至少就根据遗言散撒骨灰的行为而言，即便有可能违反公共卫生相关法律，但未曾看到主张追究损坏尸体罪之罪责的观点。如果日本社会存在广泛尊重价值观多样性（多元化）的规范，那么，就应该认为，尸体处置方式符合本人意愿的，不构成损坏尸体罪。

为此，本罪的保护法益就应该视为，即便遵循本人生前意愿，也仍然具有相当广泛的处分可能性的东西。现在，有观点主张，本罪法益是本人死后依旧存续的人格权（斋藤诚二：《刑法における生命の保护》第276页）。按照这种观点，既可以解释依据本人意愿摘取其器官的行为的正当化问题，也可以解释只要遗属的意思不违背本人意愿即可这种现行法的思维。不过，在该场合下，不同于《器官移植法》第6条第1款的规定，如果本人生前书面表示同意，那么，即便遗属反对，只要本人的意思表示没有瑕疵，摘取器官的行为也不会构成损坏尸体罪。

针对这种观点，可能存在这样的疑问：死者能够成为法益的主体吗？的确，承认死者具有处分法益的能力，这是非科学的。但是，这里重要的是生前的附条件的处分，考虑的不是丧失了意思能力的死后的处分问题。此外，究竟什么能够成为法益，无论是成为个人法益还是社会法益，都取决于与此相关的社会整体规范。那么，我们死后会受到怎样的对待，如果这一点属于我们这个社会的重大关注问题，有关该问题的规范就可以成为刑法的保护对象。死者的人格权是损坏尸体罪的保护法益，正是在这一意义上而言的。

三、不敬礼拜场所罪、妨害传教罪

第188条处罚的是，对神祠、佛堂、墓地以及其他礼拜场所公然不敬的行为，以及妨害传教、礼拜或葬礼的行为。"**礼拜场所**"是指属于宗教性崇敬对象的场所，不问具体是哪一种宗派。"**公然**"是指不特定或者多数人可以认识到的状态。

四、挖掘坟墓罪、损坏尸体罪、挖掘坟墓且损坏尸体罪

1. 挖掘坟墓罪

第189条处罚的是挖掘坟墓的行为。所谓"**坟墓**"，仅限于作为宗教祭祀、礼拜场所的对象的坟墓，而不包括不属于此的古墓（大判昭和9·6·13刑集13—747）。只是破坏坟墓的，不属于"**挖掘**"（福冈高判昭和59·6·19刑月16—5＝6—420）。

2. 损坏尸体罪

第190条处罚的是，损坏、遗弃或者获取尸体、遗骨、遗发或者其他藏置于棺内之物的行为；第191条处罚的是，犯挖掘坟墓罪，且损坏、遗弃或者获取尸体、遗骨、遗发或者其他藏置于棺内之物的行为。

这些规定保护的是，针对尸体的社会的宗教情感或者虔诚情感。但如上所述，近年也有观点认为，保护的是死者本人死后依旧存续的人格权（斉藤誠二：《刑法における生命の保護》第276页）。"**尸体**"可以是身体的一部分，也可以是死胎。有关行为人获取的藏置于棺内之物是否另外构成财产犯，对此尚存争议。只要该物继续被认为是宗教祭祀的对象，就应该认为，不能另外构成财产犯（平野·概说第267页、大塚·各论第545页、大谷·各论第542页、中森·各论第255页，等等。团藤·各论第363页等持反对意见，主张与本罪属于想象竞合）。

在实务中，一般认为，以隐灭证据为目的而遗弃尸体的，直接成立第190条之罪（最判昭和24·11·26刑集3—11—1850等。此时，一般将其视为与杀人罪等的并合罪）。但是，从本罪的保护法益以及隐灭有关自己的刑事案件的证据不予处罚这一点来看，实务部门的这种做法是存在疑问的。

3. 密葬非正常死亡者罪

第192条处罚的是，未经尸检便埋葬非正常死亡者的行为。"**尸检**"，是指针对非正常死亡者或者有非正常死亡之嫌的尸体（《刑事诉讼法》第229条），或者在死亡者的户籍不明或无法辨认死亡者的场合（《户籍法》第92条），检察官基于义务进行的尸体外表检查。学界一般将尸检分为基于刑诉法的司法验尸与基于其他行政法规的行政尸检。此外，还有由警察实施的对尸体外表的检查（《尸体处置规则》第4条），以及由医生实施的"鉴定"（《医师法》第20条等）。

所谓"**非正常死亡者**"，广义上是指所有非自然死亡者，但在判例中，则是指非自然死亡且其死因不明者（大判大正9·12·24刑录26—1437。反对意见：长崎控判明治42·12·13新闻614—10）。但是，即便是死因明确者，如果是死于犯罪，也应该属于本罪客体（⇒松宫孝明：《「変死体」の取り扱いをめぐる諸問題》，载《立命館法学》第215号，第39页以下）。

本条是用以保障上述司法目的或者行政目的的行政刑罚法规，其性质不同于第190条等规定。不过，《有关墓地、埋葬等的法律》第5条规定，对于所有尸体，凡

未经市长、町长或者村长许可的埋葬或者火葬，一律受到禁止，因此，本条并无多大实际意义（《有关器官移植的法律》〔即《器官移植法》〕第 7 条规定：在进行《刑事诉讼法》第 229 条的尸检以及其他有关犯罪侦查的程序之时，在该程序结束之前，不得从该尸体摘取器官）。

【问题研讨】

居住在日本国外的 X，利用网络将极其色情的动画上传到设置在日本国外的计算机主机的服务器，并设定为居住在日本国内的多数顾客在缴纳入会费完成会员登录之后便可以同时浏览的状态。

【解说】

X 的行为是否构成第 175 条的公然陈列猥亵物，涉及与《刑法》第 1 条规定的**属地原则**之间的关系，这正是本案所要解决的问题。这是因为，如果贩卖上述色情动画在 X 的所在国是合法的，并且，X 的行为也仅限于该国境内，则不能适用日本刑法。而且，通过将色情动画上传至计算机主机的服务器，创造出他人可以下载这些数据并进行浏览的状态，这种行为是否符合 2011 年刑法部分修正之后的第 175 条第 1 款所谓 "**陈列有关猥亵的电磁记录的记录媒介物**"，也是值得探讨的问题。

首先，就后一问题而言，在 2011 年刑法部分修正之前，最高裁判所判定构成陈列猥亵物罪（最决平成 13·7·16 刑集 55—5—317、百选 Ⅱ No. 106）。其逻辑是：存储了猥亵画像等数据的硬盘本身就属于"猥亵物"；而且，创造出可以供不特定或者多数人下载、浏览该数据的状态的行为构成"公然陈列"。

但是，看到存储了猥亵数据的硬盘，想必没有人会由此感受到性刺激，因而，将这种硬盘视为"猥亵物"是很勉强的，而且，与电影胶片不同，这种数据本身也无法通过放大而观看。在本书看来，真正猥亵的还是数据本身。在该场合下，对于网络上的数据亦即电磁信号，按照 "**管理可能性说**"（⇒第 16 章第 3 节之一），可以将其视为财物或者物；但是，按照 "**有体性说**"，不同于通常的偷电的情形，对此不能适用第 245 条的将电力视为财物的规定，因而对于将数据上传至网络的行为理解为陈列猥亵"物"，这种做法也是存在疑问的。

其次，是有关犯罪行为地的问题。有观点认为，即便 X 本人是在 A 国内实施了所有行为，但由于作为该行为之结果的画像的浏览是可以发生在日本国内的，因而也可以解释为《刑法》第 1 条的**国内犯**（山口·各论第 513 页*）。也就是，其逻

---

* 山口·各论第 513 页认为，"另外，借助网络下载猥亵图像数据，可再现、阅览这些图像，作如此设定的行为本属于散发猥亵物等罪的规制对象，但由于散发猥亵物等罪并不处罚国外犯，如果将猥亵图像数据存储于设置在国外的服务器，从日本国内链接，可再现、阅览这些猥亵图像，也就是，行为人作了上述设定之时，是否成立公然陈列猥亵物罪（作为国内犯），也是需要研究的问题。这主要有两种情形：(1) 从日本国内上传猥亵图像数据、(2) 在外国上传猥亵图像数据。如果认为，公然陈列状态，包括所有有可能认识到猥亵内容的空间范围（因此，在此范围之内都属于公然陈列。例如，放映猥亵电影的场合，猥亵物并非是公然陈列在放映室内设置放映机的地方，而是公然陈列在可以观赏到电影的室内)，那么，只要从日本国内可以链接，对于上述两种情形，就都应作为国内犯，成立公然陈列猥亵物罪"（山口厚. 刑法各论：2 版. 王昭武，译. 北京：中国人民大学出版社，2011：598.）。——译者注

辑是,将猥亵画像可以被浏览的状态视为陈列猥亵物罪的"结果",而由于该"结果"发生在日本国内,因而完全有可能将其作为国内犯而适用日本刑法。但是,一般并未将第175条理解为,是要求发生与举动相分离的构成要件结果的结果犯,而且,从针对日本公务员在国外受贿的情形专门设置国外犯规定(第4条)这种现行刑法的立法旨趣来看,本书以为,那种认为凡行为的影响有可能及于国内的就属于国内犯的观点,并未被现行法所采纳(西田·各论第399页)。现在,对于向位于国外的服务器上传数据的情形,判例也是以上传行为发生在日本国内为理由而认定为国内犯的(山形地判平成·10·1·22公开刊物未刊登)。

最后,如前所述,通过网络进行展现,是可以在全世界范围浏览的,因而直面因国家、社会不同猥亵等犯罪的标准也会不同这一现实,就会出现一些新的问题。也就是,某种展现在某一国家不构成犯罪但在另一国家构成犯罪的场合,以在构成犯罪的国家也可以浏览该展现为理由,而将在世界任何地方的上传行为均视为该国的"国内犯"(第1条)进行处罚,这是否有可能呢?如果是可能的,那么,问题在于,这难道不是将该国的文化标准强加于全世界吗("**文化帝国主义**")?现在,对于把"奥斯威辛集中营杀害犹太人是谎言"的言论上传到澳大利亚网络的行为,尽管只有德国将这种行为认定为犯罪,德国仍然判定适用德国《刑法》第130条的"煽动民众罪"(Volksverhetzung)。反之,由于同样的情况也可能发生在其他国家,这样,作为文化碾轧之缓冲器的属地原则就无法发挥其功能,为此,不少人对此表示了忧虑。针对网络表现行为,各国分别设置不同的刑事规制的做法,也许已经不太现实。

第八部分
针对国家法益的犯罪

第三十二章
针对国家法益的犯罪概述

第一节 国家法益的含义

继针对社会法益的犯罪之后，下面探讨针对**"国家法益"**（或称"国家性法益"）的犯罪。这里所谓"国家法益"，是指以日本现行宪法为前提的，作为守护人们之相互共存、共同生活以及共同体（社会）的机构的"国家"的法益。正因为国家是守护人们之相互共存、共同生活以及共同体（社会）的机构，作为有助于国民之生存的东西，其存立与职能也值得加以保护（不过，这并不是否定，现实的国家作为保障人们之和平共存的机构，也有蕴含矛盾的部分）。

针对国家法益的犯罪的存在方式反映着国家的性质。在绝对君主制国家中，国家的存立以维护君主大权为目的，故而针对君主的犯罪重于危害国家存立的犯罪。与之相反，在国民国家中，只要国家是为了服务于国民并维护共同生活而存在，就应该受到刑法的保护。

实际上，在1947年的刑法部分修正之前，"针对皇室的犯罪"还排在日本《刑法》第2编第1章中，位于内乱罪（第2章）之前。删除该犯罪，反映的是明治宪法向现行宪法的转变。同时，此次宪法修正也从根本上改变了刑法以及作为刑法之前提的国家性质。此外，在此次修正中，为了与《宪法》第9条的放弃战争规定相适应，资敌行为（间谍等罪）（第83～86条）、战时针对同盟国的犯罪（第89条）也被删除。

※**删除针对皇室的犯罪——"标语牌事件"**：1946年5月19日，在抗议战后粮食供给不足的示威游行中（当时，将这种游行称为"给我大米游行"），有一名公司职员举着写有"国体已得维系，朕已饱腹，汝等臣民饿死！"这种批判昭和天皇的

内容的标语牌参加了游行示威。检察机关以该行为违反了用于处罚针对天皇的"不敬行为"的当时的《刑法》第 74 条为理由，提起了公诉。这就是所谓"标语牌事件"，该事件成为以不敬罪为代表的"针对皇室的犯罪"最终被废止的起因。

1945 年 8 月 14 日，日本天皇宣布接受"波斯坦公告"，向盟军投降。据此，天皇当时已经不再是日本的主权者。而且，根据 1945 年 10 月 4 日的占领军指令，包括有关天皇、天皇制以及日本政府的自由议论在内，一切限制思想、信仰、集会以及言论自由的法律、敕令、命令、条例以及规则，都被命令废止，其效力亦被停止。根据 1946 年 3 月的新宪法草案，天皇已经只是国家与国民统和的象征，其地位应基于作为主权者的国民的意思。尽管如此，司法大臣还是认可了对该案的追诉。

据说，当时，占领军总司令部的意向是：没有必要赋予天皇家族以特权，因此，应删除保护天皇家族的第 75 条与第 76 条的规定，但作为针对天皇本人的犯罪的大逆罪（第 73 条）与不敬罪（第 74 条），以进行适当修正为条件可以予以保留。然而，日本政府关于"标语牌事件"的动作，反而给了占领军总司令部这样一种印象：天皇制何等程度上强烈束缚着日本领导阶层的心，正是这种心情妨碍着日本的民主化进程。也就是，对标语牌事件进行追诉，这反而使不敬罪的规定与新宪法中的国民主权、天皇地位等规定难以相容的问题昭然若揭。这样，占领军总司令部为了根植新宪法中的国民主权意识，遂要求日本政府删除所有"针对皇室的犯罪"，并通过 1947 年的刑法部分修正实现了这一点。

一般而言，设置保护总统等国家元首的特别规定，未必与民主主义、国民主权的原理相悖。但是，在日本，"不敬罪"却超出了单纯保护元首的范畴，演变为滋生反民主主义思潮的温床。为此，作为解除这一束缚的手段，就只能是将"针对皇室的犯罪"全部删除。

第二节　针对国家法益的犯罪的分类

一、针对国家法益的犯罪的三种类型

在现行刑法典中，针对国家法益的犯罪大致可以分为以下三类：（1）**针对国家存立的犯罪**、（2）**针对国际社会的犯罪**、（3）**针对国家职能的犯罪**。

其中，针对国家存立的犯罪还可进一步分为：有关内乱的犯罪（第 2 编第 2 章）、有关外患的犯罪（第 2 编第 3 章）；针对国际社会的犯罪则仅有有关国交的犯罪（第 2 编第 4 章）；针对国家职能的犯罪可以进一步分为：妨害执行公务的犯罪（第 2 编第 5 章）、脱逃犯罪（第 2 编第 6 章）、藏匿犯人以及隐灭证据的犯罪（第 2 编第 7 章）、伪证犯罪（第 2 编第 20 章）、虚假告诉犯罪（第 2 编第 21 章）、渎职犯罪（第 2 编第 25 章）。另外，渎职犯罪还可分为：滥用职权犯罪（第 193 条～第 196 条）、贿赂犯罪（第 197 条～第 198 条）。

二、针对国家职能的犯罪的分类

如上所述，针对国家职能的犯罪，一般包括妨害执行公务的犯罪、脱逃犯罪、藏匿犯人以及隐灭证据的犯罪、伪证犯罪、虚假告诉犯罪以及渎职犯罪（滥用职权犯罪、贿赂犯罪）。但是，在刑法典中，伪证犯罪与虚假告诉犯罪则与妨害公务的犯罪等上述犯罪分离开来，另外规定在各种伪造犯罪之后的第 20 章、第 21 章。此外，渎职犯罪则被规定在第 26 章，位于属于针对个人法益犯罪的杀人罪之前。这就说明，本类犯罪不仅保护国家职能，还保护其他的各种利益与职能。

三、妨害执行公务犯罪中的"经济犯罪"

首先，妨害执行公务的犯罪具体包括：妨害执行公务罪（第 95 条第 1 款）、职务强要罪（第 95 条第 2 款）、破弃封印等罪（第 96 条）、妨害强制执行目的的损坏财产罪（第 96 条之二）、妨害强制执行行为罪（第 96 条之三）、妨害强制执行相关的拍卖罪（第 96 条之四）、破弃封印等的加重罪（第 96 条之五）、妨害有关公务性合同的拍卖等罪（第 96 条之六第 1 款）、串通罪（第 96 条之六第 2 款）。从第 96 条到第 96 条之六的犯罪都属于妨害由裁判所实施的扣押、强制执行、拍卖等行为的犯罪，显然具有作为妨害国家对经济活动的保障职能的**"经济犯罪"**的一面。尤其是第 96 条之二以下的犯罪，是于属于战时经济统制状态时期的 1941 年增设的规定，反映出国家强化了对经济活动的规制。

※何为"经济犯罪"？所谓"经济犯罪"，初步可以将其理解为，伴随着经济活动而实施的犯罪。其中，既有违反《反垄断法》等经济法规的个人垄断与卡特尔（kartell）垄断犯罪（《反垄断法》第 3 条、第 89 条），也有操纵证券市场、内幕交易、填补损失等违反《证券交易法》的犯罪。此外，这其中还包括海外期货交易、建老鼠仓，以及采用利用传销这种欺诈手段的"欺诈销售手法"等——其中既有被处以诈骗罪等刑事犯罪的，也有依据特别法予以处罚的。但是，仔细深究的话，关于"经济犯罪"究竟是什么的问题，实际上并无统一意见。一方面，既有学者提议，应将其定义为"对作为一般消费者或者经济主体的企业、商人、公共机关等的财产性、经济性利益造成侵害或者有造成侵害危险的行为"；另一方面，为了不将那些不能认定存在具体的利益侵害的内幕交易与填补损失排除在外，也有学者提议，应将其定义为由"适用于事关企业活动与经济交易的犯罪的整体处罚规定"所规制的行为（⇒芝原邦爾：《経済刑法の保護法益》，载《法学協会雑誌》第 115 卷第 4 号，第 430 页以下）。

过去想到"经济犯罪"时，作为代表性犯罪，往往想到的是那些违反战时经济统制法规的行为，而现在想到的，则主要是那些违反用以保障自由市场经济的刑罚法规的行为。

作为与"经济犯罪"相类似的概念，另有"白领犯罪"这一概念。该概念由美国的犯罪学家埃德温·萨瑟兰（edwin hardin sutherland）提出，主要是指由经济成功人士（统制阶层）实施的犯罪，转换了既往所理解的以贫困阶层所实施的犯罪为典型的传统的犯罪学或犯罪原因论的视角。

四、伪证犯罪、虚假告诉犯罪的性质

现行刑法典对伪证犯罪的定位，沿袭了旧刑法的做法。在旧刑法中，伪证犯罪与伪造文书罪等一样，被归类为一种"侵害信用的犯罪"。与之相对，虚假告诉犯罪则作为"诬告以及诽谤犯罪"，被定位于一种针对个人的犯罪。

但一般认为，这两种犯罪均与脱逃犯罪、藏匿犯人以及隐灭证据的犯罪一同属于**针对国家职能中的司法职能的犯罪**，因而在1974年的改正刑法草案中，伪证罪与隐灭证据的犯罪被放在同一章，虚假告诉犯罪则被放在下一章。但是，在伪造文书犯罪中，对于以文书形式撒谎的行为进行处罚的制作虚假公文书罪（第156条），与处罚口头撒谎的伪证罪在处罚"撒谎"这一点上是共通的，而且，虚假告诉犯罪是针对各个被告诉的被害人而分别成立，因此，这两种犯罪也具有附随性地保护个人法益的性质。

五、渎职犯罪的性质

渎职犯罪还可进一步分为**滥用职权犯罪**（第193条～第196条）与**贿赂犯罪**（第197条～第198条）。其中，滥用职权犯罪不仅侵犯国家职能，而且还属于侵犯个人法益的犯罪，这主要体现于：因滥用职权而使他人实施本无实施义务之行为，或者妨害他人行使权利，或者使他人遭受暴力等。此外，一般认为，贿赂犯罪是侵害公务的公正乃至国民对公务公正的信赖的犯罪。

不过，在旧刑法中，这两种犯罪被视为"针对官吏与人民的犯罪"，同时具有公务员违反义务与针对个人的犯罪的双重性质。旧刑法中，虽有处罚受贿的规定，但没有处罚行贿的规定，甚至有判例明确指出，也不应将赠与贿赂的行为作为受贿罪的共犯予以处罚（大判明治37·5·5刑录10—955）。这种观点着眼的是，收受贿赂的行为多是针对庶民的"敲诈"，因此，受贿罪也是"针对人民的犯罪"。即便是在现行法中，行贿的法定刑也要低于受贿。

由此可见，伪证犯罪、虚假告诉犯罪以及渎职犯罪并非单纯是针对国家职能的犯罪，同时具有针对社会与个人之法益的犯罪的性质。

【问题研讨】

在现行刑法针对国家法益的犯罪中，为何除了妨害执行公务罪（第95条第1款）、职务强要罪（第95条第2款）之外，还存在诸如破弃封印等罪（第96条）、妨害强制执行目的的损坏财产罪（第96条之二）、妨害强制执行行为罪（第96条之三）、妨害强制执行相关的拍卖罪（第96条之四）、破弃封印等的加重罪（第96条之五）、妨害有关公务性合同的拍卖等罪（第96条之六第1款）、串通罪（第96条之六第2款）等妨害国家对经济活动的支持的"经济犯罪"呢？

【解说】

现行《刑法》第 2 编第 5 章的 "妨害执行公务犯罪",将旧《刑法》第 2 编第 3 章第 2 节的 "妨害官吏执行职务的犯罪" 扩大至公务员的一般职务行为,并与同章第 8 节的 "毁损官方封印的犯罪" 合并为一章;而且,在 1941 年的刑法部分修正时,又增加了改正刑法草案中规定的妨害强制执行罪、妨害拍卖等罪、串通罪。此外,2011 年的刑法修正还追加了罚则,提高了法定刑。因此,原本意义上的纯粹的妨害执行公务的犯罪,仅仅是由来于旧刑法的妨害执行公务罪(第 95 条第 1 款)与职务强要罪(第 95 条第 2 款)这两个犯罪。

为此,虽然在现行刑法颁布当时,已经设置了毁弃封印罪等有关经济犯罪的规定,但在大力强化战时经济统制的 1941 年,又增设了妨害强制执行罪(旧第 96 条之二)、妨害拍卖等罪(旧第 96 条之三第 1 款)、串通罪(旧第 96 条之三第 2 款)等经济犯罪,这种做法意味着在经济统制中国家职能的增强。

不过,有关妨害拍卖罪,旧《刑法》第 268 条已经规定:使用诡计或者威力妨害拍卖或者投标的,处 15 日以上 3 个月以下的重禁锢,并附加 2 日元以上 20 日元以下罚金。这里妨害的拍卖或者投标并未限于 "公务性" 的拍卖或者投标。但是需要注意的是,该规定被设置在旧《刑法》第 2 编第 8 章的 "妨害商业以及农工业的犯罪" 之中。也就是,旧刑法并不认为妨害拍卖或者投标的行为是针对国家职能的犯罪,而是将其视为,侵害民营经济之经营基础的妨害业务犯罪中的一种类型(⇒第 15 章)。因此,也可以认为,之所以妨害拍卖罪与串通罪被定位于针对国家职能的犯罪,是基于战时统制经济的特殊性。

然而,1990 年代泡沫经济崩溃之后,频繁出现妨害执行担保权的行为,以此为契机,现在,妨害强制执行罪、妨害拍卖等罪与串通罪更加强化了其作为 "经济犯罪" 的一面,同时,经过 2011 年的刑法修正,这些犯罪也进一步得到扩大与强化(⇒第 34 章)。但是,尤其是针对企业之间的串通投标,更多地是适用《反垄断法》第 3 条、第 89 条的 "不当限制交易罪" 的规定。《反垄断法》上的 "不当限制交易罪",是以公正且自由的竞争秩序(《反垄断法》第 1 条)作为保护法益的 "经济犯罪",属于一种针对社会法益的犯罪。在自由竞争经济而非统制经济之下,与将 "经济犯罪" 定位于针对国家法益的犯罪相比,将其定位于侵犯——全球化背景下超越国家的——经济的公正且自由的竞争秩序的 "针对社会法益的犯罪",可能更为合适。

第三十三章
有关国家的存立与国交的犯罪

第一节 概 述

　　现行刑法中有关国家存立的犯罪包括有关内乱的犯罪（第 2 编第 2 章）、有关外患的犯罪（第 2 编第 3 章），以及有关国交的犯罪（第 2 编第 4 章）。"有关内乱的犯罪"是侵犯国家的统治机构与统治权力的犯罪，除了内乱罪（第 77 条）之外，还包括预备、阴谋内乱罪（第 78 条），帮助内乱等罪（第 79 条）。"有关外患的犯罪"是使日本国面临外来侵略的犯罪，具体分为诱致外患罪（第 81 条），援助外患罪（第 82 条），预备、阴谋外患罪（第 88 条）。此外，《破坏活动防止法》（破防法）中还有下述扩张处罚规定：针对内乱、外患的教唆、煽动（《破坏活动防止法》第 38 条第 1 款），帮助内乱等以及针对预备或者阴谋内乱或者外患的教唆（《破坏活动防止法》第 38 条第 2 款第 1 项）。

　　与之相对，作为有关国交的犯罪，近年来，其他国家也有另外附加虐杀民族犯罪、侵略犯罪，而将其定位于"针对国际社会的犯罪"的立法体例（德国等）。日本现行刑法将这种犯罪视为"有关日本国之对外地位的犯罪"，属于一种针对国家存立的犯罪，但是，为了应对恐怖活动等针对国际社会的犯罪，《刑法》现在增设了第 4 条之二（依条约之国外犯），因而作为立法论来说，将其定位为"针对国际社会的犯罪"可能更为合适（⇒第 32 章第 2 节之一）。

第二节 有关内乱的犯罪

　　以破坏国家的统治机构，或者在其领土之内排除国家权力以行使权力，以及其他破坏、扰乱宪法所确定的基本统治秩序为目的，实施暴动的，为内乱罪，按照下列各项分别处断：

（1）首谋者，处死刑或者无期禁锢；

（2）参与谋议或者指挥群众的，处无期或者3年以上禁锢，从事其他各种职务的，处1年以上10年以下禁锢；

（3）附和随行以及其他单纯参与暴动的，处3年以下禁锢（第77条第1款）。

前款犯罪未遂的，应当处罚。但同款第3项所规定的人员，不在此限（同条第2款）。

预备或者阴谋内乱的，处1年以上10年以下禁锢（第78条）。在暴动之前自首的，免除其刑（第80条）。

提供武器、资金或粮食，或者以其他行为帮助前二条之罪的，处7年以下禁锢（第79条）。在暴动之前自首的，免除其刑（第80条）。

一、内乱罪

《刑法》第2编第2章规定了"有关内乱的犯罪"，其保护法益是宪法所规定的国家的统治机构的存立及其统治权。现行刑法以下述行为作为典型的内乱罪：在以武力攻击政府的同时，以"排除国权"（排除国家权力）这种表现，将部分领土独立出去。因此，作为对现行刑法的解释，将本罪的保护法益限于"国家的存立"，就过于狭窄。与之相对，虽然同样是危及国家存立的行为，与外国通谋，让其对日本国行使武力的（第81条"诱致外患罪"），或者外国对日本国行使武力时，对其加功，给予其军事上的利益的（第82条"援助外患罪"），则属于外患犯罪。也就是，与外患犯罪相比，内乱犯罪是从内部攻击国家的犯罪。而且，如果成功颠覆了国家，内乱犯罪是不会受到处罚的，因此，这里将本罪规定为危险犯而非实害犯（但是，正如韩国曾追究两名发动军事政变的前总统的罪责那样，即便内乱成功，事后也是有可能被追究罪责的）。

此外，尽管内乱犯罪与外患犯罪在危及日本国的存立这一点上是共通的，但内乱犯罪的法定刑中没有"惩役"刑，而对外患犯罪则规定了"惩役"刑。这主要是因为，内乱犯罪与其说是一种犯罪，更多的是基于那些对统治机构在非经和平的、民主变革的程序而确定的状态之下所实施的压迫统治，试图进行反抗并加以改变的人的一种政治信仰而实施的行为，因此，在对反抗者、变革者的举动表达敬意的意义上，没有规定以劳役为刑罚内容的"惩役"，而规定的是"禁锢"（内乱罪属于**非破廉耻罪**）。与之相对，之所以对外患犯罪规定"惩役"刑，是因为这种行为被评价为，让外国武力攻击祖国的卑劣行径（在这一点上，《破坏活动防止法》对内乱相关犯罪也规定了"惩役"刑，没有与刑法典之间保持整合性）。不过，将劳役视为"惩罚"的刑罚观本身，就是一种落后于时代的观念，近年来的世界倾向是将其与"自由刑"一元化。

本条所谓"破坏国家的统治机构"以及"在其领土之内排除国家权力以行使权力"，只是"**破坏、扰乱宪法所确定的基本统治秩序**"的例示（1995年刑法部分改正前是"朝纲〔朝宪〕的紊乱"）。因此，在战前，即使是实施"军事政变"，但如果只是以武力推翻当时的内阁，而不以非法破坏宪法所规定的内阁制度本身为目的，就不构成本罪（"5·15事件"：大判昭和10·10·24刑集14—1267；"神兵队事件"：大判昭和16·3·15刑集20—263）。相反，对于朝鲜的独立运动，就有认定构成本罪的余地（⇒朝鲜高等法院决大正9·3·22新闻1687—13，但最终结果是仅判定成立骚乱罪）。但是，这种殖民地的独立运动，性质上不同于危害本国基本统治秩序的内乱罪。

本罪是**目的犯**，必须以"破坏、扰乱宪法所确定的基本统治秩序为目的"。不具有该目的的暴动，至多构成骚乱罪（第106条）。而且，还有判例认为，这种目的应当是实施暴动的直接目的，如果是期待通过以该暴动为契机而有可能发生的其他暴动来引起"破坏、扰乱基本统治秩序"的结果，就不构成本罪（大判昭和10·10·24刑集14—1267）。但是，即便是出于二战前的"皇道派"的所谓"杀身成仁""舍生取义"的目的，想必也不能说，完全没有以"破坏、扰乱宪法所确定的基本统治秩序为目的"。

本条所谓"**暴动**"，在实施了达到危害某一地方之平稳这种程度的暴力、胁迫这一点上，与骚乱罪（第106条）是相同的（⇒第25章），但本罪要求是，出于"破坏、扰乱宪法所确定的基本统治秩序"这种特定目的的集团活动，因此，单纯的"乌合之众"不足以构成这里的暴动，还要求在某种程度上被组织化。作为其手段的暴力，与骚乱罪中的暴力的含义相同，是包含针对物之暴力在内的"最广义的暴力"；就胁迫而言，对于属于其告知内容的恶害的种类，并无限制。为此，杀人、伤害、放火等行为也为本罪所吸收，不再另外构成他罪。

本罪是必要共犯中的"**集团犯**"，对于参与内乱者，根据其作用，分为首谋者（第77条第1款第1项）、参与谋议者（第77条第1款第2项）、指挥群众者（第77条第1款第2项）、从事其他职务者（第77条第1款第2项）、附和随行者（第77条第1款第3项）、单纯参与暴动者（第77条第1款第3项），分别规定了不同的法定刑。此外，对于附和随行者与单纯参与暴动者，不处罚其未遂。

二、是否适用总则的共犯规定

本罪是必要的共犯，针对那些不符合第77条以下的构成要件的参与者，是否可以另外适用刑法总则有关共犯的规定（第60~65条），对此问题尚存争议。关于这一点，曾有这样一个立法背景：旧刑法中，除首谋者之外，还有处罚教唆者的明文规定，但在现行刑法制定当时，立法者认为，完全可以依据总则的规定处罚那些对首谋者实施教唆者，因而没有必要特别处罚那些针对内乱本身的教唆者，从而删除了该规定。因此，一般认为，现行刑法的旨趣是，即便对于那些不能被谓为首谋者的人员，教唆其实施内乱本身，由于不属于针对首谋者的教唆，因而不能认定为针对第77条第1款第2、3项的教唆犯。不过，这种行为有可能构成预备内乱、阴谋内乱罪（第78条），也有可能被认定为《破坏活动防止法》第38条、第41条规定的独立教唆。另外，就帮助而言，由于构成帮助对象的人员既可能是首谋者、参与谋议者，还可能是附和随行者、单纯参与暴动者，无法确定具体的帮助对象，而且各对象法定刑也各不相同；并且，帮助内乱等罪（第 79 条）规定了独立的帮助构成要件及其法定刑，因此，实际上鲜有适用总则共犯规定的情形（⇒山口·各论第 532 页。采取"不适用总则说"更具有理论上的一贯性。另见团藤·各论第 18 页、大塚·各论第 552 页等）。

三、预备内乱罪、阴谋内乱罪

对于内乱行为，不仅有针对预备，还有针对阴谋的处罚规定，最高可处以 10 年禁锢（第 78 条）。本条所谓"**预备**"，是以实行内乱罪为目的的物质上的准备行为；所谓"**阴谋**"，是指针对实行内乱的内容的合意。

四、帮助内乱罪

通过提供武器、资金或粮食，或者以其他行为对内乱罪（第 77 条）或者内乱罪之预备或阴谋（第 78 条）提供帮助的，处 7 年以下禁锢（第 79 条）。这是一种**独立共犯规定**，规定的是帮助犯的构成要件。问题在于，要成立本罪，作为其帮助的对象，是否必须成立内乱罪或者预备内、阴谋内乱罪呢？对此，学界尚存争议（必要说：团藤·各论第 21 页、大塚·各论第 554 页、曾根·各论第 281 页、西田·各论第 413 页、林·各论第 426 页；不要说：大谷·各论第 553 页、中森·各论第 262 页、前田·各论第 440 页、山口·各论第 533 页）。共犯的实行从属性原本是总则的共犯的解释问题，对于被分则构成要件化的参与行为，其规定形式就成为从属性之有无的决定要素。在这一点上，第 79 条规定的是"帮助前二条之罪的"行为，因此，构成本罪至少需要实现了"前二条之罪"的违法性（"限制从属形式"）。不过，只要实施内乱的预备或者阴谋（第 78 条）即可。

第三节 有关外患的犯罪

与外国通谋，致使其对日本国行使武力的，处死刑（第 81 条）。犯罪未遂的，应当处罚（第 87 条）。

当外国对日本国行使武力时，予以加担，服务于其军务或者提供其他军事上的利益的，处死刑、无期惩役或者 2 年以上惩役（第 82 条）。犯罪未遂的，应当处罚（第 87 条）。

预备或者阴谋犯第 81 条或者第 82 条之罪的，处 1 年以上 10 年以下惩役（第 88 条）。

一、诱致外患罪

《刑法》第 2 编第 3 章规定的是"有关外患的犯罪"。所谓"外患"，是指遭受来自外国的压迫或者攻击的危险或者担忧。与外国通谋，致使其对日本国行使武力的，构成"诱致外患罪"（第 81 条）；对来自外国的武力进行加担或者给予军事利益的，构成"援助外患罪"（第 82 条）。

"与外国通谋",是指与外国的国家机关进行通谋,与外国人的私人团体通谋的,不属于这里的"与外国通谋"。"行使武力",不限于国际法上的战争,但要求是由外国所实施。因此,本罪不包括个人名义的恐怖分子实施的武力攻击。

二、援助外患罪

本罪成立于外国对日本国行使武力之时。在外国开始行使武力之前所实施的相关行为,至多有可能构成预备外患、阴谋外患罪(第88条)。

三、预备外患罪、阴谋外患罪

与内乱罪相同,针对外患之罪,进行预备或者阴谋的,亦受处罚,其最高刑为10年惩役(第88条)。

※**《破坏活动防止法》中的犯罪**:针对内乱犯罪、外患犯罪,《破坏活动防止法》(简称《破防法》)中设有处罚其周边行为的规定。该《破防法》原本继承的是,直至1951年为止的占领军的治安法制,以对团体进行规制作为其主要目的。在此基础上,现行《破防法》还规定:在"暴力主义破坏活动"的名义下,实施针对内乱犯罪、外患犯罪的教唆或者煽动行为的,即便没有实际实施内乱、外患之罪,也处以7年以下惩役或者禁锢(《破防法》第38条第1款);而且,对内乱犯罪、外患犯罪的预备或者阴谋进行教唆的,或者对帮助内乱进行教唆的,或者出于让他人实施内乱、外患之罪的目的,通过书面或者广播等主张这种行为的正当性或者必要性的,处5年以下惩役或者禁锢(《破防法》第38条第2款)。此外,出于政治目的的放火的预备等行为(《破防法》第39条),以及出于政治目的的骚乱罪(《刑法》第106条)、交通危险罪(《刑法》第125条)、多人实施的针对特别公务员的妨害执行公务的行为(《刑法》第95条)的预备等行为(《破防法》第40条),都属于应予以处罚的行为。

此处的"**教唆**",是指"**独立教唆**",不以被教唆者实施实行行为为必要。此外,"**煽动**",是指以让他人实施特定行为为目的,通过书面或图书或言行,给予他人以有力刺激,使他人产生实施该行为的决意,或者助长他人已经产生的决意(《破防法》第4条第2款)。

但是,广泛处罚政治性主张的做法,不仅有悖宪法保障的集会、结社、表现自由(《宪法》第21条),而且,还可能处罚那些没有发展至实施内乱、外患之罪的危险的行为,这一点也受到来自程序正义(due process)视角(《宪法》第31条⇒总论第2章第2节之六)的批判。不仅如此,立法本身也难言严谨:刑法针对内乱罪并没有规定惩役刑,但《破防法》针对内乱罪的教唆、煽动行为却规定了惩役刑;在预备、阴谋内乱,或者帮助内乱的场合,对暴动之前自首的,必须免除其刑(《刑法》第80条),但与之相反,于对这些犯罪进行教唆的,《破防法》却规定至多只能减轻其刑(《破防法》第38条第3款)。就是在司法实务中,对于那些并没有引起实施内乱、外患之罪之虞的散发文书的行为,也有不少否定适用本法的判例。

原本来说，作为本法之前身的占领军统治下的各种管理法令（根据"波斯坦公告"，由占领军发布的命令）的规制范围远远超越了宪法允许的事项的范围。但在"旧金山条约"生效后，政府却仍然勉强地维持着上述法令。因此，本法的成立可谓历经磨难，成立之后其适用也受到极大限制。轻易适用本法，隐含着陷民主主义社会于危机之虞。

第四节 有关国交的犯罪

以侮辱外国为目的，损坏、撤除或者污损该国国旗或其他国家标志的，处 2 年以下惩役或者 20 万日元以下罚金（第 92 条第 1 款）。

前款之罪，非经外国政府请求不得提起公诉（同条第 2 款）。

以私自对外国实施战斗行为为目的而进行预备或阴谋的，处 3 个月以上 5 年以下禁锢。但是，自首的，免除其刑（第 93 条）。

在外国交战之际，违反有关局外中立之命令的，处 3 年以下禁锢或者 50 万日元以下罚金（第 94 条）。

一、损坏外国国家标志罪

《刑法》第 2 编第 4 章规定的是"关于国交的犯罪"。其中，损坏外国国家标志罪（第 92 条）处罚的是，以侮辱外国为目的，损坏、撤除或者污损该国国旗或其他国家标志者。所谓"**国家标志**"，是指国旗等象征国家权威之物。"**撤除**"，是指转移场所（最决昭和 40·4·16 刑集第 19 卷第 3 号第 143 页认为，遮蔽国家标志的，也属于"撤除"。但林·各论第 477 页认为，这种做法属于不被允许的类推）；"**污损**"，就是指弄脏。

按照刑法的规定，损坏他人器物的，处 3 年以下惩役或者 30 万日元以下罚金或科料（第 261 条），与之相比，本罪的客体即外国国家标志不限于他人的所有物，而且，本罪的法定刑更轻。想必其旨趣是，侮辱外国这一行为本身就具有独立的意义，因而问题不在于究竟损坏的是谁的国旗等标志。因此，不应将客体限于外国的国家机关公开悬挂的国家标志（大谷·各论第 556 页、曾根·各论第 283 页认为，限于外国的国家机关公开悬挂的国家标志）；而且，即便损坏的是自己所有的其他国家的标志，也可以构成本罪（为此，那种认为损坏外国国家标志的当然构成损坏器物罪的观点是不妥当的）。当然，国家标志属于他人的所有物的，应构成本罪与损坏器物罪的想象竞合犯（大塚·各论第 650 页、内田·各论第 404 页、前田·各论第 498 页、林·各论第 477 页）。因此，那种认为构成本罪时不成立损坏器物罪的观点（中山·各论第 497 页、大谷·各论第 557 页、中森·各论第 266 页、曾根·各论第 283 页、西田·各论第 405 页）也是不妥当的。

二、预备私战罪、阴谋私战罪

以私自对外国实施战斗行为为目的而进行预备或阴谋的，构成本罪，但自首的，免除其刑（第93条）。所谓"**私战行为**"（私自战斗），是指非基于宪法之国权发动的有组织的武力行使（但根据现行《宪法》第9条，理应不可能存在基于国权发动的有组织的武力行使）。本罪没有针对既遂与未遂的处罚规定。本罪的法定刑为3个月以上5年以下禁锢，并未规定惩役刑。

三、违反中立命令罪

本罪处罚的是，在外国交战之际，违反有关局外中立的命令者（第94条）。究竟哪些行为属于违反命令的行为，该问题由"有关局外中立的命令"予以具体化。这种将犯罪行为的要件交由其他法令决定的刑罚规定，被称为"**空白刑罚法规**"（⇒总论第2章第2节之一）。不过，二战前曾有过有关局外中立的命令，但那都是太政官布告或者诏敕、敕令，在现行宪法下，这种命令的根据法并不明确。

※**针对外国君主等的犯罪的删除**：在1947年的刑法修正中，同时也删除了针对外国君主、总统等的暴行、胁迫、侮辱之罪（原第90条、第91条）。其理由是，为了与删除"针对皇室的犯罪"之间保持均衡。因此，上述行为就作为一般的暴行、胁迫、侮辱等犯罪予以处罚。不过，有关无告诉则不处罚的毁损名誉罪、侮辱罪，存在有关告诉的特别规定（第232条第2款）。

【问题研讨】

殖民地或日本国的某一地区宣布独立的，是否符合《刑法》第77条的"破坏、扰乱宪法所确定的基本统治秩序"？

【解说】

井上久的长篇小说《吉里吉里人》曾是畅销小说。小说描述的是：日本东北地区的某村庄因不受日本政府待见，突然宣布脱离日本国而独立，成立"吉里吉里国"，但遭到日本自卫队的武力镇压，最终归于失败。

现行《刑法》第77条规定，"在其领土之内排除国家权力以行使权力"的，也属于"破坏、扰乱宪法所确定的基本统治秩序"的情形之一。这里也包括某地区通过暴力或者胁迫行为达到脱离或者独立的情形。但是，某地方的脱离或者独立，并不意味着对该国中央政府的颠覆。尽管如此，《刑法》第77条仍将这种行为作为"破坏、扰乱宪法所确定的基本统治秩序"的情形之一予以例举，这是否合适呢？

此外，现行宪法中并未规定——也许是理所当然不会规定——日本国的某地区如何作为一个国家脱离或者独立的程序。这样，问题就在于，现实生活中实际发生了小说《吉里吉里人》所描述的情形时，实际上根本没有合法地进行这种脱离或者独立的可能性。如果没有计划实施"暴动"这一行为，当然既不符合内乱罪也不符合内乱罪的未遂或者预备，但由于与独立相伴而生的冲突中，多少会必然出现一些暴力、胁迫，因而具体就脱离或者独立而言，不能被评价为"危害某一地区的安稳"的暴动的情形，实际是很少的。

国际法上承认基于"民族自决权"的独立，近年来，例如，曾有因波黑（波斯尼亚和黑塞哥维那）的独立而导致的南斯拉夫社会主义联邦共和国的解体，以及捷克与斯洛伐克的分离，还有印度尼西亚从荷属东印度的脱离、独立。虽然个案之间多少存在一些差异，但独立的要件似乎是：成立独立的政府，表达遵守国际法的意愿，并得到其他国家的承认。在这种情形中，不承认独立的一方实施武力攻击之时，独立方对此所实施的暴力或者胁迫，即便符合第77条的"暴动"——如果能够在国际法层面考虑国家刑法层面的"违法性"，或许也能阻却其违法性。

但是，所谓"民族自决权"，是以存在民族的不同为前提的。诸如小说《吉里吉里人》所描述的那样，同为日本人*的人员实施脱离或者独立的，是否同样适于"民族自决权"呢？或者说，在那种情形之下，就应该谓之为，"民族"本身就是不同的。如果"民族"这一概念是一个政治概念的话，那说不定也是有可能的。

无论如何，某地区的脱离或者独立，并不意味着对该国中央政府本身的颠覆，因此，将这种情形包含在"破坏、扰乱宪法所确定的基本统治秩序"的情形之列，从立法论上来看，也许有进一步研讨的余地（⇒团藤·各论第16页）。

---

* 虽然北海道仍居住着少量的阿依努人，但通常认为，日本属于单民族（大和族）国家。——译者注

第三十四章
妨害执行公务的犯罪

第一节 概 述

一、保护法益

《刑法》第2编第5章规定的是"妨害执行公务的犯罪",包括妨害执行公务罪(第95条第1款)、职务强要罪(第95条第2款)、破弃封印等罪(第96条)、妨害强制执行目的的损坏财产罪(第96条之二)、妨害强制执行行为罪(第96条之三)、妨害强制执行相关的拍卖罪(第96条之四)、破弃封印等的加重罪(第96条之五)、妨害有关公务性合同的拍卖等罪(第96条之六。特别将本条第2款称为"串通罪")。其中,妨害强制执行罪之后的犯罪都是根据1941年刑法部分修正,将1940年改正刑法草案中的相关规定纳入现行刑法之中的,反映了当时进行战时经济统制的必要(⇒第32章第2节之三)。但如后所述,2011年刑法又对此做了进一步修正。

"妨害执行公务的犯罪"的保护法益是**"公务的顺畅运行"**,而绝非是对公务员个人进行什么特别保护(否则将违反《宪法》第14条第1款的"法律之下人人平等"原则)。

二、具有"经济犯罪"性质的犯罪

但是,如前所述,在该类犯罪中,还存在性质稍有不同的犯罪类型。亦即,一般所谓普通的"妨害执行公务的犯罪"——不仅包括第95条第1款的妨害执行公务罪,还包括第95条第2款的职务强要罪——显然是针对国家职能的犯罪,但破弃封印等罪(第96条)以及妨害强制执行的相关犯罪(第96条之二以下)则加入了针对财产与经济的犯罪的性质,尤其是妨害有关公务性合同的拍卖等罪(第96条之六),其作为经济犯罪的性质更强。也有学者将第 96 条之六第 2 款的串通罪等视为"针对自由竞争秩序的犯罪"。下面将普通的"妨害执行公务的犯罪"（第 95 条）与其他犯罪区别开来，做些简单解析。

第二节　妨害执行公务罪、职务强要罪

在公务员执行职务时，对其实施暴力或者胁迫的，处 3 年以下惩役或禁锢，或者 50 万日元以下罚金（第 95 条第 1 款）。

为了使公务员作出或不作出某项决定，或者为了使其辞职，而实施暴力或者胁迫的，与前款同（第 95 条第 2 款）。

一、本罪的含义

公务员执行职务之时，对其实施暴力或者胁迫（第 95 条第 1 款），或者，为了使公务员作出或不作出某项决定，或者为了使其辞职，而实施暴力或者胁迫的（第 95 条第 2 款），构成妨害执行公务的犯罪。不过，在狭义上，前者与后者分别被称为"妨害执行公务罪""职务强要罪"。在司法实务中，第 95 条第 1 款实际上多适用于反抗警察执行职务（职务询问，让对方停止，或者逮捕对方等）的情形。根据 2006 年的刑法修正，第 95 条的法定刑追加了处 50 万日元以下罚金。

所谓"**公务员**"，是指"国家或地方公共团体的职员以及其他依据法令从事公务的议员、委员或者其他职员"（《刑法》第 7 条第 1 款），但不包括外国的公务员（最判昭和 27・12・25 刑集 6—12—1387）。所谓"**从事公务的职员**"，包括公共组合*、公团**、公库***等公共法人的职员（大判大正 3・4・13 刑录 20—543、大判昭和 5・3・13 刑集 9—180 等）。但是，从事单纯的机械性、体力性劳务的，则不属于这里所谓"职员"（最决昭和 30・12・3 刑集 9—13—2596。不过，对于邮递员，判例立场经历了一个从否定〔大判大正 8・4・2 刑录 25—375〕向肯定〔最判昭和 35・3・1 刑集 14—3—209〕的转变）。

二、执行职务"时"

作为本罪对象的"**职务**"，广泛包括公务员所处理的所有各类事务（关于电报局事务的判例，⇒最判昭和 53・6・29 刑集 32—4—816；关于旧国铁的机车司机在出车

---

* 公共组合：是指依据法令，被赋予在国家的特别监督之下实施一定行政行为作为其存在目的的法人。在实现目的的必要范围之内，国家允许其行使公权力。一般又称之为公共法人或者公法上的法人，不同于以公共活动为目的的《地方自治法》上的公共团体。商工组合、国民健康保险组合等即属于此。——译者注

** 公团：是指在二战之后的日本，接受联合国占领军司令部的旨意，作为行政机关之一部分而设立的公共法人。之后，其逐步摆脱作为行政机关之一部分的性质。2005 年 10 月，随着"道路四公团"（日本道路公团、首都高速道路公团、阪神高速道路公团、本州四国联络桥公团）的分割、民营化，公团归于消灭，不复存在。——译者注

*** 公库：是指政府系统的金融机构中，除了金库（特殊法人）、特殊银行之外的特殊法人。现在仅存在"冲绳振兴开发金融公库"。由政府全额出资，设立公库的目的在于，"对于难以从一般金融机构融资的领域，自行融资"，以及"为了易于从一般金融机构融资而提供担保"。——译者注

前所做的车辆检查行为的判例，⇒最决昭和 59·5·8 刑集 38—7—2621）。

所谓执行职务"时"（"之际"），是指从开始执行该被具体地、个别地予以特定的职务，直至执行结束的时间范围之内的职务行为，以及如同马上就要开始执行该职务的情形那样，与该职务执行在时间上前后相连，并可将二者视为不可分割的具有一体性关系的范围之内的职务行为。具体而言，例如，旧国铁的站长助理在会议室对职员进行上班点名之后，为了交接工作，而正打算离开会议室走向数十米开外的助理办公室的情形（最判昭和 45·12·22 刑集 24—13—1812）*；正在当班的采取交替执勤制的警官正在值班室休息，或者，为了休息而正走向值班室的情形（大阪高判昭和 53·12·7 高刑集 31—3—313），就不属于执行职务"时"。反之，旧国铁的司机在乘务交接完毕之后，为接受下班检查而前往站长助理办公室的途中（最决昭和 54·1·10 刑集合 33—1—1**），以及因被告人等的抗议而使得议会无法继续议事，县议会委员长只得宣布委员会暂时闭会休息，在该委员长正要走出会场之时（最决平成 1·3·10 刑集 43—3—188、百选Ⅱ No.119），就属于执行职务"时"。

※ "公务"与妨害业务罪的关系：以单纯的"威力"而非暴力、胁迫妨害公务的（例如，坐在公务员的车前，阻碍其行进的情形），对此，是否可以适用威力妨害业务罪，存在观点之间的分歧。一般认为，诸如警察实施逮捕的行为等带有"强制力"的"权力性公务"，不适用威力妨害业务罪；但在公务员的事务性工作的场合，由于没有理由将其区别于民间业务，因而是可能适用该罪的（东京高判平成 21·3·12 高刑集 62—1—21 认为，对于以"诡计"实施的妨害，强制搜查亦可成为其对象）。

但是，正如妨害业务罪中所述，该罪以民间的经营基础作为其保护法益，其罪质不同于妨害执行公务罪。因此，即便是不属于"权力性公务"的公务，但对于妨害此类公务的行为适用妨害业务罪，就完全是弄错了思路（如果认为妨害业务罪普遍适用于一般的搜查活动，那么，与之相比法定刑相对要轻的藏匿犯人罪、隐灭证据罪，以及《轻犯罪法》上的虚假犯罪的报告罪等，都一概不再需要了。并且，犯人自己实施妨害行为时，恐怕也要受到处罚。⇒第 15 章第 3 节之二）。

三、执行职务的"合法性"

1. 执行职务的"合法性"属于构成要件要素的含义

如果作为妨害对象的执行职务是不正当或者违法的，刑法保护此类执行职

---

* "国铁东滩车站事件"：旧国铁的站长助理在会议室对职员进行上班点名之后，为了交接工作，而正打算离开会议室走向数十米开外的助理办公室之际，行为人对其实施了暴力。对此案，最高裁判所以这两种职务之间不具有一体性为理由，否定成立本罪。不过，本案判决书中也附上了反对意见，即，作为当班站长助理，点名以及交接业务都属于其职务范围之内的业务，将其视为正处于执行一系列的职务的过程中，要更为合适。——译者注

** 旧国铁的司机在乘务交接完毕之后，为接受下班检查而前往站长助理办公室的途中，行为人对该司机实施了暴力。对此，最高裁判所认为，下班检查的内容是汇报运行情况、机车状况等，这些都与机车司机的乘务直接相关，因此，赶往站长助理办公室的行为仍然处于执行职务的过程中，进而判定成立本罪。——译者注

的行为，就是一种矛盾。为此，要成立本罪，执行职务就必须是"**合法**"的。不过，《刑法》第95条并未明文规定必须是合法执行职务。为此，通说主张，应该对第95条进行合目的的限缩解释，执行职务的"合法性"属于"不成文的构成要件要素"。

不过，针对不法的执行职务，为了防卫自己或者他人的权利而实施反击行为的，即便我们不承认执行职务的"合法性"这一"不成文的构成要件要素"，如果该反击行为是防卫所必要的最小限度的行为，该行为就作为"正当防卫"（第36条第1款）而得以正当化。因此，执行职务的"合法性"属于构成要件要素，其含义实质上就在于：即便反击行为未满足"正当防卫"的要件，也不构成妨害执行公务罪。这也是因为，保护不法的执行职务，不符合"法"="正义"的要求。当然，针对不法的执行职务，反击行为超过最小必要限度的，也有可能构成针对公务员个人的暴行罪、伤害罪以及其他针对个人法益的犯罪。

2. 合法性的要件

问题在于，被妨害的执行职务是"合法"的，究竟是一种什么样的情形呢？一般来说，执行职务要被谓为合法，对于公务员的要求是：（1）存在执行职务的**抽象的**或者**一般的**职务权限，（2）存在执行该职务的**具体权限**，并且，（3）履行了执行该职务所必要的程序要件（**重要方式**）。例如，依据逮捕令（⇒《刑事诉讼法》第199条以下）实施逮捕时，警察不向嫌疑人出示逮捕令的（大阪高判昭和32·7·22高刑集10—6—521*），或者不告知所涉嫌的主要犯罪事实的（东京高判昭和34·4·30高刑集12—5—486），都属于对重要方式的违反。反之，违反行政法上的任意性规定与训示规定的**，一般则认为，不构成对重要方式的违反。

问题尤其在于，违反方式的情形中，哪些才属于违反"重要"的方式？最高裁判所曾有判例以该职务行为是否具有"**刑法上的要保护性**"作为判断标准（最大判昭和42·5·24刑集21—4—505、百选Ⅱ No.117）。对最高裁判所的这一方向表示支持的学者：藤木·各论第23页、中森·各论第271页、平川·各论第519页、西田·各论第425页等）。具体而言，例如，有关地方议会议长违反议事规程的案件，最高裁判所认为，即便该议长的议事程序因违反会议规程而并不完全具备法令上的合法要件，但是，如果能认定，该行为属于议长的抽象的权限范围之内的行为，在具体的事实关系之下，为了使其免受暴力等的妨害，至少在刑法上，仍然属于值得保护的职务行为，那么，就应认定为执行职务（最大判昭和42·5·24刑集21—4—505）。但是，这种判断有混淆执行职务的合法性判断与妨害行为的违法性判断之嫌。即使该执行职务是违法的，对公务员实施的暴力或者胁迫仍可能因侵害了个人法益而违法，在此限度之内，作为个人，违法的执行职务者也应当受到刑

---

* 对于行为人（警官）尽管携带了逮捕令却未向嫌犯出示逮捕令的案件，大阪高等裁判所认为，"诸如逮捕犯罪嫌疑人的行为那样，在强制实现国家的权力意思，直接干涉国民的基本人权的场合，就必须严格理解其合法性要件"，从而判定该逮捕行为属于违法行为，并不值得通过本罪来保护。——译者注

** 训示规定，是指在规定各种程序的规定之中，仅具有针对裁判所、行政部门的职务行为的命令的性质的规定。即便违反了该规定，也不影响行为、程序的效力本身。——译者注

法的保护。但是，那是暴行罪等针对个人法益的犯罪的规制对象，而非妨害执行公务罪的规制对象。

3. 合法性的判断标准

例如，即便是因不实之罪而遭到逮捕，只要警察出示了合法开具的逮捕令，就只能是承受这种嫌疑，这样考虑的话，实施逮捕就属于合法的执行职务。在这种情形下，也只能是在法庭上为自己洗刷冤屈。不过，即便是这种情形，如果执行逮捕令的警察明知——而非是信以为真——对方是无辜的（例如，最极端的情形是，警察本人就是真正的罪犯），这种逮捕想必应该是违法的。为此，在这种因事实不确定而需要进行事前判断的执行职务的场合，究竟应该以什么标准来判断其"合法性"，就存在争议。

以这种"误认逮捕"为例，学界主要有以下三种观点：（1）"**主观说**"认为，应以该公务员是否相信自己是在合法执行职务作为判断标准（大判昭和7·3·24刑集11—296）；（2）"**折中说**"认为，应以与执行职务当时的行为人处于同样的具体状况下的一般人作为判断标准（木村·各论第301页、大谷·各论第571页、川端·各论第658页等）；（3）"**客观说**"认为，裁判所应该依据对法令的解释而进行客观判断（多数说）。

但是，原本来说，执行职务的合法性，属于对于作为其根据的法令的解释问题，因此，当然应以（3）"客观说"为前提。问题在于，作为执行职务的要件，该法令中如果包含有诸如"足以怀疑嫌疑人实施了犯罪的相当理由"（《刑事诉讼法》第199条第1款）这种事前判断要素，对此应当如何处理？在该场合下，公务员自始便知道对方并非真正的犯人，因而并不存在什么"怀疑"的，申请逮捕令的行为本身就是违法的，因而执行该逮捕令的行为也是违法的；而且，虽然在申请逮捕令时存在"怀疑"，但在执行时却不存在"怀疑"的，这种执行逮捕令的行为想必也应该是违法的。在此意义上，行为人的实际认识就属于判断资料之一。但是，在"足以怀疑的相当理由"是该公务员基于草率判断而得出时，也不是说，连这种情形也要认定，执行职务是合法的。为此，就应该以该公务员所实际认识到的事实，以及与之处于相同状况之下的理性的一般人所能够认识到的事实，作为合法性判断的基础或者资料。同时，在比照法令对这种判断资料进行判断之时，需要有正确理解与解释法令的能力，限于这种情形，判断标准[*]就应当是法学专家——合理的裁判所——而非外行。这样，在法令以事前判断的要素作为执行职务的前提条件的场合，判断标准应当是：**"以该公务员所实际认识到的事实，以及与该公务员处于相同状况之下的理性的一般人所能够认识到的事实，作为合法性判断的基础，由作为法令之专家的裁判所比照法令的要件进行判断。"**

但是，在执行职务所依据的法令不包含这种事前判断要素的场合，想必不能原样适用上述判断标准。例如，在依据《刑事诉讼法》第212条第1款逮捕现行犯的场合，只有"正在实施犯罪，或者刚刚完成犯罪者"才是现行犯，因此，虽

---

[*] 判断者。——译者注

然在公务员看来，某人是"正在实施犯罪，或者刚刚完成犯罪者"，但实际上此人并非真正的犯罪人的，如果公务员逮捕该人，就不能根据该规定而得以正当化。至多属于《刑事诉讼法》第212条第2款各项所规定的"准现行犯"，在满足了"能够认定显然属于完成犯罪后尚未经过多长时间的"这种事前判断要素的场合，即便被逮捕的并非真正的犯罪人，该逮捕行为也是合法的。即便从逮捕现行犯应属于令状主义的例外，以及在法律上即便是纯属外行的个人也有可能实施逮捕行为等角度来看，这种结论也是妥当的（村井敏邦：《公务执行妨害罪の研究》第236页）。针对逮捕现行犯的行为，也有判决认为，考虑行为当时的情况，如果从客观上看有充分的理由认定属于现行犯，就可以认定该逮捕行为是合法的（大阪高判昭和40·9·9判时449—64。另外，上诉审参见最决昭和41·4·14裁集刑159—181、百选Ⅱ No.118）。但这样一来，准现行犯制度便彻底失去了存在意义。

四、行为人有关"合法性"的错误

如上所示，执行职务的"合法性"是第95条的构成要件要素，因此，对合法性不存在认识的，就不存在本罪的故意。然而，对于作为法律的门外汉的一般人，要其了解复杂的行政法规与刑事程序法令，进而适当地判断眼前的执行职务行为究竟是合法还是违法，这是不可能的，因此，只要行为人并未认识到执行职务是违法的，就应作为存在有关第95条的合法性的认识的情形来处理（在此意义上，也可以将职务执行的"违法性"理解为第95条的消极的构成要件要素）。

问题在于，虽然行为人认为该执行职务是违法的，但实际上对方执行职务的行为是合法的，对此应该如何处理呢？这就是学界一般所谓"**合法性的错误**"的问题。

尽管有观点认为，这属于"违法性的错误"（⇒总论第14章第3节之四以及第15章第3节），不能否定犯罪的故意（藤木·各论第26页），但多数说认为，这属于针对构成要件要素的——也是有关"规范的构成要件要素"的——"**事实错误**"，应否定故意。不过，在该场合下，能够否定故意的，是对于那些能够为"执行职务是违法的"这一点提供根据的事实的认识。反之，明明就是从其所认识到的事实出发进行判断，也一般能被认定为合法的执行职务，但抵抗者（行为人）却自说自话地判断为违法的，就属于"违法性的错误"。

五、暴力、胁迫

本罪所谓"**暴力**"，必须针对执行职务的公务员实施，只要达到足以妨害执行公务的程度即可，无须直接针对公务员的身体。也就是，所谓"间接暴力"亦可（对于针对公务员的辅助人员实施暴力而认定成立本罪的，⇒最判昭和41·3·24刑集20—3—129、百选Ⅱ No.123；另外，最判昭和26·3·20刑集5—5—794判定，抛弃、破坏查封物的，也属于暴力）。此外，无须实际妨害了职务的执行（向执行职务的警察投掷石块，虽未击中但仍构成本罪的案件，⇒最判昭和33·9·30

刑集12—13—3151、百选ⅡNo.120)。

本罪所谓"**胁迫**",范围要宽于胁迫罪(第222条)的情形,只要是告知足以让人感到恐惧的恶害即可(西田·各论第427页*)。

六、职务强要罪

第95条第2款规定:为了使公务员作出或不作出某项决定,或者为了使其辞职,而实施暴力或者胁迫的,处3年以下惩役或禁锢,或者50万日元以下罚金。本罪是"目的犯",要求行为人以"使公务员作出或不作出某项决定"或者"使其辞职"作为行为的动机或者目的。但不要求实际实现了该目的(大判昭和4·2·9刑集8—59)。

这里所谓"**决定**"(处分行为),是指公务员依据职务可以实施的一切行为,而不问是否在其职务权限范围之内(最判昭和28·1·22刑集7—1—8。不过,大判昭和2·7·21刑集6—357认为,实施职务权限范围之外的行为的,不构成本罪。尽管学界更多的是支持后者,但如果认为,只要是抽象的职务权限范围之内的行为即可,并且,广泛地承认抽象的职务权限,那么,两者结论实际上并无不同)。强要公务员不作出违法的决定的,不成立本罪(团藤·各论第60页、平野·概说第280页、大塚·各论第574页、大谷·各论第555页**、中森·各论第248页、西田·各论第430页***、山口·各论第549页)。在强制公务员作出合法决定的场合,仅限于不作出该决定也是合法的,而是否作出该决定的裁量权完全属于该公务员的情形,才有构成本罪之可能(最判昭和25·3·28刑集4—3—425)。

第三节 其他针对公务的犯罪

损坏公务员所张贴的封印或查封标记,或者以其他方法使该封印或查封标记之命令或处分无效的,处3年以下惩役或250万日元以下罚金,或者并处之(第96条)。

以妨害强制执行为目的,实施下列行为之一的,处3年以下惩役或者250万日元以下罚金,或者并处之。知情而成为第3项规定的转让或者权利设定之相对人

---

* 西田·各论第427页认为,"本罪所谓胁迫,也较胁迫罪(第222条)中的胁迫的范围更广,是指告知足以让人畏惧的恶害。告知针对公务员本身的恶害,当然属于本罪的胁迫行为,如果只是告知针对第三者的恶害,即使该行为并不构成人质强要罪,但如果站在公务员的立场上,对于公务的执行,不得不感到踌躇犹豫的,也属于本罪的胁迫"(参见西田典之.日本刑法各论:6版.王昭武,刘明祥,译.北京:法律出版社,2013:439.)。——译者注

** 强要公务员实施某种作为,其本身就会侵害公务员的正当职务自由,因此,出于强要对方作出违法决定的目的的,自不待言,即便是出于让对方作出合法决定的目的,也构成本罪。例如,即便是出于让公务员改正不当课税方法的目的,但要改变这种课税方法,必须是经过税法所规定的程序,因此,不采取这种程序而直接胁迫税务署长的行为,就构成本罪(最判昭和25·3·28刑集4—3—425)。参见大谷·各论第555页。——译者注

*** 西田·各论第430页认为,"即便是合法的决定行为,由于应认可公务员就是否作出某种决定存在裁量的余地,因而,只要是强要公务员进行非经正当程序的决定行为,就可以认定构成本罪"(参见西田典之.日本刑法各论:6版.王昭武,刘明祥,译.北京:法律出版社,2013:441.)。——译者注

的，亦同。

（一）对于受到或应受强制执行的财产，予以隐匿、损坏、假装转让，或者假装承担债务的行为；

（二）对于受到或应受强制执行的财产，改变其现状，减损其价格，或者使强制执行费用增加的行为；

（三）对于应受金钱执行之财产，以无偿或者其他不利益的条件，予以转让或者设定权利的行为（第96条之二）。

使用诡计或者威力，妨害进入、占有人之确认或者其他强制执行行为的，处3年以下惩役或250万日元以下罚金，或者并处之（第96条之三第1款）。

以使人不申请强制执行或撤回申请为目的，对申请权人或其代理人实施暴力或胁迫的，与前款同（第96条之三第2款）。

使用诡计或者威力，实施损害强制执行时所进行或者应进行的拍卖之公正的行为的，处3年以下惩役或250万日元以下罚金，或者并处之（第96条之四）。

以得到报酬或者让他人得到报酬为目的，有关他人之债务，犯自第96条至前条之罪的，处5年以下惩役或500万日元以下罚金，或者并处之（第96条之五）。

使用诡计或者威力，实施有害于公务性*拍卖或者招标中缔结合同等事务之公正的行为的，处3年以下惩役或者250万日元以下罚金，或者并处之（第96条之六第1款）。

以损害公正价格或者获取非法利益为目的，进行串通的，与前款同（第96条之六第2款）。

一、破弃封印罪、妨害强制执行目的的损坏财产罪、妨害强制执行行为罪、妨害强制执行相关的拍卖罪、破弃封印等的加重罪

损坏公务员所张贴的封印或查封标记，或者以其他方法使该封印或查封标记之命令或处分无效的，成立"破弃封印罪"（第96条）；以妨害强制执行为目的，隐匿、损坏、假装转让，或者假装承担债务的，成立"妨害强制执行目的的损坏财产罪"（第96条之二）。

作为破弃封印罪之客体的"**封印**"，是指作为禁止改变物之现状的决定，由有权公务员张贴的封缄等物质性标记。多数说认为，该标记本身必须是合法的（大塚·各论第576页、福田·各论第18页、中森·各论第277页、曾根·各论第291页、西田·各论第432页、山口·各论第550页）。

这里的"**查封标记**"，是指《民事执行法》（第123条第3款）中所谓查封的标记。本条的"封印或查封标记"，以行为当时合法且有效为必要（最决昭和62·9·30刑集41—6—297、百选Ⅱ No.121等）。因此，如果某人已经将其剥离或者损坏，

---

* 法条原文为"公"字，是指国家或者地方公共团体依据法令所实施的公务性拍卖、招投标（参见大谷·新版第3版第561页。东京高判昭和36·3·31高刑集14—2—77），其大多涉及国家或者地方的相关政府机关所公开实施的有关公共工程的招投标，因而考虑到切合条文本意以及译文的简洁，这里翻译为"公务性"。——译者注

其后就不再成立本罪（最判昭和 29·11·9 刑集 8—11—1742、最判昭和 33·3·28 刑集 12—4—708）。

同样，妨害强制执行目的的损坏财产罪中的"**强制执行**"，是指《民事执行法》第 2 章中规定的民事执行或者准用此规定的强制执行（最决平成 21·7·14 刑集 63—6—613 认为，"作为担保权之实现的拍卖"也属于《民事执行法》所规定的民事执行。但是，对此运用第 242 条规定的"有关自己所有物的特例"予以对应即可）。"**金钱执行**"，是指为了实现以支付金钱为目的的债权的强制执行。不过，由于 2011 年的刑法部分修正将"以逃避强制执行为目的"修改为"以妨害强制执行为目的"，有力观点以此为理由提出，本罪的保护法益的重心已经转移至保护公务，因而《征收国税法》中的滞纳处分也包含在"强制执行"之内（曾根·各论 292 页、西田·各论 434 页）。但是，妨害强制执行犯罪的立法旨趣，应该被理解为，对于"司法"这种禁止私力救济、谋求当事人之间的调整的国家职能，予以特别保护，因此，对于这一点（即"《征收国税法》中的滞纳处分也包含在'强制执行'之内"）应该予以消极理解。

成立本罪，必须是"**以妨害强制执行为目的**"而实施行为；而且，作为本罪成立的前提，在行为当时尚不存在债务名义或者执行名义的场合，就以实际存在债权为必要（最判昭和 35·6·24 刑集 14—8—1103*、百选 Ⅱ No.122。平野·概说第 281 页、内田·各论第 630 页、大谷·各论第 582 页、曾根·各论第 292 页以下）。与之相对，也有"事前判断说"认为，既然那种是否存在债权并不切实的临时处分等保全处分也包含在"强制执行"之内（大判昭和 18·5·8 刑集 22—130），因而只要在行为当时有存在债权之合理可能性即可（团藤·各论第 64 页、大塚·各论第 579 页、前田·各论第 614 页、中森·各论第 279 页、西田·各论第 435 页、山口·各论第 555 页**）。但是，将秘密实施的保全处分也包括在"强制执行"之内，这一前提本身就存在疑问。再者，有力观点认为，由于 2011 年的刑法部分修正将"以逃避强制执行为目的"修改为"以妨害强制执行为目的"，因而《征收国税法》中的滞纳处分也包含在"强制执行"之内（西田·各论第 435 页），但本书并不认为，"逃避"与"妨害"之间存在如此大的差异。

在 2011 年刑法部分修正之前的第 96 条之二中，"**隐匿财产**"是指使得作为强制执行对象的财产的发现处于不可能或者困难的状态。例如，通过伪构的竞拍程序，使得自己所有的物件落入虚假中标人手中的伪装行为（最决昭和 39·3·31 刑集 18—3—115）；从银行取走存款，放在自己家中保管的行为（东京高判平成 17·

---

* 判例认为，在尚不存在执行名义、债权人也仅仅是提起了请求履行债权之诉的场合，在刑事诉讼的审理过程中，就必须能肯定存在作为其基本的债权，如果不存在这种债权，就应该以不存在保护法益为根据，否定成立本罪（最判昭和 35·6·24 刑集 14—8—1103）。——译者注

** 山口·各论 555 页认为，"但是，本罪所谓强制执行包括保全执行，而保全执行的前提就在于，往往存在权利关系的纠葛，因此，即便不能确定债权之存在，仍可认为，有保护强制执行职能的必要（参见最判昭和 35·6·24 刑集 14—8—1103［池田裁判官的反对意见］）。总之，只要在行为当时有存在债权的可能性即可"（山口厚. 刑法各论：2 版. 王昭武，译. 北京：中国人民大学出版社，2011：648.）。——译者注

12・29 判夕1227—132）。这种解释也同样可以适用于修正之后的法条。

二、妨害有关公务性合同的拍卖等罪、串通罪

使用诡计或者威力，实施有害于公务性拍卖或者招标中缔结合同等事务之公正的行为的，成立"妨害有关公务性合同的拍卖等罪"（第96条之六第1款）。以损害公正价格或者获取非法利益为目的，进行串通的，构成"串通罪"（同条第2款）。通过2011年的刑法修正，"妨害有关公务性合同的拍卖等罪"的对象是，在（修正之前的）原第96条之三第1款所规定的、作为妨害拍卖罪之对象的"公务性拍卖或者招标"之中，除去被移到第96条之二以下的强制执行相关犯罪之外的其他对象。

本条第1款的"**公务性拍卖或者招标**"，是指国家或地方公共团体等遵循《民事执行法》或《地方自治法》而实施的拍卖或招标。这里的"**诡计**"与"**威力**"，与前述妨害业务罪的情形相同（⇒第15章）。有判例对于下述情形认定为"诡计"：在竞标程序中，将预定价格事先透漏给某计划参与投标的特定的人，并使之最后中标的情形（最决昭和37・2・9刑集16—2—54）；在决定开始拍卖不动产之后，就该不动产，向裁判所提交决定之前所签订的内容虚假的短期租赁合同，试图阻止该拍卖的公正实施的情形（最决平成10・7・14刑集52—5—343、百选Ⅱ No. 124）。另外，对于在指名竞拍之际，胁迫其他受指名人接受私下串通的行为，有判例认定为"威力"（最决昭和58・5・9刑集37—4—401）。如果使用这种手段会对"公务性拍卖或者招标"造成影响，就通常属于"**有害于公正的行为**"。

本条第2款中的"**公正价格**"被定义为，"在该招标过程中，基于公正自由的竞争所可能形成的中标价格"（大判昭和19・4・28刑集23—97、最决昭和28・12・10刑集7—12—2418、最判昭和32・1・22刑集11—1—50、最判昭和32・7・19刑集11—7—1966）。其宗旨在于：并非将那些未经自由竞争而形成的价格全部认定为非"公正的价格"，如果这些价格与在假定没有串通的情形下所形成的价格相同，就属于"公正的价格"（大判昭和19・4・28刑集23—97）。在该场合下，所谓"血拼竞标""倾销价格"是否也属于"公正价格"，就存在争议。但由于在公务性招标中，通常都设定了最低中标价格，因而，有下级审判例认为，所谓"血拼竞标""倾销价格"并非"公正价格"（东京高判昭和40・9・28东高时报16—9＝10—192、大津地判昭和43・8・27下刑集10—8—866）。

反之，有批判意见认为：只要并非极端低价，"倾销价格"也是由自由竞争形成的"公正价格"。但是，针对这种批判，可以提出如下疑问：在推定为倾销的场合，那种假定经过"公正的自由竞争"而形成的价格，如何才能认定呢？尽管也可以认为，凡低于所设定的最低中标价格的，就不属于"公正价格"，但是，设定最低中标价格的目的就在于，防止因"血拼竞标"而导致工程质量粗糙。但是，不仅最低中标价格是否真正具有这种功能本身尚存疑问，而且，业者试图获悉预定招标价格、最低中标价格的动机本身也是贪污、官商

勾结的诱因之一，因此，以所谓"最低中标价格"作为标准，就伴有抽去招投标制度之实质内容的危险。*

总之，以"基于自由的竞争所可能形成的中标价格"作为标准，那些为降低价格而进行的串通另当别论，就是那些实际上不损害"公正价格"的串通也几乎会彻底消失。

本条第2款中的**"非法利益"**，是指通过串通招标而得到的金钱或者其他经济性利益，也就是，"超过了社会一般意义上的'礼金'程度，达到不当高额的情形"（最判昭和32·1·22刑集11—1—50、最判昭和32·1·31刑集11—1—435）。作为出让中标者的地位的对价而获取的"串通金"，通常也属于这里所谓"非法利益"。

本条第2款中的**"串通"**，是指在公务性拍卖或者招标中，"以损害公正价格或者获取非法利益为目的"，竞争者之间相互通谋，为了让某一特定人中标，其他人商定不在一定价格以下或以上投标（最决昭和28·12·10刑集7—12—2418）。

※**招标串通与串通罪以及违反《反垄断法》**：所谓有关工程招标的串通，是指对于本应通过招标而确定的公共工程的中标者，由预定参与招标者事先协商确定，其他参与招标者（建筑行业的从业者）则写上比该人更高的投标价格。这种做法的意义在于：在防止因招标竞争而引起的业者相互之间的过当竞争的同时，还可以通过确定轮流中标这种方式而确保业界同行均有利可图，而且也能防止未参与事前协商的"局外人"（outsider）参与进来。在进行个别的招标串通时，往往事先都存在对于用以确定具体中标人的一般规则的基本合意。

对于招标串通，既可以以本款的串通罪进行处罚，也可以依据《反垄断法》的"不当的限制交易"（《反垄断法》第2条第6款、第3条）进行处罚。这样，这两种处罚之间的关系就成为问题。特别是，对于针对招标串通，第一次依据《反垄断法》进行刑事告发的案件即（对于由社保厅采购的付款通知书的封口用封缄进行串

---

* 对此，山口·563页以下认为，何为目的要件中的"公正价格"，这很大程度上左右着本罪的适用范围，也是学界一直以来研究的问题。(1) 判例、多数说采取的是"**竞争价格说**"，也就是，"并不是指离开招标这一观念而客观测定的公正价格，而只能是指在该招标过程中，基于公正自由的竞争所可能形成的中标价格"（最决昭和28·12·10刑集7—12—2418、最判昭和32·7·19刑集11—7—1966等）。反之，(2) 下级裁判所判例、部分学说采取的则是"**适当利润价格说**"，也就是，如果将招标完全置于自由竞争之下，可能会因相互斗气而出现"血拼竞标"，最终导致企业倒闭以及工程不能圆满完成的恶果，基于这种考虑，公正价格就应该是，在招标中，经过公正自由的竞争，具备最有利条件的业者，在其实际成本之上，再加上适当利润而得出的中标价（东京高判昭和28·7·20判特39—37、大阪高判昭和29·5·29判特28—133、东京高判昭和32·5·24高刑集10—4—361等）。在"适当利润价格说"看来，就伴有串通金之收受的串通行为而言，会通过算入投标价格以及采取"偷工减料"的方式而削减工程的实际成本，进而有损"公正价格"，因而属于本罪处罚对象；然而，就不伴有串通金之收受的串通行为（所谓"正当的串通投标行为"）而言，则有可能既确保正常利润又使得厂家之间相互共存，同时还能满足圆满完成工程这一招标的最终目的（因而并不具有有损公正价格的目的），因此，不少下级裁判所的判例对此持肯定态度，也很大程度上影响了司法实务。适当利润的内容本身并不明确，而且，正是考虑到处罚串通行为本身所带来的弊端，才提出了适当利润价格说，但可以说，随着招投标制度的改进与完善，出于上述考虑而限定处罚范围的意义，也会逐渐丧失。毋宁说，肯定"被允许的串通行为"所带来的弊端，才是更值得关注的问题。在此意义上，应该支持竞争价格说（山口厚. 刑法各论：2版. 王昭武，译. 北京：中国人民大学出版社，2011：657.）。——译者注

通的)"封缄（seal）事件"中，裁判所对（印刷行业的）法人是依据该法宣判有罪（东京高判平成5·12·14高刑集46—3—322），与此同时，对于实际进行串通的自然人（参与串通的公司董事、职员），则判定成立刑法上的串通罪（东京地判平成6·3·7判夕874—291）。以该案为契机，如何处理这两种处罚之间的关系，就成为一个值得探讨的现实问题。

不过，从规定上看，两罪（两种处罚）都没有将所有的招标串通纳入其中。刑法上的串通罪仅处罚"以损害公正价格或者获取非法利益为目的"而进行的串通；《反垄断法》第3条虽然不限于串通，而是针对所有的"不当的限制交易"，但该行为同时必须是"有违公共利益，对一定交易领域中的竞争进行实质性限制"（《反垄断法》第2条第6款）。这也就是，两罪之间不存在一罪包含另一罪这种包容关系，而是相互之间存在部分重合的关系。而且，从法定刑上看，刑法上的串通罪的法定刑是3年以下惩役或者250万日元以下罚金；《反垄断法》中的"不当的限制交易"则是3年以下惩役或者500万日元以下罚金（《反垄断法》第89条第1款第1项），并且，后者还属于公平交易委员会的专属告发（《反垄断法》第96条），另外，还可以根据情节宣判，在判决确定之后的6个月以上3年以下的期间内，该业者不得与政府之间缔结相关合同（《反垄断法》第100条）。

对于同时成立两罪时的罪数关系问题，有观点认为，串通罪是针对公务的犯罪，而"不当的限制交易"是针对经济秩序的犯罪，因而两罪是并合罪或者属于想象竞合的关系。但是，串通罪的原型原本是，1940年改正刑法草案的"有关信用、业务以及拍卖的犯罪"这一章中的犯罪。考虑到这一点，即便是现在已经将保护对象限于公务性拍卖或者招标，由于在保护公务的经济性的一面这一点并无改变，因而，正如放火罪是公共危险犯的同时也具有侵害财产的性质那样，我们可以认为，在经济犯罪的限度之内，两罪的法益之间是存在竞合的。在该场合下，就可以认为，与串通罪相比，应优先适用法定刑更重的不当限制交易罪。

【问题研讨】
将无辜者作为现行犯加以逮捕的，公务员有无可能属于合法的执行职务？

【解说】
如正文中所述，依据《刑事诉讼法》第212条第1款逮捕现行犯的场合，现行犯只能是"正在实施犯罪，或者刚刚完成犯罪者"。因此，无论某人举止多么可疑，即便属于"被认定为正在实施犯罪，或者刚刚完成犯罪者"，如果实际上并非真正的犯人，该人就不属于《刑事诉讼法》第212条第1款所谓"现行犯"，而至多属于《刑事诉讼法》第212条第2款各项所规定的"准现行犯"。在满足了"能够认定显然属于完成犯罪后尚未经过多长时间的"这种事前判断要素的场合，即便被逮捕的并非真正的犯罪人，该逮捕行为也是合法的。并且，即便从逮捕现行犯应属于令状主义的例外，以及在法律上即便是纯属外行的个人也有可能实施逮捕行为等角度来看，这种结论也是妥当的（村井敏邦：《公務執行妨害罪の研究》第236页）。

尽管如此，判例与多数说均认为，从客观上看，有充分理由认定为现行犯的场合，无论是否属于准现行犯，这种逮捕现行犯的行为都是合法的（大阪高判昭和40·9·9判时449—64等）。诚然，如果"正在实施犯罪"的含义是，该当于犯罪构成要件的违法且有责的行为，那么，由于责任能力的判断非常微妙，因而如果要求进行切实的判断，就可能会丧失逮捕现行犯的时机。但是，既然是"犯罪"，就必须是实际该当于犯罪构成要件的违法行为（"限制从属形式"），如果连这一点也不需要的话，就会有违《刑事诉讼法》第212条的文理，并且丧失设置准现行犯制度的意义。逮捕方误认为是现行犯而实施逮捕的，可以根据错误论来救济，因此，主张"误认逮捕"这一行为本身属于违法行为，这种做法理应没有什么不合适。

第三十五章
针对司法职能的犯罪

第一节 概 述

一、沿革

《刑法》第 2 编第 6 章与第 7 章，以及第 20 章与第 21 章是"针对刑事、民事的司法职能的犯罪"。具体包括"脱逃犯罪"（第 6 章）、"藏匿犯人以及隐灭证据的犯罪"（第 7 章）、"伪证犯罪"（第 20 章）、"虚假告诉犯罪"（第 21 章）。

不过，如前所述，在旧刑法中，与伪造文书罪等伪造犯罪一样，伪证犯罪被视为一种"损害信用的犯罪"，而虚假告诉犯罪则作为"诬告以及诽谤的犯罪"，被视为一种针对个人的犯罪——也是一种毁损名誉的犯罪。也就是，在旧刑法中，这些犯罪均未被视为针对国家法益的犯罪。的确，在保护文书的证据能力这一点上（在这一点上，伪造文书等与伪造证据罪具有共通性），伪造文书等本身就带有针对司法职能的犯罪的性质，相反，司法本身也属于担保社会中的经济交易顺畅进行的制度，因此，不可否认两者之间确实具有共通的一面。此外，虚假告诉的犯罪也是一种毁损他人名誉的犯罪。

二、保护法益

尽管具有上述复杂的性质，但是，现在一般认为，在以"**司法职能**"作为保护法益这一点上，上述犯罪是共通的。惩役、禁锢等刑罚的执行即行刑职能，也包括在这种司法职能之中。

同时，虚假告诉罪与胁迫证人罪中也包含个人法益。因此，虚假告诉罪（第 172 条）与胁迫证人罪（第 105 条之二）的罪数，就取决于被告诉或者被胁迫的被害人的人数。

对于"司法职能"这一法益的含义，尚存争议。一般认为，那是指刑事或者民事程序本身。但"司法"（Rechtsflege）这一概念，原本是指"守护并实现法律"这种职能，意味着法律的效果，也就是，在刑事司法中，连针对犯罪人要适正地认定其犯罪事实，并据此适正地予以处罚这种意思也包括在内，因而仅仅将"确保程序"理解为司法职能，就过于狭隘。

进一步而言，问题还在于："司法职能"这一法益是观念性的、抽象的，其界限不明确，而且，这里所规定的各罪都被认定为"抽象的危险犯"。由于法益本身是抽象的，并且，这些犯罪本身也是抽象的危险犯，因而，要以法益本身作为线索来划定犯罪的成立界限，在这些犯罪中尤其困难（⇒第1章第1节之三）。

三、针对司法职能的犯罪的刑罚上限的提升[*]

根据 2016 年 5 月 24 日成立的《刑事诉讼法等部分修正的法律案》，对刑法中的藏匿犯人、隐灭证据、胁迫证人等犯罪（第 103 条至第 105 条之二）进行了重刑化修正。具体而言，将藏匿犯人罪（《刑法》第 103 条）与隐灭证据罪（《刑法》第 104 条）的法定刑（上限）由"2 年以下惩役或者 20 万日元以下罚金"提升至"3 年以下惩役或者 30 万日元以下罚金"，将胁迫证人等罪（《刑法》第 105 条之二）的法定刑（上限）由"1 年以下惩役或者 20 万日元以下罚金"提升至"2 年以下惩役或者 30 万日元以下罚金"。另外，与此相配套，有关有组织犯罪的"藏匿犯人等罪"（《有关有组织犯罪的处罚以及犯罪收益的规制等的法律》第 7 条）的法定刑也提升至"5 年以下惩役或者 50 万日元以下罚金"。

其目的在于，在通过这种修正而成立的刑事诉讼法上的"协助侦查型合意制度"中（这是修正之后的《刑事诉讼法》第 350 条之二以下所规定的制度，作为"司法交易"的一种，检察官向犯罪嫌疑人或者被告人约定，减轻其刑事责任或者对其〔部分〕犯罪不予追诉，由此换得其在法庭上就他人参与犯罪进行作证），担保在公审法庭所出示的证据（证言内容）是"真正（真实）"的（参见法制审议会新时代的刑事司法制度特别部会《新たな刑事司法制度の構築についての調查审議の結果〔案〕〔改訂版〕》第 24 頁〔http://www.moj.go.jp/content/000125177.pdf〕）。

但是，针对这次的修正，让人忧虑的是，与通过重刑化担保在公审法庭的证言的真实性相比，毋宁说，会加大使他人蒙冤的危险。这是因为，在这种"合意"制度之下，是通过就"他人的刑事案件"作证，让他人承担罪责，由此转换为自己的利益，因此，如果只是这样稍微加重刑罚，由虚假供述所谋取的自己的利益，就会超出这一点（即被加重的刑罚这种不利益。——译者注）。而且，奇妙的是，针

---

[*] 这一部分是日文版第 4 版出版之后，作者根据 2016 年成立的《刑事诉讼法等部分修正的法律案》，为了以后再版而增加的内容。考虑到既然作者已经进行了追加，在此一并予以翻译。相应地，与最新的法律修正相对应，译文中的相关犯罪的刑罚也以最新的修正为准。——译者注

这种"受牵连型"冤罪，明明应该考虑提升伪证罪（《刑法》第 169 条）、虚假告诉罪（《刑法》第 172 条）的法定刑，却没有对这些犯罪的法定刑作出任何修正。而且，"自我庇护"行为并不受藏匿犯人罪、隐灭证据罪的处罚，对于侦查阶段的虚假陈述，一般也不予处罚（最决平成 28·3·31 刑集 70—3—406 认为，"有关他人的刑事案件，犯罪嫌疑人之外的其他人被作为参考人受到侦查机关的调查〔《刑事诉讼法》第 223 条第 1 款〕之际，即便做了虚假的陈述，也不属于《刑法》第 104 条的伪造证据的犯罪……即便这种虚假的陈述内容被记录在陈述笔录上〔《刑事诉讼法》第 223 条第 2 款、第 198 条第 1 款至第 5 款〕，而属于记录在包括书面在内的记录媒介上的情形，仅凭这一点，也不能构成该罪"）。

在这次刑诉法部分修正中，主要是围绕刑事程序中的"调查过程的可视化""作为通信监听之对象的犯罪范围的扩大"以及引入"合议制度"的是非而进行论战，而这种"针对司法职能的犯罪"的重刑化问题，则并未受到多大关注（不过，在法制审议会的刑诉法部会审议阶段，驳回了针对处罚侦查阶段的一般性虚假陈述的提案。但本书认为，其问题性不应被无视）。但是，这一问题的发端在于：一直以来，由于只有掌握公诉权的负责追诉的一方才能就伪证罪进行追诉，其结果就是，"以伪证罪予以处罚"这种威吓作用的"机能"仅仅在于，对那些试图作出有利于被告人的陈述者，让其就此保持沉默。因此，就有必要进行法律修正：包括伪证罪在内，将这些犯罪的追诉机关委托给中立的第三方；或者直接规定，只有在作为证言之对象的案件最终确定之后，才能就针对司法职能的犯罪另行进行追诉（在本章第 4 节之一的"※'八海事件'与伪证罪"中，通过列举"八海事件"等实际案例，也指出了这一点）。

第二节　脱逃犯罪

因执行裁判而被羁押的已决犯或者未决犯脱逃的，处 1 年以下惩役（第 97 条）。

前条规定的人或者已受到拘传令执行的人，损坏羁押场所或拘束用器具，实施暴力或胁迫，或者二人以上合谋，进而脱逃的，处 3 个月以上 5 年以下惩役（第 98 条）。

劫夺依法被羁押者的，处 3 个月以上 5 年以下惩役（第 99 条）。

出于使依法被羁押者脱逃的目的，提供器具或者实施其他易于其脱逃的行为的，处 3 年以下惩役（第 100 条第 1 款）。

出于前款的目的，实施暴力或者胁迫的，处 3 个月以上 5 年以下惩役（第 100 条第 2 款）。

看守或押解依法被羁押者的人使被羁押者脱逃的，处 1 年以上 10 年以下惩役（第 101 条）。

（上述各款）犯罪未遂的，应当处罚（第 102 条）。

一、脱逃犯罪的分类

现行《刑法》第 2 编第 6 章以"脱逃犯罪"为标题，规定了脱逃罪（第 97

条)、加重脱逃罪(第98条)、夺取被羁押者罪(第99条)、援助脱逃罪(第100条)、看守人员等援助脱逃罪(第101条)。这些犯罪还可进一步分为两类犯罪:因执行裁判等而被依法羁押的人员自行脱逃的情形(第97条、第98条)、他人夺取被羁押者或者援助被羁押者脱逃的情形(第99～101条)。上述犯罪的未遂均应受处罚(第102条)。

本类犯罪的保护法益是,包括行刑职能在内的司法职能。不过,试图脱逃是人之常情,因而不少国家并不处罚单纯的脱逃行为。与之相反,现行刑法则不仅处罚单纯的脱逃行为,而且与旧刑法相比,还整体提升了脱逃犯罪的法定刑。这是因为,在现行刑法制定当时,不仅脱逃或者逃跑的受刑者较多,并且,旧刑法中脱逃犯罪的法定刑也相对较低。

二、脱逃罪、加重脱逃罪

第97条规定:因执行裁判而被羁押的已决犯或者未决犯脱逃的,处1年以下惩役。本罪是**身份犯**,以"因执行裁判而被羁押的已决犯或者未决犯"为犯罪主体。

"因执行裁判而被羁押的已决犯",是指因受到惩役、禁锢、拘留等自由刑的确定判决而被羁押于刑事设施者(⇒《有关刑事收容设施以及被收容者等的处遇的法律》——以下简称为"刑事收容设施法"——第3条),已被宣判死刑但在执行死刑之前被羁押于刑事设施者,以及因不能完全缴纳罚金或科料而作为换刑处分被羁押于劳役场者。虽然已经发布收监令但尚未收监者,不属于这里的"被羁押者"(通说)。* 此外,由于"保护处分决定"不同于有罪的确定判决,因而据此被少年院收容的,也不属于这里的"被羁押者"(西田•各论第451页、山口•各论第566页)。

"因执行裁判而被羁押的未决犯",是指因执行裁判所的拘押决定(《刑事诉讼法》第60条)而被羁押于刑事设施——或者作为其替代设施的警察留置设施(⇒《刑事收容设施法》第14条第2款)——中的人员。这里的未决犯还包括被决定予以"鉴定留置"**(《刑事诉讼法》第167条)而处于被羁押状态的人(仙台高判昭和33•9•24高刑集11—追录—1),不包括因执行逮捕令而被逮捕者(多数说)。对此,虽然存在反对意见(平野龙一:《刑事法研究最终卷》第109页以下),但由于逮捕令属于许可令状,应理解为不属于"因执行裁判而被羁押"的情形,因而,多数说是妥当的。

本罪在"脱逃(了)"之时构成既遂。要构成既遂,在越狱的场合,就以逃出刑事设施之外,从而脱离了看守者的实力性支配为必要。反之,虽然逃出了监舍,

---

* 即便因执行收监令或拘留令而被限制了人身自由,但尚未收押在刑事设施之内的,也不包括在"被羁押者"之内,因而即使在被押往刑事设施的途中脱逃的,也不构成本罪。但只要一旦收监,例如,为了押解其出庭而关押在前往法庭的车辆之中的,也属于这里的"被羁押者"。大谷•各论第594页。——译者注

** 鉴定留置:日本《刑事诉讼法》第167条第1款规定,"有必要对被告人的精神或者身体进行鉴定之时,裁判所可以规定一定期限,将被告人留置在医院或者其他适当的场所"。——译者注

但仍在监狱围墙之内的，就属于脱逃未遂（关于第98条，⇒广岛高判昭和25·10·27判特14—128）。此外，多数说认为，即便已逃出设施之外，但在受到持续追捕期间，不能成立既遂。对于**未遂**，有判例认为，当被羁押于牢房中的犯人逃出牢房之外的，就构成未遂（仙台高判昭和24·9·24判特5—31）。

除了前条规定的人员之外，第98条还将犯罪主体扩大至"**已受到拘传令执行的人**"。具体包括被执行"拘传令"*的被告人（《刑事诉讼法》第58条以下）、为进行身体检查而被执行"拘传令"的人（《刑事诉讼法》第135条以下）、作为证人而被执行"拘传令"的人（《刑事诉讼法》第152条以下、《民事诉讼法》第194条）等，只要处于拘捕过程之中即可，不要求已经被拘捕或者已经被留置。对于是否包括因执行逮捕令而受到逮捕者，尚存争议（持肯定态度的判例，⇒东京高判昭和33·7·19高刑集11—6—347；持否定态度的判例，⇒福冈高小仓支判昭和29·7·26裁时166—132），但由于因执行逮捕令而予以逮捕并非裁判（判决）的"执行"，因而应予以消极理解（同旨，山口·各论第566页以下）。

要成立加重脱逃罪，必须是（1）**损坏**羁押场所或拘束用器具，或者（2）实施**暴力**或**胁迫**，或者（3）二人以上**合谋**实施脱逃。在第（1）种情形下，需要物理性地损坏羁押场所或拘束用器具，而非单纯地解开并丢弃手铐（广岛高判昭和31·12·25高刑集9—12—1336**）。在第（2）种情形下，需要针对看守者或其辅助者实施暴力或者胁迫。在第（3）种情形下，则需要两人以上通谋者共同脱逃——至少达到未遂状态（多数说）。

三、夺取被羁押者罪

第99条规定，夺取依法被羁押者的，处3个月以上5年以下惩役。所谓"**依法被羁押者**"，除了第97条的"因执行裁判而被羁押的已决犯或者未决犯"之外，还包括第98条的"已受到拘传令执行的人"中的已经被羁押在一定场所的人员、因执行逮捕令而受到逮捕之后被留置在警方的留置设施之内的人（《刑事诉讼法》第203条）、被紧急逮捕（《刑事诉讼法》第210条）或者被作为现行犯逮捕（《刑事诉讼法》第212条、第213条）之后被留置在警方的留置设施之内的人（《刑事诉讼法》第211条、第216条）。此外，还包括依据《逃亡犯罪人引渡法》而被羁押的人、依据《有关维持法庭等秩序的法律》而被留置的人、依据《出入境管理以及难民认定法》而被收容在入境者收容所的人。但是，从"被羁押者"这一表述来看，那些虽已被逮捕但尚未被羁押于一定设施之内的人，就不应包括在内。若非如此，就是随意地将"羁押"替换为"约束"***（同旨，山口·各论第571页）。对于

---

* 在相关刑法译著中，就日本刑诉法上的"勾引状"与"勾留状"的翻译并不一致，这里统一采用宋英辉教授在《日本刑事诉讼法典》（中国政法大学出版社2000年版）中的译法，分别译为"拘传令""羁押令"。——译者注

** 本案大致案情为：例如，被告人被戴上手铐以及捆上绳索，用列车押解，在押解途中，被告人打开手铐解开绳索，将手铐扔于车外，并从车窗逃走，对此案，广岛高等裁判所判定不成立加重脱逃罪，仅成立（单纯）脱逃罪。——译者注

*** 即控制、限制自由。——译者注

是否包括因受保护处分*而被收容于少年院等设施中的人，尚存争议（有关第100条的肯定判例，⇒福冈高宫崎支判昭和30·6·24裁特2—12—628。肯定说：团藤·各论第76页、大塚·各论第589页、大谷·各论第597页、山口·各论第572页；否定说：平野·概说第284页、植松·各论第40页、中山·各论第523页、中森·各论第287页、西田·各论第454页）。刑事中的"司法职能"，应该是指实现对于犯罪人的适当处罚，因此，对于非刑罚的保护处分，消极说更为妥当。

"劫夺"，是指将被羁押者置于自己或者第三人的实力支配之下。仅仅只是释放（解放）被羁押者的，至多构成援助脱逃罪（多数说）。反对意见则认为，这种情形也可以构成"劫夺"，平野·概说第284页、中森·各论第287页、西田·各论第454页、林·各论第473页、山口·各论第572页）。此外，"劫夺"也有可能违反被羁押者本人的意思。

四、援助脱逃罪**、看守人等援助脱逃罪

第100条规定：出于使依法被羁押者脱逃的目的，提供器具或者实施其他易于其脱逃的行为的，处3年以下惩役（第100条第1款）；出于前款的目的，实施暴力或者胁迫的，处3个月以上5年以下惩役（第100条第2款）。第1款与第2款的未遂，均应处罚（第102条）。本罪是将针对脱逃罪（第97条）或者加重脱逃罪（第98条）的教唆或者帮助行为作为独立的正犯来对待的，并且，也不需要存在对于脱逃行为的"实行从属性"（"**独立共犯规定**"）。取而代之的是，本罪是**目的犯**，要求具有"出于使依法被羁押者脱逃的目的"（与各种伪造犯罪一样，本罪也是既遂的早期化）。本罪原本就是将共犯行为予以正犯化，因此，即便是被援助者成立脱逃罪的场合，行为人也仅成立本罪，而不适用总则的共犯规定。

"依法被羁押者"的含义与第99条相同。本罪在实施"**易于其脱逃的行为**"之时达到既遂。"提供器具"只是"易于其脱逃的行为"的例示，不要求已实际使得脱逃更为容易。

第101条是**身份犯**，主体是"**看守或押解依法被羁押者的人**"。多数说认为，本罪主体未限于公务员，但从其法定刑较重这一点来看，还是应当限于对国家负有特别的忠实义务的公务员（藤木·各论第38页、西田·各论第455页***）。此外，还有判例认为，只要援助者在实施援助脱逃行为当时具备该身份即可，无须援

---

* 保护处分：是指根据《少年法》，由家庭裁判所经审判而对非行少年（犯罪少年、触法少年、虞犯少年）所宣判的处分。其结果主要有由保护观察所进行保护观察、送往儿童自立援助设施或者儿童养护设施、送往少年院这三种类型。虽然有时候保护处分也伴有对非行少年自由的限制，因而具有不利益处分的性质，但由于并不是给予非行少年的法律意义上的谴责（非难），因而是不同于刑罚的制裁。——译者注

** 日文原文为"逃走援助罪"，尽管我国学者多将本罪译为"帮助脱逃罪"，但正如正文所述，本罪处罚的是脱逃罪的共犯行为，既处罚帮助行为也处罚教唆行为，为了避免歧义，这里采取直译。——译者注

*** 西田·各论第455页认为，"主张限于公务员的理由在于，之所以在所有有关脱逃的犯罪之中，以本罪刑罚为最重，是因为本罪不仅危害了国家的羁押权，而且，由于本罪是由本应执掌羁押权者所实施的，因而，侵害法益的可能性更大，再者，作为一种职务犯罪，还伴有损害了一般国民对于公务的切实执行之信赖这种法益侵害"（西田典之．日本刑法各论：6版．王昭武，刘明祥，译．北京：法律出版社，2013：467．）．——译者注

助者在被羁押者脱逃之时具备该身份（大判大正 2・5・22 刑录 19—626）。另外，与第 100 条一样，本罪也是有关教唆或帮助脱逃罪的独立共犯规定，但与第 100 条不同的是，只有在被羁押者实际脱逃之时，本罪才达到既遂。同时，本罪与脱逃罪、加重脱逃罪之间属于**必要的共犯**关系。

"**使被羁押者脱逃的**"，是指因看守人等的作为或者不作为而引起了被羁押者的实际脱逃——本罪的未遂是指脱逃的未遂。除了直接释放的情形之外，其既可以是提供逃脱用的器具这种行为，也可以是对逃脱行为的默许这种不作为。学界有观点认为，本罪应限于积极释放被羁押者的行为，或者默认被羁押者脱逃的行为，并以此为理由，主张本罪并非第 100 条的加重身份犯（第 65 条第 2 款），而是构成的身份犯（第 65 条第 1 款）（西田・各论第 456 页*、山口・各论第 575 页、山中・各论第 793 页）。但是，对于看守人等提供脱逃器具的行为，排除第 101 条的适用，并无合理性可言；而且，不管怎样，如果单纯的默许也该当于第 101 条，那么，我们就没有理由将诸如提供器具等那些更为积极的态度排除在外。为此，从实质上来看，本罪是第 100 条的援助脱逃罪的加重的身份犯（内田・各论第 644 页、曾根・各论第 299 页。当然，即便将"看守人等"理解为"违法身份"，也没有根据认为，这种"违法身份"总是连带作用于无身份的共犯。⇒总论第 22 章第 1 节之五）。

第三节 藏匿犯人以及隐灭证据的犯罪

藏匿已犯应处罚金以上刑罚之罪的人或者在羁押过程中脱逃的人，或者使之隐避的，处 2 年以下惩役或者 20 万日元以下罚金（第 103 条）。

隐灭、伪造或变造有关他人的刑事案件的证据，或者使用伪造或变造的证据的，处 2 年以下惩役或者 20 万日元以下罚金（第 104 条）。

犯人或者脱逃人的亲属为了犯人或者脱逃人的利益而实施前两条之罪的，可以免除其刑（第 105 条）。

对于被认定就自己或他人的刑事案件的搜查或审判具有必要知识的人或者其亲属，就该案件，无正当理由却强求会面，或者实施强谈、胁迫行为的，处 1 年以下惩役或者 20 万日元以下罚金（第 105 条之二）。

一、概述

《刑法》第 2 编第 7 章规定的是"藏匿犯人以及隐灭证据的犯罪"，具体包括藏匿犯人罪（第 103 条）、隐灭证据罪（第 104 条）、胁迫证人罪（第 105 条之二）。

---

* 西田・各论第 456 页认为，"本罪行为，是让被羁押者脱逃。有关其含义，通说认为，是指凡引起被羁押者脱逃，或者，一切使得被羁押者脱逃更为容易的行为。然而，从本条的表述本身看，还是应该限于积极释放被羁押者的行为，或者，默认被羁押者脱逃的行为。因此，本罪并非前条（援助脱逃罪）的加重类型，而属于构成的身份犯，对本罪实施了加功行为的非身份者，根据第 65 条第 1 款的规定，应构成本罪的共犯（不过，即便认为本罪为前条的加重类型、属于不真正身份犯，由于其加重理由在于行为的违法性，因此，仍然应适用第 65 条第 1 款）"（西田典之. 日本刑法各论：6 版. 王昭武，刘明祥，译. 北京：法律出版社，2013：467.）.——译者注

从沿革上来看，与盗赃罪（特别是第256条第2款）一样，藏匿犯人罪与隐灭证据罪都被视为在犯罪人的犯罪行为之后再实施援助的**"事后从犯"**，但自十九世纪后半期以来，刑法总则的共犯被限定为参与了正犯之犯罪行为本身的行为，与共犯的这种性质相适应，"事后从犯"被分化为两种类型：一是作为针对财产的犯罪的盗赃罪，二是作为针对司法职能的犯罪的藏匿犯人与隐灭证据犯罪。因此，为亲属而实施相关行为的，这两类犯罪均存在免除刑罚的规定（第105条、第257条第1款）。不过，第105条原本规定的是"不处罚"，但在1947年被修正为刑罚的任意性免除。

二、藏匿犯人罪

藏匿已犯应处罚金以上刑罚之罪的人或者在羁押过程中脱逃的人，或者使其隐避的，成立"藏匿犯人罪"，处2年以下惩役或者20万日元以下罚金（第103条）。无论是哪种情形，如果是犯人或者脱逃人的亲属为了犯人或者脱逃人的利益而实施的，均可以免除其刑（第105条）。本罪是针对"司法职能"的危险犯，进一步而言，属于**抽象的危险犯**，当发生了"藏匿了犯人"的状态或者"使犯人隐避了"的状态等"结果"之时，就拟制或者推定已存在该危险。

犯人自己试图逃匿或者隐灭有关自己的刑事案件的证据的，不追究罪责。一般认为，这是基于**"期待可能性"**的考虑（⇒总论第13章）。也就是，明明是犯罪人自己面临刑罚处罚，因而我们不能期待，犯罪人不逃避不隐匿，反而还要保全证据。

"应处罚金以上刑罚之罪"，是指相关罪刑条文所规定的法定刑中包括罚金以上刑罚的犯罪。一般认为，该行为不仅要符合构成要件，还要具有违法性。**"已犯应处罚金以上刑罚之罪的人"**，不仅包括已确定有罪的人，还包括因有犯罪嫌疑而正处于被侦查之中的人（最判昭和24・8・9刑集3—9—1440、百选Ⅱ No.125）。更为准确地说，只要是犯罪人，即便是在开始侦查之前亦可（最判昭和28・10・2刑集7—10—1879）。对此，多数说认为，只要是存在犯罪嫌疑，也包括无辜者在内。但是，对于隐匿被追究不实之罪的人的情形，尚未有判例判定成立本罪（不仅如此，甚至是对于隐避那些当时作为存在犯罪嫌疑的犯罪人的情形，最决昭和36・8・17刑集15—7—1293、百选Ⅱ No.126也是作为"参考人*的隐匿"而适用第104条）；而且，这种解释与第103条的用语本身相悖；另外，从适正处罚犯人这种刑事司法的目的来看，这种观点也是不妥当的（团藤・各论第81页）。**"在羁押过程中脱逃的人"**，是指第99条的"依法被羁押者"中的脱逃者（⇒第2节之三）。

"藏匿（了）" 是指隐藏，**"使其隐避（了）"** 是指使犯人逃匿躲藏。判例一般认为，"藏匿"，是指为犯人"提供能免于被官方发现、逮捕的场所"（实际已被官厅知晓的情形亦可。东京地判昭和52・7・18判时880—110）；"隐避"，是指（除藏

---

* （刑事案件的）参考人：日本《刑事诉讼法》第223条第1款规定，"检察官、检察事务官或者司法警察，为实施犯罪侦查而有必要之时，可以要求犯罪嫌疑人以外的人到场，对他进行调查，或者嘱托他进行鉴定、口译或笔译"，因此，除了犯罪嫌疑人本人之外，对于其他就刑事案件掌握了可作为参考的信息或者专业知识的人（目击者、神经科医师、翻译等），也可以将该人作为参考人，对他进行调查，或者嘱托他进行鉴定、口译或笔译。——译者注

匿之外的)"一切可使犯人免于被官方发现、逮捕的行为"（大判昭和 5・9・18 刑集 9—668 等）。自己充当替身而让犯人逃匿的，也属于"隐避"。但是，因警察不相信（其言行）而未释放犯人的，就难言属于"使其隐避（了）"（不过，即便是这种情形，也有判例认为应成立隐避犯人罪〔教唆〕。最决平成 1・5・1 刑集 43—5—405、百选 Ⅱ No.130）。只要犯人已处于侦查机关的掌握之下——即便可以谓之为"试图""使其隐避"——就应该不属于"使其隐避（了）"。正如从第 108 条"向现住建筑物放火罪"中可以看到的那样，即便是抽象的危险犯，也需要出现"结果"——本罪的结果是"使其藏匿了的状态"。

另外，在侦查机关尚未查清究竟谁是犯罪人的阶段，被告人作为犯罪人的替身陈述了虚假事实的，有下级裁判所的判例认为，即便在该时点真正的犯罪人已经死亡，被告人也应成立隐避犯人罪（札幌高判平成 17・8・18 判时 1923—160、百选 Ⅱ No.131）。但是，对于已经死亡的犯罪人，刑罚权已经归于消灭（《刑事诉讼法》第 339 条第 1 款第 4 项），因而想必已经不能谓之为"隐避了犯罪人"。虽然说是抽象的危险犯，但是，也不会在连结果也没有的场合也要成立犯罪。

三、隐灭证据罪

隐灭、伪造或变造有关他人的刑事案件的证据，或者使用伪造或变造的证据的，成立"隐灭证据罪"，处 2 年以下惩役或者 20 万日元以下罚金（第 104 条）。

隐灭证据罪的证据，限于有关"**他人的刑事案件**"的证据。在共犯案件的场合，虽然可以认为，某种证据是有关自己的刑事案件的证据，但如果主要是为了共犯而隐灭该证据的，即便该证据同时也是有关自己的刑事案件的证据，仍应该谓之为"他人的"证据（大判大正 8・3・31 刑录 25—403 等）。属于本罪之对象的"**证据**"（1995 年刑法改正之前是"凭证"），是"**证据方法**"即"**证据物**"（旧《刑法》第 152 条），不包括所谓"说过的话"即"供述"（大判大正 3・6・23 刑录 20—1324 等）。就虚假的供述而言，只有在依法宣誓的证人做虚假供述的场合，才处以伪证罪（第 169 条）。不过，在向负责侦查的警官撒谎进而导致犯人逃走的，则有成立隐避犯人罪的余地（最决昭和 40・2・26 刑集 19—1—59）。另外，判例认为，"证据"还包括"证人"与"参考人"（最决昭和 36・8・17 刑集 15—7—1293、百选 Ⅱ No.119）。的确，能谓之为"证人"的人证，也是一种"证据方法"，而"参考人"此后也有可能成为"证人"。但是，在接到出庭作证的命令之前，即便参考人自己躲藏起来，也不会构成犯罪，因而只是劝说参考人躲藏的，要认定该行为构成犯罪，就是存在疑问的。此类情形下，采取非法手段的，可能构成强要罪或者监禁罪，还有可能构成胁迫证人罪，但在发出了出庭作证的命令之后，则只要将其作为"违反出庭命令"的共犯予以处罚即可。

"**隐灭**"，是指毁坏或隐藏，"**伪造**""**变造**"的含义与文书、货币犯罪中的"伪造""变造"相同（不过，对于供述者本人制作的"上告书〔申诉书〕"，即便是内容虚假的申述报告，也有下级判例判定属于"伪造"，⇒东京高判昭和 40・3・29 高刑集 18—2—126 等。通说并未作如此限定。但是，口头撒谎的，该行为本身是不受处罚的,也没有将其区别于书面的撒谎的理由)。因此,即便参考人针对侦查机关制作了包括虚假内容的"供述笔录"(供词),那也不属于证据的"伪造"(千叶地判平成7・6・2判时1535—144*、百选Ⅱ No. 127、千叶地判平成8・1・29判时1583—156。** 团藤・各论第84页、平野・概说第287页、藤木・各论第42页、前田・各论第465页等。不过,也有学者持肯定说,例如:大谷・各论第607页以下、曾根・各论第303页、中森・各论第293页、西田・各论第464页、山口・各论第588页***、山中・各论第806页。但是,肯定说无视将"证据物"作为本罪对象的沿革,无限扩大了"证据"与"伪造"的范围。西田・各论第464页以本罪所谓"伪造"并不仅以文书作为对象这一点为理由,赞同对于伪造概念的无限制的扩大,然而,即便是文书之外的证据物,伪造其真正的制作人与被申请的制作人之间的人格同一性的,将其理解为"伪造",也是完全有可能的)。这是因为,该"供述笔录"应该是用以证明所供述的内容的东西,而非担保供述内容本身之真实性的东西(反之,在调查官将与供述不符的内容写入"供述笔录"时,即便其内容〔偶尔〕与事实相符,但由于其与供述的内容不符,仍应成立第156条的制作虚假公文书罪。另外,对于检察官篡改保存在磁盘内的文档的最后更新日期的案件,大阪地

---

* 本案大致案情为:本案被告人作为参考人就他人的刑事案件接受调查之际,积极地陈述虚假事实,并制作了该旨趣的询问笔录。对此,该判决认为,"参考人向侦查官进行虚假供述的,如果该行为可构成隐避犯人罪,那另当别论,应该说,是不符合伪造证据罪的",即便制作了询问笔录,那也不过是记录了参考人供述的笔录,同样也"应该认为不可能构成伪造证据罪"。——译者注

** 本案案情与上述千叶地判平成7・6・2判时1535—144基本相同,但本判决从"伪造证据罪否定说"的角度更为详细地陈述了判决理由,进而否定成立伪造证据罪。也就是,"除隐避犯人之外,隐灭(伪造)证据也是如此,尽管法律上没有明示性规定,仍能设想以虚假陈述的方法实施此犯罪的情形。但是,基于下述理由,可以认为,刑法的旨趣在于,就通过虚假陈述的手段妨害刑事司法职能的行为而言,限于伪证、虚假鉴定或口译,或者诬告等明示的行为类型,以及有害于确保对犯人的拘束或者锁定之司法职能的隐避犯人的行为,才可认定具有可罚性,至于其他的虚假陈述,就不能成立隐灭证据罪"。判决的具体理由在于,(1) 人的陈述尽管也属于重要的证据,但其本身就具有不诚实且易变的一面,应该基于陈述的这种性质来评价其证据价值。虚假陈述对司法职能的侵害程度也不是很高。刑法对虚假陈述的态度是,处罚的对象行为限于,在审判程序中经过宣誓之后所进行的虚假陈述,以及会侵害被申告人利益的诬告。(2) 一旦认为虚假陈述也该当于隐灭证据罪,处罚的对象范围便极其宽泛,不具有明确性。因为,完全也有可能向侦查、审判机关之外的人(律师、一般个人等)进行虚假陈述,并通过对方的记忆而提交至侦查、审判程序。而且,证据是涉及犯罪的具体形态、刑罚轻重、犯罪情节的材料,具有相当的广度;反之,以虚假陈述来隐避犯人的,其处罚对象则受到限制,而且也有肯定成立隐避犯人罪的必要性与合理性。(3) 就不构成伪证罪等的诉讼过程中的虚假陈述而言,以刑罚来强制对方作真实陈述,这并不妥当。(4) 如果认为参考人的虚假陈述成立伪造证据罪,在参考人的陈述与侦查官等的意见相左之时,按照侦查官等的认识,参考人就是实施了本罪行为,因此,一旦这种认识反映到调查取证、案情询问中,不可否认,就有导致对方不得不作出有违记忆的陈述之虞。——译者注

*** 那种认为参考人的虚假陈述不应成立伪造证据罪的观点,曾一度在学界占据主导地位(消极说),但近来又有观点主张,如果参考人的虚假陈述被书面化的,就应肯定成立伪造证据罪,并日益成为学界有力学说(积极说)。积极说的理由在于,(1) 伪证罪的法定刑相对很重,虚假陈述不该当于伪证罪,但未必就可以说,应该将此类行为排除在本罪的处罚对象之外;(2) 虚假陈述一旦被书面化,作为证据就有了不容否定的重要性,如上所述,对于制作、提交内容虚假的申述报告的行为,判例(尽管否定虚假陈述本身成立本罪)也一直是将其作为伪造证据罪来予以处罚的,因而可罚性否定说未必有充足的理由。因此,虽仍有将虚假陈述本身理解为伪造证据的余地,但仍然可以通过将处罚范围限于陈述本身已经被书面化而成为客观存在的情形,从而肯定成立伪造证据罪。另外,虽有观点主张,应将积极地制作、提交内容虚假的申述报告的行为,与记录了虚假陈述的笔录上签名、盖章的行为区别开来,仅应对前者肯定成立伪造证据罪(千叶地判平成7・6・2判时1535—144),但这种区别并无理由。参见山口・各论588页(山口厚. 刑法各论:2版. 王昭武,译. 北京:中国人民大学出版社,2011:687.)。——译者注

判平成23·4·12判夕1398—374判定成立变造证据罪）。此外，"变造"原本是损害文书等的确定性的行为，因此，名义人本人也可以实施"变造"行为，而且，即便改变之后的内容与真实事实相符，也要成立"变造"（大判昭和10·9·28刑集14—997。⇒第29章第2节之五）。"**使用**"，不仅包括针对裁判所的使用，还包括针对侦查机关的使用。

※**文书之外的证据的伪造、变造**：按照立法当局的解释，在某文书同时也是有关他人的刑事案件的证据的场合，伪造或者变造该文书的行为，在符合伪造文书犯罪（第154条以下）的同时也该当于第104条，两罪属于想象竞合（第54条）（仓富等编·第1033页、田中·释义下第229页）。其结果就是，伪造或者变造属于证据的文书的，优先适用法定刑更重的伪造文书犯罪，因而第104条（隐灭证据罪）的实际意义就在于，主要是针对那些伪造或者变造文书之外的其他证据的情形。时任政府委员的仓富勇三郎列举的例子是，损坏了和服，撕破了和服，或者往刀上粘了血（⇒仓富等编·第1033页）。当然，如果不是犯人之外的其他人实施的话，则不属于"伪造或者变造有关他人的刑事案件的证据"（第104条）。关于这种伪装工作，例如，在"将并非犯人所制作的证据伪装成似乎完全是犯人所制作的证据"这一点上，属于"伪构真正的制作人与被申请的制作人之间的人格的同一性"，也就是，属于"伪造"，或者在"他人对犯罪人已经制作的证据施加改变"这一点上，属于"变造"。由此可见，伪造、变造的概念，还是应当比照伪造、变造文书犯罪中的伪造、变造概念来理解。

四、胁迫证人罪

第105条之二规定：对于被认定就自己或他人的刑事案件的搜查或审判具有必要知识的人或者其亲属，就该案件，无正当理由却强求会面，或者实施强谈、胁迫行为的，成立"胁迫证人罪"，处1年以下惩役或者20万日元以下罚金。

本罪是为了防止针对已作出或者有可能作出不利于刑事被告人等的供述或者证词的人的胁迫或者报复行为，而由1958年的刑法部分改正所增设的。"**强求会面**"，是指对方明明没有会面的意思，却强行要求对方与自己会面；"**强谈**"，是指通过言语逼迫对方答应自己的要求；"**胁迫**"，是指通过言语、态度或者举动向对方显示威力，从而让对方产生不安感或者困惑感。将记载有能让对方感到不安、困惑的感觉的内容的文书送达对方，让其了解相关内容的，也属于这里的"胁迫"（最决平成19·11·13刑集61—8—743）。

但本罪蕴含着连下述行为也要予以处罚的危险：为了救济那些因受到虚假告诉或者伪证而蒙受不白之冤的犯罪嫌疑人、被告人，而要求与证人等会面，或者试图说服证人的行为。为此，尽管刑法以"无正当理由"作为本罪的成立要件，但在警察认定犯罪嫌疑人、被告人就是真正的犯罪人之时，"为了证明自己的无辜"这种目的或者动机，实际上是很难保证被认定为"正当理由"的。之所以要求慎重适用本罪，就正是因为这个原因。

五、有关藏匿罪、隐灭罪的几个特殊问题

1. 有关亲属犯罪的特例

第105条规定：犯人或者脱逃人的亲属为了犯人或者脱逃人的利益而实施前两条之罪的，可以免除其刑。这是考虑到，行为人庇护的犯罪人是自己的亲属，对此，类型性地不存在实施合法行为的期待可能性。不过，对于此类行为，经过1947年的刑法修正，已经由原先的"不处罚"改为刑罚的任意性免除。另外，刑罚的免除具有专属性，不适用于其他非亲属的共犯。"**亲属**"的范围，遵循民法的相关规定（⇒《民法》第725条。不过，对外国人而言，在国际私法上，应该适用国籍所在国的民法的，就应遵循该国的民法）。

针对本条的解释，问题在于，非亲属的第三者作为共犯参与时应如何处理？首先，（1）对于犯人亲属实施的藏匿犯人、隐灭证据的行为，第三者作为从属共犯（教唆犯、从犯、从属的共同正犯）参与的，虽然对该亲属可以适用第105条，但不适用于第三者。相反，（2）对于第三者实施的藏匿犯人、隐灭证据的行为，犯人亲属作为从属共犯参与的，对于该第三者当然不适用第105条；就该亲属而言，在1947年刑法修正之前，曾有判例以"庇护的滥用"为由否定适用第105条（大判昭和8·10·18刑集12—1820），但是，这种解释有违法律的明文规定，并且，第105条本身也已经被修正为"刑罚的任意性免除"，因此，在免除刑罚不妥当的场合，现在完全有可能不予免除。

2. 犯人教唆他人藏匿、隐灭

如前所述，犯人本人逃避侦查或者躲藏的，不会被追究隐避犯人罪的罪责，而且，犯人即便隐灭了有关自己的犯罪的证据，也不会构成隐灭证据罪。因为原本就不存在这种构成要件（对于第104条〔隐灭证据罪〕中的"他人的"这一部分，也有观点以属于考虑到缺少期待可能性的责任要素为理由，主张该部分不属于构成要件要素。但是，即便考虑到期待可能性，一旦该部分被当作类型性的犯罪成立要素，原则上来说，那就属于不法类型要素即构成要件要素）。因此，即便作为从属共犯参与了这种犯人本人的行为，由于根本就不存在该当于属于从属对象的构成要件的行为，因而，该参与者不构成第103条或者第104条的共犯。

然而，这样就出现一个疑问：犯人请他人"帮忙把我藏起来"而被藏起来的场合，或者犯人请他人丢弃有关自己的犯罪的证据而证据被丢弃的场合，接受请求的他人当然应构成藏匿犯人罪或者隐灭证据罪，而提出请求的犯人却不受任何处罚，这样真的合适吗？对此，有判例认为，犯人虽不能构成这些犯罪的正犯，但能构成教唆犯（关于藏匿〔隐避〕犯人罪，⇒大判昭和8·10·18刑集12—1820、最决昭和35·7·18刑集14—9—1189、最决昭和40·2·26刑集19—1—59等；关于伪造证据罪，⇒大判明治45·1·15刑录18—1、最决昭和40·9·16刑集19—6—679等。东京高判昭和52·12·22刑月9—11=12—857认为，即便是犯人本人向警方报告替身的情形，也构成"教唆犯"）。这是因为，使他人陷入刑事责任而让自己逃脱处罚的做法属于"**防御的滥用**"（支持该结论的学者：团藤·各论第90页、大塚·各论第601页、藤木·各论第40页、前田·各论第462页等）。这种观点采取的是，"共犯的处罚根据"

中的"责任共犯论或者不法共犯说"（⇒总论第22章第4节之四）。

但是，问题在于：即便是犯人自己直接下手实施都不会构成犯罪的行为，为什么一旦请求他人实施该行为，却反而要受到处罚呢？或者说，无论是哪一种情形，对犯人本身而言，难道不都是没有实现第103条或第104条的构成要件吗（"惹起说"⇒总论第22章第4节之五）？为此，有力观点认为，如果自己实施时不具有期待可能性，那么，请求他人实施的，也应该以不具有期待可能性为理由而认定为不可罚（泷川·各论第281页、平野·概说第285页、植松·各论第51页、大谷·各论第605页以下、西田·各论第460页、山口·各论第582页等）。此外，也有观点认为，在藏匿、隐避犯人的场合，一般情况下是犯人提出请求，或者至少自发地提供协助，因此，既然没有相应的处罚规定，就应该将犯人作为"必要的共犯"——那也是"片面的对向犯"——而不予处罚。

不过，有关被处以第103条（藏匿犯人罪）的情形，大抵是犯人让他人顶替自己的案件（大判昭和8·10·18刑集12—1820、最决昭和35·7·18刑集14—9—1189、东京高判昭和52·12·22刑月9—11＝12—857等），或者是让他人实施伪装行为的案件（最决昭和40·2·26刑集19—1—59）。对于只是请求他人"帮忙把我藏起来"的情形，将其作为藏匿犯人罪的教唆而加以处罚的判例，可以说几乎没有。也就是，在判例看来，犯人请求他人"帮忙把我藏起来"，对犯人而言，这是没有办法的事情，而诸如让他人顶替自己这种积极干扰侦查的行为，就属于不能被允许的行为。同样，借他人之手实施的隐灭证据的行为，与犯人单独实施的情形相比，也许对司法职能的影响更大（不过，正如利用不知情的数名下属实施隐灭证据的行为那样，即便是成立单独的间接正犯的场合，有时候隐灭证据的影响范围也很大，因此，隐灭范围的宽窄并不能成为是否定罪的理由）。

与之相关，犯人请求自己的亲属藏匿自己或者隐灭证据的，对此应如何处理尚存争议。学界多数说认为，即便是自己的亲属，也只是刑罚的任意性免除，仍然应成立犯罪，因此，也应该将犯人作为教唆犯予以处罚（团藤·各论第89页、大塚·各论第602页等）。但是，这样做的结果就是，连即便是亲属都予以保留的免除刑罚的可能性，对于犯人本身却要剥夺，这是存在疑问的（中森·各论第294页承认类推适用刑罚的任意性免除）。

3. 藏匿、隐避共犯

犯人藏匿、隐避共犯的行为，不仅是在包庇共犯，同时也具有隐灭有关自己的刑事案件的证据的一面。为此，鉴于第104条的旨趣在于，仅处罚隐灭"有关他人的刑事案件的证据"，对于出于隐灭有关自己的刑事案件的证据的动机或者目的，实施的藏匿或者隐避共犯的行为，就有这样理解的余地：不仅是就隐灭证据罪而言，对于藏匿犯人罪而言，也不具有期待可能性（西田·各论第462页、山口·各论585页、山中·各论803页等）。不过，即便是这种情形，下级裁判所也并非直接否定存在期待可能性，也有判定成立藏匿犯人罪的判例（旭川地判昭和57·9·29刑月14—9—713、百选Ⅱ No.129）。但是，有的国家明文规定此种行为不可罚（德国《刑法》第258条的"妨害处罚罪"），日本刑法似乎也有探讨的余地。

第四节　伪证犯罪

依法宣誓的证人作虚假陈述的，处3个月以上10年以下惩役（第169条）。

犯前条之罪的人，就其提供证言的案件，在裁判确定之前或者惩戒处分实施之前坦白的，可以减轻或者免除其刑（第170条）。

依法宣誓的鉴定人、口译人或笔译人作虚假的鉴定、口译或笔译的，依照前二条的规定处断（第171条）。

一、伪证罪

《刑法》第2编第20章规定的是伪证犯罪，具体包括伪证罪（第169条）与虚假鉴定罪（第171条）。

第169条规定：依法宣誓的证人作虚假陈述的，处3个月以上10年以下惩役。本罪是以"依法宣誓的证人"为主体的**身份犯**，而且是**构成的身份犯**（第65条第1款）。根据第170条的规定，犯本罪的人，就其提供证言的案件，在裁判确定之前或者惩戒处分实施之前坦白的，可以减轻或者免除其刑。

"依法宣誓的证人"，是指根据《民事诉讼法》与《刑事诉讼法》等法令或者受法令之委任的命令所规定的程序进行了宣誓的证人（《民事诉讼法》第201条、《刑事诉讼法》第154条等）。这些诉讼法规定，在本人或亲属有可能被追究刑事责任，或者如医生、律师那样，有可能构成保守因职业而获取的秘密的相关犯罪之时，可以行使**拒绝作证权**（《刑事诉讼法》第144条～第149条、《民事诉讼法》第196条～第198条、第200条、第201条）*，但在未行使该权利且宣誓作证的场合，提供虚假证言的，应成立本罪（最决昭和28·10·19刑集7—10—1945）。

有关第169条所谓"**虚假陈述**"的含义，尚存争议。通说认为，是指作出内容有违证人记忆的供述（"**主观说**"。大判明治42·6·8刑录15—735、大判大正3·4·29刑录20—654、百选ⅡNo.128、大谷·各论第617页、川端·各论第707页、前田·各论第471页等）；与之相对，反对说则认为，是指作出内容有违客观事实的供述（"**客观说**"。平野·概说第289页、中森·各论第296页、中山·各论第537页、西田·各论第472页**、前田·各论第650页、林·各论第468页以下、山口·各论

---

* 日本《刑事诉讼法》第161条〔拒绝宣誓、作证罪〕：没有正当理由而拒绝宣誓，或者拒绝提供证言的，处10万日元以下罚金或者拘留（第1款）；犯前款罪的，可根据情节并处罚金和拘留（第2款）。——译者注

** 西田·各论第472页认为，"裁判是一个阐明客观真实的过程，为此，需要证人分别陈述自己的经历内容，但由于人的记忆未必确切，即便有违自己的经历或记忆，倘若认为那不过是自己的错觉，就应该允许证人就自己确信为真实的内容提供证言。例如，本来认为自己在现场看到的犯人是女性，但经过仔细考虑之后，又确信是男性，那么，即便作出犯人是男性的证言，也不应认为是伪证。因此，原则上，客观说更为妥当。对此，主观说提出了批判意见：按照客观说的观点，将有违自己记忆的事实认定为真实而进行陈述的，即便那不属于真实，最终也会被认定缺乏故意，因而，这种认定并不妥当。然而，只要自己相信属于客观真实并据此提供证言，当然应该否定存在伪证故意。只是在判断是否虚假之时，不应仅仅限于与作为审判对象的案件整体之间的关系，还应考虑与各个陈述本身之间的关系。例如，自己并未看见，却作证说自己亲眼看见了；将传闻事实作为自己亲身体验的事实提供证言的，这种情形就应该属于虚假陈述"（西田典之. 日本刑法各论：6版. 王昭武，刘明祥，译. 北京：法律出版社，2013：483.）。——译者注

第 596 页、山中·各论第 753 页）。但是，考虑到证人应该讲述自己实际经历过的事实，两种学说之间几乎没有什么区别。例如，即便 X 确实是真正的犯人，但如果证人明明没有看见却偏说自己目睹了 X 的犯罪过程，那么，就"目睹（了）"这种经历而言，无论是采取主观说还是采取客观说，这种供述都是"虚假"的（同旨，西田·各论第 472 页）。

根据现行刑事诉讼法，被告不会宣誓成为证人。为此，**被告教唆证人做伪证的**，能否构成本罪的教唆犯，就属于需要解决的问题（肯定说：大判明治 42·8·10 刑录 15—1083、大判昭和 11·11·21 刑集 15—1501、最决昭和 28·10·19 刑集 7—10—1945、最决昭和 32·4·30 刑集 11—4—1502 等。否定说：植松·各论第 55 页、大谷·各论第 620 页、川端·各论第 712 页、西田·各论第 473 页、山中·各论第 818 等）。但是，伪证罪不同于藏匿犯人罪（第 103 条）与隐灭证据罪（第 104 条），根据现行制度，被告只是不能作为有关自己的刑事案件的证人而宣誓作证，对于其不应教唆他人做伪证这一点，我们没有理由认为，不具有期待可能性（平野·概说第 290 页、中山·各论第 538 页、曾根·各论第 309 页、山口·各论第 597 页*）。对被告人，我们一律不能期待的是让其成为证人，而不是经过宣誓之后不陈述虚假证言。现在，在美国等国家，虽然不能强迫被告成为证人，但在被告自愿成为证人的场合，是可以适用伪证罪的。不同于侦查阶段的虚假陈述，在法庭做伪证的，仅凭这一点就是重罪。

此外，检察官独占本罪的起诉权（《刑事诉讼法》第 247 条），如下所述，这一点仍有进一步探讨的余地（⇒※）。

※ **"八海事件"与伪证罪**：宪法规定，"一切司法权，均归属于最高裁判所以及依据法律规定而设置的下级裁判所"（《宪法》第 76 条第 1 款）。也就是，司法职能是专属于裁判所的权限。然而，日本刑事诉讼法规定，"公诉由检察官提起"（《刑事诉讼法》第 247 条）。为此，即便是实施了针对司法职能的犯罪，仍然是由检察官向裁判所提起诉讼。但是，检察官（检方）作为侦查与追诉机关，又是普通的刑事案件的一方当事人。这样，仅凭一方当事人就能够启动针对司法职能的犯罪的裁判，这种制度难道没有什么问题吗？

1951 年 1 月 24 日发生于山口县八海村的抢劫杀人案"八海事件"，直接显现了这一问题。在该案中，最高裁判所驳回了针对作为共犯的被告的有罪判决，此后，检察官重新进行侦查，让原本供述被告不在现场的 5 名证人又作出了否定该供述的供述。但这 5 名证人不堪忍受谎言而再次在法庭上做了被告不在现场的供述，检察

---

* 山口·各论第 597 页指出，"但学界也有观点提出，隐灭有关自己的刑事案件的证据的，因不具有期待可能性，不属于隐灭证据等罪的处罚对象，那么，伪证教唆也是一种证据隐灭行为，因而同样应以不具有期待可能性为理由，否定成立犯罪。但是，如上所述，犯人作为宣誓证人作伪证的，即便是有关自己的犯罪事实的伪证，仍属于伪证罪的处罚对象，至于期待可能性，那应该就具体犯罪类型分别判断，因此，既然犯人本人做伪证的，属于本罪的处罚对象（也就是，具有期待可能性），就没有理由不处罚犯人教唆他人作伪证的行为"（山口厚. 刑法各论：2 版. 王昭武，译. 北京：中国人民大学出版社，2011：699.）。——译者注

官竟然以涉嫌伪证罪逮捕了这 5 名证人。为此，证人又不得不再次推翻此前的供述。自进行"重新侦查"9 年之后，"八海事件"的审判终于伴随着 1968 年 10 月 25 日的最高裁判所的无罪判决（最判昭和 43·10·25 刑集 22—11—961）而尘埃落定。

从这一事件来看，本书认为，针对司法职能的犯罪的公诉权，不应交由作为刑事审判的一方当事人的检察官（检方），而应交给裁判所或受其委任的特别告发机关，或者规定，在作为证言之对象的案件最终确定之后，才能就针对司法职能的犯罪另行提起诉讼（也有其他国家正在努力进行类似尝试）。尽管如此，但最近却有观点提出，不仅是在法庭做伪证的情形，即便只是向警方或者检方等侦查机关"说谎"，也应该以隐灭证据罪或伪造证据罪予以处罚。如果考虑到，在逮捕或者起诉之际究竟应由谁判断证人证言是否是"谎言"，我们就不难想象，这种做法的最终结果就是，越来越使得刑事诉讼丧失平衡（如前所述，万幸的是，对于此类案件，千叶地判平成 7·6·2 判时 1535—144 作出了否定成立伪造证据罪的判决⇒第 3 节之三）。

二、虚假鉴定罪

第 171 条规定：依法宣誓的鉴定人、口译人或笔译人作虚假的鉴定、口译或笔译的，成立"虚假鉴定罪"，与伪证罪一样，处 3 个月以上 10 年以下惩役。并且，犯本罪的人，就其提供证言的案件，在裁判确定之前或者惩戒处分实施之前坦白的，可以任意性地减轻或者免除其刑（第 170 条）。

"鉴定人"，是指就专业事项进行供述的人，依据《刑事诉讼法》（第 166 条）、《民事诉讼法》（第 201 条、第 212 条、第 216 条），进行宣誓的专家证人就属于本罪的"鉴定人"。这种鉴定既可以是口头也可以是书面的。有关本条中的"**虚假**"的含义，与第 169 条的情形类似，也存在"主观说"与"客观说"之间的对立。不过，在鉴定的场合，由于加入了作为专家的评价，因而应该存在公正评价范围内的裁量余地。

第五节 虚假告诉犯罪*

以使他人受刑事或惩戒之处分为目的，作虚假的告诉、告发或者其他申告**的，处 3 个月以上 10 年以下惩役（第 172 条）。

犯前条之罪的人，就其申告的事实，在裁判决定之前或者惩戒处分实施之前坦白的，可以减轻或者免除其刑（第 173 条）。

---

* 我国学者一般将本章译为"诬告犯罪"，但既然日本刑法典已于 1995 年特别将本章罪名由"诬告犯罪"改为"虚假告诉犯罪"，而且，本罪的目的不仅包括让他人受到刑事处罚，还包括让他人受到惩戒处分，因而以直译为妥。——译者注

** 申告一词的含义为，作为法律义务，国民向相关政府机关就一定的事实进行申报（汇报）。——译者注

《刑法》第 2 编第 21 章规定的是"虚假告诉犯罪",仅包括"虚假告诉罪"(第 172 条)一罪。在 1995 年刑法修正之前,"虚假告诉罪"被称为"诬告罪"。另外,第 173 条规定,在裁判决定之前或者惩戒处分实施之前坦白的,可以减轻或者免除其刑(刑罚的任意性减免规定)。

第 172 条中的"**刑事处分**",是指基于《刑事诉讼法》的刑罚。这里是否包括《少年法》中的保护处分与《防止卖淫法》中的辅导处分,对此尚存争议,但肯定说是有力观点(团藤·各论第 111 页、大塚·各论第 617 页、中森·各论第 299 页、西田·各论第 476 页、前田·各论第 475 页、山口·各论第 601 页)。尽管存在疑问,但对于《少年法》中的犯罪行为,很多时候存在"逆送"的可能性(《少年法》第 20 条)*,因此,大抵也附随地带有让行为人承受刑罚处罚的目的。"**惩戒处分**"包括公务员法中的惩戒等(对于告诉、告发,参见《刑事诉讼法》第 230 条、第 239 条)。本罪中的"**虚假**",不同于"伪证罪"(第 169 条)的情形,是指违反客观真实(最决昭和 33·7·31 刑集 12—12—2805。通说)。这是因为,不同于证词的情形,告诉、告发并不是讲述自己经历过的事实。不过,告诉、告发原本是在存在对方是犯人这种"嫌疑"之时实施,因此,在"说不定不是犯人"这种未必的故意的场合,就应该理解为,不构成本罪(不过,判例认为,存在未必的故意即可。大判昭和 12·2·27 刑集 16—140)。本罪的**罪数**,以虚假告诉等的对象人数为标准。例如,通过一封文书对数人提出虚假告诉的,成立与对象人数相应的犯罪数量,但这些犯罪处于想象竞合的关系(第 54 条)(大判明治 42·10·14 刑录 15—1375)。**

并非真正的犯人,却自称是犯人而出现在相关机关的("自己诬告"),即便有可能成立藏匿犯人罪(第 103 条)或者《轻犯罪法》第 1 条第 16 项的"虚构犯罪等申告罪",但不会成立本罪。这是因为,第 172 条中的"人"是指他人。相反,征得被告诉人的同意而实施虚假告诉的("同意诬告"),有成立本罪之可能。

【问题研讨】

尚未判决但被羁押在警署的留置设施内的 X,掌握着负责留置的警官 Y 的把柄,遂以此要挟 Y,为了让 X 的朋友 Z 另外配钥匙,让 Y 将留置设施的钥匙暂时带出警署,并且,还让 Y 取回配好的钥匙以及易装用的衣服并交给自己。最终,X 乘隙逃离留置设施。

---

* 逆送:在日本,又被称为"逆送致",是指对于家庭裁判所受理的少年刑事案件,经过调查、审判而作出的终局决定之一,是将检方移送过来的案件再次移交检方的一种措施。一般是在行为人在调查过程中已满 20 周岁(成人),或者鉴于其犯罪性质或者犯罪情节,而认定适于给予刑事处分之时,才作出此决定。但其仅以 14 周岁以上的行为人为对象。——译者注

** 另外,山口·各论 602 页认为,"虚假申告到达相关机关之时,虚假告诉等罪即达到既遂。不要求已经实际拆阅,也不问相关机关是否已经展开侦查、调查"(山口厚. 刑法各论:2 版. 王昭武,译. 北京:中国人民大学出版社,2011:705.)。——译者注

【解说】

本案的问题是：X是否成立《刑法》第97条的脱逃罪或者第98条的加重脱逃罪？Y是否成立《刑法》第101条的看守者等援助脱逃罪，Z是否成立其共犯？具体而言，(1) X究竟是成立单纯脱逃罪还是加重脱逃罪呢？尤其是，X掌握Y的把柄并借此要挟Y，让Y带着留置设施的钥匙外出交给Z另外配钥匙，并且，还让Y将Z配好的钥匙和事先准备好的衣服带回来交给自己，这些行为虽然是以胁迫为手段的强要行为，但不属于直接用作脱逃本身的手段，因而，上述行为是否属于第98条所谓作为"脱逃手段"而实施的"胁迫"，就成为问题；(2) Z乃至X究竟是作为看守者等援助脱逃罪的共犯处理，还是根据《刑法》第65条第2款，作为普通的援助脱逃罪（第100条第1款）——X是作为脱逃罪或者加重脱逃罪——来处理，也是问题之一。

就第(1)个问题而言，如果第98条（加重脱逃罪）中的"胁迫"限于作为"脱逃的手段"在时间上与脱逃直接联系在一起的行为，那么，对于让Y带出留置设施的钥匙之前的"胁迫"行为，要适用第98条，就多少有些勉强。但是，即便是这种情形，Y虽知道X一定会逃走，却仍然在将配好的钥匙与易装用的衣服等用于逃走的工具交给X之后放任不管，就可以说，这仍属于"胁迫"的效果所及的结果。因此，不管怎样，该行为可以认为有适用第98条之可能。

就第(2)个问题而言，有必要从"共犯从属性""必要的共犯"乃至"共犯的处罚根据"的角度进行探讨。就X来说，不成立第101条（看守者等援助脱逃罪）的共犯——特别是教唆，而可能仅仅成立第98条的加重脱逃罪，这一点想必没有异议。的确，脱逃罪（加重脱逃罪）与援助脱逃罪以及看守者等援助脱逃罪之间，从实质上看属于"共犯"关系，但由于援助脱逃罪与看守者等援助脱逃罪是将脱逃罪的帮助行为独立规定为正犯（不过，只要实施了援助行为，第100条的援助脱逃罪就达到既遂，而无须等到被羁押者脱逃），在此意义上，对援助脱逃罪以及看守者等援助脱逃罪而言，脱逃行为人就属于"必要的共犯"（这种关系只是针对援助脱逃罪、看守者等援助脱逃罪才需要的单方面的关系）——更为准确地说，应该是"必要的正犯"。因此，可以认为，对X不再适用刑法总则的共犯规定。

与之相对，援助脱逃罪与看守者援助脱逃罪之间就并非"必要的共犯"的关系。这是因为，看守者援助脱逃与第三者即一般人的援助脱逃之间并不处于逻辑上的必然关系。因此，就Z来说，尚需探讨其是否构成看守者援助脱逃罪的共犯。原因在于，将第101条的"看守者等"视为有关对国家法益的攻击的"违法身份"，就并非完全没有这样认定的余地：适用第65条第1款，将Z认定为第101条（看守者等援助脱逃罪）之共同正犯或从犯。

但是，这种情形也应当根据第65条第2款，对Z仅适用第100条（援助脱逃罪），因为第101条（看守者等援助脱逃罪）符合"因身份而特别存在刑的轻重时"（第65条第2款）的情形。既遂时点的不同无碍于第100条的适用。这是因为，即便因未遂而减轻，看守者等援助脱逃罪的刑罚也要重于一般的援助脱逃罪。从实质上来看，正是因为具备"看守者"这种身份，对于看守者等实施的援助脱逃的行为，才处以远重于由一般市民实施的援助脱逃的刑罚，因此，对于不具有该身份的乙适用第101条，就是不妥当的。而且，因"看守者"这种违法身份而加重刑罚这种作用属于一身专属的东西。因此，应对乙适用第100条（援助脱逃罪）第1款。

第三十六章 渎职犯罪

第一节 概　述

　　《刑法》第2编第25章以"渎职犯罪"为标题*，规定了"滥用职权犯罪"（第193～196条）与"贿赂犯罪"（第197～198条）。因为这两类犯罪都可以被认为是，玷污了作为公务员之品格的针对国家法益的犯罪。但是，滥用职权犯罪同时具有较强的针对一般市民的个人法益的犯罪的性质；而且，二战之前，对于公务员针对一般市民所实施的滥用职权或暴力等行为，不太受到追诉，基于对这种情况的反思，刑事诉讼法增设了基于由滥用职权犯罪的被害人实施的附审判请求的"准起诉程序"（《刑事诉讼法》第262～269条。⇒第2节之二※）。为此，本章将这两类犯罪分开进行解说。

　　不过，旧刑法将这两类犯罪统一规定于第2编第9章第2节的"官吏针对人民的犯罪"之中，而且，对于贿赂犯罪，没有规定行贿罪，仅仅处罚收受贿赂的公务员一方。也就是，在旧刑法中，贿赂似乎也被视为公务员"敲诈（勒索）"一般市民的犯罪，因此，这两类犯罪似乎都具有将一般市民作为被害人的一面。

第二节　滥用职权犯罪

　　公务员滥用职权，使他人实施并无义务实施的事项，或者妨害他人行使权利的，处2年以下惩役或禁锢（第193条）。

　　执行或者辅助执行审判、检察或者警察职务的人滥用职权，逮捕或者监禁他人

---

* 1995年刑法部分修正之前直接是以"渎职犯罪"为题，现在的标题是"污职犯罪"。——译者注

的，处 6 个月以上 10 年以下惩役或者禁锢（第 194 条）。

执行或者辅助执行审判、检察或警察职务的人在执行职务之时，对被告人、犯罪嫌疑人或者其他人实施暴力、凌辱或者虐待行为的，处 7 年以下惩役或者禁锢（第 195 条第 1 款）。

负责看守或者押送依法被羁押者的人，对被羁押者实施暴力、凌辱或者虐待行为的，与前款同（第 195 条第 2 款）。

犯前二条之罪，因而致人死伤的，与伤害罪比较，依照较重的刑罚处断（第 196 条）。

一、本类犯罪的构成

"滥用职权犯罪"包括公务员滥用职权罪（第 193 条）、特别公务员滥用职权罪（第 194 条）、特别公务员暴行凌虐罪（第 195 条）、特别公务员滥用职权等致死伤罪（第 196 条）。本罪的保护法益是：(1) 正当执行职务这一动态过程、(2) 作为职权行使之相对方的个人的生命、身体、自由、财产或者其他权利。1947 年刑法修正时，提高了上述犯罪的法定刑，同时，如前所述，刑事诉讼法中增设了"准起诉程序"（⇒第 2 节之二※）。

二、公务员滥用职权罪

第 193 条规定：公务员滥用职权，使他人实施并无义务实施的事项，或者妨害他人行使权利的，处 2 年以下惩役或禁锢。

本罪是以**"公务员"**为主体的**身份犯**（本罪的法定刑轻于第 223 条的强要罪，并且，其成立范围更广。为此，曾根・各论第 314 页、西田・各论第 480 页*、山口・各论第 604 页认为，本罪是构成的身份犯，而非强要罪的加减的身份犯）。"公务员"，是指"国家或者地方公共团体的职员或者其他依据法令从事公务的议员、委员或其他职员"（《刑法》第 7 条第 1 款），但不限于拥有强制权的公务员（为此，裁判官假装在实施有助于职务上的参考的调查行为，向监狱长等提出阅览身份账簿的要求的，最决昭和 57・1・28 刑集 36—1—1 判定成立本罪）。不过，对于公安调查官，《破坏活动防止法》另有特别规定（《破坏活动防止法》第 45 条）。

"**滥用职权**"，是指公务员对于属于抽象或者一般性职务权限的事项实施违法或者不当的行为。** 对于抽象或者一般性职务权限，必须存在法令上的根据。"滥用职权"的行为无须以对方亲眼目睹的方式实施，窃听行为亦可。这是因为，即便被害

---

* 西田・各论第 480 页认为，"本罪主体是身份犯，限于公务员。尽管本罪行为的结果与强要罪（第 223 条）中的表述相同，但由于本罪的法定刑相对要轻，因而，不能将本罪理解为，强要罪的特别类型或者补充类型，不能适用《刑法》第 65 条第 2 款"（⇒西田典之．日本刑法各论：6 版．王昭武，刘明祥，译．北京：法律出版社，2013：489．）。——译者注

** 判例认为，这里所谓"职权"，并非指公务员的一般职权限之全部，而是指其中"足以给职务行使之对方造成法律上、事实上的负担或者不利益的特别职务权限"（最决平成 1・3・14 刑集 43—3—283〔共产党干部住宅〕窃听事件〕）。——译者注

人没有意识到，也完全有可能"妨害（被害人的）权利"（不过，对于"自始至终在任何人面前都装出此行为并非由警察所实施的样子"的情形，最决平成1·3·14刑集43—3—283*、百选Ⅱ No.116否定属于"滥用职权"。但是，被告等伪装成并非警察实施的行为，仍然属于违法的窃听行为，如果偷偷摸摸地实施就不受谴责，这显然是矛盾的。而且，在该案中，至少协助窃听的NTT**职员理应知道该行为属于"警察实施的行为"）。

"**使他人实施（了）并无义务实施的事项**"这一"结果"，是指使被害人实施了没有法定义务的行为。例如，施加不当压力使其履行尚未到期的债务，使没有出面（或出庭）义务的人出面（或出庭）。"**妨害（了）他人行使权利**"这一"结果"，是指侵害了行动自由，或者包括不必忍受某种不利益的权利等在内的某种权利，不需要达到直接作用于被害人的意思的程度，也不要求被害人知道自己的权利受到妨害。此外，本罪的法定刑轻于同样要求"使他人实施并无义务实施的事项，或者妨害他人行使权利的"这一"结果"的强要罪（第223条）。这是因为，与以暴力或者胁迫作为手段的强要罪相比，本罪的旨趣在于，更为广泛地处罚那些强迫他人忍受因行使职权所造成的不利益的行为（⇒山口·各论第604页。以此为理由，曾根·各论第314页、中森·各论第303页认为，公务员通过暴力、胁迫而实施滥用职权行为的，构成本罪与强要罪〔第223条〕的想象竞合，但在本书看来，似乎只要作为本罪的量刑情节予以考虑即可；否则，就会对被包括在本罪之内的"意思决定的自由"这种个人法益的侵害作出双重评价）。

※**准起诉程序**：对于滥用职权犯罪进行告诉或者告发的人，如果对检察官（检方）作出的不起诉决定不服，可以向地方裁判所提出将该案交由裁判所审理的请求（《刑事诉讼法》第262条）。该请求存在（相当）理由的，该案就交由裁判所审判

---

* 本案是所谓"（共产党干部住宅）窃听事件"，大致案情为：神奈川县警的警官A、B，为了得到有关日本共产党的警戒情报，而对共产党国际部长C某家的电话实施了窃听。C某以本罪提起告诉，但东京地方检察厅作出了不起诉处分；为此，C某向东京地方裁判所提出了交付审判程序的请求，但该请求被驳回（以警官所实施的窃听"不能被谓为具有行使职权之外形的滥用职权行为"为由，判定不成立本罪〔东京地决昭和63·3·7判夕662—262〕）；尔后，由于作为抗告审的东京高等裁判所也驳回了抗告（以"并不具有作用于属于行为对象之请求人的意思，并对其施加影响的职权行使的性质"为由，否定成立本罪〔东京高决昭和63·8·3高刑集41—2—327〕），进而向最高裁判所提出了特别抗告，主张"公务员是作为职务行为而实施了不法行为，且侵害了个人的权利、自由之时，当然应成立本罪"。对此，最高裁判所认为，"《刑法》第193条之公务员滥用职权罪中的'职权'，并非指公务员的一般职务权限之全部，而是其中足以对职务行使之对方造成法律上、事实上的负担或者不利益的特别职务权限（参见最决昭和57·1·28刑集36—1—1），应该说，要成立本罪，公务员的不法行为必须是在具有上述性质的情形下滥用了职权。也就是，即便公务员的不法行为是作为职务而实施，如果不是滥用职权而实施，就并无成立本罪之余地；反之，即便公务员实施的不法行为与其职务无关，如果滥用职权而实施的，仍成立本罪（参见最决昭和57·1·28刑集36—1—1、最决昭和60·7·16刑集39—5—245）"，"就本案而言，犯罪嫌疑人在实施窃听行为的整个过程中，自始至终在任何人面前都装出此行为并非由警察所实施的样子，因而不能由此认定是警官滥用职权。因此，认定本案行为不属于公务员滥用职权罪的原审判决（二审决定）是正当的"。"另外，如果原决定（一审决定）与原决定（二审决定）有关职权的判示部分的宗旨在于，表明那是成立公务员滥用职权罪所必不可少的要件，那么，对于有可能成立该罪的部分情形而言，则不难招致否定犯罪成立的结果，然而，如果其旨趣仅仅在于说明职权滥用行为所通常具有的特征，则是可予肯定的。"——译者注

** NTT是"日本电报电话公司"的简称。——译者注

(《刑事诉讼法》第266条第2号)。这被称为"准起诉程序"。这是为了防止检察官(检方)将滥用职权行为当作公务员同僚之间的案件而予以从轻处理,而在二战之后引入的制度。同时,也提高了滥用职权犯罪的法定刑。但是,实际上,准起诉程序的运用并不活跃,针对公务员的有组织的僭越职权行为,裁判所的应对也并不充分。

三、特别公务员滥用职权罪、特别公务员暴行凌虐罪

第194条规定:执行或者辅助执行审判、检察或者警察职务的人滥用职权,逮捕或者监禁他人的,处6个月以上10年以下惩役或者禁锢。第195条规定:这些"特别公务员"对被告人、犯罪嫌疑人或者其他人实施暴力、凌辱或者虐待行为的,或者负责看守或者押送依法被羁押者的人,对被羁押者实施暴力、凌辱或者虐待行为的,处7年以下惩役或者禁锢。另外,根据第196条的规定,因上述特别公务员实施的滥用职权或者暴行、凌虐的行为而引起死伤结果的场合,作为结果加重犯,与伤害罪相比较,依照较重的刑罚处断。具体而言,发生伤害结果的,与第204条的"15年以下惩役"相比较,发生死亡结果的,与第205条的"3年以上有期惩役"相比较,刑罚的上限与下限均选择重的刑罚。但是,对死亡结果具有故意的,则适用杀人罪(第199条),排除第196条的适用。

第194条、第195条第1款以及这些犯罪的致死伤罪(第196条)都是以"**执行或者辅助执行审判、检察或者警察职务的人**"为主体的**身份犯**;第195条第2款及其致死伤罪则是以"**负责看守或者押送依法被羁押者的人**"为主体的**身份犯**。尤其是对第220条的逮捕监禁罪而言,第194条是其**加重的身份犯**(前田·各论第480页);对暴行罪(第208条)等而言,第195条是其**加重的身份犯**(通说,参见团藤·各论第125页等。相反,西田·各论第485页以下、山口·各论第608页持反对意见*,认为第195条属于**构成的身份犯**。但是,并不存在违法身份完全连带作用于非身份者的根据。⇒总论第22章第1节之五以下)。对于受警察署长嘱托的少年辅导员,也有判例认为,并非辅助执行警察职务的人(最决平成6·3·29刑集48—3—1)。

司法实务中,在刑事案件的侦查中,在警察调查犯罪嫌疑人的过程中,上述这些犯罪很多时候会成为问题。但是,在调查过程并不透明的日本的现状之下,要证明调查过程是否适当,是极其困难的。可以说,无论对检方而言还是对被告人而言,这都被谓为不幸之事。为此,律师协会等机构提出了"调查的可视化"要求,呼吁在调查时应有律师在场或者进行现场录像。

第194条中的"**逮捕**"与"**监禁**",与逮捕监禁罪(第220条)中的"逮捕"与"监禁"的含义相同(⇒第8章)。"**暴力**",也与暴行罪(第208条)中的"暴

---

* 山口·各论第608页认为,"本罪的犯罪主体,是执行审判、检察或者警察职务的人,或者辅助执行这些职务的人,是逮捕、监禁罪的加重类型。加重处罚的根据在于,具有逮捕、监禁他人之特别权限的人,通过滥用此权限,还另外造成了损害公务的适正执行这种法益侵害。因此,本罪是逮捕、监禁罪的违法加重类型,属于违法身份犯,对于不具有该身份的共犯,可通过适用《刑法》第65条第1款,认定成立本罪共犯"(山口厚. 刑法各论:2版. 王昭武,译. 北京:中国人民大学出版社,2011:714.)。——译者注

力"的含义相同（⇒第4章第6节之一）。

第195条中的"**凌辱或者虐待行为**"（1995年刑法修正前为"凌虐"），是指以暴力之外的方法，施加精神或肉体上的羞辱或者欺凌。具体而言，"凌辱"是指羞辱，"虐待"是指欺凌。例如，不给食物，不让睡觉，让对方赤身裸体，实施猥亵或者奸淫行为等，就属于此类行为。判例中较为多见的是，对女性实施强制猥亵或者奸淫行为。就这一点而言，第195条的法定刑为7年以下惩役或者禁锢，轻于强制猥亵罪（第176条）的6个月以上10年以下惩役，可能原因就在于：与强制猥亵行为相比，第195条中的"凌辱或者虐待行为"的范围更广。当然，从立法论的角度来看，还是应该提升第195条的刑罚上限。或者，即便不采取这种做法，但在实施了强制猥亵或者强奸行为的场合，就应该在第195条的犯罪之外，另外再成立强制猥亵罪或者强奸罪，与第195条的犯罪属于想象竞合的关系（多数说。有关强制猥亵罪，⇒大阪地判平成5・3・25判例夕831—246）。

※**达成合意的性交也属于"凌辱"？** 有下级裁判所的判例认为，即便得到了被羁押者的同意，看守人等与其保持性关系的，也属于"凌辱或者虐待行为"（东京高判平成15・1・29判时1835—157。此外，对于采取突然袭击方式的亲吻，大判大正15・2・25新闻2545—11判定也构成"凌辱"）。对于本罪所谓"凌辱或者虐待行为"，应当比照本罪的旨趣即保障公务的适正执行以及国民对此的信赖这一点来进行理解，而不问对方是否实际作出了承诺，或者对方是否实际蒙受了精神或肉体上的苦痛。这样一来，由于第195条等滥用职权犯罪的保护法益是国家法益，因此，只要是任意地参与该行为的人，即便是"凌辱或者虐待行为"的相对方（被害人），也难免会成为侵害国家法益的共犯。的确，在羁押设施内，即便表面上存在被羁押者的同意，但由于很多时候很难认定，身体遭受羁押者真正有拒绝羁押者的无理要求的自由，因此，这种场合也许能成立本罪。但是，如果被羁押者显然是出于脱逃的目的而有计划地、积极地引诱对方的，则不属于"凌辱或者虐待行为"。同时，这种场合也不可能成立共犯。因此，对于得到被羁押者的同意的性交行为，一律认定为"凌辱或者虐待行为"，是存在疑问的。

第三节 贿赂犯罪

公务员有关其职务收受、要求或者约定贿赂的，处5年以下惩役。在该场合下，接受请托的，处7年以下惩役（第197条第1款）。

将要成为公务员的人，有关其将要担任的职务，接受请托，收受、要求或者约定贿赂的，在其成为公务员之时，处5年以下惩役（同条第2款）。

公务员有关其职务，接受请托，让请托人向第三者提供贿赂，或者要求、约定向第三者提供贿赂的，处5年以下惩役（第197条之二）。

公务员犯前二条之罪，因而实施不正当行为，或者不实施适当行为的，处1年以上有期惩役（第197条之三第1款）。

公务员在职务上曾实施不正当行为或者不实施适当行为，并就此收受、要求或约定贿赂，或者让他人向第三者提供贿赂，或要求、约定向第三者提供贿赂的，与前款同（同条第2款）。

曾任公务员的人，在职期间接受请托而在职务上曾实施不正当行为，或者未曾实施适当行为，并就此收受、要求或者约定贿赂的，处5年以下惩役（同条第3款）。

作为公务员接受请托，为使其他公务员在其职务上实施不正当行为或者不实施适当行为而进行斡旋或者已经进行斡旋的报酬，收受、要求或者约定贿赂的，处5年以下惩役（第197条之四）。

犯罪人或者知情的第三者所收受的贿赂，予以没收。全部或者部分已无法没收的，追缴其价款（第197条之五）。

提供第197条至第197条之4所规定的贿赂，或者就此进行提议或约定的，处3年以下惩役或者250万日元以下罚金（第198条）。

一、贿赂犯罪的本质

对于人们的利害关系具有影响力的公务员，尤其是裁判官、检察官、警官、都道府县知事、国务大臣、国会议员等，在合法报酬之外另外收受他人的利益，采取有利于该人的举措，或者对于未给予其利益者，采取不利于该人的举措，这样的话，就会导致人们丧失对于这些职务的信赖，从而导致整个国家的统治职能濒临危机。因此，刑法将此类行为作为"贿赂犯罪"，予以严厉处罚（第197～198条）。

不过，刑法针对贿赂行为的态度，也因时代而变化。在旧刑法中，根本就没有针对行贿行为的处罚规定，对于受贿行为的处罚，也仅限于官吏接受他人的嘱托的情形，也就是，仅限于受托办理某事之时。现行刑法之所以增设行贿罪，是基于这样一种认识：如果没有行贿罪，要防止公务员的受贿行为，是极其困难的。同时，在1907年（明治40年）刑法制定当时，在有关行贿的规定的第2款，还规定了以自首为理由的刑罚的任意性减免，但被1941年的刑法修正所删除。

公务员等让请托人将贿赂交给第三者的"向第三者提供贿赂罪"（第197条之二），收受贿赂之后实施不正当行为或者不实施适当行为的"加重受贿罪"（第197条之三第1款、第2款），在职期间接受请托而曾实施不正当行为或者未曾实施适当行为，退职之后就此收受贿赂的"事后受贿罪"（第197条之三第3款），这些都是二战期间的1941年刑法所追加的罪名。此外，为使其他公务员实施不正当行为或者不实施适当行为而进行斡旋，作为这种斡旋的报酬而收受贿赂的"斡旋受贿罪"（第197条之四），则是二战之后的1958年刑法增设的罪名。最后，在事关总理大臣收受贿赂的"洛克希德事件"被揭发之后，1980年刑法整体提升了受贿犯罪的法定刑。另外，第197条以下曾规定了民事仲裁中的"仲裁人"的受贿，但2003年的刑法部分修正将其另行规定在《仲裁法》第50条以下。

作为贿赂罪的保护法益，可以例举"公务的不可收买性""职务行为的公正性"或者"职务的纯粹性"等（大判昭和6·8·6刑集10—412认为，对这些法益均应予以保护)。近年的有力观点("**保护信赖说**")认为,其保护法益是"公务员职务的公正以及社会整体对此的信赖"(最大判平成 7・2・22 刑集 49—2—1、百选 II No. 112)。但是,按照第 197 条第 1 款前段的(单纯)受贿罪的规定,要成立该罪,无须存在不正当的职务行为及其可能性,即便是就合法的职务收受了贿赂,也可以成立受贿罪。而且,就退职之后收受贿赂的"事后受贿罪"(第 197 条之三第 3 款)而言,针对退职之前的职务而收受贿赂,并不会对职务的公正性产生影响。在此意义上,可以说,"职务的公正性"本身并非贿赂犯罪的共通的保护法益,至多不过是加重受贿罪(第 197 条之三第 1 款、第 2 款)与斡旋受贿罪(第 197 条之四)的保护法益(在此意义上,就无法彻底贯彻所谓"**纯粹性说**")。毋宁说,如果我们以第 197 条第 1 款前段的单纯形态的受贿罪作为整个贿赂犯罪的基本犯罪,那么,就应该将其保护法益理解为,以公务员针对其主权人的忠实义务为根据的"**公务的不可收买性**"(不过,斡旋受贿罪则应另当别论。因为,在该罪中,贿赂是斡旋的对价)。在本书看来,所谓"对于职务行为的公正的信赖",不过是另一种说法而已。

二、贿赂犯罪的诸类型

具体而言,贿赂犯罪包括:(单纯)受贿罪(第 197 条第 1 款前段)、受托受贿罪(第 197 条第 1 款后段)、事前受贿罪(第 197 条第 2 款)、向第三者提供贿赂罪(第 197 条之二)、加重受贿罪(第 197 条之三第 1 款、同条第 2 款)、事后受贿罪(第 197 条之三第 3 款)、斡旋受贿罪(第 197 条之四),这些犯罪都是以"**公务员**"(第 7 条第 1 款)为主体的**身份犯**。与上述受贿犯罪相对应的是行贿罪(第 198 条)。受贿犯罪中的贿赂的"收受"与行贿罪中的"提供",以及两者的"约定",分别属于"**必要的共犯**"的关系,也是"**对向犯**"的关系(但贿赂的"要求"以及"提议"并非必要的共犯)。此外,对于受贿犯罪,存在针对所收受的贿赂进行必要性的**没收**或者**追缴**的规定(第 198 条)。

三、"贿赂"的含义

"贿赂",通常是指"作为与公务员的职务相关的不法报酬的利益"。不过,如前所述,在斡旋受贿罪(第 197 条之四)中,"贿赂"的含义与此不同,是指作为斡旋之对价的"利益"。"利益"包括"足以满足人之需要或者人之欲望的一切利益,而不问是有形还是无形"(大判明治 43・12・19 刑录 16—2239),例如,向公务员提供卖淫女,或者将必定涨价的未公开上市股票以公开价格出售给公务员等(最决昭和 63・7・18 刑集 42—6—861、百选 II No. 108)。

有关"贿赂",如何将其区别于"**社交礼仪**",也是问题。就学生家长向公立初中的新任年级专任指导教师赠送了答礼用礼券(支票)的案件,最高裁判所认为,该礼券没有超出"礼节性寒暄的程度",而且,是出于"答谢对于个人的学习上、生活上的指导的旨趣"或者"礼仪的旨趣"而赠予,进而以此为理由,否定成立受贿罪(最判昭和 50・4・24 判时 774—119、百选 II No. 109)。作为一般论而言,凡未达到让人产生是否是职务之对价这种怀疑程度的馈赠物,都可以理解为"社交礼仪"。但是，这种标准会随着社会与时代的变迁而变化。

※**斡旋利得罪**：2000 年制定、2001 年施行的《处罚斡旋利得法》（全称为《有关处罚公职人员等因斡旋行为而获得利益的法律》）规定：国会或地方议会的议员等政治家对公务员等进行说项，作为其回报而获得报酬的，处 3 年以下惩役（《处罚斡旋利得法》第 1 条）；国会议员的公设秘书（《国会法》第 132 条）行使基于议员权利的影响力而实施同样行为的，处 2 年以下惩役（《处罚斡旋利得法》第 2 条）。这些犯罪被称为"斡旋利得罪"。与之相对应，提供利益的行为，也被处以 1 年以下惩役或者 250 万日元以下罚金（《处罚斡旋利得法》第 4 条）。本罪的国外犯亦受处罚（《处罚斡旋利得法》第 5 条）。其立法宗旨就在于：保持公职人员的政治活动的廉洁性，由此赢得国民的信赖。

"斡旋利得罪"中的"利得"不同于"贿赂"，不是公务员职务的对价，而是实施作为政治家所具有的事实上的影响力的"斡旋"的对价。在这一点上，它与"斡旋受贿罪"中的"贿赂"是共通的。将政治家与公务员实施的这种"斡旋"的对价视为"贿赂"的做法，属于法国刑法的思维，但日本现行刑法采取的德国刑法的思维，即主要将"贿赂"视为"职务的对价"。

但是，在不以德国式的严密的法治主义为前提的日本政治的现状之下，渎职或者行贿、受贿都明显具有作为政治家之说项的对价的性质（在"洛克希德事件"中，给予当时的内阁总理大臣的金钱，就正属于为了让民间公司购买自己公司生产的飞机，而就总理大臣向民间航空公司进行说项的对价。参见最大判平成 7 · 2 · 22 刑集 49—2—1、百选 II No. 112）。因此，鉴于日本的渎职现状，毋宁说，本书更希望采取的是法国刑法那样针对"斡旋的对价"的处罚规定。不过，斡旋受贿罪作为一种例外，"贿赂"这一概念的含义已经被确定为"职务的对价"，为此，也许正是考虑到，在"斡旋的对价"中使用不同于"贿赂"的"利得"要更为贴切。不过，本罪仍然限定在针对公务员进行说项的情形。*

四、"有关其职务"

贿赂犯罪最大的争点是，公务员是否是**"有关其职务"**（第 197 条第 1 款等）而收受了贿赂。"有关其职务"这一要素是除斡旋受贿罪之外的其他所有贿赂犯罪的共通要素。

例如，市政府的课长为交通事故的和解交涉提供了帮助，当事人作为礼金给付现金的，由于并非针对公务员的工作而支付金钱，并不构成贿赂犯罪。这是因为，在斡旋受贿罪中，贿赂是针对"斡旋"的报酬，而在其他贿赂犯罪中，贿赂必须是针对公务员职务的对价。

作为贿赂的对象的职务，（1）只要属于该公务员的**抽象的**或者**一般的职务权限**即可。这样的话，就不限于该公务员在受贿的时点正在担任的职务（大判大正 9 ·

---

* 作者的言下之意是，这种做法（本罪仍然限定在针对公务员进行说项的情形）是否合适，值得探讨。——译者注

12·10刑录26—885）。例如，只要属于同一科室之内的事务即可（最判昭和37·5·29刑集16—5—528）；如果是警视厅的警官，其犯罪侦查权限就及于其他警署正在侦查的案件（最决平成17·3·11刑集59—2—1*，百选Ⅱ No.110）。并且，正面临改选的某现任市长，就再次当选之后的职务接受请托并收受了贿赂，对此案，也有判例仅仅以一般职务权限相同为理由，便认定成立受托受贿罪而非事前受贿罪（最决昭和61·6·27刑集40—4—369、百选Ⅱ No.113）。

公务员转任至一般职务权限范围不同的其他职位之后，有关转任之前的职务收受了贿赂的，对此尚存争议。有力观点认为，这种情形也应成立（单纯）受贿罪（第197条第1款前段）（最决昭和28·4·25刑集7—4—881、最决昭和58·3·25刑集37—2—170、百选Ⅱ No.114。平野·概说第296页、前田·各论第485页以下、中森·各论第308页、山口·各论第619页）；但另有有力观点主张，在行为当时没有相应职务权限的场合，仅成立事后受贿罪（第197条之三第3款）（团藤·各论第135页、大塚·各论第631页、大谷·各论第639页以下等）。但是，事后受贿罪的主体是"曾任公务员的人"，该罪很难适用于继续担任公务员的人；而且，该公务员将来也并非完全没有担任相同职务的可能。对于这里的"职务"，还是应该理解为，只要是公务员，也包括曾经属于其职务权限的事项。

但是，在诸如国会议员、国务大臣等那样政治家兼公务员的场合，严格意义上来说，很多时候，提供利益不是针对该公务员的职务，而是期待其行使政治影响力，也就是，期待其进行"斡旋"或者"说项"。在增设"斡旋利得罪"之前，在该场合下，能够在多大范围内认定成立贿赂罪，很多时候是存在很大争议的（⇒本节之三※）。这里，一方面，贿赂与"**政治资金**"（⇒《政治资金规正法》）的区别会成为问题；另一方面，"有关其职务"的含义也会成为问题（"政治资金"，不问合法与否，是指用于政治家的政治活动的资金，未必与作为公务员的议员的职务相关）。对于此情形，日本的判例通过采取（2）"**与职务密切关联的行为**"（密接关联行为）、"**准职务行为**"等表述，一直对"有关其职务"的范围进行宽泛的解释。例如，对于县议会正在审理某议案，某议员劝说其他议员赞成该议案的情形（大判大正2·12·9刑录19—1393、最决昭和63·4·11刑集42—4—419）；对设立大学的申请，负责审议是否许可的审议会委员事先对申请内容是否合适作出判断，或者在正式通知之前预先告知中期审查结果的情形（最决昭和59·5·30刑集38—7—2682、百选Ⅱ No.111）；某国立艺术大学教授推荐学生购买某特定商店的小提琴的情形（东京地判昭和60·4·8判时1171—16）；作为北海道开发厅长官（当时），给自己并无直接的指挥监督权的下级组织北海道开发局的港湾部长"做工作"，让其在港湾工程的招标之际，关照特定的工程单位的情形（最决平成22·9·7刑集

---

* 本案大致案情为：就职于警视厅调布警署地域科（岗亭）的某警官（职衔为"警部辅"），从某人手中接受了现金，该人向警视厅多摩中央警署署长提交了告发信，希望该警官能探讨告发信的内容并就此提供建议、提供侦查信息、向相关侦查人员"做工作"。对于此案，最高裁判所认为，"按照《警察法》第64条等相关法令，可以认为，该厅警官有关犯罪侦查的职务权限，涉及属于该厅之辖区的整个东京都"，从而根据一般职务权限理论，判定成立（单纯）受贿罪。——译者注

64—6—865)（不过，最决平成22·9·7刑集64—6—865认为，作为受贿罪之构成要件的"有关其职务"，是指与该受贿的公务员的职务之间的关联性，即便是接受向其他公务员"做工作"这种请托而受贿的场合，与被"做工作"的其他公务员的职务之间的关联性也非构成要件本身。这一点是存在疑问的。另外，滥用职务上的命令权限，要求部下在职务之外为了社区居民而就交通事故进行和解交涉的，即使从该居民那里获得了对价，职务行为的不可收买性与公正性也没有受到侵害）。而且，在"洛克希德事件"中，问题在于，对于民营航空公司决定购买飞机，总理大臣是否拥有参与的权限？对此，最高裁判所以总理大臣拥有向运输大臣作出指示让其进行行政指导的权限为由，也就是，以总理大臣存在间接的影响力为由，认定其存在一般职务权限，但其中也有4名最高裁判所的判事（法官）却将其理解为"密接关联行为"（最大判平成7·2·22刑集49—2—1）。采取所谓"密接关联行为"或者"准职务行为"这种概念而扩大贿赂罪的成立范围的做法，从法治主义的角度来看是存在疑问的（平野·概说第298页），但从日本的政治现实——与针对作为公务员的议员的职务权限相比，更多是针对其作为政治家的影响力或者"说项"的对价——来看，这样做也有不得已而为之的一面。但是，在增设了"斡旋利得罪"之后，也许能看到在解释与适用方面的某种变化。

五、（单纯）受贿罪、受托受贿罪

公务员有关其职务收受、要求或者约定贿赂的，处5年以下惩役；在该场合下，接受请托的，处7年以下惩役（第197条第1款）。所谓"**收受**（了）"贿赂，是指将"利益的提供"这种贿赂（第198条）作为自己之物而实际收受下来。该利益为现金或者其他财物的，不需要实际拥有，让自己的代理人或使者占有的，或者接受了权利的转移的亦可（公务员让秘书收受现金的，视为公务员本人收受了贿赂。⇒东京地判昭和58·10·12刑月15—10—521〔洛克希德事件"丸红路径"一审判决〕⇒总论第19章第2节之四）。"**约定**（了）"，是指就收受对方提供的贿赂（第198条），与行贿人之间形成了约定。"**要求**（了）"，是指有关贿赂的提供提出了要求。"收受"和"约定"，与行贿方的"提供"和"约定"之间分别属于**必要的共犯**的关系，也是**对向犯**的关系。在该场合下，如果没有实施客观上被视为"提供"或者"约定"的行为，就不能成立"收受"或者"约定"；不仅如此，如果受贿方没有认识到授受的利益是"贿赂"，也不能成立"提供"或者"约定"（⇒本节之十一）。相反，即便被对方所拒绝，仍可以成立"要求"，但即便如此，还是应该以要求贿赂的意思传达到对方为必要（与民法中的"要约"做同样考虑即可。⇒本节之十一）。

另外，在公务员以恐吓手段要求对方提供利益的场合，一般认为，只要公务员没有执行职务的意思，就不能谓之为，"有关其职务"收受了贿赂，仅成立恐吓罪（最判昭和25·4·6刑集4—4—481）；如果公务员有执行职务的意思，则成立受贿罪与恐吓罪的想象竞合，并且，对方也成立行贿罪（大判昭和10·12·21刑集14—1434。此外，虽然没有判定成立恐吓罪，但最决昭和39·12·8刑集18—10—

952 指出,〔要成立行贿罪〕即便不具有充分的意思决定的自由亦可)。但是,对于让受到恐吓的被害人成立行贿罪,有学者提出了疑问(西田·各论第 228 页以下。相应地,也应否定成立受贿罪。在以诈骗手段实施的受贿中,也存在着同样的问题)。

的确,从刑事政策的角度来看,如果受到恐吓的被害人也有可能成立行贿罪,那么,受到恐吓的被害人就不会选择报案,这样反而有放纵公务员实施性质恶劣的"敲诈"的危险。但是,作为解释论来说,却难以一概否定行贿罪的成立。作为立法论来说,理想的做法也许是:要么如 1907 年现行刑法制定当时所做的那样,对行贿方设定刑罚的减免规定,要么进行修正,规定只有在行贿方主动提议行贿之时才予以处罚。

在公务员接受请托之时,受贿的法定刑加重至 7 年以下惩役(第 197 条第 1 款后段)。"**请托**",是指"请求公务员实施或者不实施一定的职务行为",而不问请求的内容本身是否是正当的职务行为(最判昭和 27·7·22 刑集 6—7—927)。要谓之为"**接受(了)**"请托,以存在公务员的承诺为必要(最判昭和 29·8·20 刑集 8—8—1256)。即便是默示的承诺,亦属于"接受(了)"请托(东京高判昭和 37·1·23 高刑集 15—2—100)。但是,作为请求之对象的职务行为,必须是具体特定的行为(最判昭和 30·3·17 刑集 9—3—477 认为,"这是承蒙您关照的谢礼"这种程度尚不够)。之所以加重其法定刑,理由就在于:接受这种"请托"的场合("受托"),贿赂与职务行为之间的对价关系更为明显,会进一步加深针对公务之公正性的疑虑。

六、事前受贿罪

将要成为公务员的人,有关其将要担任的职务,接受请托,收受、要求或者约定贿赂的,在其成为公务员之时,处 5 年以下惩役(第 197 条第 2 款)。由于是有关将来的职务事前收受对价,因而,要明确其间的对价关系,就要求存在"**请托**"。而且,由于在未能成为公务员的场合,该利益不属于"贿赂",因而需要以"**在其成为公务员之时**"作为处罚条件。如果事后成为公务员,即便是在申请提名作为候选人之前获得了利益,也成立本罪(宇都宫地判平成 5·10·6 判夕 843—258)。

对于究竟是将"在其成为公务员之时"理解为本罪的**构成要件要素**还是理解为"**客观的处罚条件**",尚存争议。其中,前者是学界有力观点(团藤·各论第 143 页、大谷·各论第 644 页、中森·各论第 314 页、曾根·各论第 324 页、西田·各论第 501 页、林·各论第 451 页、山口·各论第 624 页等)。然而,那样的话,在该人收受贿赂之后,仅参与了让该人成为公务员这一点的,也要成立事前受贿罪的共犯,而且,无论是任命还是选举,能否成为公务员,最终都为不同于本人的其他人的意思所左右,因此,将"在其成为公务员之时"理解为"客观的处罚条件",要更为合理(平野·概说第 295 页、藤木·各论第 65 页、大塚·各论第 638 页。当然,要处罚针对事前受贿罪的行贿罪,以受贿方满足了这种"客观的处罚条件"为必要。⇒本节之十一)。

七、向第三者提供贿赂罪

公务员有关其职务,接受请托,让请托人向第三者提供贿赂,或者要求、约定向第三者提供贿赂的,处 5 年以下惩役(第 197 条之二)。这里的"**第三者**"既不要求是知情人,也不要求是公务员(例如,让对方捐赠给与自己有利害关系的团体)。向与公务员家庭收支合在一起的家属赠予利益的,不构成本罪,而是可以直接视为公务员本人收受了贿赂(中森·各论第 312 页)。

尽管也有判例认为,即便是无关的第三人亦可(对于以违反《食品管理法》的犯罪嫌疑人向町的隔离病患者组合捐赠一定款项为条件,警察署长不将该人移送检察机关的案件,⇒最判昭和 29·8·20 刑集 8—8—1256),但如果不能成为该公务员的利益,想必还是不能谓之为"职务的对价"即"贿赂"(平野·概说第 300 页、中森·各论第 312 页、曾根·各论第 324 页、山口·各论第 625 页以下*等)。

八、加重受贿罪

公务员犯受贿罪、受托受贿罪、事前受贿罪、向第三者提供贿赂罪中的任何一罪,因而实施不正当行为,或者不实施适当行为的,处 1 年以上有期惩役(第 197 条之三第 1 款)。公务员在职务上实施不正当行为或者不实施适当行为,就此收受、要求或约定贿赂,或者让他人向第三者提供贿赂,或者要求、约定向第三者提供贿赂的,与前款同(第 197 条之三第 2 款)。

在"枉法"这一意义上,本罪又被称为"**枉法受贿罪**"。本条第 1 款规定的是受贿之后的枉法,第 2 款规定的则是枉法之后的受贿。所谓"**实施不正当行为,或者不实施适当行为的**",是指一切有违职务的作为或者不作为(大判大正 6·10·23 刑录 23—1120)。但是,要被谓为违反了职务,必须是对有关该公务员之职务的法令或者其他规则的违反。如果是在该公务员的裁量权的范围之内,则不属于违反了职务。而且,只是获得不正当利益的,尚不足以构成本罪。**

九、事后受贿罪

曾任公务员的人,在职期间接受请托而在职务上曾实施不正当行为,或者未曾实施适当行为,并就此收受、要求或者约定贿赂的,处 5 年以下惩役(第 197 条之三第 3 款)。

本款处罚的是,公务员退职之后的受贿行为。为了明确其间的对价关系,本款要求存在"请托"。"请托"的含义与受托受贿罪的情形相同(⇒本节之五)。"**实施不法

---

* 山口·各论第 625 页以下认为,"将这里的第三者限于与公务员'存在关系的第三者',对此是存在疑问的,然而,在向毫无关系的第三者提供贿赂的场合,要谓之已将职务行为置于贿赂的影响之下,当然还需要存在某些特别情况"(山口厚. 刑法各论:2 版. 王昭武,译. 北京:中国人民大学出版社,2011:735.)。——译者注

** 山口·各论第 626 页认为,"不正当行为也必须能被谓为'职务行为',因此,并非只要针对违反职务的行为收受了不正当利益,就直接成立加重受贿罪"(山口厚. 刑法各论:2 版. 王昭武,译. 北京:中国人民大学出版社,2011:736.)。——译者注

行为，或者不实施适当行为的"的含义与加重受贿罪的情形相同（⇒本节之八）。

在职期间提出"要求"或者进行"约定"之后再收受贿赂的，如果满足了"请托"以及"实施不正当行为，或者不实施适当行为的"等要素，就成立有关"要求"或者"约定"的加重受贿罪，法定刑相对较轻的本罪为该罪所吸收（山口·各论第627页）；如果未能满足这些要素，则成立有关"要求"或者"约定"的（单纯）受贿罪（西田·各论第504页）。

十、斡旋受贿罪

作为公务员接受请托，为使其他公务员在其职务上实施不正当行为或者不实施适当行为而进行斡旋或者已经进行斡旋的报酬，收受、要求或者约定贿赂的，处5年以下惩役（第197条之四）。

本罪原本是鉴于日本国的政治风气——政治家作为议员等公务员，作为向其他公务员进行说项的对价，而收受利益的情形很多——于1958年增设的罪名。但是，**"实施不正当行为或者不实施适当行为"**这一构成要件要素的范围非常窄，如果属于公务员的裁量权范围之内，则只要不能明显地谓之为滥用，就可以否定成立本罪。而且，一直以来均认为，至少需要站在公务员的立场上进行斡旋，只是作为个人的行为进行斡旋的，尚不足以构成本罪（最决昭和43·10·15刑集22—10—901。该决定针对下述案件判定成立本罪：某税务署的职员向其他税务署的职员进行斡旋，让其仅征收很少量的税款。另外，对于众议院议员接受请托，向公正交易委员会进行说项，要求该委员会不对某大型建筑商的串通投标行为进行刑事告发的案件，最决平成15·1·14刑集57—1—1、百选Ⅱ No.115指出，在一定场合下，公正交易委员会是负有告发的义务的，进而判定成立本罪）。此后，以"大型建筑商疑惑"为契机，"实施不正当行为或者不实施适当行为"这一构成要件要素的范围过窄这一问题得到重视，从而直接推动了"斡旋利得罪"的增设（⇒三※）。

十一、行贿罪

提供第197条至第197条之四所规定的贿赂，或者就此进行提议或约定的，处3年以下惩役或者250万日元以下罚金（第198条）。本罪的法定刑为3年以下惩役或者250万日元以下罚金，轻于受贿罪的法定刑。如前所述，其中的**"提供"**与**"约定"**分别是与受贿罪中的"收受"与"约定"相对应的**"必要的共犯"**，也被称为**"对向犯"**，缺少一方的行为的，另一方的行为也不成立。例如，明明是打算作为贿赂而赠予现金，但对方误认为是调停的礼金而收受的，由于是单纯的"利益"的收受而非"贿赂"的收受，因而也不存在"贿赂"的提供（大判昭和7·7·1刑集11—999）。

相反，即使对方拒绝收受贿赂，也可以成立**"提议"**（大判昭和3·10·29刑集7—709）。并且，即便对方没有认识到该利益是贿赂亦可（最判昭和37·4·13裁集刑141—789）。但是，即便是这种情形，也以提供贿赂的意思表示传达到对方为必要（大判昭和7·7·1刑集11—999）。

对"提供"而言,"提议""约定"是一种**补充关系**,亦即,不成立提供罪之时,则成立约定罪,既不成立提供罪也不成立约定罪之时,则成立提议罪。

就事前受贿罪而言,如果未能满足收受人成为公务员这一条件,也不处罚行贿人(团藤·各论第152页、大塚·各论第643页、曾根·各论第326页、中森·各论第315页、前田·各论第490页、山口·各论第629页等。关于这一条件究竟是"客观的处罚条件"还是"构成要件要素"尚存争议,但至少难以想象,明明正犯尚未满足处罚条件,却能处罚从属的共犯。因此,"共犯不从属于正犯的客观处罚条件"这种理解是错误的。⇒总论第21章第1节之三)。针对事后受贿罪以及斡旋受贿罪等需要存在"请托"的犯罪的行贿罪,以行贿者提出了"请托"为必要。同样,要求实施"职务上的不正当行为"的情形也是如此。

贿赂的提供,对贿赂的收受而言虽然属于共犯关系,但不能将这种提供贿赂的行为作为受贿罪的教唆或帮助予以处罚。这是因为,若非如此,就是对(与受贿罪相比)行贿罪的法定刑相对要轻这一点的无视(因此,对于介绍行贿与受贿的中间人,也应当以行贿罪的法定刑予以处断。否则,就会与行贿人之间出现刑罚上的不平衡。在该场合下,对于作为"受贿一方的共犯"的一面,应该适用第65条第2款。⇒总论第22章第1节之五)。

另外,公务员通过恐吓行贿人而让其提供贿赂的,只要该公务员有执行职务的意思,就成立受贿罪与恐吓罪的想象竞合,并且,行贿人作为被恐吓的受害人,也成立行贿罪(⇒大判昭和10·12·21刑集14—1434、最决昭和39·12·8刑集18—10—952等。⇒本节之五)。

十二、没收、追缴

犯罪人或者知情的第三者所收受的贿赂,予以没收。全部或者部分已无法没收的,追缴其价款(第197条之五)。这是为了不让受贿人保有不法利益。这里的**"第三者"**不限于公务员,还包括知情而从公务员处受让了作为贿赂而收受的利益的非公务员(中森·各论第316页。在此意义上,这里所谓"第三者"的范围,要广于直接向第三者提供利益的"向第三者提供贿赂罪"中的"第三者"。不过,主张应将这里的"第三者"限于"向第三者提供贿赂罪"中的"第三者"的观点也很有影响。参见团藤·各论第153页、西田·各论第507页、山口·各论第630页)。而且,这里的"第三者"也可以是法人与社团,在该场合下,只要法人等的代表人知情即可(最决昭和29·8·20刑集8—8—1256)。本条的对象虽然限于**"收受的贿赂"**,但对于虽已经提议但尚未收受的贿赂,也可以依据第19条或者第19条之二进行任意的没收、追缴。而且,一般认为,公务员在职期间要求或者约定了贿赂,其后,在丧失公务员身份之后再收受的,虽然不成立受贿罪*,但仍可以依据本条予以没收(广岛高判昭和34·6·12高刑集12—7—681。中森·各论第316

---

* 由于没有满足"接受请托而在职务上曾实施不法行为,或者未曾实施适当行为"等要件,不成立事后受贿罪。——译者注

页、西田·各论第507页、山口·各论第630页）。

无法没收时的追缴，除了金钱已与受贿人的一般财产混同在一起，或者因用于接待而已经转化为无形利益的情形之外，还包括因已被受贿人消费掉而事后无法没收的情形。有判例认为，追缴金额应根据收受贿赂当时的价款来确定（最大判昭和43·9·25刑集22—9—871）。但是，出现大幅度的通货膨胀的场合，未必应该按照这种标准进行追缴（佐伯·各论第48页认为，应以无法没收之时为标准；大塚·各论第616页则主张，应以认定无法没收当时即裁判当时为标准。另外，山口·各论第632页认为，以收受当时为标准，是存在疑问的）。

贿赂已经返还给行贿人的，应当从行贿人处进行没收或者追缴（大连判大正11·4·22刑集1—296。不过，这种场合还是应该依据第19条或者第19条之二进行没收或者追缴。这是因为，贿赂一旦被返还给行贿人之后，就不再存在不法利益的保有者了。团藤·各论第155页、大谷·各论第651页等）。但是，受贿人消费了贿赂之后，又已将其价款返还给行贿人的，对此，也有判例判定，应从受贿人处进行追缴（最判昭和24·12·15刑集3—12—2023），但此时受贿人已经不再保有不法利益，因而判例的这种做法是存在疑问的。另外，在共同收受贿赂的场合，也有根据其分配的份额而进行没收或者追缴的判例（大判昭和9·7·16刑集13—972）；而且，在难以确定分配的份额的场合，还有向各个被告人分别追缴贿赂总额的平均金额的判例（最决平成16·11·8刑集58—8—905）。但是，这种将举证责任转嫁给被告的做法，是存在疑问的。

【问题研讨】

Y为众议院议员兼执政党的干事长，X为了通过Y管辖的职务而获得某种便利，试图赠予Y100万日元，X将现金交给了Y的秘书Z，Z然后再转交给了Y。Y虽收下了钱，但以为是合法的政治捐款。

【解说】

本案涉及的问题是：贿赂与政治捐款的异同、作为必要的共犯的收贿罪与行贿罪之间的关系、处于行贿罪之前一阶段的提议行贿罪的成立要件，以及对贿赂犯罪的共犯的处理。

首先，我们需要理解贿赂与政治捐款的异同。所谓**贿赂**，除了属于斡旋之对价的斡旋受贿罪（第197条之四）的情形之外，一般是指公务员职务的对价这种意义上的利益。相反，所谓**政治捐款**，是指作为政治家的政治活动的资金而提供的金钱。就本案来说，如果是作为众议院议员这种公务员之职务的对价，便可能属于贿赂，而如果是提供给作为执政党的干事长——并非公务员——这种政治家的政治活动的资金，则属于政治捐款。并且，正如以当选为目标而开展政治活动那样，不是议员的人，也可以成为政治家（亦即，政治家不必一定是议员。——译者注）。因此，虽然作为政治捐款而提供了某笔金钱，如果不具有贿赂的性质，提供金钱的行为也不属于提供贿赂。

受贿罪（第 197 条以下）与行贿罪（第 198 条）处于**必要的共犯**的关系，尤其是**对向犯**的关系。对于本案这样的案件，大审院在昭和 7 年 7 月 1 日的判决（大判昭和 7·7·1 刑集 11—999）中指出，"虽有提供贿赂之意，但只是作出了催促对方收受利益之表示的，虽得以谓之为，存在提供利益的行为，但没有理由说，实施了提供贿赂的行为；而且，虽作出了提供贿赂的意思表示，在该意思尚未达到对方的场合，其他的意思表示达到了对方，也只能是认为，贿赂的提供终于未遂"，从而判定：在将利益提供给并不知道是贿赂的对方之时，不仅不成立受贿罪，也不成立当时规定的交付贿赂罪（即现在的行贿罪）（同旨，最判昭和 37·4·13 裁集刑 141—789）。

对于这一点，立命馆大学的名誉教授佐伯千仞先生做了如下点评："（要谓之为贿赂，必须是行贿人）表示贿赂这一旨趣而提供利益，且（对方）理解这一点之后再予以收受，否则，就不是贿赂"，"这里也规定的是，行为人的主观意思具有作为态度的违法行为的意义"（佐伯千仞：《刑法における違法性の理論》第 266 页以下）。

这里，一般认为，要成立收受贿赂与提供贿赂这种属于必要的共犯的类型之一的对向犯，就必须存在提供贿赂的意思表示以及对方对此的了解。其意义不单单止于，对行贿受贿的故意而言，必须对贿赂性存在认识。这是因为，例如，正如看一下重婚罪（第 184 条）就可明白的那样，即使是必要的共犯、对向犯，重婚的对方不知道是重婚的，这一点也无碍于认定有配偶者成立重婚罪。

在行贿受贿的场合，要成立行贿罪，不仅仅需要公务员收受了利益，还需要是收受了贿赂；并且，要认定为收受了贿赂，必须是就该利益属于公务员职务的对价这一点存在商定或者合意。也就是，在该限度之内，双方当事人对于"贿赂性的认识"，属于受贿、行贿这种对向犯的主观的构成要件要素。如此一来，主观的构成要件要素就成为左右必要的共犯成立与否的因素。

另外，像贿赂犯罪那样，构成要件要素之中包含着需要由行为人赋予主观性意义这种要素的犯罪，被称为**"倾向犯"**（⇒总论第 5 章第 3 节之六）。"倾向犯"并不仅仅只有猥亵犯罪（第 174～176 条）（有关必要的共犯与主观的要素之间的关系，参见松宫孝明·《Article》第 114 号第 44 页以下）。

即便是因不能认定公务员成立受贿罪，因而也不成立行贿罪的场合，仍然是有成立"提议行贿罪"的可能的（第 198 条）。因为，"提议行贿罪"并非必要的共犯。

不过，即便是"提议行贿罪"，虽然不需要达到"提议行贿"的意思为对方所理解的程度（最判昭和 37·4·13 裁集刑 141—789），但仍以"提议行贿"的意思表示**到达**对方为必要。因此，如果中间人是作为政治捐款而向公务员提供金钱的，也应该否定成立"提议行贿罪"（大判昭和 7·7·1 刑集 11—999）。因此，像本案这样的情形，中间人向公务员传达的究竟是贿赂这一旨趣还是政治捐款这一意思，对是否成立"提议行贿罪"，就具有决定性意义。

有观点认为：提议罪是提供罪的未遂阶段，所以在实施了提供贿赂的行为后，便有可能构成提议罪。但是，提议罪拥有独立的构成要件，不同于总则第43条的未遂，它的成立需要满足第198条的提议罪的构成要件。提议的存在，需要提议的意思表示到达相对方，否则，即使可以构成提供贿赂的未遂行为，也不会构成提议罪。

在本案中，如果X成立"提议行贿罪"，作为中间人的Z也有可能成立该罪的共犯。在这种场合，Z虽然是收受金钱的Y一方的人，但由于成立的犯罪仅仅是"提议行贿罪"，因而只能是成立其共犯——从犯或者共同正犯。

总之，在本案中，对于以为100万日元属于政治捐款而非贿赂的Y而言，就不能成立受贿罪，而且，对X而言，也不成立属于受贿罪之对向犯的行贿罪。反之，X是否成立"提议行贿罪"，就取决于Z是否将贿赂这一旨趣传达给了Y，由此将X的"提议行贿"的意思表示传达给了Y。如果"提议行贿"的意思表示传达给了Y，则X应成立"提议行贿罪"，Z也成立其共犯；如果"提议行贿"的意思表示未传达给Y，那么，无论是X还是Z都不成立贿赂犯罪。